GEDICHT UND GESELLSCHAFT 2024

FRANKFURTER BIBLIOTHEK

Gründungsherausgeberin Giordana Brentano

Erste Abteilung

Jahrbuch für das neue Gedicht

70.

Gedicht und Gesellschaft 2024

Herausgegeben von
Klaus-F. Schmidt-Mâcon† und
Nikolaus Gruß

Mit einem Vorwort von
Katharina Strojek

BRENTANO-GESELLSCHAFT FRANKFURT/M.

2024

FRANKFURTER BIBLIOTHEK

Jahrbuch für das neue Gedicht

Herausgegeben von
Klaus-F. Schmidt-Mâcon† und
Nikolaus Gruß

Mit einem Vorwort von
Katharina Strojek

BRENTANO-GESELLSCHAFT FRANKFURT/M.
2024

Hinweise zur alphabetischen Ordnung
Die Gedichte sind nach Autorennamen geordnet.
Umlaute gelten dabei als nicht geschrieben.
Sie sind in der alphabetischen Folge
nicht berücksichtigt.

Wegen der strengen alphabetischen Abfolge der Gedichte
mussten Spalten und Seiten auch im Vers umbrochen werden.
Die Redaktion bittet um Verständnis.

Beilagenhinweis:
Die Ausschreibung für die
Frankfurter Bibliothek 2025
liegt dem Band bei.

Empfehlung im Internet:
www.autoren-tv.de
www.literaturmarkt.info

Der August von Goethe Literaturverlag
publiziert neue Autoren.
Manuskriptzusendungen sind erbeten an:
lektorat@august-von-goethe-literaturverlag.de

www.august-von-goethe-literaturverlag.de
www.frankfurter-verlagsgruppe.de

©2023 Brentano-Gesellschaft Frankfurt/M.,
ein Imprint der Frankfurter Verlagsgruppe GmbH
Mainstraße 143, D-63065 Offenbach a. M.
Tel. 069-13377-177, Fax 069-13377-175
ISBN 978-3-8267-0113-9
ISSN 1613-8386

Inhalt

Vorwort 6

Frei wählbares Thema 9

Auf den Hund gekommen 449

Schicksalsschlag 477

Die Natur 583

Vorwort

Was bringt uns dazu, unser Innerstes einem Blatt Papier oder einem leeren Dokument anzuvertrauen? Wie kommt es, dass wir etwas erleben oder fühlen, das so viel in uns auslöst, dass wir nicht anders können, als es mit Hilfe von Worten in eine lyrische Form zu bannen?

Vermutlich gibt es auf diese Frage so viele Antworten wie Sterne in der Galaxie und weder ich noch Sie können sie zufriedenstellend lösen, aber eines steht fest: Wir tun es immer wieder.

Schmerz, Liebe, Trauer, Wut, Freude, Schrecken, Lust – all das löst Reaktionen in uns aus, die sich in Texten widerspiegeln, die im Bestfall andere berühren oder sogar selbst literarisch inspirieren. Niemand kann vorhersehen, was die Zukunft für uns bereithalten mag, doch wissen wir eines: Es wird immer Menschen geben, die darüber schreiben und wir – die Brentano-Gesellschaft – werden immer dafür sorgen, dass diese literarischen Schöpfungen einem möglichst breiten Publikum zugänglich gemacht werden.

So haben uns auch in diesem Jahr zahlreiche Gedichte zu den unterschiedlichsten Themen erreicht, denn auch 2023 war gespickt mit Katastrophen und Schockmomenten, aber gleichzeitig mit neuesten Erkenntnissen und Fortschritten, die die Menschheit voranbringen könnten oder sollten. Von alldem und vielem mehr haben sich die Dichter und Dichterinnen inspirieren lassen, deren Lyrik den ersten Teil unserer diesjährigen „Frankfurter Bibliothek – Gedicht und Gesellschaft 2024" füllen. Seien es Krieg, Freundschaft, Freud oder Leid – in der ersten Kategorie gibt es keinen themenspezifischen Fokus.

Die folgende Kategorie dagegen steht ganz im Dienste des besten Freundes des Menschen. In „Auf den Hund gekommen" teilen Schriftsteller und Schriftstellerinnen die schönsten und traurigsten Momente mit ihren vierbeinigen Freunden. Sie schildern den ersten Tag genau wie den letzten und geben so einen Einblick in eine ganz besondere Beziehung, die immer wieder Menschen bewegt.

Verbinden und doch trennen – das ist etwas, das nur ein schockierendes Ereignis schafft. Ein Ereignis, das uns aus der Bahn wirft, sich ins Gedächtnis brennt, sich unter die Haut gräbt wie eine Tätowierung – ein Schicksalsschlag. Sicher wissen viele von den Narben zu berichten, die sie mehr oder minder sichtbar bei sich tragen. Unsere Kategorie mit dem Themenkomplex „Schicksalsschlag" behandelt ebensolche Momente, die uns unser ganzes Leben lang vielleicht nicht mehr loslassen wollen, die uns in unseren Träumen heimsuchen und möglicherweise gerade darum von jemandem niedergeschrieben werden.

Unser letzter Schwerpunkt bildet das ab, das uns täglich umgibt, das uns hervorgebracht hat und dafür sorgt, dass wir noch immer existieren: die Natur. Seien es Hymnen an ihre Schönheit oder Mahnungen an uns als Menschheit, sie zu hegen und zu pflegen, all das findet sich in der letzten Kategorie.

Welches Stichwort Sie nun als erstes in ihren Bann zieht, welches Gedicht auch immer Sie bewegen oder begeistern und vielleicht sogar selbst inspirieren mag, ich wünsche Ihnen Momente voller Freude, Sehnsucht, voller Begeisterung und Erkenntnisse. Und wer weiß – eventuell entsteht daraus der Impuls ein eigenes Gedicht zu schreiben, das Sie uns für die nächste Ausgabe unserer „Frankfurter Bibliothek" einreichen möchten.

Katharina Strojek M.A.

Nikos Katzanzakis

Du bist der wahre Held von Hellas.
Welch große Gedanken hast Du in die Welt gestreut.
Wortkarg wie Deine kretischen Vorfahren, stolze Kämpfer auch sie.
Woher nimmst Du die Leichtigkeit von Sorbas, die tiefe Liebe zu Deinem Franz von Assisi.
Unvergleichlich Deine Maria Magdalena in der letzten Versuchung.
Dein gequälter Kreuzzimmerer aus Bethlehem.
Dein Blick im Zauber der griechischen Landschaft, ein wahres Wunderwerk.
Deine leidenschaftliche Suche nach dem Sinn des Daseins,
die unbeschreibliche Rechenschaft vor El Greco.
Du ruhiger, bescheidener Mann, dessen einzige Waffe der Bleistift war,
woher nimmst Du die Kraft für die liebevolle Umarmung der ganzen Menschheit?
Wie gerne hätte ich, Du wahrer Stern der Neuzeit, wenigstens einen Abend Deinen Worten gelauscht.

Hermann Hugo Abele * 1953

Versuch über Dich

Selbst wenn ich wollt', ich könnte nicht
die Worte finden dich zu fassen.
Sagt' ich dies eine über dich,
fiel mir sogleich dies andere ein
und hab' ich beides dann gesagt,
merkt' ich Minuten schon danach:
Es hat dich nicht begriffen.

Warum dann überhaupt versuchen
dich zu erkunden und durchleuchten?
Was so unmöglich scheint, bringt
Schönheit, Sinn, Vernunft, Gefühl
zu Tage doch in griffigen Fragmenten.
Ach, könnt ich einst in ewig Zeit
all das zu Ende denken.

Bisweilen bleibt die Suche mir,
das unerschöpfliche Versuchen,
ob je es mir gelungen ist.
Die Welt darf noch nicht untergeh'n,
hat sie nicht vorher erst geseh'n,
dass du auf ihr gewandelt bist.

Alexander Abt * 2005

ohne Titel

hinaus
hinein

hinter regenverhangenem Fenster
   hinaus schauen
      an den Türrahmen gelehnt
   hinein schauen
      in den Spiegel

hinein
hinaus

   aus dem Spiegel
   hinein schauen
      ins regenverhangene Fenster
   hinaus schauen
      an den Türrahmen gelehnt

Rhea Imelda Achermann * 1956

Lebensstufen (nach Caspar David Friedrich)

Ruhend die Zeit in ewigen Urnen
Stillgelegt kein Flussbett mehr Wasser führt
Zurückgezogen die Meere noch mondverknotet sind
Siehst du die Schiffe auf unseren Seelen so abendrot liegen?

Im Schweiß der hereinbrechenden Nacht
Schießt fledermausschwarz
Unser Fieber so quecksilberhoch
Der Goldrausch schon längst vorbei
Doch noch lieben wir uns im Schilf dünenzärtlicher Erinnerungen
Noch -

Und deine Hand schiebst du unter die
  Gezeiten
Schüttelst das Meer ein letztes Mal auf
Wir haben Zukunft geboren
Uns im Schicksalslicht silberner Sterne zum
  Bild verbunden
Und stets vorwärts gelebt, bis die
  Dämmerung hinter uns trat

Jetzt ist sie da! Hat auch uns mit ihren
  Fresken erreicht!
Über uns schwingt die Schöpfung ihre
  Flügel
Unter uns versinken die Gebeine der Zeit
Im brautweißen Mondlicht
Zweier davonsegelnder Seelen

Nin van Acht * 1981

Märchen und ihre Fabelwesen

Was wollten sie?
Sie wollten uns
Sie wollten uns ausbeuten
Sie wollten uns ausbeuten, als prestige
  Objekt ihrer Macht
Sie wollten was wir ihnen geben konnten
nicht uns

Und jetzt gibt es uns nicht mehr
Wir sind nur noch ein Märchen
Eine Erzählung, nicht real

Ein Märchen, dass von denen weiter
  gegeben wird, die wie sie sind
Sie als Heldin, wir als Monster,
Sie als Retter, wir als Opfer
Opfer die von ihrem zuhause entrissen
  worden sind
Monster die ihr zivilisiertes Land verdreckt
  haben

Fabelwesen haben kein Zuhause
ihr Zuhause sind die, die ihre Geschichte
  weitergeben
Ist es wirklich ein Zuhause, wenn es von
  den falschen erzählt wird?

Wir suchen nach denen, die uns wirklich
  nach Hause bringen können
wir suchen nach Frieden

Jasmin Acikgöz * 2005

Das bist du

Und dann fällt es dir wieder ein
Die Bekannte
Doch dein Mund legt sich um keine
  Wörter
Gedanken legen sich um dich
Du erkennst ihre Nähe zu dir

Und dann ist sie wieder da
Die Fremde
Doch dein Mund legt sich um keine
  Wörter
Schweigen füllt deine Gedanken
Du versuchst zu erinnern

Und dann fühlst du ihre Hand auf deiner.
Es ist das erste was du heute fühlst
Du glaubst, dass so zu Hause ist

Du dachtest du seist die Summe deiner
  Erfahrungen
Du weißt nicht mehr was du erfahren hast
Du weißt nicht ob du je wusstest wer du
  warst
Du hast keine Vergangenheit wenn du
  immer nur heute bist
Du denkst an nichts davon
Du hast nur Hoffnung auf Hoffnung

Und du kannst nicht fliehen
Türen sind versperrt
Schlüssel im Schloss
Niemand hier ist ein Gefangener
Du hältst dich selbst gefangen
Gefangen sind die, die gehen wollen doch
  nicht wissen wohin
Das bist du

Justine-Lu Adam * 1995

Schreibblockade im Gedankensturm

Diese leeren Zeilen, die so viel mehr sagen würden,
als wie ich sie mit Worten füllen könnte.

Jedesmal wenn ich in sie starre und versuche zu formulieren,
was sie mir für ein Gefühl geben, das was sie für mich vermitteln,
doch ich starre in sie und komme zu dem Schluss,
keines meiner Worte würden diese Gedanken mehr vermitteln als sie selbst
also belass ich es bei ihnen.

Dilara Adam * 2004

Hallo Welt

Ein Gefängnis aus Beton, doch wen interessiert das schon
Ich werde ja nicht alt, krepiere jetzt und sterbe bald
Es gibt auch andre arme Schweine, Tiere, die so sind wie ich
Blanke Angst, Adrenalin, doch wir schmecken sicherlich

Hab die Schönheit nie gesehen, werde Freiheit nie verstehen
Auch Ruhe, Glück, Geborgenheit gibt es nur in der Ewigkeit
Während wir hier alles geben, nehmt ihr uns einfach unser Leben
Wann wird Liebe mich umsäumen, wann wird Liebe mich umsäumen

Wer hat eigentlich bestimmt, dass vom Schwein über das Rind
Kein Leben zählt, kein einziges Leben jemals zählt
Ja wer hat denn so entschieden, dass es für uns gibt keinen Frieden
Hab doch auch ein Herz das schlägt, hab doch auch ein Herz das schlägt

Ich hab nicht viel zu sagen, doch ich möchte eins gern fragen:
Hallo Welt, sag doch, woran denkst du außer Geld
Hast du mich schon ganz vergessen, denkst du nur ans große Fressen
Hallo Welt, sag doch, was dir an mir so gut gefällt
Von der Wiege bis zur Bahre bin ich nur wertlose Ware für dich

Für dich

Mit Spritzen macht ihr schöner mich, doch meine Seele seht ihr nicht
Nein, seht ihr nicht

Theodora Z. Agapi * 1985

Steinbruch der Wörter

Stillgelegt.

Eingenommen
von Brombeerranken und
hergewehten Birken,
von Moosen, Blumen,

Tümpeln und Tieren
mit Nestern in der Wand
und Mulden im Gras,

Summen,
Rauschen,

Zeit.

Simone Agnes-Hoehle * 1967

Den Kummer befreunden

Mein Herz, ein Zettel und eine Vase
Mein Herz gab ich dir
Auf dem Zettel schrieb ich meine Wünsche
In der Vase waren Blumen
Die du mir einst geschenkt hast
Die Wünsche waren leer

Doch ich kann sie noch einmal umschreiben
Die Tinte ging aus
Die Blumen verwelkten
Doch ich kann sie noch einmal gießen
Das Wasser verdorrte
Du brachst mein Herz
Es blutete über den Zettel und die Blumen
Das Blut war die Tinte für die Wünsche
Das Blut war das Wasser für die Blumen

Mahmoud Mohamed Othman Ahmed * 1992

Leben

Eines der schwersten Dinge,
die ich lernen musste, ist,
dass nicht alles, was du liebst
für dich bestimmt ist.

Jemanden zu lieben
und richtig für jemanden zu sein,
ist nicht das Gleiche.
Das gilt für alles im Leben.

Du wirst dich sowohl verlieben als auch entlieben
und das in unendlich viele verschiedene Plätze,
Sonnenaufgänge, Farben, Stimmen,
Bücher, Filme und Musik.

Du wirst merken,
dass eine bestimmte Art der Liebe
ein Leben lang bleibt
und andere nur für eine kurze Zeit.

Manche Plätze werden zu deinem ewigen Zuhause
und manche sind es nur vorübergehend.
Manche Stimmen hörst du immer wieder
und andere bleiben als leise Echos in deinem Herzen.

Beides davon ist echt.
Beides davon ist Liebe.
Und all das
ist das Leben.

Nele Ahrens * 2000

Herzloses Schweigen

Der unsichtbare Schleier malt ein Kreuz auf meine Lippen
Hasch
Flüstert er mich in den Schlaf

Die Blicke
Das Augenverdrehen
Und das anders sehen
Bringen mich um den Schlaf

Mein Herz möchte sprechen
Aber ich liebe Schweigen so sehr
Drum schweig ich mein totes Herz leer

Und manchmal klopft es an
Lebendig und rot

Es glaubt mir
Aber ich schweige es wieder tot

Und manchmal klopft mein totes Herz an
Und will ganz mutig sein

Doch es ist leichter zu Schweigen
Und ich lass es herzlos allein

Sophia Ahrens * 2000

Braunes Gewölk

Schlechtwetterzeichen.
Braune Wolken ziehen auf.
Gegenwind seist du.

Wolfgang Ahrens * 1943

Meine Liebe Melancholie

Dieser eine Gedanke, dieses eine Wort „Melancholie".
Es lässt mich wahrnehmen die Zwischentöne des Lebens,
dieses bittersüße Gefühl von Schmerz, lässt mich leben, irgendwie.
Das Noema dazu ist, dass ich irgendwas vermiss'.

Maximilian Aigner * 1996

Der Morgentau

Zu früher Stunde in dem Tal der ländlichen
  Gegend
Hat sich der Morgentau auf Pflanzen gelegt
  liebend,
Sie umhüllt und durchzogen, warm,
  weitestgehend
Und sie besucht auf Zeit, doch alle
  durchgehend.

Die feinen Tröpfchen der frühen
  Morgenstunde
Geben von dem Tagesanbruch frohe
  Kunde.
So behaglich ruhen sie auf Pflanzen im
  Grunde –
Was für ein allerliebstes und liebliches
  Bilde.

Doch kaum, dass die Sonne gewinnet an
  Kraft,
Die Tröpfchen sich wieder auf den Weg
  gemacht,
Zu erreichen den Horizont mit milder
  Macht
Und fortzuführen die ungebrochene
  Leidenschaft.

Pinar Akdag * 1983

Im Strudel der Zeilen

Ein Tanz aus Buchstaben, fein verwebt,
Gedanken geboren, vom Geist belebt.
Wo Poesie in ihrer Blüte sich entzündet,
Im Zauber der Verse, tief und geschwindet.

Im Schatten der Worte, verborgen und still,
Verstecken sich Geschichten, die Herzen
  erfüll'n.
Wie Farben auf Leinwand, lebendig und
  klar,
Malen sie Bilder von Sehnsucht und wahr.

Der Ruf der Sprache, er lockt und er ruft,
Die Feder erhebt sich, in Kreativität
  getaucht.
Die Tinte fließt, formt klangvolle Reime,
Ein Lied der Gefühle, im Rhythmus vereint.

Die Stille umhüllt mich, ein Raum voller
  Klang,
Gedanken entschweben, wie Vögel im
  Fang.
Ein Titel, ein Schlüssel, der den Leser
  verführt,
In Welten entführt, die Poesie berührt.

„Im Strudel der Zeilen" möge er lauten,
Ein Hauch von Magie, der Worte
  erschauten.
Gefühle verwoben, wie ein feines Gewand,
Im Tanz der Sprache, das Herz fest in der
  Hand.

So sende ich mein Werk auf die Reise,
Hoffe, es berührt und erfüllt seine Weise.
Im Strudel der Zeilen, ein Meer voller
  Glück,
Wo Poesie lebt, im Herzen ein Stück.

Jan Akermann * 2000

Nicht einmal

Nicht einmal hatten wir eine Konversation.
Nicht einmal waren wir zusammen im
  Kino.
Nicht einmal habe ich dir einen Witz
  erzählt und du musstest Lachen.
Nicht einmal habe ich deine Hände
  gehalten.
Nicht einmal habe ich deinen Atem
  gespürt.
Nicht einmal konnten meine Hände durch
  deine Haare gleiten,
doch trotzdem hab ich so viele
  Erinnerungen mit dir,
so viele Momente die mein Herz zum
  Rasen bringen.

Ich kann den Tag nicht vergessen, wo deine
Augen meine Augen berührten
und du mich angeguckt hast, als meine
Augen bereits auf dich gerichtet
waren
und ich mir schöne Momente mit dir
fantasierte,
als ich plötzlich deine Augen auf meinen
Augen spürte und dein Lächeln sah,
fing mein Herz an zu rasen,
plötzlich wurde es mir sehr heiß, ich spürte
wie ich rot wurde und ich musste
weggucken,
obwohl deine Augen so schön waren, deine
Haare, dein Lächeln, einfach alles.

Ich schlafe mit dir und ich wache auf mit
dir,
doch nicht einmal spürte ich dich neben
mir, sondern habe es nur geträumt.

Alara Akgün * 2007

Januar

Schnee schon wieder weg!
Noch kalt und wieder alles voller Dreck!

Doch ich hab schon den Frühling im Haus.

Kräftig frisch im Grün, nicht zu übersehen!
An meinem Küchenfenster eine kleine
Knoblauchzehe treibt aus!

Wenn die Natur das kann, werde auch ich
Schweres überstehen!

akire * 1942

Ist das nicht Leben

Als ich gestern noch ein Spross war, kam
und ging meine Kleinkind Zeit.
Ich wurde ein Schössling, und meine
Kindheit kam und verging.
Ich wurde ein Baum, meine Jugend ein
Schatten für die Menschen

Es ist mein Wunsch, für alle Menschen
und Tiere da zu sein
Und fürs Leben nützlich zu sein
Ist das nicht leben?

Es ist ein Kind, das dem Leben Farbe
verleiht Wie die Blumen, die im
ersten Frühling blühen
Es ist wie ein strömender Regen des
Mutters und Vaters Zuneigung
Es ist wie in eiskalten Nächten, wenn
Mutter und Vater abwesend sind
Hier ist dieses kurze Leben, Sommer für
einige, Winter für andere
Lass uns lieben und geliebt werden

Latif Emre Aksoy * 2002

„Ein Herz, das für zwei schlägt"

„In Tagen, Monaten, Jahren lebte ich für
dich,
Mein Herz schlug nur für dich, ganz
sicherlich.
Doch spürte ich, dass deines verblasst,
Es regte sich nicht, es war so kalt, so fast.

Also nahm ich meins, das dir so ähnlich
schien,
Ein Akt der Hoffnung, ein verzweifelter
Versuch, vielleicht auch blind.
Doch ich erkannte bald, dass dies mein
Untergang,
Ein Herz, zerbrochen, mit einem
unausfüllbaren Gang.

Der Tod lag neben mir, ein stummer
Begleiter,
Während ein anderer neben dir, vielleicht
auch weiter.
Frage ich mich, könntest du für mich leben,
Für einen Moment, einen Atemzug, deinem
Herzen Beben?"

Mikail Mizan Aksu * 2004

Fließend: Im Bade

Ich taste frühes Schlafland, Wiesen, ein blühen, (...) Blümchenleuchten bis in das Laub,
dazwischen: die wärmenden Arme Atlantens, des Vaters, der auf Gräsern schläft,
das schüttere Haar in den Wolken, der barfuß auf harzigen Wegen geht und doch stets geflügelt im Meer!
der den Himmel auf seinen Schultern trägt, ohne wenn und aber

„Lügnerin", ruft H
H vom Himmel herab,
„finis finis est:

jede (!) Zeit
geht vorüber!"

Beatrice Alber * 1963

Nicht Genug

Wieso liebst du mich nicht?
Ich tue alles, doch trotzdem bin ich nicht genug.
Alles was ich tue, ist für dich.
Doch ich bin nicht genug.
Ich kann nicht mehr.
Ich ersticke hier.
Jeden Tag tut es weh.
Jeden Tag redest du von dem einen Mädchen.
Und es tut weh.
Doch du merkst es nicht.
Du merkst nicht wie ich innerlich, sowie äußerlich Zerbreche.
Du sagst du kennst mich, doch tust du es wirklich?
Die Antwort ist Nein.
Du kennst mich nicht.
Du kennst nur das, was ich jeden Tag vorspiele.
Nicht mein wahres ich.
Aber ist es egal.
Denn keiner kennt mein wahres ich.
Selbst ich vergesse oft wer ich eigentlich bin.

Zoey Albersmann * 2009

Komm zu mir!

Was verschliesst Deinen Mund - was verschliesst Dein Herz
Erinnerungen voller Tränen wund-endlos, bodenloser Schmerz

Jedes Wort ein federleichter Kuss, ein Lächeln, ein Hauch, das muss
Das kann nur Liebe sein-in den tiefen Tiefen nicht allein

So tief, so nah, immer da, doch das Keinblattpasst-zwischen-uns
Wird zur Mauer aus Ängsten, hart wie Stein

Reiss sie endlich ein, lass mich hinein
Gib mir reinen Wein-Schenk ein, schenk ein
Denn nur aus vollen Zügen wird auch ein halbes Glas
Nie leer, ach so schwer wiegt die Stille zwischen uns

Du sagst du hasst Gedichte, doch dichter kann ich's anders dir
Nicht sagen, es ist doch längst ein Wir

Warum also? Warum nicht frei sein, schwerelos zu zweit sein,
Bereit sein, zu fliegen im Hier und Jetzt

Was soll denn schon passieren?
Das sind doch wir!
Komm zu mir...

Und es wird wunderbar und schön sein
Wie alles zwischen mir und Dir
Für Immer. Für Jetzt. Für Hier.

Alcastalie * 1977

Kind ohne Land

Ich bin ein Jemand
Ich wohne in der Wüste und habe keine
    Kindheit weder ein Recht
Ich bin Sohn der Angst und Tochter des
    Kriegs
Alles habe ich und gleichzeitig nichts
Viel träumen kann ich, denn meine Realität
    ist verloren,
vergangen, ausgeflogen und abgestorben
Ich lebe in einer Welt, wo es Brot nicht gibt
    und Duschen zum Luxus wird
In meiner Welt bezahlt man mit Blut und
    Überleben kostet Mut
Nach Tod, Verbot, Folter und Not war das
    Boot das Gebot
Identität oder Sicherheit? Abhängigkeit
    oder Entfremdung kilometerweit?
Mein Land habe ich verkauft und mit dem
    Geld habe ich das Boot gekauft

Ich bin ein Niemand
Ich wohne in der Stadt und mit meiner
    Psyche bezahle ich mein Unterhalt
Ich bin ein Sklave der Dankbarkeit
Leben mit Sprache, nicht wie meine und
Existenz an einem Ort, nicht wie meiner
So wertvoll bin ich, wie das Papier was
    meinem Namen trägt
Denn Blau ist hässlich, rot wäre schöner
Ich lebe fremd in einem Land, wo ich seit
    Jahren lebe,
Ich bin ein Niemand und werde niemals
    ein Jemand

Hala Alhussein * 2004

die Welt in mir

in höheren Sphären
erhaben, vollkommen
in düsteren Tälern
vollkommen verloren

leuchtende Farben
durchtränkt mit Liebe
Nebel und Schatten
Sturz in die Tiefe

mit offenen Armen
tanzend im Regen
so viele Fragen
nichts zu entgegnen

über den Wolken
frei und verspielt
vergebliches Hoffen
die Leere siegt

die Welt in mir
Glücksel auf Erden
die Welt in mir
ein inneres Sterben

Stefanie Alice * 1984

Achterbahnangst

Hast du Angst? Ich habe auch!
Kommst du mit? Ich auch nicht!
Achterbahn fahren ist nicht jedermanns
    Ding.
Lass uns doch mehrmals Achterbahn
    fahren!
Ohne oder mit Beruhigungsmitteln,
verschrieben vom Arzt.
Uns den beiden bleibt die Hoffnung,
Endlich verschwindet diese Angst.
Lass uns doch mehrmals Achterbahn
    fahren!
Lass uns mehr von uns erfahren!

Liudmila Alieva * 1976

Das Kind des Lichts

Der große Stein ist nun gefallen,
jetzt endlich, kann Licht herein.
Es strahlt immer stärker,
erfüllt den Raum
voller Hoffnung,
ich spür' die Wärme,
die Härte,
kaum.

Ich seh' ein Kind, so weit weg und doch
 so nah,
es spürt das Licht
voller Hoffnung,
es spürt die Wärme, so wie ich es tu',
es verbindet uns.
Nun findet es Ruh'.

Aicha Alioui * 2007

195 Geschichten aus 195 Ländern

195 Menschen ziehen durch die Straßen,
in 195 Ländern, alle auf ihre Arten,
sie suchen Freiheit, Frieden und Glück
und blicken auf ihre eigene Geschichte
 zurück.

Manche suchen vergebens nach frischem
 Wasser,
andere wiederum nach Leben ohne Hasser,
vertrieben, ausgebeutet, ohne jeden Schutz,
unterdrückt, eingesperrt, ohne jeden Nutz.

195 Menschen in jedem Land,
sind vielleicht auch der Versuchung
 hinterhergerannt,
Diktaturen zu unterstützen,
ohne ihre Mitmenschen zu schützen.

Aber 195 Menschen in jedem Land,
stehen jetzt auf und haben ihre Chancen
 erkannt.
Ohne sie gibt es keine Welt,
die sich einer sicheren Zukunft stellt!

195 Länder rufen jetzt auf,
nehmt nicht den Frieden auf Erden in Kauf,
ein wahres Feuerwerk für jedermann,
der sich jetzt nach Freiheit, Frieden und
 Glück sehnen kann.

Alexia Allhoff * 1969

Vom Leben davor ...

Im Vorbeigehen, scheinbar unbeabsichtigt,
hast Du mit dem Swiffer meinem
 Glücksbinger
den Kopf abgeschlagen. Retten
konnte ich ihn nur, weil ich
seinen Kopf vorsichtig und mygenau
wieder anklebte. Das hält nicht ewig; so
hab ich ihm
in einem durchsichtigen Behältnis einen
 Platz
eingeräumt. Isoliert von seiner Umgebung
fristet er ein eng abgeschiedenes Dasein –
die Trauer in seinen Augen sehe nur ich,
 wenn DU
an uns vorbeigehst:
Ein wieder
 angeklebter Kopf
 weiß nichts mehr
 vom Leben davor ...

Manfred Allner * 1941

Time

Das Alter zieht seine Kreise,
mein Herz wird schwer, es schmerzt mich
 leise.
Ich bin jung und fühle doch so alt,
mein Lachen schwindet, meine Freude
 verhallt.

Ich habe Flügel, doch sie sind gebrochen,
eingesperrt in Wunden, die mir keiner der
 Welt genommen.
Meine Tränen fließen unaufhörlich wie ein
 Fluss,
das Leben vergeht so schnell, kein Gewinn,
 aber Verlust.

Ich bin ein Licht in der Schwärze der
 Nacht,
ein Stern, der auf ewig allein strahlt.
Die Zeit vergeht, doch ich bleibe hier
 stehen,
fast wie ein Schatten, ganz allein und ohne
 Ideen.

Sara Alolabi * 2006

Rosenworte

Konkaves Blütenblätter-Labyrinth,
Du Ausbund emotiver Symmetrie!
Dein Duft rauscht wie Absinth.
Gelingen wird es nie,
Dich, Schönste, zu beworten:
Synästhesie!

Du blühest weiß und rot an allen Pforten,
Wo's zu den Herzensgründen geht.
Und sträubst an jenen Orten,
Wo Hass und Felsen steht.

Du weißt dich wohl zu wehren
Vor böser Menschen Tun:
Die Dornen und die Zähren,
Sie lassen sie nicht ruhn.

Wo immer Menschen Menschen sind,
Wo Seelen rein sind wie ein Kind,
Dort werden Rosen überborden.
Du brauchst die Sprache nicht:
Du liebst mit Rosenworten!

Helmut Amann

Schloss

ein kleines eisernes Schloss um dein herz
von Himmel und Hölle weit fern
kann die klaren Linien deines Munds
    nachziehn
ohne dass ein Wort von dir entweicht
nachts wenn alle schliefen war ich wach
hell in der Nacht wo jeder Stern schien
suchte den Schlüssel um dich zu befreien
aus der Hölle kam ich nun in den Himmel
legte einen weiten Weg zurück
um dein Herz zu öffnen

Amora * 1997

Morgen

Mit geschlossenen Augen
aus dem Schlaf tasten
In Deinen Arm mich legen
Wärme spüren
Erneut den Traum beginnen
Gemeinsam
Und ruhen
bis wir durchgeatmet haben

Andrea Dorothea * 1962

Ich wusste nichts

Ich wusste nichts,
Wirklich gar nichts.
Vor allem nichts über das Leben
Wie gerne würde ich es abgeben.
Aber das wär vollkommen daneben,
Niemand soll sich damit abgeben.
Für mich gibt es
Keinen Grund zu leben
Es ist ein großer Prozess
Danach zu Streben
Glücklich zu sein
Und nicht allein
Im seinen Zimmer zu verrotten
Man versucht sich langsam abzuschotten
Manchmal denkt man
Es gibt nur noch „den" Ausweg
Und man nicht mehr leben kann.
Aber das wusste ich von Anfang an
und ich kämpfte bis ich irgendwann
Mein Leben zurück gewann.

Sofia Angelidis * 2009

Allein

Ich sitz' in meinem Kämmerlein,
Und bin ein kleines Jämmerlein.

Ich sitz' in meinem Kämmerl ein,
In meiner Hand kein Hämmerlein,
Das könnte mich je mehr befrei'n.

Dann kommt ein kleines Dämmerlein,
Oder ein waches Männerlein,
Und öffnet mein Herzkämmerlein,
Fühle mich nicht länger allein.

Anonym * 2001

Eine Schande

Von Kindheit an wollte ich schreiben,
Geschichten und Gedichte und andere faszinieren.
Dieser Traum hat sich nie ergeben,
meine Worte scheinen die Welt zu blasphemieren.
In meinem Kopf rauschten vor vielen Jahren die Texte,
alles war voll mit Träumen und Begeisterung.
Heute ist es still,
eine wahre Schande, ich bin doch noch immer jung.
Jetzt bin ich eines der Kinder ohne Leidenschaft,
keine Talente und keine Berufung.
Heute ist alles was bleibt-
die Erinnerung

Dean Anthony * 2003

Toleranz

Wohl dem der Liebe kennt
dem Hass ist doch ganz fremd
den Anderen mit seinen Augen sehen
ihn nur so ganz zu verstehen
Weder Neid noch Ignoranz
Verständnis haben voll und ganz
Empathie und Integrität
dafür sein ist nie zu spät
Nicht zu vergessen Loyalität
ohne dies ein Zusammensein nicht geht
wichtig Respekt und Akzeptanz
auch unbedingte Toleranz
An sich arbeiten zu jeder Zeit
nicht zu bringen dem anderen Leid
lasse das Ich werden zu Wir
eine Feste aus uns - heute und hier.

Brigitte Anweiler * 1961

Das Lied

Ein Lied wars,
dass in meinem Kopf umher ging.
Wofür sorgte das Lied?
Es brachte mich zum singen.

Was wars für ein Lied?
Das Lied vom Leben!
Von wem?
Von meinem eben.

Und die Noten?
Die schreib ich selber!
Ganz allein?
Ich hab den ein oder anderen Helfer.

Ist es ein fröhliches Lied,
bewegst du dabei jedes Glied?
Mal so, mal so,
Leben ist nicht immer froh.

Doch auch wenn nicht jede Note stimmt,
so im Großen und Ganzen gesehen
-auch wenn es nicht alle verstehn-
ist dieses Lied mein Lieblingslied.

Jessica Appel * 2005

Ein kleiner Esel in der Weihnachtsnacht

Nur ein kleiner Esel
war so wichtig in der Nacht,
auf seinem Rücken trug er Ihn,
auf den die Welt gewartet hat.

Nur ein kleiner Esel
hoffte auf die Sterne,
aber er war stark und stolz,
Maria trug er gerne.

Nur ein kleiner Esel
hatte einen Stall erreicht,
nun kann das Kindlein kommen,
die Zeit hat ausgereicht.

Wir möchten Sie erinnern,
an diese Weihnachtsnacht,
wo nur ein kleiner Esel,
das Christuskind getragen hat.

Petra Appeldorn * 1975

Versucht

Aufs Neue.
Anlauf.

Genommen.
Scheitern.

Reue.
Abhanden?

Gekommen.
Ach Versuch.

Du Anfang!
Alles Gelungenem.

Ich bitte Dich?
Erinner dich!

All dem?
Von Dir, verschlungenem.

Aristide * 1980

Zeitenernte

Der Himmel pflückt seine Früchte
fern der Ufer von morgen.
O, unbändige Kraft –
bebst Du in mir.

Du ruhst und schreist, mein Fieber ist
　　Erlösung,
da:
Das Holz der Zeit
lodert und knackt in ihren Seelen.

Du schlafend verborgen geschenktes Stück
　　Atem
versiegst noch eh man Dich kennt,
und lebst doch in meinen Sternen
den weiteren wohl unergründlichen Weg.

Verkündige meine Ankunft
lichten und stolz erhoben,
himmelsfern Eurer Blicke, Euren Schatten
　　versagt –
nur in Dir bin ich frei.

Zim Arloc * 1972

Der kleine Vogel

Der kleine Vogel er singt, er singt sein
　　schönstes Lied im hellen Morgenlicht.
Er fliegt durch die Luft fröhlich und frei
　　und trällert sein Lied.
Das bewundere ich, dass er so fröhlich und
　　frei durch den Himmel fliegt.
Es interessiert ihn nicht was auf der Welt
　　geschieht.
Er fliegt allein durch den Morgenwind,
　　wird getragen vom Wind der um ihn
　　weht.
Das Ziel ist ihm nicht bekannt, er lässt sich
　　treiben von Baum zu Baum.
So möchte ich leben, fröhlich und frei,
　　einmal die Welt mit anderen Augen
　　sehen.
Von oben die Welt betrachten und mich
　　treiben lassen vom Wind.
Mutig und entschlossen meinen Lebensweg
　　gehen.
Den Sinn des Lebens besser verstehen, wie
　　ein Vogel so fröhlich und frei.

Renate Arnold * 1968

Verfremdung

Hast du jemals einen Menschen vergessen müssen,
Obwohl dein sehnlichster Wunsch war ihn zu küssen?
Ihm nah zu sein und seine Anwesenheit wahrzunehmen,
Seinen Atem auf deiner Haut zu spüren,
Der Zeit einen kurzen Moment der Ruhe zu geben?

War er dir soweit fern,
Dass du von ihm Fantasiewelt musstest,
Und deinem Herzen so nah,
Dass du die Ohnmacht immer wieder berührt hattest.

War er dir fremd wie das Gesicht in dem Meer der Unerkannten,
In jenen Gassen,
Die einst euch zusammen führten,
Die Unterkunft der Laternen an den Straßenrändern,
Die dem Spiel von Licht und Schatten, von Realität und Träumerei,
Eine Bühne boten.

Rana Arpaci * 1998

Das Leben

Wenn ein neuer Tag beginnt und er wieder Freude bringt
Ist das Leben wunderschön so stolz und nah ihm zuzusehen.
Vom Morgen bis zum Abend hin verläuft es wie mir steht im Sinn.
Und wenn ich mal nicht weiter weiß, dann frag ich Gott der sagt ganz leis.
Ich geb Dir Kraft und neuen Mut und dann ist alles wieder gut.
Wer so durchs Leben gehen kann der ist gesund und glaubt fest dran.

Katrin Arzt * 1974

Abgestumpft

Ich bin reich
Reich an Möglichkeiten
Alle gleich
Zukunft voller Weiten

Ich bin voll
Voll-gefüllt mit Wissen
Manchmal toll
Schlägt mir auf's Gewissen

Ich bin tot
An Rezeptorzellen
Selbst in Not
Zu viel blaue Wellen

Carmen Aschbacher * 2003

Der Zauderkönig

„Wag ich's – jedoch getrau' ich's nicht" –
den nächsten Schritt zum großen Glück.
Wenngleich Vernunft die Angst besticht,
bleibt Bitterkeit zurück.

„Vielleicht wird es ein Unglück sein" -
die Suche nach den Zeichen,
mit Kohle oder Edelstein,
den Seelenwert vergleichen.

„Was, wenn der Weg ungehbar sei" -
im Steine ruht das Schwert,
dem Schicksal ist es einerlei,
was man am End' begehrt.

Doch, es lockt ein Himmelreich,
dem König nicht entgangen,
Gedanken fliegen, hummelgleich,
ein zaudernd' Unterfangen,

Was die Angelegenheit betrifft -
sie ist bereits verdaut,
Zeit ist des Entschlusses Gift,
und somit hat er nimmer

das Himmelreich geschaut.

Thorfalk Aschenbrenner * 1972

Das Frühlingsbild in der Stadt

Nach langem Winter ist es Glück,
wenn wir das Grün schon wieder sehen.
Der Frühling kommt zu uns zurück,
dann wollen wir spazieren gehen!

Das erste Gras, die ersten Blätter,
der Duft vom zarten Flieder.
Uns freuen warmes Frühlingswetter,
die ersten Vogellieder.

Die Wärme bringt die Sonne,
wir sind so froh gestimmt
und sehen, wie die grüne Krone
den ganzen Platz am Himmel nimmt.

Der Löwenzahn mit gelben Flecken
im grünen Teppich hier und dort.
Das lässt die Erde herrlich decken,
uns lockt die Schönheit ohne Wort.

Für Menschen von Asphalt und Stein
ist die Natur ein Sonnenstrahl,
sie kann als Wunder für uns sein
und jedes Jahr, und jedes Mal ...

Tatjana Assabina * 1958

Arbeiterkind

Nah ist es doch,
das Nachbarland Polen.
Uninteressant,
dort wird nur gestohlen.

Die Frauen sind gut,
der Vodka macht Mut,
mehr weiß man nicht,
es gibt eine Sicht.

Alleine im Kreis, stand ich, noch rein.
„Ausländer raus", wie sie es schrei'n.
Kein Lehrer in Sicht, niemand der hilft,
das Kind in mir bricht, jedes Wort trifft.

Man merkt es nicht mehr,
bemühe mich sehr,
Identitätsverlust,
und doch so bewusst.
Arbeiterkind, kann alles sein,
die Chancen sind gleich, da ist Potential.

Abitur - die erste von allen.
Gleich gleich gleich, aber Eltern nicht
  reich.
Bildung, Bildung, Bildung,
Fernseher statt Buch.
Netzwerk, Bonding, Kontakte - ruf doch
  mal an,
Wo denn? Wen denn? Keinen! - ich bleibe
  dran.

Alles geschafft, stolz und allein.
Die Quote die steigt, wir ermöglichen es
  allen.
Voll integriert, von Außen dazu,
Gleichheit stagniert,
„Denn nach ganz oben, kommst nicht du."

Monika Assassa * 1985

Liebes Leben

Liebes Leben
ich versteh nicht immer was du von mir
  magst,
Warum Du mir immer wieder die Liebe
  untersagst.
Ich weiß das ich dir kann vertrauen
doch wieder muss ich mich erst selbst
  aufbauen.
Es war so schön in meinen
  Gedankenräumen,
doch leider bleibt wieder mal alles beim
  träumen.
Diesmal dachte ich alles wir gut,
ich zieh vor meinem Naiv sein echt den
  Hut.
Dachte ich wirklich sowas tolles wird wahr?
An sowas noch glauben kann echt nur ein
  Narr.

Ich sollte mein Herz vielleicht einfach
    einfrieren,
Zumindest spar ich mir dann mich stets zu
    blamieren.

Tanja Aßmus * 1979

Lass kommen was möchte blühen und lass gehen was möchte blassen

Du wirst um Gotteswillen nicht kämpfen
    müssen.
Manches kannst du weder erzwingen noch
    beeinflussen.
Es scheint gut zu sein, doch es lässt dich
    gequält und gestresst.
Fragen unbeantwortet, du schaust nach
    oben und fragst: Ist das ein Test?
    Keine Antwort

Natürlich, denn bei einer Prüfung ist der
    Lehrer leise.
Ich frage mich, wohin mich führen wird
    die Reise.
Ich will das Richtige machen und Fehler
    meiden.
Außerdem bitte ich um Führung um später
    nicht zu leiden. Keine Antwort

Hervor nehm ich nun die Bibel und fang an
    darin zu lesen.
Danach geh ich auf meine Knie und bete
    zum höchsten Wesen
Dem Vater erklär ich meine Anliegen und
    Sorgen.
Diesmal bitte ich um Geduld, vielleicht
    kommt eine Antwort morgen. Keine
    Antwort

Doch plötzlich spricht zu mir die Stimme.
Ich höre auf meine geistlichen Sinne.
In Ordnung ist es Fehler zu begehen.
Im Irrtum zeig ich dir, wo lang du sollst
    drehen. So die Antwort

Jage nicht wie verrückt, was läuft von dir
    davon.
Stolpern und fallen wirst du sonst auf dem
    harten Beton.
Was vom Herrn kommt, wird dich nicht
    aus der Puste bringen.
Nichts Ungewolltes soll dich anrühren,
    also hör auf darum zu ringen. So die
    Antwort

Was für dich ist bestimmt, wird kommen
    ohne Stress und Hetze.
So wie ein Schmetterling sich auf eine
    Blume setze.
Bitte um die Früchte, die du benötigst, um
    loszulassen.
Lass kommen was möchte blühen und lass
    gehen was möchte blassen. So die
    Antwort

Léana Aubry * 2002

Dieser Augenblick

Dieser
Augenblick
Wenn…
Das Licht
Angeht
Wir den Mut
Haben
Das zu tun
Was uns …
Am Herzen liegt

Barbara Auer-Trunz * 1953

Weihnochten

Weihnaocht'n,

des is kloar is net mehr wirs früher woar.
Wo die Kinder mit kloane Geschenke noch
    ghab't a freut und a jede Oma und da
    Opa für eina vü Zeit.

Geschenke de ma dann umtauscht. weil's
so goarnet gfall'n. Oder a Geld
weil's eh nix mehr Wert ist und ma's
deswegen schnell wieder vergisst.

Ist des nu Weihnochten, wo bleibt do da
Sinn, wann ma rennt vier Wocha'n
oder goa nu länga das ma des richtige
Geschenk unta'n Bam eini bringt.

Na sog i für mi, das i des nimma läng'a bin.

Freu mi auf's Kripperl und auf die ruhige
Zeit und des feier'n mit meine liaben
Leut,
natürlich auf Bratwürst'l mit Sauerkraut.

Des wünsch i ma und sonst nix und wann
mi wer fragt, was i ma wünsch,
sag i gschwind mi fühl'n wie a kloans Kind.

Des sag was i denk und lacha derfen wann's
a amoi net passt, abschüttln den
ganzen Balast.

In diesem Sinn wünsche ich euch olle a
recht schens Fest und das mi a necht's
jaohr net vergest's

Elisabeth Auinger * 1973

Die stille Erinnerung

Man sieht weit in die unendliche Ferne,
wo der Vollmond so hell strahlt wie die
Sterne.
Langsam und mächtig, streift der Mond
rundherum,
um die Erde und fragte sich nur warum.

Einst voller Wasser, Grün und Städte,
besteht die Haut der Erde heute nur noch
aus einer großen Steppe.
Ein Volk nur bestehend aus Wollen und
Haben,
lebt heute nur fort in Legenden und Sagen.

Was zurückblieb sind die weiten tiefen
Krater,
die die Selbstauslöschung des Volkes
beweisen.
Ihr Stolz war wie immer ihr größter Fehler,
nur die Roboter auf des Mondes Haut,
können auf dieses alte Volk noch
hinweisen.

Leonardo Aust * 2005

Der Spiegel des Selbst

Im Jetzt und im Hier
können weder der Spiegel
noch die Augen der Anderen
die Schönheit definieren…
sondern das „Wir"!
Unsere Blicke auf uns selbst
Sind der Spiegel unseres Selbst
und unsere Augen sind die,
die das Recht darauf haben,
unsere Fähigkeit dazu zu beschreiben,
unsere individuelle Schönheit
in dem Menschen in uns
und unsere kollektive Schönheit
in den Augen der Anderen
zu bewerten.
Ich auch…
und der Schönheit gehört mein Herz an.
– auch wenn sie die Vollkommenheit nicht
erreicht –
Meine Liebe ist absolut und kann in ihren
Welten
Jede Sonne enthalten.

Thaer Ayoub * 1989

Das Zauberbuch

Wer das Zauberbuch findet,
der sich an einen magischen Vertrag bindet.
Wer nicht zaubert mit bedacht,
für den der böse Drache erwacht.

Wenn dann plötzlich erwacht der Drache,
dann wird er ausüben auf dich Rache.
Der einzige Ausweg ist,
ein bestimmter Trank vom Alchemist.

Den musst du trinken,
um nicht ins Unglück zu sinken.
Doch der Alchemist kennt Zauberei,
er wird dir machen von Zaubertränken
  gleich drei.

Das Rätsel musst du lösen,
und der Drache dann anfängt zu dösen.
Dann bist du außer Gefahr,
und du lässt hinter dir alles was war.

Annie B. * 2009

Ströme

Seh ich nah, das Meer deiner Augen nie,
Die Diademe auf Wellen-Spitzen,
Wärmende Sonne aus der Phantasie,
Aus deinem Innern nach außen blitzen.

Dann sehe ich uns und aus der Ferne,
Die Lebendigkeit und lautes Schweigen,
Die Galaxien, das Lächeln der Sterne,
Deren Strahlen die Erde ersteigen.

Die Vertraulichkeit der feinen Hülle,
Gefühl aus Stäuben der Unendlichkeit,
Unsterblichkeit eines Geistes Stille,
Und überall, mögliche Innigkeit.

Nie ficht diese Magie selbst gegen sich,
Lebt sie nie, bleibt im Nichts, sie ewiglich.

Jörn Baaß * 1970

Verstumme nicht!

Unser letzter Tag
Der Regen fällt stark
Ich gucke zu dir
Die Worte fehlen mir
Seit Tagen reden wir kaum
Der Streit hat uns beide umgehauen

Du blickst mir tief in die Augen
Als würdest du meine Seele aussaugen
Ich vermisse deine Wärme
Und unsere Küsse unter den Sternen

Warum all das?
Das bringt doch nichts, dieser Hass
Mein Herz führt mich zu dir
Und deines zu mir

Die graue Wolke über uns verblasst
Nie wieder all diese Last
Aus unseren Mündern bricht
Ein leises „Vergiss mich nicht"

Nun bist du wieder weit entfernt
Was haben wir daraus gelernt?
Vergebung ist wichtig
Wenn die Stille siegt, wäre das nicht
  richtig.

Ela Babacan * 2006

Geschlossen

als die schüsse ertönten
die raketen schossen
das war der tag
an dem wir bürger tönten
wir bleiben in europa geschlossen
schulter an schulter
solidarisch gegen den despoten
kapitulation strengstens verboten
ein knappes jahr später
der funke erloschen
statt brüderlicher wärme
kälte in vielen zimmern und herzen
spaziergänge am montag
die preise, sie schmerzen
was kostet die freiheit?
ein strom voller zweifel
lässt die courage erfrieren
viele münder bleiben nun verschlossen
und grenzen für fliehende
geschlossen

Joe Bach * 1985

O Gott, wie gehen die Tage vorüber

O Gott, wie gehen die Tage vorüber
wie kalter Abend am dunklen Meer!
Was ist das Los des Menschen im Rinnen
   der Zeit
außer ins Dunkel zu schreiten,
ins Dunkel zu singen mit gebrochener
   Stimme
und irrem Klang?
Doch ein Licht ist ganz fern
am fahlen Horizont in der Nacht.
Gott ist das Gestirn der Nacht,
und seine helle Stirn ist wie der Mond,
der in der Finsternis leuchtet.
Und wir wandern, wir einsamen Blinden,
Hand in Hand unter dem dämmernden
   Mond
durch die Nacht.

Helmut Backhaus * 1934

Wenn ich nicht mehr schreiben mag

Sei
Sei die eine Person für mich
der ich abends noch schreib'
wenn der Tag gut war und schwer
fühl mich nicht leer
wenn ich dir schreib'
und du mir sagst wir sind allein zu zweit
ich vermiss' deine Hände in meinen
sei die eine Person für mich
der ich abends noch schreib'
wenn Worte mir zu viel sind
denn bei dir
fühl'n sich Worte nicht wie reden an
sondern wie das sanfte Streicheln
deiner Hand
über meine Wangen
sei die eine Person für mich
der ich auch dann noch schreib'
wenn ich nicht mehr schreiben mag.

Alissa Baethke * 1992

Chaos

Mein Zimmer, mein Schrank, mein Kopf
   und mein Herz durchleben in Unruhe
   meinen Schmerz.
Geister, die mich verfolgen und Hoffnung,
   die in mir lauter schreit als die Sirene
   weint.
Aber ist es nicht die Zeit? Die Zeit, die
   meine Wunden heilt?

Unbeschreiblich wie mein Herz meinen
   Kopf versucht zu überreden.
Mit aller Kraft versucht in die Liebe zu
   verschwinden und zu schweben.
Die Versuchung ist zu nah am Abgrund,
   drum gibt der Kopf nicht die Anweisung
   für den Sprung.

Dies scheint sicher, aber niemals so bunt
   wie die Tage, an denen Stunden wie
   Sekunden vergingen,
Monate wie einige Wochen und Seelen sich
   enger verbunden als Körper es jemals
   konnten.

Ungewissheit, Wut und Stille verlassen
   meine Seele nicht.
Doch vergiss nicht irgendwann, da lohnt
   es sich.

Ilenia Baio * 2004

Malerei

Ich nahm mir einen Pinsel
und tupfte rein in die Farbinsel
jedoch ohne zu bemerken
dass ich mein Gesicht anmalte
mit Farben
die nicht zu mir passten

und schlussendlich,
kaum merklich
den ganzen Farbeimer über mich kippte

und schlussendlich,
kaum merklich,
einen kleinen giftigen Farbklecks
runterschluckte,
durch den mein gesamter Körper zuckte.

Julia Bajer * 2004

Schnee

Schnee

draußen ist alles

weiß
In mir ist es schwarz

hell
In mir ist es dunkel

zuhause ist alles

warm
In mir kalt

wohl
unwohl

glück
unglück
liebe
VIEL
leide
sehr

Baki * 1989

Der Nikolaus vom Haus

Der Nikolaus, der ist im Haus!
Kekse, Milch und Knilch !
Er läuft von Haus zu Haus.
Ja genau, der Nikolaus.

Tags is' er weg,
denn da verbreitet er nur Schreck !
Der Nikolaus über Kinder sich freut,
bei Menschen er scheut.

So manches Kind den Nikolaus sucht,
über Fangtricks er ganz schrecklich flucht!
Er läuft durch Nacht und Schnee,
der Nikolaus, noch nie sah frischen roten
    Klee.
Er vergöttert Renntiere,
mag keine Briefe mit Geschmiere.

Wer läuft nachts von Haus zu Haus,
Ja genau, der Nikolaus !

Damla Bakirkan * 2013

Elternkonsens bei Kindesmisshandlung

In Dunkelheit, ein Vater bebt,
Von Messerstich und schwerem Leid
    erzählt.
Das Jugendamt, das Gericht, so stumm,
Elternkonsens, doch Kindesnot in Ruhm.

Täglich droht die Mutter, Kindes Pein,
Der Vater fleht, doch keiner will versteh'n.
„Die Attacke, ja, ich wehrte sie geschwind,
Doch seit zwei Jahren der Schmerz in
    meinem Sinn.

Die Welt mag's nicht sehen, nicht hören,
    versteh'n,
Doch dieser Schmerz wird niemals
    vergeh'n."
Der Vater ringt mit Tränen und Not,
Ein Leid, das tief im Herzen brod't.

In dieser Dunkelheit steh' ich allein,
Der Vater, dessen Herz will niemals
    schweig'n.
Der Schmerz durchdringt mich, Tag für
    Tag,
Seit jener Attacke, die alles zerbrach.

Jugendamt und Gericht, so fern und kalt,
Elternkonsens, doch das Kind in Not
    gefangen halt.
Der Vater kämpft, die Last ist sein,
Der Schmerz, der tiefe, wird nie verweh'n.

Eren Balci * 1989

Die Königin der Diebe

Schwer drückt die Lunge,
die Augen sind leer.
Mit tausend Gewichten bewegt sich die Zunge,
und wie von allein kommen die Töne daher.
Die Stimme ist stark, fast tadellos.
Doch das, weiß die Seele, ist pure Fassade bloß.
Was nützt es auch zeigen, den tiefen Schmerz?
das Loch wird bleiben im wunden Herz.
Die Welt dreht sich weiter, die Verantwortung schreit,
doch das Herz sagt: „Lass' mich, ich bin nicht bereit!"

Doch plötzlich, tief drinnen, ganz winzig und schwach,
pocht etwas und trotzt mutig, all diesem Ach.
Ein Lächeln von außen, eine Umarmung so schön,
das wollte das Herz doch nie wieder sehen?
Immer stärker und lauter wird nun der Schlag,
auch jeder Zweifler es nun vernehmen mag.

Mit Luft und Stolz die Lunge sich füllt,
pochendes Herzen, es wieder brüllt.
Wie ist es geschehen, so unerwartet?
Darf das denn sein oder ist es entartet?

Die Zeit, die Königin der Diebe,
die innerste Kammer auf ewig voll Liebe.

Astrid Baldamus * 1973

Gustav von Aschenbach auf dem Rückweg über die Dolomiten

Zwergkönig im Rosengarten,
Sahst du denn, wie die Großen starrten,
Als dein Lächeln, listig-lüstern,
Anfing, dein Zwergsein zu zerflüstern?

Hast du die Lust und die Gier gerochen,
Als die Großen – von dir gebrochen –
Sinnlos-lasziv dir entgegenstarben
Und um dich buhlten, dich umwarben?

Spürtest du kalt der Betörten, Verführten
Wollust, als sie dich Verstörten berührten?
Schmecktest du das Dir-nah-sein-müssen
In ihren willig-wüsten Küssen?

Phaidros, hast du mein Klagen vernommen,
Als ich, tränenblind, verschwommen
Sah, wie man dir die Unschuld raubte,
Die dir zu nehmen ich nie mir erlaubte?

Aber ich werde weiter warten,
Kinderkönig im Gondelgarten:
Erst wenn dein Mund von Mündigkeit kündigt
Hab ich mich an dir gesund gesündigt.

Samuel Bammessel * 2002

Ins Nichts fragen

Was bist du, oh großes Nichts? Freiheit, Leerheit oder du selbst?

Was bist du, oh großes Wunder? Liebe, Gemeinheit oder ein Nest?

Wenn du nur das Nichts bist? Wieso geht alles auf dich zu?

Wieso spür ich Liebe, wenn ich ruh?

Wenn du nur du bist? Wieso machst du alles zu?

Rawa Banehi * 1990

Der Sinn des Lebens

Dreh die Räder der Maschinen, lass die Arbeit niemals ruhn
stetig musst du weiter schaffen so wies alle andren tun

schon drei Stund an diesen Tage fünf Stund
noch mit voller Kraft
dann ist schluss mit dieser Plage dann hast
du dein Soll geschafft
endlich ist die Stund gekommen müde
schleppst du dich nach Haus wieder
ist die Zeit verronnen so wie steht's Tag ein
wie aus
legst dein müdes Haupt zur Ruhe denkst
über dein Leben nach
ist es richtig, was ich tue
du denkst nach und du liegst wach
viel zu früh schon schrillt der Wecke
du stehst auf und du musst gehn und man
sieht dich so wie immer müde an der
Arbeit stehn
ist den dass der Sinn des Lebens immer nur
derselbe Trott
doch du suchst denn Sinn vergebens und
die Zeit sie rennt dir fort
bist du später Alt geworden und die Arbeit
für dich steht
nimmt der Tod dir alle Sorgen, hast du nun
umsonst gelebt?

Hannes Baran * 1957

Es reicht !

Kaum lässt C uns in Ruh', ist die nächste
Krise da, im Nu!
Langeweile oder Frust? Was will der alte P
beweisen?
Der helle W gleich fordert „ Du– Du, lass
sofort mein Land in Ruh"!
Da beide in Palästen leben– muss man
nicht über Probleme reden!
Mit gleichen Waffen kann man sich
bekriegen– dem Anderen die Schuld
zuschieben
Menschen, Waffen, Munition sind fast weg,
das schert den W doch einen Dreck!
Unbürokratische Einreisen und Milliarden
Gelder fließen – geht doch!
Derweil hörige „Helfer" moderne
Waffenlieferungen beschließen!

Der W durchstöbert die Archive –
präsentiert täglich professionell – „will
– muss– sofort"!
Tägliche Hypnose wirkt– endlich dürfen
alte Waffen weg, dienen einem „guten
Zweck"!
Die Welt kämpft mit der Klimakrise – sind
Alle blind?
Alles an Waffen und Feuer verpestet,
vergiften unsere Luft und Mutter
Erde!
Wie viele Helfer haben Angst! Weil sie
geholfen haben! Verschuldeten sich –
für ein „Dankeschön"?
3 fache Preise für Energie & Co –
Waschlappen reichen für Achseln und
Po?
Der eigenen Bevölkerung geht es schlecht!
Sh…& Co erzählen Milliarden
Gewinne?
Rentner zittern vor Angst um ihr Geld und
Kälte – sterben, weil sie diesen Mist
kennen!
Und WARUM? Einzig wegen Macht? Wir
haben nur ein Leben und eine Erde!
Also weg mit den Waffen – sofort! An den
Verhandlungstisch! Es reicht!

Andrea Baresel * 1959

Verträumt

Ich stell mir vor ich sitz am Strand,
meine Füsse vergraben im Sand;
und in meiner liegt deine Hand.

Die Sonne im Meer versinkt
und aus der Nähe ein Lied erklingt,
aber es ist nur der Wind, der in den
Wipfeln der Bäume für uns singt.

Die Sonne färbt den Himmel rot,
das Meer ist ruhig, es scheint wie tot.
Der Wind, eben noch ruhig und mild,
tobt jetzt ganz stark und wild.

Das Meer erwacht zum Leben,
das glatte Wasser fängt an zu beben.
Die Wellen weiss von Gischt
und doch erreichen sie uns nicht.

Der Himmel zieht sich zu,
von Dunkelheit umhüllt im Nu.
Für einen Moment taghell,
ein Blitz zuckt herab, sehr schnell.
Plötzlich wie von Zauberhand,
ist es wieder still in Meer und Land.

Und wir, wir sitzen noch immer Hand in
 Hand.
Es gibt nichts was uns trennt,
dies man auch Liebe nennt.

Anja Barkowski * 1968

Meine Gefühle sind Teenager

Wenn sich die Energie im Raum
 verdunkelt,
bin ich plötzlich wieder 15 – fühle mich
 ausgeliefert,
als sich hysterisch kichernde Hyänen hinter
 vorgehaltenen Händen ihre Mäuler
 zerreißen.
„Ich hab' gehört, du gehst mit jedem ins
 Bett.", heult die bittersüße Freiheit,
während die Misandrie es schafft, mich an
 sich zu schweißen.
Schlampe!

Wenn er sich mit einem stummen Knall in
 einen Geist verwandelt,
bin ich plötzlich wieder 14 und das Gefühl
 zu viel zu sein kriecht kalt meine
 krumme Wirbelsäule hinauf.
Meine Gedanken überschlagen sich in
 recycelten Purzelbäumen:
Zu viel, zu viel, ZU VIEL, viel zu viel .. in
 einem ewigen Kreislauf.
Stop!

Und ich bin seit 18 Jahren 13.
Zum Fraß vorgeworfen, rotes
 Gesicht, meine Knie zittern im
 Scheinwerferlicht
und trotzdem sieht niemand mich.
Niemand sieht mich, an dem Tag, an dem
 die Angst mich lehrt:
Behandle mich gut, oder tu's eben nicht.

Madlen Baron * 1991

Das Versprechen

Wenn ich schreibe,
wird mein papiernes Ich nur leiden,
wenn ich es will.

Meinen Schmerz werde ich zwischen den
 Zeilen begraben.

Meine Tränen aber fange ich auf,
um einmal deine Lippen damit
zu kühlen, wenn das Licht längst
verloschen ist.

Susanne Bartels-Chikar * 1952

Die Einsamkeit gräbt sich
In meine Seele
Die Sehnsucht
Steigt ins Unermäßliche
Das Herz blutet
Und stirbt langsam
Mit jedem Tropfen
Das wird sich vieleicht
Einmal ändern
Das Warten und Hoffen
Taucht ein in tiefe Traurigkeit
Die wie ein Schleier über mir liegt
Die wie ein Schleier

Dominika Basuroska * 1970

labyrinth

wir haben
den MOND erreicht

den weg
in mein INNERES
muss ich viel
weiter gehen

minotaurus
gleich bin ich
gefangen durch
vorurteile
ÄNGSTE
vorbehalte
vorbilder

wer schenkt mir
den ARIADNEFADEN

                  Hedwig Bäte * 1944

An die Sprache

Mutter unser,
Die Du uns umfassest und durchdringst,
Geheiligt werde Dein Laut,
Dein Reich verbreite sich in uns,
Dein Wille trage uns zu - und ineinander.
Schenke Dich uns in unserm täglichen
    Wort
Und offenbare uns unsere Lügen,
Wie auch wir offenbaren die Lügen um uns
    herum.
Führe uns durch die Versuchungen der
    Worte
Und erlöse uns von den toten Gedanken,
Denn Dein ist die Wärme
Das Leben
Und die Herzlichkeit
In Ewigkeit
Amen

                  Hanspeter Baud * 1949

Der Gletscher

Du kamst auf mich zu
wie ein Gletscher dahin schmetterte.
Langsam immer schneller werdend
überrolltest du mich am Ende des Gipfels
Nach der erloschenen Liebe kamst du
Meine Krankheit, die nur ruhte, verstärkte
    sich
Du scheinst sie nicht zu begreifen
Ich stieß dich mit Vorwürfen ab
Einen Marathon kann ich noch nicht
    schaffen
Näherte mich dir, verschwand umso
    schneller
Überrolltest mich wiederum wie ein
    Gletscher
Da du jetzt fort bist
Es fehlte die Eindeutigkeit zwischen uns -
Ich war's. Ich bin's.

Der Marathon hat begonnen
Ich kann es nicht erwarten, oder doch
    nicht?
Nähe, nah, ganz nah!
Überirdisches mischte mit!
Kein Gletscher mehr in Sicht
Bis jetzt!

                  Katja Baumgärtner

Der wahre Pfad laut Sylvia Plath

Nachtischauswahl im Restaurant,
ein reines Privileg,
zu spät zur Dämmerung am See.
Augen müde durch die Vielzahl der Pfäde,
was bleibt: Leere.
Achtung, Ambivalenz!
So schwer zu erkennen, so schnell wieder
    vergessen.
Eine Bank im Stadtpark.
Das reinste Privileg.
Als Nachtisch gab es Feigen mit Quark,
blieb bis zum Morgengrauen im
    Restaurant.
Danke, Sylvia Plath.

                  CBDK * 2002

abgewetzt

Dunkel wie ein Walnusschatten
hebt sich der Saum der Dämmung ab
schattiert rot- orange
ihr markantes Profil

Der abgewetzte Jeansstoff
liegt schwer auf ihren Schultern
schmiegt sich an die verglimmende
 Hauswand
verschmilzt vergoldend mit dem bröckligen
 Putz

Tief inhaliert sie
das rußige Leuchten
verqualmt ihre Lunge, Gesundheit und Ehe
ihre Tochter versteht nicht
dass man mit Lungenflügeln
auch die Angst vor dem Altern verliert

Sie sollte den feurigen Stummel zertreten
mit entschlossener Miene die Flamme
 auspusten
Aber nach Dienstschluss
reicht ihr der Atem nicht aus

Leandra Beck * 2004

Dankbarkeit

Es gibt in meinem kostbaren Leben
Nichts Schöneres als den Augenblick
Wenn sich Träume und Realität verweben
Entpuppt sich die Sehnsucht zu Glück

Wenn Herz und Verstand ineinander
 fließen
Um sich in Stille zu vereinen
Die Götter Ihre Arbeit genießen
Und vor Freude im Spiegel weinen

Dann wird alles zum magischen Spiel
Wir spüren einander im Hier und Jetzt
Es gibt weder einen Anfang noch ein Ziel
Weil uns die Liebe miteinander vernetzt

Gustav Beck * 1952

Wie ein Gedicht

Wir fühlen uns wie Wind, so leicht;
Gemeinsamkeit hat das erreicht.
Du bist mein Himmel, ich dein Licht:
Wir sind Zwei wie ein Gedicht!

Rosemarie Becker * 1963

All das Licht, was wir nicht sehen…

Die Welt, sie dreht sich manchmal viel zu
 schnell.
Es ist dunkel und schon wieder hell.
Ich schließ die Augen, heute ist es echt zu
 grell.
Und manchmal,
 ziehen traurige Nebelschwaden, wie ein
 dickes Fell …
Ich muss durch sie hindurch und die Sonne
 suchen,
darf sie nicht verfluchen …
Ich muss sie akzeptieren und das Beste
 daraus machen,
einfach über die trübe Stimmung lachen,
und sie werden sich abflachen,
öffnen und dahinter ist Licht,
und es war schon die ganze Zeit da,
nur wahrgenommen habe ich es nicht …
denn meine Trauer und Negativität, hat
 mir den Weg versperrt,
und meine Wahrnehmung verzerrt.

Pauline Becker * 1996

Es ist doch nur die Wahrheit

Die Wahrheit haben wir uns versprochen.
Die Wahrheit die uns vor Bösem schützen
 soll,
die Wahrheit die Offenheit und Vetrauen
 beweisst.
Und was hat sie dieses Mal gebracht.
Schmerz.
Schmerz dem man selbst zu gestimmt hat.

Und vermutlicht nicht einmal den
   schlimmeren Schmerz von uns beiden.
Ich hab es dir erzählt für eine reine
   Beziehung zu einander,
um Lügen und Ungewissheit zu vermeiden
   und trotzdem hat es nicht das
   gebracht
was ich mir erwünscht habe.
Du bist von der Wahrheit enttäuscht und
   ich bereue jedes einzelne Wort nur in
   den Mund genommen zu haben.
Ich bin enttäuscht von mir, meine
   vorherigen Gedanken sind wie
   verschwunden,
jetzt zweifel ich an mir, ich hätte dich nicht
   verletzten sollen.
Du bist enttäuscht, hätte ich es doch lieber
   verschwiegen und für mich behielten.
War mein Verhalten falsch?

Alles was ich getan habe, war die Wahrheit
   zu erzählen.

                    Ana Lea Becker Morgado * 2005

Niedergang

Schwarze Wolken
sind nun angekommen.
NotRufe
werden schon vernommen.
Rettung
wird jedoch nicht kommen.

AuslaufModelle fahren auf,
wollen ändern
der Gezeiten Lauf.
Allerletzte Generationen
heulen auf.
Geben sich innovativ,
sind jedoch nur
spießig und naiv.

Die Wahrheit ist
zu oft verflogen.
Von MoralKitsch
überzogen.
Zu vieles nur erlogen.

                    Jürgen Behne * 1955

Katzenjagd
(inspiriert durch das Gemälde „Alert" von
Frank Paton)

Ein Schatten fällt auf den Scheunenboden,
geräuschlos bewegen sich vier Tatzen voran.
Die Ohren gespitzt, der Blick ist wachsam,
die Jagd zwar jung, doch alt die Methoden.

Das Stroh und die Äpfel bleiben unberührt,
kein Laut entweicht ihrer Kehle.
Der zuckernde Schwanz, das Zucken
   kommt tief aus der Seele.
Die Maus noch immer aufgespürt.

Der Abend ist lang, die Nacht bricht
   hinein,
die Katze wartet geduldig.
Die Maus, nur einen Moment erscheint, die
   Katze ist ungnädig.

Im Maul die Maus, so unschuldig klein,
die Bäuerin ruft die Katze heim.
Müde kommt sie angetrottet,
doch wo sie war, das ist geheim.

                    Manuel Behrendt

Gespenstische Nacht

Draußen am Fenster
Da seh ich Gespenster
Mit grausigen Fratzen
Am Rahmen kratzen

Morgen jagt Heute
Und reißt seine Beute
Zwölf schlägt die Stunde
Es heulen die Hunde

Klamm sind die Finger
Der Todesbringer
Die nebligen Schlieren
Nach Seelen gieren

Meine Gedanken
Erzittern und kranken
Ich fühl mich verloren
Zum Tode erkoren

Draußen wird's finster
Dort sind nur Gespinster
Wer weiß, was ich sah
Doch seh ich jetzt klar?

Henryk Behrens * 2001

Friedenslied

Tief im Osten
wo die Sonne aufgeht
eisig kalter Sturm verweht.
Wo die Menschen frieren jetzt,
weil der Krieg sie hetzt, verletzt.

Hoffnung heißt das Zauberwort
fliegt und trägt von Ort zu Ort.
Noch ist dieses Flämmchen klein,
kämpft sich in die Welt hinein.

„Frieden auf dem Erdenball!"
tönt es:
„Weihnacht überall"

Karin Beier * 1950

Zwei Blumen am Wegesrand

Zwei Blumen stehen am Wegesrand,
es sind zwei Butterblumen.
Die Pflege kommt nicht von
    Menschenhand,
sie kommt durch das Umfeld, vom
    Bitumen.

Sie recken die Köpfe im Morgentau,
bestaunen die Autos beim Rasen
und wundern sich über den Autostau.
Haben Angst nur vor Kühen die grasen.

Sie wissen nicht mehr den Scheitelpunkt
wann ie sie erstmals betroff
denn Co2, das hält sie gesund.
Bei den Ahnen war es der Sauerstoff.

Die Angst vor den Kühen, die wandelt
    sich,
diese haben es noch nicht kapiert.
Co2, das stößt man nicht mehr hinten von
    sich.
Man nimmt es von vorn und wird inhaliert.

Die Blumen, die kleinen, die schuldlosen
    Herzen,
merken was Menschen jetzt tun.
Co2 wird verdrängt, für sie heißt das
    Schmerzen
heißt Nahrung zurück zum Ozon.

Sie sandten ihre Sporen zur Unesco
und wurden als Weltkulturerbe erklärt.
Sie hatten gehört, das macht man so
zur Steigerung des eigenen Wert.

Die Blümchen die haben jetzt Artenschutz.
E-Autos ist die Vorbeifahrt verboten.
Kühe stehen rücklings zu ihrem Schutz
und retten sie täglich vor Ozoten.

Hans-Hermann Beier

Tanz in der Dunkelheit

Allein mit meinen Gedanken,
die sich wie ein düsteres Karussell im Kreis
    drehen.
Statt einer fröhlichen Melodie ertönt
    Melancholie,
übernimmt die Führung
und tanzt zusammen mit der Einsamkeit
    durch die schwarze Nacht.
Ein hoffnungsloser Tanz in der Dunkelheit.

Nadine Beiersdorf * 1992

Geister

Die Frau war Anwältin geworden
Und zog mit ihrem Freund in ein Haus im
    Norden
Das Haus war schön, wenn doch alt
Die Gegend war dort eisig kalt

Die Frau liebte ihr neues Leben
Doch eines Abends sah sie im Flur eine
    Gestalt sich erheben
Es war eine andere Frau
Ihre Augen traurig und hellblau

Ihr Aussehen war leuchtend, sie schien
    noch sehr jung
Es wirkte wie eine fernen Erinnerung
Sie stand vor einem grauen Stein
Blumen in der Hand, doch sie war ganz
    allein

Der Anblick brachte die Frau ins Schauern
Sie konnte die arme Gestalt nur bedauern
So legte sie ihre Hand in die Nähe des
    Lichts
Aber sie griff nur ins Nichts

Sie wurde erfasst von Kälte und Schmerz
Eine alte Trauer durchfuhr ihr Herz
Doch ihre Augen öffneten sich in einem
    anderen Raum
Es war alles zum Glück nur ein Traum

Amelie Bender   * 2006

Geheimer Prozess

Lass uns philosophieren
den Drang von Liebe ignorieren
Die Welt sich wendet in Sekunden
Tagen, Wochen, Minuten, Jahre
meine Verbindung bleibt bei dir

Der Gedanke wärmt
in deinen Armen glüht
mir deine Stimme raubt, der Atem
ich bin verführt

Schwer zu sagen
Schwer zu greifen
Lass es mich fühlen
dein Herzschlag spüren

Du lächelst
Ich sorge
mein Herz was ich an dich verlor

Lena Bender   * 2006

Die Sinnfrage

Die Frage stellt sich, ob im Leben
Du mehr genommen als gegeben
an Gut und Geld in dieser Welt,
an Trost und Freud bei Menschenleid,
an Hoffnung, auch an gutem Rat,
an Zuspruch und konkreter Tat?

Die Frage stellt sich, ob Du Last,
ob Du „von Wert" für Andre warst?

Welch einen Sinn denn hätt' Dein Leben,
würd's Andern keinen Nutzen geben?
Wie dürftig lebt der Egoist,
der seinen Blick auf sich nur richt'!

Du darfst gewiss für Dich auch sorgen,
darfst froh genießen Heut und Morgen!

Nur dann jedoch erlebst Du Sinn,
wirst Du den Andern einbezieh'n.
Nicht auf die Menge kommt es an,
der Mensch, er leiste, was er kann!
Gewogen wird's am Ende dann,
bedenke dies ob Frau, ob Mann!

Jürgen Bennack   * 1941

Aus dem System

Ich werde geboren.
Geboren, um zu funktionieren.
Funktionieren nicht für mich, sondern für
    die Gesellschaft.

Als Frau einen Mann heiraten zu müssen,
    so heißt es.
Sonst sei ich schwach, hässlich, lieblos und
    deprimiert, so heißt es.

Für Gott selbstlos sein, doch
    Selbstbewusstsein darf nicht fehlen.
Für die Schule gewissenhaft sein, doch darf
    mich nicht beschweren.

Mich kleiden wie mir gefällt, aber nicht ins
Norm passen, das wäre falsch.
Mich verhalten wie ich bin, aber nicht ins
Norm passen, das wäre falsch.

Ich weiß nicht wo ich zugehör,
Ich bin wie aus dem System.
Ich versuche es zu leugnen,
Doch gehöre nicht in diese Welt.

Leonie Benson * 2008

EIN TRAUM

Schlamm, meine amputierten Gedichte.
Zerrissene Blätter auf einem Poesiefestival.
Meine Beine waren dünn
ich konnte nicht flüchten.
Mein Mund war eine Erinnerung des
Friedhofs.
Mein Herz das Grab der Welt.

Schmerz.

Alle Verse bebten,
Schrei, weinende Stimmen
breiteten sich aus.
Die Muse hat mich gerufen.
Ich war gerade gestorben in einem Paradies
Tausende Schmetterlinge kamen
Weckten die Brunnen in mir
Weckten die Poesie.

Das war die Liebe
in einem Papiersarg...

Drita Beqiri * 1965

Innigkeit

Ein Teich voller Frösche
doch ich erkenne dich an deinem Quarken
es ist einzigartig
deine Berührung die ich selbst im dunklen
spüre.
Mein Herz schlägt nur wenn du bei mir
bist.

Monika Beran * 1965

„*Mein Lehrmeister*"

Einst geboren um zu „Sein."
Furchtlos, getragen vom Leben.
Erdulden, um zu sein.

Suche nicht vergebens nach
dem Sein. Der Sinn
im Sein liegt in Dir, auf immer.

Lebe, liebe und Vertraue.
Der Moment zählt, jetzt
und hier ... Du Bist."

Die Reinheit Deines Herzens
überwindet alles.
Furchtlos kannst Du „Sein."

Zeige Geduld, sei zur Stelle wo
Immer Du gebraucht wirst.
Sei, wie Du einst kamst.

„Das Leben ist Dein Lehrmeister"

Wolfang Arnold Berg * 1964

Tierisches Schicksal bei der Arbeit

Fliegen Eichelhäher und Taube durch Baum
und Wald
Schließt die Firma bald.
Verstummt das Gerauf
Macht man das Fenster bald auf.
Schauen die Menschen dumm raus
Entwickelt sich die Unterhaltung daraus.
Nicht was banales,
sondern was besonders infernales.
Was der Nachbar noch nicht weiß,
dass die Firma mit Ihren Mitarbeitern
treibt absoluten Scheiß.
Außerdem sucht der Nachbar auf dem
Baum,
für seine Mitarbeiter neuen Arbeitsraum.
Doch ist der Baum nicht groß genug,
nimmt man zur Firma Bezug.
Und am Ende sind sich alle fein,
denn aus der Firma und dem Nachbar wird
ein.

Christoph Bergmann * 1989

Du und ich

Du und ich
Kinder im Wind
Getrieben von Verlangen
Kleingeborene
Groß
Glaubend
An die Worte vom Glück
An unerfüllte
Auch
Bauherren
An der Welt
Schaffend
Heute Glanz und Gloria
Und morgen Leid
Ziehende
Von Jahr zu Jahr
Und suchend
Nach dem Quell
Kinder im Wind

Hannelore Berthold * 1944

Siebzehn

Erst siebzehn, wir sind noch jung,
doch: Aus Moment wird schnell
   Erinnerung.
Leb im Moment! Nutz die Jugend aus!
Mittlerweile sind wir nur selten Zuhaus.
Wir lachen, wir trinken, wir feiern, wir
   rauchen,
in einen einzigen Nebel wir tauchen.
Stürmischer Abend, schlaflose Nacht,
wer hat uns denn nur dazu gebracht?
Im Unernst versteckt sich die Angst vor der
   Zukunft.
wir fürchten Traum und Wahrheit
dazwischen die Kluft.
Versuchen uns weniger zu fühlen allein
brauchen Hilfe dabei uns selbst zu sein.
Jugend ist bunt, ist laut, ist wild,
obwohl viele doch noch gern wären ein
   Kind.
Der Siebzehn kommt nämlich die Achtzehn
   ganz nah ...
Ist Erwachsenwerden wirklich so
   wunderbar?
Näher und näher die Realität,
komm find und zeig deine Identität!
Entscheide, zeig was hast du bis jetzt
   versteckt!
Als hätte die Achtzehn uns erst
   aufgeweckt...

Leonor Bertinazzo * 2005

Hörst du mich?

Manchmal
Schreie ich zwischen den Zeilen
Mit Brotkrumen wie Minen
Werfe Stille wie angespitzte
Zaunpfähle
Fische mit leisen Worten
Und Netzen aus Andeutungen
Manchmal
Brülle ich Schweigen.
Weil Worte
Eine fremde
Sprache sind.

Alina Beschnidt * 1995

Morgendliche Trauer

O lobe die Nacht, in der ich dich erstmals
   sah!
Deine Umarmungen und Zärtlichkeiten
   gaben mir Halt,
Auf dass niemand anderem solche
   Aufmerksamkeit galt.
O ich liebe dich, du bist das beste, was mir
   geschah!

Durch lieblich leuchtende Weiden tänzeln
   wir,
Draußen scheint der Mond, in mir die
   warme Sonne.
Mein Herz pocht unaufhörlich, o, welch
   wohlige Wonne!
Du machst mich endlos erfreut, doch was
   ist mit dir?

Der Vorhang fällt, die sorgenlose Welt verschwimmt.
Ich muss dich festhalten, ich reiße, will dich umflattern,
Und ziehe, doch die Zahnräder kommen ins Rattern.
Ach, ich frage dich, was ist wahr, was stimmt?

O, du böser Morgen, da sitze ich nun, einsam
An meinem Tisch und trauere um die Nacht,
Schändlich getäuscht, wer hätte das gedacht?
Der tote Tag betrug mich mit der Nacht, gemeinsam.

Darius Bettig * 2004

Der Stöpsel

Das dreckige Geschirr türmt sich.
Ich entschließe mich es abzuwaschen
Hmm, hatte ich gerade nicht Wasser eingelassen?
Wieso ist das Wasser weg? Naja, ich versuche es nochmal.
Das Wasser ist schon wieder abgelaufen ...

Die Hände beginnen zu zittern, das Herz schlägt schneller

Ich achtete einfach genau auf den Wasserstand. Wird es weniger?
Sollte ich eine Markierung anbringen und es für mehrere Minuten beobachten?
Hat sich gerade nicht etwas verändert?
Was mache ich, wenn der Abfluss nicht dicht ist?
Was soll ich meinem Untermieter sagen?
Was passiert, wenn er die Wohnung ablehnt?
Wie soll ich dann meine Miete in Griechenland bezahlen?
Wie soll ich praktische Erfahrungen im Ausland sammeln?

Wie soll ich mein Studium bestehen?
Ich kann jetzt keinen Klempner rufen.
Ich muss noch so viel für die Klausuren lernen.
Oh Gott, ich bin so eine Versagerin.
Wieso bin ich so?
Ich kann nichts. Ich mache alles nur kaputt.

Oh, ich habe den Stöpsel nicht richtig rein gedrückt.

Katja Bielau * 2002

Das Sein

Ein Eiswind geht auf große Fahrt;
das Meer wirkt grenzenlos erstarrt;
es schweigt des Wassers Wellenspiel:
gefror'nes Nass am Hafensiel.

In trüber Sonne kaltes Licht;
erwärmend sind die Strahlen nicht;
und dort am Hafen stand ein Pfahl:
er trotzte dem Gezeitenstrahl.

Bedeutungslos in dieser Stund';
sein kaltes Grab am Muschelgrund;
an allen Dingen nagt die Zeit:
sie zwingt uns auf ...– Vergänglichkeit.

Stefan Bien * 1966

Adam

Könnt ich durch die Zeiten reisen,
würde ich auf Schritten, leisen,
zu der Wurzel Adams gehen,
würd versuchen zu verstehen,
wie der Apfel, bunt und groß,
und die Schlange, knochenlos,
und die Eva auch noch dann
ihn so übel reing'legt ham.

Wie die vier ganz obermies
alles hingemacht ham im Paradies,
so dass wir als deren Erben
jetzt tagtäglich so hart derben.

Gibt's an Anlass oder Grund,
dass der Adam wie ein Hund,
kaum beißt er den Apfel, schon
muss er gleich in Migration.

Mit ihm das ganze Menschgeschlecht –
ist Wahnsinn, wirklich echt.
Das war's jetzt mit dem Garten Eden,
kein Frieden mehr im Menschenleben.

Ich versteh's ja irgendwo,
im Garten ohne Libido,
ganz ohne Apfel und Genuss –
klar, dass er da abhauen muss.

Jetzt ham ma halt die Schererei,
Paradies ist ganz vorbei.
Stattdessen haben wir das Glück:
Partnerschaft und Apfelstück.

Stefan Bienenstein * 1965

Abendlicht

Dort wo der Mond die Erde streift,
dort wo er nach den Sternen greift
dort küss ich dich im Abendlicht
und die Zeit hat kein Gewicht.

Denn diese Nacht darf ewig sein,
das Mondlicht strahlt so klar und rein.
Halt mich fest, doch lass mich gehen,
lass mich Licht und Schatten sehen.

Langsam heilen alte Wunden.
Sei gewiss, wir sind verbunden.
Und zieht der Morgen über's Land,
halt ich noch gerne deine Hand.

Thomas Bindreiter * 1984

Adler

Er schwingt sich fort,
aus seinem Hort,
breitet die Schwingen aus

und fliegt an einen unbekannten Ort
voller Frieden und Glück
dort setzt er wieder auf,
fliegt aus den Wolken heraus.

Er breitet die Schwingen aus
und steigt in den Himmel.
Fliegt über die höchsten Bergspitzen
und über die wildesten Wälder.

Er setzt auf,
ganz leicht
und landet im großen Königreich
des guten Herrschers.

Er fliegt über Grenzen, Flüsse und Seen
Niemand kann ihn aufhalten,
niemand kann ihn sehn.

Er fliegt hoch und weit.
Er überfliegt jedes Königreich.

Sarah Birkner * 2007

Linden

Sonntag im Oktober, ...lautes
    Autogehupe,...
Fahrradfahrer mit lauter Musikbox, ...
Schönes Café ... aber auch hier ... Musik ...
    fast störend.
Gäste mit Kindern hinter mir ...
    unterhaltende Erwachsene ...
klappern eines Rads ... der Wind ... ein
    nöliges Kind.
Klappern eines anderen Rades ...
Autos im wechselnden Rhythmus mal
    schneller ... mal langsamer hupend.
Spaziergänger ... Kinder, die ständig
    Gespräche unterbrechen ...
Es wird frisch ... sieht nach Regen aus.
Berliner Autokennzeichen fährt vorbei ...
Regen im Anmarsch?
„Papa Papa ... Papa darf ich von dir
    probieren? ... Nur ein kleines Stück.
Papa ... das ist nur ein kleines Stück"

Mamaaa! ... Motorrad ... dann Raser im lila
  Auto ...
Tom fährt auf Rad vorbei ... hat mich nicht
  gesehen ...
„Oh Mama ... wollen wir wieder
  Erdbeerstrudel?"
Kennzeichen NL fährt vorbei ...
So. Ich geh jetzt. Ist mir zu laut. Zuviel an
  Geräuschen.
Elektrorolli fährt vorbei ... Autos ... Im
  Wechsel ... hin und her gehuppe ...
  und tschüss.
Sonntag im Oktober

Mignon Blings * 1953

Der Symbiose Molekül

Akkord der Düfte Phantasie
Im Glas gesprengtes Molekül
Zart duftend rein & fruchtig suesz
‚Herb' nebelwirbelnd seines Schilds

Amor – Phantast der Liebe – PFEIL
Bezirzt Madame zur Mademoiselle
Chloé im Fadenband der Zügel
Devot auf Schoßes Platzes Hügel

Floral, Vanille, Ambers Kopf
Des Geißblatts Chypre rosig Herz
Im Fond Elemis Wiedersehn
Ihrer Mitte Gier ergehn

Der Muse aphro' schokoKUSS
Vereint der Stücke Sehnsucht – SUCHT!
Ein Mosaik getränktes Zelt
Blutrot der aneMONEn Welt

Es tanzt der Fülle diffunD Rausch
Gelayert beider Düfte – HAUT
Der Molekül symbiotisch Drang
Nun wieder einzeln ihres Kerns!

Janine Block * 1980

Re(h)sponse No. 1: Magischer Moment

An einem Ort der Einsamkeit,
fern von der Menschen Hast und Enge
erhob ich meine Arme, weit,
auf dass ein Zauber mir gelänge.

Und da, im selben Atem, was
bevor noch ich die Arme senkte,
erschien ein Rudel Rehwild, das
mir nicht geringste Achtung schenkte.

Doch zwei von ihnen näh'rten sich
bis an der steilen Klüftung Warte,
und unverwandt beäugten mich,
dieweil ich reglos still verharrte.

Als die zwei Ricken mich besehen,
(nur schmale Kluft in uns'rer Mitte),
da wandten beide sich zu gehen
und von mir fort sie langsam schritten..."

Christine Bobzien * 1960

Keine Ahnung

Schmetterlingszart,
nur ein Hauch in mir drin.
Deine erste Bewegung,
und die Welt stand für einen Moment still.

Jennifer Bochwitz * 1997

Sehnsucht

Sie nimmt mir den Atem
Mein Herz verkrampft
Ja es zerreißt

Tränen laufen die Wangen runter,
Durch die Sehnsucht

Nach vollkommener Liebe
Nach vergangenen Zeiten

Sie lässt mich nicht schlafen
Nicht atmen
Nicht leben

Was wäre die Sehnsucht ohne mich
Nur ein Wort, dass ich nicht verstehe

Doch mein Herz versteht
Niemand fühlt sie so wie ich

Sie zerreißt mich
Ja sie zerstört mich
Doch sie macht mich lebendig

Ohne sie würde ich nicht sein
Aber ohne sie könnte ich leben

Alina Bock * 1999

77 h 78

Es hatt' die Welt ein Sturm verheert;
wie konnte man verzichten auf die Liebe,
und alle Blüten sind gescherrt,
sowie auch frischer Knospen Schimmer.
Ein schreckliches ‚Getriebe'!
Ich protestierte wohl mehr als drei Dutzend
  Male.
Die Menschen dieser Welt indessen ...
- doch jetzt da will und kann ich's nimmer
hat leider dieser Sturm vergessen!
Es schimpft der Mensch wohl, der normale,
dann aber feiert fröhlich er die Feste!
Doch Schönheit und auch Liebe ...
- siehst Du denn nicht die Blumenreste -
die, hoff' ich, blieben unversehrt!

Klaus Boehnke * 1951

Treue

Ewig soll sie halten,
Treue geht über die Liebe hinaus.
Am Ursprung fest sich haltend,
Ein werden folgt hierauf.
Im Ursprung gemeint ist Liebe,
welche schmiedet Beständigkeit im Sein,

Was nicht immer liebenswert im Wechsel
Lieget, Treue Ward denn Schein.
Erinnerung kommt hier zu Gute,
Doch der Wechsel wiederspricht,
Was Liebe suchte geschaffen hat es Dich.

Siegfried Bohl * 1999

Existenz

ich will
dass du mich ablenkst
von meinem Leben ablenkst
dass nichts mehr da ist
nur du und ich
keine Gedanken
ich
bin heimatlos
bei dir gestrandet
was war, was ist, was sein wird
wer weiß
ich will
dass du mich vergessen lässt
dass ich existiere und bin
dass es mich überhaupt gibt
diese rasende, unbändige
immer wieder hängenbleibende
schallplatte in mir
wird so still bei dir

Carla Luisa Böhm * 1990

Dieselbe Liebe?

sie liebt
sie wird geliebt
Oder?
Wird sie geliebt?
So geliebt, wie sie liebt?
Ja, natürlich. Was denn auch sonst?
Alles andere wäre unfair. Oder?

Er zeigt ihr, was liebe sein kann
sie zeigt ihm, was liebe ist
sie liebt, er liebt

Er teilt seine Lieblingslieder mit ihr
sie schreibt ihre Lieblingslieder über ihn
sie liebt
Er liebt?

Er zeigt ihr seine Lieblingsorte
sie sieht in ihm ihren Lieblingsort
sie liebt
Er ist verliebt

Er lacht mit ihr
sie lacht wegen ihm
sie liebt
Er ist verliebt?

sie liebt
sie wird geliebt
Oder?
Wird sie geliebt? So geliebt, wie sie liebt?
Ja, natürlich, was denn auch sonst?
Alles andere wäre unfair. Oder? Oder?

Kristina Böhm   * 2003

Tüchtig

Tüchtig ist der, der den Fleiß durchhält,
Denn der, der es halten kann, wird tüchtig
    sein.
Und wie er es hält und wie er sich verhält
Sieht man, dass er nicht faul sein kann.

Dann wenn and're stoppen und dösen,
Da spornt es ihn weiter an
Diese Aufgaben zu lösen.
Und so bleibt er weiter dran.

Der Tüchtige kann kein Sieger sein,
Denn er macht weiter und hört nicht auf.
So feiert er nicht den Sieg,
Sondern seinen Lauf.

Heidi Frida Böhme   * 2007

Im Kinderferienlager

Gewalt ist uralt
Wir sind modern
Gewalt liegt uns fern
Unsere Interessen sind
Singen, Tanzen, Lernen,
Sport, Spiel und Spaß
Wie findet Ihr das?

Birgid Böhme-Gharsallah   * 1950

Still

Warum bist du so still?
Weil ich so bin
Höre lieber zu
Als das ich rede
Nehme lieber Worte auf
Als das ich welche gebe

Brauche weder Mund noch Ohren
Um zu verstehen
Brauche nur Augen
Um in Augen zu sehen

Stille kann ein Segen sein
Man kann mit ihr weinen
Sie genießen
In ihr leben
Der Stille das Wort geben

Marvin Böhmke   * 1994

Die Veganerin

Weil Du selbst am Haken hängst,
warfst Du trotzdem mal wieder Deine
    Angel aus
in den kleinen Tümpel in der Ecke Deines
    Gartens
in die Du eigentlich nur kommst, um
auf einer Trittleiter Deine kurzen Arme
    in die Krone eines Feigenbaumes zu
    strecken
während ich, der ich sonst nur von dessen
    Fallobst zehre,

das der Wind derweil ins Wasser treibt,
in meinem trüben Mikrokosmos sofort den
    alten Glanz erkannte.

Obwohl ich um die Schnur an seinem Ende
    wusste
in der Hoffnung auf einen zumindest etwas
    größeren Teich
konnte ich nicht anders als bis auf's blanke
    Metall zu beißen und
ohne dass Du mich einholen musstest,
sprang ich in das, was von dort unten
    wie Deine Arme aussah

Jetzt lieg' ich hier in der Sonne
zappelnd, kurzatmig und mit glasig
    werdendem Blick
und Du guckst Dir lieber durch die Blätter
    die paar dünnen Wolken an,
die neben überreifen Früchten durch den
    Himmel ziehen

Wirf mich doch zurück oder lass mir
    wenigstens Badewasser ein
anstatt ab und zu geistesabwesend
    hinabzuschauen
wie ich im grüneren Gras krepiere

Fabian Böhnen * 1996

Frau

Ich bin zu freizügig, ich bin zu verklemmt
Ich bin zu laut, ich bin zu gehemmt
Ich bin zu viel Drama, ich bin nicht
    Herausforderung genug
Ich bin zu naiv, ich bin zu klug
Ich habe zu wenig weibliche Kurven,
    ich bin zu dick' Ich bin zu wenig
    Powerfrau, ich bin zu unabhängig
Ich bin zu leicht zu haben, ich bin zu
    desinteressiert
Ich bewirke zu wenig, ich bin zu engagiert
Ich bin zu bedacht auf meine Karriere, ich
    stehe nicht genug auf eigenen Beinen
Ich bin emotional zu kalt, ich fange zu
    schnell an zu weinen
Ich bin zu schüchtern, ich bin zu direkt
Ich habe zu viele Ecken und Kanten, ich
    bin zu perfekt
Ich bin zu
Ich bin Frau

Annika Bolte * 2001

Schattenmensch

Wieder mal muss ich mich entscheiden
Große Augen und kleine Tränen
Will ich Ertrinken in der schier endlos
    wirkenden Welle aus Emotionen, die
    für einen kurzen Augenblick dem
    Spalt im Tor meiner Selbst entflieht
Kleine Augen und große Tränen
Der Schmerz bleibt in mir
Durch eine Mauer aus hartem Granit fühle
    ich mich für einen Wimpernschlag
    geschützt
Immerzu verfolgt von den grell
    leuchtenden Augen der Wölfe um
    mich herum
Zu spät bemerke ich dass das eigentliche
    Monster in mir selbst schläft

Hannah Bönisch * 2003

Unheimliche Wahrheit

Ich wollte es dir sagen,
also schrie Ich es hinaus,
erwartet keineswegs Applaus,
doch ebenso wenig diesen Graus.

Ich wollte es dir sagen,
dachte du würdest es verstehen,
das sich zwischen uns nichts würde drehen,
erst recht nicht das du würdest gehen.

Ich wollte es dir sagen,
die nackte Wahrheit,
so dass du auch wirklich weißt Bescheid,
und Ich dir nicht mehr tue leid.

Ich wollte es dir sagen,
doch konnte nicht,
denn ich sah in dein Gesicht,
da sah ich das Vertrauen,
hatte Angst das es wird zu Grauen,
hatte Angst du würdest nicht verstehen,
das zwischen Uns sich würde alles drehen,

Und doch sprach Ich es aus und da war er,
der Graus.

Fynn Bonrath * 2006

Verlorene Liebe

Hör dich noch in meinem Lachen,
muss mein Lächeln wohl verbannen
weil es schmerzt, wenn es erinnert,
wie glücklich wir zusammen klangen

Bin für so ein Sein nicht gebaut,
wie die Lüge, der man vertraut,
bin für so ein Leben nicht gemacht,
wie die Sonne für die Nacht,

Nichts lässt mich dich nicht vergessen,
und ich bin wie nichts, was ist,
aber bin ich doch für einen Augenblick,
erinnert er mich stets an dich,

Ich geh' fort von hier,
wo du nicht bist, will ich nicht sein,
Mein Herz schreit auf vor Einsamkeit
„liebt ihr mich, tut es mir leid",
Bin nun getrieben von der Nichtigkeit.

Daniel Boost * 1992

How I Met your mother

And thats how I met your mother
Ja ich hoffe du bleibst für immer mein Lover
Wischte 5 mal links und einmal rechts
auf der Suche nach mir selbst
Gefangen zwischen fühle mich endlich frei

Und das kann es doch noch nicht gewesen
  sein
Um mich herum alle so glücklich
Doch mich erdrückt es
Zeitsprung und ich sipp an einem Gin
alles macht plötzlich so viel Sinn
Du neben mir, über uns die Sterne
Mein Blick schweift in die Ferne
Bin nicht religiös eingestellt
Aber bitte Gott
Mach dass es für immer hält

Lisa Börgmann * 2001

Menschlichkeit

Es ist nicht leicht, menschlich zu sein.
Es braucht ein aufrichtiges Auge,
Eine bescheidene Zunge,
Ein Ohr, das die Stimme des Gewissens
  hört.
Es ist nicht leicht, menschlich zu sein.
Es braucht Liebe, Respekt, Demut.
Wie der Weise sagt:
Erkenne zunächst Dich selbst
Und dann Deine Grenzen...
Es ist nicht leicht, menschlich zu sein.
Nutze Dein Selbstvertrauen, wenn Du es
  hast.
Traue es Dir zu, wenn Du denn Mut hast.
Eins wird Dich zum Ziel führen:
Eine gesunde Seele und
Ein Verstand, der denken kann!

Canan Borkenhagen-Stuchlik * 1972

Gelübde

Es sind die Weiten, die Wolken, Impulse,
Was die Sinnesflut beschwörend versiegelt,
Die Dich umgebende Menge aus
  greifenden Gründen,
Was in deinem Blick sich spiegelt.

In dieser Welt aus Meinungen, aus
　　Wettstreit, Gier und Hetze,
Im Fieber um Gewinne, Größe, Rechte und
　　Gesetze,
In dieser Welt aus Stimmen, Worten, hast
　　Du Dich nie verloren,
Hast anderer Leute Richtungsweiser
　　niemals für Dich auserkoren.

Es sind diese Grade aus greifbarer Liebe,
Unbegründeten Zielen gefestigt zu Grunde
Keinem Maß, keiner Zierde untergeordnet,
Der Zeituhr entglittene Stunde,
Es sind diese Grade aus Verlust und
　　Erwerb, aus Distanz und Verzicht,
Verdienst und Begehen,
Es sind Deine Schritte, die schon vorm
　　aufsetzen schallten,
Sie lassen aus Deinen Augen Dich sehen.

Jana Borowski　* 1988

Bereit gegen die Welt zu kämpfen
Ihr Inneres zerriss sie immer wieder
Schuld, die Menschen
In der Kirche sang sie zuwider Lieder

Sie sah nie ihr Gegenüber
Ihre Konzentration weit entfernt
Nichts ging vorüber
Ihre Emotionen hatte sie gelernt verlernt

Die Zeit verging, sie sah sich oft
Sie erstrahlte in immer hellerem Licht
Sie hatte sich viel vom Leben erhofft
Es passierte jedoch schlicht nicht

Die Arme brauchten immer wieder Stiche
Ihr Blick unfokussiert und zerstört
Für sie war es das Übliche
Der Abschiedsbrief wurde verstört gehört

Florian Bosshard　* 1995

Sehnsucht

Sanft streiche ich über deine Haare
Und schau in deine Augen
Sehe Zärtlichkeit und tiefes Vertrauen
Erkenn die Liebe, die Wahre

Eine Träne in deinen Blick
Brachte Unruhe in meinen Herz
Doch du flüsterst meinen Namen
Du bist für mich, all mein Glück

Du sprachst, für immer bist du Mein
Deine Hände zogen mich an Dich
Dich liebkosend versprach ich
Für Ewig und immer Dein

Hermann Bösler　* 1955

Erloschen

Ihr Haar schwarz von billiger Farbe
Eine Strähne Violett
An ihrem Handgelenk, eine weiße Narbe
Der Blick komplett adrett

Kreisspirale

Wir kreisen immer wieder um die gleichen
　　Dinge
und mein Geradeaus, ich weiß es ja,
zieht den Kopf mir nicht aus jeder Schlinge
denn all das war schon vor mir da.

Ich kann's mitunter kaum ertragen,
will nicht wissen und sehen abermals das
　　Gleiche
da bleibt nichts offen, keine Fragen
nur das Stellen meiner eigenen Weiche:

Eine Kreisspirale, sich nach außen windend
ohne jemals zurückzukehren
immer wieder Unbekanntes findend
nie Dagewesenes verehren!

Nie da gewesen, in all den Abermillionen
　　Jahren
für die meisten kann es da nicht viel geben
und wenn genau wir das sind und waren,
die, die weiter gehen im eigenen Erleben?

Sich wiederholend: immer auch die
   gleichen Schranken!
Hier und dort, da gehts nicht weiter und
   stagniert
und hier komm ich, dankbar, dann ins
   Wanken
mein Hier und Jetzt ist noch nicht datiert.

Maria Both * 1986

Die Desillusion

Die Sonne von dichtem Nebel umgeben,
und leise prasselt der eiskalte Regen,

lautlos stehe ich nachdenkend da,
ich erkenne den Tod doch so nah,
ein unendlich weit scheinender Weg,
so sich durch mein Leben zieht,
schlängl' mich nur noch auf 'nem schmalen
   Steg,
ehe ich endlich runterflieg,
so stehe ich nun am Rad,
trüber Blick schweift übers Land,

mäuschenstill kommst du von der Seite,
ich spür' Hände um meine Leiste,
couragiert hältst du mich fest,
hauchend erzähl' ich vom Rest,

freikämpfend fängst du mich auf,
abhängig lasse ich den Worten Lauf,
leicht gelähmt,
letztlich sage ich zu viel,
es hat dich überfordert,
nun ließest du mich fallen.

Celina Both * 2007

Undefinierte Wege bewegen Leben,
bewegte Leben definieren jedoch Wege,
Wege definieren wiederum Leben,
kompliziert sind doch Lebenswege,
Welche ohne Bewegung stagnieren,
wodurch das Definieren der jeweiligen
   Wege die Lebenswege bewegen.

Wouter Bouduin * 1997

Meine Hoffnung ist eine Oase
im Herzen (des Unglücks) in mir.
Es bist du.
Und ich schwitze. Ich habe Durst.
Die Welt ist eine Wüste.
Ich habe kaum Kraft, um zu wollen, zu
   lieben, zu glauben,
um dich festzuhalten, habe Angst.
Die Menschen scheinen merkwürdig,
   bösartig, fremd,
Umrisse zu sein.
Die Zeit entwischt.
Die Zukunft ist schwer wie Gestein.
Da ist kein Meer, kein Wasser.
Da ist kein Weg, um ihn zu nehmen –
der Sand verschlingt den Himmel und
   mich.
Aber ich sehe dich,
wo du anfängst, wo du blühst, wo du fließt.
Vielleicht kann ich dich schon spüren.
Ich schwitze, ich schreie.
Ich habe Durst, erträume, wie ich meine
   Lippen an den deinen feuchte –
bald schon werde ich aus dir trinken.

Zohra Boukhatem * 1996

Herkunft der großen Echse (Ich)

Mein Beschützer Oxala stampft auf und
   singt
Sterne schießen warme Milch in die
   galaktischen Pfade
auf sie hinken Mutters braune und Vaters
   blaue Augen
hüten mich wie einen neuen Krieger des
   geschundenen Waldes

Inmitten des Blocks am Märzende
auf den Trommeln schläft der Duft von
   alten Mandarinen
feiner Schnee fällt im Lichtstrahl
oder ist es nur tanzender Staub?

Würde sie noch leben du könntest fragen
kommst du von dort oder warum starbst
   du auf Zypern
wie Moses in einem Korb verweist, erzählen
   sie
Tonerde sind jetzt alle die es noch wirklich
   wussten
und das Fotoalbum will dir nicht antworten

Ernad Bradaric * 2003

Hört das Ungehörte!

Luft?
Ach atmen.
Warum?
Zum Schweigen

Worte bewegen Menschen.
Hört die Finsternis sprechen!
Missgunst und Hass kämpfen,
Um das Brot zu brechen.

Nur die Ungehörten
Wissen um das Rechte.
Das Gerufene zerstörte
Was einst den Tod schwächte.

Faust um Faust,
Waffe um Waffe,
Leben um Leben.
– Genug ist genug!

Felicia Brämer * 2006

Spuren von Zeit

Rockn'roll can ever die

Rockn'roll – in the beginning
die Ausgeburt des Jugendlichen,
degeneriert
schlussendlich
zum Alptraum des Alters,
zur Phantasmaogorie einer ewigen Jugend
im Körper von Greisen

Volker Brand * 1959

BACH BWV 668

Orgelklänge in der Nacht-
Für die Ausnahme muss Stille sein.
„Vor Deinen Thron trete ich hiermit"
Spielt der junge Musikus in Mainz

Im Lehme versinken die schweren Schritte
Zögerlich stapfend in dunkler Nacht,
Bis die obere Stimme erklingt
Wie ein Ruf, ein leuchtender Stern.

Wofür ist sie da? Ist sie
Unsere Hoffnung, unsere Zuversicht?
Ein Trost, eine helfende Hand,
Gottes Auftrag auf dem Lebensweg?

Behutsam verbinden sich beide Linien:
Unsere Unbeholfenheit mit unserem Mut,
Unsere Fehlschritte mit unserem Streben,
Bis sie verschmelzen und schlicht verhallen.

Schwach geboren, reichlich beschenkt, gar
   begnadet,
Der Musikus hat sich getraut und stets
   bemüht.
Nun spielt er zielbewusst dem Ende zu.
Vor Deinem Thron trete ich hiermit!

Odile Brandmüller * 1955

Der Soldatenbursch

Es war einst ein Soldatenbursch
Der wanderte durch Staub und Dreck
Und als ihn packte dann der Durscht
Trank er den letzten Rotwein weg
Und als der Krieg ihn dann erreichte
War er blau und kämpfte nicht
Und kurz vor seiner Beichte
Schoß er sich in sein Gesicht
Niemand sprach seither von ihm
Lag hier neben seinen Brüdern
So unauffällig wie er schien
Merkt man nicht er war Betrüger
Schoß sich selbst in den Tod

Doch lag hier neben tapferen Helden
Das Gesicht entstellt, die Lacke rot
Kein Verdienst war hier zu melden
Und all die Mengen die dann laut schrein
Wie auch ihr, ihr blinden Knechte
Tränkt doch selbst den guten Wein
Doch meint ihr kämpfet für das Echte

Gregor Brandstätter * 2002

Reise zu dir selbst

Wenn nur noch der Mond Dich wärmen kann,
und Dich das auch nicht erschüttert dann,

beginnt die Reise zu Dir selbst,
Dein echtes Leben welches nur zählt.

Das was Du siehst, ist Herrlichkeit,
das reinste Vergnügen von Ehrlichkeit.

Ein Augenblick der Zärtlichkeit,
begleitet Dich nun zu jeder Zeit.

Maria Brandt * 1994

Die Mode

Die coolen Models verdienen vielleicht viel Geld
aber sie ruinieren ihre Gesundheit,
um den Schönheitsvorstellungen der Medien
zu entsprechen.
Sie laufen, unnatürlich die Beine stellend, über den Steg.
Sie sehen aus wie abgemagerte Fische
mit Knochen und Haut.
Sie entsprechen überhaupt nicht
dem Aussehen einer gesunden Frau …
Das Ganze nennt sich „Die Mode"
und die Modeschöpfer schweben
irgendwo in den Wolken und vergessen,
wie die normalen Frauen aussehen.
Sie kreieren ihre Kleider für die
   Bohnenstangen,
weil es leichter ist!

Was nutzen mir diese schönen,
   ausgefallenen Sachen,
die nicht zu meinem Alter und meiner
   Figur passen?
Abgemagerte kranke Models laufen über
   den Steg …

Irma Brandt

Namenlose Phrasen

An alle die Hoffnung haben, an alle die
   sich an kleinen Dingen laben, die sie
   wiederum weiter gaben,
die lieber geben statt zu nehmen, die sich
   oft schämen Menschen zu sein,
die wie blöde Aggi Aggi schrein
die wissen wer ohne sünde ist werfe
   trotzdem nicht den ersten Stein.
An jene die die Welt bunter machen, die
   in anderen das fast erloschene Feuer
   wieder entfachen,
jene schwachen die zu ihrer Meinung und
   Wahrheit stehn, selbst wenn sie am
   Pranger stehn.
Sich selbst treu geblieben, sich aufgerieben,
   nicht gefallen nur gestrauchelt von
   1000 hieben,
ein schönes Kapitel im Trauerspiel
   geschrieben.
Alle die sich vom Herzen leiten lassen,
   die selbst Wege finden in all den
   Sackgassen und Labyrinthen
in der ewigen Reise durch zwielichtige
   Pfade, gesäumt von Bäumen die
   Trauer tragen,
stets erpicht sich auf die Sonnenseite durch
   den Schatten zu schlagen.
Den nach Wahrheit strebenden Licht
   zugewandten, vom nicht Wissenden
   verbannten,
die jene die sie suchen nicht kennen auch
   wenn sie, sie schon kannten.
Sie wissen aller Anfang ist auch gleichzeitig
   das Ende.
Ein Berg ist ein Tal, sowie Höhe gleich
   Tiefe.
Glück und Leid, trägt nur ein anders
   farbiges Kleid.

So sind 2 immer 1 auch wenn es durch die
   3 erst die beiden vereint.
Im Unendlichen-Meer, im Nichts wo alles
   zu sein scheint.
All dies was aus sich selbst entstand am
   andersartigen Weltenrand.
Wo der Meister beim ausatmen das Chaos
   aller bekannter und nicht bekannter
   welten entfachte.
In jenem Augenblick der keine Zeit kannte,
   besonn er sich Inne zu halten,
einzuatmen und aus dem Chaos die
   Ordnung zu entfalten.

Thorben Braukmann

Kinder, Kinder!

Kind – kleiner Mensch
kindisch – albern, unreif
kindlich – naiv und unschuldig
Kindergarten – Ein Paradies für Kinder?
Kindheit – Zeit der Erziehung
Kindstot – Erwachsen!

Bettina Breitenfelder * 1969

Leben lieben - nur ein Augenblick

Ich lebe, um zu lieben
den Moment,

ist nur ein Augenblick
zu schnell vergessen
um zu begreifen:
→ Was habe ich?

Ergreifend,
dass nur Wandel besteht:
→ Habe ich etwas oder gehört mir nichts?

Nichts,
ist voraus zu setzen:
→ Kenne ich nur mich oder meine ich,
   mich nur zu kennen?

Bei jedem Neuanfang
bringe ich Erfahrung ein:
→ Hinein bringen oder mit mir tragen?

Ein Bündel an den Rücken geschnürt
Narben der Riemen, Lasten schwer:
→ Schwer zu schleppen oder
   willensschwach abzulegen?

Ab und zu weglegen.
den Moment. Im Moment Leben lieben.

Charlotte Brema * 1994

Die Leiche neben dir

Leute sagen immer der Tod einer geliebten
   Person ist das schlimmste was einem
   passieren kann.
Aber was ist wenn die Person noch da sitzt?
Wenn sie noch in deinem Leben ist?
Aber dennoch Tod.
Denn sie hat sich entschieden, dass sie am
   wichtigsten ist.
Dass ihre Bedürfnisse deine austreten
und so stirbst du wegen der Leiche neben
   dir.
Was euch getötet hat?
SUCHT

Lieselotte Brenken * 2005

Reueherz

In der Tiefe meines Seins, ein Schatten
   liegt,
Schuldgefühle tragen schwer, das Herz
   besiegt.
Sie weben ihr Netz aus Vergangenheit und
   Pein,
Doch ich will sie lösen, mich befreien allein.

Die Tage vergehen, doch die Erinnerung bleibt,
Ein unvergänglicher Schmerz, der tief in mir schreibt.
So bleib ich hier, im Jetzt gefangen, Mit Reue, die mich lässt verlangen.
Doch eines Tages werd' ich verstehen, Die Zeit zurückzudrehen ist vergebens Flehen.

Luis Bretschneider * 2002

Ungenormt

Liebes Baby, braves Kind
Dinge, die gewesen sind
gerne gelebt - alles normal
Strenge und Ordnung – fast banal.

Gelacht, gelernt, gediehen.
Beobachtet und geformt.
Viele Fragen gestellt - unverziehen.
Unbeantwortet – entgegen der Norm.

Letztlich gefügt und fort gegangen.
Ungewollt und viel zu früh.
Im Nachhinein die Zweifel rangen.
Vermisste Liebe – zwei Herzen verglüh'n.

Ungeliebt zurückgelassen,
Gegenwart ohne Sein
Gedankenvolles Verblassen.
Zukunft war ein schöner Schein.

Jedoch, es wurde hell - aber es blieb dunkel.

Jenny Brinken * 1979

Schmerz

In meinem Herzen brennt ein Feuer,
Der Schmerz der Liebe ist mein Begleiter.

Tränen fließen, das Herz ist schwer,
Die Liebe, die einst war, gibt es nicht mehr.

Ein gebrochenes Herz schmerzt so sehr,
Doch ich hoffe, dass es heilen wird mit der Zeit.

Jeder Atemzug erinnert mich an dich,
Doch ich muss lernen, ohne dich zu leben.

Die Liebe, die wir teilten, ist nun vorbei,
Doch der Schmerz bleibt und vertieft sich.

Wie ein Messerstich ins Herz,
Der Schmerz der Liebe reißt mich auseinander.

Tränen fließen wie ein stetiger Strom,
Der Schmerz der Liebe lässt mich nicht los.

Einsamkeit umgibt mich wie eine dunkle Wolke,
Der Schmerz der Liebe lässt mich verzweifeln.

Die Erinnerungen schmerzen, doch ich halte fest,
An den Momenten, die einst Glück in mein Leben brachten.

Der Schmerz der Liebe ist wie ein stummer Schrei,
Der in meinem Inneren widerhallt.

Die Tage vergehen, doch der Schmerz bleibt,
Liebeskummer ist eine tiefe Wunde, die langsam heilt.

Die Liebe, die einst so stark war, ist nun Vergangenheit,
Doch der Schmerz der Trennung bleibt.

Mit jedem Herzschlag spüre ich den Schmerz,
Liebeskummer ist wie ein endloser Albtraum.

Die Tränen fließen, das Herz ist gebrochen,
Doch ich werde mich wieder aufrappeln
und weitergehen.

Der Schmerz der Liebe lässt mich zweifeln,
Doch ich weiß, dass ich stärker daraus
hervorgehen werde.

In der Dunkelheit der Einsamkeit,
Finde ich den Mut, mein gebrochenes Herz
zu heilen.

Die Liebe mag vorbei sein, doch der
Schmerz bleibt,
Doch ich werde lernen, ihn zu überwinden.

Julien Brinkmann * 2000

Das kleine Ding
hauchdünn
zwischen einem Stern und einem anderen

Seinen Namen habe ich gelernt
um da zu sein
wo alles begann
und die Farbe änderte
zwischen Nacht und Tag
um nicht gesehen zu werden

Niemand findet den Himmel

Alessandra Brisotto * 1968

Einsamkeit

Dich umklammern Seelen - Sorgen.
unsichtbar in dir verborgen,
schnüren sie dir alles zu -
die Gefühle kennst nur du.

Du bist in der Menschenmenge,
stehst mitten drin in dem Gedränge.
Jubel , Lachen und Geschrei -
alles zieht an dir vorbei.

Familien die sich wieder seh'n ,
Hand in Hand spazieren geh'n .
Wie sie lachen und sich küssen ,
Liebe nicht vermissen müssen.

Deine Zeit rennt immer weiter -
Einsamkeit heißt dein Begleiter ,
der schon lange mit dir geht
und dir selbst im Wege steht.

Niemand sieht zerbroch'ne Herzen,
hört der Seele stumme Schmerzen.
Zeig ein lachendes Gesicht... –
die Einsamkeit, die sieht man nicht.

Ulrike Brockmann * 1955

Pool bei Nacht

Einhorn dreht im Pool die Runde
Majestätisch aufgebläht
Still und leise folgen Ringe
Bälle und ein Schwimmkorsett
In verwaistem Wasser zittert
Spielt und spiegelt sich der Mond
Lässt die Nacht nicht alles schwärzen
Pinselt Silber hier und dort
Schiefes Kreuz des Südens leuchtet
Will sich auch im Wasser spiegeln
Anders als in starrem Himmel
Reckend sich im Becken biegen
Müder Rasen völlig trocken
Von der Sonne ausgesaugt
Sammelt Kräfte für den Morgen
Dankbar hortet Perlen Tau

Brodjaga * 1958

Das Mädchen

Im Sonnenlicht sah ich ein Mädchen
stehen,
Ganz ohne Begleitung konnt' ich sie sehen.

Es wehte im Wind, ihr goldenes Haar.
Wären wir ein schönes Paar?

Sekunden, Minuten ich wusste es nicht.
Doch dann geschah es, ganz fürchterlich.

Ihr Blick streifte meinen, ich konnt' es kaum glauben.
Waren das Tränen?, in ihren Augen?

Ein Zittern fuhr durch ihre schmale Gestalt.
Rote Finger, sie waren bestimmt schon ganz kalt.

Das Brückengeländer hielt sie fest im Griff.
Unter ihr konnte ich hören ein Schiff.

Just in diesem Moment wars geschehen.
Ein Bein Schritt nach vorn, als würde sie gehen!

Das Brückengeländer hielt niemand mehr fest.
Rote Finger, sie waren zu Fäusten gepresst!

Das Gleichgewicht war es, das sie jetzt verlor.
Mein Körper, der bebte, wie ihrer zuvor.

Eins wurde mir klar, als ich sah nach unten.
Das Mädchen war samt ihrer Tränen versunken.

brokenletters * 1997

Filterkaffee

Was wenn der schwarze Kaffee
In der rosa Tasse

Nicht nur Routine
Sondern Methaper

Für all das dahinter
Und all das hier drinn

Ich sehe mich selbst
In rosa Kleidern

Kein Zucker im Kaffee
Und ich such den Sinn

Julia Brombach * 2003

Das schweigende Wort

Was in ihr vorgeht kann sie nicht mehr beschreiben, denn ihre Worte wurden das Schweigen.
Sie hat so oft schon versucht zu sagen wie es um sie steht und was in ihr vorgeht.
Leider hat keiner ihre Hilfeschreie bemerkt und sie tut leiden. Sie hat angefangen über ihre Gefühle zu schweigen.
Schweigen ist was sie nur noch kann, denn Gefühle zu offenbaren birgt Gefahren.
Sie hat gelernt zu Schweigen und keine Tränen mehr zu zeigen.
Leider hat keiner ihre Hilfeschreie gehört. Ihre Seele wurde von all dem Leid zerstört.
Stark sein musste sie schon als sie noch klein war, denn auch früher war niemand für sie da.
Alleine muss sie für ihre Werte einstehen und ihren Lebensweg selbst gehen.
All die Lasst auf ihren Schultern drückt sie nieder.
Sie kämpft sich zurück auf die Beine immer wieder.
Kämpfe, schweigen und nicht aufgeben so beschreitet sie ihr Leben.

Melanie Brosemer * 1996

vom versuch erzählen

vom versuch erzählen
wie damals
als wir gingen
durchs herbstlaub
du hältst mich an der hand
ich führe dich
auf weglosem weg
ins neue haus
damals
deine nähe
dein zauber
bis ins wunschlose
als wir den schrei hörten der eule
und der mond

und das nebellied
und du neben mir
damals
heute

Andreas Bruderer * 1950

Engel
Für meine Freundin Angela

Angelus und Angela
Engel sind meist unsichtbar,
geistig nur und selten leiblich,
und die Frage: männlich? weiblich?,
die in Gender-Zeit bewegt,
ist im Deutschen festgelegt:
Eindeutig „der Engel" heißt es,
und „die Engel" ist, du weißt es,
Plural nur, kein and'rer Sinn.
Sagt man nun „die Engelin"?
Deutsche Sprache, wie gemein!
Ach, wie schön ist doch Latein!
Angela ist Angela.
Engel auf Erden! Wunderbar!

Birgit Brüdigam * 1949

Eine Ode an Hades

Hunderte Geister, gehüllt in weißes
    Gewand,
ihre goldenen Augen bezahlen den Preis,
und lösen das Band.

Gierige Seelen am Ufer reichen die Hand,
ihr Flüstern, ihr Schreien,
erzählen aus einem anderen Land.

Getrunken von der Lethe, schmerzlose
    Schatten zwischen der Zeit,
Minos richtet vergessene Taten und
    Feindseligkeit.

Leicht nehmen sie was sie nicht verstehen,
doch unsere' Hoffnung und Leidenschaft ist
    es, was sie seit jeher begehren.

Zu mondlosen Himmeln und sternlosen
    Tiefen hinab,
fallen wir ins Dunkel, Blicke schweifen
    fernab.

Drei Mal gestorben, zwei Mal erwacht,
ergeben wir uns Hades Nacht.

Anthea Brüggemann * 1997

Weh mir

Weh mir
Es ist Krieg
Und mir fehlt das Wort

Weh mir
Es ist Frieden
Und niemand spricht mit mir

Weh mir
Du bist da
Und ich erkenne Dich nicht

Weh mir
Ich muss gehen
Und verschlafe meine Zeit

Hartmut Brümmer

Danke, Jesus Christus

Herr, ich bin nur ein Sünder,
und ein Staubkorn dazu.
Dennoch auch Verkünder,
deiner immerwährenden Ruh:

Denn was immer ich verbrochen,
deine Barmherzigkeit siegt.
Welche Laster ich auch genossen,
du, Jesus Christus, hast mich lieb.

Florian Brunner * 1979

Sonnenuntergang

Ein Traum von Farben sagt goodbye,
die Nacht setzt erste Kräfte frei,
die Sonne schminkt das Firmament,
es scheint, als oben der Himmel brennt.

Gedanken sich in ihm verhüllen,
würd' ein Buch mit Worten füllen,
beim Anblick macht sich Freude breit,
aber nicht auch selten Leid.

Lass Deinen Sinnen freien Lauf,
nimm Emotionen stets im Kauf,
denn diese herrlich' Prozedur,
ist eine Gabe der Natur.

Aurora Bruno * 2012

die Zeit und wir

Jahre kommen und gehen
manchmal bleibt
die Zeit doch kurz stehen
wir spielen mit
spielen miteinander
und die Jahre schauen uns zu
weise und wissend
dass wir uns belügen
aber unsere Augen
bleiben vor der Wahrheit
verschlossen bis wir
uns irgendwann trauen
uns einzugestehen
was wir wirklich brauchen
bis dahin möchte ich
noch ein bisschen naiv
durch die Jahre ziehen
bis ich so weise bin
wie die Zeit selbst

Lena-Isabelle Brunßen * 1998

Bin ich selbst Schuld?

Bin ich selbst Schuld?
Habe ich drum gebeten?
Bin tief in einer Muld.
Spannen unser Leben, webten.

Wieso ist alles so kompliziert?
Wieso rede ich um alles herum?
Ich zitter und es friert,
um mein Herz drum und drum.

Wieso ist es nicht schön?
Wie in einem Bilderbuch?
Meine Lage bringt mich zum stöhn.
Über unserer Liebe ein Grabtuch.

Bin ich selbst Schuld?
Habe ich drum gebeten?
Dabei habe ich es versucht, geduld.
Doch jetzt sitze ich hier und bebe.

Nass und rot sind meine Wangen,
alles was mich hält ist dein Lachen.
„Du wist immer mein sein", diese Worte
    prangen.
Alles was ich will, ist mein Leben zu
    entfachen!

Chelsea Buchholz * 2005

Wir sind allein

Ich bin allein,

Und doch, wenn ich zu dir hochschaue,
wie kann jemand so schön sein?
Wenn ich meinen Augen nicht traue
durchschaut mich dein einzigartig Schein.

Du strahlst dieses Licht aus,
egal wo ich mich befinde,
bei dir bin ich zu Haus.
Mir kommt nichts andres in den Sinn,
ob ich in dir verloren bin?

Für mich bist du die Ewigkeit,
ich doch nur ein Wimpernschlag,
Zum Loslassen bin ich nicht bereit,
Und trotzdem kommt ein neuer Tag.

Ich schaue nur zu dir,
aber du schon zu unendlich vor mir.
Du bist an die Menschenliebe gewohnt,
Wir kommen und sterben,

Du bist allein,
Du einsamer Mond

Antonia Buchinsky * 2006

Herzenstüre öffnen

Wie soll ich meine Herzenstüre öffnen?
Wie kann ich sie offen halten?

Und wie kann ich darauf hoffen,
dass wenn sie einmal offen,

nicht mehr fällt in Schloss,
damit der Strom nicht versiegt und nichts
    mehr fließt,

Bin ich etwa der Keil
oder zum Teil,
der Schlüssel?
Oder halte ich ihn sogar in der Hand?

Wie begegne ich mir beim Öffnen
und in welchem Gewand?

Trage ich ein leichtes Hemd
oder bin ich mit Orden behängt?

Denn ich möchte nicht nur verwalten,
sondern meinen Herzensfluss selber
    gestalten,

Den Strom so formen und lenken,
dass er mich anrührt und trägt
zu fremden Welten,

Welch große Macht,
wird hier neu für mich entfacht.

Oh, du süßes, wunderbares Herzenslicht!

Alexander Bücken * 1968

Der Himmel ist nicht blau

Der Himmel ist nicht blau
Er ist rot und grün und gelb und pink
Er ist alles was wir sahen und jemals sind
Der Himmel ist nicht blau
Er ist ein Reich aus Rauch und Wind
Die schönste Sicht,
wenn die Nacht uns umhüllt wie ein
    Mantel,
ganz dicht
Nachdem die Sonne auf den Horizont traf
und die Sterne erwachen aus ihrem Schlaf
Dann ist der Himmel nicht einfach blau
Er ist Ich und er ist Du
Er ist das Universum und alles dazu
Er ist und hat alles gesehen
Krieg, Liebe, wie Königreiche vergehen
Er ist selbst noch da,
wenn wir bereits gehen
Ob Mann oder Frau
und alles dazwischen
Wir wissen nichts, und doch können wir
    wissen
Der Himmel ist nicht blau

Aurelia Elena Bucolo * 2002

Weit weg

Kalter Kaffee, warmes Bier,
früher war's mal besser hier.
Im Taxi dann nach nirgendwo,
Konto leer, ist nun mal so.

Türen geknallt, Worte getauscht,
Masse an Wut immer mehr aufgebauscht.
Es geht nicht um falsch oder richtig,
diese zwei Worte sind absolut nichtig.

Es geht vielmehr um ja oder nein,
und um die richtige Wahrheit oder den Schein.
Es fühlt sich seltsam an, ein bisschen tut's weh,
wenn ich so vieles zu Grunde gehen seh'.

Weit weg von dort, von allem was war,
da ist es merkwürdig und gar sonderbar.
Doch ein Zurück ist undenklich, Vergangenheit…
Und heute Nacht hat es schon wieder geschneit.

Man sieht nur noch die Straßen in dieser komischen Zeit,
und bis zu einer Veränderung ist es noch sehr weit.

Rebecca Eva Buenaventura Arango * 1990

Liebe auf den zweiten Blick

Als ich dich das erste Mal sah, war ich wenig begeistert von dir.
Wir konnten kaum unterschiedlicher sein.
Auf den ersten Blick sahst du nicht einmal gut aus.
Und obwohl ich mich bei dir nicht wohlfühlte, bin ich geblieben.
Es war ja schließlich vernünftig.
Mehr als einmal wollte ich flüchten, habe es aber immer wieder auf morgen verschoben.
Bei dir hatte ich alles, was ich brauchte und dennoch fühlte ich mich einsam.
Wollte zurück in mein anderes Leben, so anders!
Nach ein paar Jahren war es leichter, wie schnell man sich arrangiert.
Die Sicht auf mein altes Leben verblasste, wurde grau und fremd.

Irgendwann ergab es sich, dass ich dich näher kennenlernte.
Entdeckte Ecken und Kanten, von denen ich nicht wusste, dass du sie hast.
Ich frage mich oft, warum sie mir nicht früher aufgefallen sind.
Doch von dieser Seite hatte ich dich nie betrachtet.
Du bist jetzt mein Leben und ich kann mir nichts anderes mehr vorstellen.
Ich liebe dich.
Du schöner neuer Heimatort.

Julia Bugdoll * 1981

Siegerehrung, Die vermeintlichen Gedanken eines Olympiasiegers

Auf dem Podest da fällt mir ein
die Medaille sollte meine sein
diesen Kraftakt habe ich gewonnen
trotzdem ist der Sieg zerronnen

da mir einfach nicht gefällt
wie sich die Medaille wellt
mir wird die eben um gehangen
schon muss ich mit dem Gedanken rangen

die Medaille einzuschmelzen
oder soll ich mich doch lieber wälzen
wälzen, winden, was weiß ich
denn die Medaille gefällt mir nicht

nicht wie sie um meinen Hals hängt,
nicht wie sie die Blicke lenkt,
nicht wie sie mein Zimmer schmückt,
nicht wie sie die Leute verzückt

also muss eine Lösung her,
ich schenk sie dem Letzten bitte sehr

Theodor von Bülow * 2005

Der Tanz

Roll ich dich weg von mir,
hinauf den kleinen Hügel weicht alle Kraft
   von dir.
Und rollst du rote Kugel ganz treu zurück
   zu mir.

Welch' Freud' bereitet mir dies Spiel,
ich roll dich fort, du rollst zurück.
Noch ewig könnt' ich weiter rollen,
und mich an diesem Glück erfreuen.

Doch langsam werd' ich müde.
Das Stoßen kostet Kraft.
Ich wünscht' ich könnt' genießen
Du lägst in meiner Hand ganz sacht.

Doch ewig muss ich stoßen,
zu seh'n mit welcher Macht,
ich kann dich mit der bloßen,
Gewalt meines Herzens bedacht,
In Ewigkeit von mir stoßen.

Viel lieber würd' ich liegen,
zusammen mit dir ruh'n,
Dich in meine Hände schmiegen,
statt unser Glück vertun.

Wo bin ich hier, wo bin ich hier? - ich bin
   mir.

Desiree Bungter * 1981

Den namenlosen Helfern

Eine Spende will ich geben
Um zu helfen einem Leben.
Sie ist nicht groß, eher etwas klein
doch von Herzen soll sie sein.

Viele geben so wie ich
Die nicht denken nur an sich.
Wissen schon wofür es ist,
das man viele Andere nicht vergisst.

Gegen Elend, Krieg und Not,
bitten sie um etwas Brot.
Geben's denen die vor Kummer
Trocknen Ihre Tränen vor dem Hunger.

Mit der Dose in der Hand
Ziehen sie von Land zu Land.
Ob bei Regen, Sturm und Wind
Sammeln so für manches Kind.

Niemand kennt da ihre Namen
Kaum einer wird sie umarmen.
Oftmals sie vor Türen stehen,
haben nie ein Stückchen Ruhm gesehen.

Tag für Tag ziehen sie durch diese Welt,
ernten weder Glamour, Glanz, noch Geld.
Unbekannt und doch nicht ohne Namen,
bei den Not leidenden und den Armen.

Jeder Stern am Himmelszelt,
leuchtet für die Helfer dieser Welt.
Reichtum, Macht sind ihnen fremd,
doch die Not ein jeder kennt.

Wir danken denen ohne Namen,
die sich andrer stets erbarmen.

Jens-Roland Burmeister

In meiner Welt

in meiner Welt
ist morgens Herbst
und abends Frühling.
Dazwischen halte ich Winterschlaf
und vergesse vom Sommer zu träumen.

Lars Büscher * 1976

Tagtraum

Ich träume mich weit weg von hier
immer wieder verspüre ich diese Gier
zu flüchten aus dem Hier und Jetzt
gefangen in dem alltäglichen Netz

Träume und schwebe in einer anderen Welt
nicht mehr spielen den Held
denke an nichts und fühle mich frei
weit weg vom Alltagsgeschrei
Verliere das Gefühl für Zeit
ein inneres Wohlgefühl macht sich breit

Doch plötzlich erwache ich und stelle fest
es war nur ein Tagtraum und ich falle
　　zurück ins Jetzt.

　　　　　　　　　　Friederike Buschmann　* 1972

Antje, Skopje

Und ging in die Stadt auf eine lange Reise,
Von der sie nie richtig zurück kommt
Da lag ein Haus im warmen Sonnenlicht
Nicht arm, nicht reich
Ganz beschaulich, wie in der Abfolge des
　　Gesprochenen
„Antje, Skopje", die Klassenzimmer waren
　　leer.
Verlaufen und keinen, Kaffee
　　vorbeigebracht.
(„Über die Liebe")

　　　　　　　　　　Mariann Bush　* 1981

Gardasee

In alle Farben
hüllst Du Dich!

Aus grün gesäumtem Norden
ergießt sich Dein Silberblau
über die Spiegelbilder
cremegetupfter Dörfer

und verrinnt
im gleißenden Weiß
südlicher Mittagssonne.

Karmesinen dümpeln Falter
über hängenden Zypressen,
deren braun geschuppte Stämme
wurzellose Kronen
in die dunkle Tiefe treiben.

Bunte Segel malen rumpflos
geometrische Figuren
auf das wolkenlose Bütten,

fern im Dunste feuchten Flimmers
ruhen blau die Inselschatten.

　　　　　　　　　　Dieter Büter　* 1948

Herzklappe

Hand

aufs

Herz

damit
ich nicht
mehr raus komme

　　　　　　　　　　Rüdiger Butter　* 1963

Seelenreinigung

So steht sie dort, im Zimmer ihres
　　Seelenlebens und weiß nicht wo sie ist.
Immer wiederkehrende Wiederkehr
　　zerschmettert ihre Freude.
Sie schruppt mit beiden Händen den Boden
　　ihrer Selbst, um endlich auch den Rest
　　des jahrelang wuchernden Drecks zu
　　vernichten.
Nichts geht fort. Alles kehrt wieder.
Wie ein Parasitenpilz der in immer
　　wiederkehrender Wiederkehr
　　wächst und saugt.
Wächst und saugt.
Wächst und saugt.
Wo soll sie noch suchen?
Es scheint der Quell des immer
　　wiederkehrenden Aussaugers ist
　　überall und nirgendwo.
Zitternd, schwitzend schruppt sie die
　　Fugen ihrer Selbst bis sie bluten.

Und sie weiß sie muss aufhören, doch der
    Strudel der immer wiederkehrenden
    Wiederkehr hat sie längst in seinen
    Bann gesogen.
Und so schruppt sie die Fugen.
Die Fugen ihrer Ängste.
Die Fugen ihrer Wut.
Die Fugen ihrer Traurigkeit.
Ihre Knie sind Wund.
Ihre Tränen leer.
Ihr Geist scheint frei.
So steht sie dort im Zimmer ihres
    Seelenlebens und weiß nicht wo sie ist.
Immer wiederkehrende Wiederkehr kehrt
    wieder.
Immer.

Lisa Büttner * 1994

Ecce stultus

Den Narren schelte ich nicht:
Du bist hässlich

Ich sage ihm:
Du bist nicht lustig - weil ich will, dass er
    fällt und sich selbst erkennt.

Den Weisen lehre ich nicht:
Du bist alt

Ich sage ihm:
Du verstehst nichts
-weil ich will, dass er leidet und zu
    begreifen beginnt.

Den Mönch spotte ich nicht:
Du bist einsam

Ich aber sage:
Dein Gott ist tot
-weil ich will, dass er zweifelt und zu leben
    beginnt.

Nur Dir...
Dir sage ich nichts.

Weil die Furcht vor dem Verlangen des
    Herzens Liebe Atem nimmt.

Nur Dir...
Dir sage ich nichts.

Weil die Angst vor deinen Augen die Kraft
    der Seele übersteigt.

Daniel Büxenstein * 1979

Nur Dich

Egal wie viele Menschen im Raum sind,
ich sehe nur dich.
Jeder Mensch ist schwarz-weiß,
Aber du bist
der Einzige,
den ich in Farbe sehe.

Dich zu sehen gibt mir ein Gefühl von
    wohl befinden,
auch wenn du 5 Meter von mir wegstehst.
Diese Entfernung war nie das Problem,
sondern zu wissen,
dass wir uns entfremden.

Dieser Gedanke löste in mir Panik aus.
Ich konnte mir nicht vorstellen,
alle Menschen bunt zu sehen,
Oder dass du zu den Menschen zählen
    wirst,
die ich schwarz-weiß sehen werde.

Nein, dich so zu sehen war unvorstellbar,
denn dass ich für dich empfand,
hinderte mich,
dich so zu sehen.

Nora Bytyqi * 2006

Abgründe

Ich sitze hier, schaue gegen die Wand,
habe alles, was ich fühle tief im Innern
    verbannt.
Es scheint als würde mein Leben über mir
    zerfallen
und das Böse jener Ängste über mich
    herfallen.

Mir gleitet alles aus der Hand,
wie mein inneres Gleichgewicht, das ich
    niemals fand.
Dunkle Wellen umhüllen mich brausend,
ich schnappe nach Luft, tiefe Sorgen in mir
    hausend.

Ich kann nicht atmen, meine Kehle scheint
    wie zugeschnürt,
ich weiß nicht, wohin es mich führt.
Keiner der Wege scheint richtig,
dabei sagt jeder, es sei so wichtig.

Was soll ich nur tun, gebe mich der
    Dunkelheit hin
Und frage mich, wer ich wirklich bin.
Wer, der mich umgibt, kann mich wirklich
    lieben,
ich weiß es nicht, ich will es von mir
    schieben.

Welchen Platz habe ich in dieser Welt?
ich, die den Abgrund hinunterfällt.
Ich falle in die Unendlichkeit
umgeben von tiefer Unehrlichkeit.

Zoë C. * 2004

Valentinstag

Auch wenn Du heut nicht bei mir bist,
Du grade stapfst durch weissen Schnee.
Auch wenn noch Tage werden gehen,
bevor ich Dich dann wieder seh.

Auch wenn Du wandelst durch Dein
    Leben,
so wie es Dir grad möglich ist.
Auch wenn Du teilen musst mit vielen,
was Dir sehr lieb und wichtig ist.

Ich bin bei Dir so manche Stunde,
ganz warm mein Herz oft an Dich denkt.
Du bist ein Schatz in meinem Leben,
das Zeit und Nähe gern Dir schenkt.

Die Rosen heut kann ich nur dichten,
der Duft „par amour" und rot die Blüten.
Und in Gedanken heut ganz besonders,
werd ich lieb ein Bild von Dir behüten.

Cader * 1970

Die letzte Zeugin

Fürchtest du dich denn nicht vor der die
    alles weiß,
die die den Untergang kennt.

Fürchtest du dich denn nicht vor der die als
    letzte einberufen wird,
die die beim jüngsten Gericht aussagt?

Fürchte dich vor der die ganz gewiss aus
    der Asche auferstehen wird den das
    Engelshorn ihr brachte!

Sie ist die die euch überleben wird,
die die Eden mit Reichtum beglückt.

Sie ist die die ihr alle kennt.

Can Çamoğlu * 2003

Überflutetes Land

Er geht in einem Land,
In dem man nicht mehr leben kann.
Die Flut, das Wasser, dass überschwemmt,
Das scheint ihm alles (viel zu) fremd.

Die Häuser sind nur Ruinen hier,
Ein Bild, voll Trauer und Gier.
Die Straßen liegen verschlungen da,
Wie ein Gewirr aus Angst und Gefahr.

Verlassene Felder und Wiesen weit,
Einst grün und voller Fröhlichkeit.
Nun ertrunken in den Fluten sie,
Verschleiert von Traurigkeit und Apathie.

Er wandert durch das traurige Land,
In dem sich fast nichts befand.
Die Menschen, die einst hier zuhause
    waren,
Sind nun gezwungen, anderswohin zu
    fahren.

Die Klimakrise hat zugeschlagen,
Das Wasser steigt, ohne zu fragen.
Die Fluten rücken näher, unaufhaltsam im
    Fluss,
Es kommt nie zu einem Schluss.

Samuele Carella * 2004

180 Grad

im Untergang dieses Selbst
in der Leere geteilt
mein Atem
in jede Zelle gefügt
aus den Himmeln geweht
die schuppige Haut
wie Staub
aus der gekrümmten Larve gefallen
der wache Geist
mit der Seele
Hand in Hand wandernd
bis hinter den blassgelben Horizont
vor das Nichts
dieser mit Zuversicht gefüllten
im Zwielicht
endlos erscheinenden Tage

Laura Carlsson-Monti

stille

und nun werd ich leise
ganz sachte, ganz fein
wechsle vom tun
hinüber ins sein

lass mein feuer erlischen
ein sternschnuppenlicht
leise in mir
von hingabe spricht

ich füge mich ein
ins allgrosse sein
werde zur weberin
sie webt in die stille
mich ein

Jeanne Vera Caspar * 1991

Bedingungslose Liebe

Wir schauen dich immer wieder an
du wunderbares Geschöpf und begreifen
    fortan

Du bist ein Wunder, vollkommen und rein
Du strahlst wie ein Sonnenschein

Deine Innere und äußere Schönheit
Vereinbarst du als Einheit

Jeden Tag lernst du neue Sachen
Dein Wesen, dein Duft, dein Lachen

Erfüllen uns mit Stolz und Glückseligkeit
Freude, Spaß, Liebe hältst du bereit

Von dir überwältigt und dankbar
Du bist unendlich kostbar

Deine Liebe zu uns ist unendlich groß
Wir lieben dich für immer - bedingungslos

Carmelina Caspers * 1978

Deine Hände

Gott hin oder her
Ikonen sind in jedem Fall schön
Aber deine Titanweißen Hände
Nicht weil sie schön sind
Es ist schön, weil es deine Hände sind

Taha Ihsan Cetin * 1994

Teufelskreis

es war doch nur das eine mal
sagst du
und hast damit vielleicht recht
denn davor passiert
ist es noch nie
und dieses eine mal
wirkte nicht so richtig echt

er kam danach ja
weinend an
und bat dich um entschuldigung
und wenn du nicht
verzeihen könntest
wer wärst du dann
du gehst schon damit um

es war dann eine zeit
alles gut
oder sagen wir zumindest besser
das ist ja der normalzustand
irgendwie zufrieden
nicht glücklich-gut
aber halt eben auch nicht schlechter

es war doch nur das eine mal
sagst du
und dann kommt das zweite
aber es ist so viel zeit vergang'
ganz unschuldig
warst du ja auch nicht
komm, nun stell dich nicht so an

kann ja nicht so schlimm sein
wenn du jetzt bei ihm bleibst
und die drei, vier mal
dass es passiert ist
einfach so verzeihst

Aylin Chaaban * 1994

Huch

"Huch", ein Ausruf der benutz wird, wenn etwas unerwartetes, also Plötzliches passiert.

Es war plötzlich als du in mein Leben eingetreten bist,
es war unerwartet als du mich nahmst und mich aufschlugst.
Du last nicht nur die ersten Seiten und liest mich fallen, wie die anderen, nein, du fingst mich auf.
Du warst da von Anfang an, ab dem ersten Kapitel, ab der ersten Seite.
Du sahst, wie ich wuchs, wie ich lernte,
du warst in meinen schlimmsten Momenten dabei und in meinen schönsten.
Du last nicht nur die schönen Kapitel, wofür ich immer bewundert wurde.
Für mein Leben unser Haus.
Du last die verborgenen Seiten dahinter, wie ich alles und mehr verlor.
Du hattest immer Zeit für mich, egal ob es nur für ein paar Minuten war.
Du warst immer bereit die nächste Seite aufzuschlagen und meiner Geschichte zu folgen.
Du liest dich nicht von der Anzahl der Seiten abschrecken, nicht vom Cover.
Du gabst mir eine Chance, eine Chance dir zu beweisen, dass ich mehr war, mehr bin als ein paar tausend Seiten.
Ich bin ein geschlossenes Buch was sich für dich öffnete und was dich lehrte zu schätzen und zu verstehen.
Ich sah, wie du dich in mich widerspiegeln konntest.
Ich sah, wie du in meine Welt fielst, dich verborgen fühltest vor der Realität.
Davon träumtest dich hier zu verstecken zu können,
trotz der Schrecken, trotz der blutigen Vergangenheit, die meine Welt erschufen.

Du bist einer der ersten die mich
aufschlugen und mich nicht wieder
losließen.
Du bist jetzt am letzten Kapitel angelangt,
danke dafür, dass du trotz aller Hindernisse
mit mir geblieben bist.
Es ist selten, dass jemand sich so viel Zeit
für mich nimmt.
Ich danke dir Harry. Usher. Cameron.
Harris

Du warst mein H.U.C.H und dafür danke
ich dir.

Nora Cheik Mostafa * 2008

Schritt für Schritt durchs Leben und zurück

Schritt, Schritt für Schritt
Die Kinder lachen mit
Über Stock und über Stein
Das Lied, das ist ganz mein

Schritt, Schritt für Schritt
Die Raben singen mit
Die Geier kreisen glücklich rum
Und ich dreh mich herum

Schritt, Schritt für Schritt
Die Kinder weinen mit
Ich steig ins Boot, ganz allein
Und winke allen tschüss

Schritt, Schritt für Schritt
Die Fische schwimmen mit
Das Ufer so nah und das Licht so grell
Da wächst mir schon das Fell

Schritt, Schritt für Schritt
Die Bären lachen mit
Über Stock und über Stein
Das Lied, das ist nur mein

Achoaq Cherif * 2001

Frieden

Kriege um Macht und Geld,
Hass aus Neid und Angst vor dem
  Unbekannten.
Verwundete Menschenseelen, die auf ein
  Zeichen warten.
Doch da! Ich sehe es! Ich sehe die Tauben!
Die weißen Tauben!
Sie kommen aus Richtung Palästina.
Sie überfliegen uns mit ihrer Harmonie und
  rufen zum Frieden auf.
Wir sollen uns vereinen!
Hand in Hand gehen!
Denn wir sind hier um zu lieben, um zu
  sein!
Auch die Leere in unsrem Herzen
und unsre erschöpften Seelen,
kann nur der Frieden und die Liebe heilen.
Also lasset uns etwas Neues beginnen.
Gemeinsam Geschichte schreiben.
Und die Kunst zu unsrem Mittel machen.
Möge die Kunst unsren Hunger stillen und
  unsre Tränen erlöschen.

Omayma Cherkaoui * 2004

Das Resümee

Zimmert eine Brücke, liebe Worte
Über diese Lücke hin zu ihr
Lasst mein Herz ihr leise flüstern
Was es wirklich sieht in Ihr

Hemd und Hose will ich lüften
Streicheln ihre weiche Haut
Hals und Lippen will ich küssen
Meiner holden, reichen Braut

Zart benetzt vom grauen Mondlicht
Liegt sie dort im weichen Klee
Nähern uns mit arger Vorsicht
Unsere Wollust war das Resümee

Philip Christ * 1994

Vielleicht ist mein Lieblingswort

Vielleicht ist dort, wo die Hoffnung wohnt
Alles ist möglich, alles kann werden
Vielleicht laufe ich heute über Wolken,
Vielleicht über Scherben
Vielleicht verirr ich mich,
Vielleicht in deine Arme
Vielleicht sehe ich Trauriges,
Vielleicht dein Lachen
Vielleicht finde ich das grosse Glück,
Vielleicht verlier ich davon ein Stück
Vielleicht zieht es mich davon,
Vielleicht auch heim
Vielleicht hüpft mein Herz,
Vielleicht fällt es entzwei
Vielleicht wird heute der schlimmste Tag,
Vielleicht der allerschönste,
Alles ist möglich, alles kann werden
Glück oder Scherben
Vielleicht ist mein Lieblingswort
Vielleicht ist dort, wo die Hoffnung wohnt

Anina Christen * 1995

Hört auf!

Hört endlich auf, unsere Umwelt zu
  vernichten,
wir brauchen immer länger um das wieder
  zu richten.
Die Atmosphäre verliert langsam ihre
  Schichten,
also macht was und erfüllt endlich eure
  Pflichten.

Die Großkonzerne, immer auf der Jagd
  nach Geld,
ich weiß nicht ob ihr es wisst, aber es gibt
  keine zweite Welt.
Sie bezahlen die Politiker, damit jeder die
  Fresse hält
und bis heute hat das kaum jemand in
  Frage gestellt.

Sie roden nach und nach die Wälder,
die gesamte abgeholzte Fläche ist
  mittlerweile größer als ne Million
  Fußballfelder.
Doch euch ist das egal,
denn das dumme Volk wählt euch sowieso
  bei der nächsten Wahl.
Und behaupten immer wieder es sei das
  letzte Mal.
Die Konzerne sind brutal, ignorieren
  Kritiken,
denn alles woran sie denken, sind ihre
  Edelstahlfabriken.
Nichts anderes hat bei ihnen einen Wert
und sind nur noch nach dem Geld begehrt,
diese Welt ist verkehrt.
Obwohl sich jeder beschwert,
bleibt ihr Image unversehrt.

Paul Christner * 2006

Der Weg

Manchmal laufen wir auf einen Weg,
Auf der Suche nach Glück und Befriedung
  im Leben.
Und vergessen uns selbst dabei,wer man
  eigentlich ist

Justyna Chwalczyk

Sonnentag

Die Hand greift nach der Sonne.
Sommernachtstraum suhlt und wälzt die
  Bühne.
Greises Gesicht sieht in den Himmel.
Die kleine Hand zieht ihn.

Der Tag scheint; die Sommernacht.
Tränende Augen schnaubt hoch zum
  Himmel,
jauchzend singt er.
Die Miroirs: die Dritte.
Platschende Noten und Töne die gießen.
Versinkt im Fluss von Ravel selbst der
  Große.
Schnell!

Unendlich kann heut' das Klavier toben.
Wiesenwind tanzt jeden Takt, bis sie die
    Wälder trennen.
Honigblond schreitet durch die Wege.
Bienen. Schwärme.
Sie toben heut' alle.

Gaia Cimaglia * 2004

Seelenfeuer

Seelenfeuer –
deine Flamme ist schon entfacht vor
    unserem ersten Schrei
brennst ein Leben lang
manchmal winzig klein
manchmal riesengroß
unaufhörlich begleitest du uns

In der Kindheit bist du vielleicht die Angst
    im Dunklen
oder das Glücksgefühl, wenn die Mutter
    uns behütend hält.
Später bist du das Prickeln des ersten
    Kusses
oder der Schmerz der verlorenen Liebe;
die Vertrautheit und Wärme,
wenn sich auch nach vielen Jahren die
    Hände Liebender berühren.

Du bist das Glücksgefühl, die Ruhe und
    der Frieden,
die uns bei unserem letzten Atemzug
    begleiten
und -
die Freude auf das Kommende.

Karin Cimander * 1956

Irgendetwas bleibt immer

Irgendwann im Leben geht ein Fenster auf,
die Gedanken kreisen im Wind,
höre den Lärm der Menschen
aber frage nicht, warum.

Irgendwo mitten im Leben,
wer weiß schon vorher wo er gerade steht,
sagt dir eine Stimme, geh.
Doch wohin sagt sie nicht.

Irgendwie ist es geschehen,
Glück und Zufriedenheit können ganz nah
    sein,
Glaube und Hoffnung auf was auch immer.
Die Wolken zeigen dir den Weg.

Irgendwer steht an deiner Seite
oder Du an der anderen,
wer es auch immer ist, sein wird oder war,
halte es fest.

Mario Ciomek * 1947

Guten Morgen Welt

Guten Morgen Welt.
Hast du gut geschlafen?
Oder haben dich die Sorgen
geplagt?

Hat Vogelgesang dich geweckt
oder Kanonendonner?

Guten Morgen Welt.
Hörst du dem Singen der Kinder zu?
Oder lässt dich ihr Weinen nicht
zur Ruhe kommen?

Freust du dich auf den neuen Tag?
Oder hoffst du, er möge bald vorbei sein?

Guten Morgen Welt.
Pflanzen die Menschen Blumen
in deinen Grund?
Oder schaufeln sie Gräber für ihre Toten?

Guten Morgen Welt.
Ich hoffe, du hast einen guten Tag.

Sophie Clark * 1978

Erfüllung

Kaum noch Zukunft --
aber warum keine Gegenwart,
die selbst gestaltet werden kann?

Planst Du was Neues --
hast Du Ideen --
so heißt es nur, was soll das noch bringen?

Denn nur der Gedanke an Gewinn
wird verstanden. Dieser wird aber
mit der Zeit unwichtig.

Die tägliche Zeit, die weniger wird --
auf die Zukunft bezogen,
sollte gefüllt sein mit ideenreichen
und glücklichen Momenten die unser
    Leben bereichern.

Dorothee Colditz * 1944

Liebe

Liebe, ziehst ins flackernd Licht,
gibst dem Menschen Angesicht,
führst ihn über Glück und Not,
süßestes Leben, bitteren Tod.

Du erfüllst ein fühlend Herz,
ob in Freude, zehrendem Schmerz,
birgst gelinde durch die Zeit,
schenkst uns Schimmer Ewigkeit.

Liebend Feuer, willst uns wandeln
in tiefer Inbrunst, treuem Handeln,
loderst auf, entzündest Seelen,
stillst der Erde drängende Wehen.

Gnad und Schicksal verschmelzen Dir,
überwinden Abgrund, schmieden Wir:
Du bist Letzung und Verletzung,
unauslotbar einend schöpferisch Grund.

Michael Colsman * 1953

Himmelblau

Ich kauf Dir den Himmel
und streich ihn für Dich blau, himmelblau.

Ich steig für Dich in weite Ferne
und hol Dir alle fernen Sterne.

Ich vertreib für Dich dunkle Wolken
nur falls sie Dich stören sollten.

Ich sammel für Dich Regentropfen
um Deine zarte Haut damit zu tupfen.

Ich kauf Dir den Himmel
und tauf ihn für Dich blau, himmelblau.

Christin Conrad * 1967

Zukunftsträume

Vor den Toren
  unserer Lebensentwürfe
    stehen die Kinder
      der Welt
und werfen ihren Blick hinein
  mit friedlichem Gesicht
voller Erwartung
  und Vorfreude
auf all die möglichen Momente
  ihres Lebens.
Wir dürfen sie nicht
  enttäuschen
mit unserer
  Katastrophenmentalität.

Wolfgang Conrath * 1971

Ausklang

Das grüne Licht der OP-Lampe – grell,
  künstlich und verdorben –
Tischt eine Lüge uns auf vom guten Leben
  als Halbgott in Weiß.
Stattdessen gefangen zwischen weißen
  Wänden in Städten ohne Lebensraum

Das Verlangen nach dem Rauschen, dem
Plätschern der Wellen kann kein
Wasser aus Plastikflaschen stillen.
Ich träume vom Meer, von der Küste, vom
Strand.
Der Sand kribbelt unter meinen Füßen
der Horizont scheint endlos weit,
Nie greifbar, obgleich immer real und
präsent.
Nie hier, immer dort – er – ich – wir.
Gelb, orange, rot. Weiß, grau, grün.
Scheinwerfer scheinen auf Körper,
aufgeschnitten, aufgeschlitzt, noch
lebendig, schon tot?
Es ist mein Einsatz und ich vergesse meine
Zeilen
Es ist mein Einsatz und ich schließe meine
Augen
Ich kann, ich kann alles, kann anders sein.
Ich forme Schneeengel im Sand, lasse vom
Regen mich blenden.
Ich wachse Wurzeln im Wasser und blühe
im Schnee.
Gegen den Strom zu schwimmen hat mich
E-lektrisiert.
Ich öffne meine Augen voller
Torschlusspanik – eiserner Geschmack
in meiner Kehle.
Es ist mein Einsatz, doch mein Herz ist
noch im Traum – Gefangen.
Behütet von der Anatomie, begraben hinter
der Brust
Mütterlicher Schutz, menschlicher Natur
Mütterlicher Schutz, dem Gehirn
entgangen.
Ich bin Neurochirurg. Ich bin ...

Ana Costea * 2006

Die wiederkehrende Finsternis

Die Sonne geht auf
Ein neuer Tag erwacht
Die Hürde von gestern scheint vergessen
So schön der Tag so wie die Nacht
Doch wieder einmal tobt ein Gewitter
Es lässt die Sonne vergessen

Es wird wieder dunkel
Alles grau
Nichts als grau
Erfüllt die Nacht

Kaja Coulon * 2003

Sommernacht

Eine Sommernacht, sitz auf meinem Balkon
Höre Vertigo und bin in Gefühlen gefangen
Zähle Sterne, Lichterketten und
Häusersilhouetten
Mein Leben ein Traum, kann mich jemand
aufwecken?

Ich vermisse dich, frage mich was du
gerade machst,
Ob du auch an mich denkst, ob du weinst
oder lachst
Noch nicht bereit dafür uns richtig
loszulassen
Unsere Liebe ein Film, jetzt langsam am
Verblassen

Wär gern wieder in Spanien, beflügelt vor
Glück
Aber leider dreht keiner die Zeit zurück
Werd dich niemals vergessen, unsere
gemeinsame Geschichte,
Du bleibst ein Teil von mir, schreibe weiter
Gedichte

Die Entfernung zu groß und das Timing
verkehrt
Getrennt wars oft grau, gemeinsam einfach
unbeschwert
Vielleicht finden wir uns nochmal in einer
anderen Welt,
Wo die Distanz nicht von unserem Glück
abhält
Aber jetzt muss ich dich erstmal gehen
lassen
Doch das wird nicht einfach, denn ich kann
dich nicht hassen!

Johanna Cramer * 2001

Wanderseelen

Zwei wandernde Seelen, deren Herzen einst
    ineinander verschlungen waren,
glaubten ihre ewige Zuflucht gefunden zu
    haben.
Aber die Zeit, dieser schlaue Meister, hat
    sie gelehrt,
dass die Liebe nicht immer ewig ist und
    dass sie manchmal
zu einem unsichtbaren Käfig wird, der
    eingrenzt und erstickt.
In einem Akt des Mutes erkennen die
    Liebenden, dass Freiheit
und gegenseitiges Wohlbefinden die wahre
    Bedeutung der Liebe sind...
Und so beschlossen sie, sich zu trennen und
    die Bänder,
die sie verbinden, zu lösen.
Die Trennung, auch wenn sie schmerzt,
    wird zu einem Akt der Liebe,
einem Akt der selbstlosen Liebe, bei dem
    beide das Glück des anderen
über den egoistischen Wunsch, an ihm
    festzuhalten, stellen.
Als sie sich verabschieden, mischt sich
    Traurigkeit mit Freude,
währen die Töne einer bittersüssen Melodie
    in ihren Herzen widerhallen.
Aber die Liebe stirbt nicht, sie verwandelt
    sich nur,
sie wird in ihren Erinnerungen und in der
    Wertschätzung,
die sie füreinander empfinden, weiterleben,
    auch wenn sie nicht mehr
den gleichen Weg gehen.

Trujillo Polania Cristian * 1996

Zerrissen

Das Buch, das ich nicht kenne,
den Weg, den ich nicht renne,
das Brot, das ich nicht esse,
den Termin, den ich vergesse.

Die Sprache, die mir verborgen,
das Vertrauen auf einen Morgen,
die Liebe, die niemals endet,
das Gefühl verschwendet.

Der Stolz, der mich zerbricht,
alles Lästige wird Pflicht,
der Würfel, der jetzt fällt,
der Alptraum, der mich quält.

Das Kleid, das mir nicht steht,
der Wind, der sich verweht,
der Sand in meinen Haaren,
endlos lange fahren.

Die Trauer, die mich lähmt,
die Seele, die sich sehnt,
den Erfolg erstreben,
dem Leben alles geben.

Susanne Cunitz * 1964

Sommernacht

Mein Körper, der nicht mehr mir gehört,
zerfressen von meinen Gedanken, kaputt
    von Sorgen

Mein Atem stockt, alles wie im
    Fiebertraum,
doch ist es die Realität, die mich im Traum
    holt

Die Angst zu versagen,
die Angst meinen Erwartungen nicht zu
    entsprechen

War meine Wahl die Richtige?

Anastasia Cuprina * 2002

Was hast du mein Herz?
Das wie ein Komet die Weltmeere
    umringend,
Doch verpassen musstest,
Den größten Sturm und den größten
    Schmerz.

Das du sie alle lässt bekehren.
Scharf zischend vorbeischießt wie ein
    Wunder,
Das halbe Universum erhellend,
Doch den Einen übersiehst, der nur dich
    will verehren.

Sieh' nun, was du angerichtet!
Feurig abfallend willentlich verschlingend,
All' die guten Seelen, die treu ergeben,
Im Feuer das einzige Glück suchend – alles
    machen zunichte.

Agnes Czerczer

Der kleine Stern

Oh, lieblicher kleiner Stern,
du zerbrachst mein Herz
in tausenden Scherben.

Ich sah hoch hinaus,
über das Meer,
dein schimmernder Schein
blendete mein Herz.

Es war zum greifen nah
und doch so fern.
Das liebliche in dir
machte mich leer.

Ich wollte nie im Mittelpunkt auf Erden
    sein,
sondern jener deiner Sein.
Das schöne Schein in mir
verbannte sich,
der dunkle Herr übermannte mich.

Wo soll es gehen?
Fragte ich mich,
keiner weiß eine Antwort,
außer Ich!

Laurentia Czop * 2000

Wolkenwonne

Die weißen Wolken watteweich
ziehn hoch am Himmel unerreicht.
Wie gerne würd ich auf ihnen liegen,
und sanft mit ihnen weiterfliegen.
Zur Sonne empor, zum Ursprung des
    Regens.
Um frei zu sein von Sorgen des Lebens.

Anne Czypull * 1962

Wie durch Siebe

Wie der Sand durch Siebe,
entgleitet mir die Liebe.

Halte sie fast in Händen,
dazwischen mit all den Wänden.

Sehnsucht in mir,
im Jetzt und Hier.

Doch wie der Sand durch Siebe,
entgleitet mir die Liebe.

Kann sie nicht festhalten,
muss innehalten.

Fühle all diese Tiefe,
schreibe es nieder in Briefe.

Unfassbar dankbar,
denn Liebe ist unsinkbar.

Eines Tages wird sie mich finden,
die Liebe, die mich dann lässt empfinden.

FD D * 2002

Fluss des Lebens

Das Leben durchströmt das Land und die
    Landschaft
meiner Sehnsüchte und Herzensschreie
Will fließen wie Wasser zum Meer hin
Nie mehr zurück wie Einbahn auf einem
    Strahle

In Jahreszeiten schmückt sich sein Schein
vielerorts zu jeder Zeit gewiss bewundert
Ich heiße das flüchtige Wandeln gut
Willkommen sind im Leben das Alte und
    Neue
Auch dies währt nicht ewig
Im Moment verfestigt würdig und prächtig
Ich folge dem Fluss meines Lebens
Seiner Kraft Ausdauer bin ich bewusst und
    bedächtig
Erheitert mich seine Natur immer täglich
Geschenkte Formen gliedern sich in allem
Abertausende verschleiern sich in Reihen
    vorsätzlich
Dankbar erkenne ich Gestalten des
    flüchtigen Lebens allmannigfaltig
Lebens unendliche Weite verfließt in jedem
    Augenblick fast unmerklich

                                    E D * 1975

Liebe

Du fühlst was
Ich nie über mich wusste

Ehe ich es selber spüre
Sprichst du es für mich aus

Du rettest mich vor
Mir selber
Leuchtest kilometerweit

In meinen tiefschwarzen Himmel
Dein Kuss schmeckt süß und gibt
    Tageskraft

Ich fühle was
Du nie über dich wusstest

Ehe du es selber spürst
Spreche ich es für dich aus

Ich rette dich vor
Dir selber
Leuchte kilometerweit

In deinen tiefschwarzen Himmel
Mein Kuss schmeckt süß und gibt
    Tageskraft

Zusammen sind wir unschlagbar
Liebe

                        Annette Dabdoub * 1963

Der Wald

Waldbaden ist ein Träumchen – so viele
    schöne Bäumchen.
Sehen, Fühlen, Riechen, Schmecken und
    keine Angst vor Zecken.
Der Sonnenstrahl zieht sich durch die
    Bäume-wunderbarer Duft, Terpene
    liegen in der Luft.
Die Tiere rascheln und knistern – Bäume
    flüstern
– Danke Doktor Wald – bis bald!

                                    Rita Dahle * 1957

The tree

Wie steht er schön und doch allein auf
    einem Bein.
Er trägt nicht Frucht er trägt nicht Wein,
    was macht er so allein?
Im Winter noch immer steht er auf einem
    Bein.
Trotzt Schnee auch mal dem Regen, Kält
    und Frost bis in den Mai.
Doch endlich ist's vorbei. Nun schaut er,
    wächst wie jedes Jahr mal wieder.
So steht er, voller Stolz und wie der Flieder
    auf einem Bein.
Wir danken Gott, gesund und ohne Pein,
    bis er wird zum richt'gen Holz
von edlem Sein.

                            Sven W. Dahlke * 1956

Morgendämmerung

Morgenrot. Der Tag erwacht.
Beim Gesang von Philomele
Nimmt den Schleier er der Nacht.

Wiesen atmen, taubenetzt.
Leis erklingt aus zarter Kehle
Jungen Tages Loblied jetzt.

Da der neue Tag anbricht,
Öffnet weit sich meine Seele
Und strebt sehnsuchtsvoll zum Licht.

Thomas Christian Dahme * 1955

Ein Traum wird Wirklichkeit

„In der letzten Nacht wurde mir ein Traum
    überbracht:
Eine USA ohne NSA.
In der Ukraine fliegt eine Friedensbiene.
Russland exportiert seiner Größe
    entsprechend Kultur und Demokratie.
Hellas ist reich wie Dallas.
Europa rettet Flüchtlinge aus Afrika.
Amerika schafft Frieden ohne Waffen.
Die Türkei ist kulturell ein buntes Ei.
Im Reich der Mitte ist Demokratie gute
    Sitte.
In Israel heiraten Sarah und Ismail.
Das Mittelmeer ist wohlhabendes
    Handelsmeer.
Japan wird jünger.
Indien ist ein Land ohne Vergewaltigungen.
Der Nahe Osten ist ohne Militärposten.
Ein geeinigtes Korea.
Einfach nur ein Zypern.
Eine transparente Schweiz.
Kabul strahlt wie Istanbul.
Deutschland ist per Gesetzt ein
    Einwanderungsland."

Abi Dal * 1970

Schweigend Berg

Der alte Hirte machte sich nun auf die
    Reise,
seine Schritte hörte selbst der Himmel,
    wenn auch ganz leise.
Er stampfte nun durch den kalten Schnee,
hörte wie dieser fällt auf den schlafenden
    Planten, Erlösung! Sie flehten.
Oben angekommen war sein Atem wohlig
    warm, stieß Rauch in die dunkle
Nacht hinein, Lebendigkeit, atmen,
    Selbstverständlichkeit.
Nun saß er dort auf dem gefallen' Baum,
    bettete seine tiefen, wärmenden
    Gedanken, brachten seine Sicht zum
    wanken.
Jeder Atem zeichnete sich von selbst
in die kalten Stunden, Vernunft erschlagen,
    verschwunden.
Fraglos blickte er nun in die Ferne,
sagt mir, schweigen selbst auch jetzt die
    Sterne?
Welche Botschaft wird mein Herz
    erreichen?
Welche Botschaft wird des Mannes Schild
    erweichen?
Er nahm den Brief des Himmels,
blickte auf die Botschaft, stutzig und
    getroffen, Liebe stets ein ewig hoffen.

Serena Chiara Damböck * 1996

Beflügelt

Auf Flügeln des Gesanges
trägt Heine die Herzliebste fort
dort in den Fluren des Ganges
liegt der geheime Ort

Denk ich an Heine in der Nacht
bin ich um den Verstand gebracht
und seh mich am Ufer des Ganges
statt hier am Fuße des Hanges

Tags und auch nachts quält mich der
  Wunsch
da hilft dann auch kein heißer Punsch
könnt ich doch so schreiben wie Heine
die Feder spitz der Humor so feine

Ist träumen denn schon Romantik
mit Sehnsucht nach Natur und Gefühl
und so suche ich Semantik
im Buchstabenwortgewühl

Doch dort in der Tiefe des Raumes
da liegt gut verpackt eine
Lust am Lesen und Schreiben
ob mit oder ohne Heine

Edeltraut Damerow * 1944

Irgendwann

Du bist für mich der Hafen nach langer
  Zeit auf See,
hier werf ich meinen Anker, wenn ich dich
  wiederseh'.
Ich lösche meine Ladung, befülle neu mein
  Herz,
vergessen sind nun Kummer, die
  Einsamkeit, der Schmerz.
Du hörst mir zu und hälst mich und alles
  wird jetzt gut -
Deine Kraft, sie stärkt mich, verleiht mir
  Halt und Mut.
Dann steh'n wir still und schweigen,
  schau'n sinnend auf die Welt
fragen uns was wichtig ist und was im
  Leben zählt...
Es sind: Respekt, Vertrauen – die inn're
  Harmonie
wir sollten danach streben – zu spät ist's
  dafür nie!
Und neigt der späte Abend sich übers stille
  Land,
dann sitzen wir zusammen und Du hältst
  meine Hand.

Nun senkt ein tiefer Frieden sich sanft auf
  unser Haupt,
es ist Magie zu spüren, die fast den Atem
  raubt.
Wir seh'n das große Ganze, sehr klar und
  unverstellt:
die Liebe ist das Band, das uns im Leben
  hält.

Karin Daniel * 1961

Liebe

Liebe ist schwer. Aber weißt du was schwer
  an der Liebe ist?
Für mich persönlich ist es schwer eine
  Person zu verlassen, die man
  eigentlich gehen lassen sollte.
Ich werde abhängig, ist das wirklich Liebe?
Alles fühlt sich so intensiv an. Ich fühle so
  viel, dass ich nicht mehr weiß was ich
  überhaupt fühle.
Macht das Sinn? Sind das reale Gefühle?
Ich fuhl mich wie blind, ich kann nichts
  mehr klar denken.
Aber um zurück zum Thema Liebe zu
  kommen.
Was ist das eigentlich? Existiert es wirklich?
Für mich ist Liebe ein Gefühl. Ein starkes
  Gefühl.
Ich fühl mich als wär ich zu Hause und in
  Sicherheit.
Ich fühl mich als wäre dieses tiefe Loch in
  meinem Herzen endlich gefüllt.
Kann man mich dafür verurteilen, wenn
  ich traurig bin, sobald mein Herzfüller
  geht?
Bin ich egoistisch dafür, dass ich will, dass
  die Person für immer bleibt?
Ich brauch das. Es ist der einzige Weg, dass
  ich mich wie ich selbst fühle.
Ich kann nicht los lassen. Dieses Teil von
  mir würde wieder weg sein.
Ich kann es nicht wieder gehen lassen.
Wie soll ich mein Leben mit diesem tiefen
  Loch im Herzen leben?
Auch wenn ich wieder verletzt werde.

In diesem Moment ist der Schmerz kleiner
 als das vom großen Loch.
Aber was versuch ich eigentlich zu
 erklären?
Liebe sollte eine schöne Sache sein richtig?
Vielleicht ist es dies auch für alle, außer mir.

Angelina Danilschenko * 2006

Spiegel der Betroffenen

Rudolf ist traurig.
Rudolf ist traurig.
Er fühlt sich allein.
Er wird nicht verstanden.
Was macht ihn so anders?
Er fühlt sich nicht klein.
Hat Freude am Leben,
gleich froh der Natur.
Doch lässt ihn erschauern,
die Mehrheit der Masse
auf Abwehr gestellt.
Keine offenen Herzen.
Keine Tat oder Rat.
Gibt es auch welche,
mit guten Gedanken..
herniedergedrückt von der Unzahl der
 Welt.
So bleibt Rudolf traurig,
verblüht im Leben.
Man wünschte sich nur,
es hätt jemand' gegeben.

Benno Dank

Ruby und das helle UFO Kind

Es war einmal ein kleiner Ruby, der schaute
 gern in den Himmel,
ehe er sich versah, nahm er seinen Pinsel.
Und malte eine Weihnachtsinsel! Doch
 nanu, was sah er da?
Die Insel, oh die wurd immer größer und
 größer,
bald reichte sein Glasfenster nicht mehr.
Doch die Insel blieb still, ein UFO-Kind
 trat aus,
zum wundervollen Gärtnerhaus.

Ruby rannte voller Begeisterung hinaus,
 mit Obacht.
Ach du lieber Klaus, in seinem Garten, ja
 da stand er,
rot, grün, blau leuchteten aus ihm heraus.
Ruby sah nur noch weiß vor sich, doch er
 wusste eins,
was vor ihm stand sah bloß aus wie ein
 Schein,
doch trug es Mut und Tapferkeit, ein echter
 Held, in dieser traurigen Welt.
Um ihn herum gab es bisher nur
 Düsterheit, der eine zankte, der
 andere flankte.
Hilflose suchten, doch niemals fluchten,
 auch jene die anderes buchten.
Der kleine Ruby konnte sich nicht mehr
 halten, er griff ins helle Licht,
ein Versagen gab es nicht.
Nur das wagen war seine Pflicht, bereute
 er es?
Das wissen wir bis heute nicht.

Ji Lin Ingo Dannenberger * 2004

insomnia hits

i ch kann
n icht
s chlafen.
o hne
m eta nachtlicht
n ur
i rgendein
a uflauf in meinem kopf

h itted
i n
t abellenform meinen
s eelenklempner

– ich klempner an meiner seele
gerad ist ein teil rausgefallen
hoffe, es war nicht wichtig

Darie * 2001

Mondliebe
(gewidmet Ruth Jäschke)

Das Dunkel der Nacht rollt über die Welt,
wird wachgeküsst von des Mondes Strahl.
Er breitet sich aus wie ein schützendes Zelt,
von Wolkenbändern gewärmt wie ein
   Schal.

Als nächtlicher Hüter der weidenden
   Sterne,
sein Anblick voll sinnlicher Melancholie,
mit hübschem Gesicht in himmlischer
   Ferne
und unerschöpflicher Energie.

Die Strahlkraft färbt den Schatten der
   Säume,
der Wald taucht ein in die Hülle der Nacht,
eine Stimmung fern von begrenzenden
   Zäunen,
nur vom hellen Auge des Mondes bedacht.

Die Flüchtigkeit liegt nur im kurzen
   Moment,
im rhythmischen Wechsel von dunkel zu
   hell,
blüht auf und verschwindet am Firmament,
sein Dasein dazwischen ist doch nur
   partiell.

Den Wechsel des Mondes im Herzen
   tragen,
von erhabener Anmut bis schattenhaft.
Die dunkle Seite eine Frage von Tagen,
beständig jedoch seine Anziehungskraft.

Sabine Daum * 1965

Hole tief Luft

Wie ein überwucherter Baum bist du
   immer an meiner Seite gewesen.
Wie ein Tag, der nie wiederkehren kann,
weil die Äste, die du um mich gelegt hast,
   angefangen haben zu brechen,
wenn ich die Worte, „Ich liebe dich" sage.

Mit deinem warmen Atem,
wenn ich die Sonnenstrahlen auf meinem
   Gesicht spüren kann,
erfüllst du mein Herz mit der Farbe der
   Liebe, die uns für immer verbinden
   lässt.

Glaubst du an das Glück, was in dir
   drinnen wohnt,
was ruft, nach Wärme und Geborgenheit,
was dich atmen lässt.

Wenn du doch nicht immer hinter allem
   die Schatten einer Maske suchen
   würdest
und dich immer in Frage stellst, obwohl
   du doch liebenswert bist in deinem
   Wesen.

Sage Lebewohl zu Jedem, der dich nicht
   versteht,
dich versucht mutlos wirken zu lassen,
obwohl du doch so viel aus deinem Leben
   mitteilst, um gehört zu werden.

Nur wer Mut hat, kann gehen, wenn er
   sich nur Selbst im Spiegel sehen kann
   und fliegen lernt.
So wie du bist, bist du gut genug, vergiss
   es nicht.

Nadine Davidsen * 1987

Migräne

Sie wirft mich zurück
auf den Stand eines Kleinkinds
Der Geist
einzig fokussiert
auf den Schmerz

Die Tage kommen und gehen
Der Schmerz bleibt
Unentrinnbar
an mir haften
wie Kleber

Eva Daxl * 1982

Abschiedsbrief an die Heimat

Als wäre es erst gestern gewesen,
an dem sie sagte, wie Gott dies
    niederschrieb.
Dennoch musste ich nachlesen,
was es bedeutete, Gottes Plan zu vertrauen,
den er mir zuschrieb.

Nun bringt sie mich fort von hier,
an den Ort, an dem sie sagt lieb ist's mir.
Die Romantik besagt, Reisen sei ein
    Geschenk.
Doch muss ich bedenk,
dass die Flut des Neulands mich nicht nur
    empfängt,
sondern auch von meiner Sehnsucht
    ablenkt.

Ich verließ den roten Sand.
Es ist als wurde ich verbannt,
an dem ich geworden bin ein Mann,
der auch diesen Weg schaffen kann.

Der Abschied und die Ankunft -
    melancholisch.
Erneut, Fluch und Segen zugleich.
Der Beweis,
Mensch sein ist so facettenreich.

Rajae Debbali   * 2003

Marokko 2016

geheimnisvolles Antlitz
kokettes Lachen
lustige Begebenheiten
interessante Sachen

ein fremder Kontinent
eine andere Religion
veraltete Verkehrsmittel
Wüstenvegetation

ungewohnte Umgangsformen
natürliche Gastlichkeit
neugieriges Miteinander
Kultiviertheit

beim Abschied
blutet das Herz
Tränen in den Augen
Trennungsschmerz

Petra Deckart   * 1965

Einsamkeit

Die Schritte fallen langsam
Auf den laubbedeckten Weg
Die Luft ist kalt, der Himmel klar
Die Blätter hängen am Ahorn
Wie ein schwerer Mantel,
die Zweige werfen ihn ab
und der Baum geht nackt in den Winter
Ein Igel läuft vorbei
wie der kleine Mond meiner Seele
der mich umkreist
Zuhause ist es warm
Es flimmern die Lichter des Fernsehers
Meine tausendfach Bekannten
Ich verfolge ihr Leben
Und in mir verrinnt meins
Ein Lied von Dean Martin
Rotwein in meinen Ohren
Meine Wohnungstür
wie die Stacheln des Igels
Ich wünschte die Zeit würde einfrieren

Malte Decker   * 1995

Limonadenträume

Tagträume von uns schmecken wie frische
    Limonade
Das Wasser sprudelnd, ganze Beeren, ein
    Strohhalm aus Papier
Weicht langsam auf, wie deine Worte, die
    ich in Bleichmittel ertrank
Dass sie heller würden und mich nicht
    mehr in Schatten deckten
Aber du gabst mir schon immer
    Grapefruit-Limonade, wann immer
    ich nach Erdbeere fragte

Das Bitter schmerzte auf meiner zarten
  Zunge, doch ich habe gelernt, immer
  brav aufzuessen
Und so ließ ich mir eine dickere Haut
  wachsen
Ich spüre nicht einmal die Schärfe meiner
  Worte
Wie Klingen über Stein fahren sie mir über
  die Zunge
Ich spucke Schmerz, und mein Strohhalm
  trägt nun die Farbe meines Blutes
Jetzt bringst du mir Erdbeer-Limonade,
  doch wie bin ich es leid, deine
  Wechselwellen auszuhalten
Du hast mich gebrochen, und deine
  Entschuldigung ist Klebeband auf
  kaputten Fensterscheiben
Ein trauriger Versuch, zu reparieren, was
  mal war
Der alles noch viel schlimmer macht.

Anna Katharina Deichmann * 2002

Da

Da wo keiner wohnt
Da bleib ich verschont
Da sieht nur der Mond
Welch Monster in mir wohnt

Yves Deitermann * 2004

Das Geheimnis

Dir wird was erzählt
doch Du darfst nicht's sagen,
Du wurdest gewählt
es im Herzen zu tragen.
Momente gibt's
da wird es Dich quälen,
doch hast versprochen
nicht drüber zu reden.
Wenn Du diesem Jemand
etwas verspricht,
dann behalte auch stets
das Geheimnis für Dich.

Carmen Deiters * 1975

Jan Böhmermann

Jan Böhmermann, sein Schmähgedicht...
Ihm traut es nicht zu Angesicht.

Er ist sich vieler Anhänger bewusst;
Sogar das Fernsehen verleitet ihn zur Lust.

Ein Mann, so gering wie ich und du,
Schmäht den Präsidenten doch im Nu.

Seine Wortwahl lässt erkennen:
Seine Zugehörigkeit,
Ich muss sie nicht benennen!

Er spiegelt doch die Anhänger wider ...
Ist es das Gesicht des Volkes, immer
  wieder?

Ayten Demir * 1977

Momente

Momente gibt es in meinem Leben,
An diesen ich meinen Kopf hochhebe,
tief in die Sonne blicke.
Auch gibt es solche, alsbald ich in den
  blauen Horizonten schwebe,
Es gibt jene, wo ich lange den
  Vogelschwarm im Himmel beobachte.

Zumal beobachte ich die Wolken,
Lass mich von den Künsten der Wolken
  leiten.
Zumal höre ich nicht hin,
was die Menschen sagen,
Besonders horche ich auf ihr Schweigen.

Es gibt Momente, wo das Gesprochene
  keinen Sinn ergibt,
Und wenige Momente gibt es,
wo ich mich arg ärger
weil nicht ausgesprochen wird
das notgedrungene Wort.

Özgür Metin Demirel * 1977

Akzeptanz

Als ich klein war, lernte ich die Welt kennen,
doch meine Eltern wollten es nicht erkennen.
Ich war anders, fühlte mich nicht wie die anderen,
Schon früh wusste ich es wird anders.

Doch die Akzeptanz blieb aus, ich fühlte mich allein.
Warum konnten meine Eltern nicht stolz auf mich sein?
Ich wollte ehrlich zu mir sein, doch sie verstanden es nicht,
Es ist nichts schlimmes, das sag' ich ihnen jetzt!

Ich versuchte es ihnen zu erklären,
Doch ihre Ignoranz konnten sie nicht vermeiden.
Sie sagten, es sei nur eine Phase, ich würde es noch bereuen.
Aber ich wusste, dass sie es einfach nicht verstehen konnten.

Doch ich lasse mich nicht unterkriegen,
Ich stehe zu mir selbst, werde weiterhin siegen.
Mag sein, dass meinen Eltern es nie verstehen,
Doch wichtig ist, dass ich mich selbst akzeptiere.

Melanie Demler * 2009

Hab meine Hand losgelassen

Verwirrung? Einsamkeit? Ziellosigkeit?
Oder bin ich gerade sogar Hoffnungslos?
Ich hab mich verloren, hab mich verloren am Weg mich zu finden.
Ich will eine Erklärung, aber braucht es die?
Ich will frischen Wind, aber Halt! Dieser weht in die falsche Richtung.
Ich will dich, aber such mich. Ich brauch mich! Wer bin ich?
Ich bin auf der Suche verloren gegangen.
Hab meine Hand losgelassen.

Lisa Dengg * 2003

Eine Stimme

Ich höre eine Stimme, so lieblich und leise.
Ganz zart und bedacht, erklingt sie auf ihre Weise.

Warum habe ich sie nicht schon eher gehört?
Oder ist es eine Stimme, die mich sonst immer stört?

Was für eine Stimme es auch sein mag,
ich will sie öfter hören, Tag für Tag.

Diese Stimme erklingt so lieblich und leise.
Ganz zart und bedacht, auf ihre ganz besondere Weise.

Anna Depunkt * 1999

Das Leben gelebt?

Gedachte Worte nie gesagt
Nur geträumt
Zeit nicht gelebt
Nur versäumt
Farben gesehen doch nie gemalt
Die Sonne gespürt doch
Nie gestrahlt
Viel vom Reisen gelesen doch
Niemals dort gewesen
Den Wind gespürt doch
Niemals geflogen
Von der Wahrheit geträumt
Doch immer gelogen
Musik nur gehört
Aber niemals gesungen
Lebe dein Leben denn sonst ist
Dein Lied verklungen

Karin Derks * 1964

roter mohn

bist wie ein funke von pfingsten
in den grossen sommer gesprungen
und schenkst selbst den geringsten
noch feurige zungen

dein rot ist nur ein wenig milder
als soeben verflossenes blut
es werden alle karfreitagsbilder
im heissen wind wieder gut

ein säuseln und mächtiges werben
als stünden bald feste bevor
tänze von leben und sterben
und keine angst mehr davor

berauschend wie neuer wein
verklärt von stürmischem glück
führt uns die liebe allein
in den blühenden garten zurück

Freddy Derwahl * 1946

Meine Nacht

Tagsüber ist mein Horizont durch die Erde begrenzt.
Nachts schwebe ich im unendlichen Sternenhimmel.

Tagsüber kreisen meine Gedanken um die Zukunft.
In dieser Nacht gibt es kein Morgen.

Tagsüber gibst du meinen Worten Wert.
Nachts lauschst du meiner Seele.

Tagsüber denke ich hoffnungslos.
Nachts überzeuge ich mich vom Wunder.

Tagsüber bin ich sauer.
Nachts vergebe ich dir.

Tagsüber realisiere ich.
Nachts träume ich.

Tagsüber verdränge ich dich.
In dieser Nacht liebe ich dich.

Wenn die Sonne aufgeht, erlischt mein Feuer.
Wenn der Mond scheint, leuchtet mein Herz wie ein Diamant.

Denn tagsüber bin ich nur eine von vielen,
Aber nachts bin ich der Mittelpunkt des Universums.

Zelal Derwisch * 1997

Der Schmied

Es zischt und qualmt im Kamin, die Hitze ist unsäglich,
die Arbeit am offenen Feuer ist fast unerträglich.
Ungeachtet der Hitze muss der Schmied die Glut schüren,
nur so kann er das Eisen zum Schmelzpunkt führen.

Ist das Metall glühend rot und heiß,
rinnt dem Schmied von der Stirn der Schweiß.
Doch erst jetzt beginnt die anspruchsvolle Handarbeit.
Mit dem Hammer schlägt er das Eisen lang und breit.

Aus dem anfänglich groben, unförmigen Roheisenklotz,
formt der Schmied aller Widerstände zum Trotz
einen brauchbaren Gegenstand
und hält diesen Stolz in seiner Hand.

Seine Freude über die gelungene Arbeit
ist getrübt über das Desinteresse der aktuellen Zeit.
Niemand will mehr schwere Arbeit verrichten,
bald wird sein Beruf nur noch erwähnt in Geschichten.

Vorbei die Zeiten in denen das Handwerk
  gefragt,
ich will körperlich tätig sein, ist schnell
  gesagt.
Die Aussicht jeden Tag hart zu arbeiten,
kann einem schnell zum Absprung
  verleiten.

Stephan Dettling * 1963

Auszählreim

Schneekoma, Stotterherz,
Strich und Komma: Phantomschmerz
Spinnt Zeitspanne, spannt das Netz:
Floskel – Floskel – matter Scherz
Kaufhaus, Kasse drei
Fertig, aus, Eis – zwei – frei

Fremde Dichterin * 1979

Seelenliebe

Meine Wunden sind der Vielen,
Meine Hände voller Schwielen,
Meine Füße Blasen tragen,
Dennoch kann ich eines Sagen:

Dieses Leben gern gelebt,
Weil ich mich dorthin bewegt,
Wo ich Dich hab hier gefunden
Und sich Herzen schnell verbunden.

Seelenpartner, Dual-Seele,
Egal, was ich Dir hier erzähle,
Dieser Bund ist mehr als diese,
Mehr als jeder Halm auf Wiese.

Ich bin hungrig, dennoch satt,
In meinem Kopf ist alles platt,
Nur mein Herz, dass weiß genau,
Wenn ich Deine Augen schau.

Thomas Dieckmann * 1987

Das Erwachen

Der Morgen graut, es ruft der Tag,
das Dunkel rieselt aus der Nacht.
Die ganze Zeit sie bei mir lag,
nun weckt der Alltag, träge, sacht.

Die Augen blinzeln hin zum Licht,
Konturen, farblos wie bereift.
Mehr will ich augenblicklich nicht,
weil meine Decke mich umgreift.

Mich sanft in ihrem Schoße hält,
die Sanduhr für mich Träume zählt,
und keine Macht mich bitter quält,
ein Bollwerk gegen diese Welt.

Eugen Diemel-Rellecke * 1957

Engel betreten unsere Welt

Wenn Engel geboren werden, ist eines
  schon klar,
nur kurz sie verweilen, ihr Leid ist
  unvorstellbar.

Doch ihre Zeit wird erfüllt sein von Liebe
  und Glück,
dies schenken sie den Menschen und meist
  bekommen sie nichts zurück.

Sie bringen uns Licht in dunkle Tage,
sie verlangen nichts, stellen keine Frage.

Im normalen Leben, sind sie fast nicht für
  uns zu sehn,
wir bemerken sie nicht, egal wohin wir
  gehen.

Manchmal nur, für einen ganz kurzen
  Moment,
erkennen wir sie, doch die Zeit die rennt.

Besondere Momente und Erinnerungen
  geben sie uns mit,
nur langsam wird uns dies bewusst, Schritt
  für Schritt.

Sie treten leise ein, durch unsere Tür,
wir bemerken sie nur mit ein wenig Gespür.

Das Gute ist für viele nicht zu sehen,
deshalb tragen sie unser Leid und müssen gehen.

Wenn der Mensch dann alleine wieder ist,
stellt er oft fest, was war er für ein Egoist.

Engel sterben still und Leise,
unsere Gedanken begleiten sie auf dieser Reise.

Christine Diener

Ein Kuss

Ein Kuss ist mehr als nur ein Kuss,
Bewirkt, dass man nichts sagen muss.
Ob Familie, Liebe oder Freundschaft,
Ein Kuss kann das sein, was sie ausmacht.

Nur auf den Mund muss er nicht sein.
Kann doch auch sagen: „Du bist mein!".
Ob zärtlich oder Knutscherei,
Ein Kuss, der macht den Kopf oft frei.

Ein Kuss zeigt dir, dass wer dich mag,
Ein Kuss zeigt's dir oft jeden Tag.
Bist du mal down, baut er dich auf,
Ein Kuss nimmst du dafür in Kauf.

Ein Kuss als „Hey", ein Kuss als „Tschau",
Ein Kuss zeigt dir das ganz genau.
Ein Kuss sagt mehr als jedes Wort,
Ein Kuss bringt dich an jeden Ort.

Leonie Dierkes * 2005

Abschied

Dunkel ist die Welt und grau
unsere Stimmen vor Weinen so rau.
Sie ist gegangen von dieser Welt
auch wenn es uns nicht gefällt.

Sind aber ihre Schmerzen endlich gegangen,
hält uns trotzdem die Traurigkeit gefangen.
Sie wird vermisst jetzt schon so sehr
ohne sie ist die Welt so traurig und leer.
So groß der Schmerz vor Kummer und Sorgen,
es wird aber geben einen neuen Morgen.
Wenn es auch heute nicht so scheint
und das Herz noch so sehr weint,
wir werden es eines Tages sehen,
die Welt will sich weiter drehen.
Wir denken mit Freude an die vergangene Zeiten,
denn schöne Erinnerungen, die werden bleiben.

Ingeborg Diesel-Voß * 1956

Verwischte Worte

Als ich zu dir kam
war ich eine hingekritzelte Bleistiftzeichnung
ein paar lose Striche
hingeworfen auf Papier
Und dann
hast du mir Farben geschenkt
du hast mich angemalt,
und nun leuchtet mein Kleid,
nun leuchtet mein Bild.
Und weißt du, eines Tages,
zeichne Ich dir ein Bild
und darauf male ich einen Wald
einen Wald, dessen Bäume
alle erdenklichen Farben tragen
ein buntes Gewand,
die Spuren der goldenen Sonne
auf den Blättern,
und ich pflücke dir eine der Früchte,
und schenke sie dir
im Vorübergehen.

Marisa Diesler * 1999

Kleider

Es gibt Kleider
Die bestaunen alle Neider
Schick und fein
Du passt in die Normen und Werte hinein

Doch pass bloß auf
Böse Blicke nimmst du in Kauf
Scheinst du anders auszusehen
Wird sich die Gesellschaft an deinem Wert vergehen

Und trägst du keine Marke am Haupt
So ist mitreden nicht erlaubt
Wird dein Style denn dem Trend gerecht?
Alles andere ist sowieso schlecht

Über Kleider wirst du definiert
Aber bloß nicht integriert
Wehe dein Aussehen ist zu direkt
So bist du nur ein billiges Objekt

Du gehörst nicht zu den meisten
Du armes Ding kannst dir ja nichts leisten
Sowas wie dich wollen wir nicht
Und doch bin ich glücklich über euren Verzicht

Lilly Dietrich * 2005

Siebenbürgische Schattenwelt

Die Häuser sind hier nur Umrisse
Die Straßen Traumpfade
Und die Menschen Schatten

Die Felder nur klagende Seufzer
Der Himmel eine Stickerei
Und die Worte der Zukunft aus Stein

Der Wind hier ist die Stimme Gottes
Die Sterne sind verlorene Tränen
Und die Sonne ein Backofen

Die Burgen sind Riesen aus anderer Zeit
Die Kirchen stolze Frauen
Und die Friedhöfe geronnener Schmerz

Kornähre und Weinstock
Brot und Rausch
Hunger und Sehnsucht

Alles ist abwesend
Alles ist anwesend

Alles ist vergangen
Ohne je zu vergehen

Herta Dietrich * 1966

Die Zukunft neu geschrieben

Vor sieben Monaten haben wir es vollbracht!
Es war unsere erste gemeinsame Nacht.
Die Zukunft haben wir seit dieser Zeit neu geschrieben.
Wir ahnten vorher nicht, dass wir uns jemals ineinander verlieben.
Es war und ist alles neu und doch so vertraut.
Verliebte Blicke und jede Menge Schmetterlinge im Bauch.
Wir Beide sind verliebt und es ist alles verrückt.
Wir haben die Zukunft neu geschrieben, dies ist unser größtes Glück.

Manja Dietrich * 1971

Das Blatt und sein Freund Apfel

Frühling=Ich das kleine Blatt am Apfelbaum, habe einen Traum.
Einen Freund im Apfelbaum. Was war das? Eine Blüte ging auf.
Seit dem sind wir Freunde und gut drauf.
Sommer=Oh je, wir wurden immer größer und dicker.
Mein Apfelfreund viel vom Stamm. Ich schaute runter.
Er verschwand.
Da kam der Wind. Ich löste mich vom Stamm.
Die Reise begann.

Herbst=Da lagen wir beide nebeneinander
im Gras.
In der Sonne voller Wonne. Zwei Freunde
hatten sich wieder.
Über uns der Apfelbaum.
Unser Traum

Heike Dietrich * 1966

Alles verwandelt sich in Frust
und die Nachrichten weiten täglich das
Loch in meiner Brust
das es uns allen so geht wird mir immer
mehr bewusst
doch hätten wir dies früher verstanden
hätten wir uns je so fühlen gemusst?

Ella Dietz * 2006

Eine Randnotiz

Eine Randnotiz
Ein Mensch kann eine Randnotiz sein
Eine flüchtige Begegnung
Eine kleine Annäherung
Der Versuch sich einzulassen
Und doch bleibt er eine Randnotiz
Vielleicht wird dem Ganzen viel Bedeutung
beigemessen
Aber Du siehst dann
Er ist nur eine Randnotiz in Deinem Leben
Ein kleiner Funke, der verglüht.

Dini * 1976

Zaubergärten

Licht und Schatten
werfen Reflexe
wundervolle Kleckse
Teiche und Seen spiegeln sich
im Sonnenlicht
funkeln in der Finsternis
Bäume greifen zum Himmelszelt
verschmelzen mit der Welt
furchtbare Gärten
öffnen alle Türen
um zu verführen

Ellen Dietsch

Scheinwerferlicht

In meinen Augen
ist deine Bühne
Für dich –
perfekt.
Ganz deinem
eigenen Leuchten
genießt du
Dein Sein.
Ich schau' dir zu
wie du tanzt
vor, zurück,
mal im Kreis,
verlierst dich darin.
Gehst auf in
dem Scheinwerferlicht,
den ich
Vorsichtig auf dich lenke.
Blende ich dich?

Gabriela Divivier * 2001

Weltschmerz

Nutzlos und überströmt von Emotionen
Was nutzen uns die Bemühungen der
letzten Generationen
Menschen mit Angst in den Augen und
Schmerz in der Brust
weshalb werden wir uns immer erst
bewusst
Wenn alle längst leiden
jeder hat Recht doch keiner will schweigen
Und ich sitze vor dem Bildschirm zwischen
Wut und Schuld
Schuld an dem was wir hier alle sehen
und versuchen zu verstehen
Doch zum Verstehen fehlt der Sinn
denn die Angst steht mittendrin

Liebe

Liebe. Was heißt das? Heißt das, dass ich
auf jemanden stehe
oder die Person wegen etwas mag
beziehungsweise attraktiv finde?
Oder heißt es nur Stress, Kontrolle, kein
Vertrauen und ständige Eifersucht
dem Partner gegenüber?
Es gibt verschiedene Arten von Liebe doch
wenige verstehen das Wort.
Ob es die Liebe auf den ersten Blick ist oder
doch die, die sich im Laufe entwickelt.
Sie alle haben etwas gemeinsam. Es ist das
Gefühl, die andere Person zu sehen.
Meistens reicht schon die Anwesenheit
dieser Person, um einem den Kopf zu
verdrehen
oder um alle negativen Gedanken wie
Wolken in Windeseile verschwinden
zu lassen.
Aber was will ich mit diesem Text
eigentlich bewirken?
Ich will dir schreiben oder zumindest
versuchen meine Liebe auszudrücken.
Es wird schwer weil sie einfach
unbeschreibbar ist.
Ich liebe dich und eventuell sind wir zu
jung um diese 3 Worte wirklich zu
verstehen.
Sobald ich dir in deine wunderschönen
Augen sehe verliere ich mich ihnen.
Ich könnte sie Stundenlang anschauen.
Manchmal wenn du mit mir redest
schau ich dir oft in die Augen.
Es tut mir wirklich leid, wenn ich dir dann
nicht zuhöre,
aber ich hab mich wahrscheinlich einfach
mal wieder in deinen Augen verloren.
Alles an dir ist einfach besonders. Wenn ich
sage alles mein ich auch alles.

Lena Dix * 2009

Getragen von Wasser

Ich lasse mich tragen vom Wasser.
Ich ziehe meine Bahnen
durch den Ozean meiner Gedanken.
Ich tauche tief ein –
in mein inneres Ich.
Zug um Zug
lasse ich die dunklen Gedanken hinter mir;
spüre das Nass auf meiner Haut.
Ich lebe.
Ich atme.
Ich spüre meinen Körper
wie er durch das Wasser pflügt –
ausgeglichen;
Stoß um Stoß komm' ich voran.
Ich lasse mich tragen vom Wasser;
lasse die Schwere in mir los.
Ich schwebe,
ich fühle mich frei.
Ich bin schwerelos -
getragen von Wasser.

Sarah Döbler * 1994

JETZT

Jetzt so heißt das Zauberwort.
Jetzt ist der perfekte Ort.
Jetzt ist frei von Raum und Zeit,
unendlich tief und unendlich weit.
Im Jetzt geht es zur Ewigkeit,
das ist der Augenblick
außerhalb der Zeit.
Im Jetzt schwingt der
Zauber der Göttlichkeit.
Und im Jetzt blüht das Herz auf,
weich und sanft schöpft es
eine neue Wirklichkeit.
JETZT

Stefanie Dohmen * 1966

Was Vergangenheit war ...

Lass die Vergangenheit ruhen...
Ich versuche es jeden Tag, aber ich kann nicht einfach vergessen.
Ich bin wie besessen von dem Gedanken an was mal war.
Klar, es war ja nur ein Jahr, doch das, was ich sah ist wieder so nah. Es fühlt sich an als kommt es bald nochmal.
Alles was gewesen ist, was mir Angst macht.
Was tu ich nur, wenn es wieder kracht, das Feuer wieder entfacht und meine Wut mich packt?
Ich hab doch alles erbracht und gemacht.
Gemacht, was sie wollten, was ich sollte, aber nun denk ich, ich bereue.
Reue, die hab ich genug. Nur bin ich kein Hund, der immer nur gehorcht und auf die Anderen vertraut.
Ich habe einen Mund, will ihn benutzen und verstecke mich wieder nur unter Kapuzen.
Will niemanden verdutzen, mit dem, was ich sage.
Dass ich es auch nur wage mich zu rühren... sonst verstecke ich mich lieber hinter Türen.
Jetzt geht es nur nicht mehr.
Alle erwarten von mir, dass ich mich verändere und Problemen soll ich nun gegenüberstehen.
Nie wieder zurücksehen. Auf eine Zeit, an die ich nicht denken will,
doch es führt mich immer wieder an diesen Punkt. Ich weiß noch den Grund.
Ich war verstummt, konnte nicht mehr reden, mich nicht bewegen und erst recht nicht sterben.
Ich war verloren, meine Gefühle erfroren.
Ich will doch nicht zurückdenken, aber kann nicht anders.
Ich will mich ja ablenken, aber es gibt nichts anderes.
Am liebsten würde ich gehen, einfach verschwinden und mein neues Ich endlich finden.

Stella Dolaßek * 2008

Ich

Ich bin die Person, die von allen verlangt mit mir über Probleme zureden.
Ich bin die Person die am besten helfen kann, die sich in einen hineinversetzen kann.
Aber ich bin auch die Person, die mit meinen Sachen allein klar kommen möchte und nicht mit anderen über meine Problemen redet.

DU VERSTEHST DAS NICHT, denk ich immer wieder.
Nur um mich dir nicht zu öffnen.
Du kannst dich nicht reinversetzten.

Ich bin zu Emotional und zu sentimental.
Aber ich lass keine Emotionen im realen Leben zu.
Ich bin kalt und zurückhaltend, zu JEDEM!
Ich lass niemanden an mich emotional ran.
Um einfach nicht verletzt zu werden.

Du bist mir egal! Ich meine es auch so.
Und doch bist du mir nicht egal, ich zeige es dir nur nicht.
Wenn du gehen möchtest – geh
Wenn du wieder kommst und es wieder gut machst- dann komm.

Ich bin gemein, kalt und aggressiv.
Ich bin freundlich, aufmerksam und touchy.
Ich bin voller Liebe, die ich nicht ausdrücken kann.
Eher gesagt nicht möchte, weil du dann mein wunden Punkt kennst.

Ich bin sehr laut und peinlich.
Ich bin sehr still und stumm.

Mir ist alles egal, aber doch möchte ich, dass alles perfekt ist und alles perfekt läuft.
DAS ICH PERFEKT BIN.

Ich hasse es, wenn ich über etwas nicht die
    Kontrolle habe.
Aber ich mag es auch mal nicht Kontrolle
    zuhaben, weil ich mich einfach Segeln
    kann.

Ich sehne mich nach inniger, emotionaler,
    romantischen Beziehung.
Doch will ich keinem gehören und
    festgebunden sein.
Aber doch will ich es.
Ich möchte mich öffnen, doch wie?

Luisa Domin * 2005

Die Schönheit von Landshut am frühen Abend

Der Mond erlöst die Sonne,
der Himmel wird
jetzt bleich,
die Nacht erobert alles,
es entsteht ein neues
Reich.

Die Sterne flimmern
und glänzen,
die Landshuter Luft
wird wieder kühl,
die Freiheit selbst
hat keine Grenzen,
der Mond bricht ein,
das Ungetüm.

Durch den Wind
die Äste ruhig wiegen,
die Isar fließt ruhig
und auch nächtlich,
die Weiden scheinen
auf dem Wasser zu liegen,
die Schönheit von Landshut
am frühen Abend ist
beträchtlich.

Marc Donis * 2006

Kokonkleid aus Vertrauen (dem Stoff, aus dem auch Träume sind)

Ach, wenn er mir doch flüsterte ...

millimeterdicht fülle ich den Raum aus
umarmt von gefalteten Flügeln
gefangen in atemloser Stille
die Hülle zum Bersten gespannt

Ach, wenn er mir doch flüsterte ...

die zweite Haut zu verlieren,
es ist Ausbruch und Heimkehr zugleich
Atembeute der Metamorphose
– kann DAS sein?
Aushaltenmüssen dieser Luftleere im Sein

Ach, wenn er mir doch flüsterte ...
erzählte, wie es ist, ob es genau so ist,
so kurz vor der Wandlung

Ich werde ihn fragen ...
aus reiner Höflichkeit werde ich ihn
fragen, weil ich die Antwort kenne,
wenn wir beide um die Wette fliegen,

der Schmetterling und ich

Sandra Döring * 1973

Perfektlose Menschlichkeit

Menschen sind wie Sterne bunt und klar,
jeder einzigartig und wunderbar.
In ihren Blicken ein funkelnder Glanz,
unbekannte Geschichten, wie ein reiner
    Tanz.

Sie beschreiten ihre eigenen Wege,
    manchmal im Schatten,
doch dabei drehen sie sich im Kreis wie
    Schallplatten.
Andere sind stark und voller Mut,
einige ertrinken in ihrer Flut.

Doch in ihren Herzen schlägt ein Takt,
was sie alle zu verbinden scheint,
wie ein nie endender Packt.
Als wären sie angeleint.

Menschen sind ein Rätsel voller Pracht,
mit Hoffnung die in ihrer Seele erwacht.
Sie bringen Farbe in ihre graue Welt,
betrachten dabei nur das was für sie zählt.

Es ist die Gabe die uns verbindet,
die Liebe, die in uns entzündet.
So zeigt sich die wahre Menschlichkeit.

Luna Dorn * 2006

Berauschte Liebe

Nach frisch gemähtem Gras riecht die Liebe
jung und arglos
sehnt sie sich nach dauerhaftem Glück

ja sagt die junge Frau im weißen Kleid
zu dem jungen Mann im blauen Anzug
ja ich will mit dir alt werden

sie hört das Summen der Biene
hört ihr heftiges Zittern
bis lautes Gegröle ihr zuwinkt

Perlen im Sektglas berauschen die junge Liebe
Seifenblasen rauschen vom lauen Wind verweht
in die Äste der Bäume

sie zerplatzen über den Köpfen der Gäste
während das Paar eins zwei drei- eins zwei drei
unter Lindenblüten den Brautwalzer tanzt

Marylizz Drexler * 1956

Die Gedanken

Jetzt sitz ich hier
Lasse die Gedanken walten
doch wohin werden diese in mir
Sind sie wahr, weil sie einst galten

Visionen und Perspektiven formten das Jenseits
diese Art der Gedanken erreichen
formen die Gedanken das Lachen breit
war gewesen, wechselt zu wird sein, die meiste Zeit

Konjunktive zu gebrauchen
verschwemmt das ist
Mir niemals vergesst das Flausen
Wird was war, wahr war, wird sein, zu du bist

Johannes Maximilian Drost * 1997

Der Lauf des Lebens

Des Lebens Lauf hältst du nicht auf,
geboren wirst du hier auf Erden,
auf einen Platz, den du nicht wählen kannst.
Nicht Zeitpunkt, Hautfarbe, Geschlecht,
noch wer deine Eltern sind,
du bist nun deren Kind.
Ob groß, klein, wunderschön oder Durchschnittsmensch,
auch das kannst du nur sein.
Nur der Charakter liegt ein wenig doch bei dir, du kannst schließlich dafür,
ob du gut, ob du schlecht zu dir und anderen bist.
So wächst du auf und lebst eine Weile hier
Wie? Auch das liegt nun bei dir.
Doch dann kommt die Zeit, da machst du dich bereit,
verlässt die Erde nach deiner Zeit.
Vielleicht hast du ja Kinder hinterlassen,
die eine Weile sich erinnern
an deines Lebens Lauf:

Wer du warst und was du jenen überlassen,
dann wird auch die Erinnerung
verblassen.
Doch eins bleibt wohl länger noch
bestehen, wie du deine Lieben hast
mit Liebe
versehen.
Zwischen Geburt und Tod liegt Freud und
Leid und manchmal große Not.
Eins aber ist gewiss, du niemals ganz alleine
bist und einmal treffen wir uns wieder.

Simone Drummer * 1970

Wir waren glücklich

Wir waren glücklich
Wir waren glücklich, bis wir es nicht mehr
waren
Wir waren glücklich, wo alle anderen nur
so taten
Wir waren glücklich als die Trümmer
unseres Lebens vor uns lagen
Nun endet auch unser Glück
Ist dieses scheiß Leben nicht verrückt
Jetzt bleibt mir nur noch die Erinnerung,
dass wir einmal glücklich waren.

Bori Dubecz

Zwischen den Zeilen

Ein jeder startet am gleichen Punkt,
wenige enden auf dem Thron,
reiner Zufall, bei wem es funkt,
die meisten sind dem Schatten nie entfloh'n

Während einige mit ihrer kleinen Sonne
prahlen,
und der Welt den Atem stahlen,
können andere nur träumen, von diesen
Strahlen,
denn kaum jemand kann seine Träume
ausmalen

Eine Mehrheit lebt zwischen den Zeilen,
wird dort ewig verweilen;
und sich niemals wirklich einteilen
in die Spalten zwischen den Keilen

Denn in Zufriedenheit liegt die Kraft,
die uns zu Siegern macht

Greta van Dülmen * 2007

Fremde Heimat

Fremde Heimat ist dort...

wo Bekannte Freunde und Verwandte
Fremde sind.

wo ich die Straßen und Menschen kenne,
aber sie erkennen mich nicht.

wo meine Mutter Muttersprache spricht,
aber ich verstehe sie nicht.

wo Kultur nur noch Tradition und Tradition
nicht mehr verständlich ist.

wo mein Vater aufgewachsen ist,
aber sein Vater nicht.

wo Hautfarbe und Nachname eine Rolle
spielen,
aber der Geburtsort nicht.

wo ich mich zuhause fühle,
aber meine Eltern nicht.

wo ich mich zuhause sehe,
nur alle anderen sehen das nicht.

wo ich mich nach Heimat sehne,
nur alle anderen verstehen das nicht.

Maria Duong * 1996

Innere Stärke

Einmal tief durchatmen,
Bis zehn zählen,
Namaste zischen,
Zwischen zusammengepressten Zähnen,

Was nicht so richtig funktioniert,
Wurde das denn schonmal ausprobiert,
Von dem dumm lächelnden Yogi,
Der das selbstzufrieden propagiert?

Hat diese friedliche Grinsefresse,
Jemals den Schneid besessen,
Und als Lehrer,
In einer Berliner Hauptschulklasse
 gesessen?

Innere Stärke bitteschön,
Ist heulend Pierre-Pascal anbrüllen,
Und den nächsten Tag trotzdem zur Arbeit
 gehen.
Stefan Duong * 1990

Trauer

Geweckt von der Mutter, früh ist s noch
Die Nachricht überbracht, ein
 beklemmendes Gefühle hervorkroch
Die Fahrt ist bedrückend, jeder still
Zu durchbrechen die Stille keiner das will

Der Ort ist erreicht
Ein Stein das Herz umstreicht
Das Krankenzimmer betreten
Der Hals wird dick, wie kaputt getreten

Der Vater nun tot dort liegt
Der Krebs hat gesiegt
Trauer im Raum, zum Greifen nah
Eine geliebte Person ist nun nicht mehr da

Trauer im Raum, zum Greifen nah
Doch wenigstens im Himmel kein Schmerz
 mehr spürbar
Er wurde erlöst, dachte die Mutter noch
Doch der Schmerz der Kinder nun doppelt
 emporkroch

Später werden sie es auch so sehn
Doch der Schmerz wird niemals gehen
Und die Trauer im Raum war zum Greifen
 nah
Verginia Dziebel * 2003

Ein Jahr

Frühling
Zurück in der Heimat
Alles vertraut
und doch so fremd.

Sommer
Wärme, Sonnenschein, Leben
Unterwegs sein
Nicht zu Hause.

Herbst
Blätter fallen
Dunkelheit und Kälte
ziehen ein.
Altes vergeht, Neues nicht in Sicht.

Winter
Kalt ist es, die Zeit steht still.
Abschied genommen.
Für einen Neubeginn
ist es zu früh.
Christine Ebert * 1967

Pflicht

Ich schätze, auf mir liegt ein Fluch, ich
 liebe nicht, ich fühle nicht, doch ist all
 das nicht Pflicht?
Ich weine umso mehr, wünsche mir
 Gefühle her, doch diese kommen
 nicht, aber ist all das nicht Pflicht?
Um Leid mitzuteilen, muss ich erst von
 innen heilen. Euch plagt auch das
 Leid?
Gibt es was, was euch Kraft verleiht?
Eine Sache die euch mutig werden lässt, bei
 der ihr all euer Leid vergesst.

Wir lernen zu lieben und zu hassen, doch vergesst nicht aufzupassen, unser Herz kann brechen,
wir haben alle Schwächen.
Lasst uns dennoch fühlen und in unseren Köpfen wühlen.
Wir zeigen nun, wie von allen gewünscht, Emotionen und bevor wieder jemand über uns spricht, sagt mir,
ist all das nicht Pflicht?
Was bedeutet Pflicht? Ich möchte nicht wie andere sein, all das wäre nur der Schein.
Alle bleiben in einer Reihe kleben, nur ich stehe daneben.
Alle folgen einem Wort, nur ich bin woanders an Bord.
Der eine lacht, der andere weint und trotzdem sind wir alle vereint.
Die eine Kunst und die andere Lesen, am Ende sind wir trotz allem dieselben Wesen.
Versteht was ich euch sage, all das ist die Grundlage für ein zusammenleben und eine gesunde Weltsicht
und deswegen gibt es keine Pflicht.

Sarah Eckert * 2002

Neu Justieren

Neu justieren,
nebenbei das Journal studieren,
aufhören mit maskieren,
neues probieren,
dabei auch mal –
ein Fault kassieren.
Scheiss doch auf blamieren,
hab doch eh nichts zu verlieren,
blamieren –
geht eh nur –
über genieren,
einfach demaskieren
und das eigene Sein zelebrieren!
Set it Free –
this is –
the only thing –
you can really be.

Unique –
aber auch fantastic,
authentisch –
das ist selbstverständlich,
deine Seele unumgänglich
um zu Leben unbeschwerlich!

Maryan von Eden * 1980

Die Kleinen Dinge – Gedankenworte

Es sind die kleinen Dinge
diese kaum wahrnehmbaren Momente
diese unscheinbaren Augenblicke
die uns glücklich machen
und

ein Lächeln in unser Gesicht zaubern.

Ede-Peter * 1953

Untiteld

Jede Nacht denke ich nach.
Ich denke nach, ob und wie ich dir sagen soll,
dass ich so sehr nach dir strebe.
Aber alles wofür ich lebe
sind die Taten, die ich bis jetzt beschmoll.
Denke nach ob ich liebe
oder dies nur eine Sache in meinem Kopf ist.
Alles was ich weiß ist,
dass ich mich wohl fühle,
wenn du bei mir bist.

Hannah Edlinger * 2004

Leer

Da ist eine Qual
Und ich habe keine Wahl
Ich muss ihr alles geben
Jedes bisschen Leben.

Sie nimmt verlangend ein
Meinen schillernd' Hain
Und ohne mich zu wehren
Lass ich sie gewähren.

Ich nehm' sie mit
Mit jedem Schritt den ich nun tue
Lass sie klauen meine Ruhe
Und nehme, was sie gibt

Nun sitz ich hier allein
In meinem einsam traurig Sein
Und in mir ist eine Leere
Gegen die ich nicht mehr aufbegehre.

Kaja Edzards * 2000

Ach die wunderschöne Zeit

Die trüben Blätter des Eich Baums,
Ergreifen meine tiefsten Sinne der
    Mittagszeit,
Ich bin verloren,
In Gedanken der Zukunft,
Und Erinnerungen der Vergangenheit.

Sitzend am Baum durchlebe ich wieder,
All die Momente in denen ich lachte, ich
    weinte,
Ich glücklich war,
Eine Zeit die mir so fern liegt,
Doch mein Herz erwärmt,
wie als würde ich sie aus dem Ofen holen.

Ich denke fiel zu fiel nach manchmal,
Ein Apfel fällt mir auf meinen Kopf,
Doch Anstatt einen Geistesblitz,
Spüre ich bloß den Schmerz den ich
    vermeiden möcht'.

Ach was aus einem Menschen bloß werden
    kann mit der Zeit,
Der wunderschönen Zeit,
Welche der Natur die Farbe raubt,
Und mir immer wieder die Liebe klaut
Die ach so wunderschöne Zeit.

Avril Egbuna * 2006

Mein Wunsch, dein Waschbecken

Vorgestern
Sah ich meinen Wunsch in deinem
    Waschbecken
Dein Überdauern in Gedanken
Verfließendes Detail.
Und   Trotzdem   Tropft
tröstendes Wort aus deinen blauen Händen
die mich an deiner Leine führen
hin zu deiner verregneten Stirn.
deine versalzenen Hände ziehen an
    Vorhängen
Jetzt gerade
wo ich über Liebe spreche
ohne dass sie sofort verlorengeht.
Wo Gedächtnis Gedicht ersetzt
und ein Regenreich den Grund-
wollt ich gerade noch sein.
Vor zwei Wochen
Sah ich meinen Wunsch in deinem
    Waschbecken
Dein Überdauern in Gedanken
Verflossenes Detail.
Und Bereit tropft die Zeit.

Ella Mae Ehlers * 2004

Fragen

Wie werden wir groß? Dürfen wir fragen?
Ist Wissen erwünscht? Dürfen wir etwas
    sagen?
Die Algorithmen wurden vor langer Zeit
    trainiert.
Von vergangenen Generationen ist
    scheinbar schon geprägt, was künftig
    passiert.
Doch jeder hat aufs Neue die Wahl.
Einfach am Alten klammern wird zur Qual.
Für die Zukunft muss jeder von uns neu
    entscheiden.
Wir können nicht auf der Stelle in der
    Geschichte weiden.
Das sind die Themen jeder Generation.
Es gilt wieder neu zu treffen den Ton.

Das Alte neu auszuhandeln, das ist das Ziel.
Die Welt zum Guten zu wandeln, kostet nicht viel.

Yvonne Eifridt-Thiel * 1975

Engel lieben Dich

Ist ein Engel unterwegs,
kommt er jetzt zu Dir,
Durch die Ängste auf Papier,
fröhlich sich verhält.

Denn er möchte das Du schläfst,
Ohne Groll und heile Welt.
Er sich zu Dir stellt.
An dem Ort wo Du jetzt bist.

Niemand kennt die feine Frist.
Doch die Kräfte der Gedanken,
bringen mich in meine Schranken.
Ruhe Er mir jetzt gegönnt.

Lass dich ziehen durch die Nacht.
Nur ein Engel dich bewacht.
Ohne Zweifel. Bleib bei ihm.
Träum dich durch zum Licht.

An dem andern Ende,
steht der nächste',
frei für Dich.
Engel lieben Dich!

André Eisenmann * 1978

Faszination Schnee

Zarte Flocken
Zu glitzernden Kristallen verzweigt
Hell leuchtend in der Dunkelheit
Der Schnee hat sich über die Nacht erhoben
Mit wahrer Leichtigkeit lässt er sich beschützend nieder auf Erdenboden
Wie sanft der feine Zauberstaub
Überall hängen bleibt

Faszination Schnee
Umhüllt die Welt in einen Wattebausch
Und wiegelt uns im Winterrausch
Ein Geschenk mit Vergänglichkeit
Verpackt in so viel Zärtlichkeit
Nicht geformt für die Ewigkeit
Der Zauber hält an
bis die Sonne wieder blinzeln kann
Und die Erde vom Schnee befreit
Keine Sorge – das nächste Wunder steht schon bereit

Mona El-Beik * 1988

Reinigung

Jede Träne,
die so leise,
müden Augen feucht entflieht,
malt Geschichten,
Lebensreisen,
bis sie hautgewärmt versiekt.

Flüstert von vergang'nen Tagen,
spricht von Altem,
von Vergeh'n,
rinnt dahin
stumm,
demutsleise,
schafft sie Neues,
lässt entsteh'n.

Eline * 1983

Schmerz

Nicht fühlen willst du das was schmerzt,
 tief im Herzen.
Ich weiß, damit ist für dich niemals zu scherzen.
Lenkst dich ab mit Facebook und Instagram,
passt dir scheinbar in den Kram.

Was ist los mit Dir? Fühlst Du was? Fühlt sich taub an und nicht zu krass.
Du willst es nicht mehr so fühlen, dich durch die Vergangenheit wühlen.

Niemals wieder dieser Schmerz, den hast
du begraben. Der ist versteckt, im
letzten Winkel.
Im hintersten Eck. Doch er ist nicht weg.
Er wartet dort und ist lang nicht fort.
Er nagt und arbeitet in dir und du streifst
durch das Revier.
Willst doch Leben und was davon haben,
warum nicht dabei ne ganze Menge
Spaß haben?

Doch wenn der Spaß fort ist, bleibt die
Stille.
Die Einsamkeit und am Ende die Leere.
All das wiegt leidenschaftlich in all dieser
Schwere.

Geh durch den Schmerz, geh mittendurch.
Um dich brennt die Luft.
Nur so wirst du irgendwann am Ende des
Tages zufrieden lächelnd sagen:
Ich habe meinen Schmerz begraben.

Miss Elly * 1976

Lebens

Deines Lebens Überschrift schreibst du hin
mit rotem Stift. Laut schreist du sie
hinaus, sie verdient keinen Applaus!
Deines Lebens Plan füllt keinen Happy-
End-Roman
Deines Lebens Karten ließen immer auf Ass
und Joker warten.
Deines Lebens Wege führten stets über
Bäche ohne Stege.
Deines Lebens Überschrift lautet: „NÜTZT
MICH NUR ALLE AUS!".
Dein Leben, wie es war, verdient keinen
Applaus!
Doch heute, mit einem neuen Plan, nimmst
du den Weg über den Ozean. Spielst
Ass und Joker mutig aus,
siehst unsere dummen Gesichter an und
spendet dir selbst Applaus!

Elma * 1968

Jahresreigen der Vorsätze

Jährlich beginnt und endet Zeit im ewigen
Raum,
Blätter fallen vom Baum, bunt wie ein
Traum.
Traurig liegen sie am Boden, verfallen der
Zeit,
Mensch realisiert, dass Monate verhallen
im Streit.

Der Jahresreigen neigt sich, Ehrfurcht im
Blick,
Mensch verneigt sich, Leben ist kurz, doch
voll Glück.
Stille Zeit, Erinnerungen verblassen im
Lauf,
Fröhliche Stunden, Gelöbnisse neu, im
Lebenslauf.

Neues Jahr beginnt, kaum angefangen
Vorsätze verrinnen wie Wasser, ohne
Verlangen.
Monate rasen, wie Sturm, schnell und wild,
Jahresende naht, Vorsätze, die Worte
verhüllt.

EM05 * 1973

Schwarz/Weiß

Schwarz zu dunkel.
Weiß zu hell.
Keine Anerkennung als Farben.
Wegen Schlichtheit.
Trotzdessen nicht wegzudenken.

Lieber bunt denken?
Weshalb?
Wieso? Warum?
Schwarz/Weiß anscheinend immer schlecht?
Sowie männlich und weiblich als einziges
anerkanntes Geschlecht.

Das unendliche Streben der Variationen für
die Menschheit:
Wo ist denn da die gewünschte Gleichheit?

Plötzlich egal was andere denken.
Warum machen wir uns dann Sorgen über
 das Schwarz/Weiß nachdenken?

Schwarz/Weiß, die Minderheit der Farben.
Die Menschheit, die Verursacher vieler
 Narben.

Elyne Emert * 2009

Ich sehe dich

Ich sehe dich, ich sehe dich immer noch wie
 am ersten Tag,
als deine Augen strahlten, nachdem wir uns
 das erste Mal geküsst haben
und der Wind durch deine lockigen
 braunen Haare streifte.
Als du mich mit deinem wunderschönen
 Lächeln angeschaut hast und ich
 wusste,
dass dies das Lächeln ist, welches ich für
 den Rest meines Lebens sehen wollte.
Als das Mondlicht deine Augen noch mehr
 strahlen ließ, als alle Sterne zusammen
 es jemals könnten.
Als du mich fühlen ließt, dass
 Schmetterlinge im Bauch nicht nur
 eine kitschige Metapher sind und
 mein Herz endlich erfuhr, was es bedeutet
 zu Hause angekommen zu sein.
Ich dachte immer, alle würden übertreiben,
 wenn sie Liebe als das schönste Gefühl der
 Welt beschreiben, doch dann,
an einem warmen Frühlingstag traf ich
 dich.
Und bald darauf, da wusste ich, ich irrte
 mich.

Pauline Emmrich * 2007

Lebensherbst – Von Generation zu Generation –

Ich spür's, der Herbst zieht in mein Dasein
 ein,
Mit Ruhe, Milde, Schönheit,
Der Herbst, er soll willkommen sein.

Vorbei sind Hasten, Schaffen, Streben,
Nun steh'n bereit die Früchte aus dem
 Leben
Zum Genuss mit Dankbarkeit.
Der Frühling war die Zeit des leichten
 Schwebens,
Ein langer Sommer schwer von Arbeit und
 von „muss",
Jedoch im Herbst ist alles überstanden!
Ich schau zurück in Demut und
 Zufriedenheit,
Ich schau nach vorn und bin gewiss,
Der Herbst hält viele Freuden mir bereit,
Das sanfte Licht, das Himmelsblau, die
 sanfte Sonne,
Alles hüllt mich ein in Wohlgefallen und
 Geborgenheit.
Es geht mir gut, der Herbst ist meine beste
 Zeit.

Christl Enders * 1946

September

Das weite Land spürt noch die letzte Macht
 der Sonne.
Ultramarin wölbt der Septemberhimmel
 sich.
Nur in des Südens Ferne kräuseln leis
 Gewölke
Und fingern sacht und träge übern
 Horizont.

Der kühle Westwind wirft sanft lange
 Gräser nieder
Und macht die Pappeln zittern hier am
 Grabenrand.
Der Stare Schwarm erhebt sich rauschend
 aus den Wiesen,
Ein Reiher aus dem Grund mit mattem
 Flügelschlag.

In deiner Stimme hängt der Abgesang des
 Sommers.
Dein Wort verblasst, verschwimmt, und
 dann verschwindet es.

Erzwungne Heiterkeit kämpft gegen
dunkle Wolken
Und unterliegt der Trauer, wenn der Abend
kommt.

Markus Endler * 1966

Die Umwelt

Die Umwelt ist ein hohes Gut,
sie zu schützen fordert Mut.
Lange Zeit war es egal,
Verschmutzung war ja ganz normal.
Niemand hatte es gestört,
'ne Warnung wurde nicht gehört.
Katastrophen kommen nun weltweit,
für Änderungen ist höchste Zeit.
Das haben alle wohl erkannt,
doch die Gefahr ist nicht gebannt.
Wenn wir nicht alle uns bemühen
und am selben Strang auch ziehen.
Wir müssen handeln jetzt sofort,
sonst verlieren wir den schönsten Ort,
die Erde, die wir alle lieben
ach wär doch alles so geblieben,
das sagen wir wenn es zu spät,
wenn nichts anderes mehr geht.

Norbert Engbers * 1953

Allein im Licht

Wo ist es hin?
Wo kann es sein?
Das Licht, Das Licht
lässt mich allein.

Links tot, Rechts tot
Ich bin in Not
Dann kam rasant
der Freund mit Hand

Er rettet mich
Nun geht's mir fein
Sein Herz so groß
Seine Seele so rein

Serafim Enge

Die unreine Seele

Ich ging in der Nacht so für mich allein
doch plötzlich sah ich im Dunkeln einen
hellen Schein.
Eine alte Frau erschien im Licht und sagte
fein
ihre Seele sei nicht ganz rein.

Sie sprach von einem grausamen Mord,
der passierte an einem schlimmen Ort.
Da mich die Neugier so bohrt,
ging ich zu ihm fort.

Entdeckt habe ich eine Leiche,
liegend neben einer großen Eiche.
Die Haut der Leiche war eine ganz weiche.
Es war eine Frau und ihre Lippen eisblau.

Ben Enge * 2001

nimmer land

versinke wieder in dein port
steigt doch eh
vom urozean bin ich
schon immer teil und scheisse
deshalb drauf
und schlürfe geiles flossenfleisch
und sauge weiter asian deepthroat porn
und ich lebe ja noch fort
dem nimmerland

Felix Engelhorn * 2002

Wetteifern mit „El-Khaliq" – dem Schöpfer

Die Scheine wandern durch die Taschen.
Man versteckt es. Man hält es geheim.
Die Scheine schwingen über Kurven und
Achsen.
Man zählt es laufend, man muß ja wachsen.
Man trennt sich schwer, wenn der Tod
sucht heim.

Das Geld ist der Welt Acker und Pflug.
Die Zinsen machen dem einen rund doch viele hungrig.
Entwurf nie kompliziert genug.
Weder Halogenschein noch Defender wahren vor Betrug.
Doch so ist's halt spielt man mit „El Khaliq".

„Mit einem goldenen Löffel im Mund vom Geburt plump und rot"
Man nimmts ihm übel, geht er Pleite.
Die meisten für immer und ewig in Not
Seit je her im Kampf auf Leben und Tod.
Easy Deal und Lob für heißbegehrte Blitzgescheite!

Allah hat uns verboten gut mit schlecht zu tauschen,
mehr zu nehmen und nichtstun.
Geld ist Gold-Dinar und Silber-Dirham, so steht es geschrieben
Gut ist tauschen und handeln.
Alles andere bringt nichts als ein Haus aus Sand und Tribun.

Dr. Mevliyar Er * 1969

Das Versprechen

Himmlischer Vater, du hast Israel auserwählt.
Es erschüttert, wie man dieses Volk jetzt wieder quält
Du gabst dem Aaron dein heiliges Versprechen,
einen besonderen Segen. Du wirst es nicht brechen.
Ich, heiliger, gütiger, ewiger Herr Zebaoth
vertraue der ewigen Wahrheit, lebendiger Gott.
Bei dir sind aufgehoben die Wahrheit, die Lüge.
Die Lüge kam mal glänzend, schillernd, lockend daher,
und die Vernunft, die Erfahrung versanken im Meer.

Herr, gib mir Dankbarkeit für das Leben, das ich führe.
Schenke mir Gewissheit: Hannibal steht vor der Türe
mit Freudenbotschaft: Es warten prächtige Jungen.
Lobeshymnen zu dir wie Papillen auf den Zungen.
Hagar: „Ein Gott, der mich sieht", Ismael heißt „Gott erhört".
Gib, Heiliger Geist, dass seinem auserwählten Volk nicht
wie im Dritten Reich, unvorstellbares Leid widerfährt.
Christus ist die Wahrheit, überwand am Kreuz die Lügen.
Ihr Christen habt den Samen. Der Glaube hilft beim Pflügen.

Adelheid Erbe * 1935

Mittag in Mallarmés Garten

Im Garten hinten nehm' ich
unterm alten Apfelbaume Platz
in einem dieser
baumarktgrünen Schaukelstühle
schließ halb die Lider
lass Gedankenwolken schweben
bin ferne hier
der Weltverwirrtheit und der Hatz
genieß das Sonnenwarm
gedämpft durchs Blätterdach
das Vogelzwitschern
und des Rasens Kühle

So einfach also ist
gefügt das Glück
besteht aus Quentchen nur
von dem was eh gegeben
wenn wir nicht ständig
am Verbessern wär'n
wie ausgefüllt und schön
ist dann das Leben

Joe Erg * 1964

Großes Herz

Es war einmal ein Elefant
Elly wurde sie genannt

Sie mit einem großem Herz
Es wurde gelacht und gescherzt

Doch später kam ein Elfanten Bär
Ein männlicher Elefanten Herr

Coco wurde er genannt
Bei Elly war er sehr bekannt

Sie alle Zeit mit ihm Vertrieb
Und da kam es ihr, sie war verliebt

Elly sprach mit ihm bis ihre Stimme
   Schwieg
Schwarz vor augen und dann ins Taumeln
   geriet

Elly wachte auf und war verwundert das
   Coco blieb
Bis er sagte: „Elly ich glaub ich hab mich in
   dich verliebt"

Aaron Erich * 2004

Suchende

Der Berg ist hoch.
Das Tal ist lang,
die Hänge steil.
Die Schlucht ist tief.
Der Fluß ist schnell,
das Ufer steinig.
Wo ist der Weg?
Wo ist das Ziel?
Frag den Arzt,
den Apotheker.

Andreas Erl * 1969

Der Eisbär im Klimawandel

Der Eisbär geht zur Eisbar,
Erweist sich dort als reizbar,
Bestellt sich ein Spaghettieis
Und zahlt dann nur den halben Preis.
Weil, so spricht der Eisbär,
Das Eis hier viel zu heiß wär.

Don Erwin * 1950

Die Meinung, ein Akt der Freiheit

Was gesagt ist, ist gesagt
Das gesagte, nicht jeder mag
Zurücknehmen kannst du's nicht
Zurücknehmen solltest du's nicht
Die Meinung nicht jeder mag
Manchmal die Seele plagt
Dennoch wichtig sie ist
Die Freiheit sich daran misst
Ein Meer aus Meinung, wertvoll sie ist
Ein Tümpel aus einer Meinung, gefährlich
   sie ist
Die Meinung gleicht der Freiheit Gar
Die Sprache aus der Freiheit gebar
Wenn Moral die Meinung eingeschränkt
Das Leben von der Freiheit schnell
   umschwenkt
Was gesagt ist, wurde gesagt
Das gesagte, nicht jeder mag
Nicht klar und ganz trüb die Moral
Die Meinung sagen, wird zur Qual
Freiheit ohne Moral, daran ist nicht zu
   denken
Moral ohne Freiheit, deine Meinung wird
   sicher lenken

Jeremy Eßer * 1987

Sommerliebe

Deine Augen, voller Sehnsucht nach Glück,
wie lange ist es her, dass du hast geliebt;
der Sommer so nah und du bist allein,
roter Mohn leuchtet im Sonnenschein.

Die Wärme des Windes, sie hüllt dich ein,
erzählt von Liebe, von rotem Wein;
ein Mund so nah, zum küssen bereit,
nur Träume ... die Liebste ist weit.

Diesen Sommer möchtest du glücklich sein,
lieben und lachen im Mondenschein;
die Nächte verbringen im warmen Sand
und träumen mit ihr, Hand in Hand.

Geh' deinen Weg und du wirst seh'n,
für Liebende können Wunder gescheh'n.

Syna Ester * 1943

Die Schönheit der Laster

Die Schönheit der Laster
Wein anstatt Wasser

Kalter Rauch statt warmem Wind
Ein geschlagenes Kind
Das einsam seine Lieder singt
Ein Glas nach dem anderen trinkt

Verlier dich tief in deinem Rausch
Wenn Gott will wachst du morgen auf
Wenn nicht holt er dich zu zu sich rauf
Nimm das Risiko in Kauf

Die Schönheit der Laster
Der Geist ist gebrochen
Doch der Körper belastbar

Die Schönheit der Laster
Da hilft auch kein Pflaster

Felix Eufinger * 1999

Oh, mein Kind!

Ein Jahr in Form gegeben,
ein Kuchen Stück für Stück.

Glück und Freude,
Schmerz und Leid.

Jedes Stück,
ein neues Kleid.

Hoffen und bangen,
um Kindesgemüt.

Geht es dem Kinde
wohl gut?

Lachen und wachsen,
geben,
streben, lernen und erfahren.

Dasein!
Welch ein Glück.

Winfried Eul * 1957

Sommertag

Sommer, Sonne, himmlischer Duft,
bleib stehen genieße den Moment
...diese Luft

Gebräunte Haut, nasses Haar,
das ist der schönste Moment in diesem Jahr

Schaue weit in die Ferne,
die Sorgen und Ängste vergesse ich nun
    gerne

Das Meer schlägt Wellen mit geballter
    Kraft,
ohne dich hätte ich es bis hier hin nicht
    geschafft

Spazierend am Strand entlang,
hörte ich wie leise ihre Stimme erklang

Plötzlich schaute ich umher,
ich hörte und sah sie nicht mehr

Immer verschoben auf morgen,
den wichtigen Menschen und die Sorgen

Verschiedene Wege zeichneten sich,
so ist das Leben oder nicht?

Vergiss das gestern und denken an morgen,
im jetzt sind die wundervollsten Momente
    verborgen

Pia Eutin * 1993

Verkörpert scheint heute die Welt

Verkörpert scheint heute die Welt
Obwohl die Verkörperung der Seele selbst,
dennoch scheinbar gänzlich fehlt

Begreifst du einst, dass wir nicht sind,
was gegenüber uns im Spiegel winkt,
dass vom Angesicht du nichts erfährst,
dein Augenlicht erst wiederkehrt.

Zu sehen geht auch auf Distanz,
Zu spüren durchdringt dich jedoch ganz.
Dich und aller Dinge Welten.
Und jedes Wesen kann als Universum
gelten.

Auf derselben Seite steht geschrieben,
dass, wären sie komplett getrennt,
und allem Übrigen gar völlig Fremd,
Körper und Geist leblos blieben.

Erfahrung geschieht nur im Ganzen.
Wenn beide im selben Rhythmus tanzen.
So ist es an uns, den Weg zu ebnen,
damit sich Blick und Herz begegnen.

Mutig musst du sein,
Gefühl zu finden.
Dich zunächst mit dir allein
und dadurch mit der Welt verbinden.

Marina Fahrner * 1998

Horch

Tropf
-Horch-
Schritt.
Tropf
-Horch-
Ist da jemand?

Umschauen.

Tropf
-Horch-
Tropf, Tropf.

-Horch-
Tropf, Tropf.
Ist da jemand!?

Umschauen.

Tropf
-Horch-
Schritt.
-Tropf, Tropf, Tropf-

Traum.
Schweißgebadet.

Inka Falkenberg * 1994

Die Suche

Wir versuchen zu finden, was sich nicht
zeigt und an uns zu binden jenseits
der Zeit.

Im Laufe der Jahre, im Laufe des Lebens
suchen wir danach, oftmals vergebens.

Was ist es, das zu finden wir gedenken?
Einen Sinn, die Wahrheit, einen Ort
mit Geschenken?

Wir suchen danach, denn etwas scheint zu
fehlen - ein Stück vom Glück, ein Teil
vom Leben.

Ist es im kollektiven Gedächtnis der
Menschheit verankert
oder als Vermächtnis in die Zukunft
gewandert?

Ist es im Hier und Jetzt zu seh'n und
kann's ein Mensch denn überhaupt
versteh'n?

Ist es die Seele? Ist es das Paradies?
Hat es einen Namen, der sich vor uns
verschließt?

Viele Fragen, keine Antwort, eine Suche
ohne Fundort, weil's nicht gefunden
werden will,
die Gedanken kreisen um uns, der Verstand
- er steht nicht still.

Bastian Falkenberg * 1985

Lebenslust

Wer streckt das Glas zu meinem Durst
Zu einem Durst von vielen

Ich trinke, trinke voller Lust
Betrunken von Gefühlen

Dann Freude,
Süße Sättigung von einer kurzen Dauer

Doch trügt das
Und ich falle hoch in Kummer, tiefer Trauer

Da kommt die Sonne morgen schon
Sie bringt die Wärme wieder

Die Welt ist bunt, vergiss das nicht
Die Traurigkeit ist bieder

Ralitsa Falkenstein * 1983

zusammengeflickt

Das mit dem Verlieben
Ist so ein bisschen wie Laufmaschen in
    Strumphosen
Ist der Anfang einmal gemacht
Geht's unaufhörlich immer weiter
Egal was Du auch tust ums aufzuhalten
Kleber Nadeln Nylonfaden
Nichts hält und irgendwann sieht die
    Strumphose aus wie ein einzig
    großes Spinnennetz in dem Du dich
    verfangen hast
Du musstes bloß an einem Faden ziehn
Es war in der Nacht des letzen Halloween
Und konntest dann dabei zusehn
Wie ich machtlos da stand

Mit leicht verzweifeltem Blick
Denn ich weiß ja wie das läuft
Mit den Laufmaschen und dem Neukaufen
Denn eine neue Strumpfhose krieg ich
    gerade so hin
Aber mein Herz hat mir all diese
    Laufmaschen
Nie wirklich verziehn

Julia Farrenkopf * 2006

Als ich nun hier schrieb

Als ich nun hier anfing, über
    Vergänglichkeit zu dichten,
Schien mir vieles allzu flüchtig und
    vergänglich in Sicht.
Alles, was verkümmert, entweicht im
    Nebel ins Nichts,
Alle Dinge, die kommen, All die
    Sachen, die wir gesehen haben und
    Beziehungen, die gehen,
Da erwische ich mich urplötzlich mitten im
    Geschehen.

Im Nu sind wir erwachsen, ohne es zu
    bemerken,
Die Zukunft erscheint, die Vergangenheit
    ist gewichen,
Der Moment und die Sekunde sind rar, das
    ist nicht zu bestreiten.
Im Turbo und in höchster Eile, versuchen
    wir stets Schritt zu halten,
Im Rad der Lebenswelle, Im Rad der
    Lebensquelle.

Den Sinn von Schnelligkeit und
    Lebensquelle zu begreifen,
Warum nichts jemals ruht, warum nichts
    ewig bleibt,
Warum alles im Jetzt verweht, Sind Fragen,
    die stets im Raume bleiben.

Unser Verlangen nach Trost und Sättigung
    ist das Toast des Lebens, unersättlich
    und ohne Ruhm.
Die Trauer über unsere Vergänglichkeit,

Ist unser bedauerndes Schicksal und
unausweichlich.
Anstatt die Zeit zu nutzen, um Verständnis
zu erlangen,
Und nicht immerzu nach mehr zu
verlangen,
Sollten wir den Moment leben, ohne Rang
zu verleihen,
Den Moment, in dem du diese Worte liest
und in ihm verweilen.

Warum alles vergänglich ist, könntest du
ergründen, Doch die Gefahr besteht,
den wahren Sinn zu finden.

Iman Fascher * 1993

Sofia

Nachtschichten an der Rezeption mit
schlechtem Kaffee.
Leute kommen und gehen.
Kulturen treffen aufeinander.
Gespräche mit Fremden.
Fremde, die zu Freunden werden.
Nächte mit Rakija in Parks, die bei
Tageslicht voller blühender Blumen
sind.
Morgens auf dem Balkon.
Warme Vor-Sommerluft in meinen Lungen.
Zwischen Ostblock-Charme und Graffiti
fühl ich mich grad ziemlich wohl.
Ich glaub ich bleib noch ein bisschen hier.

Chiara Fasser * 1999

Wintersonnenwende

Es ward geboren
aus dem Herzen der Nacht
das Morgenlicht,
welches verspricht
der Hoffnung verheißungsvolle
Lieder
Horch hin!
Was da erklingt,
entspringt
der Klagen tiefen Schmerzes,

entfachte Wut
aus purem Blut
Zu dieser dunkelsten aller Stunden
wird letztendlich überwunden
das Ungetüm der schwarzen Nacht
im Morgengrauen sei's vollbracht.

Azadeh Fathi * 1984

Unzeitgemäßes Geläut

das prima-klima ist schuld dass wir
   gefährdet sind oder besser noch: wir
   haben das klima gefährdet so dass wir noch
   gefährlicher sind oder: wir sind
uns nicht einig denn wer will schon ein
   gefahrenherd sein? ich soll
verantwortlich sein für die katastrophen die
   uns die sonne beschert weil ich
ein nachtschwärmer sei oder gar bin – hm –
und so geht es endlos hin und
her im streit zwischen den geschlechtern
   und ihren organen nein zwischen
den parteien generationen konzernen und
   religionen nein zwischen
den irrenärzten als stünden die hunnen vor
den toren oder als gäbe es
schon tickets für abflüge auf andere
planeten dabei steht alles schon fest
   wie das amen in der kirche die
   kaum noch existiert

als ich noch kindlich war und mich
   weigerte erwachsen zu werden als ich
noch hausaufgaben von anderen abschrieb
   als ich auf volkseigene bäume
kletterte und ihnen gebot ihre früchte
   fallen zu lassen als ich mich noch
in den glockenturm schlich um die glocken
   unzeitgemäß zu läuten über der
gemeinen gemeinde als ich noch
   ungeläutert mädchen unter den rock
guckte als ich mir noch erlaubte die lehrer
   zu belehren mich nicht ernst zu
nehmen so konnte ich nicht ahnen dass ich
   ruckzuck erwachsen würde

ohne größe zu erlangen deshalb buchte ich
mich in den kühlschrank ein
um dunkeldeutschland zu
  genießen – herr präsident!

Siegmar Faust * 1944

Heimlich verliebt

So gleich und doch verschieden-
so fern und doch so nah.
Dank dir fand ich meinen Frieden.
Wusst nicht, wie's mit mir geschah.

Von Anfang an ins Herz geschlossen,
braucht' keine fünf Sekunden,
mit dem ersten Blick verschossen,
Mein's war mit dir verbunden.

Im Innern, täglich, strahlt die Sonne,
weil's mir bei dir so wohl ergeht,
du gibst mir eine solche Wonne,
hast mir echt den Kopf verdreht.

So sitz ich da und denk an dich,
an alles was wir könnten machen,
und hoff' du denkst nun auch an mich
will ewig mit dir sein und lachen.

Wenn die Sterne richtig stehen,
so werden wir mal Ein's,
bis dahin soll die Zeit vergeh'n,
im Stillen bin ich jetzt schon dein's.

Ich glaub zwar nicht, dass es so wird
doch werd ich davon träumen,
denn wenn sich deine Lieb' verirrt,
will ich sie nicht versäumen.

Pia Fehrenbach * 2002

Appell an die Vernunft! Das Sprengen der Schublade in den Köpfen des Kapitals

Lasst uns leben und Arbeit im Gleichtakt
  führen
Das Leben auch während der Arbeit spüren
Lasst uns der Arbeit leid nicht nach Hause
  tragen.
Und nicht das Leben nach Arbeit fragen.
Lasst uns das Leben produktiv entfalten
Unsere Träume zu Leben unser Werk zu
  gestalten.
Lasst uns mit sinnlichem Behagen stets
  nach Arbeit fragen.
Lasst uns Selbst die Zeit und den Raum
Uns ein Lebens - Kontinuum zu bauen!

Andreas Fehrle * 1977

Schuld Vorwurf

Ich wünschte ich hätte dich einmal gütig
  gesehn.
Ich wünschte du würdest mich mit anderen
  Augen sehn.
Ich wünschte fort wäre ein Band der Liebe,
stattdessen waren es Hiebe.
Mit Worten und mit Taten, wurde ein tiefes
  Loch in mein Herz gegraben.
Die Narben sind zu, du kannst mich nicht
  erschrecken.
Doch ich werde mich hüten, es jemals
  sein zu lassen, mein Herz vor dir zu
  verstecken.

Bettina Feifel * 1984

Endlager

Über zehntausend Jahre tiefster
  Meeresmasse,
am allerfernsten Meeresspiegel einer
  Restewelt,
wölbt sich gurgelnd-glitzernd das letzte
  buckelige Wesen:
Welt, da bläst es!

Es zerstäubt unsere aufsteigende Strahlung,
mitsamt dem totenschweren Wasser,
gut sichtbar in den Dunkelhimmel einer
  kargen Restewelt.
Ganz unten rostet die längst ausgelaufene
  Zeit.

Im Schnellkochtopf der Aberjahrmillionen,
mit seinen immerwährenden
    Abdichtungen,
schmoren unsere langlebigsten
    Hinterlassenschaften
und verkochen sich zäh vom Plutonium
    über das Uran zum Blei.

Siebenhundert Millionen Jahre Garzeit.

Josef Feistle * 1958

an einen autisten

im mutterleib
kanntest du
ihre gedanken
aber
sie antwortete nicht
auf deine

nach der geburt
kanntest du
die gedanken der anderen
aber
sie verstanden
deine nicht

du musstest
tausend leere wörter
lernen
aber
deine gedanken
kamen darin nicht vor

ihre tote sprache
hat dich
sprachlos gemacht
aber
sie beschlossen
krank bist du

darum
halte deine gedanken fest
bald
kommt deine zeit
bald

Harald Feix * 1940

Meine Rolle als ein Mädchen

Ich bin nicht was du wolltest,
Nie war ich dein Augenstern,
Meine Rolle war klar,
"Eine perfekte Puppe sollst du sein"
    erwiderte es,
Steh gerade,
Zeig deine Stärke, nicht deine Schwäche,
Empört und unerträglich, dass spielt keine
    Rolle für sie,
Attraktiv ist es dennoch nicht,
„Sei du selbst" Sprachen sie im Chor,
Wie?, wenn ich nur das darf was mir
    vorgeschrieben wird,
Sitz aufrecht,
Zeig Nacktheit,
Zeig sie nicht,
Lippen sollen weich und schmeichelhaft
    wirken,
Zu dünn,
 zu dick,
Iss wenig,
Iss viel,
Verhalte dich so wie du es sein sollst,
Es ist ein Teufelskreis,
„So lasse mich in Ruh" so schrie ich in der
    Stille,
Meine Rolle ist das, was sie mir geben,
So sehr ich mich dagegen weigere,
Sie bleibt dieselbe,
Meine Rolle als ein Mädchen.

Linda Fejzullahu * 2005

Dunkel

Im Dunkeln, sind es deine Augen, die
    funkeln.
Du bringst mich immer wieder zum
    schmunzeln,
wir zusammen herum, Fuchteln.
Wir sind glücklich, du verliebte mich, ja
    und ich an dich.
Doch auch sie verliebte sich, sie sah dich,
    und vergaß mich.

Dass ich existiere, nur nach designierte.
So bekam sie dich.
Du verlässt mich und in mir verblasst das Licht.

Selia Feldner * 2005

Gedankenspiel

Was wären Dichter ohne Worte?
Das wär wie'n Hochhaus ohne Lift.
Das wär wie Hochzeit ohne Torte,
Aber was wär'n Bücher ohne Schrift?

Ohne Sprachen gäb's in Bücherseiten Leere
das ist der Grund des Lernens schon als Kind,
Wobei die gesamte Zahl recht viel doch wäre,
Weils mehr als siebentausend Sprachen sind.

Gäbe es die Sprache nicht,
gäbe es dann Dich und mich?
Gäb' es dann mehr oder gar weniger Füreinander
statt des verhassten Gegeneinander?
Auf diese Fragen gibt es Antworten so viele,
deshalb sind's Gedankenspiele.

Alina Fenn * 1995

Gefahr

Auf den Straßen rollts und rollt's,
gibt es auch Tote, ach was Soll's!
Ist durch Nebel auch Gefahr-
und viel Luftverschmutzung da,-
Welt und Menschen in Gefahr
bald nichts mehr was da kreucht und fleucht,
denn man hat's Euch eingebläut
glaubt nicht ‚dass wäre uns nicht klar,
ohne Auto geht es nicht,-
so hört man's immer wieder sagen,
plagt uns auch vor lauter fahren

schon die Gicht, meinem Arzt werde ich es klagen,
dieser schaut besorgt ihn an, und sagt dann.
Lasse das Auto öfter stehen
du musst mehr gehen gehen gehen!

Christine Ferner * 1937

ich weiß nicht

ich sitze auf meinem Bett – die Augen offen
Mama hat mich geweckt – ich muss in die Schule
ich kann aber nicht – ich weiß nicht

es leert mich aus, versenkt mich im Augenblick
Augen Blick – ein Meer der Traurigkeit
verloren, der Blick

Mama hat gefragt – was hast du
ich weiß nicht, habe ich gesagt
sie kommt hoch, steckt im Hals

ich weiß nicht, sage ich leise
sie quillt aus den Augen, überflutet mich
sie ist innen – sie ist außen

allüberall – die Traurigkeit

Norma Ida Ferrari * 1955

Schuttberge voll Sirenen

Den Birkenwald in dir hast du gerodet mit fremder Axt -
Fremd bist du nun selbst, inmitten der Brache,
wo einst Vaterland rief, schweigt nun Muttersprache.

Und wirst auch diese bald verloren haben,
du bist dir eine andere geworden.
Lässt faules Maul die spitzen Töne morden
wo schon die Reigen deiner jungen Zunge starben.

103

Du gabst mir deine Heimat in den Schoß -
vergeblich,
aus alten Körpern wird kein neues Land.
Malst Ahn um Ahnin, überlebensgroß,
der Irrtum war: es schien dir alles möglich.

Kalt liegt nun der Asphalt, wo Bruder sich
an Bruder barg
Seit Eifer fiel blieb nur ein dumpfes Sehnen.
Es blüht der Winter hier so schrecklich
karg
Wo Hoffnung wuchs: Schuttberge voll
Sirenen.

Noch ist mein Herz in diesem Land
gefangen
In uns die Hoffnung, die ich stets vermied
es war bloß der Sirenen fernes Lied,
und beinah wäre alles gut gegangen.

Leonie Feuerstein * 1989

Wann bin ich genug?

Ein mancher sagt diese Frage sei Unfug.
Mein Kopf ist voller Gedanken und Fragen,
ich will jedoch nicht zagen.
Red ich zu viel oder zu wenig?
Warum dauert der Prozess des genug seins
so ewig?
Tag und Nacht denk ich nach,
darüber was mir ins Herz stach.
Ich gebe mein bestes bis der Schwindel
mich erreicht,
ich nehme es mir niemals leicht.
Das Gefühl davon zu treiben und nur noch
zu überleben,
doch immer mein Bestes zu geben.
Ist es das wert?

Florentine Fiedler * 2008

Gedanken aus Papier

Möchte so vieles sagen,
Meine Gedanken nach außen tragen.
In mir stecken so viele Worte,
Suche den Weg durch meine Pforte.

Das Schreiben liegt mir echt im Blut,
Was das Reden gar nicht tut.
Bin nicht gut mit Worten,
Doch gern an meinen Rückzugsorten.

Kann mich zu nichts zwingen,
Versuche meine Gedanken auf's Papier zu
bringen.
Häufig ist mein Kopf so voll,
Weiß nicht was ich schreiben soll.

Im Kopf alle Worte des Gedichts,
Will ich schreiben ist dort nichts.
Oftmals gibt es nichts zu sagen,
Kann mich über nichts beklagen.

Das Ganze nimmt zwar Zeit in Kauf,
Schreibe jedoch wirklich alles auf.
Habe also Gedanken aus Papier,
Damit ich sie auch nie verlier.

Yara Figoluschka * 2007

Ein spontaner Erguss

Nichts wissen
Nichts können

Das Leben verbrennen

Nichts sagen
Nichts hören
Nur niemanden stören

Nichts haben
Nicht streben

Nichts wollen
Nichts geben

Ein Sandkorn am Strand
Das keinem bekannt

Der Wind trägt mich mit sich
Der Strand er vergisst mich

Sand ist nicht Sand
Das sag ich dir

Nimm ihn in die Hand
Und er mutiert

In eine Muschel eingebracht
Wird er zur Perle
Die glücklich macht

Wolfgang Fill

Ein Schmetterling

Lange hat die Erd' gefroren,
kein Bienlein und kein Blütenbaum,
ein Falter, der wird neu geboren
träumt leise einen Frühlingstraum

Kommen die Sonnenstrahlen wieder,
zu wärmen frostig Erdendecken,
und singen schon die Vöglein Lieder,
neues Leben zu erwecken

Tief verborgen liegt der Schimmer,
der am Morgen Zauber bringt,
Lichte geben wird es immer
und sich durch die Lüfte schwingt

Ein Schmetterling ist leis' erwacht,
seine Flügel möcht er spreiten
und eine helle Farbenpracht
erhebt sich in die Weiten

Richarda Filler * 1993

Die Stimme

Da ist so eine Stimme die mich zurückhält.
Zurück von mir,
zurück von dir,
zurück vom Leben.

Niemand hört sie,
niemand sieht sie,
niemand kennt sie,
genau wie mich.

Kenn ich mich?
Wer bin ich?
Wo will ich hin?
Wer kann ich sein?

Da ist diese Stimme,
nur bin ich diese Stimme?

Melina Finger * 1992

Wenn ich aufhöre

Wären Worte genug um zu zeigen was in
 mir vorgeht?
Wären taten der Beweis für mein
 Verlangen?
Wären Seufzer genug um zu zeigen, dass
 ich mich quäle?
Und wären meine Augen laut genug um zu
 sagen, dass ich dich liebe?

Wenn Worte nicht ausreichen, dann werde
 ich schweigen
Wenn Taten kein Beweis sind, dann werde
 ich gehen
Wenn Seufzer nicht genug sind, dann
 werde ich aufatmen
Und wenn meine Augen aufhören zu
 sprechen, dann hast du meine Liebe
 nicht verdient

Denn wenn ich aufhöre dich zu lieben,
 dann war es nie meine Bestimmung
 dich zu lieben.

Anastasia Fink * 2002

Kreislauf der Gefühle

Ich drehe mich im Kreis,
ich weiß nicht mehr weiter.
Der Himmel ist blau, die Welt lacht heiter.

Ich gehe weiter und sehe hinauf,
die Frage ist im Kopf und löst sich nicht
 auf.
Ist die Zeit gekommen? Ist es das was ich
 brauch?
Ich löse mich lieber in Luft auf.

Ist die Liebe doch verflogen,
fühlt sich das Herz doch an belogen.
Ist es das wonach ich mich sehne?
Es entsteht eine Gefühl der inneren Leere.

In Gedanken verloren erinnere ich mich an
    des Herzens Freude,
so vergisst das Herz auch nicht und zeigt
    Reue.
Wenn das Herz weint, lacht und singt,
vergeht auch der Gedanke mit dem Wind
So erblüht das Herz von neuem, ein neuer
    Kreislauf beginnt.

Der Himmel ist blau, ich schaue herunter.
Die Welt lacht weiter, mein Herz ist wieder
    munter.

Stefanie Fink * 1994

Meine Freude

Du lässt mir meine Seele fliegen
Mein Herz tanzt Ringelpitz für dich
Ich bin so leicht, so frei, zufrieden
Kannst ewig bei mir sein
Wenn einst der Sommer sich dem Ende
    neigt
Sich uns der Herbst sein Antlitz zeigt
Dann lass mich friedlich weilen
In deine Armen ruh'n und bleiben
Die Augen schließen, träumen, scheiden
Im Herzen bleiben die Geschichten
Das Lachen, Weinen, Träumen
Immer zu - ew'ge Ruh

Karin Maria Finkler * 1966

An meiner Türschwelle

Tod, der du sicher auf mich wartest
weit weg oder schon an meiner Türschwelle
komm herein und hauche mir ins Ohr
du entkommst mir nicht
heute schon, doch morgen, wer weiß

erinnere mich daran

damit ich lebe
damit ich liebe
damit ich loslasse
und vergebe

so als stündest du bereits an meiner
    Türschwelle
heute oder morgen, wer weiß

hallo Tod

Monica Fiore * 1975

In dem Weinberg

Freudentränen! Freudenklänge!
Liebliche Gesänge für verstopfte Ohren
Pauken- und Trompetenschall
Und dazu Posaunen für den
Brückenbauer aller Wege
Zu dem EINEN ...

Fahnen wehen in der Sonne
Engelsstimmen glockenhell heute
In dem Weinberg BENEDICTUS –
Welch ein Segen! Welt erwache!
Welt doch höre Gottes Wort!
Heil'ger Ort!

HALLELUJA! HALLELUJA!
Welt erwache – Welt doch höre Gottes
    Wort
Wage Umkehr, neue Reise! Spring! Spring
    mit
Nackten Armen in sein Boot
Göttliches Erbarmen alle rettet
Rettet aus tiefster Not ...

Dieses Gedicht wurde Papst Benedikt XVI.
(†) gewidmet und von ihm persönlich zur
Kenntnis genommen.

Regina Franziska Fischer * 1951

Inside-Out, Up-Down

Der Lichtkegelschwung
des Leuchtturms
er schlingert, er stockt,
ein Wispern verteilt sich im Raum
ein tödliches Nichts...

In den Trichtern der Megaphone
sammelt sich schon wieder,
so sauer und scharf,
die alte und uralte Milch.

Wer diktiert denn diesen,
Trillionen von leichtfüßigen, diesen
Windbeulen, wer?
Wer hob die Nachricht so fingernetzig aus
   den Wäldern?

Taube Füße beginnen
im Rhythmus der
angstvollen Augen zu zittern.
Ein Windhauch zerfließt
Zu knisternden Tönen.

Und in den Ritzen der Mauern,
der letzten,
der ver-
letzten
ist sie zu
hören...

Wolfgang Fischer * 1967

Heimkehr

Wie oft bin ich geeilt zu neuen Ufern,
die es nicht gibt und doch verlockend
   rufen?
Wie lange schon gilt meine Sehnsucht
   Horizonten,
die, unerreichbar, meinem Streben fliehn?
Odysseus gleich, sucht' ich der Heimat
   Stille,
was ihm vergönnt, das blieb mir stets
   verwehrt.
Bis ich dich traf, und meine Seele ahnte,
dass meine Reise bei dir endet.

Als kehrt' ich heim zum Schoss der Erde,
mein Herz in dir jetzt Ruhe findet.
Wenn du mir sagst mit inniger Gebärde:
„Ich bin dein Weib und will es immer
   bleiben!",
dann lass' ich endlich los und die Gefühle
   treiben.

Wolfgang Eberhard Fischer

Knochenhart

Dir tun alle Knochen weh,
jeden Tag, immer.
Es ist nichts verstaucht, nichts gebrochen,
alles in Ordnung, sagen die Ärzte.
Ein harter Knochen fühlt keinen Schmerz.
Du schon.
Das ist psychisch, sagen die Ärzte
und du verstehst,
dass nichts ist
Dabei fühlst du die Schmerzen
in deinen Knochen, jeden Tag.
Du bist hart geworden,
zu anderen und ganz besonders zu dir.
Deine Knochen sind heil und hart
   geblieben.
Sie tun ihre wunderbare Arbeit, jeden Tag,
   immer.
Sie schützen dich
vor noch viel größerem Schmerz,
sind nicht gebrochen.
Anders als dein Herz
vor langer Zeit

Brigitte Fleder-Bär * 1964

Oktober in Venlo

Licht durch die Scheiben
Der Fenster von Zügen
Trostloser Sinn
Der Tage im Dunkeln

Ketten der Glieder
Verlassen den Brunnen
Gefallen im Nebel
Der großen Gesichter

Dünne Gewänder
Geworfen um Glas
Geformt durch die Hände
Der Müden und Blinden

Geduld in den Adern
Strömt reich in den Wäldern
Schutz in den Wipfeln
Der fremden Gedanken

Gehisst in den Wolken
Verbrennen die Flaggen
Mut weht an Masten
Der fehlenden Worte

Daniel Kenichi Flieger * 1995

Dazwischen

Zwischen hier und gestern,
zwischen hier und morgen,
zwischen hier und jetzt,
zwischen ja und nein.
Niemals wirklich da,
sondern irgendwie dazwischen.

Britta Flöring * 1970

Einfaches Gedicht

Du sagst mir: Mach doch einfach!
Als wenn's so einfach wär'.
Ich fühl' mich nur noch schwach,
seh' ein, ich kann nicht mehr.

Ich komme nicht ins Tun,
find' keine Kraft dafür.
Möcht' doch endlich nur ruh'n,
doch dabei Scham ich spür'.

Ihr sagt mir: Mach doch einfach!
Und ja, das klingt so leicht.
Fang an, zieh durch, schließ ab,
soweit der Ratschlag reicht.

Es plagt und quält mich sehr,
die Kraft schon lange wich.
Fühl' mich wertlos und leer,
kaum noch glaub' ich an mich.

Na gut, jetzt mach' ich einfach,
auch wenn's nicht einfach ist.
Fühl' mich auch weiter schwach,
denn einfach, nein, das ist es nicht.

Alexandra Folkers * 1984

Andenken

Eisern bläst der Nordwest
den feurigen Fahrern die Gischt
doch schenkt er sichere Fahrt
den vergessenen Fahrern nicht

Sie schaufeln nachts durch dunkle Gewässer
schaufeln früh ihr salziges Grab
dunkles Wasser kalt und zart
trinken sie nachts trinken sie tags

der weiße Bulle trägt sie ins Nass
die vergessliche Tochter Agenor
fort weht der Mistral ihren Gram
zerstäubt schnell noch die letzte Spur

manchmal nur nach langer Ruh
wird ein Sohn verschluckt vom eisigen Meer
nach gestilltem Durst aus tiefer Flur
an sattes Ufer ausgespuckt

Maximilian Forster * 1997

Schattige Lügen

Lügen. Sie sind der schwarze Schatten,
der als Geist in einem brennt.
Verursachen nur Leid und Trauer,
der die Liebe von uns trennt.

Vertrauen. Ist die Basis für Freude und Glück.
Die Sonne, die das Land entzückt.
Steckt in jedem, noch so klein.
Hier lässt man nicht die Lügen rein.

Kontrolle. Ist so ein Zwischending.
Es ist nicht gut und auch nicht schlecht.
Verhält sich stets, als hätte es Recht.
Spielt dennoch oft ungerecht.

Doch was solls. Was bleibt denn nun?
Der Himmel trauert, weiß nicht, was tun.
Es ist ein Spiel aus allen dreien,
Indessen wird es uns entzweien.

Theresa Frai * 1994

Mensch-Sein

Mensch-Sein
Was ist es wert?
gefangen im Sog
Essen-Trinken-Ficken
Wenn wir es nicht tun?
Was ist dann?
der Körper degradiert
der Geist krankt
die Lebensfreude schwindet
KI!
Sie soll uns retten
Ha Ha Ha
aber nur mit viel Strom
Woher kommt der Strom?
Was opfern wir dafür?
Fläche, Lebewesen, Traditionen
unsere Identität!!
Wir daddeln im Netz
Wir konsumieren Vorgekautes
Wir wissen nicht mehr
was wir wirklich brauchen
zum Mensch-Sein

Francis * 1964

Weh nach Fern

Kalt, trist, still
Steht das Leben in Gewohnheit
Bunter, lauter, besser
Schmeckt das Leben in Rastlosigkeit
Versöhnung nicht in Sicht
Schmerz nach Weite

Packt mich in Watte!
Schöne Lichter, Duft in der Luft
Gewürze, Trubel, Leben
Freiheit, eine Sucht, die seinesgleichen
    sucht
So greifbar doch so unerreichbar,
Verdammt zum nie endenden Hunger
Nach Neuem, unendlichen Weiten
Verdammt, nie alles zu wissen
 Zum Stillstand gezwungen
Manche Dinge
Ändern sich eben
Nie.

Sina Frank * 2000

Von Sinnen

Dich sehen, hören, fühlen, riechen und
    schmecken
Dass mir das als naheliegendste Antwort
Auf die Sinnfrage erscheint
Ist doch nur Sinnbild
Für den Wahnsinn
Der andernorts Liebe heißt

Hannah J. Franz * 1987

Welt

Das wertvollste im Leben ist Gesundheit
    und Zeit,
das schönste im Leben ist Liebe und das
    hässlichste Missgunst und Neid.
Die dümmste Unart eines Menschen sind
    Vorurteile, denn ohne sie wäre das
    Leben um einiges leichter.
Die Menschen alleine bestimmen den
    Zeitgeist, doch nicht jeder begreifts
    gleich.
Wer Mensch, Tier und Umwelt beachtet,
    erlangt Ehre und wird stets beachtet.
Und wer Toleranz und Gnade beherrscht,
    trägt auch Nächstenliebe im Herz.

Wer Dankbarkeit zeigt, trägt die Sonne
  ewig im Herzen
und wer nie aufgehört zu glauben erträgt
  jegliche Schmerzen.
Sei mutig und achtsam und hör nie auf zu
  denken, vertraue dem Guten und lass
  dich nicht lenken.

Cyrill Frei * 1989

Hoffnung

Schau wie nah die Sterne sind
Strahlender Lichter der Nacht
Schau wie rot
Der Himmel glüht
Die Dunkelheit verliert an macht
Morgentau benetzt das Gesicht der Welt
Der Tag ist erwacht
Schau wie nah die Wolken sind
Weiche Daunen
Sie fallen von Himmel herab
Schau wie Smaragde
Die grünen Wiesen
Oasen der Zuflucht
In der Wüste der Hast
Schau unsere Welt
Wie schön sie ist
Ein Meer voller Lichter und
Wenn du erwachst
Öffne nicht die Augen
Schau nicht hin
Wie traurig die Menschen sind
Ohne Hoffnung
Schatten im Licht
Ewigkeit
Hörst du ihr klagen
Das Seufzen im Wind
Schau wie nah die Sterne sind
Glitzernde Perlen
Tränen
Siehst du die Hoffnung
Wir finden sie nicht

Elisabeth Frenzel * 1952

Liebe

Liebe ist so schön wie der weiße Schnee
Liebe tut auch manchmal weh
Liebe ist wie ein funkelnder Stern
Liebe ist überall, bist du nah oder fern
Liebe geht über Grenzen hinaus
Liebe ist da,Tag ein Tag aus
Liebe ist Hoffnung und Glauben zugleich
Liebe ist da,bist du arm oder reich
Liebe stärkt Menschen, sind sie auch im
  Krieg
Liebe ist immer stärker, Liebe sie siegt
Liebe führt Menschen zusammen, die allein
  und in Not
Liebe die reicht, bis über den Tod

Claudia Frerichs-Neufink * 1957

Besser/Anders
(Dreidimensionales Gedicht)

-Du bist
  BESSER
-als Geist-
  WENN DU
-ein Geist-
  BIST
-Du bist -
  ANDERS
-aber-
  WENN
  DU BIST
  ANDERS
-als Geist-
  DU BIST
-NICHT BESSER-
  (ALS GEIST)

Sava Freud * 1978

Shoa

Am Abgrund
  der Menschheit
  musstet ihr stehen

Ihr hattet nichts verbrochen
und konntet es nicht verstehen

Männer = Frauen = Kinder
für niemand gab es
    Gnade

Eiskalte brutale Menschen
waren sich für nichts zu schade

Schuften ließ man euch
ohne Schutz und Essen

dass ihr Menschen wart
haben die Nazis vergessen

Sechs millionenfaches Leid

das kann niemand fassen
diese Kälte
    dieses Morden
ohne Grund
    zu hassen

Wir müssen uns
an euch erinnern

euch unsere Stimme geben

Das ist nicht
zu viel verlangt

    für

sechs Millionen

    Leben

Claudia Freund * 1969

Gedankenloser Raum

Aber die Gespräche bleiben in meinem
    Kopf
Denn du bist nicht hier
Nicht bei mir
Sonst würde ich die Wärme spüren

Meine Decke des Vergessens
Auf mir wie die letzten Sonnenstrahlen
Bevor die Nacht hereinbricht
Und ich mich endlich in die Süße des
    Halbseins begeben kann
Du machst mich zu federleichtem Nichts
Aufgehoben in der gedankenlosen Leere
    deiner Arme
Doch heute Nacht muss ich frieren
Nimm mir mein Bewusstsein
Behalte es für dich, ich brauch es nicht
    mehr
Will schweben in deinem Sonnengeflecht
Rasten auf deinem Polster der Amnesie
Doch du willst, dass ich mich erinnere
Es stößt mich weg von dir
Meine Bewusstlosigkeit ein ungewolltes
    Geschenk
So packe ich es wieder ein
Und suche nach mehr Dankbarkeit

Hannah Freund * 2003

Fahrten

Heutige Fahrt. Aufgebahrt.
Kopf arretiert. Arme fixiert.
Brust entblößt – so lieg ich da.

Verlassen im Raum, -Science-Fiction-
    Traum?-
fährt die Bahre mit mir als Ware
zu den Geräten, die mich bestrahl'n.

Ruckelt die Bahre mit mir als Ware,
surrt das Gerät, Strahlung entlädt
sich in dem Körper, der steif ist vor Angst.

Ich zähle Minuten, lausche dem Tuten
der aktiven Strahlen. Ich flüstere Zahlen,
den Blick fixiert auf 'nen Ankerpunkt.

Minuten gezählt, Strategie gewählt.
Die Tür geht auf, vorbei der Lauf
der Geräte um mich und es ist geschafft.

Schlaffheit folgt Steife, ermattet, ich
   schweife
benommen zur Tür der Kabine von mir
weicht die Furcht und ich addiere dazu.

Jede Strahlung ein Plus, gegen Brustkrebs
   mein Muss.

Felizitas Frey * 1963

Ewigkeit

Das Leben mit seinen Höhen und Tiefen,
Freuden und Leiden ist kostbar, so wie
   ein geschliffener Diamant im Licht
   erstrahlt,
zeigt sich wahre Liebe nur im Innern, zart
   wie eine Blume erblüht.

Erinnerungen aus vergangenen Zeiten
   verblassen im Morgenlicht.
Wahre Liebe offenbart sich in jeder
   Sekunde, Tag für Tag, ohne den
   Schleier von Gedanken,
Ängsten, Träumen und Wünschen,
Liebe fragt nicht, Liebe ist ewiges Sein,
   grenzenlos weit, wie das Universum
   uns zeigt.

Katrin Freymüller * 1967

Laborbericht

Mit Sender im Gehirn
und fremden Lungen atmen wir,

Pumpen spucken Mikroblasen
in genmanipulierte Schweine,

auf Sonnenbänken brennen
Menschenmäuse,

in 20 Jahren mache ich dir
ein neues Herz aus deiner Haut,

in 20 Jahren werde ich
Flügel haben.

Frieda * 1952

Glückstraumtrunken

Bin ein wenig glückstraumtrunken
nach oben gesunken
hab der Sonne gewunken
eingesammelt die Funken
für unten
da unten
unterhalb vom Glück
nehm ich ein Stück Funken und schmück
und sink dann wieder
ganz nach oben zurück
nach oben
da oben
oberhalb vom Glück
bleib ich glückstraumtrunkenentzückt

Janine Friedrich * 1993

Engelsgesicht

Du hast mich gerufen, ich hab' die Felsen
   umschifft
Du hattest mich im Griff, ich dacht' ich
   bändige dich
Die Dosis macht das Gift, doch was die
   Menge betrifft
Hab' ich mich verschätzt, mein kleines
   Engelsgesicht

Till Friedrich * 1992

Liebe

Ich habe kaum noch neue Worte
Und auch längst keine Tränen mehr
Sie ist der schönste aller Orte
Doch auch verletzend ist sie sehr.

Ein Schmerz, der zerreißet meine Seel
Tötet mich tief im Innersten
- Als ob da noch irgendetwas wär.
Was einst war ist nun zerborsten.

Sie versetzt mich ganz ins Paradies
Befördert mich ins Himmelreich
Als ich mich ihr einfach überlies
Da gings mir sofort besser gleich.

Ich weiß am Ende aller Tage
Vergänglich, ja das ist auch sie,
- Ach, welch eine unendlich Plage!
Ich fühlte sie erwidert nie.

Ich weiß, auch sie wird wohl bald enden.
Aber ich will von ihr noch viel mehr!
Ach, nur ein kleines bisschen länger!
Nur, damit ich kurz glücklich wär.

Nicolas Fröhlich * 2005

Der innere Sehnsuchtsort

Ich gehe zurück dorthin,
Wo es so wunderbar gemütlich ist.
Die Menschen haben dort Zeit
Und Interesse aneinander.
Sie führen ein einfaches Leben
Und sind so glücklich.
Vielleicht, weil ihr Leben echt ist.
Sie lachen viel und sind so witzig -
Das ist so entspannt und vertraut.
Und diese Gutmütigkeit...
Ich fühle mich so geliebt
So wie ich bin,
Nur um meiner selbst willen.

Der Sommer im Norden -
Die Sonne scheint,
Doch auch sie ist hier voller Sanftmut
Sie greift nicht an mit der Hitze.
Es ist Ferienzeit,
Ich muss nichts erledigen
Und mich um nichts kümmern,
So sorglos und glücklich.

Mila Frühling

Vergebung

Was habe ich bekommen
was ist ein Leben wert
gebrochene Träume kann man nicht
    reparieren
in fahlem Licht getränkte Worte
beschreiben meine Fehler

Schmerz den ich dir gab ist heute mein
    Begleiter
hinter dem Vorhang
wartet die Vergebung
wann wird er fallen

Michael Fuchs * 1964

Freie Gefangene

Was ist, wenn wir alle Gefangene sind?
Eingesperrt auf diesem Grund, wo
Seelen ihre Körper verlassen
und Körper ihre Seelen verlassen,
um zusammen zu finden in diesen
matschigen,
verschwitzten Geistern, gefüllt mit
schleimigen Wünschen,
inspiriert von Gehirnen, die in
deprimierten Gewässern schwimmen und
honigähnliche Wörter hinfort fegen, nur
um dies zu verwirklichen.
Ist das möglich?

Lilian Fuchs * 2003

Grenzen.Los

Grenzen. So viele Grenzen.
Aber sie hatten es geschafft, sie zu
    überwinden.
Hierher geschafft. Zu uns. Dankbar, voller
    Hoffnung.
Vielleicht sogar schon begonnen, das
    Schreckliche zu vergessen, das hinter
    ihnen lag.
Kamen wenigstens ein wenig los davon.
Los. Ja, los waren sie vielleicht ein Stück
    jener Angst, los.
Ihr Los war vielleicht schon ein wenig
    besser geworden.
So sagt man doch, nicht wahr? Jeder hat
    ein Los.
Sie hatten ein neues Los gelöst. Losgelöst,
    das klingt doch gut.
Losgelöst vom Krieg, von fallenden
    Bomben, vom Tod um sie herum.

Vom grenzenlosen Leid. Von der
Hoffnungslosigkeit, die sie schon fast
gelähmt hatte.
Aber sie hatten sich nicht lähmen lassen,
nicht wahr?
Sie waren losgezogen. Ha, Los gezogen. Ein
neues Los gezogen.
Voller grenzenlosem Mut, davon träumend
und darauf hoffend,
dass sie ihrem alten Los doch noch
entfliehen könnten.
Grenzenlos.
Ist das nicht grenzenlos traurig?

Dieter R. Fuchs * 1952

Liebeszauber

Jemand mit Respekt und Liebe,
der sein eigenes Geld verdiene,
der, mir hilft und zu mir steht,
zusammen durch die Hölle gehen,
Jemand mit Herz und Verstand,
mit Gefühlen Gewand,
Diskussion und Unterschiede,
Hauptsache wahre Liebe

Nele Fuchs * 2005

Die Versuchung

Als die Versuchung mir wurde klar, wußte
ich, dass ich auf der Suche war.

Der Versuchung nachzugeben, ja das war
mein Bestreben.

Ich glaub ich wollte was erleben.

Doch Anstand und Moral brachten
gleichwohl Qual.

Ist die Versuchung jedoch recht groß, wird
man sie einfach nicht mehr los.

Gerrit Funk * 1962

Dazwischen

Zu viel oder zu wenig ?
Was bin ich für dich?
Ein zarter Hauch lasziver Luft?
Oder doch erdrückende Schwere?
Berühr ich dich überhaupt noch?
Innerlich wie äußerlich
Küss sie doch fort, die beklemmende Leere,
In der ich Taumel ohne Halt
Als gleißende Düsternis dunklen Lichts
Schwerelos haftend
Heiß und kalt
Zu viel und zu wenig und alles zugleich

Johanna Kornelia Furtmann * 1994

Ich warte auf dich

Da, wo der Wasserfall sich im Nirgends
verirrt
Die Streifen am Horizont sich verlaufen
Wilde Tiere ihre Fährte verlieren
Sitze ich auf einem Baumstamm und warte
auf dich

Da, wo die Gedanken nicht mehr weiter
fliegen
Die Wege sich nicht mehr scheiden
Verstorbene auf die Menschheit blicken
Sitze ich auf einem Baumstamm und warte
auf dich

Da, wo der Hunger und der Durst nur
noch leise Worte sind
Fragile Gefühle nicht wie Glas zerspringen
Nichts mehr als unerreichbar erscheint
Sitze ich auf einem Baumstamm und warte
auf dich

Da, wo das Glück die Menschen findet
Alte Wunden nicht mehr reißen
Ein ruhender Ort dich auf ewig bindet
Sitze ich auf einem Baumstamm und warte
auf dich

Ich warte, denn ich brauche dich
Im Hier und Jetzt und überall
Auf einem Baumstamm, der nicht älter wird
Warte ich auf deine Seele in der Ewigkeit.

René Gaarz * 1982

Sinn

Hat das Leben überhaupt einen Sinn?
Wir leben doch nur vor uns hin.
Tag ein- Tag aus. Im Dauerlauf.
Alles läuft weiter, nur wir bleiben stehen.
Wo zur Hölle sollen wir bloß hingehen?
Leben still, unsozial,
das Leben eine reine Qual.
Wann ist es endlich soweit?
Wo wir durchatmen können und uns Zeit bleibt.
Oder überspringen wir das gleich
und leben bis zur Unendlichkeit.
Dort gibt es keine Sorgen,
keinen Alltagsstress, kein Morgen.
Hier zu bleiben hat eh keinen Zweck,
also denk ich mir das hier alles weg.
All' meine Probleme, das Leid und den Sinn des Lebens,
auf den ich keine Antwort weiß.

Lina Gabler

Liebe

Die Liebe ist ein teures Gut
Das keiner je verstand.
Sie fordert wahrlich großen Mut
Das einen übermannt.

Trotz Angst vor Schmerz
Trotz Angst vor Leid
Lieb ich dich, mein Kind
Und hör auch niemals damit auf

Denn eins, das ist gewiss:
Die Liebe überdauert uns,
Sie bleibt, wenn alles geht,
Und auch der Tod ist uns gewiss,
Doch Liebe ist, was steht.

Annemarie Ganal * 2001

Reise in die Unendlichkeit

Eine junge Frau, mutig und willensstark,
zieht hinaus in die Welt, um ihren Traum zu verfolgen,
entdeckt neue Kulturen, erfährt die Welt,
und erkennt, dass sie unendlich viel zu geben hat.

Sie reist allein, doch niemals einsam,
denn die Welt ist ihr Begleiter, ihr Schicksal,
Sie erforscht fremde Länder, neue Gefilde,
entdeckt die Schönheit in jedem Detail.

Sie lässt sich treiben von der Sehnsucht nach Abenteuer, und findet in der Ferne,
was sie in der Heimat nicht fand,
Sie erkennt, dass ihre Träume keine unmöglichen Wünsche sind,
dass sie alles erreichen kann, was sie sich vornimmt.

Sie erlebt die Welt mit offenen Augen,
lässt sich von neuen Eindrücken berauschen,
erkennt, dass sie stärker ist, als sie dachte,
dass ihre Seele unendlich viel zu bieten hat.

Sie kehrt zurück, verändert und bereichert,
mit neuem Selbstbewusstsein,
und dem Wissen, dass sie die Welt erobern kann,
denn sie hat begriffen, dass Träume keine Grenzen kennen.

Vaishnavi Garde * 2003

Begegnungen

Das Leben ist voll von Begegnungen und neuen Leuten,
die meisten haben aber nichts zu bedeuten.

Doch manche Menschen kreuzen Deinen Weg
und bauen über so manchen Strom einen Steg,

um Dich sicher darüber zu geleiten
und dann einfach verschwinden, statt Dich weiter zu begleiten.

Den Sinn der Begegnung erfährst Du erst später,
auch ob diese sind Freund oder Verräter.

Drum hör von mir den guten Rat:

Tu Dir einen Gefallen und trenn Dich von denen,
die Dir nicht den kleinsten Erfolg gönnen können!

Geh zu einem Freund, der Dich versteht und der Dich mag,
denn nur gemeinsam sind wir stark!

Silvia Garhammer * 1976

Die Augen geschlossen

Die Augen geschlossen, die Gedanken zerflossen, so weit schaust du zurück,
wo ist das Ende deines Blickes, wohin bringt es dich Stück für Stück, was ist der Grund deines Geschickes,
eine kleine Reise zum Beginn deines Seins, ein Ticket brauchst du keins
denn die Fahrt kostet dich nur die Tiefe deiner Gedanken, ganz kurz kommst du ins wanken
was tust du da, was ist geschehen was wühlt mich auf, was kann ich sehen
so bleibt die Leere in den Augen doch die Fülle in deinem Kopf
die Erinnerungen kreisen du wirfst alles in den Topf, jetzt denkst du gleich wird es passieren

die Lösung wird sich selbst kreieren, doch verfliegt alles dann sehr schnell, erst wird es dunkel und dann hell,
was hätte ich in der ganzen Zeit, verändert an der Vergangenheit
ein kurzes Jubeln dann ein Schrei, in dir drinnen es ist vorbei, vorbei in allem was ist geschehen,
jetzt hilft nur eins nach vorne sehen, ein haschen nach Wind ist das was war
kannst nichts mehr ändern, das ist klar, schau nach vorn und denke nach
tu es nicht eilig sondern mit Gemach, deine Reise nach hinten du hast es begriffen
hat deinen Verstand noch mehr geschliffen, denn was geschehen das ist geschehen
es wird sich mit der Zeit entfernen, war es falsch und schlecht dann musst du lernen
für das kommende zu prüfen was für dich am besten ist, ohne die zu übersehen
mit denen du in Freundschaft bist, auch wenn du für dich das beste gibst,
denke zuerst an die, die du liebst, denn alles Streben alles Glück alle Freude und Geschick
ist leer und nichts ohne die Liebe die dir am nächsten sind.

Gerhard Gase * 1964

Kein Morgen – A.G.E (2023)

Angst die Zeit weiterlaufen zu lassen
Doch die Gegenwart kann man nur hassen
Ungewissheit der Existenz von Morgen
Muss mich dauernd um mein Überleben sorgen
Manchmal wünsche ich in der Zeit zurück zu reisen
Aber als Frau müsste ich dann meinen Wert beweisen
Jetzt ist ein Rentner in Amerika an der Macht,
der sich keine Gedanke über meine Zukunft macht,
Zu alt, um seine Konsequenzen zu erleben
Zu alt, um sie später zu beheben

Diese Generation wollte besser werden
Diese Generation sollte alt sterben
Meine Eltern mir ihr Wissen erben
Damit meine Welt nicht wie ihre liegt in Scherben
Keiner scheint aus ihren Fehlern zu lernen
Zu denken, dass sich Sonne und Erde voneinander entfernen
Und wollen nicht mehr greifen nach den Sternen.

Zoe-Josefina Gauger * 2006

Die innere Flucht

Wie oft schon hatte ich diesen Gedanken
wenn alles eingefahren ist,
wenn alles verfahren ist.
Wie oft habe ich sie mir vorgestellt,
die andere Welt,
in die ich aufbrechen muss,
um alles hinter mir zu lassen.
Alles habe ich mir ausgemalt,
jedes erdachte Detail,
das ganze Andere.
Später bin ich zurückgekehrt,
manchmal wie erholt,
in die immer alte Welt.

Thomas Gausepohl

Freiheit heute

Insel des Alltags
Herr der Entscheidung
Das Eigen der Seele
Der Frieden auf Erden

Gleichgültiges Ziel
Rebellionslose Menschen
Von Lügen verwöhnt
Die Freiheit verloren

Vom Winde geküsst
Momente des Glücks
Zu den Sternen erhoben
Vogel geworden

Ewig gebunden
Niemals gefunden
Für immer zerstört
Die Hoffnung auf Freiheit

Sarah Gautzsch * 1997

Executive Dysfunktion

Mach die Arbeit, mach die Arbeit - dröhnt es in meinem Ohr.
Ging heute früh motiviert zur Arbeit und fand vier Akten vor.
Die Zeichen klar, bearbeite die Akten, doch die Sprache falsch gewählt.
Diese vier Akten soll ich bearbeiten? Was mich jetzt von der Arbeit abhält.
Die Gedanken kreisen, hab so viele Pflichten, doch her, herum und hin - kreisen die Akten in meinen Gedanken und ergeben keinen Sinn.
Jetzt liegen sie da, schon lange verwahrlost, weil Wollen Können nicht ist,
und Sollen nicht Wollen und Müssen nicht Machen, es fehlt mir zur Arbeit die Frist.
Eine von meiner Hand gesetzte Frist, ist ein Termin, der zwar brodelt und gärt, der letztlich aber am Ende des Tages wieder mal nicht verjährt.
So geh ich nach Hause zum Feierabend, die Akten wiegen schwer.
Ich kann und will und möchte und muss und mach heut' gar nichts mehr.

Nicole Gayek * 1985

Ich

Ich sitze hier und denke nach, soll ich aufschreiben was ich denke?
Wenn ich es nieder schreibe, kann es jeder lesen, für immer.
Mir ist es egal, was andere denken.
Ich fühle mich vollkommen, vollkommen in meinem Leben angekommen.

Als Mutter, als Verlobte, als das, was ich bin.
Ich will nicht mehr dahin zurück, wo ich einmal war.
Ich will bleiben, hier bei euch, für immer.
Ich bin nicht perfekt, das ist aber niemand.
Ich mache Fehler, wie jeder Mensch.
Ich akzeptiere mich manchmal, nicht immer.
Das ist okay!
Niemand akzeptiert sich immer.

Kira Geckeler * 1997

Sehnsucht nach Freiheit

Gedanken kraftlos schleichen,
Buchstaben nur Wörter zeichnen.
Verliere mich im Raum
aus Phantasie und Traum.

Müssen Gedanken fliegen?
Gefühle sich bekriegen?
Um einen Reim zu schaffen,
den andere lächelnd nur begaffen?

Frei will ich sein, frei! Keine Allegorien!
Schwebend mit den Wolken ziehen!
Leichtigkeit mich tragen müsste.
Ach Freiheit, wenn sie mich doch küsste.

Gedankenspieler * 1955

Sonnenlicht

Auch in einer dunklen Nacht
Habe ich mein Werk vollbracht
Nein es kann mir keiner nehmen
Keiner kann es von mir stehlen
Breitet eure Hände aus
Und fangt an mit mir zu singen
Stimmen dröhnen aus der Ferne
Werden leise immer wärmer
In den Wolken seh ich Zeichen
Doch was mögen sie schon heißen
Ich habe es schon oft gesagt
Dass ich mich nach Sehnsucht sehne

Hell ist jetzt mein Geisteslicht
Dass schon bald die Nacht erschrickt
Großer Feuerball am Himmel
Der da unsre Sonne heißt

Jan Geier * 1996

Ich bin zum Kaputtmachen

Du hast nebens Klo geschissen,
mein Tintenstift kaputtgebissen,
mein schönes Tagebuch zerrissen,
mein Hörgerät in Müll geschmissen.

Du spritzt dir meine feinsten Drogen,
hast meinen lieben Hund belogen,
mich oft und wild und laut betrogen,
mein Briefkastentürl verbogen.

Hast auf den Teppich Pi gemacht,
mein Jugendfoto ausgelacht,
mein neuen Mieter umgebracht,
und nicht an Namenstag gedacht.

Du kommst in einem netten Kleid
und sagst charmant, es tut dir leid.
Du weißt genau, mein Herz ist weit,
mit mir gibt's niemals einen Streit.

Die Liebe endet einfach nie,
sie duldet Mord und Onanie,
verzeiht dir List und Alchimie,
sie ist ein furchtbar zähes Vieh.

Porphyr, Granit und Eisen bricht,
der Spinnenmann kennt seine Pflicht,
die Diva singt, wenn man sie sticht,
und die Mama verlässt mich nicht.

Thomas Geisler * 1952

Siebter Sinn

Mein Herz spricht zu mir,
Du bist immer hier.
Ich kann es nicht lassen,
für Dich diese Worte zu fassen.

Danke für die Himmelskraft,
Bitte nur dauerhaft.
Jetzt kann ich beruhigt enden,
denn ich bin in guten Händen.

Burkhard Geist

Verlorengegangene Welt

November im kleinen Dorf, es ist frostig
und kalt,
Raureif auf den Wiesen, der Winter kommt
bald.
Es ist ungemütlich, ich gehe ins Haus,
ich möchte bei dem Wetter gar nicht mehr
raus.
Ich geh' in die Stube, hier ist es schön
warm,
Ruhe und Frieden nehmen mich in den
Arm,
Das Knacken der brennenden Holzscheite
hören,
Geräusche, die alte Zeiten
heraufbeschwören,
Wach werden Erinnerungen an meine
Kinderzeit,
ein großes Gefühl macht sich breit:
Geborgenheit.
Hier war meine Zufluchtsstätte – an
diesem Ort,
Liebe, Vertrauen in das gegebene Wort.
Warum nur bin ich einst gegangen von
hier fort?
Heute bin ich zurückgekehrt in diese Welt,
habe inzwischen erworben Güter und Geld,
jedoch die Menschen von damals sind nicht
mehr hier,
das Feuer im Ofen ist erloschen – ich frier'.
Was mal war, kommt nicht wieder – nicht
für alles Geld.
Das hier ist eine verloren gegangene Welt.

Gisela Gellissen * 1955

Spuren im Sand

Ich erinnere mich an die warmen
Sommertage
Es gab immer nur dich und mich
Du und Ich am Strand unter den Sternen
Nichts könnte uns trennen
An unserem magischen Ort
Einem Ort voller Harmonie
Einem Ort ohne Angst und ohne Sorge
Die Zeit schien still zu stehen
Für einen kleinen Augenblick
Oh wie sehr ich mir diese Momente zurück
wünsche
Was ich alles dafür geben würde
Für dich und mich unter den Sternen am
Strand
Unseren Ort ohne Angst und ohne Sorge
Den haben wir verloren
Doch er ist nicht alles was ich verlor
Alles was mir bleibt
Sind deine Spuren im Sand

Greta-Maria Gembris * 2004

Die Melone

Die Melone, grün, rund und schön,
Wollte wohl gerade zur Fashionweek
gehen.
So süß, ich sah sieh und nahm sie mit.
Salat sollte sie werden, ich schnitt und
schnitt.
Sie wehrt sich mit all ihren Kräften,
Kullerte in der Küche herum mit all ihren
Säften.
Man glaubt es kaum, ich konnte sie
kriegen.
Am Ende konnte ich Siegen.

Ursula Genkinger * 1950

Herz-Achterbahn

Ich sehe den Fremden und denke: schön
mit ihm könnt ich spazieren gehen.
Das Unterhalten verläuft in guten Bahnen
und beinhaltet Interesse und viele Fragen.
Bei jedem Treffen Schicht für Schicht
enthüllt es mehr, in positiver Sicht.
Mein Herz fängt an für ihn zu schlagen.
Doch können wir auch den Alltag tragen?
Mal glaub ich ja und lass mich drauf ein
dann wieder Zweifel und ich sag nein!
Ein ständiges Gefühle-Auf und Nieder
spiegelt mein Achterbahn-Herz mir wider.
Bin ich zu sprunghaft oder gar kaputt
fehlt mir für Beziehungen der Mut?
Bedenken werfen mich ständig zurück
stehen zwischen mir und meinem Glück
Was will ich eigentlich, was tut mir gut?
Bei der Antwort bin ich auf der Hut.
Mein Herz hat sich wieder verschlossen,
jedoch die Achterbahn genossen.

Beate Gerke * 1971

Schwarzes Meer

Du betrittst schon wieder diese Klasse mit
    einem Lachen im Gesicht
Du denkst dich zu verstellen und andere
    Leute glücklich zu machen wäre deine
    Pflicht
Doch innerlich frisst dich dieser
    unglaubliche Schmerz, den niemand
    verstehen würde auf
Du fühlst dich leer und wartest doch
    worauf?
Dass es besser wird? Dass dich
    irgendjemand versteht?
Siehst du denn nicht endlich die Realität?
Du willst mit niemanden reden du denkst
    du fällst ihnen zur Last
Der positive Schimmer in deinen Augen
    den du immer hattest ist schon längst
    verblasst
Nun ist alles schwarz und du fühlst nichts
    mehr
Du versinkst immer tiefer in diesem
    düsteren Meer
du bist schon so tief drinnen, dass nichts
    mehr rausholen kann
Der Strick, an dem du dich mit letzter
    Kraft hältst, ist nicht mehr lang
Dieser Drang den Strick loszulassen und es
    endlich zu beenden wird immer höher
Sobald dir jemand helfen will, fühlst du
    dich bedrängt und wie in einem
    Verhör
Du nimmst keine Hilfe an, doch lange
    schaffst du das nicht mehr allein
Dennoch hältst du deine Denkweise und
    Gefühle geheim
Schluckst sie runter und du gehst mit
    diesem lächeln ins Klassenzimmer
    hinein.

Lea Gfrerer * 2008

Meine Wörter werden meine Grenzen

Der Anfang war schwer,
nicht zu verstehe, nicht zu sagen.
Ich hatte das Gefühl, dass ich
einen Circus Papagai war,
in einem zu engen Käfig,
in der Dunkelheit,
in einem fremden Ort,
nicht zu sagen, nicht zu verstehe.

Aber dann,
dann jagte ich das gesprochene Wort,
wie ein Mäuschen,
ich jagte es
von der Dunkleheit bis zum Licht,
in allen Ecken dieser fremden Stadt.
Jetzt halte ich es fest
an seinen Beinen
mit meinen beiden Händen
und ich sage:
Komm zurück! Du gehörst mir!
Komm zurück! Du gehörst mir!

Elena Ghinea * 1986

Selbstliebe

Selbstliebe ist Wunschdenken.
Kann jedem außer mir Liebe schenken.
Ich frage mich bis heute, woran es liegt.
Habe ich keine Liebe verdient?
Oder wurde ich einfach nie richtig geliebt,
und verstehe deswegen nicht, wie man sie
    sich verdient?
Was muss ich tun um geliebt zu werden?
Aufhören das Leben jedes Menschen zu
    erschweren?
Doch dafür müsste ich es verlassen,
und selbst dann, würde ich nicht aufhören
    mich zu hassen.
Ich verstehe nicht, wie Selbstliebe
    funktioniert,
bin dafür viel zu kompliziert.
Finde nichts in mir zu lieben.
Werde Liebe nie verdienen.
Werde nie Liebe für meine Erscheinung
    empfinden,
denn dafür müsste ich erblinden.
Fangt nie wieder zureden von Selbstliebe
    an,
wenn man bei mir nichts zu lieben finden
    kann.
Von Selbstliebe keinen Schimmer,
ich hasse mich für immer.

Emilia the Ghost * 2006

Der Ausweg

Es gibt ein Licht
das über alle Lichter herrscht
Es ist so hell, dass man
erblinden kann,
es ist so durchdringend, dass sich alles
in seiner Nähe zu verwandeln scheint
Ein kleines Paradies,
es wird kurz warm und alles
ist wunderschön.
Es ist so als wenn tausend Engel
leuchtend als blaue lichter vorbeifliegen
Und dabei ist es nur ein kurzer Moment
Ein Schmetterlingsflug
ein Augenblick, ein Lächeln,
ein Augenblick der Ewigkeit.

Monica Giannino * 1965

Lichtgestalten

Lichtgestalten –
die den Tag verwalten –
Checker die auf
Antwort warten –
multimedial – die Welt
gestalten – Fakten dominieren
verhalten – Erde aufgewühlt
in Falten – Sonnenstrahlen –
die erkalten – Visionen – kann
der Mensch nicht halten …

Angelika Giel * 1951

Ein Tipp,
ein Gärtner trennt die Grenze
zwischen Trompetenbäumen
und tränenden Herzen und
legt sich unter einen Baum,
wie ein Umbruch einer Seite seines
    Lieblingsbuches,
lebt er geschwitzt, gelesen,
eine Leiter aufsteigen wollend,
träumt.

Ulrike Gilcher

Der ewige Soldat

Man hat dich belogen.
Man hat dich betrogen.
Man hat dich gezogen.
Man hat dich bewogen.
Zu ziehn in den Krieg.
Zu Marschmusik!

Du warst so voll Stolz.
Du, aus der Helden Holz.
Wann bist du zerbrochen?
Wann durch das Elend gekrochen?
Wann hast verbranntes Fleisch du
    gerochen?
Wann vor Angst dich erbrochen?

Ja, für Gott und Vaterland!
Ja, da nimmt man die Waffe zur Hand.
Nur einmal vom Kampf eine kleine Pause.
Nur einmal in Gedanken ein Wenig zu
   Hause.
Nur ein einzelner Schuss.
Schluss.

Georg ten Gildehus * 1960

Das Schild

Ein kleines Mädchen,
still und leise,
begab sich auf die große Reise.
Erste Klasse,
Zeugnis da.
„Stilles Mäuschen",
hieß es da.
Schon da wurde es ihr bewusst,
mit ihr entsteht kein Redefluss.
Das Schüchtern-Schild
trägt sie seitdem,
mit sich umher und sagt nicht viel.
Die Zeit vergeht,
das Schild vergilbt,
die Arbeitswelt,
sie ruft nach ihr.
Das Schild,
es kann jetzt gerne weg,
doch rührt es sich kein Stück vom Fleck.
So schrieb sie in ihr Buch hinein,
was ist mein Weg zum Glücklichsein?
Wo kann ich sein,
Wie ich auch bin,
Wo darf ich leise sein und still.
Die Suche dauert endlos lang,
gefühlt bei ihr ein Leben lang,
dann ist es so,
dann soll's so sein,
das ist mein Weg zum Glücklichsein.

Maria Gilles * 1994

Unsere Zeit

Worte von gestern
auf halbem Weg verloren
doch das Auge schweigt sehend
bis uns das Licht bricht.

Umhüllt von deinem Schatten
tanzt die Angst Träume zugrunde
und am geköderten Grat
droht die Verkündung der Zeit.

Rebecca Gischel * 1989

Mein Geliebter

Er behauptet, er habe ein kaltes Herz,
   aber zeigt von innen wahre
   Empfindsamkeit.
Er erstaunt mit wahrem Talent und fischt
   das Unerwartete aus einem Loch
   voller Exzellenz.
Seine Mysteriösitat kann nur durch den
   Schlüssel wahrer Vertraulichkeit
   entschlüsselt werden.
Doch seine Intelligenz lässt sich abschauen
   und beneiden, allerdings lässt er
   seinen Humor erst später entfalten.
Dafür ist er aber fürsorglich und
   professionell,
sowie verträumt und exquisite in jeder
   Hinsicht nur nicht delinquent.

Angela Gitsova * 2006

Haus aus Bein

Versteckt in deinem Schneckenhaus
fühlst du in die Welt aus Dunkel:
Vor, zurück, zurück, zurück.

So viele Füße, die dich zu zermalmen
   drohen.
Da ziehst du dich in deine Einsamkeit
   zurück.
Doch ist da wahrhaft nichts?

Gedanken halten Einzug in dein Haus,
doch zieht das Leben draußen seine Kreise.
Streck deine Fühler wieder aus.
Im Elfenbein versteinern Greise.

Jens Glaremin * 1979

Schlafrhythmus

Wenn die ander'n leblos schlafen
Meinen ungezählten Schafen
Drücke ich kein Auge zu
— muss ich eben
Schlaflos leben.

Nur die Ruhe so entzückt mich
Nur der Schauer so beglückt mich
Ja, vielleicht ist es verrückt, Licht
des Tages, es erdrückt mich.

Wachend träumte es sich leichter
Also wach zum träumen bleibt er
Und in diesem Schema seither
weiter, weiter, weiter, weiter …

Hagen Glauche * 2000

Perpetuum mobile

Was soll das sein?
Mir fällt nichts ein!
Nichts zu berichten,
Nichts zu verdichten –
Außer den Zeilen,
Die sich soeben
Ohne Verweilen
Hiermit ergeben –
Was soll das sein?
Mir fiel nichts ein,
Doch fiel was 'raus …
Perpetuum mobile!
Applaus!

Dieter Gleich * 1971

Vermissen

Und wieder steh ich da
Und wieder fehlst du mir
Ich schaue in die Sterne
Und wünschte du wärst hier

Ich weis nicht wie du aussiehst
Ich weis nicht wer du bist
Nur eines weis ich sicher
Du wirst hier sehr vermisst

Wenn ich dich einmal habe
Lass ich dich nie mehr geh'n
Ich kann es kaum erwarten
Dich endlich hier zu seh'n

Ich will dich endlich treffen
Vermisse dich so sehr
Ich werd allein nicht glücklich
Doch mit dir um so mehr

Christian Göbel * 1998

Die nackten Wörter

Die nackten Wörter gehen in die Straße.
Sie reden über die Gedichte.
Sie reden über die Liebe.
Sie atmen und schweigen wie die Bäume.
Sie fließen wie Schaum – schaumig wie der
    Rhein und wie die anderen Flüsse
    durch meine Gedanken in die
    Nordseeküste.

Sie kämpfen gegen Rassismus und für die
    Gerechtigkeit.
Sie sind festgenommen und verbrannt.

Die nackten Wörter gehen in die Straße.
Sie sammeln auf der Straße die gebrochenen
    Gefühle, die gebrochenen Gedanken,
    und die Traurigkeiten.
Sie pflanzen für alle Menschen die Bäume
    und die Blumen …
Sie sammeln für Sie auch sehr schöne
    Dürfte von den verschiedenen Farben.

Die nackten Wörter fallen von meinen
    Gedanken in die Verse.
Sie singen mit den Kindern und tanzen,
    laufen, springen durch die Pfützen
    und erzählen den Kindern sehr schöne
    Geschichten und sehr schöne
    Märchen.

Sie können sehen – sie können hören – sie
    können reden – sie können auch
    tanzen.
Sie reden mit mir und sagen, dass sie nackt
    geboren sind und auch nackt sterben.

Ahmet Göcer Dersimi

Ein Jahr

wenn junge menschen älter werden
ist scheinbar das gesetz auf erden,
dass diese jahre länger sind!
als kind
ist unerträglich lange meist
das jahr – es heißt
warten, warten, nochmal warten. später dann
als junger mann
erscheint das jahr jedenfalls so lange,
dass man in keinem falle bange
wird! noch immer hat man davon genug!
der lebenszug
fährt langsam tuck-tuck dahin
und es kommt dir niemals in den sinn,
dass die zeit mal knapper wird.
und doch – es passiert!

Michaela Godai * 1960

Der Liebe Wege

Du bist mein Wunder und mein Punkt,
mein Herz in Flüssigglas getunkt.
Mein Zucker und die Watte,
meine Seelenhängematte.

Melanie Gögele * 1985

Die Welt von heutzutage

Überall nur Streit und Stress
Dunkle Gesichter und untreues Grinsen,
Das Lachen der Jungen, die es als normal
Ansehen, Herzen zu brechen und es cool
finden, jemanden zu verletzen, ob
    körperlich oder seelisch
Bis man zerbricht.

Sieht die Gesichter, die sich gegenüber
    sitzen
Kein Respekt, kein Trauen, und
    Freundschaften von früher.

Überall Menschen mit ihren rechteckigen
    Augen,
Voller Sucht, die es nicht lassen können.
    Völlig blind und taub
Wie eine Marionette oder Schachfigur.

Familien, die Zusammenhalt gegeben
    haben,
Zerbrechen langsam und schmerzvoll wie
    eine Mauer.
Man kann es nicht glauben.
Viele Gesichter versuchen nicht die Realität
    zu sehen,
Wo wir doch eigentlich ganz stehen.

Hilfeschreie und Not aus den hungernden
    Vierteln,
von denen die Nachrichten nicht ganz die
    Wahrheit vermitteln.
Angst um das eigene Leben und die Kinder
Angstschreie von Tieren, die Hilfe
    benötigen!
Die Erde weint und schreit, was für
    Monster wir doch sind.

Melda Gökce * 1997

In läuternden Regenfluten

Schwarze Sonnen ziehen
jeden Lichtfunken
Kein Teilchen kann
dieser Dunkelheit entkommen

Es verschwinden in den
unermesslichen Schatten
die goldenen Lichtfluren –

Es zersetzen sich
die Strahlen
im kosmischen Absoluten!

Muss das Erhabene
geopfert werden
und bis zum letzten Tropfen
ausbluten

Wird in weißen Nächten
Höheres geschaffen
und abgewaschen
das Bröckelnde
in läuternden
Regenfluten!

Elvin Karda Gökce * 1996

Erinnerungsfäden

Ich vermisse deine Stimme, die mir Trost
und Freude bracht,
Dein Lachen, das wie Musik den grauen
Alltag macht.
Die leeren Plätze neben mir, sie schreien
stumm nach dir,
Die Stille, die du hinterließt, sie schmerzt
so sehr.

Ich vermisse deinen Duft, der meine Sinne
berauschte,
Die Wärme deiner Hände, die meine Seele
umschloss wie eine Lausche.
Deine Blicke, die so tief in meine Augen
sahen,
Vermissen schneidet tief in mich, als würde
ich untergehen.

Die Orte, die wir teilten, sind nun verwaist
und leer,
Und ich frage mich, ob du mich auch
vermisst, mein Herz so schwer.
Die Erinnerungen an unsere Zeit, sie sind
mein einziger Trost,
Doch nichts kann die Lücke füllen, die du
in mir hinterließt,
denn sie ist so groß.

Cansu Gökkaya * 2008

Erebor

Eine Stadt, eine Festung
Eine Brandung im Grau.
Mit goldenen Dächern
Sie schneiden in's Blau.

Es erhebt sich über alles
Ein Zentrum der Macht.
Heimat der Könige
Schimmernd in Pracht.

Die Schätze unermesslich
Sie befinden sich hier.
Alle hörten davon
Es weckte die Gier.

Dann auf einmal kam er
Sie waren nicht bereit.
Über die Sonne
Legte sich Dunkelheit.

Ein Schatten, ein Berg
Segelte hinab.
Ein Drache versengte
Das Paradies im Flammengrab.

Ein ganzes Jahrhundert
war schon vergangen.
Da spürte das Monstrum
Ein neues Verlangen.

Ole Goldammer * 2008

Sind das diese Zwanziger?

Wer bin ich und
Viele Fragen
Bei Kaffee und Kippen
und
Denkst du manchmal noch an mich?

Hinter Pueblo blau und Dostojewski
Falte ich meine Sorgenfalten
Wie du dein Origami

Mir gehen viele Sachen durch den Kopf
aber
aber alles nichts Konkretes
Kopfschmerzen vom gedankenlosen
(an dich) Denken

zum Zeitvertreib

Zwischen yum yum Nudeln und
zwischen den Stühlen
hab ich mich spontan verliebt
hab ich mich spontan verloren

Kenner des Risikos der romantisierung
machen Badeausflug in der
kollektiven Lostheit einer Generation

Lernt schwimmen

Ich weiß nicht
Sag ich zu mir

Rosa Golly * 2002

Das Stück Blei

Nur du im Wasser, trockenes Salz auf
deiner Haut

Es bröselt runter, du siehst es klar
Und fällt ins Nichts, wo einst was war

Du im Wasser, so seelenfrei
Bloß in dir drin ein lauter Schrei

Das Echo, dass keiner hört
Der Schall kommt zurück, hat nen Teil
zerstört

Tiefe Wunden, klaffend an der Küste
mit dem Schmerz verbunden, so dunkel wo
doch Licht sein müsste

Blut, das nicht gerinnt, Wolken ziehen auf
Und das Schauspiel beginnt

Die Maskerade zieht los, Schatten des
Schleiers stehen dir gut

Unmaskiert, so ungeniert
Abwärts? Es fehlt der Mut
Noch ein Sein, dass still erfriert

Das tosende Meer in Einsamkeit
Nur eine Seele treibt umher, in Richtung
ewiges Leer

Nur du im Wasser so seelenfrei

Und an deinem Fuß
Ein Stück Blei

Maita Golzem * 1998

Nacht

Soweit habe ich nie gedacht
Ein Stern oder Systeme
Nie verstanden so weit entfernt
Nur ein Kissen passt dazwischen

Wollte was sagen so schlau
Aus alten Zeiten und Strecken
Die heute zurück gelegt
Niemanden hinter den Ofen locken

Um ein Haar hätte ich dich
Und sicher auch du mich
Gerührt in die Zeit
Die vertan vor der Türe schläft

Lieber lass die Worte
Liebe lass das Atmen im
Rhythmus eines Gestern
Vorübergehen im Gezeit

So rotieren die Welten
Auf ewig umeinander
Bis ein Stern die Nacht
Endlich zerreißt

Philippe Goos * 1980

Aus kümmerlichem Aderlass
welkt vages Blut
den Arm hinab

zieht zögerliche Bahnen
perlt willig ab
von spröden Härchen

das wunde Ich gebiert
in kruden Schlaufen

Die andere Gestalt

die dich benennt
dir einen Namen schenkt
der dich erkennt

Marcel Gorenflos * 1961

Verflossene Ähnlichkeiten

Auf einer Blumenwiese liegend,
die vorbeiziehenden Wolken betrachtend
Sehr ich deine Augen,
Deinen Mund und deine Nase,
Verflossene Ähnlichkeiten deines Antlitzes.
Die Augen schliessend spüre ich noch
    immer
Deine Lippen auf meinen,
Deinen Hauch von deinem Alten.
Meine Hände,meine Arme und Beine
Fühlen jeden einzelnen Grashalm.
Die Augen öffnend zielt mein Blick auf
    unsere alte Eiche,
Der Sommerwind wehend um mein
    Gesicht,
Der Duft der Blumen,
Das Summen der Bienen,
Das Gezwitscher der Vögel,
Das Kitzeln der Sonne auf meiner Nase,
Gehe ich auf die alte Eiche zu und berühre
    unser eingeritztes Herz.

Tanja Gossé

Träume

Den Geist
Von der Spannung
Der Einsamkeit
Befreien.

Die Gedanken
Mit Telepathie
Zu dir senden.

Dem Wind
Von der Sehnsucht
Erzählen.

Das scheinbar
Ungreifbare
Ergreifen.

Das scheinbar
Unmögliche
Erreichen.

Alina Gottlebe

Gedanken

In der Seele tiefen Schlucht schlummert ein
    Vulkan. Wundervoll
ist er verpackt, es kommt nicht jeder ran.
Ganz ungeduldig liegt er dort und wartet
    auf ein kleines Wort.
Ein Hauch von lauer Sommerluft dringt ein
    in diese tiefe Schlucht.
Erahnen lässt sich kaum der Rahmen, was
    da passiert, sind nicht nur Dramen.

Silvia Gotzel * 1957

die rose

der regen fiel herab
eine einzelne rose wuchs über nacht.
regentropfen um sie herum
eine frau wacht auf
kümmert sich drum
reißt sie aus
will sie behalten
ich wunder mich über ihr verhalten
gedanken die ich nie vergess
ich such mit diesem gedicht den richtigen
    ausm netz
jeder hat eine schwäche
bei mir ists ein mann in unterwäsche
doch ein satz wie dieser bleibt der satz der
    mir die zweite zeile leiht
eine einzelne rose wuchs über nacht
drum hab ich mir diese gedanken hier
    gemacht
julia schreibt an romeo einen brief
sag mir wie langs dauert bis du ihn ließt

Beatrix Graf * 1989

Hochzeitstag in Cuxhaven - Ringelnatz-Museum

Ein Samstag nur für uns allein
es ist doch schön - so mit uns zwei'n.
Am selben Tag - 12 Jahr zuvor
da hatten wir ein off'nes Ohr
für das eine große Wort
in uns'rem schönen Heimatort.
Das ist nun schon so lange her
und ich lieb dich noch immer sehr.
Heut war's so schön mit dir, mein Schatz
bei Joachim Ringelnatz.

Maren Grams * 1962

Freiheit

Frei sprechen, frei bewegen, frei leben.
Was bedeutet Freiheit?
Nicht eingesperrt sein,
gesund sein,
anziehen dürfen was ich will, wann ich will,
essen und trinken was ich will, wann ich
    will.
Für jeden bedeutet Freiheit was anderes.
Keiner Religion folgen zu müssen, ohne an
    diese zu glauben.
Eigene Regierung frei wählen zu dürfen,
mitbestimmen zu dürfen.
Leben ohne Hunger, Leben ohne Krieg,
    Leben ohne Angst.
Was bedeutet Freiheit?
Abhängig von dem Moment...
Heute ist es für mich das Lachen meiner
    Tochter,
die Liebe meines Mannes,
Wärme meines Katers schlafend in meinem
    Schoß.
Sorglosigkeit...
Und morgen, wer weiß?!

Tanja Grätz * 1976

Sein

Der Weg, den ich als Energie nun wähle,
setzt die materiellen Steine,
auf die ich das Bewusstsein zähle.
Das Bauwerk ist vollkommen doch
    begrenzt,
von Grund auf widerstrebend,
gewollt bin ich tot, so auch lebend.

Andrew Mc Gill Gray * 1988

Feuersalamander

Das Leben, für das bin ich nicht gemacht.
Als wäre ich nicht von derselben Natur,
    eine andere Gravur trag ich im
    Herzen.
Ein Ungeheuer in meiner Brust, wo sonst
    ein Feuer glüht.
Fernweh verankert als einziges Gefühl,
    mein Fortbestehen eine reine Odyssee.
Trauer, wird mich nicht weiterbringen.
Heute bin ich wohl schlauer.
Der Druck wurde zu meinem Schmuck.
Ich zierte mich und versteckte mich vor
    meinem eigenen Schmutz.
Doch zu lange verbarg ich die Schmerzen in
    meinem Herzen.
Den Feind in mir sah ich so nah, doch es
    war nur das Geschöpf, welches ich
    hätte sein sollen.
So fremd war mir mein Spiegelbild so
    unvertraut mein Körper.
Ich versprach ihr ich würde sie zum Mond
    bringen.
Dort oben wo euer Ethos thront.
Wenn ich nur in eine andere Welt passen
    könnte, In der meine Kapitulation
    keine Artikulation bedarf.
Hätte ich nur Verständnis für euer Gesetz
    wäre ich euch wohl treuer. Auch
    Rosen haben Dornen, das sind eure
    Normen.
Meine Wünsche aufgegeben an eine höhere
    Macht. Wegen der Hoffnung jemand
    anderes zu sein. Ich gab mich der
    Entwaffnung hin.

Nur um zu erkennen, dass ich mich bei
dem Versuch, gegen alles, was ich
mir geschworen hatte, selbst verloren
hatte.
Doch hätte ich einen letzten Wunsch in
meinem Leben zu geben, würde ich
ganz leise in dein Ohr flüstern,
Ein anderes Leben will ich haben, dort wo
ich jeden verstehe wohin ich auch
gehe. Wo meine Tarnung nicht eine
andere ist als deine.
Ich will nicht anders sein, ich will das
Leben eines Feuersalamanders.

Melissa Grec * 2004

Vom Paradies ans Kreuz

Vom Baum der Erkenntnis
kein Apfel mehr übrig.
Pflücken wir eben Birnen,
nicht viel anders!

Wo liegt nun der Unterschied
zwischen Gut und Böse,
zwischen Arm und Reich,
zwischen Güte und Dank
und Rache und Strafe?

Wir sind doch alle begnadete Sünder!

Erst Meere geteilt,
dann Völker.
Sklaven befreit,
um sie anderswo anzuketten.

Für unsere Sünden gestorben,
aber Reue allein erweckt die Toten nicht!

Grabt ihn aus!
Er soll wieder sprechen.

Katharina Greff * 2004

ICD-10 F90.0

Am Morgen grauts', mich schon vorm Tag.
Nebel ist in meinem Kopf.
Ich hätte da nen Kurantrag,
für die Masse unterm' Schopf

Kein Gedanke klar zu fassen.
Kann mich auf nichts konzentriern'.
Kaum begonnen - wieder lassen.
Muss ganz schnell mein Hirn saniern'.

Mach mir aber keine Sorgen.
Mir wurd' doch was verschrieben!
„Eine nur, an jedem Morgen.",
so waren wir verblieben.

Nach kurzer Zeit, das Hirn erwacht.
Ganz seinem Herrn verpflichtet.
Eine Pille, wer hätt's gedacht,
den Nebelschleier lichtet.

Philipp Greie * 1990

Träume

Schlaf mein Kind und lass es zu
dass Träume dich begleiten
Finde im schlafen deine Ruh
die Welt zu sehn in guten Zeiten

Träum dich auf den hellsten Stern
der für dich nur blitzt und funkelt
wo alles Böse ist dir fern,
kein Schmerz dein Herz verdunkelt.

Träum dich in ein Bett aus Blüten,
hör im Traum dein eigenes Lachen
Ich werde deinen Traum behüten
und deinen Schlaf bewachen.

Träume sind des Schlafes Bruder,
Fantasie für eine Nacht.
Am Tag zerstäuben sie wie Puder,
sind für die Nacht erdacht.

Hans Gerd Greven * 1939

Vietnam 1994

Friedhöfe: überall, hervorgehoben, würdig.
Die Frauen: schön, stark, sorglos,
    schüchtern.
Die Männer: listig, kontrolliert,
    mißtrauisch.
Die Kinder: zutraulich, neugierig, offen.
Das Land: schwer.
Die Flüsse: breit, reich, träge.
Die Felder: bestellt, maßgebend.
Die Städte: ärmlich, pulsierend,
    hoffnungsvoll.
Die Dörfer: im Aufbruch.
Das Meer: überall, ewig.
Die Berge: auffallend, ohne Weg.
Die Straße: steinig, aufgebrochen, gerade.
Die Bauern: verzweifelt, rebellisch, mutig,
    hart.
Die Arbeiter: stellenlos.
Die Fischer: eigen, stolz.
Die Sprache: melodiös, knapp, sukzessiv.
Die Lieder: melancholisch.
Die Speisen: frisch, schmackhaft, reichlich.
Die Krüppel: zu viele.
Die Erde: rot.

                    Monika Ida Magdalena Grigo * 1949

Geistesessenz ohne Bühnenpräsenz

Der Geist der Geschichte betrachtet die
    Menschheit
und ist ihr nicht gut und nicht böse
    gesonnen,
wird nie ein beleidigtes Wesen verkörpern
und braucht sich auch nichts von der Seele
    zu reden.

Er merkt, wie die Menschen Erschwernis
    verdrängen,
in eigene Taschen so manches sich lügen,
obwohl sie beteuern, Integres zu lieben
und niemandem just nach dem Munde zu
    reden.

Gewahrt schlicht die Menschen, wie die
    sich verschanzen
und über die Wahrheit Beliebtheit oft
    stellen,
auch Freiheit und Sicherheit ungetrübt
    wünschen,
am besten mit glücklichem Schluss der
    Geschichte.

Nur gibt es kein Ende der
    Menschheitsgeschichte,
das gut ist und alles zum Besten hin
    wendet.
Es gibt auch kein Ende, das schlecht ist
    und alles
verleidet, was Menschen auf Erden
    erschufen.

Die Zukunft ist ständig ein sicheres
    Scheitern,
was andererseits auch Gelingen bedeutet.
Rasantes Vollbringen wird immer
    begehrter.
Der ewige Geist blickt auf Treiben im
    Treibhaus.

                            Norbert Grohs * 1942

Feuerwerk

Ich schaue nach oben, wo die Sterne bereits
    Kreise schlingen - um ein unsichtbares
    Zentrum.
Wir hier unten. Arm in Arm, um uns das
    Funkeln.
Und dann explodieren die Farben. Am
    Himmel. In mir.
Die Luft ist lau. Mein Herz schlägt einen
Salto für jeden Knall, für jeden Kuss,
für jedes Wort und jeden Blick. Für dich.
Es war mein schönstes Jahr, wegen uns,
    wegen dir.
Wir schauen nach oben, in den Himmel
    und einander an.
Ich versinke in deinen Augen.
Wir scheinen unter dieser Nacht so winzig
    zu sein.

Wie Schmetterlinge. Schmetterlinge der
    Nacht.
Und doch spüre ich, wie groß das mit uns
    ist.
Es übertrifft alles, weil es für immer ist.
Es war mein schönstes Jahr und ich liebe
    dich über alles.
Die Luft ist lau und kündigt ein neues Jahr
    an,
das der Beginn von Allem ist.
Und ich liebe es, dieses Jahr mit dir zu
    beenden und das neue in deinen
    Armen zu beginnen.
Nichts ist schöner und ich möchte es für
    immer so machen.
„Weil ich dich für immer liebe", sage ich.
Über uns: Feuerwerk.

Inga Grote   * 2004

Träume

Jeder hat doch diesen einen Traum
Er wächst in einem wie ein kleiner Baum.
Man stützt ihn wenn mal ein starker Wind
    weht
und pflegt ihn damit er nicht eingeht.
Man gießt ihn damit er große Wurzeln
    schlägt
und schaut ihm beim Wachsen zu bis er
    schöne Blüten trägt.
Irgendwann wird er dann auch schöne
    Früchte tragen
und er wird so groß ,dass selbst Träume es
    nicht zu träumen wagen.
Mit der Zeit wird er vielleicht ein paar
    Kratzer kriegen
und äußere Einflüsse schaffen es vielleicht
    ihn zu verbiegen.
Vielleicht verliert er seine Schale, doch
    behält den inneren Kern.
Manchmal ist er so nah oder weit entfernt
    wie ein Stern.
Einige Menschen werfen ihn um, einige
    lassen ihn stehen.

Manche werden ihn fällen und nur wenige
    werden ihn in seiner vollen Pracht
    sehen.
Egal wie, ein Teil von ihm wird immer
    bleiben
und sei es, dass nur kleine Wurzeln aus dem
    Boden treiben

Robert Groth   * 1986

Die alte Zeit

Lang ist sie her, die alte Zeit
Und manchmal wüsst' ich gern Bescheid,
Wie denn früher alles war, ob früher alles
    anders war?

Wir hören Geschichten von Rittern auf
    Pferden, von Revolutionen, von
    Kriegen auf Erden.
Und manchmal, manchmal wüsst' ich gern,
    wie denn früher alles war,
Ob früher alles anders war?

Gab's da einen Menschen, so wie mich,
Der dachte und fühlte und lebte wie ich?
Der lachte und hoffte und glaubte und
    träumte und schließlich loszog und
    seine Welt finden wollte?
Wann lebte er?
Und was konnte seine Zeit?
War sie für bahnbrechende Erfindungen
    und Revolten bereit?
War der Ruf „Revolution!" der Kampfschrei
    der Welt?
War die Zeit ihrer Welt und die Welt
    ihrer Zeit angesichts der einmaligen
    Existenz geweiht und war sich die eine
    der andern bewusst?

Und manchmal würd ich's gern erleben,
    wie es früher mal so war.
Ereignisse der Weltgeschichte mal selbst
    erfahren und hautnah
All das spüren, was früher war.

Friederike Grünberg   * 2005

Begegnung in Zeit

Ich hauche in den Wind
Namen des Begehrens
Klingen in Bäumen und Gräsern
Hallen in steinernen Grotten
Ein spielendes Kind
Erwachsen mit Wurzeln
Im Kopfe Motten
Träume und Schäume
Von alters her jung
Schlag um Schlag
Neue Äste und Bäume

Sabine Grunnert * 1980

Toxische Liebe

Am Anfang sanft, ein Traum, ich will nie mehr gehen
Am Ende Enttäuschung, ein Kampf, und ich werde flehen:
Bitte sei wie du warst, so kann ich nicht leben.
Du warst meine Liebe, mein Leben, doch nun muss ich gehen
Ich ging von dir weg so schwer's mir auch viel, doch dann schriebst du, wir machten einen Deal
Von nun an werden wir nur Freunde sein, du wurdest wie früher, konnt' bei dir weinen.
Wenn alles in meinem Leben schief lief, warst du für mich da,
doch dann kam der Bruch und mir wurde klar, dass das mit uns nie mehr so wird wie's war.
Es bricht mir das Herz, ich denke an dich und doch weiss ich, dass es dich nicht mehr gibt,
denn den Menschen den ich so liebte, der war nie real.
Zwei Gesichter, deine Seele war kalt, deine Stimme, sie schallt, sie schallt, noch heute in meinem Kopf.
Du bist nicht mehr da.

Den Mensch den ich liebte, ihn gibt es nicht mehr,
könnt ich die Zeit doch zurückdrehen, dann würde ich sehen:
Zwei Menschen am Tisch, die Liebe so frisch.
Sie halten ihre Hand, ein Blick, ein Kuss,
Zwei Herzen voll Schwung, doch was nun bleibt ist die Erinnerung

Christina Gruß * 1998

Wie, Wo, Was?

Wo ist jemand der schreibt,
wie Schmerz vergehen soll mit der Zeit
Wie die Zeit aufhören kann zu fliegen
und wie wir aufhören uns zu bekriegen
Hat das Leben einen Sinn?
Was mach ich wenn ich traurig bin?
Was mach ich mit der Einsamkeit?
Find ich jemand, der bei mir bleibt?
Ist das die richtige Person?
Werd ich später mit ihr woh'n?
Es gibt kein Buch indem das steht
Ich muss die Lösung selber finden
Meine Ängste überwinden
Ich selbst kann es nicht wissen
Eine Gebrauchsanleitung hätte ich gern,
aber niemand wird sie schreiben
Nun werden mir die Antworten für immer ausbleiben

Mia Grüter * 2008

Kairos oder das achtzigste Jahr

Vorbeigezogen ist sie an uns, die große Karawane
der Könige, der Fürsten, der Herren der Welt,
Orden behängt, auf goldenen Sätteln reiten sie,
an den verdorrten Oasen vorbei, ihren Palästen zu.

Wir sehen den Staub der Nachhut
  entschwinden,
Tänzerinnen mit Diamanten im Haar,
  dressierte Affen,
mit Trommeln, silbernen Schellen und
  Tamburinen,
den Schluss bilden Lanzenreiter und
  Sklaven in Ketten.

Wir haben sie alle gesehen, die Großen der
  Welt,
vergesslich sind wir darüber geworden und
  alt,
bitten vergeblich um das Absolvo,
als Passwort kommt „schuldlos" nicht vor.

Uns bleibt der Dung der Pferde, der
  Dromedare,
ihn trocknen wir, bereiten das Feuer der
  Nacht,
den Tee in kupfernen Kannen mit
  silbernem Hals.
Im Morgenrot trinken Schwäne die
  schwarzen Tränen,
in denen sich Licht neuer Tage bricht.

Albrecht Gsell * 1946

Spadling, der Kojote

Eine Dame wollte in Form bleiben,
Sich mit Golfspielen die Zeit vertreiben,
Doch im Park Banff war Spadling zur
  Stelle,
Der Kojote klaute ihr die Bälle.

Sie nahm den Schläger - was soll ich sagen?
Hat den Kojoten damit geschlagen!
Spadling ist sofort verschwunden, husch,
  husch,
Versteckte sich in einem nahen Busch.

Beim nächsten Bücken raste ihr das Herz,
Plötzlich spürte sie einen tiefen Schmerz,
Für diesen Biss wollte sie sich rächen,
Dieses Tier sollte zusammenbrechen!

Dem neuen Schlag konnte er entkommen,
Den Golfschläger hat er mitgenommen.
Er verbrachte in der Verborgenheit,
Einige Tage in der nächsten Zeit.

Bei den Indianern ist zu lesen:
„Der Kojote hat ein Gauner-Wesen!"
Spadling sollte dieses Image pflegen,
Da haben sie wohl nicht falsch gelegen.

Roberta Gubo * 1966

Seifenblasen

Schau nur mal, wie schön sie funkeln
Bunter als ein Edelstein,
doch, willst du sie fassen, merkst du;
S' war ja nur ein schöner Schein!

Grad so geht's mit manchen Sachen,
die sich prachtvoll bieten dar:
Willst du sie von nah betrachten,
zeigt sich's: Es war gar nicht wahr!

Hoffnungsvolle Träume sind es,
die zerspringen wie aus Glas,
oder auch wie Seifenblasen:
Hinterher ist man nur nass.

Lass dich nicht beirren, denke!
Hart ist sie, die Wirklichkeit!
Erhoffe dir niemals Geschenke:
Das Glück ist eine Seltenheit!

Reinhard Güdemann * 1947

Ostergedicht für Camper und Campingfreunde

Jüngst fragte sich der Osterhas':
„Macht Ostern wohl auch Campern Spaß?"

Die Umfrage wird schnell gestartet -
Das Häslein auf die Antwort wartet.

- Und siehe da -

- Schnell ist es klar:

Die Camper stellen für sich fest:
„Auch wir wollen ein Osternest!"

So bringt der brave Osterhas'
die bunten Eier - welch ein Spaß!

Versteckt in Hecken, unter Buchen -
dort darf Klein-Jonas sie nun suchen!

Andrea Guellmann * 1957

Wandel

Ich spüre dich. Du sitzt an meinem Bett.
Meine Augen sind geschlossen.
Wir berühren uns durch die Bewegung der
 Luft im Atmen.
Es bleibt nicht mehr viel Zeit.
Alles um uns ist still, die Welt
 ausgeschlossen.
Der Winter und das Ende nahen.
Ich nehme ein Stück deiner Seele mit in
 eine andere Welt,
die ich nicht kenne aber auch nicht
 fürchte.
Wir gehen einander nicht verloren.
Pflanze mir eine Christrose auf mein Grab.
Ihr reines Weiß und die Kraft der Kälte zu
 trotzen
sollen dich für dein Leben ermutigen.
Ich nehme das Weiß wie einen Schleier, um
 mich zu verabschieden.
Ich gehe dahin wo du herkamst.

Rosemarie Guhl * 1950

Herzblut

Die Liebe schafft, was Leiden macht.
Die Sehnsucht vor uns kniet
Wie ein Vogel mit nur einem Flügel, der
 nicht richtig fliegt.

Es ist leicht zu verkennen und schwer zu
 ertragen
Wie konnte man uns trennen,
mein Herz trägt deinen Namen.

Halte mein Herz an, es schlägt nicht mehr,
 kann nicht vergessen
Nicht entkommen, kalt entrissen, den
 Schmerz gewonnen.
In mich tief hinein das Herzblut brennt
Hat diese Welt, für das was du mir warst,
 kein Substitut verschenkt.

Aline Gühring * 1994

Blau

Blau wie das Meer
wie das seidenweiche Wasser
dessen Fließen unentbehrlich ist
dessen Kraft so stark und fließend vermag
mir zu sagen, ach wie schön es ist
wenn Blau und ich verschmelzen

wenn sanfte Flüsse sich auftun zu Meeren
in unendliche Tiefe münden, die kaum
 einer gesehen
mündet in Unendlichkeit, mit einem
 Rausch aus Nebel
Verwirrung fließet rein und wild, ganz
 ungestüm
der Boden tut sich auf, ganz ohne Halt ein
 ganz freier Fall

Schimmernde Perlen hüpfen dahin,
 verfälschen das Bild des Aug'
Farben spielen und mischen so bunt,
 verdicken in mir wie Laub
ein schwerer Anfang mit leichtem Ticken,
 so ungesehen
kommt rasend und flickernd und
 wundervoll
fühl ich mich als wenn die Welt mich mag
 küssen

voll Heiterkeit, Freud und Sinneswandel
verfolgt von klaren Sternen
der Weg sich bahnt wie in Kreisen, Zirkeln,
    Windungen
zuhaus' da möcht ich nimmer hin

Emily-Jane Gülpen   * 2003

Kann ein Ei vom Himmel fliegen

Kann ein Ei vom Himmel fliegen?
„Ich glaube schon", sagt der Osterhas ...
„denn dort hinten – gut versteckt
im grünen Gras hab ich's entdeckt:
Im warmen Blau
von so viel Licht ,
kann ich die Sonnenstunden zählen ,
die's dort liegt."

Surah Günderode   * 1961

Der Abschied

Viel gedacht habe ich nicht dabei, die Zeit
    verging, die Beharrlichkeit hielt auch
    nicht lang.
Es wirkte wie abgekämpft.
Ich hirnte, aber vergebens.
Der Einfall ließ mich zu, dass ich schreiten
    muss.
Das würde ich dir erweisen wollen.
So sage ich dir, so schön der Anfang war, ist
    der Abgang rasch da.
Gehab dich wohl mein Lieber.

Filiz Güner   * 1989

Liebesleid

Rosarot ich durch meine Brille schau
Gefesselt und befreit ich meine Liebe leb'
Mein Ein und Alles ist mir diese Frau
Noch heut' wenn sie wollt' ich ihr mein
    Leben geb'

Des Liebens werd ich nimmer Leid
So denk ich jedenfalls neben ihr
Gebrochen ich mit mir im Streit
Wenn ich allein bin nur mit mir

Obsessiv der Gedanke ist
Fern von ihr in Einsamkeit zu verharren
In mir die Angst mich immer frisst
Es tut so weh, sie weiter in meinem Herzen
    aufzubewahren

Es geht nicht mit und es geht nicht ohne
Ich werd' durch sie verrückter von Zeit zu
    Zeit
Sie war mein Paradies und nun die Hölle
Für sie leb' ich Liebesleid

Muhammed Furkan Güngör   * 2002

Aufklärung

Seit langem beklagte sich
meine Frau über die Küche,
in der zu wenig Licht sei.

Nun hängt die neue Lampe
und leuchtet uns endlich ein,
was bisher ungesagt blieb.

Oskar Güntermann   * 1961

Auf dem Friedhof der Gefühle

Auf dem Friedhof der Gefühle stand ich vor
    einem schlichten Kreuz.
Mir war nicht gleich klar, was dort zu lesen
    war.
Hier liegt begraben der Traum vom Glück
    zu zweit.
Wünsche Träume und Illusionen aus
    Verführung geboren,
kämpfen gegen die Wirklichkeit.
Keine Tränen, nein, ein Lachen macht sich
    breit.

Wollte besitzen, was man nur verschenkt,
was man erwirbt durch liebes Werben.
Wollte besitzen, wollte haben, Liebe
kaufen, mich daran laben.
Deine Liebe zeigte mir:
das Glück ist nicht zu ordern, schon gar
nicht zu fordern.
Glück heißt, sich verschenken, nicht an den
Lohn dafür zu denken.
Zartes Schwingen unsrer Herzen,
Zärtlichkeit von mir zu Dir.
Wie die Sonne sich verschenkt, nicht an
sich selber denkt.
Sollen Herzen fliegen lernen, ist besitzen
nur Gewicht.
Leben heißt die Dinge sehn, entschlossen
darauf zuzugehen.
Leben heißt Enttäuschung, tiefer Schmerz.
Leben heißt, sich selbst zu spüren. Leben
heißt sich überwinden.
Sich nach und nach selbst zu finden.
Das Leben ist ein Traum, in dem wir uns
anschauen.
Durch Deine Liebe an meiner Seite,
strahlen Farben doppelt hell.
Augenblicke voll Musik, hast ein Licht in
mir entzündet.
Alles ist so intensiv, erst jetzt ist mir klar,
ich schlief.

Joachim Günther * 1957

Eine bessere Zeit

Bessere Zeit
Ich wünsche Euch ne bessere Zeit
Für alle Menschen weit und breit
Das alle gedanken wünsche und Ideen
In Erfüllung gehen und nicht wie eine
Zigarette
Im Rauch zerfällt

Adam Winfried Günther * 1967

Rinnsal

wege wände häusermauern
trügerische sicherheit
nichts wird endlos ewig dauern
allem schlägt einmal die zeit

Jan Günther * 1968

unsocial media

leere blicke in bunte bilder
slide um slide
swipe nach swipe
starre finger, schnell voller sehnsucht
nach einem gefühl, das man niemals finden
wird

Lena Gussenberg * 1988

stille

zwielicht
schreibt ins wasser dir
das unerweinte

fädenblau
lacht winzig nur
ein durchgang zum vielleicht

dorthin halbschlafend rinnt
zerdachter tage
sepia

Karita Guzik * 1973

Ich habe Angst

Ich habe Angst vor vielem.
Doch am meisten vor meinem zukünftigen
Leben.
Ich habe viele Fragen und brauche immer
einen Plan.
Will ich überhaupt Kinder? Will ich Wesen
in diese schreckliche Welt setzen?
Will ich heiraten?

Ich habe Angst.
Ich habe Angst zu versagen und mir dabei selber ins Gesicht zu schlagen.
Ich will perfekt sein, die perfekteste mit der perfektesten Familie.
Aber will ich alles schmeißen nur für Kinder für die ich mich ein Leben lang zerreißen muss?
Ich habe Angst.
Ich habe Angst den Abschluss nicht zu machen und die Ziele die ich erreichen will nicht zu schaffen.
Ich habe Angst.
Ich habe Angst vor der Zukunft. So sehr wünsche ich mir Kinder,
doch ergibt das Sinn, wenn die Welt voll Finder mir mein Glück raubt?
Ich habe Angst.
Ich habe Angst vor Betrug. Will ich all das sein, was mir mein Reich vorgab?
Lügen, alles zu verstecken, die Welt mit beiden Augen zu verdrecken.
Ich habe Angst.
Sollte ich meine Angst jetzt verstecken?

Philome Gw * 2004

Weil alles schwerer wird

wenn die Flügel lahmen,
die Krallen nicht mehr greifen
und der Bogen keine Spannung hat.

Dann sucht nach dem Hort,
den niemand stört, in dem der Friede ewig währt.
Weil die Seele darin lebt.

Doch finde diesen Ort, der die letzte Ruh' gewährt,
mit einem Kopf der gänzlich leer.
Mit Beinen die unendlich schwer.

Vielleicht im Schlaf, das wäre wünschenswert.
Bist Du an diesem Punkt allein,
dann bist Du ärmer als das ärmste Schwein.

wenn Du kannst, dann glaub an Gott;
sprich Dein Gebet zu Vater, Sohn und heilig Geist.
Hilft Dir ein Freund, dann ist das eine Gnad'.

Die Aussicht auf den Gang in's Licht, sie besticht.
Das Universum nimmt Dich auf, in den stillen Raum
und die Grausamkeiten dieser Welt? Sie sind Vergangenheit!

GR H * 1946

Lass los

Hör auf in der Vergangenheit zu leben
Es ist vorbei, es wird nicht wiederkommen
Blick nach vorne, hör auf dich umzudrehen.
Der Blick über die Schulter wird immer den Schmerz zurückholen
Was geschehen ist wird nicht ungeschehen nur weil du es wünscht.
Glaubst du die Vergangenheit war nur schlecht?
Lerne es als Erfahrung zu verbuchen, jeder Schmerz macht dich stärker,
jede Träne wird dich wachsen lassen, wisch sie weg und mach weiter.

Lass los, lebe jetzt, lebe für morgen und nicht im Gestern!

Du wirst auch morgen Menschen verlieren, die dir wichtig sind
Du wirst Liebe gehen lassen, du wirst Hass sähen und Trauer ernten
Du wirst wieder weinen, du wirst lachen, du wirst leben.
Leben im Jetzt , lebe nicht Gestern , du hast Fehler gemacht?
Na und , der der ohne Schuld ist werfe den ersten Stein,
bleib stehen, es wird kein Stein geflogen kommen.

Merk es dir, du bist nicht allein damit, aber
hör auf dich umzudrehen.
Lass los, lebe jetzt, lebe für morgen und
nicht im Gestern!
Du denkst du musst dem ein Ende setzten,
alles aufgeben, wofür?
Geh raus, atme tief durch, blicke nach
vorne und laufe los.
Laufe der Zukunft entgegen, genieße den
Moment, du weißt nie wann es vorbei
ist
Deine Zeit ist begrenzt, du kannst sie nicht
fassen, du kannst sie nicht stoppen,
sie dreht sich wie die Erde, unaufhörlich
, immer weiter , aber nicht für dich,
sie dreht
auch weiter wenn du nicht mehr bist, also
nutze ihren Lauf , nutze die Energie
die bleibt
Und LASS LOS!

D. H. * 1983

Die Stille

Wie schön scheint die Sonne vom Himmel
herab,
die Wolken, die da sind, sie fliegen im Trab.

Die Stille beruhigt die Seele und Herz,
sie lindert auch vielen ihr'n stechenden
Schmerz.

Die Bäume, sie stehen so ruhig, gelassen,
die Stille hat auch die Umgebung erfasst.

Die Flora, so scheint mir, sie steht tief im
Trans,
die Blätter, sie ruhen vom ewigen Tanz.

Erklingende Töne der kirchlichen Glocken,
die Stille zerreißt jetzt zu einzelnen
Brocken.

Die Töne der Glocken, sie leise verhallen
und wieder der Stille ist alles verfallen.

Ignaz Haag * 1935

Dohle

Als Dohle in anderer Sprache,
Bekannt nicht mit Flügeln, oder des
Familie Monarch.
Malst Bilder des Wahns, sieht auch
Sonnentage,
Spielst mit dem Apfel und Gericht, wir
bilden nur eine Frage.

Ist es des Schreibens Willen, ist es
komplex?
Das Bild die Weitsicht, oder Gift war das
Werkzeug,
Finsternis oder Wesen, Bildung und Stand?
Zeugen mag nie mehr, was kam aus deiner
Hand.

Burgen, Ungeziefer und Dreck,
Wörtlich, oder blass verzweigt aus
purpurnem Fang,
Bilden wir stets ein, wie hätten's erkannt.
Doch bleibt die Antwort ungeschrieben,
und du fern bekannt.

J. E. Haak * 1997

Du bist

Du bist...
Du bist mein Licht und bist mein Gral,
mein Weltgefüge ohne Grenzen.
Bist meine Innerwelt
der Raum in dem ich lebe.
Du bist mein Laster,
meine Tugend,
meine Erinnerung und auch mein Plan,
bist Labsal und Verzicht,
mal grell mal dunkel,
mal ganz nah und dann auch
unerreicht.
Du bist die Patina
von Raum und Zeit
auf meiner Seele,
hast so deine Spuren
in mich hineingetragen.
Ich möchte,
dass Du bleibst
- weil ich Dich liebe."

Patric de Haan * 1959

Die Unendlichkeit der Sterne

Ich sah einmal in die Sterne und fragte mich, ist da wer?
Entdeckte niemanden in der Ferne, warum macht ihr es so schwer?

Das Universum ist so groß und ich bin doch allein.
Was ist nur mit mir los? Ich will nicht einsam sein.

Ich bin nur eine Person, von so vielen hier.
Da frage ich mich schon, liegt es wirklich nur an mir?

Wie eine Blume ohne Licht, fühle ich mich schlecht.
Sie ist da aber man sieht sie nicht, ist das dann noch echt?

Liebe, Glück und Geld, darum dreht es sich.
Auf der ganzen Welt, dabei will ich doch nur dich.

Dich allein und nur mit dir, will ich mein Leben lang verweilen.
Denn den Schmerz der liegt über mir, kannst nur du alleine heilen.

Die Welt sie liegt im Dunkeln und ist doch so wunderschön.
Ich sehe es um mich funkeln, daran muss ich mich wohl gewöhn'.

Ich bin ein dunkler Schatten, zwischen all den Sternen.
Nun trägt es mich von statten, nun muss ich mich entfernen.

In diese helle frohe Welt, gehöre ich nicht hin.
Ich geh wohin es mir gefällt, weil ich besonders bin.

Marleen Haas * 2007

Von Weiblichkeit und Suche

Weißt Du denn wie schön
Die Worte sind, die von Deinen Lippen
Fallen?

Wie runde Locken
Auf runden Schultern

Spürst du die Kraft
Deiner Weisheit?

Und weißt du wie die Weiblichkeit
In Dir frohlockt?

Mich dünkt Du hast noch nicht erfasst
Wie ergreifend Deine Aura ist
Wie durchdringend Dein Blick
Und wie tief die Sehnsucht, die Du weckst
Nach ewiger Verschmelzung

Ich will auch ein Mal nur
Von Deinen Schultern kullern
Und zu Deinem Herzen finden
Wie ein Tropfen, der die Quelle sucht

Dann weiß ich just was Liebe ist
Wie Schöpfung, die Ihre Schöpferin vermisst.

Alles Liebe
Dein Dich suchendes Selbst

Yasmin Habaal * 1998

Niemals entdecken

Ich kann es nicht mehr verstecken.
Sie werden es entdecken!
Doch das darf nicht.
Es ist mein einziges Geheimnis,
und es bleibt in meiner Sicht.
Sie werden es nicht entdecken.
Es bleibt für immer mein.
Niemand wird uns jemals entdecken.
Du bist mein Geheimnis.
Du und ich,
und die Liebe, die nicht sein sollte.
Niemand wird uns entdecken.
Denn ich werde uns für immer verstecken.

Chiara Habben * 2004

Muttersprache

Wie ein Gedicht klingt meine
   Muttersprache.
Wie ein Gebet, das zart vom Himmel fließt
im Kleide einer Rose, die im Garten
   sprießt.
Mitten in des Sonnenscheines Wache.

Die Ahnen hegten sie in vielen Sitten.
Achtung war ihr starker Schild.
Ihre Schönheit war ein deutsches Bild.
Sie hat in unseren Tagen sehr gelitten.

Ein Ungeist hat den Sprachschatz stark
   verschlissen,
hat ihre Werte in einen Kraterschlund
   gerissen
und ihren Wohllaut krank gemacht.

Sie sinkt weiter in eine wüste Nacht
ohne die Menschen zu berühren.
Mir scheint, als hätte man sie umgebracht.

Werner Haberland   * 1936

Furcht

-Auf der Flucht-

Wahrlich ist der, der flieht, sieht und doch
   Liebt, der, der Gottesliebe verdient.

Im Leid zu ertragen, dabei auf der Flucht
ohne vor ihm geflüchtet zu sein, ist
die wahre Liebe.

Frei von Furcht trotz der Flucht, von der
   Liebe überzeugt.

Ist die fortführende Herzenswärme derer,
   die keinen Anspruch auf die Liebe
   erheben.

Genau jene sind die, die seiner
   barmherzigen Liebe Genüge tun.
Dabei stets bedacht, durch die Flucht vor
   der Furcht.

Imane Hadra   * 1992

„Bleib bei mir", sagte das Leben

„Bleib bei mir." sagte das Leben
„Und ich werde dir Kirschblüten
   schenken."
„Bleib bei mir." sagte das Leben
„Und du wirst einen Strand und ein Meer
   finden."
„Bleib bei mir." sagte das Leben
„Und ich lasse dich an Freudentaumel
und durchtanzten Nächten teilhaben."
„Bitte, bleib bei mir
und du wirst sehen,
wie reich du beschenkt bist."

Stefanie Haertel   * 1987

Super

Ich zünde mich
An
Jemand sieht mich
Löscht mich mit
Benzin

Simon Johannes Hafki   * 2000

Das Fischerskind von Cesenatico

Am Porto canale
steht ein Kind im Morgenkleid.
Blickt auf die Fischer im Kanale,
ihr Aufbruch nicht mehr weit.

Setzt die Segel, löst die Taue!
dringt es an des Kindes Ohr,
Auf reichen Fang wir wieder bauen!
Wehmut bricht aus seinem Herz hervor.

Gen' Osten schwärmen die Schiffe aus,
hinaus auf hohe, raue See.
Das Kindlein bleibt zurück zuhaus'.
In seinem Herzen tut es weh.

Kehrt wohlauf nach Haus!
bittet das kleine Kind,
Und passt gut aufeinander auf!
Seine Worte frisst der Wind.

Am Molo di Levante
sitzt ein Fischerskind das weint.
Um den Vater, den es nie kannte.
Schon lange mit dem Meer vereint.

Benedikt Hafner * 1989

Nach dem Beben

Ich sitze und warte
Die Zeit vergeht
Langsam im Warte-
Zimmer doch es
Könnte viel viel
Schlimmer sein

Ich klopfe und klopfe
Ich rufe und rufe
Eingeklemmt und
Verletzt im eisigen
Dunkel bröckelnder
Mauern

Lebendig begraben
Bitte lass mich sterben
Oder die Bohrer hören
Die mich an die helle
Luft bringen

Hallo höre ich plötzlich
Sie sind die Nächste
Und ich öffne die Augen
Voll Glück dem Licht
Dem Leben

Elfriede Hafner-Kroseberg * 1947

Nachspeise

Ich rede gerne über mich und meine
    Gefühle.
Meine Bedürfnisse weiß ich sehr gut zu
    artikulieren.
Das eigene Selbst ist mir Mittelpunkt des
    Universum,
mit Psychoanalytiker ich im Innersten
    wühle.
So lange der Vergangenheit hinterher stiere,
bis ich was gefunden in meiner Kindheit
    Album.
Mit Freud kann ich flüchten in die Kindheit
    schwerer Tage,
zum Glück nicht selbst schuld an meiner
    Lebensplage.
Ob Mutter oder Vater traumatisierten mich
    schwer,
erörtere ich heut Abend mit den Freunden
    nach dem Dessert.

Steffen Hagemann * 1987

Die Ewigkeit

Die Ewigkeit ist wie das Meer so unendlich
    weit.
So wie ein Fluss auf seinem Weg in den
    Ozean.
So lange die Bäume noch im Winde wehn,
besteht noch Hoffnung auf der Welt.
Im Universum ist die blaue Erde klein.
So klein wie ein Saphir auf dem Ring eines
    Fingers.
So kostbar doch und nicht geschätzt. Was
    ist Ewigkeit?
Die Wiedergeburt? Ein Ring? Das Meer?
    Der Himmel?
Oder einfach nur der Wunsch,
dass unsere Liebe ewig hält.

Claudia Hagmeyer * 1977

Geschändete Welt

Die Welt gerät aus den Fugen und liegt
    verwundet.
Eine schlimme Gier-Pandemie macht die
    Menschheit krank.
Die Macht und der Mammon, sie haben
    sich verbunden
und Verbrechen paart sich mit leidvollem
    Untergang.

Worte der Versöhnung wurden gestrichen
und imperiale Eroberungskriege
sind dem Frieden mit Lügen ausgewichen.
Blut fließt und die Menschen sterben für Siege.

Es wird geraubt, gefoltert und geschändet,
Frauen und Kinder, getötet mit Raketen,
die Trauer in Massengräbern beendet.
Die Früchte der Felder mit Panzern zertreten.

Erbarmungslos schlagen die vielen Bomben ein
und Ruinen werden Kulissen des Krieges.
Immer grenzenloser wachsen Wut und die Pein. –
Was, fragt man, bleibt endlich der Wert eines Sieges?

Wann wird das Böse geächtet und endlich bestraft werden
und Aggressoren können ihre Schuld nicht von sich weisen?
Siegen muss die Vernunft, um Frieden zu stiften auf Erden.
Möge die Hoffnung immer leben und die Zukunft preisen!

Wolfram Hahn * 1935

Gewitter im Hexenwald

Der Wind wirbelt Blätter durch den Wald,
so langsam wird es richtig kalt.
In der Ferne hört man den Donner schon grollen,
während die letzten Tiere sich nach Hause trollen.

Nur eine, die tanzt noch durch die Bäume,
für sie erfüllen Gewitter ihr Träume.
Träume von einem neuen Hexenbesen,
oder wieder zu wissen, wo die letzte Kröte gewesen.

Katze und Rabe warten Zuhause auf sie,
raus in den Regen gehen die nie.
Bald muss auch unsere Hexe nach Hause gehen,
nur will sie sich jetzt noch lieber im Wald umsehen.

Den Tieren macht das Gewitter Angst,
doch die Hexe denkt, bevor du bangst,
dann tanz, bis es nicht mehr geht,
weil der Wald dann Unterwasser steht.
Das ist wohl Hexenart, die Dinge zu sehen
und vielleicht muss man Hexe sein, das zu verstehen.

Julia Haibach * 1998

Apellmuß'

Vom zaghaften Leben
Dem müßigen Gang
Entgegen
Dem inneren Beben
Dem ständigen Drang
Zu
Den saftigen Reben
Am steinigen Hang
Und
Dem ewigen Streben
Der Liebe, dem Zwang
Doch
Die Stimme erheben
Trotz heiserem Klang
So
Wird das zehrende Geben
Zur Gabe irgendwann.

Thom S. Hall

Was die Zukunft

Was die Zukunft auch bringen mag,
lebe das schöne Leben Tag für Tag.
Morgen könnte es anders sein,
geplagt von großer Last,
die du allein zu tragen hast.
Aber auch da, lass den Kopf nicht hängen
irgendwann wird es wieder aufwärts gehen.

Nach jedem Regen kommt wieder die
    Sonne,
kommen die Sterne in der Nacht,
auch der Mond dazu wacht.
Zukunft ist Illusion,
aber was macht das schon?
Man träumt halt gerne vor sich hin,
aber wo liegt der Sinn?
Man lässt seine Seele baumeln
für kurze Zeit, dann bist du wieder bereit
den Weg zu gehen der für dich bestimmt
auch wenn du nicht weißt wohin.

Barbara Haller * 1963

Wüstenmensch

Es war einmal ein Wüstenmensch.

Während die Sanduhr die Tage
seiner Suche herunterzählte,
verging ein ganzes Jahrhundert.

Sein Glück ist das Meer und das
Leben ist eine sengende Wüste.

Seine Haut ist warm und sein Herz
ist Winter.

Seine Augen sind hinten und
blicken direkt in die Vergangenheit.

Seine Hände sind Flügel, die zu
einem anderen Untergang fliegen.

Seine Vergangenheit ist ein
Monster, in dessen Mund er eintritt,
und dieser Mund ist das Grab
eines anderen Verstorbenen Ergebnisse.

Und wie findet er das Meer mit
Augen, die im Rücken sind, und
Flügeln, die in die Vergangenheit
fliegen?

Wie kann er Erlösung finden, wenn
er nicht ins Licht schaut?

Und wie soll er Frieden finden,
wenn er sein ganzes Leben lang
nach abgenutztem Sand gesucht
hat?

Wie soll man das Leben lieben,
wenn der Tod zum Symbol der
Flucht wird?

Und wie viele Menschen sind dieser
Wüstemann eigentlich ?

Wir verbringen Sekunden
leichtfertig, ohne zu wissen,dass
sie uns ein ganzes Jahrhundert
rauben.

Und wie viele Gräber haben wir
gegraben, während wir in der
Vergangenheit lebten?

Wie viele Leben haben wir
genommen, ohne der Zukunft eine
Chance zu geben?

Und jetzt kann jeder wählen, ob er
ein Delfin im Meer oder ein
Wüstenmensch sein möchte?

Selda Hamidovic * 1999

Flirrende Seele

Die Seele entweicht,
wie aus einem löchrigen Käse ...
ich stülpe die Glocke darüber,
dass es sich aufhalten ließe ...

Die gläserne Haube füllt sich,
mit hellen, magischen Dunst...
es mischen sich Farbstreifen darunter -
sieht aus wie flirren, lebendige Kunst.

Lebendig, wenn diese Seele wäre,
nicht gefangen mit menschlicher Hand ...
der Käse keine Löcher hätte,
der Laib fest und rund der Rand.

Die Seele würde bleiben,
an ihrem bestimmten Ort ...
doch jetzt tut sie sich eilen
geht nicht nur aus dem Käse fort.

Sie füllt die Haube,
entweicht durch die kleinste Ritze ...
die Seele ist frei -
während ich hier sitze ... und ohne Seele
verloren bin.

handstone * 1972

Das Ende der Märchen

Der Pesthauch des Todes
Liegt über dem Märchenland
Wie der Atem eines zürnenden Gottes
Paläste zerfallen zu Sand

Schneewittchen liegt noch immer
In ihrem Sarg aus Glas
Man hört der sieben Zwerge Gewimmer
Weil der Mensch diesen Ort vergaß

In unserer kalten Zeit
Ist kein Platz für Phantasie
Niemand kämpft mehr für Gerechtigkeit
Wir sind Sklaven der Technologie

An den goldenen Palästen
Bröckelt die Fassade ab
Es ist aus mit all den Festen
Das Märchenland ist nun ein Grab

Und aus den Trümmern
Ertönt es voller Qual
Eines Königs Wimmern
Es ist vorbei – Es war einmal

Matthias Hangs * 1974

Ein leerer Raum, es gibt keine Türen.
Nur schwarze Wände und das mit nur vier
    Ecken.
und in einer sitze ich.
Meine Hände, an meinen Ohren gepresst,
laufen im gleichen Tackt ,die Tränen an
    meiner Wange entlang.

Ich höre ihre Stimme,
die Stimme, die mein Herz zerbricht.
Die Stimme, die ich nie wieder hören
    werde.
Ein leerer Raum,
die Wände sind schwarz,
und ich sitze hier in einer der vier Ecken.
Ich höre sie, die Worte:
Du hast dich nicht verabschiedet.
Die Hände an meinen Ohren, wie das Herz
    in meiner Brust zerbricht.
Meine Tränen sind so schwarz wie die
    Wände
und das in diesem Raum.
Zeit heilt die Wunden,
Doch ich bin gefangen ,
und das in dem schwarzen Raum der
    Sehnsucht.

Anne Hänjes * 1993

Hankel

Am Fenster stehend, sehend die
    Schneeflocken fallend, leichte dunkle
    Gedanken realisierend die Sorgen,
die kämpfend versuchen deinen Tag zu
    bestimmen,
versuchend mit gutem Gedanken und
    Liebe im Herzen dies nicht zu zulassen
aber dies nicht zu sehen als sorge, Strafe
nein sondern als Aufgabe

Mario Hanke * 1984

Ausblick in den Garten

Ich reiß' mich los von meinem Bette,
eröffne meiner Augen Blick,
erblicke eine Grabesstätte,
voll lichtem Schein doch ohne Licht.

Seh' tote, triste Schatten trotten,
umhergeweht vom Schicksalswind,
seh' menschlich Hüllen schon verrotten,
sie sind so stolz, sie sind so blind.

Im Dunkeln malen sie Erleuchtung,
wie Striche ohne Deutlichkeit,
sie sähen sich nur selbst Bedeutung,
sie ernten bloß den Spott der Zeit.

Getreide in den Weltenmühlen,
blasphemisch sich zum Gott erhebt,
und stirbt ein Korn zu Staub zerrieben,
ich sage, es hat nie gelebt.

Richard Hannemann * 2004

Herbst

Sturmwind schlägt sich durch die Büsche,
schreckt die Vögel auf.
Nässe legt sich aufs Gefieder.
Herbst nimmt seinen steten Lauf.

Dahlien lachen in das Grau,
stellen Farben in den Blick.
Kinder lassen Drachen steigen,
und der Himmel lacht zurück.

Bunte Blätter wollen tanzen.
Frühes Dunkel drängt den Tag.
Hagebutten still und rot.
Alles ist wie ich es mag.

Ramona Hansel * 1961

Schau hin

Keiner hört meine Schmerzen,
denn Sie schreien innerlich...
geh ich vor die Tür,
sieht man Sie nicht...
Mein Lächeln zeigt jedem wie gut es mir
    geht...
Doch innerlich wird grad mein Herz
    zersägt...
Jeder denkt, ich bin stark, so soll es auch
    sein...
Mein Leben prägt die Schwachen...
Ich muss stark für Sie sein...
Ich weine wenn niemand da...
Sobald es klingelt steh ich lachend da...
Tränen in meinem Gesicht...
stehen mir nicht!

Petra Hansen * 1968

wunderschön

„Zukunfts-Ich du bist so wunderschön"
sagt mein Altes-Ich zu mir,
sieht meine Flügel an
gefangen in ihrem Bann
noch immer in seinen Augen die Gier
deren Schatten ich noch an mir laste,
wenn ich vom Fliegen raste
„Wie bist du geworden wer du bist?"
pass auf, dass du nicht vergisst
aufzugeben
um dann abzuheben...
„Was?", fragt mein Altes-Ich
Und ich kenne dich
warne ich dann
wenn ich nicht mehr kann
dann ruh dich aus
Hab den Mut dein Altes-Ich umzubringen
dann wird aus dir, kleiner Raupe
auch ein großer Schmetterling

Lara Hansen * 2002

Die deutschen Sprachen

die deutschen sprachen
bewegungslos
bewegen
kein Gesicht sich regt im Rufen
die fremden Sprachen
beherrschen
gehorchen
in Ohren und Augen der richtigen Leute

Mette Birgitte Hansen * 1971

Ich bin noch da

Habe meine Familie verloren viel zu früh ...
Ich bin noch da
Habe Freunde verloren ... aber
Ich bin noch da
Habe geliebt und viele Tränen vergossen
aber
Ich bin noch da

Von einer Sucht in die andere gegangen
aber
Ich bin noch da
Sei da und überlebe

Dieses Gedicht widme ich den starken
Frauen
Im IRAN

Martina Hansen * 1962

Vorläufertropfen

Wir sind Vorläufertropfen
und sind diejenigen, die vorwärts laufen
ohne Rücksicht zu nehmen.
Wir sind Vorläufertropfen
und sind diejenigen, die an einem sonnigen
Tag zuerst fallen.
Wir sind Vorläufertropfen
und sind diejenigen, die das Fass zum
Überlaufen bringen.
Wir sind Vorläufertropfen
und sind diejenigen, die die Tinte auf dem
Blatt Papier verschmieren.
Aber wir sind auch diejenigen
Vorläufertropfen,
die im Sonnenlicht in den Farben des
Regenbogens funkeln.
Aber wir sind auch diejenigen
Vorläufertropfen,
die ihr Sein für alle aufs Spiel setzen, ohne
zu wissen wohin der Weg führt.
Aber wir sind auch diejenigen
Vorläufertropfen,
die von ihrem Nicht-Sein in der Hitze der
Sonne wissen.
Aber wir sind auch diejenigen
Vorläufertropfen,
die nicht zurückschauen und neue
Hoffnung inmitten des Leids
verkünden.

Gehörst Du zu uns?

Myriam-Sonja Hantke * 1977

Für meine Schwester

Wer bist du und wer bin ich?
Zwei Seelen zufällig vereint,
doch ohne dich weiß ich, wär ich
nur ne Klitzekleinigkeit entfernt
von Wahnsinn und von Trauer
absolute ungeheuer
Gefühle übermannen mich:
Liebe, Stolz auch sicherlich
ab und zu, doch meist Melancholie.
In meinem Herzen spür ich sie
und Tränen fließen aus meinen Augen
Salzgeschmack auf meinen Wangen
gefangen in mir, alles muss raus.
Kontrolle verlier'n fühlt sich an,
wie Achterbahn fahr'n.
Gut, schlecht, ich weiß es nicht,
Liebe und vergiss mein nicht
danke dir, ich liebe dich.

Julia Harders * 2000

Weißt du noch ...

Weißt du noch damals, als ich kleiner war.
Ich war immer deine Prinzessin die so viel
Sport macht.
Du warst so stolz auf mich,
du warst immer da - und egal was auch
war,
du hast immer gelacht.
Bis dann der Tag kam an dem ich dich das
letzte Mal sah.
Du hattest Angst, du hast geweint - ich sah
es ganz genau.
Diese Angst in deinem Blick, dieser
Schmerz ...
Das ging mir einfach viel zu tief ans Herz.
Und weißt du welche Frage mich am
meisten plagt ...
ob du wusstest, dass das die
Verabschiedung fürs Leben war.
Ich will nur zu dir, dich in den Arm
nehmen.
Dir meine Träume, meine Pläne, Sorgen,
Ängste und Geschichten erzählen.

Ich will dir zuhören - und das den ganzen Tag.
Du warst der Mensch, der diesen Ort zu was Besonderen macht.
Und dieser Apfelbaum, ich habe ihn so geliebt.
Doch nur, weil du sagtest, dass er was Besonderes ist –
wie deinen Garten den liebtest du so sehr,
allerdings wirkt ohne dich sowieso alles so leer.

Sarah Anja Harmer * 2002

Samsa

Ein schlimmes Unglück, ich lag rücklings im Graben,
das Auto über mir erdrückte mich nicht.
Es lag wie ein Käfer, die Räder zum Himmel,
der Motor verstummte, das Autodach nah.

Gleich würde es brennen, es reicht schon ein Funke!
Aus dem Radio blutete laute Musik.
In Panik begann ich die Beine zu strecken,
Die Hände gaben fragwürdig Halt.

Ich fing an, mich auf dem Rücken zu schieben,
immer noch weiter, Stück für Stück.
Wie eine Raupe zog ich mich zusammen,
jetzt ja kein Fehler, sonst ist es aus.

Knapp war ich dem stöhnenden Auto entronnen,
da rutscht es nach unten, fast ohne Geräusch.
Dort blieb es liegen, wo ich gerad noch gelegen.
Ich war ohne Atem, das Herz so schwer.

Thomas M. Hartmann * 1946

Zauber der Pflege

Pfleg dich Stund um Stund,
trotzdem wirst du nicht gesund!

Einsam in den letzten Stunden deines Daseins,
Kann das wahr sein?

Die Medizin im Hintergrund,
Das ist des Patienten schönste Stund,
Auch wenn sie werden nicht gesund.

Ein Lächeln, ein herzhaftes Lachen und schöne Momente,
Dies zu schenken , versuch ich bis zur Rente!

Der Tod bringt eine unheimliche Leere,
Ob ich dies Begehren?

Nein, aber ich möchte,
Das du auf möglichst liebevollster Art und Weise,
beginnst,
Deine letzte Reise!

Der Tod klopft an,
zieht dich in seinem Bann !

Währenddessen dich zu pflegen
Und zu hegen,
Mit Ruhe Kraft und Sympathie,
Das nenn ich berufliche Magie!

Katrin Hartmann * 1991

Bodenlose Leere

Wie ist es eigentlich mit einem Vater der keinen liebt
Er sticht dir ins Rückenmark
Mit einem Hieb

Macht deinen Flow hart
Besser als jeder Beat

Sagst immer weiter niemals nie
Bis er dein Herz wieder bricht
Und du einen Schlussstrich ziehst

Es tut weh
obwohl er garnichts fühlt
bist anders als er
dir tuhen Gefühle gut

Keiner versteht dich in diesem Umkreis
Bis du endlich das Ruder rumreist

Jetzt Bist du unter guten Händen
die das seelenlose Loch verstärken

in dem einst ein liebevolles Herz schlug
danke diesen Menschen denn sie bewahren
    dich vor einem tiefen Fall
bei dem keiner deine Schreie hört wie
    alleine im All

Diese Freunde bewahren dich vor dem
    Teufel
mit deinem Gesicht vertraue ihren Worten
denn sie lieben dich

Liam Hartung * 2004

Blicke

Deine Blicke sind wie eine Feder im Wind,
sie sinken
und schwanken
um mich herum,
Ich wünschte,
ich
könnt' sie
auffangen.
Der Wind drückt mich weg.

Siehe da.
Ein anderer hält
die Feder in seiner Hand;
Luftstöße
um mich herum
Wolkentürme, weiße
Trauer, Gewitterregen frisst das
Donnerrauschen.

Hebt
sich meine
Weitsicht
empor?

Vielleicht nicht heute, gewiss doch
    morgen seh'
ich,
wie da ein Wanderfalke
eine Feder
verliert
und ich
vom Himmel
mit ihr falle, weil ich ohne dich nicht
    leben kann.

Aiman Hasan * 1997

Die Angst einer Frau

Du
Du im Dunkeln
Kleidung schwarz, ein Trainingsanzug und
    selbstbewusst laut

Bist du es der mein Alptraum wahr werden
    lässt?
Der, der mich psychisch und physisch der
    letzten Sicherheit beraubt?
Der mich zu einer von den Drei macht?
Eine, die einen sexuellen Übergriff erlebte
Und seit dem nie wieder dieselbe ist?

Doch eines würde dennoch bleiben
Denn das Wiedergeschehen ist so realistisch
    wie davor
Der ständige Begleiter ist für immer
Die Angst einer Frau: Vergewaltig und
    missbraucht

Josepha Hasenburg * 2005

Zittergedanken

Ich bin fertig; lieg im Bett,
spür das Zittern in mei'm Körper,
an der Tür hängt mein Jackett,
in mei'm Kopf schwirren die Wörter

Alles dreht sich; alles schaukelt,
kaltes Feuer in mei'm Bauch,
hab's mir selber vorgegaukelt,
und mein Kissen stinkt nach Rauch

Das Gefühl will Ich nie wieder,
denk Ich mir doch Mal für Mal,
in mei'm Kopf ist dieses Fieber,
in mei'm Körper diese Qual

Will es lassen; muss es lassen,
trotzdem bleib Ich weiter dumm,
will mich nichtmehr morgens hassen,
frag mich jedes Mal warum

Mika Hattingen * 2005

Du

Ich brauch' deine Nähe,
dein Wesen, dein Sein;
muss immer stets wissen,
nur du seiest mein.

Ich brauch' deine Ruhe,
dein liebes Gesicht,
ein Blick deiner Augen
bedeutet mir Licht.

Ich brauche dein Lächeln,
den Druck deiner Hände;
es sagt mir aufs Neue,
nichts ich verschwende

Ich brauch deinen Atem,
die Augen, den Mund;
das alles für immer,
es macht mich gesund!

Ich brauche dich immer
und nicht nur manchmal;
die Zeit, die verloren,
bereitet mir Qual.

Karla Haubold * 1943

Nebelbegraben

Nebelverhangen liegt die Natur in ihrem
   Dunst,
irre ungewiss durch die feuchten Schwaden.
Des Grauens verschrien in des Dichters
   Kunst,
um nach der Wahrheit zu jagen.

Einsam bin ich in dem Nebelmeer,
fühle mich verloren in der Welt.
Sehne mich nach Glückserfüllung
   herzensschwer,
voller Zweifel, was mich denn hält.

Wer bin ich und wo möcht' ich hin?
Mein Seelendurst ist ungestillt.
Was macht in meinem Sein eigentlich Sinn?
Habe von mir nur ein verschwommenes
   Bild.

Doch in dieser Wehmutsstille verborgen,
   wartet die Hoffnung.
Unzählige Lichtertropfen anmutig
   schweben.
Beschleicht mich eine tröstliche Ahnung,
denn Nebel rückwärts, bedeutet Leben.

Elina Haug * 1972

Wenn ich ein Schmetterling wär' ...

Wenn ich ein Schmetterling wär',
hätt' ich keine Probleme mehr,
bräuchte weder Zug noch Bus,
den ich pünktlich erreichen muss.

Ich fliege einfach
an jedem Tag,
lass' mich ablenken,
von Arbeit und viel Denken.

Ich suche die Blumen wie ein Kind,
weil sie gut duften und wunderschön sind.
Vielleicht kann ich bei dieser einen landen?
Wie schön, sie ist einverstanden.

Lore Häuser * 1964

Besuche im Garten

Besuche im Garten in einem
vergangenen Sommer,
der eine andere Region der
Wirklichkeit wahr werden ließ.

Ich saß mitten in
bebenden Erinnerungen –
der Stadt enthoben
lag der Garten verwildert
wie seine Gedanken ungeordnet.

Kurz ein Paradies-
Garten mit nackter Zweiheit
unter einem Apfelbaum
an der Schmunzel im September –
bis ein Unwetter drohte.

In seiner Anwesenheit war
Die Zeit wie eingefroren.
Ein Raum öffnete sich, in dem
Lügen vor unserer Wirklich-
keit kapitulierten.

Mo Haver * 1974

Schnee

Schnee, Schnee. Schnee und in mitten
Ist ein zu gefror'ner See.
Die Sonne bringt das Eis
zum Glanz, der leise Wind
spielt auf zum Flockentanz.
Die Bäume haben weiße Mäntel an
Und an den Häusern hängen Eiszapfen
    dran.
Die Luft ist klar und eiskalt.
Jetzt macht der Winter bei uns halt.

Marion Hecker * 1960

Handlungsbedarf

Es hagelt Bomben und Raketen,
zerstören Land, den Feind wie Freund.
Millionen Frau'n und Kinder beten
weltweit und hilflos, doch vereint.

Was soll das blinde Toben, Schlachten,
in dieser so sensiblen Welt?
Welche Gesetze soll wer achten,
wenn alle auf den Kopf gestellt?
Ihr Frauen, lasst es endlich enden
und gebt den Brüdern, Männern, Söhnen,
ein BUCH zu blutbefleckten Händen,
dass Waffen sie nicht halten können!

Elisabeth Heckert * 1944

Die verdammte Liebe

Ich stehe morgens auf, der Schmerz in der
    Brust.
Er verwehrt mir die Lust.
War es das, was du wolltest?
Mein inneres so kalt und leer.
Obwohl das mit uns schon so verdammt
    lang her.
Du solltest reden, bevor es zu spät ist.
Aber hast lieber gewartet, damit es mich
    komplett zerfrisst.

Jonathan Heger

Die Lady von Nachod

Der Nebel zieht – wer kann ihn halten –
mit sanfter leichter Kraft.
Hüllt Berge, Bäume, Wiesen ein,
unscheinbar und doch mit Macht.
Wer will ihn halten, er ist frei, so mancher
    nicht.
Hoch oben in den Bergen – sieh doch
    welche Pracht.
Wohnt sie dort – wer hätt's gedacht?
Da liegt ein Häuschen umhüllt von des
    Nebels Fängen.
Dort liegt sie draußen in leisen
    Windesklängen.
Sieh dort, im kühlen Gras. Ihr Haar glänzt
    so wie Gold - der Lady von Nachod.
Sie denkt - doch worüber nur - der Nebel
    verblasst jede Spur.
S'ist doch Krieg, es tickt die Uhr, hinfort ist
    da die Frohnatur.

Gewalt wie nie zuvor benutzt der alte
Landesfürst, Gewalt ist sein Prestige.
Er rühmt sich ihrer ohne Scham.
Es schert ihn nicht, dass keiner wird mehr
froh.
So liegt die Lady nun im Gras, denkt nach:
Was bringt das Leben?
Ist Gewalt des Menschenleben Zweck,
dann macht es keinen Sinn.
Doch wenn nach Leid die Freude kommt –
das ist des Lebens Neubeginn!
Das denkt sie nun im Morgenrot – die Lady
von Nachod.

Tabea Heide * 2006

Freiheit

Im Geiste scheinbar ohne Grenzen,
Stark und frei – wie man's verlangt,
Alles gebend – ständig glänzend,
Doch schüttelt die Krankheit dir die Hand,
Ist es der Ruhm nach dem man strebt,
Wenn man im Materiellem lebt?
Ist es die Zeit – die ein bekehrt,
In welcher Macht sich stets bewährt?
In welcher Hoffnung dient als Privileg,
Nicht für die Armut ausgelegt,
In welcher das Recht zwei Sprachen spricht,
Dem Unter spuckt es ins Gesicht,
In welcher höchstes Gut – das eigene
Begehren,
Gleich ob die heiligsten belehrten,
In welcher Nächstenliebe nur ein Wort –
An einem unantastbaren Ort,
So lasst uns bekennen – was wir sind,
Bevor das Blut umsonst gerinnt,
Lasst uns erkennen – das Profit,
Nie im Interesse der Freiheit liegt.

Thomas Heidel * 1990

Einsamkeit

Düster treibend in der Leere,
Leise klingend die Melodie,
In der herrsch'den Asomnie,
Auf dich zeigend die Gewehre.

Rastend liegen unterm Baume,
Die Welt ganz düster wandernd,
Die Flüsse voller Hoffnung mäandernd,
Merkest schnell das du bist allein im
Raume.
Gefangen in sich selbst,
Mitten in der Menschenmasse,
Dein eignes Ich langsam verblasse,
In der schönen alten Welt du schwelgst.
Der Regen prasst im Takte,
Singend wehet der Wind,
In der Stimme eines Kind',
Deine Erinnerung dich packte.
Dein Herz langsam pochend,
Du dich geschlagen gebest,
Dem perfekten Ich nachstrebst,
Dein Kopf deines eigen unterjochend.
Die leisen Stimmen von überall,
Gefangen in der Vergangenheit,
Deine Gedanken in der Befangenheit,
Dein Leben mitten im Verfall.

Dominique Uwe Heiden * 2005

Lebensmystiken

Ein kleiner Schmetterling, nachts in der
Kälte.
Eine belanglose Begegnung, so Seelen-
Verwandt.

Gottestod und Lebensehrfurcht.
Das ganze Leben eine Bestrafung und
Verurteilung.
Hetze, Revolution, Hass, Gewalt, Macht
und Lügen.

Die kleinen unwichtigen Dinge sehen.
So viel Liebe und Sein.

Nie zu nah, niemals ergeben.

Keine Ahnung, warum das so ist, ich lebe
so dahin.
Immer dieses, ich kann nicht anderes.
Es zieht mich hin, es hält mich ab.
Es ist nichts und lenkt mich.

Sinnlos, Langeweile, überall so viel
  Stillstand.
Im Kopf und in den Herzen.
Wie sie es nur so schaffen, meines würde
  aufhören zu schlagen.
Oh man, so gedankenlos.

Marion Heidenblut * 1975

Allein?

Du denkst du bist allein?
Aber nein das wirst du niemals sein
Denn irgendwo ist der Mensch der dich
  glücklich macht
Er hat bestimmt genau so viel
  durchgemacht
Das ist der Grund warum ihr so gut
  zusammen passt
Ihr versteht von dem anderen jede Last

Emma Heider * 2007

Ökologische Betrachtung

Was soll's nützen,
dazusitzen
und zu grübeln,
welchen Übeln
die Menschheit noch entgegengeht?
Ob sie in Zukunft noch besteht?
Oder ob, kritisch betrachtet,
der Mensch, der Warnungen missachtet,
der sich strikt weigert zu versteh'n,
nur eins verdient:
unterzugeh'n ...?

HeiHo * 1973

Halbschlaf

Ein Auto quert
Eine Zeile.
Ein Baby plärrt
Eine Weile.
Ein Moped
Zerknattert Stille.
Einzelbett
Mit einer Grille.

Rauten reisen
Um Robinien -
Ächzend kreisen
Nachtbuslinien.
Schritte. Harren.
Kann der Tod sein.
Dielen knarren.
Schlafe ein.

Hans Heilner * 1976

Lebensvulkan

Geformt von Armut, Enge und Ziel
war das Leben in Opa so stark.
Nichts war ihm zu schwer,
um es mit Willen nicht doch zu wagen.

Sein Leben erfüllte den Raum, wo immer
  er war,
gab Zweiflern den Weg vor, zog Ängstliche
  mit.
Sein Zorn ließ selbst letzte Träumer
  erwachen.
Sein Lachen gehörte allen und wärmte das
  Herz.

Trotz aller Kämpfe blieb sein Menschenbild
  fest,
und er lebte den Schatz, den er in sich trug.
Mit ihm rettete er sich und Auserwählte
durch Kriege, Zerstörung, Verlust und
  Gefahr.

Er genoss die Wertschätzung der für ihn
  Großen,
begegnete ihnen mit sie achtendem
  Respekt.
Auch Enkel genossen hautnah die
  unbändige Kraft.
Er zelebrierte den Sieg, zelebrierte die
  Freude.

Erst als er tot war, wagte ich heimlich,
ihm auch meinen Kummer zu klagen
und ihn oft mutlos zu fragen:
Opa, wie hast Du das Leben ertragen?

Eveline Heimsoeth * 1945

Im Zug nach nirgendwo

Im Zug nach nirgendwo, fahre ich.
Aus den Fenstern eine leere Sicht.
Der Zug fährt so langsam,
Doch die Zeit vergeht so schnell.
Zwei Jahre vergehen in zwei Tagen.
Keiner wundert sich,
Niemand stellt Fragen.

Im Zug nach nirgendwo wird nicht
   gesprochen.
Die deprimierende Stille,
Die wird nicht gebrochen.
Es ist vielmehr ein Schuldgeständnis, als
   ein Wille.

Die Stille,
Die Zeit,
Die langsame Fahrt in die scheinbare
   Ewigkeit,
Ist unsere Strafe.

Wir wollen, doch können nicht aussteigen.

Lena Heinl * 2001

Über Brücken

Bei Tage spannt sich ein Sonnenstrahl vom
   Himmel zur Erde.
Über den Fluss, zurückgeworfen, verwoben
   in Schaufenstern
hängt Leben an einem seidenen Faden des
   Lichts.

Bei Nacht zerren die Schatten an allem,
   was läuft und rennt,
lassen im Schein der Laternen und
   Scheinwerfer die schöne Szenerie
   zum Labyrinth einer Stadt werden.

Was lebt, lebt als Schatten, zerfließt an
   leeren Ufern,
windet sich in den Kanälen, die die Straßen
   näher zusammenrücken lassen

und sich als gläsernes Netz über die Dächer
   der Stadt erheben.

Die Melodie eines Straßenmusikers eilt
   durch die Gassen;
der Augenblick eines überraschenden
   Wiedersehens in der Tram;
der Arm, der zur Überquerung der Pfütze
   gereicht wird.
Der Ozean bleibt ungebändigt.

Ein Blick, der sich durch die
   Menschenmenge wühlt;
ein Windstoß, der sich seinen Weg
   zwischen Fahrzeugen bahnt,
flüstert Worte einer fremden Sprache.
Das Meer ist weit an diesem Abend.

Alles im Leben kann eine Brücke sein.
Wir wandern entlang seidener Fäden, die
   wir erst spüren,
wenn unsere Hände in Löcher greifen
Schritte versiegen
Und ein Wort all die Scherben aufsammelt.

Teresa Heinrich * 2002

Ikarus

Die Morgenluft umgab den Knaben
Frohen Mutes schritt er fort
Gesegnet mit des Vaters Gaben
Umgeben von drei schwarzen Raben
Verlassend jenen düst'ren Ort.

Aus der Schmiede dröhnten Klänge
„Komm herbei, mein liebes Kind
Heb die Federn, zieh die Stränge
Wir müssen fort aus dieser Enge
Leg die Flügel an geschwind."

Ein Sturm von Freiheit umgab den Sohne
Höher stieg er ohne Ruh
Froh jauchzend, Euphorie im Tone
Die Wahrheit winkte ihm als Lohne
Präzise auf die Sonne zu.

Emanuel Heinzmann * 1998

Kinder des Regens

Wir, Kinder des Regens, wir rennen ohne
  Start und Ende,
Laufen, springen, soweit uns die Beine
  tragen,
oben reichen dicke Regentropfen uns die
  Hände,
schweben, fliegen, soweit wie unsere Flügel
  sagen.

Dunkle Wolken, die unsere ständigen
  Begleiter sind,
doch wir alle rennen alleine mit dem
  Regen,
egal wie lange, jedes Kind
hört nicht auf, die Schwingen zu bewegen.

Nur manchmal übertönen unsere Rufe die
  prasselnden Tropfen,
wir singen ein Lied von Freiheit und Mut,
man hört unsere Schreie, unser Jauchzen,
und klingen doch nur nach Angst und
  Wut.

Man meint, wir wären verloren,
doch ziellos kennen wir den Weg,
wissen, wir sind zum Rennen geboren,
immer weiter auf dem endlosen Steg.

Wir, Kinder des Regens, wir rennen ohne
  Start und Ende,
die Tropfen schenken uns Applaus,
wenn wir einreißen die Wände,
ja, dann wachsen wir über uns hinaus.

Luna Heisel * 2004

Der Schmerzberg

Was für ein komisches Gefühl ist
  diese flüchtige Traurigkeit über
  Trivialitäten.
Wie eigenartig fühlen sich die Tränen an,
  die über die Wangen laufen.
Wenn man versucht jemandem zu
  erklären warum man weint ist da
  Unverständnis und Verwirrung.
Man kann ja nicht mal sich selbst erklären,
  woher der dunkle Schatten kommt,
  den man in einer Kleinigkeit gespürt hat.
Wie unangenehm sind diese Tränen
  vor unverständigen Augen.
Wie schwach fühlt man sich, wie klein, wie
  lächerlich.
Vielleicht sind diese schnellen, tiefen
  Traurigkeiten einfach Schatten großer
  Traurigkeiten.
Versteckt tief im Innern, kommt manchmal
  ein Fetzen davon an die Oberfläche.
Legt sich übers Herz und treibt das Wasser
  in die Augen.
Schmerz muss gespürt werden.
Vielleicht ist der Grund zu groß, um ihm
  auf einmal entgegenzusehen.
Vielleicht muss es so geschehen. Fetzchen
  für Fetzchen.
Man trägt den großen Schmerz ab wie
  einen zu hohen Berg.
Stein für Stein, bis seine Spitze nicht mehr
  bis ins Bewusstsein ragt
und der Schmerzberg wieder im schwarzen
  Teil des menschlichen Geistes
  versinkt.

Malin Heitger * 2001

Drübersehen

Ist es nicht herrlich, ist es nicht schön
wie die Welt lächelt, weil wir uns dreh'n?
wie wir uns mögen, wie uns versteh'n?
ist es nicht herrlich, ist es nicht schön

eine Welt, zweite Welt, dritte Welt, Geld
erstes Reich, zweites Reich, drittes Reich,
  Welt
vierte Welt, fünfte Welt, alle sind gleich,
sechste Welt, siebte Welt, acht, neun, zehn,
  reich.

und die Berge blicken weiter
sehen über uns hinweg
kennen uns're Grenzen nicht
haben eine Übersicht

aber ich werd zu dir gehen
du hast Berg und Tal gemacht
unendlich weder tag noch Nacht
einmal werd ich drübersehen

Katharina Helbig * 1989

Gedanken

Kerben, so tief in meiner Seele
Schmerz, so stark in meinem Herzen
Selbstzweifel, so präsent in meinem Kopf
Worte, so verletzend in meinen Ohren

Und doch, ich werde das überstehen

Jemand, gibt mir Kraft
Jemand, gibt mir Hoffnung
Jemand, gibt mir Halt

Jemand, lässt mich Lieben

Dein Licht, schenkt mir Wärme
Deine Präsents, tröstet mich
Deine Stimme, lässt mich träumen

Du bist mein Anker

Ich, werde an deiner Seite stehen - immer
Ich, werde da sein - immer
Ich, werde dich lieben - immer
Ich, werde alles für dich tun - immer

Ich liebe dich!

Anne-Katrin Helbig * 1994

Drogen

Wie sie mit Kulleraugen starrend durch die
    Gänge irren,
so kaputt wie wenn die weißen Kristalle auf
    dem Handy klirren,
Selbstzerstörung ist so populär in der Raver
    Revolution,
komm mit und lass dir zeigen, wo die aller
    besten Partyzombies wohnen,
das System mit Lachgas statt Demos
    besiegen, fernab jeden Gewissens,
aber Sonntags dann immer Krokodilstränen
    ins Kissen kiffen,
und jeden noch so kleinen Stummel bis zur
    heißen Pappe geraucht,
und einmal im Rauschzirkus hinter die
    Kulissen geschaut.

Robert Helbig * 1996

Vor einem reinen Infinitiv

Mein Wort schlägt ziemlich schwer
Zwischen schönen langen Schenkeln
Seine Hand schweift dabei sehr
Beiläufig über Partizipien
Es scheint schon lange her
Dass ich diese hier entschwerte
Zwischen seinen strammen Backen
Oder er sie lange leckte
Bis ich – den Kopf im Nacken
Die Beine angewinkelt –
Die sämig-schönen Sätze
Zwischen meine Brüste setzte

Hele * 1973

Nach dem Jahreswechsel

Der Weihnachtsbaum knistert im Ofen.
Silvester ist auch vorbei.
Da spielte man wieder Beethoven:
die alte Werden-Brüder-Melodei.

Im Osten schwiegen die Waffen.
Doch einige Stunden nur.
Jetzt ist man wieder am Töten.
Vom Götterfunken keine Spur.

Klaus Heller

Winter

Es war kalt, sehr, sehr kalt.
Hinter dem Schneeberg lag der Wald.
Die Kinder spielten, machten
    Schneeballschlachten
Während die Eiszapfen von den
    Fensterbänken krachten.
Die Schneeflocken fielen weit und breit,
Und alle riefen vor Freude: „Es schneit, es
    schneit!"
Der Schneeräumer fragte sich: „Wie lange
    den noch?"
Und im Zylinder vom Schneemann war
    ein Loch.

Wer mein Bild besieht, wie's da Winter ist,
würde sich am liebsten in den Schnee
    schmeißen,
einen Schneeengel machen und in den
    Schnee beißen.

Amelie Hellmich * 2011

Meine Ruh
(Reminiszenz an Carmen Sylva)

Mein Weg führt hoch zum Sommerhaus,
zum Wald der magisch mich berührt.

Von hier oben sieht die Welt so
    unbedeutend aus,
so emsig und desillusioniert.

Wie weit sind wir doch entflohn,
von der Stille der Natur!
Kümmern uns, tagein tagaus,
um Nichtigkeiten nur.

Ich spür' Gedanken im Laubgewind.
Versuch zu greifen die Lieder
die einst waren und immer noch sind.

Ich hör den Wipfeln der Bäume
beim Flüstern zu.
Hier, hier winkt mir ewig
Meine Ruh!

Hendiadyoin * 1971

Vom Ich zum Du

Wenn wir eines Tages seine Aufstände
und Abgründe durchlebt haben
Wenn wir seine Maßlosigkeit
hinter uns liegen sehen
Wenn wir erfüllt betrachten
wie es uns so unendlich veredelte
Dann, irgendwann
kommt das Ich zum Du

Stephan Henkel * 1967

Entleibung

Verloren in Gefühlen.
Stricke hängen über Stühlen.
Am Ende des Tages wieder allein,
ein letztes Zittern im Bein.

Ertrunken in der Bitte,
für den Körper zu viele Schnitte.
Das Wasser total verfärbt,
mein Körper ist aufgezerrt.

Im Atmen atemlos,
im Wasser so bedeutungslos.
Die Kleider ziehen einen hinab,
auftauchen liegt fernab.

Krank von der Medizin.
Die Pillen wirkender als sie schien.
Die Welten waren dunkel, auf die ich sank,
nach der Heilung noch immer krank.

Aramis Hennig * 2004

Gott und das Butterbrot

Im Himmel hab ich Hausverbot
Komm an ohne mein Butterbrot
Verachte jedes Gottesgebot
Am Ende bin ich sowieso Tod

Komm hungrig an der Pforte an
Was hab ich jetzt schon wieder getan
Die Menschenschlange geht nicht voran
Beeil dich Gott du Blödmann

Ich vermisse Mamas Butterbrot
Ohne das ist mein Magen in großer Not
Grummelt im Himmel trotz Hausverbot
Gott schmier mir ein Brot, du Idiot

Steh endlich vor dir doch wie siehst du
  denn aus
Ich dachte du hast Ähnlichkeit mit dem
  Nikolaus
Du lachst und holst ein Butterbrot raus
Wir teilen es Brüderlich, was ein Schmaus

Mathilde Hennig * 2006

Mystische Uhren

Hindurch getanzt
Weit hinter die Uhren dieser Zeit
Bereit fürs andere Dasein
In dem erfülltes Leben auf sie wartet

Auf der Bühne Vordergrund
Der Magier, verzaubert er das Publikum
Mit seiner Show der mystischen Uhren
Öffnet sich die Tür zur anderen Dimension
Ein Blick ins Unbekannte mit Erstaunen

So tanzt auch das junge Paar
Auf diesem schönen Ballvergnügen
Wiegt sich harmonisch zur Musik
Noch zögernd auf dem Weg ins Wir
Und irgendwie schon ahnend
In diesem Sein verlieren sie …

Was sie nun hören, lässt sie mutig werden
Zu Tanzes seligen Schritten
Vernehmen sie der Liebe mahnend Ruf
Der bittet sie hinüber
Bestimmt sind sie doch füreinander

Nun tanzen sie hindurch
Weit hinter die Uhren dieser Zeit
Bereit fürs andere Dasein
In dem das Glück sie schon erwartet

Ingeborg Henrichs

Vergessenheit

wir denken selten an das, was wir haben,
  aber immer an das was fehlt.
Drum schließ die Augen und werde dir
  bewusst deinen Frust.
Lese die nächsten Seiten ohne mit dir selbst
  zu streiten
sei mit dir selbst im reinen.
Lass alles raus und ich weiß durchaus
wie schwierig es sein kann zu trauern ab
  und an.

Sarah Hentschel * 2008

Ostern

Ostersamstag, kurz vor dem Fest,
kümmer ich mich um das Osternest.
Schließlich, zieh ich nochmal los,
vielleicht finde ich ein bisschen Moos.
Das zieht sich auch nicht in die Länge,
ich benötige nur eine kleine Menge,
Nur ein wenig, ganz bescheiden,
um ein Minikörbchen auszukleiden.
Nun bleibt nur noch die große Frage,
was packt man rein ins Nest, heutzutage?
Ob Tablet, PC-Spiel, Smartphone, oder
  was?
Ich glaube, das macht den Kindern Spaß.
Mir bereitet die Überlegung Schmerzen,
stell mir die Frage „Schenk ich das von
  Herzen"?
Geld ist verständlich auch immer
  willkommen,
Und wird schleunigst aus dem Nest
  entnommen.
Wohler ist es mir aber auch nicht, hierbei,
also entscheide ich mich, klassisch, fürs Ei.

Kirsten Heppekausen-Metzger * 1968

Reformation

Nun zieht in den Krieg
Gezogen Speere lodernd Fackeln
So denn noch kein Gegner steht
Führt an den Zornigen

Sperrt ein die Sanften
Und sieht im Grase
Sprießen die Leichen

Voranschreiten
Die des Todes geweihten
Voransterben
Die des Herzens Gelehrten
Deckt das Haupt
Mit des Raben Federn
Kämpft blutig und eisern
Gegen die Sonnengeburt
Denn nichts ist schlimmer
Als des Volkes Wut

Lena H. Herber * 2005

Die Frage

Ich sehe die Welt hat sich verändert
Männer nun tun was Frauen einst taten
Nicht weil sie müssen, sondern weil sie
    drum baten

Ich höre die Welt hat sich verändert
Und verliert so manche Tradition
Weil sich viele dran stören
hören nun genauer hin
Jedes *in hat einen Sinn

Ich glaube die Welt hat sich verändert
Und gewinnt an Chancen und Leichtigkeit
Verbreitet der Glaube Gleichheit
sei nah und irgendwann da

Ich zweifle die Welt hat sich verändert
ein Mann ist sie nicht, doch lang
schon stellt sich die Frage und noch immer
was hat Vorrang

Ich weiß die Welt hat sich verändert
Aber wer mir sagt, Sie frage sich
nicht mehr, täuscht und belügt mich

Charlotte Herbert * 1996

Moderner Arbeitsalltag

Morgens wenn ich früh aufsteh'
und dann in die Küche geh'
mach ich mir Kaffee auf die Schnelle
möcht' pünktlich auf die Arbeitsstelle.

Die Fahrt dorthin steh' ich im Stau,
mein Magen ist schon jetzt ganz flau.
Wie komm' ich nur durch diesen Tag
mit einem Job den ich nicht mag.

Mobbing und Zeitdruck bei Terminen
Chefs, die den „Erfolg" nur mimen.
Der Tag ist geschafft, was bin ich froh
doch Wochenende, wo bleibst du?

Karin Herborn-Amtmann * 1962

Polaroid

Der See ist ein Spiegel,
in den ich nicht allzu lang blicke,
möchte nicht hier und jetzt
an der Oberfläche treiben.
Diese Gedanken ließ ich vorhin im Wasser,
ich weiß ja, am Grund sind sie wohlig
    geborgen.
Bin viel zu träge um neidisch zu sein
auf die Wassertropfen in deinem Nacken;
fragile Brillanten an Gänsehaut.
Die Abendsonne legt ihren goldenen
    Mantel um
uns sind die Grillen leiser geworden.
Der Schlaf sitzt auf deinen Lidern,
er wartet geduldig bis du dich ergibst.

Marina Herbrik * 1988

Valentine's Tag

Oh du lieber Valentinstag
Hörst du nicht wie ich hier klang
Bekam Rosen zwar so rot wie Blut im
    Schnee
trotzdem tut mein Herz mir weh

Ich weiß liebe kann nicht einfach sein
Doch muss man deshalb täglich Wein?
Denn jedes Mal wenn ich deine waldigen
   Augen wieder seh
Nichts mehr leicht, mein Herz tut weh

So lange schaue ich dich schon an
So lange schaust du durch mich hin durch
Wie ein Spiel, was ich nicht gewann
Meine Augen tun mir so weh
Egal ich auch immer ich mich verdreh
Es bleibt auf ewig diese Furcht

Sina Herhold * 2004

Funkstille

Wir werden niemals sehen,
wirklich sehen und verstehen,
was die wirklichen Wunder sind,
Wenn wir doch immer nur unter Deck
Von Schiff des Lebens bleiben,
Weil wir Angst vor den Stürmen
Und Wogen des Wassers haben.
Was bringt es uns mit dem Fernglas
In die Zukunft zu gucken,
Wenn dieses nach und nach zersplittert
Weil hinter uns unangetastet die
   Gegenwart verweilt
Die dann Vergangenheit geworden ist
Und unsere Lebensgeschichte.
Verlorene Zeit
Die im schwarzen Wasser des Meeres
Rauf und Runter schwappt,
hin und her.
Und untergeht
Tief und tiefer
Schon ist Funkstille.

Swantje Hering * 2008

Odysseus

Wenn ich wüsste, woher der Wind weht
   und wohin, wohin die Fahrt geht,
hielt ich das Ruder in der Hand und wär
   bei dir, bei dir an Land.

Hart am Wind, hart am Wind, ja, ich
   segel, segel hart am Wind.

Ohne Kompass, ohne Karten wie Odysseus
   auf seinen Fahrten,
meine Segler-Odyssee, auf zu dir, zu dir von
   Luv nach Lee.

Könnt' ich fliegen mit den Winden, würd'
   ich schneller zu dir finden,
in Poseidons großem Meer irr ich suchend,
   suchend hin und her.

Könnt ich fliegen mit Flügelschwingen,
   würd' ich wie die Vögel singen,
Liebeslieder nur für dich, nur für dich im
   Sonnenlicht.

Sirenen singen wie die Lerche, süß wie
   Chöre in der Kirche,
Sirenen locken mit Versprechen, die sie
   immer, immer wieder brechen.

Bind mich fester an Baum und Mast bis ihr
   Singsang fern verblasst,
hart am Wind, das Ziel ist klar, auf zu dir,
   zu dir nach Ithaka!

Hart am Wind, hart am Wind, ja, ich
   segel, segel hart am Wind.

Lutz Hering * 1948

Wenn die Sonne ihre Runde zieht

Wenn die Sonne untergeht
Und die Kerzen hören auf zu scheinen
Kalte Nacht nimmt euch in ihre Armen
Ihr werdet brav, wenn sie euch winkt

Es ist ein Kampf, den kann man nie
   gewinnen
Sie nimmt euch mit in ihre Haft
Keine Schreie, gar keine Kraft
Nix hilft euch, ihr werdet nur verlieren

Die klamme, nasse, schwarze Hände
Halten alles mit den Krallen fest
Rennt nicht weg, wenn sie euch presst
Bald kommt Morgen und das Ende
Wenn die Sonne aufgeht ...

Ivan Herman * 2004

Deine unbeweglich gewordenen Augen
halten meine Augen fest auf dir
vor dem Spiegel,
wie zwei Momentaufnahmen.

Maribel Hernández del Rincón
Übersetzer: Dr. Reinhard Meisterfeld * 1977

Erdbeerfeld

Angstlos

Angstlos ist der Bann
Der dich feste machen kann
Niemand ist so hell
Wie die Sonne es wär
Es fährt ein leben
Ein und auch wieder aus
angstlos bist du zu
Was immer du brauchst

Darum gehe nicht fern
Komme auch zu nah
Es ist wie als wäre wenn
Geborgenheit und Gefahr

Du bist da

Christian Hermann * 1983

Spiegel

Das Licht weist auf den Ablauf
der schmalsten kaum noch
kenntlichen Stunden
in deiner verstörten Pupille.

Die Nacht wirft ihre Asche
aus totem Schmetterling
an das gebeugte Metall der Tage.

Schrecklich ist heute die Stille,
die genaue Maße eintropft
von einem bestimmten Punkt aus
in meiner Erinnerung.

Zwischen den letzten und den ersten
  Erdbeeren
schlummert eine Schwere,
die mich in den Boden trägt,
die mich in die Wiege legt,
und sanft schaukelt
Je nach dem,
hin, oder her,
wie mein Herz schlägt,
zwischen Nichts und Allem,
vom Anfang, und vom Ende her,
blickt mein Herz voraus,
blickt zurück,
blickt um sich und durch dich,
die du mich wiegst,
liebste Erde
Wie bin ich dankbar
Mein Herzschlag,
er tönt dein Lied,
durch meine Venen,
in rauschender Blutbahn
singst dein Lied durch mich
in tosendem Ozean
dein Lied der Heilung,
dein Lied vom Mut,
während du mich trägst, sanft
bis all' Nacht, all' Schwere sich erlöst

Sophia Hertle * 1997

Ein Mann, eine Träne, ein Wein,
ein Mann, keine Pläne, allein.
Ein Leben, gelebt, mag sein,
ein Leben, einsam, im Schein.

Der Schein, sehr gut, Mann kann, er tut,
der Schein muss sein, die Wahrheit ruht.
Geld und Macht, nach außen, Wut,
Geld und Macht, doch fehlt der Mut.

Viel fehlt, wie Ehrlichkeit an sich,
Geld ernährt die Seele nicht.
Die Seele leidet Höllenqualen,
Die Seele wird im Leib zermalen.

Weihnachten, das Haus scheint toll,
Weihnachten, das Glas ist voll,
Weihnachten, das Haus ist leer,
Weihnachten, da ist nichts mehr.

So hat das Geld und all die Pracht,
das Außen wirklich Eindruck macht,
die Seele innen nicht befreit,
es fehlt ihr die Wahrhaftigkeit.

Christian Herzog * 1981

Spiegelbild

Ich weiß, sie war ich
Da ihr Erscheinungsbild dem meinem
  glich.
Dennoch war ihr Gesicht
Nicht eins, das meiner Erinnerung
  entspricht.

Ich hätte mich nie selbst sehen können,
Wenn nicht durch ihre Augen.
Daher musste ich mich von ihr trennen
Und ihre Sicht rauben.

Sie war nur eine Hülle ohne Leben.
Niemand wäre gern von ihr umgeben.

Nun ist sie in Scherben auf dem Boden
Und ich allein und belogen.

Laila Heßlich * 2005

Jack

Das Leben, ich nenne es mal Jack,
ist manchmal böse, manchmal nett.

Es bringt mich zum Weinen und zum
  Lachen,
kann schwarze und bunte Dinge mit mir
  machen.

Ist öfter laut, aber auch sehr leise,
sehr oft verrückt, aber auch sehr weise.

Hat Antworten und ganz viele Fragen,
lässt mich frei, kann mich auch tragen.

So ist das mit dem Leben jeden Tag,
doch ich spüre, dass Jack mich mag.

Wolfgang Heuer * 1957

Immer nur mit Dir

Darf ich mich verlaufen?
Vor Liebe plötzlich blind.
Mit Dir Sterne kaufen?
Die für uns Beide sind.

Auch ohne die Musik,
schwebend mit Dir tanzen?
Ganz gegen die Physik.
Über Grenzen und Distanzen.

Gemeinsam mit Dir tauchen?
In Träume und die Meere.
Die ganze Luft aufbrauchen.
Gegen grenzenlose Schwere.

Wollen wir zusammen fliegen?
In all die Galaxien.
Uns im Sternenstaube wiegen
und auf Planeten ziehen.

Und gegen diese Wirklichkeit
gewinnen wir dann Kriege.
Getrieben von Zufriedenheit
feiern wir gemeinsam Siege.

Aniko Heuert * 1989

Einheit in Deutschland

Jedes Jahr am gleichen Tage,
feiern wir in Ost und West.
Den Einheitstag, gar keine Frage,
für viele ein besond'res Fest.

Über dreißig Jahre ist es her,
dass Bürger auf die Straße gingen.
Das war auch sicher sehr, sehr schwer,
musste man mit Politik hart ringen.

Ohne Gewalt und schweren Waffen,
konnten Menschen hier doch siegen.
Freiheit wollte man sich schaffen,
Einheit muss man erst noch kriegen.

hgl * 1960

Regentraum

Regen rieselte auf mich
Ich stand im matten Laternenlicht
Den Kopf gen Himmel gestreckt
Der Mond hat grad die Sonne geweckt

Kalte Tropfen rannen über meine Haut
Ich träumte ich wäre Astronaut
Flügel trugen mich ins weite All
In meiner Hand ein Feuerball

Das Gefühl - es solle niemals enden
Ich wollte glauben alle Legenden
Bis ich erwachte aus diesem Traum
Und Realität zog in den Raum

Aimee Isa Hilbert * 2007

Der gute Schächer
Ostern 2023

Im Frühlingspunkt
des Tierkreises
vergossenes Blut
des sterbenden Widders -
am Kreuz zur Rechten
das nässend wilde Fleisch Dismas',

es blüht willig
in der peinlichen Sonne Judäas
und ganz grau von Überwindung
und Salz, dem Salz
der wachsenden Wunde -
Sühneopfer Roms.

Ralf Hilbert * 1963

Leere

Sich selbst entdecken, ist das viel?
Ist es nicht das erste kleinste Ziel?
Größere Dinge gibt es, die ich wissen will:
Tiere, Pflanzen, Politik, andere Menschen,
  Kunst Musik.
Gibt das meinem Leben einen Sinn?
Bin ich wichtig, wenn ich doch vergänglich
  bin?
Was ist wirklich wichtig, was ist „Groß" -
ist es nicht das Leben bis zum Tod?

Jetzt dreh ich mich im Kreis –
was suche ich?
Wird es jemals anders sein? –
Ich weiß es nicht.
Ich möchte an das Morgen glauben
Und sofort beginnen.
Doch wo bin ich jetzt, ich muss mich erst
  finden.
Ich glaub, sich selbst entdecken, das ist
  doch sehr viel,-
Es ist das erste, doch ein großes Ziel.

Anna Hilka * 1955

Für wen

Endlich – dachten wir
Heim – dachten wir
Zurück zu dir.
Doch versteinert ziehen wir in den Krieg.
Herz zerbrochen, Herz zerquetscht
Wen ernährst du Erde auf den der kalte
  Fuß nur tritt?
Geboren aus dem Schoß, dein eigenes Gift.
Hast du uns gesehen?

Deine Kinder.
Du blutest
Wir bluten
Für wen?
Für wen?

Alina Hill * 1991

Verdichtung und Erlösung

Jeder Impuls wird zu 'ner Welle im Raum,
Sie schwingt und erklingt, doch erkenn' ich sie kaum.
Unsichtbar nicht greifbar, mal leise mal laut,
ich werde ergriffen, werd' zu Schall und zu Rauch.

Ich breite mich aus, und ich steige hinauf,
hoch in den Himmel, zur Sonne hinaus.
Das Feuer es erneuert mich und steuert mein Lauf,
Ich verbrenn und es bleibt nur noch Asche und Staub.

Hannes Hinkelmann * 1987

Ein Blick vom Grund des Werdens

In der Stille der Nacht, der Geweihten,
treiben die Wolken wie Gischt dahin.
Wie träumend seh' ich sie schwinden und schreiten,
ein sich-Entgrenzen, wie ich es auch bin.

In dem Blühen der Saat, dem Entfalten,
splittert das Eine zum Mosaik.
Wie in Scherben seh' ich schillernd das Walten,
der Einheit, aus der ihre Vielheit stieg.

In dem Kleinsten erblickt sich das Ganze
als ein(-)gefaltetes Ebenbild,
das sich entfächert im kosmischen Tanze,
vom Weiß zur Farbe, zur Rückkehr gewillt.

Ich spüre, harre bis der Morgen glimmt.
Wind streichelt kühl, weckt meine Sinne;
Kind der Nacht, mit der ich verrinne.
Zum Blinzeln, Blicken, Erblinden
bestimmt.

Nicolai Hinsch * 1996

Nur ein Freund

Du siehst mich an, wie ein Engel, der durch den Himmel fliegt.
Mich ansiehst, als würd' die Sonne aufgeh'
Mich süße nennt, obwohl wir nur Freunde sind, da frag ich mich : was bin ich für dich?
Fragen aller Fragen dringen durch mein Kopf, mein Herz schlägt, wenn ich dich seh.
Doch was ist das für ein Gefühl, wenn du vor mir stehst?
Liebe auf den ersten Blick ist es nicht, nur als Freund, so siehst du mich.
Allein sind wir nicht, nur vor Freunden liebst du mich.
Sorgst dich, wenn ich traurig bin und fängt mich auf wenn ich am Boden lieg.
Treu bist du, wie ein wahrer Held, doch was wär' wenn die Maske fällt?
Allein' lässt du mich, da frag ich mich :
Was bin ich für dich?
Vor den andern Sorgst du dich, hast Spaß mit mir und dein Blick,
dein Blick ist wie im Märchenbuch, nur ohne Worte, stehst du dort.
Schreiben tust du mal mit mir, wenn dir die Zeiten fehl'n,
bin ich für dich gut genug doch weißt du wie weh es tut?
Deine Liebe ist für mich ein Schmerz, tief in meinem Herz, liebst du mich oder warum bist du so?
Dass du mir so viel Leid antust.

Judienne Hinz * 2007

163

Im Tessin

Lago Maggiore, tiefblau unter Hängen...
Fröhliche Täler in gleißendem Schein
befreien die Seele von spukgrauen
 Zwängen:
Hier kann sie lachen und einfach nur sein.

Sattgrüne Wälder, so duftend und weit,
Lüfte wie Küsse, wie freundlich und mild!
Leichter der Atem und still steht die Zeit;
Leben formt Leben nach eigenem Bild.

Goldene Wolken, sie zeichnen am Abend
traumschöne Bilder zu Wasser und Höh'n.
Seele, versinke, in Schönheit dich labend,
in Freiheit und Freude, das Leben sei schön!

Mara Hirschberg * 1966

Blick in die Ferne

Helle Punkte noch gar nicht zu sehen
Da wünsch ich mir
Ach Ach
Könnt ich doch nur wieder zurück

Umschlossen in den Armen aller
Doch die Seele bleibt unberührt
Denn die geborgene Wirklichkeit reicht
 nicht aus
Gefangen am Rande des Tellers

Und bin ich zurück so bin ich allein
Im Bett, am Tisch, im leise gewordenem
 Heim
Umhüllt mit Sorgen anderer nun
Die meine Seele fortan trägt für zweierlei

Da wünsch ich mir
Ach ach
Könnt ich doch nur weit weg

Simone Hirscheider * 2001

Gebet

Oh Herr schenke uns Frieden auf dieser
 Welt so wie es dir gefällt.
Sei du unsere Kraft dann haben wir es
 geschafft.
Sei du die Rettung in jeder Not und
 schenke uns das tägliche Brot.
Oh Herr wie gut dass es dich gibt du wirst
 einfach geliebt.
Oh Herr befreien die Menschen vor Krieg
 und Hass auf dich ist Verlass.
Du bringst der Welt den Frieden du bist es
 dem die Christen lieben.
Oh Herr auf dich können wir bauen und
 stark Vertrauen.
Oh Herr schau nicht auf unsere Sünden
 sondern vielmehr auf die Menschen
 die deine Botschaft verkünden.
Herr wir sind froh dass du uns alles gibst
 und uns von Herzen liebst.

Dominik Hobelsberger * 1985

Kinderlachen

Kein Kinderlachen
in seinen kargen vier Wänden.

Ein Taugenichts,
nur Meister im Zeit verschwenden.

Von der Familie
nichts mehr übrig geblieben.

Da hilft auch kein Freund,
hat er doch eine Eigene zu lieben.

Und so kommt die Erkenntnis,
es trifft ihn schwer.

Sein eigenes Kinderlachen
ist lange her.

Felix Hochhausen * 1984

Sein

Wir wünschen uns Erfolg und wünschen
　uns Glück,
und suchen nach dem beschleunigenden
　Trick.

Wir sehnen herbei die glückliche Zeit,
wartend, wir sind dafür so sehr bereit.

Einiges zu erledigen haben wir noch,
verdient müssen wir es haben, glauben wir
　doch.

Von Urlaub zu Urlaub wird geträumt und
　gedacht,
oder Pläne für die glückliche Rente
　gemacht.

Wir wünschen uns sehnlich die schöne Zeit
　herbei,
gleichzeitig, schlängelnd, zieht die
　Lebenszeit vorbei.

Immer schneller und schneller und wie im
　Flug,
Rätseln über die verflogene Zeit scheint
　uns klug.

Also was hat es auf sich, dieser Wunsch am
　Ziel zu sein?
Wenn alles was wir tun können doch nur
　eines ist – sein.

Gabriela Hochleitner * 1992

Schmerz in meinem Herz

Wie lange dauert es bis meine Wunden
　heilen?
Hab die alten Schmerzen immer noch nicht
　überwunden.
Wie soll ich jetzt schon neue Wege gehen,
wenn meine alten Wunden gerade erst
　heilen.
Immer wieder fühlt es sich an als wäre Salz
　in die Wunde gelangt.

Tränen brennen in mir auf, wann hört das
　denn endlich auf?
All der Schmerz in meinem Herz!
Wunden heilen mit der Zeit, doch Narben
　die bleiben und zeichnen einen Teil
　von mir aus.

Amelie Höchsmann * 2005

Unerfüllte Träume

Ich sehe einen Stein,
faltige Haut und unerfüllte Träume.
Träume, die aufgegeben wurden ohne
　überhaupt nach zu streben.

Traurigkeit so viel verstreut bedeckt die
　farbenfrohe Welt.
Das Entdecken der Vielfalt und Schönheit-
　Erschlagen von Komplexität.

Verloren in Gedanken.
Nicht nur taub auch blind.

Oh du schöne und schmerzhafte Welt.
Verliebt in Mutternatur
Gedemütigt von Menschen-Dasein.
Zurück zum Ursprung. Doch es bleibt nur
　ein Traum.

Marlene Hödl * 2000

Der verlorene Tag

Wie Weltenreiche
Wolkenreich vorüberziehn,
Mehrt sich des Tages Leiche
In blumenrot vergehn.

Mehrt sich des Tages Leiche,
Gewalt des schon Getanen,
Zieht vorüber zitternd Steine,
zieht vorüber in den Armen.

Was ich dem Trieb gegeben
Das weitet aus,
Weiße Blüten welken,
Ohne einen Laut.

Johannes Georg Hoeflich * 2007

Zuversicht

Ich stehe hier ganz ohne Furcht.
Freu mich auf den Tag.
Hab Gedanken bunt und schön
Will dich heute Wiedersehen.

Bin gespannt schon so sehr. Will erleben immer mehr.

Katharina Hœlting * 1978

Zeitgeschehen

Die heutige Zeit unsicher ist, das spürt ein Christ wie Atheist.
Der Christ voll auf Gott vertraut, der Atheist auf das, was er selbst aufgebaut.
Doch alles in Gefahr gebracht durch Hass, Gewalt, Krieg und Macht.
Hier hilft nur Frieden zum guten Siegen.
Erforderlich dazu Völkerannäherung in Ruh.
Gezielte Gespräche, Verhandlungen und Abkommen, alle gut durchdacht
Und politisch richtig gemacht.
Völkerfreundschaft großgeschrieben, nur so sichern wir den Frieden.
Nicht durch Waffen und Gewalt, die machen vor dem Frieden halt.
Dies zu durchdenken, ist jetzt Pflicht, damit die Welt nicht auseinanderbricht.
Ein jeder sollte Einsicht zeigen und diese Möglichkeiten nicht vergeigen.
Für alle eine schöne Welt und das ohne großes Geld.
Frieden unser aller Ziel, oder verlange ich da zu viel?

Maria Höfer

Früher-vielleicht-später

Ich habe im Auto nach deiner Hand gefasst,
früher hast du das freiwillig selbst gemacht!

Früher hatten wir ständig was zu bereden,
heute ist es, als würden wir in verschiedenen Welten leben!

Früher hatten wir große Träume und Pläne,
heute sind es nur noch Kleinigkeiten nach denen ich mich sehne!

Vielleicht wird später alles wieder gut?
Vielleicht haben wir später wieder mehr Mut?

Ich wünsche es mir für uns beide!

Peggy Höfert * 1976

Poesie auf den Dächern

Liebe mich auf deinen Dächern,
die die Stadt macht, groß und groß.
Und in den Gassen lass mich weinen,
wo mich Schreie, Taub vor Blindheit machen.

Nachts lass mich scheinen in deinem Lichtermeere,
im glamourösen Sternentanz als Gretchen, immerdar.
Mit Flügel schwing ich dir nahe, nahe am Gebein,
wo nebulose Geister wetten um deine Gunst.

Tief verbunden blick ich hinter deine Fenster,
die Farben vom Smaragdgrünen Ozean inszenieren.
Du schenkst mir die Freiheit mit offenen Türen, so weit,
vor der ich flüchte, in der Tageslast des Morgens …

Sabine Hoffer * 1970

Ewige Seligkeit

Lautlos fällt Schnee,
fast heimlich,
zaghaft umarmt
der Winter die Gegenwart,
wirft sein weißes Tuch
behutsam über Vertrautes,
hüllt bunte Galerien des Herbstes
in Vergänglichkeit.
Einzelne Flocken
auf deinen Wangen,
weggeküsst von sanften Lippen,
bevor sie dahinfließen
wie Tränen.

Heinz Hoffmann * 1975

Monolog der Domtür
(bezieht sich auf die Szene „Dom" aus dem Werk „Faust" von Johann Wolfgang von Goethe)

Bin doch nur ein' Domtür

Oh Gretchen, was hast getan?
Nicht aufm rechten Weg gefahr'n
Ein kleines Mädchen jung und brav
Was wenn nicht des Faust getraft?

Bruder, Mutter stark und stolz
Jetzt verärgert's ganzes Volk
War's doch immer unschuld'ges Lamm
Nun verfall'n an alt'n Mann

Wünscht ich könnts ändern
Aus Holz meine Ränder
Eichbaum sieht edel
Doch bin kein Mädel

Oh Gretchen, Gott vergibt
Hoff die Straf' ist mild
Würd helfen so gern
Doch Helfen ist dem Herrn

Bin doch nur ein' Domtür

Lucia Höhl * 2004

Einsam sein

Einsam sein...
heißt nicht, dass man keine Freunde die für
    einen da sind.
Einsam sein heißt, dass das was das Herz
    glücklich macht plötzlich fehlt.
Aber man kann es zurückholen wenn
    man dafür kämpft! Solange man es
    wirklich will.

Marie Hohlstamm * 2000

Hochzeit meines Sohnes

Gerrit, mein lieber Sohn,
seit nunmehr fast 30 Jahren kennen wir
    uns schon.
wir haben zusammen geweint, wir haben
    zusammen gelacht,
aber, heute, an diesem ganz besonderen
    Tag,
habe ich Dir, und Deiner wunderschönen
    Braut,
ein Gedicht mitgebracht.

Gerrit und Lisa, Ihr zwei Beiden, wohl von
    Anfang an, konntet Ihr Euch gut
    leiden.
Zusammen habt Ihr die Schulbank
    gedrückt, damit das Berufsziel des
    Erziehers näher rückt.
Lange Gespräche auf dem Schulhof hat es
    gegeben,
und irgendwann gehörte der Eine in des
    Anderen Leben.
Ihr wurdet ein Paar, wir alle fanden das
    ganz wunderbar.
Euer Zusammenhalt, Eure Liebe, wurden
    heute nochmal mit
zwei goldenen Ringen besiegelt.
Zwei Herzen stehen zusammen, auch,
    wenn es vielleicht mal kriselt.

Das Leben will gemeistert werden, und wir alle wissen, nicht immer ist nur alles rosig hier auf Erden.
Doch, wenn man gemeinsam zieht, am selben Strang, hält die Liebe, und wird stärker, ein Leben lang.
Wir wünschen Euch viel Freude, Kraft, und Zuversicht ...
denn dann, wird es leuchten,
dieses Eine, kleine, ganz bestimmte Licht.

Sonja Hohmann

Glück ist

Glück ist
am Morgen mit dir zu lachen
freudig mit dir den Tag zu erwachen

tief in deine Augen zu schauen
dir Alles anzuvertrauen

mit dir durch den Regen zu gehen
dich ohne ein Wort zu verstehen

die Welt mit dir zu ergründen
sich mit dir neu zu erfinden

mit dir die Seele berühren
die tiefe Verbundenheit spüren

im Sturm und im Sonnenschein
an deiner Seite zu sein

zu leben im Jetzt und im Hier
jede Sekunde, zusammen mit dir

M. Höhne * 1973

Und er zog und er schwankte und bog um denn er bangte
Um des Lebens ruhigen Schritt
Denn er spürte dass er krankte das er nicht zum Ziel gelangte
Niemals fand so richtig Tritt

Doch er hoffte denn er glaubte
Dass es anders besser sei
Das er besser leben könnte
Denn das Anders ist doch anders
Als der sonst gewohnte Brei

Doch das Anders was er wollte
War nur Glauben an das Anders
War kein Wissen, war kein Wollen
Wie das Sein doch sein hätt sollen

Waren doch nur fremde Bilder
kombiniert aus fremden Wünschen
War doch nur ein schöner Schein
War zwar Glauben an das Anders
Doch an sich nicht, armes Schwein

Dominik Hollender * 1968

Dunkelheit legt sich über Land und Meer,
verschlingt der Sonnenstrahlen, gibt sie nicht mehr her,
verschlingt des letzten Lachens Ton
und erfüllt es voller Hass und Hohn.

Tiefe Trauer erfüllt das Herz,
füllt es voller Leid und Schmerz,
taucht alles in Kälte ein,
nimmt das Glück, hinterlässt nur Pein.

Welch Wehmut das Leben mit sich bringt,
wo jeder nur um sein Überleben ringt.
Doch wenn die Liebe ihre Arie singt,
all das dunkle der Welt verklingt.

Andrea Hollinger * 1978

Wieder neu aufbauen

So leicht zurückzufallen in den Traum von uns,
In das Ideal von dir, in die Idee, wer wir hätten sein können.
Mehr war es nie, war nie mehr als ein Traum, der die Realität nie treffen wollte.

Ich habe so viel Angst, habe Angst wieder
 dem Falschen zu vertrauen.
Habe Angst wieder verletzt zu werden,
 gezwungen zu sein mich wieder neu
 aufzubauen.
Suche nach Tausend Ausreden warum
 Jemand nicht gut für mich ist.
Jeglichem Risiko lass ich zu wenig Raum
 als das daraus etwas Gutes werden
 könnt'.

Aus Angst mich fallen zu lassen
Ziehe ich mich zurück in einen
 unerfüllbaren Traum.
Denn hier bin ich sicher, von hier kann ich
 zuschauen.

Denke es ist an der Zeit mal wieder neu zu
 vertrauen.
Und wenn es dennoch schief geht,
bin ich Meister darin mir wieder etwas
 neues aufzubauen.

Rebekka Holtstiege * 1993

Denken, Fühlen, Handeln

Denken, Fühlen, Handeln
Denken ist die Geburtsstunde all dessen,
 was später sein wird
Fühlen macht Gedanken zum Kunstwerk
Handeln stellt das Kunstwerk auf der
 Bühne des Lebens dar.
Beim Denken flechte ich Blüte um Blüte in
 den Kranz der Erkenntnis
Denken skizziert den zukünftigen Weg
Ich schaue aus der Ferne auf das Ziel
plane die Streckenabschnitte
ein Modell dessen, was sein kann.
Während des Weges vergleiche ich das
 Gestern mit dem Heute
Ich überprüfe die Möglichkeiten, eine
 Veränderung des Weges vorzunehmen
Fühlen kann Schmerzen bereiten,
Fühlen kann Sehnsucht und Trauer
 hervorrufen

Fühlen kann Impulse für Liebe und Freude
 zulassen oder verhindern
ich kann fühlen, was zuvor Gedachtes für
 mich bedeuten wird.
Handeln ist das Resultat der Zwiesprache
 von Denken und Fühlen
Handeln bringt Denken und Fühlen in eine
 sichtbare Form
Handeln präsentiert die Ergebnisse der
 Welt.
Handeln kann leicht sein, wenn Gedachtes
 und Gefühltes aufeinander
 abgestimmt ist
Handeln kann schwer sein, wenn ohne
 Gefühl das Gedachte umgesetzt
 werden soll
Handeln sollte die Blüte der Pflanze sein,
 deren Stiel das Gedachte und deren
 Blätter das Gefühlte sind.

Elisabeth Holz * 1945

Blaue Träume

Du gewährst mir ein Zuhause
in meinen seltsam blauen Träumen
die Träume ziehen wie Wolken hin

Ich schau ihnen nach
und wünsch mir leise,
Du errätst ihren Sinn

Sie ziehen über Wälder, über Wiesen,
ein zarter Hauch nur,
kaum zu spüren

Sie wiegen Schilf, sie wiegen Zweige,
wollen verbinden, was alleine
- sie wollen Dich berühren

Sie sehnen sich nach Sonnenstrahlen,
deren Wärme sie
gen Himmel trägt

Sie wünschen sich, dass Dein Verstehen
ihren Regen löst wie Tränen,
der in warmer Sommernacht niedergeht

Malte Hölzel * 1973

Kriegerin

Du hast mich das Kämpfen gelehrt
und mir gezeigt, wie man sich im Leben
    wehrt.
Tapfer hast du Kummer und Leid ertragen
und dabei mehr als tausend Schlachten
    geschlagen,
trotzdem hast du es geschafft,
dass Gute in deinem Herzen zu bewahren.
Vieles liegt zurück in längst vergangenen
    Tagen,
trägst heute mit Stolz all deine
    Kampfesnarben.
Gingst durch Feuer und Ascheregen,
mit deiner Willensstärke kannst du sogar
die Welt aus den Angeln heben.
Du kommst stets aus allen Kämpfen heraus
    als Siegerin.
Mama, du bist für mich eine wahre
    Kriegerin.

Alisa Hönes-Schulz * 1991

Herbst

Goldfarben tropft der Herbst.
Er freut sich der letzten Sommertage
und gießt sie großzügig in Farben.
Und Du? Hast du die Saat gesät?
Hast du die Pflanzen gepflegt?
Um nun die Früchte des Lebens zu ernten?
Denn der Tod eilt raschen Fußes einher.
Mit den eisigen Stürmen der Zeit nimmt
    er sie mit,
die Honig- tropfenden Tage des Herbstes.

Simon Hopf * 1972

Eurydikes Gelb

Wenn ich blute,
dann sage ich Eurydikes Tränen

gelb in Ginster ruhend,
die Erde schmeckte mich,

dann sein Schatten vor mir;
klirrend mich beschattend

ich reiße seine Lyra
goldene Saiten um den Strauch
Gewickelt in gelb

Erstarre in meiner Hand, skulpturengleich,

Er dreht
ich mondzyklisch zwischendrin
Er sieht,

Die Sonne sie ist blind

Lena Hörl * 2001

Der Rauchmelder

In meinem Zimmer hängt ein
    Rauchmelder,
doch hier brennt schon längst kein Feuer
    mehr.
Die Sicherheit nur vorgegaukelt,
sein Batteriefach das ist nämlich leer.

Ab und zu fängt er zu piepen an,
wenn ich nicht richtig sehen kann.
Durch den Smog aus Schall und Rauch
Schaue ich zur Decke rauf.

Sein schriller Schrei beschwört Gefahr,
Doch die war ewig nicht mehr da.
Das einzige aus Rauch und Feuer – jede
    Wette
Ist meine Einschlafzigarette.

In meinem Zimmer hängt ein Rauchmelder
Und ich liege im Flammenmeer.
Von Sicherheit gar keine Spur,
denn sein Batteriefach das ist nämlich leer.

Jacob Frederik Horn * 1998

Ode an die Traurigkeit

Heute bin ich einfach traurig.
Heute ist mein Kopf zu schwer.
Meine Beine woll'n mich tragen,
mein Verstand will mich nicht mehr.
Meine Arme sind wohl greifbar,
meine Hände spürbar da,
meine Augen halb geweitet,
nur die Contenance ist rar.
Ein kleiner Blick in's dunkle Innen
reicht für einen Tränenbach.
Ich kann mich heute nicht entsinnen,
warum ich sonst in Strömen lach'.
Ja, manchmal ist man einfach traurig.
Manchmal ist der Kopf zu schwer.
Und manchmal wächst die pure Freude
aus Gesterns altem Tränenmeer.

Laura Horn * 1996

Gerettet

Nur sacht aus dem Meer meiner Träume,
Nur zart aus dem Dunst der Empfindung,
Nur mild aus dem Strom der Gedanken
Nur sanft aus dem Grund meiner Seele,

So steh' ich, verloren im Dasein,
Verirrt in den Schwaden der Unrast,
Vergessen im Dickicht des Zweifels,
Gerettet vom Glanz deiner Liebe.

Emil Horowitz

Stern Gottes

Wie viele Sterne um uns stehen
am grenzenlosen Himmelszelt,
vermag kein Auge zu erspähen,
zu weitgespannt ist diese Welt!

Und doch wollen wir nach ihnen greifen,
weil unser Sinnen strebt nach mehr,
wollen in ferne Welten schweifen,
obwohl uns die Erde braucht so sehr!

Ein Stern aber wurde uns geschenkt
von Gott, der um uns Tag und Nacht,
von ihm, der unseren Himmel lenkt,
der treulich über dem Erdkreis wacht.
Nach Bethlehem ward er geschickt,
damit, wer Weihnachten zum Himmel
   blickt,
sich innerlich dorthin begibt
und diese Reise nicht verschiebt.

Gundula Hövermann * 1951

Ich wünschte, ich wäre wieder 8

Ich wünschte, ich wäre wieder 8
Das kleine Mädchen, das mit Freunden
   lacht
Sie hat keine Angst zu Versagen
und traut sich andere nach Hilfe zu fragen

Sie möchte Astronautin werden
ganz viel Ruhm erben
das Unendliche entdecken
und sich nicht vor Abenteuern verstecken

Sie liebt Tanzen und Singen
andere zum Lachen zu bringen
Bei Freunden übernachten
Sie liebt Kissenschlachten

Nun bin ich 15 Jahre alt
meinen Abschluss mache ich bald
Große Angst zu Versagen
hasse es andere nach Hilfe zu fragen

Ich mag es gerne zu Hause zu bleiben
Mit Freunden aus anderen Städten
   schreiben

Ich wünschte, ich wäre wieder 8
da hat alles mehr Spaß gemacht

Isabell Hoyos Rubio * 2008

Jude

ich bin Jude, das ist mein Schicksal
ich bin Jude und nur das zählt
selbst wenn ich mal der Beste bin –
das kann doch gar nicht sein!
du Schleimer, Spicker, ehrgeiziger Jud'
Jud', Jude, Jude, Jud'
Jud' ist ein Schimpfwort
Jud' ist ein Charakter
ein Jud' hat so und so zu sein
und ist er's nicht
dann wird er's, wird dazu gemacht
denn er ist schließlich Jud'
mit J wie Jud' fängt's an, mit E wie Jude
 hört's auf
J-U-D-E
ein Volk
DER Begriff für Ungerechtigkeit
ich bin nun einmal Jud' und werd' es
 immer sein – ein Jud'
wie du bist Deutscher, Christ, schön,
 schlau, beliebt
ich bin einfach Jud' – und nur das zählt!

(ein Gedicht gegen die Diskriminierung
von Mitmenschen)

Stefan Huber * 1966

2016

Der Baum ist bunt geschmückt
Kinder singen und lachen
Jemand liest die Weihnachtsgeschichte
Und alle sind beisammen
Gerade als sich die Gesellschaft aufmacht,
Die Geschenke zu öffnen
Schreibe ich meinen Namen von außen an
 die Scheibe
und verschwinde wieder in den Wald

Felix Huber * 2004

Ein Land in Not

„Es war einmal …
ein Land in Not.
Der König rief und alle, alle kamen."
Es ist ein Land in Not.
Der König ruft und keiner kommt.
Es passt gerade schlecht.
Die Work-Life-Balance ist in Gefahr.
Einige kleben an Autobahnen oder
vor Flughäfen fest.
Andere müssen sich um ihre Hunde
und Fingernägel kümmern.
Es fehlen auch Stiefel,
die Beschaffung stockt.
Der König ruft, ein Land ist in Not
und keiner kommt.
Termine, Einkaufen, Kochen,
es passt einfach nicht.
Vielleicht könnten es andere retten.
Der König ruft. Vergeblich.
Die anderen sind im Urlaub.
Sein Aufruf war falsch gegendert und
der Datenschutz nicht gewährleistet.
Der König ruft immer lauter,
nur wenige Anhänger kommen.
Der Aufruf weist juristische Mängel auf.
Ein Gericht wird angerufen.
Der König fleht, die Not ist groß,
doch das Gericht kann erst im nächsten
 Jahr entscheiden.
Es war einmal ein reiches Land …

Marlis und Thomas Hübner * 1955

Den Verstand verloren

Ich habe meinen Verstand verloren.
Wo er mir entglitt, mag ich nicht zu sagen.
Ist mir entfallen.
Ich frag mich nur.
Will ich ihn überhaupt zurück?

Ist der Verstand nicht ein tiefer Kerker,
der die
Seele aufs grausamste knechtet?
Ist der pure Wahnsinn nicht die große
Freiheit?

Michael Hübner * 1976

Von der Flexibilität des Eltern-Seins

Du wirst gebraucht, rund um die Uhr, auch nachts.
Du wirst gebraucht, aber nicht mehr nachts.
Du wirst gebraucht, aber nur noch am Nachmittag.
Du wirst gebraucht, abends sind die Kinder hungrig.
Du wirst gebraucht, aber anders.
Du wirst gebraucht und bist da, wenn du gebraucht wirst.
Du wirst gebraucht und lässt los.

Zara Sophie Hübschle * 1982

Langeweile

Still sitzt du da,
schaust aus dem Fenster,
langweilst dich.
In deinem Ohr hörst du das langsame Geschwafel eines Mannes.
Du siehst, wie die Regentropfen auf das Fenster platschen.
Plötzlich klingelt es.
Die Stunde ist vorbei.

Henri Hübschle * 2013

Der Kessel

Es dunkelt so modernd, die Hölle brennt,
Flammen so hoch und die Zeit verrennt.
Es brodelt das Wasser kochend nur in mir,
es blubbert und dampft rufend so nach dir.

Der Kessel heiß, es brennt, das Feuer!
Die Kälte wär' dir ach – geheuer.
Es brennt und zischt im Kessel nass,
es dampft und qualmt, des Teufels Hass.

Das Wasser kocht dir die Seele aus,
bist du gefangen und kommst nie raus.
Die göttlichen Töne, wollten dich befreien
Brannt' das ewige Feuer dir und du wirst schreien.

Starbst du, dein Körper sank,
der Kessel tanzt, der Kessel wank'.
Es brodelt, es brennt,
dich keiner mehr, beim Namen kennt.

Dominik Hupfeld * 2003

Urgrundlos

Was weiß das Wasser von der Kraft,
die es zum Sieden bringt?
Was der Vogel von dem Grund,
warum er singt?
Der Fisch trinkt das Meer, ohne zu denken:
Hier sei einer Allmacht Hand am Lenken.
Weder steckt hinter den Wirkungen
eine Ursach' der Ursachen,
noch steht ein Urwitz hinter allem Lachen.
Doch der Mensch (im Glauben er sei so klug)
begeht der Fehler, umarmt den Trug
eines geheimen Plans, will gespürt haben
eine helle Botschaft im Weltlabern.

Arra Hurtek * 1988

Zweisamkeit ist besser als Einsamkeit

Ich bin so allein,
mein Herz hart wie Stein,
das darf nicht mehr sein,
jemand muss mich befreien.

Das Licht bricht den Schatten,
er flieht wie die Ratten,
nun bin ich endlich bereit,
für ein Leben zu zweit.

Du bist mein fehlendes Stück,
unser Licht strahlt heller als Flammen,
Ach, wir sind doch besser zusammen,
du bringst mich ins Leben zurück.

Lisa Hut * 2007

Weltwunder

Lang gereist und viel gesehn
Mag jedermann verkünden
Mich ließ die Heimat niemals gehen
Ihre Flüsse und Täler binden.

Von Wundern hört ich doch so viel
Dort draußen in der Ferne
Die Pyramiden Gizehs am Nil
Bauten, so hoch wie die Sterne.

Konnt dem Gedanken mich nie entziehn
Einst davor zu stehn und zu verstehn
Zu erblicken Anmut und Weisheit
Fest und geduldig durch all die Zeit.

Solch Wunder gibt es, so sagt man, sieben
Von den wir erzähln, sie bewundern, sie
    lieben
Nun behaupt ich, das wär gelogen
Fühl mich von Unwissenden betrogen
Denn wende ich mich der Heimat zu
Bist das achte Weltwunder du …

Ikarus * 2004

Fähnchen im Wind

Was willst du von mir -womit kann ich dir
    dienen?
Körperlich bin ich ja schon lange nicht
    mehr ein Kind.
Ich bin Mutter von Natur!
Ach Scheiß drauf, eigentlich fühle ich mich
    wie ein Fähnchen im Wind.
Zerfleddert und zerfetzt wie die Jeanshosen
    der Gruppe Pur.

Im Urvertrauen werde ich mich üben, mich
    ganz und gar dem Sturm der Zeit und
    der Veränderung hingeben,
Engel begegnen mir auf allen Wegen!
Wohin soll ich gehen? -dahin dorthin und
    was blieb?
Bei water my friend und habe mich lieb!

Hannah Inotay * 1987

Die Krönung unserer Lust

Lass uns träumen,
mit geschlossenen Augen,
wollen nur uns fühlen,
unsere Körper bedecken,
mit sanften Küssen,
die Begierde wächst,
Gefühle brennen stark,
wir spüren unsere Körper,
immer wilder werdend,
bis zur Krönung unserer Lust,
dann streicheln wir uns,
mit Fingern und mit Augen,
du bist die Erfüllung für mich.

Thomas Inselmann * 1971

Du

Du bist wie eine Symphonie,
welche das Herz betört,
wie Bach, Chopin und Debussy,
die allerschönste Melodie,
die man jemals gehört.

Du bist wie Lyrik, ein Gedicht,
das in die Seele dringt,
das von der großen Liebe spricht,
und das damit ein helles Licht
in dunkle Tage bringt.

Du bist das Ziel, Du bist der Sinn,
Du bist so wie die Zeit,
das Ende wie auch der Beginn.
Du bist der Grund, warum ich bin,
für alle Ewigkeit.

Rudolf Intat * 1960

verWüstet
(in Gedenken aller Opfer des Nova Festivals)

Ausgelassene Ekstase in der doch schönsten
    Lebensphase
Zwischen Alter und Jugend, kurz befreit
    von aller Tugend
Geleitet von Moral und Eigensinn im
    Dasein mittendrin
So Vollkommen wie die Musik, die sie
    gerade umspielt
So Verkommen wie der Terror, der sie bald
    umgibt

Gerade wallen noch bunte Kleider, als die
    ersten Körper fallen
Das Bunt färbt sich rot im Anblick des
    unmenschlichen Tod
Der Wüstenstaub wirbelt auf in dem
    tödlichen Lebenslauf
Als verwirrte Feiernde in das Wüstenmeer
    fliehen
Als verirrte Feiernde wüst ihr Gewehr
    ziehen

Der dröhnende Bass begleitet das Massaker
    aus blindem Hass
Dessen Ursprung ewig zurück liege doch
    auch in heutiger Wiege
Die Melodie aus Liebe wandelt sich zum
    Auftakt weiterer Kriege
Wie Verstorbene ohne Zukunft den Sand
    säumen
Wie Verdorbene ohne Vernunft und
    Verstand träumen

Und während sie den Atem anhält, wird
    das Tanz- zum Schlachtfeld
Kauert nun hinter einem Baum, umgeben
    von Albtraum und Abschaum
Will doch nur aufwachen, als es erklingt:
    Ein schreckliches Lachen
Sie fragt: Wo ist Gott bloß?
Sie antworten: Gott ist groß!

Lisa Irrgang * 2001

Frieden

Kriege gibt es schon sehr lange auf der
    Welt,
sie bedeuten Machthunger und viel Elend.

Warum muss es diese Kriege geben,
ist es nicht auch so schon hart das Leben?

Die Menschen gönnen sich keine Ruhe,
sie gehen aufeinander los mit großer Mühe.

Kriege zerstören nicht nur Menschenleben,
sie bedeuten auch Ruinen, Zerstörung auf
    vielen Ebenen.

Frieden ist doch gar nicht so schwer,
er gibt uns Halt und so viel mehr.

Besser wir besinnen uns rechtzeitig darauf,
nicht immer sind Schutzengel für uns im
    Lauf.

Liebe ist es doch, was wir uns wünschen,
lasst uns sie verbreiten und Hass
    übertünchen.

Claudia Iseke * 1964

Sollte es nicht wenigstens einen Ausweg
  geben
der unsagbares Unglück verhindert im
  Leben.

Oder gibt es etwa Menschen, die davon
  nicht betroffen?
Wer sollte das denn sein?
Im Geld so habe ich gehört, liegt nicht das
  Glück allein.

Im Gegenteil, so hörte ich jemanden sagen
Sind besonders die damit ausgestatten
ganz jämmerlich am klagen.

Ich persönlich kann nur sagen, von diesen
  Klientel
Hörte ich noch keinen wirklich klagen.

Doch welchem Steuerzahler ist mit so
  jemanden
auch bekannt.
Also denke ich insgeheim, die müssen alle
  glücklich sein.

Doch uns Menschen wird nachgesagt, wir
  sind
Und werden nie zufrieden sein.
Wenn das stimmt dann hilft uns weder
  Gold noch Geld
Und auch sonst nichts auf der Welt.

Glücklich können wir somit nie sein und
  der Grund
Dafür ist nicht das Geld allein.

Jack * 1960

Zwei starke Löwen von Halle

Halles starke Löwen trotzen tapfer den
  Wetterlaunen der Natur,
halten über Jahrhunderte göttlich thronend
  ihre eisern Wacht,
unterm Sternenhimmel des Universums,
die Bitte „Maria hilf",
flehen Menschen an der Saale, Halloren,
  Hallenser, Halunken,
erlebten Reichtum an Bodenschätzen, der
  frühen Hanse Aufstieg,
so prägte christlich – jüdische Tradition des
  Volkes Bild der Zeit!

Von einer Pestepidemie im frühen
  Mittelalter sehr grausam die
  Menschen heimgesucht,
Halles Löwen sahen ihre Verbannung,
  Kummer, Leid, Not Elend und ihre
  Hilflosigkeit,
viele Kirchen, Kapellen, Synagoge als
  Gotteshäuser den Menschen zum
  Trost erbauten,
der Erzbischof Ernst Bauherr der
  Moritzburg und Kapelle für die
  Heilige Maria Magdalena
später der Kardinal Albrecht als
  Dombauherr, ihr und dem Heiligen
  Mauritius zu Ehr,
er als Widersacher der Reformation zwei
  Kirchen vereinte aber Luther predigte
  doch!

So häuften sich viele Schuldenberge, auch
  der einstigen Stadtbauherren.
Halles Löwen als Marktlöwen dafür
  ernteten viel Spott, Häme und Hohn,
zogen um zur Universität einst von König
  Friedrich III in Auftrag gegeben,
als Wächter für die spätere Martin Luther
  Universität Halle – Wittenberg,
als Universitätslöwen Zeugen der
  Entstehung der Akademie der
  Wissenschaft,
bis die Leopoldina in einstiger
  Freimaurerloge, Uni Gebäude sich
  einquartiert.

So erlebten die starken Löwen als Symbol
  der Stadt den Wandel der Zeit,
doch ihnen wird bang um das Löwenherz
  beim Zeitgeist der Spuren verweht.

Beatrix Jacob

Gedichtsirrsinn

Ich bin nicht der Gedichteschreiber, doch
　versuche mal mein Glück.
Etwas Herzschmerz oder Zeitvertreiben
　bringt den Spaß zurück.

Es ist nicht leicht mit dem Verseschmieden,
　mir fehlt manch passend Wort.
Bei Krimi oder Märchenkrisen bin ich
　schnell mit den Gedanken fort.

Ich könnte was von Liebe schreiben, von
　Wind und rauer See.
Wie Wolken übern Himmel treiben von
　Ferne oder Weh.

Ich erinnre mich an Gedichte, die
　auswendig in der Schule waren
　Pflicht.
Wenn die letzte Zeilen im Kopfe blieben,
　taten es die Ersten nicht.

Es ist schon seltsam dies zu lesen und
　schmunzel vor mich hin.
Bin wirklich kein Gedichteschreiber, es
　steckt nicht in mir drin.

Der letzte und der fünfte Vers, ich hatte
　Spaß dabei.
Versuchts doch selbst und traut Euch
　schon, was es wird ist einerlei.

Anja Jacob * 1963

Freiheit

Sieben Türme starkes Wehr
rote Läden Mauern schwer
ringsum Gräben die bewachen
auf den Gräben ruhen Nachen
weiße Damen halten Sonnen
mit den bunten Schirmen fern
in der Festung stehen Ritter
spitz die Lanzen aufgeplockt
in des Schlosses Einsamkeit
füge ich mich hier hinein

Ruf der Schwäne so vertraut
künden Freiheit alle Zeit
Sieben Türme starkes Wehr
aus der Ferne fielen Reiter
über ihre Festung her
ließen Erben Zaumzeug liegen
Rufe hallen nach dem Frieden
Rufe hallen nach dem Frieden
kehrt zurück Geschick

Gerda Jaekel

Atlantis – the last kiss
Tief das Meer – mein eigener Herr
Weit der Horizont- wohl gekonnt
Wieg die Zeit – Wozu bereit
Die Wiege steht still, die Zeit geht weiter-
setze alles in Bewegung oder werde ich
　bewegt
Ein Reich in Frieden- sei es möglich
Dieses Reich soll siegen- sei es möglich
Die Wiege zeigt rechts, links bis sie gleicht-
doch die Zeit bleibt gleich.
Beides in Bewegung mit dem Streben nach
　dem Gleichgewicht.
Die Zeit dreht sich weiter, auch im
　Gleichgewicht. Dies zu halten, ist es
　möglich? Ist das Absicht? Wann bleibt
　die Waage still? Die Zeit geht weiter.
Wozu der Kampf gegen die Zeit, wenn die
　Waage beeinflusst werden kann.
Wozu mit der Zeit gehen, wenn die Waage
　bewegt werden kann.
Waage hin oder her- inwiefern bin ich mein
　eigener Herr.
Waage hin oder her gewichtet oder
　gegleicht – ist es gekonnt und bildet
　ein Reich.
Waage hin oder her, der letzte Kuss
　verschwindet im Meer und bleibt ewig
　im Horizont verweilen.

Farnaz Jafari

Zeitzeichen

Vom Leben gezeichnet,
gezeichnet vom Leben.
Leben zeichnet,
Zeichen leben.
Zeichen der Zeit,
Zeit der Zeichen.
Zeiger der Zeit,
Zeit des Zeigens.

Uwe Jakob * 1958

Der schlaue Baum

In einem Wald im fernen Land
war der schlaue Baum bekannt.
Es wuchs an ihm im hohen Rahmen,
Äpfel, Kirschen und Bananen.
Das Obst an ihm war niemals gleich,
doch immer schön, gesund und reich.
Er hat das Obst dem Mensch geschenkt,
wenn es nicht mehr an Ästen hängt.
Denn sein Obst ließ er nur los,
war es gewachsen schön und groß.
Es hat Geschmack den jeder mag,
egal welch Obst am Boden lag.
Zwar wurde er als „stark" bekannt,
doch mit dem Worte „schlau" benannt.

Manuel Jakobeit * 1990

weiße Trauer

Es war Dezember, als du starbst und der
    erste Schnee fiel,
die weiße Farbe der Landschaft erinnerte,
    an die Bleiche in deinem Gesicht, als
    deine einst so starke Hand,
meine das letzte Mal hielt.
An deiner Beerdigung, fielen weiter die
    Flocken,
wie die Tränen aus meinen Augen,
ich wickelte mich in einen Mantel, doch
    nichts wärmte die Kälte in mir.
Der Schnee blieb und so blieb die Trauer,
ich hörte Geschichten über deine Taten,
las Gedichte, die mich an dich erinnerten
    und sah Bilder von uns,
von einem ahnungslosen Vater mit seiner
    ahnungslosen Tochter.
Im Februar sprach ich das erste Mal von
    dir,
erzählte von unseren Abenteuern,
es wurde wärmer um mich herum,
doch der Schnee blieb und so blieben die
    Tränen in den Nächten.
Der März brach an, ich fing an zu lächeln,
    wenn ich an dich dachte,
besuchte zum ersten Mal dein Grab,
hörte auf nach einem Warum zu fragen
und akzeptierte deine Abwesenheit.
Als ich am ersten April aus dem Fenster
    sah, war der Schnee geschmolzen.

Annika Janke * 2007

Gefühle

Gefühle, sie sind für dich da
Lassen dich empfinden
Lassen dich lachen und weinen
Lassen dich Hass empfinden
der mit Liebe verschwindet
Zweifel nicht an dir
Leb' mit ihnen und
du merkst bald
Sie tun dir gut
und geben dir
Mut

Birgit Janke * 1955

Willkür

Ausgestorben, ausgerottet, ausradiert
Wahrheiten wie Albträume
Verantwortung endet im grandiosen
    Scheitern
Disharmonien im Wunschkonzert
wer aber dirigiert welches Konzept
einfach auf der Empore stehen
die Zukunft im Blick
und wie es vorbeiströmt ohne Halt

der Taktstock ist zerbrochen
doch das Leid der Überheblichkeit
findet selbstständig seinen Text
scheitert aber an der Fähigkeit
im Chor der Moral zu bestehen
Anmaßung im willkürlichen Handeln
selbstzufrieden im Denken verirrt
radiert, verrottet, gestorben –
Willkür erfüllt niemals Bedürfnisse.

Michael Jansen * 1958

Schafe tanzen nicht

Schafe tanzen nicht auf dem Seil
Akrobaten balancieren oder
schlucken das Feuer der Drachen

Panther unbeeindruckt
Schafe verfallen in Trance

über dem Abgrund himmelt es
kein Seil hält ewig
Schafe blöken und folgen

den Drachen oder den
Panthern

Regina Jarisch * 1956

Goldener Tag

Der Tag war golden
erstrahlte er in gleißendem Licht
so hell in mir und um mich herum
gewirbelt ist mein Körper so schnell und
  leicht
war ich und alles
sah gut aus, schmeckte gut, roch gut,
  fühlte sich gut an
meiner rosaroten Brille kam heute nichts
  vorbei
gehen die schönsten Tage
voller Liebe und Licht kommen wieder

und wieder lösen sie ebensolche die es nicht
  sind ab
jetzt werde ich mich genau an sie erinnern
führt zu Wertschätzung und Wehmut.

Henrieke Jarosch * 2001

Des Lebens Rätsel

Das Leben spielt uns so manch eine Tücke.
Sticht uns tief ins Fleisch wie eine Mücke.
Schmerzhaft nehmen wir die Wunder wahr.
Unser Körper wird in Reaktion ganz starr.
Wir schöpfen neuen Lebensmut
und lassen ab von all der Wut.
Die Liebe bahnt sich ihren Weg,
die sich wie ein Schleier um uns legt.
Wir sehnen uns nach Einigkeit und
  Frieden.
Möchten all Kummer, Schmerz besiegeln.
Das Fazit dieser Geschichte
und all meiner Gedichte:
Der Lebenstrieb lässt uns überdauern.
So manches Leid kann man bedauern.
Die Sehnsucht hält uns ewig lebendig,
mit der Zeit wird uns vieles verständlich.
Wir schließen gnädig Frieden mit unserem
  Selbst,
bis alles auf Erden selig miteinander
  verschmelzt.

Tamara Jasinski * 1990

Du

Du bist da und ich bin hier,
welch langer Weg
Der uns trennt.
Du mein Leben und meine Liebe.
Auf all unseren Wegen.

Christine Jeep * 1966

Köln

So trüb das Wetter immerzu
Findet die Seele keine ruh
Sieh wie die Gedanken kreisen
Ständig um die Frage reisen

Der Körper kalt, oh Schock
Sieh wie der Atem stockt
Die Glieder wie sie sich bewegen
Und nach einem Halt sie streben

Die Frage, erneut stellt sie sich
Was wichtig in diesem Leben ist.

Bianca Jenné * 1994

Innigst

Die Brise fliegt sanft um den lächelnden
    Mond
Voll und silbern umarmt er die Welt
Funkelndes Glitzern
Zwischen all den Momenten
Liebevoll innigst atmen wir uns

Sekunden voll Liebe schreiben die
    Sehnsucht
Sie haucht breitende Kreise auf den
    friedlichen See
In der Tiefe unsrer Verschmelzung
Ist alles unendlich
Gehört für immer nur uns ganz allein

Wir lösen uns auf in den Armen der Zeit
Geben uns hin einander und still
Wortlos führen uns all die Gefühle
Vereinen uns zärtlich
Du bist alles für mich

Moni Jerlitschka * 1987

Die Liebe

Die Liebe ... ist gefährlich
Die Liebe ... ist seltsam
Die Liebe ... ist Überwindung
Die Liebe ... ist verletzend
Die Liebe ... ist Amore
Die Liebe ... ist Schmerz
Die Liebe ... ist ein starkes Gefühl

Herz ... Klopfen
Liebe auf den ersten Blick
Glück ... Seligkeit
Liebe auf den zweiten Blick
Schmetterlinge im Bauch
Der Reiz der Sinne

Die Liebe ... ein Ausschütten von
    Endorphinen
Die Liebe ... eine chemische Reaktion
Die Liebe ist wundervoll
und kann ewig währen.

Dirk Jessen * 1969

Gedanken des nicht reichens

Der Gedanke an den Verlust ist die eine
    Verletzung.
Der Gedanke das es dieser Person bei
    jemand anderem besser gehen wird
ist ein zu kleines Pflaster auf der offenen
    Wunde.

Ängste müssen schweigen, die liebe bleibt
    bestehen ... tief, tief verborgen.
Verborgen an einem Platz den die größte
    Gewalt nie erreichen kann.
Die Wut, der Hass auf sich selbst oder
    Banalitäten soll ihr Panzer sein.

Selbst wenn alles nur gelogen, ich durfte
    fühlen. Wenn auch nur für kurze Zeit,
    anders als der Rest.
Es war jedoch meine Vorstellung von der
    Liebe, Liebe die nie genug sein kann

Waco Jesus * 1989

Rose

eine Rose sein
in der Kälte
der Härte zwischen
hohen Häusern aus Beton
ein hell scheinendes
Leuchtfeuer
inmitten der Furcht
der Hoffnungslosigkeit
eine Rose sein
in den Schatten der Nacht
wenn die Not unsagbar
der Mut verloren ist
eine Rose sein
mit seidenen Blütenblättern
tröstend in der Dunkelheit
auf deine Brust gelegt

Eva Joan * 1960

Tränen tanzen

Still und leise unter Tränen Meer bewege
ich mich im Rhythmus der Musik,
spüre deine liebe und Umarmung und
dein Atem wie es zärtlich meine Haut
berührt.
Tränen tanzen auf und nieder ,wann sehen
wir uns endlich wieder?!
Mein Herz ist gebrochen und du ?! hast es
zerstochen .
Warum ist es mit uns beiden entzwei?!
Es laufen Tränen wie ein Fall des Wassers
was nicht zu stoppen schien.
Die Distanz zwischen uns ist so groß und
unendlich weit,
wann sind wir zwei wieder vereint und
endlich soweit?!
Sag mir
Spüren wir liebe einander ?!?!
Sag mir
Vermissen wir einander?!
Sag mir
Spüren wir küsse einander?!
Sag mir
Spüren wir Sehnsucht nach einander?!
Meine Kraft die schwindet immer mehr
und mehr,
aber ich liebe dich doch so sehr
Still und leise lege ich mich nieder ,
Meine Tränen tanzen wieder auf und nieder

Marion Jobes * 19i0

Klima-Krise

Die Kuh an sich, als Rindvieh so,
scheint vom Gemüt her stolz und froh,
dass die Natur verlieh ihr Lust
am ruhigen Weiden ohne Frust.

So schlendert ruhig sie am Ackerrain
zusammen mit andern - oder allein -
und schiebt sich tagsüber, Stund' für
Stund',
korbweise Gras in den tiefen Schlund.

Vermengt im Magen ist Gärungsbeginn,
das gibt dem Ganzen nun tieferen Sinn,
denn die Verwandlung beginnt im Nu -
das Gras, das gärt, es rülpst unsere Kuh.

Es strömt befreit nun ein warmer Wind
tief aus dem fermentierenden Rind.
Es bricht aus den rülpsenden Kühen sich
Bahn,
das klimaschädliche Gas Methan.

Jö Jöch * 1942

Ronja

Federleicht
engelsgleich
und schützenswert
liegst Du
in meinem Arm
Deine Wange warm
an meine Brust geschmiegt
sachte in den Schlaf gewiegt
vom Rauschen

der Bäume -
uralte Kindheitsträume
hüllen mich
tröstlich ein
und der wachsende
Gedanke:
Reich beschenkt
zu sein.

Silja Johannsen * 1987

Nilpferd

Wenn diese Nacht vorbei ist,
werde ich ein Nilpferd sein
mich mit einem Satz in die Spree werfen,
abends,
vor dem Berliner Ensemble.

Theaterpublikum wird
erstaunt herbeiströmen
und vergessen,
in die Pausenbrezel zu beißen.

Wieder und wieder werde ich wenden,
elegant,
flussauf-flussabwärts.
Einer wird mir
eine MacDonalds Krone hinabwerfen.

Ich werde sie tragen
bis die Pappe aufweicht

Renée Johnschker * 1955

Jubel!

Ja, ich bin selbst Teil des Problems und
    trotzdem wütend auf das System!
Will diese Schwelle übertreten, von der alle
    immer reden.

Weiss gar nicht was mich aus macht
Oder was mich von Außen zu etwas macht
Bei wem liegt denn diese Macht?
Hab ich wirklich Einfluss?

Oder werd ich nur beeinflusst?

Vielleicht will ich mich auch nur abgrenzen,
Abgrenzen von einer Masse, die die
    Wirtschaft feiert.
Ist es unethisch zu jubeln?
Es kann immer nur einer jubeln, wenn ein
    anderer verliert.

So funktioniert gewinnen. So funktioniert
    Gewinn.

Billiger Rechtfertigungsversuch oder
    bitterer Realität? Süße Realität!
Denn ich wurde auf der Seite der Gewinner
    geboren.
Dünn gezeichnete Linie auf Kartenpapier
    hat mein Schicksal besiegt.

Also lasst uns alle jubeln, weil wir haben
    gewonnen!
Was haben wir dafür getan? Nichts!
Aber unsere Vorfahren haben doch was
    dafür getan?
Richtig!: Geraubt und Gemordet!

Also lasst uns unsere Gläser heben und
    jubeln!
Auf das System, dass selbst so schwach ist,
    dass es nur funktioniert, wenn die
    Schwachen, schwach bleiben!

JUBELT!

Tamara Jonientz * 2003

!?

Mit Worten soll ich hier schreiben,
welche wollt ihr denn haben?
Worte, neutral genug für alle Seiten,
oder solche mit Bass und Neonfarben?

Buchstaben, die sich verkloppen,
um den 1. Platz zu erreichen.
Die sich wegen ihrer Formen foppen,
das Siegertreppchen, ein Grab von Leichen.

Bei den Satzzeichen ist Vorsicht geboten,
sie richten über Leben und Tod.
Sagen sie die Wahrheit, wird man belogen?
Gelangt man in Sicherheit oder in Not?

Ich habe abgeschworen,
von all den Worten,
habe das Licht verloren,
und fand es an anderen Orten.

In der Pause zwischen den Gedanken,
fand ich sie, die Leerzeichen.
Wenn sie sich durch Texte ranken,
muss ihnen jeder Buchstabe weichen.

Da ist dieser Raum,
noch frei von Wille.
Man sieht ihn kaum,
es ist die Stille.

Sarah Jordan * 2007

Fährmann hol über

Fährmann hol über
1. Fährmann hol über schellt es über das Meer,
schnell kommt ein kleiner Kahn daher.
eine sichere Hand übernimmt das Ruder,
ans andere Ufer bringt er Freund und Bruder.

2. Der Lebensabend ist nun da,
Freude bringt die Enkelschar.
Bisher lief noch alles nach Plan,
Unvorbereitet klopfte der Schlaganfall an.

3. Eine Gradwanderung nun beginnt,
die Behandlung auf der Intensivstation ist Geschwind.
Sauerstoff, Tropf und Medikamente stehen auf dem Plan,
zu Besuch kommt der Familienclan.

4. Die Gedanken, sie gehen dahin,
schlecht durchblutet ist das Gehirn.
Der Kampf ums Überleben ist schwer,

plötzlich atmet der Patient nicht mehr.
5. Grenzerfahrung zwischen Leben und Tod,
das Anzeigen des EKG mit der Nulllinie droht.
Mögen nun die Schutzengel ihren Weg beschreiten
und den Patienten sicher in den Himmel begleiten.

Heidrun Jordan * 1953

Chromosom

Wie ein Feuerwerk
Und es war jede Sekunde wert
Niemals hätte ich gedacht,
Dass sich mein Leben so ändert nur in einer Nacht

Hier auf dem Gras stehe ich ohne meine Schuhe
Aus welchem Grund genau nimmt Dir mein Selbstausdruck Deine Ruhe ?

Hättest Du etwas Zeit?
Dann mache Dich auf etwas geeit
Dann hat es vielleicht auch der letzte geschnallt,
Dass es bei dieser Ullrich Turner Frau so richtig knallt

Hier auf dem Gras stehe ich ohne meine Schuhe
Aus welchem Grund genau nimmt Dir mein Selbstausdruck Deine Ruhe ?

Sei doch einfach nur Du selbst ohne das Getue
So ein Getöse wegen einem X Chromosom
Das ist mir ehrlichgesagt zu monoton
Bitte kontrolliert mein Mikrophon

Stephanie Jost * 1983

Paralysie du sommeil

Dein Kirschlachen ist längst verblüht
Dort eingefangen - brennt es ein Loch in mein Herz
Die Blätter fallen kalt zu Boden
Ich sehe sie: das Leben entweicht aus ihnen und geht
Ich weine eine Träne auf deine Wange
Eine Träne
auf deine Finger, auf deine Beine und auf deine Brust.
Der Winter vergeht, wenn der Frühling naht.
Letzten Sommer habe ich für dich Platz
gemacht
Ich liebe dich so sehr, wie den Herbst
Ich will vergangen zu Boden fallen, um dich leben zu lassen.
Und wenn die Zeit kommt, kreuzen sich unsere Wege für einige Tage
Unsere Hände berühren sich sanft
bis wir uns wieder verlieren
bis wir uns wiedersehen, vergehen wir nicht, sondern bleiben
eins.

Franka Felize Jost * 1999

Mutters Tag

Du kannst es einen vollen
Arbeitstag nennen
wenn Du weder Deine Erinnerung
noch Deine Vorstellungskraft gebrauchst -
das Einkaufen, das Putzen,
die kleinen Alltagsgespräche mit Deinem erwachsenen Sohn, das Bügeln,
die Zubereitung Deiner eigenen Mahlzeiten
-
und Du kannst es auch einen schönen freien Abend nennen,
wenn Du ganz starr in den orangenen Sonnenuntergang blickst

und nichts anderes siehst als das,
wenn du weder Deine Erinnerung
noch Deine Vorstellungskraft gebrauchst
wie es wohl sein würde falls er noch hier bei Euch wäre.

Frank Joußen * 1959

Bedingungslose Liebe

Geben,
ohne etwas zu erwarten,
aber trotzdem freudiger Erwartung sein.
Diese Liebe für alles empfinden können,
für Mensch, Tier, sich selbst, für Andere und die Natur.
Keine Bedingungen stellen, die von anderen erfüllt werden müssen oder sollen.
Keinen Druck erzeugen.
Einfach freies Geben von Herzen meinerseits.
Geben,
aber nicht ausnutzen lassen.
Etwas zurückgeben,
das Gleichgewicht herstellen und bewahren.
Selbst diese Liebe finden und Ying und Yang in Balance halten.
Ausgleich der Kräfte schaffen.
Beziehung besteht aus Geben und Nehmen,
ohne ein Ungleichgewicht.
Einseitigkeit wird zu Zweiseitigkeit.
Fluss herstellen und aufrechterhalten.
Verbindung herstellen und aufrechterhalten.
Heilen und geheilt werden.
Lieben und geliebt werden.

Jule * 1883

Der Vorhang fällt, der Tanz beginnt,

Wie bewege ich mich, so geschwind,

Wo setze ich den Fuß, um nicht zu fallen,
zu stolpern, mich zu blamieren,

Wie kann ich meine Fehler, falls diese
passieren, vor allen kaschieren,

Wieso schauen alle so genau und warten,
warten auf den Moment,

Ein Blick auf die Uhr, meine Zeit rennt,

Eine Drehung, Zweite Drehung, die letzte
voll Schwung,

Ich spüre, die Musik in meinen Ohren wird
stumm,

Die Füße geben nach, sie rutschen aus, auf
dem Boden der Tatsachen,

Menschen die lachen,

Finger, die auf mich gerichtet sind,

Ich strecke die Hand, bitte um Hilfe, doch
die Menschen sind blind,

Sie verlassen den Saal, mich liegend
gelassen,

Das ist er - Der Boden der Tatsachen.

Juliette * 1999

Wie auch immer der Wind sich dreht

Wie auch immer sich der Wind dreht,
er trägt meine Geschichte mit sich fort.
  flüstert leise von vergangenen Zeiten,
von Orten und Menschen, die mir von
  Herzen wichtig waren.
Er erzählt von Träumen, die mich stärkten
  und begleiteten,
während manche wie Motten im Licht
  zerfielen.
Der Wind meiner Geschichte singt von
  Liebe und Freundschaften,
die mein Herz berührten, von Glück, das
  am Himmelszelt hell erstrahlte.
Doch zuweilen brachte er manchmal auch
  Sturm und Dunkelheit,
dennoch habe ich mich stets dem Wind
  entgegengestellt.
Die Blätter tanzten wild, die Wolken zogen
  weiter und
enthüllten mir neue Ufer, Zauber und
  Magie, die in mir wohnt.
Auch wenn der Wind meiner Geschichte
  manchmal launisch war,
so schimmerte in seiner Unbeständigkeit
  stets ein besonderer Glanz.
Denn wie immer man es dreht und wendet,
  betrachtet,
er zeigte mir stets, dass das Leben
  unaufhörlich in Bewegung ist.
Daher werde ich weiterhin dem Wind und
  seinem Lied lauschen,
ihm erlauben, meine Gedanken über Berge
  und Täler zu tragen.
In dieser Melodie verbirgt sich mein
  Geheimnis, denn wie auch immer der
  Wind sich dreht, hat er doch stets das
  Leben in mir erweckt.

Carola Jun * 1964

Schwesterherz

Possierliche Sandalen heben
den jünglingsschlanken Hermelin
mit seinem straffen Knotenhaar
stolz über seidenmatt polierte Fliesen.
Das vor der Zeit entwöhnte Kind
brütet schon bissigen Spott
sichtbar in seinem Bauch und
hinter süßen, runden Öhrchen.
Wach und einsam wirbelt es
mit sprungbereitem Blick

durch unwirtliches Stoppelfeld.
Im Takt seiner tönernen Schritte
schneidet es auf steifem Tischtuch
maßgenaue Kuchenwürfel.
Ein schütteres Lächeln baumelt
ungewiss von der Halbmondstirn.
Ob noch jemand Nachschlag will.
Und arglos knackt ein Stichwort.
Wie Schnee legt sich das weiße Fell
über das hohe Gebiet der Molltöne.
Die dunkle Spitze obenauf.
Lieber tot, als von Zweifeln beschmutzt.

Vivian Jung * 1964

Roter Mohn

In dieser Welt gibt es einen Ort
wenn ich weggeh
geht er mit mir fort

die ferne die fernab blieb
wäre mir viel lieber
ich schwor
nein ich schwöre nicht
ich weiß ich komme wieder

der Maler der mich malen will
stiehlt mir die Gestalt
er sieht mich
nein er sieht mich nicht
er zeichnet Winter kalt

der Sänger der mich trösten will
bleibt heiser erst dann endlos still
er wirft mir Heimweh vor
ich friere nein ich friere nicht
ich fror

der Künstler holt sich Leinwand Farbe
übertüncht gleich jede narbe
pinselt herzen eingekesselt
stets an ein Stück Land gefesselt

Christiane Jung * 1962

Mutterliebe

Du siehst mich an.
Dein Blick ist voller Liebe.
Tief tauch' ich ein in deine Liebe.

Wir schweigen.
Wir halten uns an den Händen.
Die Außenwelt versinkt.

Frei – ohne Begrenzung – ist dieser
    Moment.
Ein ewiglicher Moment, den du mir
    schenkst.
Ich bin gesegnet und reichlich beschenkt.

Es ist die Mutterliebe, die du mir schenkst.
Sie wird in meinem Herzen bleiben.

Gisela Jung * 1969

Ein Dichter

der in seinen größten
Nöten
einem Gedicht
einen roten
Teppich ausrollt,
tut es nur dann,
wenn er ich ist
und es dieses hier
und du du
und es vorher
glaubhaft gemacht hat,
dass es in der Lage ist,
dass ich und es
dann zusammen auf ihm,
wenn es denn so wäre,
direkt zu dir flögen.

Tilmann Junger * 1960

Über das Altern und Rentner werden

Das Alter, es kommt so leise, man merkt es kaum.
Die Haare werden grauer, die Falten tiefer, das ist für viele das Grau'n.
Doch in den Augen, da leuchtet noch immer die Lebensfreude, die man nie verliert.
Man blickt zurück auf viele Jahre, auf Freud und Leid, das man ertrug.
Man ist Rentner, das ist wahr, kein Stress und Hektik mehr.
Doch man bleibt aktiv und neugierig, denn das Leben ist noch voller Zier.
So lasst uns das Alter genießen, jeden Tag auf's neu.
Und uns freuen auf die goldenen Jahre, die noch vor uns liegen, voller Glück und Heiterkeit.

Lutz Junitz * 1958

Sehne mich nach stiller Zweisamkeit,
Will nicht reden aber auch nicht alleine sein.
Schwarze Nacht, umgeben von Dunkelheit.
Himmel spiegelt meine Traurigkeit.

Wenn ich dir nichts mehr bedeute, was bedeute ich dann überhaupt?
Hab viel zu lang dein „Ich liebe dich" geglaubt
Und auf unser „für immer" gebaut
Hast mein Leben mit Glück aufgefüllt und danach alles wieder geklaut.

Jetzt gehe ich allein von der Party nach Haus,
Mit dir so vertraut, alleine ein Albtraum
Fremde Gestalten lauern mir auf
Sind nur Erinnerungen von uns.
Laufe weiter und lösche sie aus.

Lilli Jürgens * 2002

Heimweg

Wettrennen von Straßenlicht zu Straßenlicht,
Denk an alles andere als an dich
Kopfhörer drin, Rap auf den Ohren
Heimweg nicht mehr lang doch kommt mir unendlich vor.

Leere Augen, leere Stadt
Erinner mich an alles, was du schon längst vergessen hast.
Ziehe Rauch ein und stoß ihn wieder aus,
Benebelte Gedanken langsam vergess ich mich auch.

Jetzt gehe ich allein von der Party nach Haus,
Mit dir so vertraut, alleine ein Albtraum
Fremde Gestalten lauern mir auf
Sind nur Erinnerungen von uns.
Laufe weiter und lösche sie aus.

Für Dich

Seitdem wir uns kennen,
freue ich mich über Kleinigkeiten in der Natur
und sehe die Kraft des Löwenzahns,
welcher zwischen den Randsteinen wächst,
als ein großes Wunder.

Seitdem wir uns vertrauen,
behüte ich Geheimnisse von Verbündeten.
Ich spiele keine Rollen mehr,
sondern versuche einfach zu sein,
obwohl es schwierig ist.

Seitdem wir an uns glauben,
erinnere ich mich, dass alles
an Zeit und Glück liegt
und kann mit Begabungen sowie
menschlichen Makeln besser umgehen.

Seitdem wir uns lieben,
lasse ich mein Haar offen im Wind fliegen.
Kinder lächeln mich an
und ich trage dir meine Lebensfreude
als Spiegel deiner Seele entgegen.

Nicole Jurosek * 1981

In den Armen der Fantasie

In den Armen der Fantasie
bleibt für den Funken eines jeden
 Gedanken
die kleine Chance auf Wirklichkeit.

Je entschlossener ihre Nähe zugelassen
 wird,
desto verschwindender ist alle Utopie.

Immer biegsamer erscheinen die
 vermeintlich starren Schranken,
sofern man sich offen gegenüber seinen
 Träumen zeigt.

In den Armen der Fantasie
ist die Essenz des Seins nur die
 Vorstellungskraft,
die einem innewohnt.

Sich in seinen Gedanken fallen zu lassen ist
 eine Kunst,
auf jeden Fall aber die beste Strategie.

Ist das Zulassen des Wohlwollens für einen
 selbst einmal geschafft,
dann wird man fortan von seinem ganz
 eigenen Glück belohnt.

In den Armen der Fantasie.

Jens Just * 1988

Verlorene Seele

Die tanzt mit der Dunkelheit

Die unschuldige Seele von Simplizität des
 Lebens beruht

Och Seele

Du unschuldiges Wesen

Du schwebst am Rande der Realität und
 Verrücktheit

Mit deine Leichtigkeit und Ungewissheit
 wirst du so schnell zerbrechlich

Die Dunkelheit tanzte mit ihr wieder

……

Das Licht beruhte ihre Lippen und herzte
 die Augen
Der Wind küsste ihre Haut
Das Wasser floss durch ihre Postur
Die Einsamkeit gab ihr die Liebe
Die Erde brachte ihr das Leben
Die Ewigkeit brachte sie her

Selle

Du Göttin der Menschheit

Dominika Kaczor * 1993

Ein Mädchen

Ein Mädchen, so schön wie es geht.
Ein Fädchen, das weiße Kleid es schwebt.
Ein Hauch, so fein von Spinngeweb.
Ein Schritt, Handschweif und Blick,
 Mädchen so leb.

Ihre Finger, zart ein Geigenbogen.
Ihre Hände, haben sie belogen.

Ihre Bitten, rasch vorbeigezogen,
Ihre Schritte leicht auf kalten Wogen.

So geh hin und tauch in mich hinein.
So komm Kind komm in mich sei mein.
So tauch die Finger in mein Nass darein.
So wirst du mein und ich werde dein.

Sie geht und geht ihre Spuren im Sand.
Sie sieht einen Ozean, so geband.
Sie hört das Wasser, fühlt den Brand.
Sie verlor doch nie was sie dort fand.

Die Finger tauchen ein das Kleid wird rot.
Das Gesicht voll Rauch ergraut wie tot.
Der blauen Augen strahlen sie sind fort.
Noch ein Stück und Mord bleibt Mord.

Elisabeth Kaiser * 1988

Nachtgedanken

Spinnenfinger, die sich wobend
nach meinem Herzen strecken

Im Dunkeln der Nacht
rauben sie meinen Schlaf

Feingliedrige Wörter
aus Seide so dünn gesponnen,
die zu Nestern werden,
festgesetzt in meinem Kopf

Gewebt durch die Spinnenfinger,
huschen sie aus der Wärme
meines Bettes
und verfestigen sich
in der Berührung kalter Füße auf Parkett

Festgehalten
mit schläfriger Schrift auf Papier.

Maya Kaiser * 2003

Das Mädchen meines Herzens

Als sie fortging
zog mein Herz mit ihr

von Dhaka
nach Ranchi
von Ranchi
nach Allahabad

kein Brief

vier Tage
fünf Tage
ja sechs

kein Brief

Nebel am Abend
Mondschein bei Nacht
und dann der Regen

kein Brief

Winterblumen verblüht
Sommerdüfte verflogen
kühle Tage zurück

eine Karte

warte nicht auf mich

Karin Magdalena Kaiser * 1944

Neu geboren

Reiß mir das Mondherz aus der Brust
Das kalt und einsam in mir schlägt
Halte wärmend es in deinen Händen
Damit die Liebe es erweckt.

Sei du der Feuervogel dieser Nacht
Der Sternenmilch in meine Seele gießt
Damit der Liebe Sprossen treiben
Und neues Leben in den Adern fließt.

Nimm mich unter dein Gefieder
Brüte dein Geheimnis in mir aus
Als toter Schwan liege ich dir zu Füßen
Jetzt wohnen wir im selben Haus.

Herbert Kaiser * 1958

Meine liebe Oma

Die Augen, so tief wie das Meer,
die Lippen, die viel Glück schenken.
Die Blicke, die alle durch ihr liebes Licht lenken.
Das blühende Gesichtlein, scheint das ganze Glück zu uns her.

Zwei Händchen, so weich doch schon alt,
sie geben ihr ganzes Leben, ihren Lieben halt.
Die Seele so jung, wie die Blühte am Baum.
Das ist sie, sie schenkt Liebe und den schönsten Traum.

Anastasia Kakavıdou * 2006

An meine schweigenden Freunde

Die bösen, bösen Lieder
sind wieder zu hören im Land.
Es fährt mir in alle Glieder.
Ich ahne den kommenden Brand.

Die „Sänger" mit ihren Parolen:
Sie schmähen, was „undeutsch" und „fremd"
und schmücken mit Nazisymbolen
ihr blutbodenbraunes Hemd.

Doch noch können wir's ihnen zeigen,
noch wir die Mehrheit sind!
Drum, Freunde, brecht endlich das Schweigen,

und tut eure Meinung kund:
damit unser Land, unser schönes,
ein freies bleibt, friedvoll und – bunt!

Marlies Kalbhenn * 1945

(ohne Titel)

Der Glaube an das Glück wurde erschüttert
Die Kälte zieht in ihren Bann
Die Taubheit ist allgegenwärtig
Ohne die Frage der inneren Stimme
wird kein Tag vergehen
Ohne den Blick gegen die drei Versuche der Hand
Die anfängliche Untrüglichkeit
des Offensichtlichen ist gerissen
Abgetragen ist der Schmerz der Einsamkeit
Dunkel scheinen die Schatten zu sein,
obgleich ihre Absicht man nicht kennt
Der Verrat hat gezeigt,
wie unliebsam der Frust
des Schweigens sein kann
Trügerisch ist die Stille
Doch notwendig ist die Ruh'
Denk an mich
Denk an mich
Wachstum ist ein Tauschgeschäft

Julia Kamerbeek * 1999

Der einsame Schein Des Mondes

Die Sonne hört auf zu funkeln,
die Welt verschwindet im Dunkeln
Des Lichtes Freude verschwunden ist,
des Schattens Friede entstanden ist.

Das Lachen vergeht,
Helligkeit verweht
Die Traurigkeit trifft ein,
die Menschen fühlen sich allein.

Des Mondes einsamer Schein,
wirkt ganz klein
Meine Narben brennen tief,
so wie ich weg lief

Der Mond ist mein Freund,
nun wartet er bis ich ruh
An Magie hat man geglaubt,
nun wurde sie mir geraubt.

Lennard Kämmel * 2007

Die Kunst des Fallens

Immer und immer beginnt der Kampf von vorne
Immer und immer kann ich ihm nicht entkommen
Dasselbe Spiel, dieselben Regeln, ohne Ziel und ohne Ende
Und ich falle wieder, bis ich auf dem Boden zerbreche
Die Tiefe ist mein Heim und doch träume ich
Einmal zu Fliegen, hoch oben, doch träume ich
Ich will nicht mehr verlieren, will nicht mehr hoffen
Möchte die Stille, keine Wunden, die klaffen
Zu Weinen ist meine Kunst, das Bluten mein Werk
Ketzer meines Glaubens, Teufel meiner Welt
Ich will dass sich etwas ändert, doch ich weiß nicht wie es geht
Und ich weiß, ich werde wieder fallen, egal, wie hoch ich steige
Denn mein Schicksal wird es auf ewig bleiben
Niemals der Sieger zu sein.

Isabel Kanczer * 2001

Entkommen

Als die Bomben fielen, war ich vier,
Und niemand hat so wirklich dran geglaubt.
Meine Heimat – nicht mehr hier
Und meine Kindheit war geraubt.

Als wir flohen, war es Nacht,
Und mein Vater blieb im Land.
Ein letztes Mal hat er gelacht,
Ein letzter Kuss auf meiner Hand.

Als wir ankamen, war mir kalt,
Mein kleiner Körper am Zerbrechen.
Wir gehen zurück mein Kind, ganz bald,
Noch bis heute das Versprechen.

Die Häuser hier sind alle ganz,
Und die Menschen funktionieren.
Was ihnen fehlt? Ist unsere Angst,
Wieder, alles zu verlieren.

Ein neues Leben hat begonnen,
Doch unsere Herzen füllen Scherben,
Wir sind dem Tod zwar noch entkommen,
Doch trotzdem fühlt's sich an wie Sterben.

Gamila Kanew * 1995

gepuffter Reis

Statt Erbsen trage ich gepufften Reis ins Bett
Die Matratze wird später zum ungetragen Korsett

Jedes Korn verkeilt im Rückenfleisch
erzeugt des Nächtens viel Gekreisch

Tagsüber die Perlen mit der Zunge aus der Tüte gefischt
im Dunkeln jeglicher Genuss erlischt

Die zerdrückten Krümel weggeschoben
dienen Tierchen unterm Nest als Proben

Anna Kant * 1990

Der blaue Stuhl

Der blaue Stuhl steht dort wo ihn keiner vermutet
Diskret, am Rande
Er blutet

viele möchten was er hat:
Zu sein, ohne jede Last
Doch das ist es was er hasst
Seinen Platz
Drum bleibt nichts als sich umzusehen
Nach allen die ihn täglich umgehen
Der arme
Er hat es eingesehen
Wird er hier wohl noch ewig stehen

Marina Kaoj-Hassarli * 1995

Zeit

Zeit rauscht vorbei und lässt dich allein.
Du merkst wie sie vergeht und wünscht sie
    würde einen Augenblick stehen.
Zeit ist kostbar und teuer,
doch man kann sie nicht versteuern.
Zeit ist Leben, Leben ist Zeit.
Das eine schließt das Andere ein.
Doch leben tun wir nicht unendlich lang.
So verbring es nicht mit bang.
Füll es mit schönen Dingen
und lass ein Lied zu Ehren der Zeit
    erklingen.

Katalina Kappes * 2011

Wer spricht?

Die Angst spricht ...
Geh langsam, nicht stolpern,
nicht auf einmal zu viel,
noch einmal kurz halten,
hast du ein Ziel?

Die Liebe spricht ...
Geh sicher, ich halte dich,
voller Vertrauen nach vorn.
Ich bin dein Kompass,
nicht deine Norm.

Der Mut spricht ...
Trau dich, du schaffst es,
wie groß auch die Angst,
nun spring, es klappt,
wenn fremd auch das Land.

Die Hoffnung spricht ...
Es wird, wenn du glaubst,
lass mich nicht aus den Augen,
ich lebe durch deinen Glauben.

Wer spricht?

Jasmin Maria Kapsalis * 1981

Ach lieber April

Ach lieber April,
meine große Liebe,
gibst mir Kummer und Leid und doch
    Sonnenschein.

Ach lieber April,
meines Herzens Diebe,
gibst mir Morgen und Vergangenheit.

Bitte verzeiht mir, Sommer, Winter und
    Herbst.
Doch sowie Schnee im Dezember schneit'
Bin ich die, die für den April weint.

Ach lieber April

Öykü Kara * 2004

Vanitas

Im hoffnungsvollen Ton
Deiner zitternden Stimme
Weilt ein angespanntes Warten.

Dein Herz voller Spatzen
Durch Worte wie Speere beladen.

Patronen deines Füllfeders
Sind aufgebraucht.

Papiere schneeweiß warten
Auf den passenden Moment.

Jetzt hat auch
Der Blätterregen angefangen
Bevor du die Blumen
Vom Feld pflücken konntest ...

Rafiye Karaca * 1978

Tiefseehaus

Meine Gedanken, ein Wirbelsturm in
   Trümmern, aufsteigend in Hoffnung.
Überall fallende Erwartungen, schwirrend
   in der Notwendigkeit für Mehr.
Ich bin in Rage. Mein Selbst, bestimmt
   doch abgestimmt.
Im Wellengang, ein Schwanken der
   Zukunft von Tag zu Tage.

Überall Gesichter, überall mein Spiegelbild,
   zwei kritische Geschöpfe.
Schreiend, schweigend nach Luft greifend,
   unzureichend für all die Köpfe.
Glanz der roten Perle, schlummert
   in Vergessenheit, angepasst und
   zugeklemmt.
In der Tiefe begraben, keuchend in Blasen
   der Masse nur verschwämmt.

Die Stadt, ein Meer mit
   Hoffnungsschimmer bei
   Sonnenaufgang,
hat dumpfe Tiefseeleuchten bei Nacht, ein
   angeleiteter Untergang.
Herz, Lunge, Maschine. Ich bin lebendig,
   pure Funktion.
Maschine. Ich bin regungslos, reine Fiktion.

Meryem Karademir * 1995

Amselmann und Möwe

Es fliegt der Amselmann zum Meer,
Wo sehr versalzen Wasser schmeckt.
Da kommt die Möwe zu ihm her,
Die immer er so gerne neckt.

Die trinkt dort aus den Wasserlachen,
Beeindruckt sieht der Schwarze das,
Kann immer nur Möwen verlachen,
Denn das macht ihm halt großen Spaß.

„Wie kannst Du solches Zeug denn
   trinken,
Da holst Du Dir den sicheren Tod!
Damit würd' ich zum Grabe sinken -
Ich dürste hier und leide Not!"

„Wir Möwen haben unsere Drüsen,
Die aus dem Wasser Salz ausscheiden.
Salztrinken müssen wir nicht büßen
Und können auch das Meer nicht meiden."

Der Amselmann flog rasch zurück,
Dorthin, wo Süßwasser Durst stillte,
Nahm Möwen anders in den Blick,
Weil Unterlegenheit er fühlte.

Hans Hartmut Karg

Der Plan

Nicht Zufall ist der Name, der die Welt
   erschuf,
nicht Funkenregen oder Blitz, noch
   Feuerball,
der Plan war Demut, Liebe und ein guter
   Ruf,
der zu vergeben war für unser weites
   All.

Es war ein durch und durchgedachtes
   Werden,
ein Schaffen, Wirken, durch der Freude
   Band,
Wasserbäche und die Tiere mit
   Gefährten
fanden Platz im Paradies durch Gottes
   Hand.

Die Krone zu der Schöpfung sollten
  Menschen sein,
aus Staub gemacht für unbegrenzte
  Zeiten,
Gedanken, Sinn und in dem
  Lebenswandel rein,
bestimmt für Glück in Universums
  Breiten.

Dann kam die Unvernunft, die Gier zum
  Absoluten,
ein Gott und Schöpfer, Planer, Meister
  wurd' entehrt,
und in dem Augenblick von Stunden und
  Minuten,
der Weg zum Paradies zurück, er war
  verwehrt.

Früchte einer Menschenherrschaft
  waren uns beschert,
Krieg, Vernichtung, Tod und Aberglauben
  in der Not,
siegend reitet heut ein Königsohn auf
  weißem Pferd,
um wegzufegen Leid und Unrecht, auch
  den Tod.

Karin Karg-Lorenz * 1947

Niemandsland

Erwache und trete aus der Behaglichkeit
  Deiner Wohnung.
Siehe...Deine Heimat verschwand.

Manch ein Baum steht an gleicher Stelle,
durch manchen Strauch weht der Wind,
Doch wie lange noch?

In der Stadt, auf den Plätzen aber,
tönt bereits ein Babylonisches
  Sprachengewirr.
Deine Sprache ist verstummt.

An der Straßenecke spielt ein türkischer
  Musiker
das Lied vom Krieg.
seine traurige Melodie beschwört den
  Frieden
von der Einen Welt.

Doch wo ist noch Heimat?
Siehe... Sie befindet sich im Niemandsland.
Suche und erfinde sie erneut!

Barbara Karim * 1960

Die Welt ist eine Strömung von Blitzen und Einblicken

Die Welt ist eine Strömung von Blitzen
  und Einblicken,
Helle Sterne und Meeresdunkelheit,
Die allein ist unendlich und kurz,
Der Schöpfer verschaffte sie mit Seiner
  Hand.
Unsere Ankunft und der Abgang sind ein
  Drehbuch,
Dessen Sinn ist es schwer, zu begreifen,
Der Verstand ist so klein, um zu wissen,
Wo und wie Er alles geschrieben hat.
Ich akzeptiere den Seufzer sehr dankend,
Ich schreite jeden Schritt berauschend,
Das Leben mit dem Geist und der Vernunft
  wahrnehmend,
Den Aufschwung und das Fallen
  übernehmend!

Gulnara Karimova * 1972

Das Fenster

Es schneit.
Große, weiße Wattebällchen.
Man schaut ins Nichts – fliegt mit,
mit den großen Flocken.

Sich vom Wind so treiben lassen,
ganz leicht, ganz sanft.

Sich dahintragen lassen,
ganz hoch hinauf,
ganz tief hinunter,
man gleitet ins Leere.

Es geht tiefer –
man möchte wieder hinauf,
hinauf in das Große –
es wird so eng, alles so groß
nur ich werde kleiner,
ich schwinde, werde zu nichts –
bin nichts.

Der Rauch meiner Zigarette
kratzt in meinem Hals.

Christel Kaselow * 1952

Ein Leben für Glück

Für nichts leben
nach dem Nichts streben.
Will nichts essen
sondern alles vergessen.

Sehe Augen die mich umkreisen
als wollen sie einen verspeisen.
Bunte Hände zerren an meiner Haut
sowie der Gärtner an seinem Unkraut.

Stimmen strömen durch meinen Verstand
und setzen die zarten,
süßen Klänge der Vögel in Brand.

Bin im hier und jetzt gefangen
und frage mich, wann werde ich mein
 Glück eines Tages erlangen?

Sephora Kashila * 2003

Das Wecken

Wer klopft heute am Fenster meines
 Turmes
Wer erdreist sich das Dunkel dieser Stunde
Unschuldig zu erleuchten?
Nach all diesen schlechten Jahren.

Sag, warum jetzt,
Warum jetzt weckst du die Geister,
Die ich weinend begrub
In der Nacht, an dem Tag,
Wenn ich mein Sein, gewaltig
In den Sarg voller gescheiterten Träumen
Ohne Gnade, leise, legte.
Sag, warum gibst mir keine Ruhe.
In der Nacht, an dem Tag
Wenn ich meine Wege mit Staub bedeckte
Alle Wege, die meine Glück werden
 könnten
An dem Tag, in der Nacht
Wenn Erkenntnis, dass ich dieser bin,
Der nie werden durfte, meine Seele
 verdunkelte

Adnan Kasimovic * 1983

Es ist Sommer

Der Rauch
der Nächte
schmiedet Feuer
in mein Herz.

Morgens erwachen
mit dem Ruf
der Amsel

weiter
aufwärts.

Meine Seele
füllt sich

mit den Segen
der Erde.

Dankbar
schwingt sich

mein Geleit.

Luitgard Renate Kasper-Merbach * 1958

Wundersames Erwachen

Noch schläfrig blicke ich durchs Fenster,
der Mond wirkt schmal und blass,
versteckt sich im azurblauen Gewölbe. –
Der Dunst im Morgengrau entschwindet,
Konturen des Lichts erhellen nur zögernd
  das Zimmer –
ein Hauch von Kühle schleicht sich ein und
  lässt mich frösteln

Langsam ertasten Sonnenstrahlen den
  Raum,
suchend nach einer Bleibe, das Ziel ist
  erreicht:
Surreal das Antlitz der Menora im Lichte.
Die Sonne ertastet die nackten Arme
verfängt sich im goldenen Geflecht
schwebend und hüpfend wie im Tanze
im Kreis, auf dem Kopf lösen und vereinen
  sich
Empor zur Decke, zum Fenster hin.

Halt ein, du wundersames Ding
Verweile und entfliehe nicht aus meinem
  Sinn.

Welch ein Zauber der Mystik –
Der Schlüssel zur verborgenen Weisheit –
Umgibt dich – Menora –
In deinem Glanze hüllst du dich in Wärme
  und Licht.

Tamara Kasten

Erdung des Seins

Das Leben scheint
Schattenumwoben, flirrend
im Sternenlicht
Formen in Kälte vereint
Ich erkenne dich nicht
Leere zum Bersten gefüllt
Da, ein Flackern
Grau in Schlieren verhüllt
Begierig und sabbernd es rennt
es rennt

verborgen doch omnipräsent
Pulsierend, sich beinah verbrennt
Dann glühend enthemmt
Heimat nun, was einst fremd
Sonne im Herzen
Das Dunkel der Seele verkennt
Gemeinsam getrennt
Treibend, niemand benennt
Schwere, Weite und Trend
Einheit und Freiheit
Ein Fluss
Ein Sternplatz

Das Leben

ist wunderschön.

Bastian Kathan * 1995

Sohn

Mein Sohn
Du bist groß in Person
So voller Zorn und Groll
Doch meistens immer Toll
Immer wieder erfinderisch
Und plötzlich spielerisch
Du kleiner Bengel
Eigentlich hast du keine Mängel
Denn du bist mein kleiner Engel
Deine Mama

Kathy * 1991

Ich nenne Dich Liebe

Milder Duft von Crêpes irgendwo,
wenn der Tag erwacht.

Zärtliches Füttern der Spatzen in den
  Tuillerien,
wenn der Frühling seine ersten
  Sonnenstrahlen schickt.

Ungeduldiges Warten im Parc du
   Luxembourg,
wenn wispernde Bäume Schatten vor
   flirrender Hitze bieten.

Vergebliches Berühren eines bunten
   Regenbogens
über den Gärten Rodins,
wenn dieser unerwartet nah erscheint.

Lautlose Schritte und leise Musik am Place
   du Tertre,
wenn weißer Schnee die Stimme der Stadt
   verschluckt.

Romantische Spaziergänge im zarten
   Mondlicht,
wenn sich glitzernde Sterne im Wasser der
   Seine spiegeln.

Glückliches Tanzen meiner Seele,
wenn Du nur mit einem Blick mein Herz
   berührst.

Ich nenne Dich Liebe.

Petra Katic * 1956

Gefühle mit dir

Wie das Blühen des Feldes
Nur etwas heller
Wie das Kleine des Dorfes
Nur etwas trauter

Wie das Gleiten des Baches
Nur etwas ruhiger
Wie das Warme des Schmiegens
Nur etwas länger

Wie das Segeln des Blattes
Nur etwas steter
Wie das Ende des Wartens
Nur etwas freier

Wie das Schweigen des Schneefalls
Nur etwas stiller
Wie das Lächeln des Alters
Nur etwas klarer

So wie das Glück des Lebens
Nur etwas schöner
So ist es mit dir

Julius Katins * 2000

Tanz

Wenn wahre Schönheit nur im Schmerz
   besteht,
dann hast du grade eine schöne Zeit
und solltest staunen, wie die Welt sich
   dreht
in ihrem alten, blutdurchtränkten
   Festtagskleid.

Tanz nach der Melodie des Tages,
bis sie verklungen ist!
Du strauchelst vielleicht, aber wag es,
bis du von ihr durchdrungen bist!

Du kennst das Lied und findest keinen Ton.
Du hörst den Takt und hältst ihn nicht.
Du schaust nach hinten. Schon

stehst du allein im Rampenlicht.
Gib alles auf und lass dich treiben!
Ist besser als Statist zu bleiben.

Thomas Keck * 1962

Du,
wenn du deine Augen aufschlägst, ist es,
wie wenn Enten aus dem Wasser tauchen.
Meine Ruhe und meine Sehnsucht,
meine Hoffnung und meine Freude,
sie haben einen Namen,
eben den Deinen
Du.

Du aber,
geh deinen Weg,
gehen wir den einen,
finden wir uns,
im Garten, auf einer blühenden Wiese
und wo du willst.
Paul Kehren

Künstlersein

Es sind nicht deine Werke
die dich zum Künstler ernennen
sondern darin die Welt selbst
als Kunstwerk zu erkennen.

Es sind nicht nur deine Melodien
die in fremden Seelen klingen
sondern die Klänge dahinter
die dich zum Komponieren bringen.

Es ist nicht die Art wie du malst
oder Bilder, die einfach entstehen
es ist die Fähigkeit, hinzuschauen
und die Welt täglich neu zu sehen.
Katharina Keil * 1997

Wenn das Wörtchen Wenn nicht wäre

Wenn das Wörtchen Wenn nicht wäre,
Und die ganzen großen Herren
nie darüber nachgedacht.
Ach, was wär die Welt doch einfach,
Gäb es nur den Blick nach vorn.
Gäbs kein Zögern noch ein Zagen,
Grübeln wär ein fremdes Wort.
Klar vor einem läg der Weg,
In die strahlend helle Zukunft.
Die Vergangenheit erstarrt,
Keiner Schlaflosigkeit mehr wert.
Ach, was wär die Welt doch einfach,
Wenn das Wörtchen Wenn nicht wäre.
Jemina Keiler * 2003

Perspektiven

Da vorne,
ganz da vorne,
ganz, ganz, ganz da vorne
ist eine Eins,
das Ziel von uns Nullen.

Dahinten,
ganz dahinten,
ganz, ganz, ganz dahinten
kommen die Nullen,
hängt mal das Minus raus.
Volker Keller

All diese mit dem Herz geseh'nen Dinge

Ein Morgengrauen im Herbst so lind,
das glitzernd Licht in des Nebels Schwarm
wo man des Laubes golden find,
macht meines Herzens Fluss ganz warm.

Das Lächeln einer alten Weisen,
die mir am Wegrand traut und winkt
muss ich mir den Moment erweisen,
der mir die Weisheit süß darbringt.

Hab freudig vernommen der Sterne Flucht
dem Tag sie weichen und erwartend sich
    freuen
warmes Strahlen schickt sie in des Himmels
    Schlucht
ich seh' ihnen zu, ach sollt ich es reuen.

Durch Weite im Tal und der strahlenden
    Gipfel
schau ich in die Welt des Morgens, so
    wunderbar schön
Bewegend die Stille, klar Luft, starr noch
    die Wipfel
würd ich so gern bleiben niemals mehr
    weiter gehn'.

Doch just drängt es mich es dir nur zu
   sagen
In all diesen mit dem Herz geseh'nen
   Dingen
für mich allein ist's kaum zu ertragen,
Seh ich Dich, Dein lieblichstes Sein, Dein
   süßestes Klingen.

Manfred Kellner * 1963

Nagetier

Es begab sich eines Abends,
noch nicht aller Tage Abend
ein kleines Fleckchen Dunkel
sich an meinem Frieden labend

an meine Seite
nagt an der Seele Ruh'
"träum' weiter kleines Dunkel,"
denk' ich mir, "nur zu –

versuch' Dein Glück
ich halt Dich aus...".

Friederike Kerstens * 1980

Germanias letztes Klagelied

Das Lied der Väter ist verstummt, das Erbe
   ist vergangen,
Was einst mit Stolz erfüllte, als Last wird
   schwer getragen,
Was übrig noch geblieben, als Buße wird
   ertragen,
Was flehend in der Ferne summt, regt
   niemandes Verlangen.

Germania singt ein Klagelied, sie weint
   nach ihren Kindern,
Der Mutter Herz durchbohrt von Speeren
   des Entsagens,
Ihr Herz ein wüster Ort, ein Hauch nur des
   Verzagens,
Was hast nur Kind ihr angetan,
was soll ihr'n Schmerz jetzt lindern.

Die Todestage nennt ihr Feste der
   Befreiung,
Und flehet bei den Rettern um ewige
   Verzeihung,
Derweil das Vaterland ertrinkt in seiner
   Not.

Ihr werfet alles raus, was könnte noch
   erinnern,
Und flehet ohne Halt um's eigene
   Verkümmern,
Und bitte, ihr seid frei, Germania ist jetzt
   tot.

Nelya Teresa Ketelhohn * 2004

Wiedersehen

Oh ich will dich wiedersehen
kann dem Drang nicht widerstehen.

Wiedersehen heißt doch dennoch
irgendwann dann wieder gehen.

Denn dann bin ich endlich heile
doch nur so lang ich verweile.

Und das ist es was mich plaget
trotz der Freude, die da wartet.

Wenn ich dich dann wiederhabe
nur bis ich Adieu dir sage.

Denn die Zeit tut vor uns flieh'n
und sie spielt im Gegnerteam.

Obgleich ich dich hab so gern
letztens bist du wieder fern.

Ich will dich nie wiedersehen
denn ich müsst ja wieder gehen.

Julie Kewitz * 2001

Märchenland

Oh gib mir deine Hand
Und ich führe dich durchs Märchenland
Schau doch all die Farben
Vergiss heute mal deine Narben

Lass mich's dir beweisen
Nicht alles dreht sich nur in Kreisen
Guck doch diese Schönheit
Sie leuchtet so hell und weit

Kannst du sie sehen?
Sie spüren und hören

Du kannst es doch nicht für immer leugnen
Oh komm lass dich von ihr betäuben
Nun komm und habe keine Angst
Schließe deine Augen und sieh zu wie sie
    um uns tanzt

Jamie Keyser

ohne verstand

Zweifel weiten sich in meiner Brust
und ich frage mich
weißt du überhaupt
was du willst
wer soll entscheiden
der sich selbst nicht kennt?

du kannst noch zurück. es ist noch nicht
    zu spät
aber ich will doch. was? dass es zu spät ist
zu spät für alles
du bist alle Zeiten wert

Sofia Khaledi   * 2000

Blindes Vertrauen

Was bin ich?
Tief in mir drin. Bin da ich?
Hör ich mich?
Siehst du mich?
Seh ich wirklich dich?

Wer liest diese Zeilen hier?
Die Stimme in deinem Kopf. Spricht sie
    zu dir?
Oder ist sie du?
Hörst du ihr zu?

Bist stets mit dem verbunden, was Worte
    nicht fassen.
Ein Zugang zu jedem Wissen- über das
    menschliche hinaus.
Bleib immer offen- du musst es nur lassen.
Nutze diesen Zugang dankend aus und
    merke, dass du keine Antwort
    brauchst,
sondern dem Leben voll und ganz vertraust.

Yosra Khalifa   * 2004

weißt du,
manchmal frag ich mich
wie lange würden
deine nachrichten ausbleiben
würde ich dir nicht täglich
guten morgen schreiben
dich ständig nach deinem tag fragen
vor dem schlafen gehen gute nacht sagen.
weißt du,
ich hab das gefühl,
dass es dich kaum interessiert
wie es mir geht oder
was in meinem alltag passiert.
in der hoffnung
du wärst auf mich zugekommen,
hab ich mir schon so oft vorgenommen
keine nachricht zu verfassen,
die zeilen lieber leer zu lassen;
aber nein, schon wieder sitze ich hier
und schreibe dir.

Nadja Khazaleh   * 1999

Die Wahrheit

In dunklen Ecken
So weit versteckt
Mit eigenen Zwecken
Ein Wesen erweckt

Hat Angst vor den Menschen
Dem Licht und der Zeit
Verbirgt sich im Schatten
Alleine wirds alt

Es fürchtet das Reden
Den Menschen im Licht
Doch muss sich ergeben
Sein wahres Gesicht

Darja Kholodilina * 2007

Tonika

Am Anfang steht die Tonika,
ganz satt und klar,
fast wie ein unerreichter Star
Doch das währt gar nicht lang,
schon bald ist jener Klang verklungen
Dann treibt die Subdominante die Musik
 zur melodiösen Kante,
Und löst die Tonika, die Gute ab mit
 alledem,
was sie in ihrer kurzen Lebenszeit errungen
Auch dieses Leben ist so schnell vorbei,
so schnell ist dieser Klang verloren, dass
 jene Ohren die ihn hörten
Bald denken, er wär nie geboren
Die Dominante folgt sodann und spannt
 den Bogen
Fast bis zum tonalen Abriss weit,
bis irgendwann die Tonika, die Alte, Gute
sie von der Last befreit
Erst dann erkennen wir, dass jene Klänge
 die wir hörten
Sich gar nie aneinander störten.
Und, was anfangs so verschieden war,
sich nahtlos aneinander reiht.

Jan Kiefer

Der erste Akt

Die Zeit,
sie hat mir gezeigt
dass ich in den Fängen
meiner Spuren verbleib',
mich verirr' in dunklen Gängen
meiner Erinnerung bis Panik aufsteigt
und kein Knoten mehr stark genug hält,

der Vorhang fällt,
meine verhüllte Inszenierung der Preis,
doch bin ich dazu bereit?

mein gefallenes Konstrukt aus Selbstschutz
mich mit der Wahrheit meines Spiegelbilds
 quält,
und erstarrte Aufnahmen meines halben
 Seins
durch schmerzlichen Blick nacherzählt,
doch zersplittert das Abbild meines Scheins,
frag' ich die Zeit,
was hat sie mir noch nicht gezeigt?

Franziska Kielhorn * 1997

Abgründe

Hängst vor mir an diesem Abhang
halte dich nur noch mit einem Finger
und das schon viel zu lang
und die Anstrengung wird immer
 schlimmer.

Gleitest immer mehr aus meinen Händen
keine Ahnung, wie ich dich noch halten
 kann.
Wie soll ich nur beenden,
was nie wirklich begann?

Doch ich sehe ständig die Gefahr,
an deiner Stelle zu fallen
und vielleicht bis du in dem Moment nicht
 da,
um mich an dir festzukrallen.

Und so verwehr' ich dir die rettende Hand
und lass dich weiterziehen.
Über Gefühl herrscht noch Verstand,
diesen Sturz nicht zu überstehen.

Schau dir noch ein wenig zu auf deinem
    Flug
und hoffe, du vergisst mich nicht
und hoffe, du fliegst weit genug,
um nicht zu hören, wie mein Herz mir
    bricht.

Ina Kien * 1992

Zukunftsträume

Wenn meine Stadt autofrei wäre,
Ist da dann eine große Leere?
Ich würde sie einfach farbenfroh gestalten,
puh, da müsste ich mich aber ranhalten!
Am Schluss schaut's dann so aus:
Es wächst lauter grün,
prächtige Blumen blühen.
Alle Kinder lachen,
was sie wohl machen?
Alle sind zu Fuß,
ein paar Tanzen sogar Blues!
Am Kreisverkehr ist es familiär!
Dort ist ein Spielplatz,
das wäre mal ein Ansatz!

Lea Kienberger * 2008

Du Lächelst

Du lächelst und alles scheint auf einmal
    möglich,
die Quadratur des Kreises,
das Abbremsen des Klimawandels,
die Rettung der Welt.

Du lächelst und die Wiesen blühen wieder,
der Schmetterling tanzt Tango,
die Bäume schlagen neue Wurzeln,
jede Angst zerfällt.

Du lächelst und mein Körper erfährt
    Heilung,
das Herz kann sich entspannen,
die Seele findet einen Hafen,
das Gesicht erhellt.

Nina Kipke * 1994

Wortschöpfung

Wortschöpfung
erschütterte Wortgestalt
bist Lastenträger
erschöpft von Wortgewalt,
Poeten Wörter Richter
Erschöpft im Wort
und Versen ertrinkst
in Sehnsucht Wörter
Freuden Tränen
im Gedankentanz der Dichter

Peter Klang

Die Flucht

Die Waffe im Holster,
Die Nächte mit Krach.
Geld anstatt Polster,
Und die Leiche im Bach.

Im Dunkeln die Drogen,
Und Geld in der Hand.
In Nächten kam sie geflogen,
Direkt in das Land.

Der Mann mit der Knarre,
Er visiert mich jetzt an.
Mich bringt er zur Karre,
Er zeigt mich jetzt an.

Das ist nicht Romantik,
Es liegt mir im Blut.
Die Flucht über'n Atlantik,
Das bringt mir den Mut.

Im Osten da leb' ich,
Direkt nach der Flucht.
Mit Freude angeblich,
Ganz kurz vor der Flucht.

Elias Klassen * 2007

Chaos

Warum liebe ich dich, obwohl ich dich gehen lassen hab?

Dieser Schmerz unbezahlbar, ein Leben ohne dich undenkbar.

Ich wende mich von allem was einmal so wichtig war ab,

Ich vermisse deine wunderschönen Augen, in denen ich mich jedes Mal so verloren hab,
dein Lächeln und dein gelocktes dunkelbraunes Haar.

Mir war nie klar, dass du mir einmal so viel bedeuten wirst.

Im Nachhinein hasse ich mich dafür, dass ich nie gezeigt habe was ich fühle.

Wird das ewig so weiter gehen, dass du in meinem Kopf rum schwirrst?

Mein Herz so kalt, ich unterkühle.

Jetzt hab ich verloren, weil ich nur an mich dachte

Konnte dir nicht sagen, wie perfekt du eigentlich bist.

Ich höre mich oft, wie ich mit dir zusammen lachte.

Und jetzt bin ich diejenige, die dich vermisst.

Leoni Klaus * 2004

Der Igel aus dem Baum

Ein Igel stürzt aus hohem Baum
und schlägt auf harte Erde.
Du denkst:"Das überlebt der kaum!",
doch schau, was aus ihm werde:

Es platzt die Stachelhülle auf,
zwei Hälften springen weiter,
ein brauner Ball nimmt seinen Lauf.
Bist Du nun wohl gescheiter?

Eine Kastanie, rund und glatt,
geht da auf ihre Reise
und dient dem Klima in der Stadt
auf ganz besondere Weise:

Unter dem Laub, das Bäume ließen,
versteckt sie sich geschickt,
beginnt im Dunkeln dann zu sprießen,
bis sie das Licht erblickt.

Und irgendwann, welch' schöner Traum,
steht dann an diesem Platz
ein weiterer Kastanienbaum
mit seinem Igelschatz!

Helge Klein * 1961

Spät

Pralle Stunden,
unversehens gereift
in spätem Licht.
Schillernde Pailletten
am müden Saum der Tage:
Unerhört lustvoll
kleine Dinge zum Leuchten bringen
Übermütig schaukeln
auf unverhofften Wellen
Verschwörerisch staunen
in stillem Anbetracht
heimlicher Himmel,
von vollmundigen Monden
auserkoren.

Innige Umarmung
entfaltet mühelos
dichte Poesie.
Sehnsüchtig abheben
mit vollendeten Formationen
südwärts ziehen
in absichtsloser Vollkommenheit.
Auge an Auge
unverfroren die Welt betreten
mit schwerem Schritt,
gewichtig im Augenblick.

Sabine Klein-Schwind * 1966

Nachtspaziergang

Die Hitze beißt, der Asphalt schreit.
Mit trotziger Hoheit, in tiefem Schmerz
Läuft die Nacht einher,
Edel gibt sie sich, wie eine Statue,
das Lächeln eingefroren.

Atemlos treiben mich ihre Schatten, rastlos
begafft mich namenloses Schwarz.
In seinen Blicken fließt meine Seele dahin,
wo Stürme geboren werden.

Siehe, ein Blitz leuchtet, ein winziger
    Lebenshauch blüht im zarten Auge
    des Mondes auf.
Flüchtige Schönheit, die verzaubert und
    singt,
Beglückende Tiefe, die verschlingt.

Dann wieder Nacht, erstickend still.
Licht, wohin fliehst du
Mond, wo soll ich hin?

Linda Kleinsorge * 1969

Schleswig-Holstein

In der Heimat ist es schön,
weit über Felder kann man seh'n.
Die Weiden grün, der Knick gepflegt,
zu Hause mir das Herz aufgeht.
Der Strom der Elbe begrenzt das Land,
im Norden dann der Dänen Rand.
Nord- und Ostsee an den Seiten,
Schleswig-Holstein zwischen den Gezeiten.
Seine Schönheit ist bekannt
auch im Rest vom Land.
Hier schnackt man „Platt", so soll es sein
ein Dialekt fließt auch mit ein.
Kühl sind wir hier im Norden,
wer uns kennt fühlt sich geborgen.
Raue Schale, weicher Kern,
so haben wir den Norden gern.

Katrin Kleinwort * 1968

Momentaufnahmen

Moment mal: Zipp – Zapp,
ich bin raus aus meinem lässigen Alltag

Jetzt Saus und Braus,
out insulated, wind- und wasserprobt,
elastischer Feuchtigkeitstransport.

Pfadfinderehre gelobt:

Wenn wir schreiten Seit an Seit
und die alten Lieder singen,
muss longlife gelingen.

Mit blouse, fleecejacket, Kapuze,
Finder- und Pfadenknife.

In alles pockets, Brusttaschen,
Krempelärmel, Innenfutterwärmel,

Mit Tallierung und Teddypelz,
Halfzipp und Ganzzipp
muss longlife gelingen.

Was für ein Gewinn,
bin ich ganz in, in, in.

Karin Klemm

Mal

Mal
wenn mir der Abstand fehlte
legt' ich mich zu deinen Briefen
wo wir dann zusammen schliefen
ein
ums erste Mal.
Ab
und zu der Zeit
verging dieselbe wie ein Freund
dem man nichts zu misstrauen meint
der sich klein macht, der sich bauscht
und doch so unerwartet rauscht
ab
und zu der Zeit.
Mal
wenn mich der Abstand stählt
leg' ich mich zu deinen Briefen
befühl' die Höhen und die Tiefen
bis der Abstand wieder fehlt
ein um selbe Mal.

Thomas Kley * 1959

Ich habe keine Angst,
Ich lebe.
Ich lebe jeden Tag, der kommt.
Zum Sonnenuntergang
Mit meinen Blicken schwebe,
Bis an das Ziel am Horizont.
Mit dir und ohne dich
Das Leben geht doch weiter,
Das Leben ist das wahre
Glück für mich
Mit Sonnenschein, mit Wolken
Oder Graupen,

Für jeden Tag gibt`s eine neue Sicht.
Und ich bin glücklich,
Dass ich dich jetzt habe,
Du gibst mir alles,
Was ich nicht missen möchte,
Du bist mein Ziel,
Mein Segel, meine Hütte,
Wohin ich immer wiederkehren will.

Amalia Klink * 1954

Depression

Wie ein durchnässter Sack, so mein Herz
Als würde es tropfen, zu nass um zu
    trocknen
Ist es Eisen oder doch Salz
Als würde es reißen, doch was würde das
    heißen
Etwa noch mehr Schmerz
oder eine Last, welche von mir fällt

Miriam Kliss * 2000

Persephone über Hades

Vermisst du nicht das Meer aus Blumen,
Die unendlich schöne Sicht,
Wie helles Morgenrot anbricht?
Die Grünen Wiesen, Schmetterlinge, den
    Wind in deinem Haar?
Ist es nicht zu wenig, nur das ganze halbe
    Jahr?

„Ich war zum vergessen geschaffen,
eine verwelkende Blume unter vielen,
Die niemandem gefielen.
Ich war so leer wie ein Papier vor dem
    Gedicht,
unbedeutender als die Unbedeutsamkeit
    an sich.

Ich war zum vergessen geboren,
Ein kleiner Text von unwichtigen Autoren.
Wie ein Tropfen Wasser auf einem heißen
    Stein: schnell verdampft
Ich war so einsam und allein.

Er schuf mir einen Thron,
Ein ganzes Königreich liegt unter meiner
   Macht.
Er hat die verwelkende Blume
Zu einem lodernden Feuer entfacht."

Emily Kloss * 2003

Augenblick

Ich laufe achtsam barfuß durch den Garten.
Welche Tiere mich bloß erwarten?!
Ich spüre die Erde unter den Füssen- und
   ganz ehrlich?
Ich liebe das frische Gras zwischen den
   Zehen, oh wie herrlich!
Es hat geregnet, alles ist nass.
Für mich ist das purer Spaß.
Oh, was sehe ich denn da?
Ein Regenwurm bei mir ganz nah.
Über mir der Regenbogen,
ich genieße den Augenblick – ungelogen!

Sybille Klubkowski * 1987

Der grüne, düstre Dome

Der grüne, düstre Dome lädt denn ein.
Dem Blicke Gottes als denn geschirmt zu
   sein.
Der Tod bei Tag in ihm und auch bei der
   Nacht.
Da betet und da gebet sehr nun dort Acht.

Die große laute Orgel hier nicht erklingt
Doch hier der Adler und die Krähe singt.
Die warme späte ist die goldene schöne
   Stunde.
Dann siehet man sich stehen mit dem offen
   Munde.

Das Sonnlicht hier bricht und in Schatten
   einfällt.
Das Raubtier hier sich in dem dunklen
   gefällt.

Dort pirschen Jäger, Tiere, Menschen und
   auch Wilde.
Dort kennet Räuber mit dem Wilde keine
   Milde.

Die Wurzeln weben weiter an der
   Gemeind.
Denn an ihr zerschellt, brechet denn der
   Feind.
Doch was des Achills seine wunde Sehne
   da isst.
Das seine Wände durch den sich die Säge
   denn frisst.

Das Telefon es muss mit dort hinein.
Denn könntet für immer ihr sonst verloren
   sein.
Dort gibt er Wärme jedem wie nach seiner
   Werke.
Das ist der Walde der da steht mit seiner
   Stärke.

Jochen Klug * 1980

Tat-Ort Welt

Überscharfe Fernseh-Pixel
lüften der Wahrheitsuche Nebel
während das Blut der Welt
ganz leise tropft ...

einfach auf die Sofakissen!

Ungeschöntes Brennglas
medialer Makroskopie
strahlt Leid und Elend täglich
auf heimisches Ti Vi.

Die Pflicht ruft ins TV
Jetzt kommt die Tagesschau!

Zum Trost gibt's
Leberwurst und Gürkchen
Wer nichts weiß,
bleibt schließlich ...

dumm!

Was die Pixelwelt berichtet,
ist Wahrheit ungelogen!
Was wir draus machen,
eine andere ... vielleicht.

Kim Kluge * 1968

Frieden

Wir verstehen uns,
auch ohne Worte.
Wir können die Stille ertragen,
wenn wir, zur blauen Stunde,
auf einer Bank sitzen und
gemeinsam auf den See blicken.
Denn wir sind alte

Freunde.

Sybille Klumpen * 1964

Der Mitläufer

Vor zwei Wochen was Neues,
er bat mich,
da war ich,
saß still hier im Zimmer,
und nichts war passiert.

dann atmen und keuchen,
die Blicke verfolgen,
denn Er war kein anderer,
kein anderer als ich!

fast peinlich,
und heimlich,
der Tod ist unheimlich,
nur diesmal,
oh Freude,
zieht er nur vorbei.

denn so ist's gelaufen,
der Tod mitgelaufen,
zum Glück mit dem Anderen,
der so war wie ich.

Odin Knapp-Mihajlovic * 1971

Sommerwiese

Ich sitze still auf einer Wiese,
angelehnt an einen Baum,
rieche Freiheit und genieße,
befind mich nun in einem Traum.

Beschwingt in einem Sommerkleid,
tanze ich mit Schmetterlingen.
Vergesse Raum, vergesse Zeit,
will fröhlich mit den Grillen singen.

Ausgebreitet mit den Armen,
dreh und tanze ich umher.
Will die ganze Welt umarmen,
mein Herz wiegt leicht, ist nicht mehr
　　schwer.

Erwache wieder aus dem Traum
und sitz noch immer auf der Wiese.
Angelehnt an einen Baum,
bleib ich sitzen und genieße.

Jacqueline Knedlik * 1975

Rutschen

Kalte Decke begräbt mich
in einer innigen Umarmung
- Herz am richtigen Fleck.

Ein Klick.
Und es rutscht und rutscht
immer tiefer - halt-los.
Kann man Kummer haben, ohne dass da
　　Liebe war?

Kalte Decke erhitzt sich, begräbt mich
　　lodernd.
Aus Geborgenheit wird Beklemmung.
Wo Schlaf gewesen wäre, nun ein Wettlauf
　　der Gedanken.
Ich gebe mich hin; Hingabe für ihn erlaube
　　ich mir nicht mehr.

Blaue Augen suchen braune Augen.
Braune Augen suchen braune Augen.

Blaue Augen sind ein auslaufendes Meer,
das den Damm brechen lässt.
Der Herzfleck ist leer.
Wo sucht man ein Herz, das Rutschen
 gegangen ist?

In tiefen Melodien und neuen Fantasien
Habe ich es nicht gefunden.
Ich verbleibe suchend-

Annika Kneipp * 2002

Du mit deiner Menschlichkeit

Ich sehe dich, doch du mich nicht. Ich
 erhasche einen Blick auf dich und
 schon verschwinde ich.
Warum fesselst du mich? Deine
 Menschlichkeit beeindruckt mich.
Selten erlebe ich so viel Menschlichkeit
 zwischen all den Menschen.
Sie war mir so fremd, dass ich wie gelähmt
 nur staunen und bewundern konnte.
Dieser Anblick kehrte meine ursprüngliche
 Abneigung in Zuneigung um.
Doch bin ich nicht gefesselt von deiner
 Anmut, deiner Schönheit, deinen
 Augen, die so strahlen,
sondern von der Menschlichkeit in dir,
 nach der ich mich so sehr sehne. Du
 verkörperst meinen Traum,
mein Verlangen nach dem Menschlichen,
 welches all das Unmenschliche wett
 macht, die Wogen glättet, mich heilt.
So ist auch ein kurz erhaschter Blick auf
 dich, ein Hoffnungsschimmer für
 mich.
Dennoch möchte ich loslassen, mich
 befreien.
Doch es gelingt mir nicht, zu sehr brauche
 ich sie, deine Menschlichkeit.
Ich trachte nach ihr, träume davon, dass sie
 mein Herz erfüllt,
es heilt und es so schlagen kann wie es das
 einst einmal tat.

Rahel Knepper * 2004

Zwischenland

Der Kreis des Lebens
Nimm, deiner Tage, Mensch, irdischen
 Lauf, hin als gegeben,
wie ein Scheitern im Streben,
einen Tropfen im Regen.
Winde der Stunde, Sohn, goldenen, ganz,
Mühsal, Geduld und Ehrenkranz.

Lenk Deiner Sorgen, Schwester, drohende
 Last,
wie ein Segel das Boot am schwankenden
 Mast.

Nimm Deines Schicksals, Freund, lastende
 Bürde,
wie eine Frage mit lächelnder Würde.
Nimm Deiner Tage, Mann, eilendes
 Fliehen,
gleichmütig hin, als wär es geliehen.

Nimm deiner Tage, Mensch, irdischen
 Kreis,
hin, wie Segen, dankbar und leis'.

Karl-Heinz Knepper * 1949

Am Abend

Kein Weg
führt dich zu mir
bringt mich zu dir

und am Abend
weint
die Liebe noch
in den Schlaf
die Trauer
leise

und am Abend
weint
die Liebe noch
in den Schlaf
die Trauer
leise

Claudia Knetsch * 1975

Homo Oeconomicus

Homo Oeconomicus,
mein guter alter Freund.
Erklärst mir Wirtschaftshabitus,
doch bleibt das Herz versäumt.

Doch ohne Herz, wo sind wir dann,
Gesellschaft voller Gier.
Stellst Lohn und Nutzen vorne an,
Experten frönen dir.

Bin nur ein Mensch von Einfachheit,
weiß wenig vom Weltmarkt.
Doch bleibt zurück die Menschlichkeit,
dann haben wir versagt.

Eigennutz und Geld im Sinn
wird uns unterstellt.
Wenn Liebe doch an Wert gewinnt,
gibt's Hoffnung für die Welt.

Laura Knies * 1990

Vor dem Aufstehen

Ich mag die frühen Tagesstunden,
wenn die Dämmrung gerad beginnt
und die Sorgen, die den Morgen quälen,
noch im Schlaf versunken sind.

Dann sitzt am Fenster leis die Stille
und schaut voll wundersamer Ruh
im pastellstrahlenden Himmel
den Sternen beim Verschwinden zu.

Und die Welt riecht nach der Erde
noch leicht nass vom neuen Tau.
Um mich her herrscht eine Leere
voller Harmonie und Schlaf.

Alex Knischewski * 2004

Abendgedanken

Entspannt geh ich zu Bett und denk
Kein Störenfried der mich ablenkt.
Und friedlich die Gedanken mein,
Kreisen in dem Sonnenschein.
Von Tieren, Blumen, Geschehnissen
Und sanft entschlaf ich in mein Kissen.
Mir ist's so warm und weich, ich fühl mich erlöst
Entschlummer gleich. Ich denke nicht
Ich fühl nur noch- eine schöne Idee, die mich durch
Die Nacht bringt und morgens zum Tee
Freu mich hinüberzuschlummern mit goldenem Saum,
Sanft gebettet in cremefarbenen Schaum.
Ich Schlummer hinüber ich trau mich kaum. Steh morgens auf, erwarte den Traum.
So ist es mit der Muße und der Pflicht-am Tage es wartet das Tun unterm Licht.
Doch später umhüllt mich erneut das zärtliche Licht und in Trance es zu mir spricht:
schlafe sehr sanft und bleibe gelassen-die Gedanken kannst Du auch morgen noch fassen.

Doris Knobloch * 1970

Ich schäme mich, ein Mensch zu sein

Leider gehöre ich dazu,
nicht nur ich, auch du.
Sicher können wir ganz nützlich sein,
doch unser Handeln trübt den Schein.

Wir sind zu fast allem in der Lage,
das ist wirklich nicht die Frage.
Doch was wir tun, kann ich leider nicht verstehen,
habe zu viele Bilder gesehen.

Wie kann man sich für Krieg entscheiden
und ignorieren, dass Tausende sterben und leiden.

Kann man da noch in den Spiegel schauen
und auf sein reines Gewissen bauen?

Egal um was es bei der Sache geht,
es gibt kein Argument was jeder versteht.
Wir haben aus der Geschichte nichts
  gelernt
und uns von dauerhaftem Frieden weit
  entfernt.

Wir verbreiten Lüge und Hetze.
Voll sind davon die sozialen Netze.
Es ist gut, dass ich irgendwann von dieser
  Erde gehe
und unsere Dummheit nicht mehr sehe.

André Knoderer * 1963

Liebe

Liebe ist nicht berechnend.
Liebe bedeutet Zärtlichkeit.
Liebe erfordert Rücksicht,
Empathie und Aufmerksamkeit.

Liebe kann verzeihen.
Liebe hüllt dich ein.
Liebe gibt dir Sicherheit.
Liebe lässt dich glücklich sein.

Liebe kann man nicht erzwingen.
Liebe bekommt man immer geschenkt.
Liebe ist ein klopfendes Herz,
und wenn jemand an dich denkt.

Liebe geht nicht einfach fort.
Liebe überdauert die Zeit.
Liebe ist ein liebes Wort.
Liebe ist Zufriedenheit.

Liebe ist Verstehen.
Liebe ist zärtlicher Blick,
in die Tiefe deiner Seele.
Liebe bedeutet Glück.

Willst du etwas Gutes tun,
dann bring Liebe in die Welt,
weil es das ist, was ihr fehlt
und am Ende nur das zählt.

Birgitt Knoll * 1955

Traumreise

Ich träumte auf eine ganz seltsame Weise
  von einer noch eigenartigeren Reise
Ich flog auf dem fliegenden Pferd Pegasus
  übers Meer nach Afrika
Und siehe da was ich da sah war nicht so
  klar
Ich erblickte Schnee über Schnee über
  Schnee
und kam mir vor wie eine verzauberte
  Märchenfee
Ich landete sanft bei den Pyramiden
und es herrschte Ruhe und Frieden
Nur der Schnee passte nicht ganz ins Bild
Aber es schneite immer noch sehr wild
Ich fragte einen Beduinen was das soll mit
  dem ganzen Schnee
Doch er antwortete nur Mensch, mal
  Schnee in Afrika das ist doch schee
Ich war noch verwirrter wegen seinem
  bayerischen Dialekt
Da gab er mir obendrein eine Schachtel
  Eiskonfekt
Ich verstand Die Welt nicht mehr
Und wunderte mich so sehr
Dass ich umfiel in den weichen Schnee
Öffnete meine Augen und sah aus dem
  Fenster den altvertrauten See
Da Begriff ich es war alles nur geträumt
aber es war Sonntag ich hatte ja nichts
  versäumt
denn der Traum war einfach zu schön
Darum schlief ich wieder ein um erneut auf
  spannende Reisen zu gehen.

Katharina Kocar * 1978

Wandlung

Die Zeit begreifen wir erst,
wenn sie uns zwischen den
Fingern zerrinnt.
Was bleibt uns mehr,
als uns immer mehr ins
Vertrauen hineinglauben,
und freudig wagen, was
auch immer kommen mag!

Elke Koch

Aus dem Rahmen

Sie war die andere Melodie,
der schiefe Ton im Lied,
sie war das Kunstwerk,
das aus dem Rahmen fiel.
Sie war die Skulptur,
deren Arm im Fluss versank,
sie war der Satz,
der unvollendet blieb –
Sie war Orpheus, verstimmt;
Galatea, frag ment iert;
Gradiva, dis soz i iert,
Ovids unvollständiges Li d.
Und in ihrem
verstimmten, frag ment ierten,
dis soz i ierten, unvoll tändigen
Klang
erzählte sie mehr Geschichten
als sie alle zusammen.

Helena Koch * 1999

Verlorene Seelen

Da ruht das Meer in tiefer stiller Weise,
Die uns zuvor noch den Todesstoß erteilte.
Durch Höhen und Tiefen trieb sie uns fort,
Unsere Geschichte, durch ein finsteres Ende
   bedroht.

Selbst unsere zarte Liebe vermochte es
   nicht,
Unser Band zu retten, sowie es zerriss.
Ein Sturm, ein Ruf, ein wilder Biss,
Selbst als Anker diente es nicht.

Inmitten des Chaos, majestätisch und stark,
Verwebten die Wellen, das Herz mit der
   Nacht.
Ein einzelnes Schiff am Horizont,
Und nur eine Seele stehend an Bord.

Daria Koch * 2005

Sinnestaub

Ich fühle nichts mehr, ist es nicht schön,
wenn der Schmerz geht? Meine Seele ist
leer, der Hurricane in meinem Herzen hat
die Gefühle weggefegt.

Ich schmecke nichts mehr, keine Tränen
endlos wie am Niagara.In meinen Träumen
lebe ich nun auf einer Insel am Meer, fern
von allen Problemen, schweben im
   Nirvana.

Ich sehe nichts mehr, die schwarzen
   Wolken
verschwinden und weichen dem inneren
   Blumenfeld.
Ich ergab mich ohne Gegenwehr, denn aus
   meiner
Brust fließt ein Fluss aus Blut in dieser
   Welt.

Ich rieche nichts mehr, keinen Duft von
Verrat, oder dem Bruch von Schwüren,
nichts war bisher so unendlich schwer,
schloss in mir sämtliche Tore und Türen.

Ich höre nichts mehr, die Stille ist der Segen
der Verdammten. Pack die Patrone in den
   Lauf
von meinem Gewehr, verabschiede mich
   innerlich
von Verwandten und Bekannten, drück ab,
   schieß.

Lars Kohlhauer * 1990

Mein Leben

Oft weiß ich nicht ob es Realität ist,
Denn es passiert oft Mist.
Gute Zeiten,
Die mein Leben leiten.
Schlechte Zeiten,
Die mir den weg verschreiten.
Ich kann komisch sein,
Wenn ich unter anderem wein.
Sensibel nennen sie mich,
Aber das bin nun mal ich.
Ich liebe regen,
Und schöne Momente im Leben.
Ich versuche immer das Beste draus zu machen,
Und viel zu lachen.
Man lebt ja nur ein Mal,
Und das Alter ist auch nur eine Zahl.
Nicht jeder mag mich,
Aber das bin nun mal ich.
Leute kommen und gehen,
Aber bleib du niemals stehen!

Shirley Kohlhofer * 2006

Mindestlohn

mein
druckchef
reizt
nun
ziemlich
sauer.

Doch
tags
ich
trage
niemals
trauer.

Holm Kohlmann * 1966

Dein Weg

Sie verurteilen dich, weil du hinterfragst.
Weil du anders lebst und tust, was du magst.

Ihre kleine Welt ist zu eng für dich.
Hast Ideale und verbiegst dich nicht.

Das schwarze Schaf unter dem ganzen Weiß,
anders denken hat seinen Preis.

Auch wenn sie lästern, es beirrt dich nicht,
denn du kannst nicht ändern ihre Sicht.

Jeder darf leben, so wie er will,
drum lass sie los, geh deinen Weg und „Chill"!

Dreh dich um und geh mit Grüßen,
auch im Alleingang liegt dir die Welt zu Füßen.

Wichtig sind nur die, die zu dir stehn,
dich wachsen lassen, ohne zu gehn.

Geh deinen Weg voller Zuversicht,
lass die Leute reden, denn ändern kannst du sie nicht.

Andrea Köhne * 1965

Kindesleid

Folge mir, tauche mit mir ein -
in das Gefühl wieder Kind zu sein.
War das nicht ein Hochgenuss -
Spaß und Spiel im Überfluss.

Doch mein Herz wird schwer, wenn ich dran denk,
wie vielen Kindern wurde es nicht geschenkt.
Gequält, missbraucht und hoffnungslos,
von dir, du Mörder: „Was tust du bloß?"

Erst hast du es dir ausgemalt, dann der
   Plan, es zu tun.
Dir ein Kind ausgesucht: „Was mache ich
   nun?"
Ein kurzes Leben, die Zukunft noch hofft,
dann fortgebracht von dir und versteckt
   im Loft.

Vermisst, verletzt und ohne helfende
   Hand -
in deine kranke Welt, für immer verbannt.
Du hast es entführt vom vertrauten Ort,
in deine Hölle, dein Spinnen-Netz, von zu
   Hause fort,

Die Erinnerung bleibt, das Herz tut wehe,
der Schmerz, dass ich dich nie mehr
   wiedersehe.
Die Hoffnung war lebendig, doch nun ist
   sie tot.
Ein letzter Gruß an mein liebes Kind ins
   Abendrot.

Claudia Kolaric * 1967

Der Triumph

Es war hart, doch sie haben es geschafft,
Und voller Freude haben sie viel gelacht.
Dieses Ziel wollten sie immer gemeinsam
   erreichen,
Und sie werden sich nicht von der Seite
   weichen.

Die Sonne scheint in warmen Farben,
Zwei Seelen, Hand in Hand, den Berg
   besteigen,
Ihre Freundschaft wird den Gipfel
   erreichen, ohne Fragen.
Beim Erreichen ihres Ziels, gibt es
   friedliches Schweigen.

Gemeinsam tragen sie die Lasten dieser
   Welt,
Gemeinsam haben sie den Gipfel dieser
   Reise erhellt.
Es wird dunkel und sie genießen die Nacht,
Sie bleiben an der Spitze, bis ein neuer Tag
   erwacht.

Daniel Koljanin * 2005

Ein Student

Ein Student sitzt in seinem Zimmer
Müde, schläfrig und ohne Glück
Das Lernen fällt schwer in dieser stummen
   Stube
Die Motivation ist weg, verbrannt wie ein
   Stück

Draußen tobt die Welt, doch er ist alleine
Abgeschottet von Freunden und der
   Gesellschaft
Die Pandemie hat ihm das Herz gebrochen
Das Studium erscheint sinnlos, ohne Zweck

Doch er muss weitermachen, Tag für Tag
Auch wenn es schwerfällt und er sich quält
Irgendwann wird diese Zeit vorbei sein
Bis dahin muss er durchhalten, ohne
   Zweifel

Der schläfrige Student, er kämpft jeden Tag
Gegen die Müdigkeit, die ihn befällt
Er weiß, dass es ein Ende haben wird
Und dann wird er frei sein, endlich
   ungezwungen.

Justus Kollritsch * 2000

Das Haus

Noch eh du mich siehst
werd' ich verschwinden

Wirst du verblassen?
Im Haus, das in die Ferne blickt

So wie ein Schatten
der aus Licht sich speist
rankst du dich um meinen Feuerleib

Im Haus, in dem ich trachte

Immer wenn ich dich seh'
zehr' ich nach Händen
die fest noch halten
was haltlos sich zeigte

Im Haus wohnt
was wir verloren

Wohin sag mir
fließen die Wasser
eisiger Tage?

Was mir bleibt
Das spiegelt sich in Fenstern

Wenn ich gehe
Wirst du dann verblassen?

In dem Haus, nach dem ich nun trachte

Raquel Koltzsch * 2000

Warum stellst du dich in Frage?

Ich verstehe nicht, warum du dich selbst immer so in Frage stellst,
als seist du persönlich verantwortlich für alle Verfehlungen auf dieser Welt.
Warum du dich nur auf deine Schwächen fokussierst
und dich dabei in Selbstzweifeln verlierst.
Du, der stets seine Werte vertrat
und am Ende selbst denen ohne Herz vergab.
Zu oft hast du die falschen Leute priorisiert
und ihr schlechtes Handeln in dein Selbstbild integriert.
Wie kannst du ihre Gewissenlosigkeit auf dich projizieren
und als deinen Fehler interpretieren?

Du negierst es stark und autark zu sein
und bist dir selbst dein größter Feind.
Dabei hast du dein ganzes Leben lang gekämpft
und du denkst, du bist nicht resilient?

Anna König * 1987

Wusstest du, dass ...?

Wusstest du, dass…

ich Kokosnuss-Redbull am liebsten trinke,

ich gerne Augenkontakt halte und dabei versinke.

Menschenmasse hasse, weil die immer so viele Sachen machen,

ich gerne in die Sterne gucke

und ich esse gerne Buchstabensuppe.

Meine Haare trage ich am liebsten offen,

aber ich hasse es, wie sie aussehen, wenn sie trocknen.

Nein. Natürlich wusstest du das nicht,

denn du hast nur zugehört, wenn es darum ging,

wo es mir gefällt angefasst zu werden

und ich könnte ja einmal für dich meine private Galerie entsperren.

Du wolltest mich nicht kennenlernen,

sondern nur deinen sexuellen Horizont erweitern

und wegen dir habe ich angefangen an mir zu zweifeln.

Hannah Kopp * 2004

Ohne Befund

Ausatmen bis zum Anschlag,
da ist keine Luft, nicht genug.
bist du es, mein Herz, das so klopft?
Ich sitze, stehe, liege. / Überall, wo ich bin,
 ist sie auch.

Ohne Befund. Dir geht es gut, warum
 schlägst du denn dann so schnell?
Ich befinde mich nicht ohne/nicht wohl.
Beruhige(n) dich, Sie sich.
Aber es bin doch nicht ich.
Es ist die Panik, die sich eingeschlichen hat/
 die mir in den Gliedern sitzt.
Nein, sie sieht man auf dem X nicht.
Ohne Befund.

Ich glaube, das war's. /Gleich bleibst du
 stehen und dann ist es aus.
Sie ist mein Begleiter in den letzten
 Stunden. /Ganz freiwillig.
Wir kennen uns gut, wir zwei.
Ohne Befund
Es gibt sie gar nicht. /Ich bin allein.

Johanna Koppmann * 2002

Jünglings Bitterkeit

Hass verbittert Jünglings Süße
Furcht vor Schwäche, Angst die plagt
leugnet er des Herzen Blöße
prahlend das er keines hat

So verzerrt des Narziss Schönheit
verdreht gepeinigt, Wut zerfrisst
Schreit und brüllt er tolle Kühnheit
allein der Feind sein Echo ist

leugnend er sei Götter Deus
weinend kraftlos, Mut verdarb
schaut der Kläger und der Reus
vom Boden auf die Welt herab

Alexander Kormann * 2006

Der Traum

Neulich hatt' ich einen Traum,
und dieser Traum hat mich erschreckt:
Ich war der Menschheitsapfel an dem Baum
und Gott hat mich gepflückt.

Erich Korn * 1959

Du bist Teil meiner Seele

Du bist Teil meiner Seele,
Der Atem meines Herzens.
Ich werde dich immer erwählen,
Mit allen Tränen und Schmerzen.

Alle Wege und alle Stimmen
Führen mich nur in deine Netze.
Mein Herz wird sich zu dir verirren
Und du es wie Diamant schätzen.

König auf ewig bleibst du für mich,
Herr meines Lebens und Herr meiner
 Lieder.
Dein Wesen schenkt mir ein unendlich
 Maß Licht
Und dich möcht' ich immerfort lieben.

Aljona Kornejtschuk * 1996

In jener Nacht

Kochend heiß steigt das Blut in mir auf
der Asphalt, warm und feucht,
die Straße fängt zu dampfen an
liebe den Moment, liebe dich, genau jetzt
liegen zusammen unter dem endlosen
 Sternenhimmel
die Lichter der Nacht verschwimmen,
 sobald ich in deine Augen sehe,
kann nicht klar denken, die ganze Zeit
du hast meinen Kopf gleich zweimal
 verdreht
unsere Verbundenheit ist greifbar
schläfst in meinen Armen, während ich den
 Augenblick genieße
ich bin dein, ganz allein

Vincent Leonard Körnert * 2004

Was ich am Leben so liebe

Was ich am Leben so Liebe ist nicht auf ein Blatt Papier zu bringen, sondern an meinem Lächeln abzulesen.
Es ist ein Gefühl, nein, es sind eine Vielzahl an Gefühlen.
Wie eine sanfte Herbstbriese, die an einem sonnigen Tag ein paar farbenfrohe Blätter durch Lüfte wirbelt.
Freiheit, Anmut, Liebe, Hoffnung – sie alle treffen in seltenen Momenten aufeinander.
Es trifft mich vielleicht zwei, mit Glück drei Mal im Jahr, der Moment, in dem ich mich lebendig fühle.
Und genau in diesem Moment liebe ich das Leben.
Doch nicht nur dort, auch wenn ich ruhig und unbeschwert auf meinem Zimmerboden sitze,
gibt es Momente voll solcher Anmut, solcher Wahrheit, die mir die Liebe zur Welt ermöglicht.
In mich gekehrt, nur mein Atem hörend und mein Herzschlag spürend,
sehe ich alles Schöne und mir kommen die Tränen. Woher kommen diese Emotionen?
Von Willkür kann nicht die Rede sein.
Es ist das Lachen der Menschen, die Wärme der Sonne,
dass Rascheln der Bäume, das eigene Schweigen.
Ich lausche und spüre, nehme alles wahr, was sich vor mir entblößt und fühle mich unbeschwert,
losgelöst, wie ein Blatt, dass vom Wind sanft auf den Boden getragen wird.

Malte Beran Kosan * 1990

Augenblick

Zwiegespalten stehen ich und du
gegenüber, kein Wort, kein Ton.
Uns trennt nur ein Schritt
Und noch so viel mehr,
doch der Abstand weitet nicht.

Tausend Worte, tausend Taten,
kein einziger Gedanke.
Wir lassen die Augen sprechen,
doch Angesicht zu Angesicht,
es bleibt still.

Maria Kosbi * 2007

Familie im Bild – Kunst der Moderne

Eine Familiengeschichte beginnt wie ein Film, wie eine Geschichte aus dem Bilderbuch.
Das Ende - noch nicht festgeschrieben. Bisher geblieben ist das Leben mit den Lieben das irgendwann begann, an einem Anfang.
Man will sich festlegen und sich trotzdem weiterbewegen. Der Wunsch: Natürlich ein bewegtes Leben, eben.
Auf allen Ebenen ausgekostet - koste es was es wolle, nur nicht als Preis das Leben geben.
Lieber ein permanentes Zeitnetz anstreben, eingehüllt in Beständigkeit und stetiges Erleben:
Früher war nicht alles besser, bald wird nicht alles gut.
Jetzt braucht es den Mut zu sein! Verwirklichung für sich allein.
Die Kunst im Leben ist in uns: ein Glück - erschaffen, gestalten, Formen, abbilden, Nachfahren.
Es ist an uns das Leben der erschaffenen Nachfahren so zu gestalten, dass sie Formen annehmen, indem sie die Kunst ausbilden, Glück zu erleben.

Kollektive Verwirklichung anstreben,
Ergänzung ohne Wiederspruch in
sich.
Für dich und mich, für alle, doch lauert
eine Falle:
Freude wenn man findet, Trauer wenn man
verliert, Selbstverständlichkeit wenn
man es hat!
Gezeichnet von der Moderne ist die Familie
eine wertvolle Kunst für Liebhaber ...

Melli Koss * 1981

Schlussverkauf

Vollgepackte Einkaufstaschen
Menschenmassen dicht an
dicht
Prallgefüllt sind auch die Kassen
Erschöpfung in jedermanns
Gesicht

In fetten Lettern steht's geschrieben:
„Sale!" – Die Tür wird
eingerannt
Die Leute folgen ihren Trieben
Geld gehört nicht auf die
Bank

Das Portemonnaie wird schnell gezückt
Immer weiter, immer
schneller
altes wandert in den Keller
der Kleiderschrank wird neu
bestückt

Sven Kottkamp * 1998

Mit allen Sinnen durch die Nacht

Ging mit allen Sinnen durch die Nacht.
Was hat es mir gebracht?
Hörte einen Klang in den Ohren.
Es war ein durchdringendes Bohren.
Vielleicht die Musik eines Toren.
Schmeckte die liebe Lust.
Es gab mir keinen Frust.
Fühlte die Kälte in den Poren.
War vorerst verloren.
Schmeckte eine kräftige Wonne.
Vorerst war keine Sonne.
Sollte sie mir weisen.
Eine Nacht ohne gleichen.
Fühlte eine samtige Stille.
Mag es sein Gottes Wille.
Mit dem nächsten Wink.
Hörte ich einen Fink.
Wehmut lag mir fern.
Hatte die Nacht gern.
Tagte es im Morgengrauen.
Entspannt lagen wach die Schlauen.
Mit allen Sinnen genießen.
In unbekannte Welten stießen.
Mich so manche Geister verließen.

Bernd Kotz * 1971

In meinem Herzen brennt ein ewiges Licht,
Für eine Liebe, die einst so hell erstrahlte,
doch nun verblich.
Mag die Person mich nicht mehr lieben,
wie einst zuvor,
In meinem Herzen bleibt sie für immer im
Klang der Melodien verflochten.

Die Erinnerungen an unsere Zeit, so
kostbar und rein,
Wie funkelnde Sterne, die am Himmel
vereint.
Die Liebe mag erloschen sein, doch sie
bleibt unvergessen,
Wie ein kostbares Juwel, das in meinem
Herzen besessen.

Die zärtlichen Berührungen, die Worte
voller Glück,
Sie hallen nach in meiner Seele, wie ein
Echo zurück.
Mag die Person nun weit entfernt sein, in
einer anderen Welt,
In meinem Herzen bleibt sie für immer, in
Liebe festgestellt.

Denn wahre Liebe kennt keine Grenzen,
keine Zeit,
Sie überwindet Distanz, sie überlebt den
Abschiedsleid.
Die Person mag weiterziehen, ihr Herz
einem anderen schenken,
Doch in meinem Herzen wird sie immer
einen Platz behalten, ganz tief
versenken.

Die wahre Liebe, ein Feuer, das niemals
erlischt,
Es brennt weiter in mir, auch wenn sie mich
nicht mehr küsst.
Denn Liebe ist nicht nur besitzen oder
besessen sein,
Es ist ein Gefühl, das unabhängig von der
Antwort des anderen bleibt.

So trage ich die Erinnerung, die Liebe in
mir,
Ein kostbares Geschenk, das niemand mir
nehmen kann hier.
Mag die Person mich nicht mehr lieben,
wie einst zuvor,
In meinem Herzen wird sie für immer
verweilen, und das ist wahrlich pure
Liebesglut in mir.

Julia Kowaliuk * 1997

Ich leb von schwarzweißer Poesie in einem
Luftschloss voller Gänseblümchen.
Ich ess Pustekuchen im Schein der
Wintersonne, trinke Tautropfen aus
Flaschen
und tanze zur Mondscheinsonate.
Ich vergieße Freudentränen für
Notenschlüssel, entspanne meine
Synapsen im kristallklaren Nebel
und mache Yoga im Himalaya.
Ich bin ein Weltenbummler auf dem
Leuchtglobus, ein Berichterstatter mit
Märchenbuch
und ein Erbsenzähler mit Seelenfrieden.

Ich bin das schwarze Fenster im
Hundertwasserhaus
und das Spiegelei von Dali mit einer
leichten Prise Sanftmut und einer Spur
von bittersüß.

Pocahontas Kowalski

Momos Leiden

Viel gelesen
In jedem Bücherschrank zu Haus
Nicht genesen
Nicht größer könnte sein der Graus

Alles vergebens
Die Höhen und Tiefen die ihr
durchschritter
Ende des Lebens
In Konzentrationslagern aufgeschüttet

Große Not
Die Teufel sind immer noch auf Erden
Großer Tod
Wenn sie wollen, müssen alle sterben

Sturmes Drang
Lasst mich der Dritte sein in eurer Mitte
Erster Rang
Beim Versagen im Geiste eurer Sitte

H.G.O. Kowitz * 1951

In jedem Vers, ein Stück von mir

In Tintenfluss und Wortesrausch,
Entstehen Welten, stiller Tausch,
Wo Zeilen tanzen, Träume weben,
Im Wettbewerb, ein Licht erheben.

Die Buchstaben tanzen, die Zeilen erzählen,
Geschichten, die in den Köpfen sich
wählen,
In diesem Wettbewerb, wo die Worte
fliegen,
Möchte ich im Buch der Sieger mich
wiegen.

Doch der wahre Lohn, das soll man verstehen,
Liegt im Schreiben selbst, worin wir erblüh'n.
In jedem Vers, in jeder Zeile, die schwingt,
Ein Stück von uns, das in die Welt dringt.

Mag der Preis entschwinden, der Ruhm verwehen,
Das Schreiben wird in mir stets weitergehen.
Denn in diesem Fluss von Worten und Klang,
Find ich Trost und Freude, ein Leben lang.

Roumpen Kozmanian * 2004

Und wir alle sitzen im gleichen Tram

Und wir alle sitzen im gleichen Tram.
Der nervös telefonierende Bänker mit seinem pikfein gebügelten weißen Boss Hemd.
Daneben die junge Hipsterlady mit der petrolgrünen nachhaltigen Nikin Mütze.
Davor der tätowierte kahlköpfige Rocker mit der schwarzen Lederjacke.
Dahinter das junge Mädchen mit dunklen Augen, schwarzem Kopftuch vertieft in ihrem Buch.
Und wir alle sitzen im gleichen Tram.
Rechts davon die elegante Blonde mit der LV-Tasche und ihrer goldig umrahmten Brille.
Links davon der langbärtige Junggebliebene mit dem Slipknot T-Shirt und Dr. Martens Stiefel.
Etwas weiter hinten der blonde Junge mit dem Skateboard unter dem Arm in den schwarzen Vans.
Daneben das schwarzhaarige Mädchen mit schwarzumrahmter Brille vertieft in ihren kleinen Laptop.
Und wir alle sitzen im gleichen Tram – mit der Endstation? (Variable einsetzbar).

Und wir alle sitzen im gleichen Tram – mit unseren kleinen und großen Sorgen, Ängsten und Unsicherheiten.
Und wir alle sitzen im gleichen Tram – mit unserem Alltagsstress, -routinen und -gegebenheiten.
Und wir alle sitzen im gleichen Tram – mit unseren großen
und kleinen Wünschen, Träumen, Hoffnungen und Freuden.
Und wir alle sitzen im gleichen Tram – sind wir am Ende des Tages nicht alle gleich?
Egal welche Kleider, welcher Job, welche Kultur, welcher Körper, welcher Lifestyle, welches Geschlecht,
welches Alter, welcher Hintergrund – haben wir nicht alle dieselben Emotionen, Bedürfnisse, Sorgen,
Ängste, Träume und Wünsche?
Sind wir nicht alle miteinander verbunden?
Und wenn ja, warum machen wir alles mit uns selbst aus?
Warum bewerten wir ständig, fixieren auf die Unterschiede, vergleichen und (ver-)urteilen,
anstatt den Fokus auf die Gemeinsamkeiten zu richten,
uns gegenseitig zu akzeptieren und zu supporten?

LG KP * 1988

Frühling

Lieber Frühling wo bist du gerade,
dass du nicht da bist, ist so schade.

Alle um einen herum sind erkältet und ungenießbar,
warum eigentlich? Ist das irgendwem erschließbar?

Liebe Sonne schicke nun wärmende Strahlen herunter,
dass die Welt und alle Gemüter werden wieder bunter.

Sonia Kraemer * 1983

Wir 2

Durch noch viele weitere Jahre werden wir
gehen und genauso viele Schicksale
überstehen
Susanne Kraft * 1965

Befall

Hörst du die Stimme die nach dir schreit?
mir ist so kalt, bitte habe etwas Mitleid.
Ich will nicht von dir umarmt werden,
ja, du ekelst mich an.
Jetzt lass mich eintauchen
in das Rote und Blaue Tuch fallen,
weg von dir, wegschwimmen.
Nein, warte bitte
du gehörst doch zu mir,
meine verbündete
geliebte und treue.
Du Monster
Hass, Wut und Zorn
was willst du von mir?
Mich zerstören, ausrauben, vernichten
alles entziehen.
Bis zuletzt
bis mein Herz in einen ewigen Schlaf
verfällt
und du weiterziehst.
Parasit.
Jette Katharina Krägeloh * 2003

Dichter Nebel

Ich, Eduard Nebel, bin ein Sohn der
Trübnis.
Die Schwärze des Ackers, wo sie mich
mageren
Jüngling zurückließen. Wie ich in die
Rüben biss,
Bis das Knacken widerhallte in den gären-

den Fässern der fernen Brauerei,
Bis der greise Mälzer mir ein Mitleidsbier
Brachte, mich rittlings bis zum Krug trug,
brr
Machte. Es begann meine Karriere an der
Bar.

Das Glas sog meinen Blick, so glitt ich in
den vodka black.
Um mich Fetzen von Papyrus und vom
Wochenblatt,
Erst Spirale, später Sediment. Daraus mein
kreidehell-
er Raumanzug, der mich abhob vor dem
schieferschwarzen All.

Als ich die gläserne Kuppel zuklappte,
Versiegelte, da spiegelten in diesem
Kugelfenster
Sich die zahllosen Nadelstiche der Sterne
Wie im trüben Auge des Zyklopen.

Und wie mir die Gedanken aus dem
Schädel dunsteten,
Die schönen, die obszönen und die
unsteten,
Kondensierten sie, ich sah kaum die
Gesichter,
Die mich sahn und sagten: Nebel, du wirst
Dichter.

So forme ich die Tropfen in der Haube
Zu lichten Versen – staunt die
Menschentraube?

Ich such den Ruhm, und fürcht mich doch
der Hybris.
Ich, Eduard Nebel, bin ein Sohn der
Trübnis.
Lucas Krah * 1996

Was ist das eigentlich zwischen uns?

Heute habe ich mich getraut es dich zu
fragen,
mich erkundigt, was das eigentlich
zwischen uns ist.
Doch mit deiner Antwort ist ein Funken
Hoffnung in mir erlischt.

Ich habe es dir nie erzählt und vielleicht
    bleibt das auch so.
Doch ich dachte du machst mich endlich
    wieder froh.
Ich dachte du wärst die Person, die mich
    seit langem mal wieder so richtig zum
    Lachen bringt,
und irgendwann der, für den ich sogar ein
    Liebeslied sing.

Wir wollten dieselben Dinge,
Dasselbe Studium, hatten dieselbe
    Vorstellung mit Kinder Haus und
    Hund.
Vorstellungen, die ich gerne zu dir trug,
    und doch war ich dir anscheinend
    nicht genug.

Du meintest du weißt nicht, was das
    zwischen uns ist.
Eine Beziehung funktioniert nämlich
    zeitlich bei dir gerade nicht.
Ich für meinen Teil hätte es ohne Weiteres
    probiert,
Und trotz meines vollen Terminkalenders
    mich liebend gerne für eine Beziehung
    zwischen uns engagiert.

Und würdest du mich wirklich so
    sehr mögen, Würdest du es auch
    probieren.
Doch vielleicht bin ich nicht schön, schlau
    und begehrenswert genug, um etwas
    Anderes dafür zu riskieren.

Ich habe mir eingeredet du gibst mir
    endlich das Gefühl etwas Besonderes
    zu sein,
Doch egal wie hübsch ich mich machte,
    bevor wir uns sahen,
Du gabst mir nie das Gefühl hübsch zu
    sein.

Bernadette Krall * 2005

Das weiße Band

Das weiße Band
Das geknüpft ward
Zwischen uns beiden
Es droht zu zerinnen
Zu zerfließen
In den Gefilden der Zeit
Doch nur ein Wort
Gesprochen in Liebe zu dir
Bringt mich dir näher
Knüpft feste Stränge
Aus unseren Fasern
Und denkst du dann auch an mich
Dann sage ich dir:
Bleib noch hier
Nur eine kurze Weile
Nur eine Ewigkeit.

Elena Krämer-Nagelschmidt * 1996

Einsamkeit

Ich gehe nur an stille Orte
Bin kein Mensch der großen Worte
Soll schön einsam leise sein
Ich fühl mich wohl, bin ich allein

Die Einsamkeit in ihrem Glanz
Führt mich gut bei ihrem Tanz
Jeder Schritt wärmt mein Gefühl
Wenn wieder die Gesellschaft kühl

Wo niemand ist, halt ich mich auf
Es begleitet sich allein am besten
Bleibe fern von Menschenlauf
Zusammenkunft und großen Festen

Auf große Reden und Geschichten
Kann ich gut und gern verzichten
Das ist nicht veränderlich
Was nicht da ist, liebe ich

Bin kein Mensch der großen Worte
Schleich mich an verlassene Orte
Einsamkeit ich danke dir
Ich bin allein und du mit mir

Jonas Krasemann * 2001

Der Strand

Dort sitzt am Strand ein alter Mann.
Wer das wohl ist? Woher er kam?
An einem Felsen sanft er lehnt.
Vor sich das Meer voll Schönheit dehnt.

Er lächelt leise, zart vor Glück,
als käm er heim, hierher zurück.
Voll Liebe leuchten seine Augen.
Das Blau der See sie still aufsaugen.

Welch wundervolles Schicksalsspiel,
das er erreicht zum Schluss sein Ziel.
Der Weg des Lebens bracht ihn her,
zu seiner Liebe hier, dem Meer.

Olaf Krätke * 1959

Zeitloser Appell

Wer ist denn hier noch real, was ist
    überhaupt noch wahr?

In dieser Welt ist überhaupt nichts mehr
    klar! Mit Stöcken und Steinen geht
    man wieder aufeinander los.
Nichts gelernt, nichts mitgenommen,
    Empathie schreibt man hier schon
    lange nicht mehr groß.

Dabei ist doch genau das was wir brauchen,
    Menschen mit echten Gefühlen und
    keinen bösen Wuthaufen, der alles
    niederbrennt.
Öffnet eure Augen und eure Herzen bis
    ihr wiedererkennt, das ist unser aller
    Welt.
Keiner, aber auch niemand ist schlechter
    oder besser, wir sind alle wie Klingen,
    der eine stumpfer, der andere schärfer.

Ehrlich und umsichtig miteinander sein.
    Die Liebe mehr untereinander
    verteilen. Als wäre es nie anders
    gewesen.

Lasst es uns versuchen, noch ist nichts
    verloren. Wer, wenn nicht wir, sind
    dafür auserkoren?

Sarah Anja Kratzenberg * 1989

Schmetterling

Plötzlich flogst du in mein Leben.
Ganz überraschend bist du aufgetaucht und
    hast in mir Gefühle der Liebe geweckt.
Doch immer, wenn ich nach dir greifen
    wollte,
entschwandest du.
Manchmal glaubte ich, dass du auf mich
    zufliegst,
aber auf einmal, hast du ganz
    unberechenbar
deine Flugrichtung geändert.
Ein Schmetterling wie du braucht seine
    Freiheit.
So ist er sehr gut lebens- und liebesfähig.
In deiner Nähe, Schmetterling, wachsen
    auch mir Flügel
und ich möchte abheben.
Schmetterling, du bist kostbar wie ein
    Diamant,
so bunt und vielfältig, ein richtiger Schatz.
Mein großer Wunsch ist es,
immer mal mit dir zu fliegen,
dir nah zu sein und
gemeinsam abzuheben.

Ute Kreibich * 1970

Verwelken

Die farbige, rote Rose springt fröhlich auf,
die um sie herum blendet sie niemals aus.

Nur Freunde im Besitz und hässlich sie ist
    nicht,
ein gehasster Freund ist nicht in Sicht.

Erst matt, dann strahlend und nun rot wie
    ein Blutmeer,
doch ein Feind ist in ihr ganz schwer.

Sie versteckt ihn und man merkt ihr nichts an,
aber plötzlich sie ist ganz und gar in seinem Bann.

Dunkel wird ihr Selbst,
hell ist die Welt.

Erloschen sind ihre Freunde und Freude -
    sie sieht nicht,
nur die Welt ist Zeuge.

Ach, hätte man doch was gemacht!
-Es ist zu spät, Feuer wird für euch entfacht.

Allein sie und ihr Feind, sind jetzt vereint.

Sonja Kreikemeier * 2007

Gelassen

Ich möchte gelassen sein
still ruhen in mir
gelassen sein
wie ich bin von dir

Ich möchte gelassen werden
in meiner Eigenliebe
gelassen werden
ohne Änderungstriebe

Ich möchte gelassen bleiben
in meines Lebens Sinn
gelassen bleiben
von dir wie ich bin

Karin Kreitmann * 1955

Tomaten

Tomaten ess ich – wie man sieht – gern!
dabei darf meine Gabel nie sein fern!
das ist so; weil ich meine Hand nicht
    einfach zum Mund führen kann!
Schade ist diese Einschränkung – das
    glaubt mir kein Mann!

Marie Kreßkiewitz * 1986

Lass es zu

Lass es zu, dass du mal frierst,
weil du dadurch erst kapierst,
wie gut es tut, wenn du's nicht musst.
Schon das vertreibt im Leben Frust.

Lass es zu, dass du mal schwitzt.
Wenn du danach im Schatten sitzt,
wirst du dich froh und dankbar fühlen,
dass du genießen kannst das Kühlen.

Lass es zu, dass du mal hungerst!
Wenn hungrig du vor Nahrung lungerst,
wirst du sie mehr zu schätzen wissen
und dann wird nichts mehr weggeschmissen.

Lass auch das Durstigsein mal zu.
Trinkst du danach, verspür' die Ruh,
genieß, wie wohl es dir dann wird.
Welcher Gedanke dann wohl schwirrt?

So geht's mit allen Lebensdingen.
Dir kann mit Achtsamkeit gelingen,
im Alltag - und das stets von Neuem -
an kleinen Dingen dich zu freuen.

Dem Weltschmerz und dem Unbehagen,
verursacht auch vom ständig Klagen,
begegne dann mit einer Kraft
wie inn'rer Friede sie nur schafft.

Birgit Kretzschmar * 1963

Der Rosenstrauch

Des Rosenstrauches Blüten sterben
hauchen Odem, toter Duft
verdorrter Blätter, den herben
Liegt in wolkenschwirrend Luft

Flammenmeer des Abendrot
betrauert Blüten jungen Tod
Vergessens kalte Worte schwingen
in Windes Einsamkeit verklingen

Elena Kreuzhuber * 2006

Der Diamant

Eingebettet in tropischen Klängen
    rauschen Sand und Erde vorbei,
Schimmernd erstrahlend in hitzigen Sengen
    spült es rotbraunen Schaum an den Kai.
In jener erflachten, von ruhigem Gewässer
    pastellener Farben bunt schimmernden Bucht
Findet sich spiegelnd – nur daran ermess' er,
    der Mensch – seine Seele im steinernen Fluch.
Er sucht, was im fehle und schürfet vergebens
    nach dem, was der Vorstellung Glaube begehrt,
Statt zu erkennen das Leuchten des Lebens,
    wird nicht der Sinn, doch sein Trieb ihm ernährt.
Erstaunt es mich wieder, zu sehen und spüren
    der Dinge verschönter Einfachheit,
Und wie viele Menschen sich wehren dem Führen
    von innerem Frieden und Gutherzigkeit.
Entgegen der Lehre, nach der sie so trachten,
    kämpfen sie Kriege, sich krampfhaft zu kleiden
In dem, dem es gilt, sein Sein zu betrachten;
    – um größer zu werden und kleiner das Leiden.
Sind Steine nicht jeher ein Zeichen von Zauber,
    und Zauber nicht jeher geheimnisvoll?
Und ist Gold nicht jeher erhaltend und sauber,
    und steht es nicht näher dem Glauben ans Wohl?
Trennende Welten von außen und Innen
    erschaffen sich neu – nun such Stück für Stück:
Im Fluss der Gedanken, Steine zu finden
    – je klarer und reiner, so auch dein Glück.
Und haben sie scharfe und unreine Kanten,
    so kehre dich doch dem Äußeren zu,
Schleife und wetz sie an Diamanten;
    sie sind zu dir ehrlich und hören dir zu.
Nun tauschen sie alle ihr Wissen vom Leben,
    das im Unebnen des Lernens sich reibt,
Der Schwächen betrachtend eines jeden,
    bis jenen nur noch Stärke bleibt;
Bis glasgleiche Flächen, symmetrisch und eben,
    der eigenen Vorstellung Bildung entspricht.
In Golde gefasst vom Handeln und Reden
    profitieren sie alle und tragen ihr Licht.

Jonathan Krobatschek   * 2000

Guilt

Die Zeit verrinnt so schnell
schon ist der Tag gekommen
Und brennt aus tausend Sonnen
mit Licht so gleißend hell

Ich will dich einmal nur noch seh'n
Dein Lachen hören
deine Wärme spüren
und deine Worte versteh'n

Nun bist du unsichtbar
und lachst nicht mehr
Bist kalt und leer
Ich nehm' deine Stimme nicht mehr wahr

Hätt' ich nicht dein Herz betrogen
Glück und Freiheit versprach ich dir
Du lägst nicht begraben hier
hätt' ich dich nicht angelogen

Emma Kroll   * 2005

Aneinander – Ineinander

Geratet ihr mal aneinander,
Geht dann nicht wortlos auseinander!
Seid tolerant doch zueinander,
Noch ist es Zeit – verzeiht einander!
Redet offen, fair miteinander,
So habt ihr viel mehr voneinander.
Erinnert euch – umarmt einander,
Dann fügt sich alles – ineinander.

Dietrich Krome * 1943

Glück

Auf der Suche nach dem Glück

Gehe ich einen Schritt nach vorne
Oftmals 2 Schritte zurück

Die vielen Lasten   die ich trage
Nehmen mir die Kraft
Und ich versage

In mir ist soviel Schmerz und Traurigkeit
Soviel Leid und Einsamkeit

Ich schau zurück auf mein Leben
Zuviel Kummer und Schmerz hat es da
   gegeben

Doch ich kämpf mich immer wieder zurück

Halt Ausschau nach dem wir alle sehnen

Nach dem Glück

Marie-Luise Krönung * 1963

Er ist ein Engel

Dort ist sein Leben aufgehäuft
Auf einem Spiegel weitet sich sein Wirken
In einem Augenblick spricht Morgentau

Er ist ein Engel
Dort ist sein Leben ausgebreitet
Tanzt wie der Schmetterling durchs Blau er
In einem Augenblick kein Flügelschlag

Er ist ein Engel
Dort ist sein Leben jäh zu Ende
Doch gleich dem Phönix kümmert es ihn
   wenig
In einem Augenblick steigt er empor

Er ist ein Engel
Dort ist sein Leben immer neugeschaffen
Am hohen Mittagsort gleißt wie die Sonne
In einem Augenblick uns, die wir sehen

Marius Kronz * 1967

Abschied

Eigentlich möchte ich nicht,
Doch meine Seele kann dir nicht
   widerstehen.
Ich wehre mich nicht.
Lasse mich bewusst auf den Schmerz ein.
Deine Umarmung,
Deine Wärme,
Dein Herzschlag.
Ein letzter Moment des Friedens.
Ein letzter Moment der Vertrautheit.
Ein letzter Moment der Liebe.
Mein Herz will sich schützen,
Weiß es doch,
dass wir nicht mehr eins sind.

Bernice Krug * 1993

Lichtblick

Ich habe mich selbst gefangen,
unkritisch und buchstäblich ein Spiegelbild
   meines ich angenommen;
die haben sehr früh damit begonnen, daran
   zu arbeiten.
Dieses Spiegelbild, hat sich wie ein
   Abdruck auf eine Münze tief in meine
   Seele abgedruckt, und wird für immer
   dableiben.
Wer bin ich?
Warum erscheint alles so fremd und
   unerreichbar?

Ich schaue in den Spiegel und sehe einen
verletzten und kalten Blick,
der den schönsten Sonnentag ins Eisland
verwandeln könnte.
psss...psss.....da! da! sieht ihr das auch?
da! da! aber weit entfernt,
sehe ich einen Lichtstrahl durchkommen ...
Es beginnt

Dorota Kruk

Das Streamen

Das Streamen, ist heut sehr beliebt,
weil es ja die Plattformen gibt;
die bieten Dir, da staunste dann,
für lau tagtäglich Filme an.

Zwar musst die Werbung du ertragen,
am Morgen schon, auf nüchternen Magen;
das geht den ganzen Tag so weiter,
von Derrick hin bis zu Tödlich Heiter.

Vom Magnum bis zum Fall für Zwei,
ist Werbung stetig mit dabei;
auch über Babylon Berlin,
die dunklen Werbewolken zieh'n.

Kein Highlight wird davon verschont,
ob gratis schau' n, dafür noch lohnt;
musst du entscheiden, frag mich nicht,
ich schreib nur eben dies Gedicht.

Krieg von der Werbung keinen Cent,
hab da wohl irgendwas verpennt;
doch das Gedicht, das geb ich schlau,
ununterbrochen Euch für lau.

Harry Krumpach * 1954

Die Silberschmiedin

Verschwunden ist mir dein Bild,
nur nächtens noch die dünnen, blonden
    Haare,
fahrig hochgesteckt.

Filigrane Silberdrähte um feingliedrige
    Finger,
stänglig darin die Selbstgedrehte.
Ab und zu ein Blick, ein Lächeln,
offen,
warm.
Nächtens umarme ich dich wie
    selbstverständlich,
von hinten.
Dir widerfährt ein kleiner Schreck.
Aber du nimmst es, das Fremde,
mich,
wie einen alten Freund.

Kalle Kubik

Herz

Mit leerem Herzen
treffe ich mein Herz
mit leerem Herzen
treffe ich dein Herz
mit leerem Herzen
treffe ich
das Sein

Michael Kubik * 1965

Wenn ich ...

Wenn ich in meinen eigenen Tränen
    ertrinke
Mein rauschendes Blut mich ertauben
Und mein Spiegelbild mich erblinden lässt
Wenn das Gewicht der Welt mich erdrückt
Meine Lunge vom Atmen erschöpft
Und meine Haut zu Marmor erstarrt
Wenn da nur noch ich wäre
Wenn ich Silben weinen, Wörter bluten
Und ich Melodien sehen würde
Wenn ich Sätze stemmen, Träume atmen
Und ich Gedanken fühlen würde
Würdest du mich sehen?
Würdest du mich hören?
Wenn da nur noch ich wäre
Würde ich dir genügen?

Mia Kubosch * 2005

Vermisst

Lange nicht gesehen,
Ist die Liebe denn verschwunden?
Ich würde ihn gerne in meinem Leben noch
    begegnen,
Das wäre das Heilen von meinen seelischen
    Wunden.

Ein Tag nach dem anderen vergeht,
Sieht jemand meine Tränen?
Ich seh' unsers' Foto, welches auf meinem
    Tisch steht,
Und dabei zerschneide ich mir die Venen.

Mal ein Brief von ihm erfreut mich,
Vermisst er mich auch?
Doch leider eine Krankheit spielt mit sich,
Aus Zweifel kommt aus meinem Mund nur
    ein Zigarettenrauch.

Nicht nur die Krankheit trennt uns,
Auch die Länder, in denen wir leben.
Doch stärker ist die Kraft meiner
    Hoffnung!
Aber nach ihm tu' ich mich trotzdem
    sehnen.

Mein innerlicher Schmerz wird immer
    größer,
Jeden Tag fühle ich mehr Einsamkeit.
Das Herz in mir fühlt sich immer mehr
    zerbrochener,
Bekomme ich jemals ein wenig
    Aufmerksamkeit?

Nun ist schon ein Jahr ohne ihn her,
Mein Kopf ist voller Gedanken.
Das Leben ist manchmal recht unfair.
Derjenige, der mich versteht, bei dem tu'
    ich mich bedanken.

Patrícia Kudryová * 2003

Der Schrecken der See

Tief in der See
wütet der Sturm,
wo herrscht Poseidons Armee
geleitet vom Schlossturm.
Den Dreizack umfasst,
die Macht in der Hand,
zerstört er das obere Land,
das ihm so verhasst.

Mira Kühl * 2005

Flammenmeer

Ich würde alles tun, um dir meine
    Gedanken zu leihen
Es würde mich befreien
Befreien von der Last, die Einzige zu sein
Die Einzige, die alles überdenkt, sich
    kümmert, andere in die richtige
    Richtung lenkt

Die Anstrengung teilen, um nicht immer
    von Gedanke zu Gedanke zu eilen
Ständig für alle alles tun, ohne je selbst
    völlig zu ruh'n
Ach, liefest du nur einmal in meinen
    Schuh'n
Ich wär' nicht mehr damit allein
Dann wäre es möglich mich davon zu
    befrei'n

Befreien von zu vielen Gedanken
Sie bringen mich und alles um mich herum
    ins Wanken
Ideen brechen in sich zusammen, stehen
    heute, morgen, ständig in Flammen
Denn die Gedanken zerschmettern sie,
    ebnen sie ein
Sie rufen „Der Platz in ihrem Kopf ist
    mein! Nur Mein!"

Miramé Kühlwein * 2004

Leid versteckt mit einem Lächeln

Menschen lachen,
Doch eigentlich tun sie nur wachen,
Menschen bewachen das Leid ihrer Selbst
 mit dem eigenen Lachen,
Niemand darf Menschen weinen sehen,
Denn dann kann sich die Person weiter
 allein im Leben drehen,
Menschen haben Narben,
Durch das komplette Menschenversagen,
Menschen warten, bis Menschen mehr
 wagen,
Dass Menschen es wagen dürfen zu sagen,
Wenn es ihnen nicht gut geht,
Ohne das andere sagen es tut nicht weh.
Menschen die halten oft ihren Mund
Dabei will ihr Herz reden denn es ist schon
 sehr wund
Und Gärten sind grün,
manche Menschen die blühen,
Doch viele sind wie Pflanzen die niemand
 gießt,
Viele Pflanzen vertrocknet.
Menschen sind selbst ihre größten Feinde
Aber manchmal auch Freunde.

Magdalena Kühn * 2003

Rein sein

Alles was ich will,
ist reiner sein,
rein und sauber wie ein Engellein,
meine Gedanken so klar und sauber
 formuliert,
wie ein großes Fenster frisch glanzpoliert,
meine Träume auf den Punkt gebracht,
mein Auftreten immer angebracht,
meine Intensionen transparent,
was mir den Titel „sympathisch" ernennt.
Denn klar und durchschaubar dazustehen,
wird von allen gern gesehen.
Denn fast jeder will alles haben im Blick.
Makelloses Dasein, kein einziger Knick,
darf an mir erkennbar sein,
denn sonst wir es ja wieder ein „nein",

„Nein, ich möchte nicht mit dir tanzen",
„Nein, ich möchte nicht mit dir gehen",
„Nein, ich fürchte wir werden uns,
nach diesem Gespräch,
nicht wiedersehen."
Egal in welcher Lebenssituation,
selbst in der Kunst und Musik, in jeder
 Komposition,
das „Reine" gibt es immer,
Dabei werde ich jedoch von Tag zu Tag
 schlimmer.
Doch ich kann es ja nicht kontrollieren,
Ich will mich ja nicht in Gedanken
 verlieren.
Doch das Chaos ist eben ein Teil von mir,
so wie die Ruhe ist Teil von dir.

Sophie Kühnel * 2008

Falke

Ein weit entfernter, sichtbarer Staub
 marschiert am Himmel.
Ein Falke kann es aus der Weite sehen.
Der König erhebt sein Schwert und ein
 lauter kriegsschrei ertönt.
Schwer verletzt liegt der König sterbend
 am Boden und erblickt den Himmel
und in seinem letzten Atemzug kann er den
 Falken sehen.

Andreas Kulfosz * 1975

Ich lege mein Gedicht ins Gras

Ich lege mein Gedicht ins Gras
Es muss dort Ruhe finden
Muss sich erholen von der Schwermut
Es liegt im Gras so gut und
So viel besser als im Sand
Bekanntermaßen
(Es wächst vermutlich dort)
Auch geht es ihm viel besser
Als hinge es am Baum auf einem
Blatt als schwor es dort hängend
Treue bis zum Herbst

(Dann ließe es sich fallen in die Hände
  eines Lesers)
Mein Gedicht liegt gut im Gras
Ich schütze es vor Tritten und
Vor falschen Träumen durch einen
Lattenzaun(durch einen Rattenzaun)
Ich lege mich ganz vorsichtig
Zwischen die Silben um zu
lauschen wie sie leise rauschen
Klang austauschen bis sie dann
eins sind bis sie
zusammenwachsen bis
Sie dann Gedicht sind
Gras

Stefan Kullmann * 1963

Regenluft

Ihre Küsse waren ganze Gedichte
ihre Lippen einzelne Verse
ihre Augen waren der letzte Regentropfen
  unten am Fensterbrett
während in ihrem Blick ein lautes Gewitter
  schlief
sie roch nach Rosen und Karamell
er roch nach Blaubeeren und Mohnblumen
er war die Regenluft und der Duft und alles
  drum herum

Pauline Kulow * 2005

Tagtraum des Wadonis

Ich männlich, Mitte Fünfzig
frisch geduscht und glattrasiert
hab' mir die Waden fett
mit Pferdebalsam einmassiert
sie wirken prächtig rund und durchtrainiert
Ende Oktober noch werden sie ganz
  ungeniert
von mir in kurzen Hosen vorgeführt
und den Erstaunten glänzend präsentiert
während 's manhen schon presiert
der bei Dreizehn Grad schon friert
wie nebenbei lass ich die Wadeln
symmetrisch und ganz ästhetisch
auf- und niederwippen
und höre wie die Schönen
reihenweise aus den Latschen kippen
nun könnt' ich jede haben
brauch nur mal mit dem Finger schnippen

Udo Kunstmann * 1966

Lernen

Oh Menschen haltet ein.
Werdet Herren eurer Sinne!
Lasset Hass und Hetz- nicht rein.
Damit kein neuer Brand beginne.

Großer Not schrumpfender Verstand.
So treibe euch das Schwache!
Schreien laut im deutschen Land.
Und nennen's ihre Sache.

Erlebten Eltern grausig Zeiten.
Erkannten wahren Grund!
Für Frieden lasst uns schreiten.
Einigt diesen Bund.

Wenn ihr nicht wollt erkennen.
Die Wolken hängen tief!
Werden wieder Häuser brennen.
Wie Geschichte einst verlief.

Seht in eure Herzen.
Frieden brauchen sie!
Keiner braucht die Schmerzen.
Nie wieder auf die Knie!

Hans-Jörg Kunth-Bruhn * 1968

Ein sehr schwer gutes Gedicht

Ich hab ein sehr schwer gutes Gedicht
  geschrieben,
da war Expertise den Künsten fast nah,
  doch
es hätt ein Sonett werden sollen: 4-4 3-3!
- Na ja...

Das Zahlen Jonglieren ist andern beschieden,
Grammatik mehr tut, den Reim hab ich im Blut, gut,
und füll das Metrum mit Senkungen voll VOLL Mut.

Und was ist mit dem Inhalt? - Den meid ich beglückt,
am besten, man wagt es, mit Worten nichts zu sagen,
so bestaunen alle das ausufernde Betragen,
dazu noch, wenn man sich vor dem Ausdrücken drückt.

Ihr Abdichter ... hängt es auf, mein Poem, und hebt
mich Genie auf den Protest, dass alle mir lausen,
sich imprägnieren und an der Stilblüte berauschen
und hörig mich belehren: „Gott sät! - Ein Poet!"

Reinhard Kunz

Social Media

Sie ist so schön
Ich wär' gern so wie sie
Alles, was sie tut
Das schaffe ich nie
Könnt' ich mit ihr tauschen
Ich tät' es sofort
Wäre gerne wie sie
An einem anderen Ort

Wieso kann ich nicht so stark sein
Und doch elegant
Menschen rennen umher
Denn sie winkt mit der Hand
Eines Tages will ich dort sein
Wo sie gerade ist
Weil es lange nicht reicht
Zu sein, wer du bist

Filiz-Sofie Kuruoglu * 1999

Weiße Welt

Weiße Welt und Farben sind vereint
Sanfte Schwere lastet auf dem Wald
Weg wird Wölbung - Spur verschwindet bald
Erde hell vom Himmel wider scheint
Still steht Leben ohne Zeit
Gedämpftes Knirschen unter meiner Sohle
Verklinget in der Ewigkeit
Vom Baum betrachtet mich die Dohle
Die Hoffnung strahlt und alles schweigt

Valentin Küsters * 2004

Bedrohung

Wer mit Atomraketen droht,
ist innerlich mehr als verroht.
Wer nukleares Spielzeug braucht,
vergisst, wie schnell auch Erde raucht.

Wer atomares Feuer schürt,
der Menschheit Existenz riskiert.
Er bekommt – ist das nicht Hohn? –
die Kettenreaktion als Lohn.

Wenn sich dann die Kerne spalten,
ist dies nicht mehr aufzuhalten.
Am End' vernichtet uns – kein Witz! –
ein Pilz gepaart mit einem Blitz.

Was man danach nicht sieht – seid ehrlich –,
ist für uns alle auch gefährlich!
Denn ob man dann noch lächeln kann
als Strahle(n)frau, als Strahle(n)mann?

Die Sorg' trägt jedermann im Kopf,
dass ein Narr mal sitzt am roten Knopf.
Deshalb die Frage uns umtreibt,
ob die Pandorabüchs' – geschlossen bleibt!

Dieter Küstner * 1949

Der Irrwicht

Lange Straßen lange Gassen,
Es ist so weit, merkt ihrs wohl?
Alle johlen alle hassen,
Viele lernen und dann hohl.

Die Nächte sind kurz, der Tag ist lang,
Voller Leben ist nichts mehr, Stramm!

Das einzige was zählt, kann man hier
sagen, ist die Einsamkeit der Zikaden.
Sie zirpen und piepsen, lang und breit,
doch keiner hört zu, jetzt ist so soweit.

Die Schlauen, sie kreischen, aus selber
Flöte, aber können sie hören, die
Schlauen der Nöte?

Lang ist's her das jemand mal hörte,
Selbst du, gib's zu!
„Aber das ist nicht wahr"! sagt der
Empörte, der weinen still, niemanden
hörte.

Hast du gelauscht, dem Teufelsgesang?
Bist du genährt von ihm, trifft das zu?
Dann sage mir eines: „Gibst du es zu?"

Selbst der Irrwicht in dem Wald, den du
nie besuchtest.

Michelle Kutscher * 2000

Ich will

Ich weiß nicht was
ich will
Doch will ich was
Ich weiß?

Nichts wissen
das weiß ich
ist das was
ich will.

Nina Kutzner * 1994

Außer Kontrolle

Du öffnest den Reißverschluss der
   Dunkelheit,
es trifft genau das Herz,
woher kenne ich diesen Schmerz.
Es ist ein Schock, wenn du mich liebst,
es ist ein Schock, wenn du mich verlässt,
deine Liebe ist eine Neigung die mich
   geschädigt hat,
die mich wehrlos macht,
was hast du dir dabei gedacht.
Erzähle mir nicht, wenn etwas schön ist,
nun sage mir die Sterne am Himmel,
wo gehst du hin, wenn du nicht bei mir
   bist.
Frage mich nicht wohin alle Schmerzen
   gehen,
was wird als Nächstes geschehen,
Liebe ist kein Verbrechen,
ist das so schwer zu verstehen.

Petra Kynast * 1959

Engelsblut

Flüsse des Feuers rot,
sitzte auf dem hölzernen Boot.
Die Bäume unbewusst des was hier ist
dessen, das mein Herz zerfrisst.

Einsamkeit ist das, was mich sucht,
heimsucht und mich verflucht.
Der Segen des Herzens scheint so nah
und ist doch so fern und unwahr.

Das ist was Ich mich sehne nach.
Ich hörte deine Stimme, wie sie sprach
sah die goldenen Locken
zwischen den fallenden weißen Flocken.

Tim Kynast

20 Zeilen für ein Frauenleben ...

Wer von euch Männern will schon wissen
   ... wie
viele unerfüllte Träume in den Herzen der
   Frauen
über Jahrtausende mit ins Grab gingen?
Weil ihr uns unterdrückt habt.
Weil wir sittsame Töchter, dienende
   Ehefrauen
und klaglose Mütter zu sein hatten.
Putzen, kochen, pflegen habt ihr uns
   aufgehalst.
Für euch Männer hätte das so bleiben
   können,
unser bevormundetes Leben.
Ihr könnt nichts anfangen mit
   Gleichberechtigung,
wollt eure Selbstherrlichkeit nicht
   aufgeben.
Wurdet „per Gesetz" dazu verpflichtet.
Aber ... ändert ein Gesetz euer Verhalten
   im Alltag
oder das Denken in euren Köpfen?
Müssen Frauen nicht immer noch kämpfen?
Viele sogar um ihr Leben ...
Ist eure Angst vor uns wundervollen
   Geschöpfen
so groß, dass ihr uns klein halten müsst?
Seid ihr „starken Kerle" in Wahrheit so
   schwach?
Schade... um das verpasste Miteinander!

Rena L * 1952

Glücklich ohne dich

Ich denke nicht jeden Tag an dich.

ich habe nicht das Gefühl, vor Sehnsucht
   nach dir umzukommen.
ich schlafe, also fühle ich mich nicht
   benommen.
ich esse, ich lache und ich lebe mein Leben
   vollkommen.

ich bin glücklich
und das ohne dich

doch auch wenn es mir so gut geht, fühlt es
   sich an, als fehlt ein Stück.
ein Stück zu meinem endgültigen Glück.

und das macht mir Angst.
angst davor, mir etwas entgehen zu lassen.
angst davor, eine Geschichte mit dir zu
   verpassen.
angst davor, dass unsere Erinnerungen
   verblassen.

aber ich weiß genau, wärst du hier
gäbe es wahrscheinlich ein wir.

aber du bist nicht hier, und doch verfolgt
   mich etwas von dir.
und auf irgendeine Weise weiß ich, nur
   weil du nicht hier bist, bist du doch
   bei mir.

vielleicht ist das der Grund, warum ich
   glücklich sein kann.
glücklich ohne dich

Mia Lampel * 2007

Weihnachtsfacette

Von Weihnachtsmärchen und Geschichten,
von Erzählung' und Gedichten,
wissen wir, wie's sein soll –
fröhlich, bunt, voll Glitzer – toll!

Doch, was ist, wenn's anders läuft,
wenn sich kein Berg Geschenke häuft?
Oder, wenn der Weihnachtsfrieden
stattfindet im Haus dadrüben?

Dann ist's nicht mehr ganz so heiter!
Man fühlt sich schlecht und noch so weiter.
Doch können wir es akzeptieren,
dass Weihnachten auch Trauern heißt?

Vielleicht, weil man alleine sitzt
den einen lieben Meschen misst?
Vielleicht ist Krankheit eingezogen,
man fühlt sich vom Leben gar betrogen?

Tausend Gründe kann es geben
nur jeder selbst weiß, was ihn bedrückt.
Also lasst uns in diesen Tagen
einmal mehr nach dem Befinden fragen.

Denn oft kann schon die kleine Geste
- auch dem, den man so gar nicht mag -
helfen, wieder Kraft zu finden,
für einen nächsten, schönen Tag!

Michéle Lamprecht * 1983

vademecum

trink vom tau
der auf traubenblau
glitzert
hör was der schwere
brokat erzählt
lies die lautlosen silben
von den schimmernden
muschelrändern
riech den duft der lilie
und nimm den toten
vogel in die hand
dann leg alles zurück
ins bild, erst jetzt
geh weiter

Katharina Lanfranconi Hafner * 1948

Lebenslast

Ein jeder trägt halt seine Bürde,
voller Würde durch die Welt.
Doch ob's ihm auch zur Hürde würde,
wobei ganz gleich, ob's ihm gefällt.
Dieses Urteil fällt am Ende nicht er selbst,
und kein Gericht.
Ganz am Schluss ist Stolz und Würde,
doch viel zu viel schon an Gewicht.

Drum ist es gleich, das Schaffen, Raffen.
Es hilft ja nicht, zum Ende hin!
Wie sagten einst schon unsere Pfaffen?
Nur die Liebe bringt Gewinn!

Gerrit Lange * 1972

Die Lichter der Welt

Seht her, wie sie leuchten, die Lichter der Welt,
Milliarden kleiner Funken, deren Licht das Leben erhellt.
Mal leuchten sie fein, mal strahlen sie fern,
sie sind wie der Himmel, Stern an Stern.
Jedes dieser Wesen hat sein eigenes Licht,
ganz eigen zeigt es jedem sein Gesicht.
Es ist ganz erstaunlich, wie viele es sind,
es leuchtet in jedem, Mann Frau oder Kind.
Und ist Eines dunkel und strahlt nicht so hell.
so strahlen die Anderen und helfen ihm schnell.
Ihr fragt Euch, wo er herkommt, der ewige Schein?
Es kommt aus den Herzen und leuchtet hinein.
Und sind sie Beisammen, dann ist jedem klar,
sie strahlen viel heller, von Jahr zu Jahr.
Keines ist besser, ALLE SIND EINS.

Siehst Du das Licht, es ist auch DEINS!

Marion Langer * 1958

Die Maske der Rose

Sänge hoch empor,
Klänge – die ich nie gehört,
Wahre Gefühle kommen hervor,
Ich bin durch meine Liebe ganz gestört,
Meine Liebe für dich,
Sie ist das – was mich empört,
Sie ist lächerlich

Eine Rose blüht,
Eine Flamme brennt,
Wie sie sich bemüht,
Wie sie dich kennt,
Wie sie – deinen Namen in dunkler Minute nennt,
Wie sie sich von ihrer alten Furcht trennt,
Nur zu dir rennt,

Wenn alles um sie herum in Flammen
   steht,
Wenn kein Wind weht,
Die Welt in ihren Tränen untergeht,
Wenn keine Minute vergeht
In der die Rose nicht an dich denkt,
Die Maske – der Rose – die von meinen
   Stacheln ablenkt.

Alea Carolin Langner * 2007

Kriegskinder

Sieh doch, wie schön muss es wohl sein,
ein Leben im warmen Sonnenschein.
Komm schau, ein bunter Schmetterling,
er tanzt fast schwerelos dahin.
Siehst auch du das Himmelszelt,
es neigt sich müde über unsre Welt.
Schau, dort unten liegt der Vater
leblos in einem Bombenkrater.

Magdalena Lanza * 1958

Die Erblühung des inneren Paradieses

Fragmente des Paradiesischen
verbleiben in schlafender Anmut,
als Knospen der geheiligten Gesinnung,
in unserem tiefsten Innersten.

Sie erwachen und gedeihen erst,
mit wundervoller Turbulenz,
unter der einsetzenden Ägide
einer sonnen gebadeten Zärtlichkeit.

Behütet unterm blühenden Baldachin
der berührenden Innigkeit,
wird die ineinander verschlungene
Poesie des Atmens zur lautmalerischen
   Huldigung
jener paradiesischen Wurzeln
in uns selbst.

Benjamin Lapp * 1979

Meine Menschenhaut

Jeden Tag aufs Neue,
wenn ich aufwache,
greife ich in meinen Schrank
und ziehe Vorsichtig an,
meine Menschenhaut.
Ich trage sie wie einen Personenanzug.
Um vorzugeben, das ich einer von ihnen
   bin.
Einiges davon ist schon an mich genäht.
Und ich weiß nicht,
wer ich sein werde,
wenn ich jemals diese Nähte auftrenne.
Vielleicht nur Fleisch und Knochen,
und ein Loch wo meine Herz sein müsste.
Es ist nicht viel übrig,
Von dem was hätte ich sein sollen.

Chandra Lau * 2003

Liebe

Du hast dich dazu
entschieden mich
süchtig nach dir zu
machen, also komm
ja nicht auf die Idee
wieder aus meinem
Leben zu gehen!
Ich liebe dich.

Anke Lauer * 1978

Liebende Bilder

Zärtlichkeit überflutet mich,
sehe Bilder,
wie du warst und bist,
jedes von mir geküsst,
werden sie nur einem Zuschauer offenbart
und ganz tief innen,
in meiner Schatzkiste verwahrt.

Will diese dir beschreiben,
doch in Worten, das Gefühl
sehend kann nicht bleiben,
einfach nur Buchstabenketten
ohne Sinn verweilen.

Wie gern würde ich dich mitnehmen auf
	meine Bilderreise
voller Liebe,
die Vielfalt meiner Gefühle,
die dir Alles zeigt und
nichts wegbliebe.

Es bleibt mir, dir von dieser Reise zu
	berichten, versuchen
Worte aufzuschichten anzudichten.

Gedicht für meine Tochter (der ich meine
	Liebe nicht beschreiben kann)

Megan Laurel * 1967

H-*offen*-d bleiben

Offen bleiben -
heißt das
hoffend bleiben?

Oder nur offen
für alles?

Was auch immer alles sein mag.

Sowas frag' ich mich seit Monaten jeden
	Tag
und komme nicht zu einem Schluss,
was vielleicht ja auch gar nicht sein muss.

Offen bleiben -

das Negative nicht vermeiden
und das Positive natürlich auch nicht

und sich selber Schicht für Schicht
immer wieder enttarnen.

Aber selbstverständlich ohne zu planen,
denn planen ist mahnen zugleich
und mahnen ist negativ und nicht offen.

Irgendwie bleibt für mich dann doch nur
	hoffen.

Anna Lautwein * 1993

Bildung

Bildung, ein umstrittener Faktor in
	manchen Ländern und Kulturen,
denn dort braucht man keine Zensuren.
Zerstörung und Angst, dank manchen
	Krieg,
doch Bildung hätte die verantwortlichen
	Ideologien schon längst besiegt.

Es sind Ideologien wie Rassentrennung
	oder Einteilungen in Klassen,
Denkweisen die Freie und gebildete
	Menschen hassen.
Sollten wir diese grausamen Geschehen
	dabei belassen, anstatt uns mit den
	Ursachen zu befassen?

Von rechtsradikalen Männern bis zur
	teuflischen Hinterlistigen Ehefrau,
es ist alles dabei und sind giftiger als
	manch Blei.
„Ungefährliche Sache" das ich nicht lache.
	Bildung ist der Schlüssel zur Weisheit
	und diese zum Frieden,
damit Menschen aufhören sich bekriegen.

Yasmin Lazzez * 2005

Die Vergangenheit vergessen

Wenn du vergessen willst ,dann lerne die
	Vergangenheit hinter dir zu lassen,
Das wirst du von jedem Hören ,als wäre
	es so einfach sich der Situation
	anzupassen,
Die Vergangenheit ist wie ein Siegel ,das
	sich nicht mehr entfernen lässt,
Vergessen kannst du sie nie,die
	Vergangenheit hält sich für immer an
	dir fest,

Die Vergangenheit ist eine unsichtbare
   Wolke ,die über deinem Kopf hängt,
Du kannst ihr nicht entfliehen ,weil sie sich
   dir aufdrängt,
Du kannst die Wolke nicht sehen ,aber du
   kannst ihre Anwesenheit spüren,
Egal wie sehr du dich bemühst , die Wolke
   kannst du nicht auf die falsche Fährte
   führen,

Du kannst dir ruhig einreden ,dass du der
   erste bist ,der die Vergangenheit aus
   seinen Gedanken verdrängt,
Aber du weißt genau, dass die
   Vergangenheit wie ein Fluch an deinen
   Körper und deiner Seele hängt,
Du kannst nur das Spiel mitspielen
   und so tun, als könntest du die
   Vergangenheit überwinden,
Doch letzten Endes wird man immer deine
   gesamte Vergangenheit in deinen
   Gedanken wiederfinden.

Romeo Leban * 1983

Die Puppe

Wie durch unsichtbare Stränge verbunden,
Mit anderen Welten sie sein,
Wie eine Puppe auf Fäden gewunden,
Sie denkt sie sei frei.
Doch sobald sie sich bewegt,
Zieht sie ein Faden zurück,
Und je mehr sie sich sträubt,
Umso heftiger zuckts wie verrückt,
Bis wie eine Fliege gefangen in Spinnweben
   sie hängt,
Doch wie es sie zur Freiheit nur drängt.
Und sie verstehet, sie muss einige Fäden
   durchschneiden,
Nur andererseits,
Was wird sie dann noch aufrechterhalten?

Anastasia Lebedeva * 2000

Ein Teil von mir

Ich geh dahin, wohin der Weg
Der Dunkelheit mich führt,
Dahin, wohin das Licht mich führt.
Wonach sich meine Seele sehnt.

Ein Teil von mir, der mich belebt
An diesem man so viel erlebt
Und sucht, was man zu finden braucht
Ins Innere des Herzens taucht.

Ertaste ich die Wärme drin,
Auf meiner Brust die Hand liegt still
Bewundre ich den Ort zutiefst
Mein Herz, das diesen Ort genießt.

Sofia Lebold * 2007

Zeilen nur für Dich

Heute schreibe ich nur für Dich,
   für deine müden Hände, die mich als Kind
      zugedeckt haben,
   für deine Geduld, als ich nicht immer alles
      sofort verstand.
Für die vielen wachen Nächte, als du um
      Sorge immer auf mich gewartet hast,
   für das Gute, das du immer in mir gesehen
      hast und das Beste, das du immer für
      mich wolltest.
Auch wenn manchmal böse Worte fallen,
   so sind sie nie so gemeint, denn dich
   als Mutter zu haben ist das schönste
   Gefühl der Welt!
Danke!

Katharina Lech * 1980

Wir alle entspringen dem Licht
Doch nicht jeder kann dort bleiben
Denn einen anderen weg finden sie nicht
Als sich dem Schatten zu neigen

Also fallen sie tiefer und weiter
Bis das Licht ihnen ganz entflieht
Bis sie unten sind an der Leiter
Bis man keine Sonne mehr sieht

Doch sie lernen ihr Leben zu lieben
Denn im Licht werden sie nie wieder sein
Und sie fühlen sich als würden sie fliegen
Doch sie fallen in den Schatten hinein

Lecy * 2000

eisglockenblumen

im Schatten des kalten Winters
das Dickicht am Teich im Dunkeln versinkt
ich versuche darin zu schlummern
fühle mich wie ein Frosch beim erstarren

ich höre die Eisglockenblumen läuten
den wind die Bäume zu Bögen spannen
er lässt die Insel im diesigen wasserrauch
zum grünen Festland schweben

die Dunkelheit liebt mich aus voller Blüte
sie lässt meinen Körper bleischwer werden
das Mondlicht bemüht sich bei mir
meine Verzweiflung zu durchbrechen

Rudolf Leder * 1941

Das Konfetti regnet noch über uns,
rieselt bis die Konfetti Kanonen leer sind
auf unsere Köpfe und wir sagen:
auf wiedersehen,
bitte komme schnell wieder!!
Zu dem strahlenden Himmelblau am
    Horizont.

Der Sommer der uns eingehüllt,
sanft erschlagen und angestoßen hat,
verbeugt sich in einer Drehung,
haucht die grün goldenen Blätter
    kunterbunt an
bevor er endgültig hinter den Vorhang
    schlüpft.

Und alles was bleibt ist:
brauner, zertretener Konfetti,
eine handvoll Erinnerungen an die guten
    Zeiten.
ein schallender Crescendo aus dem Ohr
    einer Muschel,
verirrte Glasperlen über unsere Haut.

Josefin Lee * 2004

Das moderne Alltagsleben

Es klingelt zum 100-mal das Handy
es ist schon wieder Mandy.
Die Nerven schon halb zerstört
und ich bin ganz empört.

Ich kann einfach nicht ohne dieses Ding
denn es ist mein Alltags-King.
Es ist ein wichtiger Teil in meinem Leben
der lässt sich nicht so einfach aufgeben.

Was ist passiert mit uns
ist dass die moderne Alltags-Kunst?
Dass kann so nicht weiter gehen
ich will dieses Alltags-Leben nicht mehr
    sehen.

Natalia Lehmann * 2001

Licht

Jeder braucht Licht,
denn ohne geht es nicht
Sonne und Mond sind geboren
ohne sind wird verloren

Die Dunkelheit kommt nah,
das letzte Mal, dass ich sah
Schätze das Licht, doch erinner dich
Ohne Schatten geht es nicht

Das Licht belebt's,
doch im Schatten vergeht's
Im Licht ist alles laut
aber im Schatten scheint es wie taub

Jasmin Lehmann * 2000

Die kleine Scholle

Ein Angler fing zu seinem Glück
'ne Scholle und war ganz entzückt
Da mischte sich der Nachbar ein
Die Scholle ist noch viel zu klein
Sie muss zurück in das Gewässer
Nach Angelrecht ist es auch besser
Da fehlt nicht viel meinte der Fänger
Schätzungen machte sie nicht länger
Sie kriegten sich fast in die Wolle
wegen dieser klitzekleinen Scholle
Das Maßband klärt es so der Nachbar
Er hatte eins das war doch klar
Siehst du da fehlen Zentimeter
Der Angler machte kein Gezeter
Und die Moral von der Geschicht'
Ein Regelverstoß gehört sich nicht
Der Angler war mit sich im Reinen
zog neue Würmer auf die Leinen
Dann geschah es wie ein Wunder
und es biss an 'ne große Flunder

Reinhard Lehmitz * 1948

Das, was von uns bleibt

Und dann les wieder unseren alten Chat,
merk, dass ich es echt immer noch nicht
 check.
Zu oft denk ich noch an dich,
denkst du - auch ab und zu an mich.
Ich hab alles für dich getan, mich sogar
 ausgezogen,
und deine Liebe für mich verflogen.
Stets befriedigte ich deinen Trieb,
hattest du mich nur deswegen lieb?
Damals wünschte ich du hättest mir meine
 Jungfräulichkeit entnommen,
doch zu unseren Treffen bist du nie
 gekommen.
In meinen Vorstellungen sehe ich noch
 manchmal deinen Körper,
doch zwischen uns sind nur mehr leere
 Wörter.
Heute bleiben nur mehr die Schmerzen,
und in unserem Chat, die nichtssagenden
 Herzen

Zoe Leitner * 2007

Wunderwerk

Das, was du in mir erkennst,
ist eine Erinnerung an das,
was in dir ebenso wirkt.

Ein Teil, der zu neuer Blüte
erwacht, oder etwas, das
spürbar in dir stirbt.

Beides ist berührend,
hinterlässt eine Spur,
die nie ganz verweht.

Ein Wunderwerk, das
zur Erinnerung wird,
in ihr geschrieben steht.

Daniela Leiner * 1983

Glücklich?

„Bist du noch glücklich?", frage ich mich.
Dich zu fragen – das schaffe ich nicht.
Doch woran macht man glücklich fest,
wenn es sich nicht erkennen lässt?

Kann man „glücklich sein" erkennen,
wenn wir nur durch den Alltag rennen?
Zeigt nicht eher die Zeit ob man glücklich
 ist,
wenn man sich nicht mit anderen misst?

Zeit füreinander ist sicher das Geheimnis
 daran,
damit man das Glück auch fühlen kann.
Sich aufeinander einlassen & miteinander
 reden,
alles einfach bewusster zusammen erleben.

Noch fehlt mir der Mut dich das zu fragen,
aus Angst vor dem, was Du hast zu sagen.

Manja Lemke * 1981

Ohnmacht

Ich weine um die Ohnmacht,
Die mich jedes Mal befällt,
Wenn er ohne zu zögern
Jene Linie überquert.
Die unsichtbare Grenze,
Die uns trennt, von Ich zu Ich,
Die nur der Wille schützt
Und jeder andre Wille bricht.
Ich weine um das Zaudern,
Welches mich in Klauen hält.
Ich spüre seine Krallen
Bereits stechend tief im Herz.
Ich hoffe auf den Mut,
Der meine Rüstung wird.
Doch noch bin ich ein Schwert,
Das wartet, ungeführt.

Anne Lemke * 1996

Menschen sind wie Motten

Geblendet vom Dunkeln,
Getäuscht vom Licht.
Sie drehen Kreise, munkeln,
Sehen die anderen nicht.

Sie schwirren umher,
Umgarnen den Mond,
Suchen den Sinn,
Zwischen Leben und Tod.

Fliehen vor der Wahrheit,
Vor Arroganz blind,
Aber merken nicht,
Wie ähnlich sie sind.

Evelin Lengert * 2007

Die Bierkleber

Ich sitz im Wirtshaus und trink mein Bier,
plötzlich stehen vier, fünf Leut so neben mir.
Grüßte jeden kurz mal mit „Hallo", die sagten nichts. Achso!? Verstehe nicht warum so leise?
Ist doch niemand hier - Verdammte scheiße! Nach 2-3 halbe immer noch die Stille,
keine Ahnung was ist deren Wille?
Nach der ½ Stunde mit der Hand am vollen Bier und Banner, werden sie schnell abgeführt die Penner.
Und die Moral von so a G'schicht? Werde niemals Kleber, denn es lohnt sich nicht!

Alexander Lenhard * 1983

Das letzte Mal

Wir trafen uns beim Sternenhimmel,
da freute sich mein langer Pimmel
Du ziehst deinen geilen Tanga aus,
nun hol ich meinen Schniedel raus
So muss es gehen, es geht doch
du hast meinen Schwanz in deinem Loch
Wir ficken leise, wir ficken zart,
Da wird mein Pimmel direkt hart
Ich spiele gern mit deinen Brüsten,
das befriedigt meine Lüste
Deine Nippel so braun und rund,
die passen perfekt in mein Mund
Wir bumsen lange Zeit umher,
nun bist du keine Jungfrau mehr
Jetzt gibst du mir auf lock,
zum Abschluss einen Blowjob
Du bist ein richtig geiles Luder,
und ich dein Lieblingsstiefbruder
Jetzt ist Schluss mit der Affär,
doch ich will immer wieder mehr

Lenisa * 2003

Weihnachten die schwere Zeit

Manche freuen sich auf Weihnachten schon sehr, andere wollen immer mehr und mehr.
Manche wollen nur Geschenke haben, andere hoffen nicht zu versagen.
Manche lieben die Familienzeit mit Ihnen, andere haben nur das Ziel mehr zu verdienen.
Manche haben Angst das etwas passiert, andere hoffen ihre Fehler werden kaschiert.
Manche haben es nicht so gut wie wir, andere hoffen es wäre wie bei dir.
Weihnachten ist eine schöne Zeit, mit viel geben und schenken doch auch mit viel Leid.
Nicht jeder bekommt was zu essen oder hat einen Baum, für manche Kinder ist das der größte Traum.
Wir können einander helfen nicht zu versagen, wir können probieren sich miteinander zu vertragen.
Helfen wir alle zusammen, kann jeder schöne Weihnachten erlangen. Ich wünsche allen eine frohe Weihnacht, und hoffe jeder wird glücklich gemacht.

Nele Lenuck * 2007

ein kennenlernen

meine gedanken
im wind mit freude
und gelassenheit.
und zufällig
eine begegnung mit
einer lieben frau.
das neue wahrnehmen.
vertrauen wachsen
lassen im austausch.
mein gefühl äußern
und berührt zuhören,
wärmt mein herz.

im gleichklang
die nähe spüren
wie auch abstand,
bei mir zu sein.
ich fühle noch mehr …

Klaus-Peter Leopoldt * 1947

Die Zunge

Die Zunge hat ein Eigenleben, was wir ihr zum Essen geben,
kann die Zunge neu Erleben, von ganz vielen Zellen umgeben,
prüft sie was wir essen, wovon wir leben und was wir besser
nicht zu uns nehmen.
Sie hat viele Funktionen auf ihrem Weg, der ist oft belegt.
Hilft uns beim Sprechen und Schlucken, ohne sie würden wir
komisch gucken oder uns verschlucken.
Die Zunge ein wichtiger Teil von uns, Gotteskunst.

Vera es * 1960

Hochbegabt Hochverzagt – Intelligent sein ist anstrengend

Warum ich zuerst mit anderen reden muss, dann mit meinem Notizbuch – nachts um 2:

Ich plan voraus,
Bin schneller als ihr,
Jäger und Gejagte,
Das ist hier das Spiel.
Aber was ist wenn ich plane Zuviel,
Nicht nur voraus,
Sondern übers Ziel hinaus.
Denn was ich erreichen kann, welches Ziel,
Verdanke ich nicht nur mir,
Sondern halt eben auch dir.
Ich muss warten mit dem Planen,
Gespräche und deine Ideen auflisten,

Nicht nur in den Gedanken meines Kopfes
misten.
Dafür muss ich mich ablenken, keine Zeit
dem planen schenken,
Doch wo ist die Fernbedienung,
Sag mir wie, dass ich genug plane aber
doch nicht zu viel.

Leben heißt sein – mit anderen sein .
Integration, Aktion und Reaktion.
Du kannst Alles, aber zum Schnellzug
im Kopf,
zu dem finden Andere, findet KONTAKT
wohl schneller den Stopknopf.
Spare Energie und investiere nicht in
falsche Philosophie – sagen Sie ? Ganz
lernen werde ich es wohl nie.
Langsam oder schnell, ist sicher individuell
kulturell.
Ist Einsicht zur Entschleunigung der erste
Weg zur Besserung ?

Ich, Highspeed

Kaffe con LETE * 2003

Das Sonett / Einsicht

Man träumt davon, man denkt daran!
Früh schon wird sie uns geschenkt;
liebevoll von erfahrener Hand gelenkt.
Der Alltag treibt den Geist voran.

Sie fühlt sich fest und sorglos an.
Von hohem Glück und Leid beschenkt;
der frohe Tag verlebt sich innig bedenkt.
Glühend heiß nimmt sie uns in ihren Bann.

Die Sonne sinkt, der Wald wird schwarz;
Regen fällt, die Glut erlischt.
Ein Fünklein glüht, die Hoffnung bleibt!

Die Seele ist erfüllt von tiefem Schmerz;
der Geist versagt, wie Macht in Gischt.
Ungelöster Drang ein Mensch im
Menschen vertreibt!

Jürg Leu * 1952

Wenn ein Zeile ...

Wenn eine Zeile sprechen könnte, würde
sie dir sagen
egal wie deine Zukunft aussieht, tu's nicht
hinterfragen

lache wenn dir danach ist und zweifle
keinesfalls,
in dir soll die Welt erblühen und tönen wie
ein Klang,
der deine Liebe klingen lässt und Mitgefühl
einher,
zusammen wird die Welt erkoren,
für diese Melodie.

Vertrauen wird ganz groß geschrieben und
bittet dich um Rat,
gemeinsam eine Welt bewegen, schreite
jetzt zur Tat,
ein Füßchen kann ein Schrittchen geh'n
doch dein Fuß ist schon groß
darum darf es auch ein, zwei Schritt sein
heraus aus deinem Schoss.

Verbindungen sind klar beglückt und
reichen bis ins Weite
du darfst dir darin sicher sein, so lebe deine
Seite

die Wahrheit muss sich niemals auch nur
einmal korrigieren,
denn sie gibt's kein zweites Mal, so lass sie
dirigieren

Freude hüpft und tanzt im Winde,
spielerisch und leicht dazu,
genieße jeden Augenblick und lass den
Fluss des Lebens zu.

Barbara Leuenberger * 1984

Staade Zeit

Wenn der Nebel an der Erde klebt ...
die Sonne spät erwacht.
Der Tag sich langsam von der Nacht
    erhebt,
und das Jahr zu Ende geht ... ganz sacht.
Dann ist die „Staade Zeit" angegangen.
Mit allem Pi Pa Po.
Weihnachtslichter, Plätzchen,
    Zuckerstangen,
und ein inbrünstiges „Stille Nacht" ...
    sowieso.
Glockenläuten, Chorgesang und
    Glühweinduft,
reihen sich in die „Staade Zeit" mit ein.
Die Weihnachtszeit liegt in der Luft,
und alles andere ringsherum......wird ganz
    klein.

Regina Levanic * 1973

Augenblick

Und plötzlich lacht die Sonne, der Himmel
    reißt,
und wo bis eben noch das graue Einerlei
dir lastend auf den Schultern lag,
nimmt jetzt ein blauer Nachmittag
die Seele ein und macht dich frei.
Für einen kurzen Augenblick bist du erfüllt
    von Lebensglück,
und sanft, gleich eines Freundes
    Atemhauch,
vom Wissen zur Vergänglichkeit,
    verwundet dich die Ewigkeit ,
da stehst du plötzlich und lachst auch.

Stephan Lewetz * 1961

Die Quelle der ungeahnten Möglichkeiten

Ich danke für Sprachen, die Menschen
    verbinden.
Die Sprachen, die offen und feinfühlig sind.
Die gleichzeitig verschiedenste Worte
    erfinden,
vertrau' deinem Sprachgefühl sogar blind!
Ein mächtiges Instrument, das längst
    bekannt,
schafft Kluft und Nähe ganz galant,
außerdem Tiefsinnigkeit der Welt
umschreibt und darstellt ohne Geld.

Die Worte können all das sein:
Besänftigung, Zuspruch, Vermittlung, eine
    Wendung,
Erkenntnis, Freude, Glück, der
    Liebesbotschaften Versendung.

Das ist eine Quelle, die du benutzt,
die dein Leben real und schöpferisch stützt.
Du bist der Schöpfer deiner Gedanken,
deiner Erkenntnisse, die dich umranken.

In Eleganz und Schlichtheit nicht zu
    toppen,
die Sprache fließt, ist nicht zu stoppen.
Wir sind die Gestalter, somit die Erfüller
unserer eigenen Wünsche, und das ist der
    Brüller!

Licht * 1975

Ein Mosaik von Tränen

Die Uhr tickt still
Der Blick schweift nach oben
Augen wie die tiefblaue See
Ein salziges Meer, ein Nieselregen.

Die Sicht verschwimmt
Verblasst sind die Zeichen der Zeit
Die tiefsten Schluchten voller Erinnerung
Kalte Brise.

Gedanken kreiseln
Das Meer braust
Weiße Krone auf dem Haupt
Begraben, all der Zorn und die Gefahr.

Der Atem stockt, nur Stille
Dann Tropfen in des Zeigers Takt
Benetzen den kreidebleichen Grund
Rinnen in alle Gräben.
Ein Mosaik von Tränen.

Lara F. Lichtenstein * 2003

Leben

Ich merk es Dir doch an
Du willst doch gar nicht sein
was Dich hält das ist mein Wille
wenn Du willst bist Du frei.

Du zerrst mich durch die Zeit
lässt mich Dinge sehn die ich nicht will
wenn du mich verlassen würdest
wäre es dann Still?

Leben süße Kostbarkeit
Federschwerer Stein aus nichts
Wimpernschläge 1000 Jahre
vergehst im Flug dann das Gericht.

Was bist Du außer Fragen
die sich um Dich selber drehn
verblaste Kindlichkeit
versuch zu oft Dich zu verstehn.

Doch ohne mich gehst Du ins nichts
was bleibt das ist Vergessenheit
an mich wird mancher denken
doch Du bist fort für alle Zeit.

Tobias Liebig * 1981

Der neue Turmbau zu Babel

Ein
Fremdsein
in unserem Dasein
Mein und dein
stimmen akustisch überein
Minderheit und Mehrheit
wachsen zusammen zu Menschheit.

Doch Alles reimt sich nur mehr mit Ares
und der Weg nach Oben führt über
    Ellenbogen.
Die Grenzen in uns, zwischen uns, ü b e
    r uns.
Unverständliche, unüberbrückbare,
    unabsehbare Grenzen.
Der neue Babylonische Turm wird gebaut
aus Egoismus, entartetem Patriotismus und
    Machiavellismus,
aus Arroganz, Intoleranz, Ignoranz und
    Gier nach Lorbeerkranz.
Am Ende werden wir alle eine Sprache
    sprechen und werden uns nicht
    verstehen,
da die Fähigkeit, miteinander reden zu
    können, beschlossen hat, andere Wege
    zu gehen.

Franceska Liebmann * 1981

Karies im Gehirn

Meine Zähne verwesen langsam,
Keine Kraft für sowas.
Regungslos,
starre stundenlang
an die Decke,
auf den Monitor,
Monitor, Decke,
Decke, Monitor,
Monotonie, alles gleich,
farbenlose Farben,
bedeutungslose Phrasen,
kurzer Flug,
langer Fall,
schneller Schimmer,
langsames Sterben.

Träume vom Rennen,
Doch das Ziel
scheint vor mir weg
zu
rennen.

Ava Lier * 2004

Baumhaus

Ich habe gerade
das Baumhaus verlassen
besuch auf dem weg
Spatzen mögen Eier

Sonnendurchflutet
Löcher tun sich auf
Ameise ohne Baumhaus

Sonnendurchflutet
Sonne verfinstert Baumhaus
Krähen krähen

Sonnendurchflutet
von der Sonne geboren Baumhaus
verlassene Spatzen

Sonnendurchflutet
Orangefarbene Sonnenfreudentanz
Baumhaus Taubenschlag

Sonnendurchflutet
untergehende Sonne
Baumhaus steht

Anna Linckens * 1951

Traum

Das Leben, einem Traume gleichend,
Verschlingt sich selbst ganz schleichend,
Tag für Tag flieht es davon,
Und endlich ist es dann zerronnen.

Wenn Tag und Nacht sich Hände reichen,
Erinnerungen ganz verbleichen,
Holt der ewige Wind sich seins,
Und macht aus Allem wieder eins.

Leon-Nesimi Lindemann * 1995

Lila Luftballon

Du hast einen Luftballon bekommen. Einen
  Lila Luftballon, der schönste den es
  gab.
Anfangs hieltest du ihn ganz oben an der
  Schnur fest, fast am Knoten, damit er
  ganz nah bei dir war.
Der Luftballon war immer bei dir, immer
  für dich da, egal ob fern oder nah.
Doch mit der Zeit lockerte sich dein Griff
  war nicht mehr ganz so fest.
Der Abstand zwischen deiner Hand und
  dem Luftballon wurde größer,
  das Ende der Schnur nicht mehr weit
  entfernt.
Du scheinst es nicht zu bemerken, schaust
  dich um ab und zu aber er ist ja noch
  da.
Der Luftballon weht nun unkontrolliert im
  Wind herum. Die Schnur ist fast zu
  Ende der ganze halt verloren.
Du scheinst es nicht zu bemerken schaust
  dich um ab und zu doch er ist ja noch
  da.
Du hältst den Luftballon kaum noch fest.
  Die Schnur gleitet aus deiner Hand,
  der Luftballon wirbelt umher ohne
  Kontrolle. Du hast ihn verloren. Den
  schönsten Luftballon.
Nun ist er nicht mehr bei dir sondern
  irgendwo auf der Suche nach
  jemanden der ihn festhält
  und nicht loslässt. Du scheinst es nicht zu
  bemerken schaust dich um ab und zu
  doch er ist nicht mehr da.
Es kümmert dich nicht weiter, du suchst dir
  einfach einen neuen, vielleicht in gelb,
  grün oder blau.
Doch bald wirst du bemerken, der Lila
  Luftballon war der schönste

Julia Lindemann * 2003

Metamorphose

Jeder inszeniert sich selbst in einem unechten Licht,
bis früher oder später der Ein oder Andere daran zerbricht.
In dieser Welt, die sich viel zu schnell zu drehen scheint,
ist niemand der, der er vorgibt zu sein, sondern der der heimlich weint.
Unsere Seelen werden zwischen den Palästen aus Egoismus zu Ruinen,
während wir wie besessen versuchen uns eine goldene Nase zu verdienen.
Den Instinkt und das Bauchgefühl verloren, suchen sich alle blind,
während keiner sehen darf wer wir wirklich sind.
Doch sollten wilde Herzen nicht ausbrechen dürfen?
Tanzen und in allen Farben leuchten?
Es wird Zeit das Leben nicht mehr durch einen Strohhalm zu schlürfen!
Das triste Grau zu bemalen mit kindlicher Neugier und Leichtigkeit,
mit Menschlichkeit, Empathie und dem dazugehörigen Schneid.
Wenn wir die Ohnmacht aus den verdunkelten Fenstern des uns eigens errichteten Gefängnisses werfen,
dann der Wahrheit einen Stuhl anbieten, unseren Blick nach Draußen schärfen,
können wir die Sonnenstrahlen, die wir solange ausgesperrt haben, mit allen Sinnen spüren,
Und endlich das Kriegsbeil mit uns selbst begraben, das öffnet uns die Türen

Jana Lipsky * 1993

Die einen beten für Frieden.
Andere bitten um Vergebung.
Und wiederum andere bitten um Gnade.
Doch bleibt alles flehen unerhört, von einem unfähigen oder unwilligen Gott.
So bleibt Dank nur mir selbst und Grüße euch.
Wir sehen uns alsbald im 9. Höllenkreis.
Gezeichnet: Kain. Erster und letzter wahrer Mensch.

Janek Liscovius * 1988

44 Tage wach

Wenn du mich so anschaust
Wie jetzt
Es scheint mir
Du wärst immer da
Und es gäbe keine Distanzen
Und ich läg' nicht im Bett
Dauernd weinend
Wie Pflanze
Und die Sonne schien ewig
Und es gäb' keine Tanzen
Mit dem Teufel
Um dich zu gewinnen
Und schwänzen
Jeden Tag meines Lebens
Der dich nicht enthielt.

Und die Sonne scheint ewig
Irgendwo, wo du bist
Und bei mir ist es heut wieder Nacht.

Eines Tages es wird wieder Tag (ganz bestimmt).

Lilia Lisina * Wieder Tag

Anti-Anthropozentrisch

Der Gedanke war mir fremd
Eine Welt ohne Mensch?

Wer sieht ihn denn dann
den Sonnenuntergang?
Wer misst denn dann
den Weltumfang?
Wer soll sie schreiben,
Gedichte wie diese?

Was soll dann bleiben,
Wer soll dran leiden,
von und an dieser Welt?

Wird sie sich drehen,
wenn wir es nicht sehen?

Eine Welt ohne Mensch,
der Gedanke war mir fremd.
Doch wär's dann um die Welt,
wohl besser bestellt?

Klara Lison * 2002

Liebe

so leicht
so wohl
so wichtig

Der Mensch er braucht
Das Tier wohl auch
Denn alles ist daraus gebraut

Von Anfang bis zum Ende
Und auch darüber hinaus
Denn Liebe ist der Ursprung dessen
Was uns allen ist vertraut.

Josie Loddo * 1996

Ewig lebende Erinnerungen

Schneeflocken küssen mein Gesicht.
　Auf meiner Brust lastet solch ein
　quälendes Gewicht.
Ich sehe mich um, wer wohnt der
　Trauerfeier noch bei? Natürlich
　entdecke ich deinen Bruder Fly.
Doch auch deine beste Freundin Inge sitzt
　da mit traurigem Mund. Zu ihren
　Füßen liegt ihr Hund.

Heißt dieser nicht Bernd und ist ein
　Husky? Ich lächle, denn Hunde
　mochtest du nie.
Was würdest du nur dazu sagen, dass einer
　bei deiner Beerdigung dabei ist?
Vermutlich: Passt gefälligst auf, dass dieser
　Köter nicht auf mein Grab pisst.

Mein Blick wandert weiter und klebt
　schließlich an Tim fest.
Er war in derselben Kindergartengruppe
　wie ich, das Spatzennest.
Er war meine erste große Liebe, doch du
　sagtest, er wolle nur das Eine.
Und überhaupt, was sei mit deinem
　Nachbarsjungen, dem Sohn von dem
　netten Heine.
Unser Band brach, doch Inge konnte deine
　Trauer nicht ertragen und sie kam
　auf ihrem giftgrünen Rad zu mir
　gefahren.

Sie erzählte mir, dass du in Tims Vater
　verliebt bist und dieser dir nur
　Schmerz gebracht hat.
Du wolltest mich nur davor bewahren
　dasselbe durchstehen zu müssen.
Ich rannte zu dir und konfrontierte dich
　mit meinem neuen Wissen.
Daraufhin lächeltest du matt.
Du sagtest: Du musst deinen Sinn finden
　und ich darf dich nie mehr an meinen
　Kompass binden.
Von nun an stützten wir uns auf unseren
　Wegen und übten uns im Akzeptanz
　Geben.

Fly glaubt, du wirst widergeboren, Inge
　denkt, du bist als Engel in den
　Himmel geflogen.
Ich Schluchze, der Pfarrer entzündet
　Kerzen. Für mich wirst du immer
　leben Oma, in meinem Herzen.

Lenka Löhmann * 2003

Du

Wir trafen uns zufällig im Gewirr des
  Online-Datings,
ich war schon kurz davor mich abzumelden
und aufzugeben.

Mit jedem Chat-Partner wurde mir klarer,
  was ich eigentlich suchte,
jemand der mich versteht, respektiert und
  liebt, so wie ich bin.

Die Liebe ist nicht immer eitel
  Sonnenschein und das Verliebtsein
  schwindet,
aber was entsteht ist ein tiefes Gefühl
  von Zuneigung und von zu Hause
  angekommen zu sein.

Als Du in mein Leben getreten bist fühlte
  es sich sofort vertraut und richtig an
und mit jedem weiteren Tag wurde unsere
  Bindung enger, ich will dich einfach
  nicht mehr missen.

Du bist der Erste, dem ich etwas erzählen
  möchte, egal ob banal oder wichtig,
weil Du ein Teil meines Lebens bist und aus
  uns nun ein wir geworden ist.

Ich liebe dich und möchte noch viele
  weitere Jahre mit dir verbringen, in
  guten wie in schlechten Zeiten,
denn Du bist mein zu Hause

Melanie Lohn * 1984

Krieg in der Ukraine

Zu der goldenen Kuppeln Pracht,
der Kirchen Kiews erhabner Zier,
steiget auf mit verzweifelt Macht
der laute Schrei nach Frieden: „Mir!"

Zur Mariä-Himmelfahrts-Kathedrale,
unlängst wiedergeboren aus Ruinen,
streben Beter zu dem heiligen Mahle,
das der Christen Einheit sollte dienen.

Einst verheert vom deutschen Feind,
kommt nun der Gegner aus dem Osten,
um zu brechen, was die Ukrainer eint,
feig des Landes Ohnmacht auszukosten.

Blut und Tote, der Feuer Qualmgewölle,
fremde Soldaten sengen und verzehren,
Opfer der Lüge und des Solds der Hölle,
den Nimbus des Diktators zu vermehren.

Mütter und Kinder fliehen aus dem Land,
während die Männer kämpfend streiten,
Väter und Söhne vereint wie eine Wand,
bis einmal die Heimat tapfer sie befreiten.

O gütigste Gottesgebärerin Maria mild,
vom Evangelisten Lukas einst dargestellt,
blicke vom heiligen Wladimirskaja-Bild
auf die Ukraine und die ganze deine Welt.

Alexander Lohner * 1961

Pyramiden

Was wäre die Sonne ohne das Rad,
einen Tag nach dem anderen, ohne
  diesen Stützpunkt,
den Archimedes nicht sah.

  der Schatten
geht nicht weg von der Basis
dieses babelischen Erfolgs
nach den zwei Sprachen und unser immer.

Die Geometrie unter dem Gewicht
weiß es;
  ihre Basis war
ist nicht.

Der Stein ist heute Sand
Pyramiden trachten
  Pyramider sein
  als die Zeit Zeit

Ricardo Camillo López López * 1960

Besinnliche Zeit?

Die Weihnachtszeit hat nun begonnen,
das alte Jahr ist schnell verronnen.
Für Ruhe und Besinnlichkeit
bleibt vielen gerade keine Zeit.
Es wird gekauft für Groß und Klein –
ich frag' mich: Muss das wirklich sein?
Statt Tische mit ganz vielen Gaben,
wünsch' ich mir, was nicht alle haben:
Gesundheit und Zufriedenheit –
von Herzen, mit Bescheidenheit.

Michaela Lorenz * 1975

was mir heilig

Mein Geist

zieht mich hinab
drängt mich an den Rand
stellt mich ab
bis ich mich als Beobachter erkannt
lässt
mich fühlen
das Wort
glühen
entflammen
Licht
Schatten
Öl
es salben

Ralf Lorenz * 1963

Das Gespinst der falschen Paten

Von den Kirchen nicht mehr tröstbar,
doch vom Geist noch unberaten,
grenzen sie sich Jahr für Jahr
eifrig ein in Planquadraten.

Und sie messen wie besessen,
was sich a l l e s m e s s e n lässt.
Und sie schreiben seinsvergessen
Ihres nur als W I R K L I C H fest.

Und es w u c h e r n ihre Daten
tödlich wie ein Krebsgeschwür.
Und vom Geist noch unberaten
fehlt not-wenden-des Gespür.

Doch es trösten keine Daten,
wen(n) das Unheil überfällt.
In Verfinsterung zerschellt
das Gespinst der falschen Paten.

Lasse Los * 1947

Butscha – 2022

Liegen
auf Beton liegen geblieben
die Augen zum Himmel geöffnet
Wolkenschlösser

Die Hände
blass
auf Schotter
in kantigen Stein gekrallt

Zertreten
im Schlamm zertretene Spuren
von Fuß und Stiefel
von Mensch und Tier

Die Augen erstarrt auf Beton
im Mund rot
zerrissen
das Kopftuch.

Chris Luban * 1937

Schattenseite der Jugend

Gelähmt von dem Alltag lieg ich am
    Boden,
Ich greif nach den Sternen die funkeln dort
    droben.
Doch selbst in hellem Sterne' Licht,
Bin ich ein frommer Schatten der am Licht
    nur zerbricht.

Auf meinen Händen die Last, jener Andren,
Die lautstark über mein Schicksal
    verhandeln.
Die Hürden die wachsen Tag für Tag in
    die Höh,
Bieten weniger Hoffnung als eh und je.

Ich komme mir klein vor, ich kann's nicht
    ertragen,
Der Alkohol lockt mich, ich vergesse die
    Plagen.
Doch kaum steh ich auf, stürz ich wieder
    zu Boden,
Ich verfalle erneut der tückischen Droge.

Angelique Luckmann * 2007

Nachts am Fenster

Da draußen streicht die Nacht ums Haus,
huscht katzengleich durch's Holz,
hält inne – und zerfließt zu Schatten.

Zum Fenster weht ein Licht herein,
Die Klänge und Gerüche treiben,
Gedanken wiegen sich im Wind
und Träume schweben sacht und singen
von einer fernen Zeit.

Was war ist nah
und auch, was niemals wird,
bis Klang, Geruch und Traum und Wind
dem Morgen weichen.

Niklas Lüdtke * 1969

Die Liebe ist so

wie
ein Traum über den Wolken,
was wir erleben sollten!

wie
das Mondlicht über dem See,
trotz kitschigem Klischee!

wie
der Kolibri in der Luft schwebt,
vor der Blüte zum Nektar strebt!

wie
die Trance mit offenen Augen,
so viel Glück, kaum zu glauben!

wie
flatternde Schmetterlinge im Bauch,
morgens, mittags und abends auch!

wie
Harmonie in Vollendung
durch innere Wandlung!

hart
wenn du deine Ruhe verlierst,
weil du den Partner vermisst!

Gisela Ludwig * 1945

Erdal

Der Himmel wolkig und düster erscheint,
die Luft steht still.
Die Wiese um Ihre Blumen weint,
der Baum die Wurzeln ertränken will.

Nichts scheint echt, nichts leuchtet klar,
das Herz vor Tränen fast zerspringt.
Gefühle groß und doch nicht wahr!
Leid nach Liebe, Schmerz nach Sehnsucht
    nunmehr klingt.

Die Welt nun deinen Namen trägt!
Alles grau und regungslos,
die Wahrheit meine Seele schlägt,
meine Liebe viel zu groß!

Corinna Lühr * 1985

Wasserscheu und Laufbereit

In den verschiedensten Arten und Formen,
    gibt es Sie gar.
Sind groß, klein, länglich, pelzig, dick und
    auch Treu, geduldig und fit.
Der Hund, ist voller Zauber, voller Kraft.
Verfressen stark und zauberhaft.

Durch den Wald sie schnüffelnd stürmen,
freut er sich nur den Freund und nichts
    böses sehend.
Jeder Spaziergang mit dem Tier ist ein
    Abenteuer,
verursacht dadurch ein Höllenfeuer.
Den Hase ausgestreckt im Grase liegen
    sieht,
nicht mehr rennt,
nur noch wedelnd ihm entgegen geht.
Da der Hase, da das Reh, der Hund
nur wedelt, sieht, das Tier jedoch
    entschwindet.

Der Schlaue, trickst den Hunde aus,
    intriganter Fuchs als Meister.
Die Kuh scharrt mit Ihren Hufen, empört
Sie „Muh!" rufend.
Die wilde Katze aber faucht: „Komm mir
    nicht zu nah, du Narr! Du Freund der
    Menschen!"
Der Hund sie erblickte starr, bellt, die
    Katze jedoch duckend ins Gebüsche
    kreucht und fleucht.
Wenn der Hunde durstig wird, geschwind
    er ein Bächlein sucht, was nicht zu tief
    entrinnt.
Er schüttelt sich gewaltig, er nicht
    schwimmen mag und das Wasser auch
    sonst meidet.

So geh ich gemütlich durch den Wald,
grüße die Tiere weit und breit.
Hab die Oma bei mir jederzeit, noch zu
    allem bereit.
Mit 84, sie geht mit mir durch den Wald,
    grüßen alle Lebewesen weit und breit
    sowie Mensch und Tier jederzeit.
Im schönen Schwarzwälder Tannenwald!

Maximilian Lukas * 1998

Brief an Niemand

Ich bin jemand,
der Niemanden schreibt,
und Jemand dem Niemanden schreibt.

Und so bin ich Jemand der
einen Brief schreibt den Niemand liest,
also ein Brief von Jemand
den Niemand liebt.

Odo Luo * 1996

Babyblau

Frei von allem was war.
Heute bin ich geflogen oder tief gefallen.
Der Himmel ist morgens so klar.
Kann es nicht erklären, sind einfach nur
    Gedanken.

Im Moment ein hoch und tief in mir das
    Leid.
Was soll ich damit machen?
Stark weil ich es erkenne?
Oder weis ich nur zu gut wie ich
    verdränge?

Im mir was vormachen so schlecht und
    doch da draußen am Lachen.
Ein Lachen wie es ehrlich ist,
du siehst so glücklich aus, sagen sie und
    haben Recht.
Doch ich liege hier und schwimme mit
    allem was war in die Tiefe.

Dunkelblau statt Babyblau.
Der Himmel wird morgen wieder heller.
Morgens ist nur der Kaffee schwarz, hoffe
    ich
und werde von Träumen voller
    Erinnerungen verschluckt.

Emma Lurk * 2000

Das Warten der Euphorie

voller Euphorie warte ich
Das Blühen meiner Seele zu erfahren
voller Euphorie warte ich
den gesandten Pfad einer Höheren Macht
    zu erhalten
voller Euphorie warte ich
zu metaphorisieren

Doch letztendlich bildete sich das Pendant
zu meiner Vorstellungen
Voller Trauer erinnere ich mich
Auf das Blühen meiner Seele zu warten
Voller Trauer erinnerte ich mich
auf den Pfad einer höheren Macht zu
vertrauen
Voller Trauer erinnerte ich mich
auf das Warten voller Euphorie.

Cheyenne Lust * 2004

un

ungeboren
nicht

geboren
Ungeburt

mit Zangen gezogen
aus dem Mutterleib

geschrieen
nach Klapsen

auf den Hintern
kopfüber hängend

Schreie

zwangsgeatmet
in ein Leben

schreie ich

immer
noch

Josef Lütkehaus * 1957

Fazit

Hohle Thesen, leere Phrasen,
die hektisch durch den Äther rasen;
Kommentare ohne Sinn,
derer ich überdrüssig bin.
Noch mehr Worte braucht es nicht -
nur die Natur ist ein Gedicht!

Nikolaus Luttenfeldner * 1976

Wach auf, verschlaf net Dein Wachen

Hast Du ein Gewissen?
Dann schau ruhig in den Spiegel
Schau oefters vorbei hinan
Es wird Dir net mehr befremdlich sein

Hast Du ein Gefuehl?
Dann laß' es frei ueber'n Tellerrand
Das es überschwappt
Wie ein zu See autarkem Meer

Hast Du eine Aura?
Hoerst Du den Singsang der Farben
Verspielt mit allen Facetten
Was Du als Schrei Dein eygen firmst?

Hast Du ein Gespuer fuer Zeit?
Laeufst Du mit ihr, neben oder drunter
Gibt es eine Richtung, der Du folgst
Oder diese Dich, und Du bist nur ein
Schatten?

Hast Du ein Gewissen?
Dann schau ruhig in den Spiegel
Schau oefters vorbei hinan
Es wird Dir net mehr befremdlich sein

Fyrrho Aylwyn vee Lyweyn * 1977

Ehrlichkeit

Der Mut das Glück und die Seele vereint,
man muss auch feststellen, es tut gut, wenn
man weint,
Tränen vergießt, aber sich selbst nicht
verschließt,
man soll sich öffnen können, ohne
Selbstzerstörung anzuerkennen,
böses nicht zulassen, nur Gutes tun,
letzten Endes ist man man selbst, und tut
was man muss

Tom M. * 2004

Fremde Heimat

Wenn dein Kopf in später Stunde,
in meinen Schoß sich sachte schmiegt,
und du mich erneut bittest,
dich in den Schlaf zu streicheln.

Bekomme ich Ängste,
dich zu verlieren oder
dein Glück zu verlieren,
das allein auf mir beruht.

Ich fühle mich schuldig,
für deine Anwesenheit,
denn dir fehlt, was du verlassen hast,
und du kämpfst, wo du verblieben bist.

Du liebst mich, während du dich sehnst,
an einem anderen Ort zu sein,
der sich wie Heimat anfühlt.

Helen M. * 1994

Tagebucheintrag 27.09.2023

Wenn ich zuhause bin, überfällt mich die
   Melancholie.
Völlig unbewaffnet, muss ich mich ihr
   in meinem alten Kinderzimmer
   entgegenstellen.
Mit einem Stück Papier in meiner linken
   und einem Stift in meiner rechten
   Hand.

Ich wohne neuerdings nicht mehr bei
   meiner Familie. Es fühlt sich so an, als
   hätte ich einen Teil von mir verloren
   und ihn dabei ungewollt gegen ein Stück
   Freiheit eingetauscht.
Und dennoch finde ich mich selbst an den
   unscheinbarsten Orten wieder.
Es ist fast so, als könnte ich mir nicht
   entkommen.

Ich finde mich, an einem sonnigen
   Montagnachmittag im überfüllten
   Bus, und ich finde mich selbst
   zwischen den Zeilen meiner Lieblingslieder.
Ich finde mich, zwischen unbezahlten
   Rechnungen
und inmitten der befremdlichen
   Lebensrealität der ‚Erwachsenen'. Ich
   vermisse meine Eltern.
Ich finde mich selbst, wenn ich der Person
   nachtrauere, die ich gestern noch war
und ich finde einen Teil von mir,
wenn die Vögel morgens für mich singen.
Ich möchte dieses Glück mit beiden
   Händen voll,
in die Welt hinaustragen und an jeder Tür
   anklopfen, die ich sehe.
Ich finde mich in jedem Menschen, den ich
   treffe.
Immer und immer wieder. Manchmal
   schweren Herzens und manchmal
   voller Freude.
Und obwohl es sich oft so anfühlt, bin ich
nicht alleine. Und manchmal möchte
   ich Schreien:

Ich bin hier! Und ich lebe! Und ich weiss
   nicht warum!
Und ich habe keine Angst mehr! Und es ist
   alles so wunderschön!

Oh, wie schön es ist, am Leben zu sein.

Hannah M. S. * 2005

Weihnachten 2022

Ein weihnachtlicher Freudenstrahl
will zaghaft uns erfüllen,
doch naht zugleich der Freude Qual,
die Sehnsucht nicht zu stillen:
Viren, Kriege, Schicksal, Not –
es liegt wie Blei auf unseren Herzen –
bringt doch Leid und Qual und Tod
mit sich nur Weihnachtsschmerzen.
Doch jetzt sei still, dein Geist sei weit,
der Hoffnung auf der Spur.
Es will die goldene Weihnachtszeit
dein Lächeln nur!

Ma * 1959

Diese eine bestimmte Person

Meine Gefühle probiere ich zu unterdrücken nur bei dir, Sicherheit gabst du mir. Doch ich dir?
Wahrscheinlich habe ich dir das Gefühl gegeben nicht genug zu sein dennoch klug zu sein.
Ich liebte dich doch das zu spät. Es ist Zeit das Blatt zuwenden und zu drehen, um die Zeit zu verstehen und weiterzugehen.
Doch ohne dich und bei mir sieht man den Schmerz im Gesicht, denn ich frage mich.
Wenn es das war, war es das wert? Ich meine den Schmerz im Herz, oder war es wieder nur ein Scherz?

Mia Mages * 2008

Der Mann, den ich nicht lieben kann

Der Mann, den ich nicht lieben kann,
Steht vor mir und schaut mich an - mit voller Erwartung.
Er weiß noch nicht, was ich ihm gleich sagen muss,
Doch ich weiß, in seinen Gedanken denkt er sicher an unseren letzten Kuss, der schon lang vergangen ist.

Ich stehe nun vor ihm und nehme seine Hand,
Blicke ihm tief in die Augen, die mir bereits glasig erscheinen
Und sage zu ihm: „Ich liebe dich nicht, es tut mir leid."
Ich sehe ihn an und verstehe schnell, wie die Wut in ihm zu keimen beginnt.

Gleich darauf ersticke ich den Funken Wut und gehe,
Denn die Nähe zu ihm ertrage ich nicht.
Für Gefühle kann man doch nichts, sagte ich mir immer wieder.

Also ging ich allein nach Hause und versuchte die Schuld von mir abzustreifen.

Francesca Mai * 1999

Zwei Herzen

Mein Herz pocht tief in meiner Brust.
Pocht so wild durch den Verlust.
Das Schlagen raubt die Sinne mein
Ach! Könnt' ich jetzt nur bei dir sein.

Es möchte schlagen schnell für mich
voll freud'ger Erinnerung an dich.
Es möchte steh'n den Rest meines Lebens;
ohne dich scheint alles vergebens!

Mein Herz pocht tief in meiner Brust.
Pocht so wild - doch ohne Lust.
Das Schlagen raubt die Sinne mein
unsere Herzen sollten doch beisammen sein.

Bianca Maier * 1989

Hier bin ich
mal wieder
halb zerfallen
und das
ob des Morgentaus
warum
erreicht meine Träne nicht
seine glatte Oberfläche
du wirbelnder Sonnenstrahl
da oben
warum brichst du nicht
ein in mein Herz
so fällt alles ab
Kopf
Schultern
Wangenknochen
und draußen:
Frühling.

Hanna Maisner * 1978

Schwarzes Loch

Mein schwarzes Loch.
Eine Person, ich fühle mich so frei,
aber gleichzeitig tu ich mir leid.
Sie baut mich auf und macht mir Mut,
doch im nächsten Moment erfahre ich
Trauer und Wut.

In Komplimenten und Aufmerksamkeit
versunken,
wenn ich diesen Zustand nicht erlebe, bin
ich ganz weit unten.
Nur eine leere Hoffnung, einer einsamen
Seele,
die nicht weiß mit sich selbst umzugeh'n.

Nach all den Worten und der Zuneigung,
die ich so sehr brauch't,
geht auch dieses Licht der Freude aus.
Ich werde vernachlässigt und für meine
Naivität missbraucht,
nun nimmt die Abnahme meiner Hoffnung
ihren Lauf.

Zertrümmert und verletzt stehe ich da,
keine Person, die mir sagt, was ist denn
wirklich wahr.
War dies denn alles nur ein Schauspiel,
oder bedeute ich jemandem wirklich so
viel?

Maja * 2008

Der Boden des Glases

Während wir in diesem seichten,
bitteren Gewässern schwimmen,
halte ich mich an den Bergen aus Eis fest,
aus Angst, deine Anwesenheit würde
mehr Schmerz verursachen als deine
Abwesenheit.

Als Kapitän meines eigenen Schiffes mache
ich mir Sorgen,
dass du eine Narbe hinterlassen könntest,
während ich durch dein unbekanntes
Territorium segle.

Die Wellen, die du verursachst, stören mich
nicht mehr.
Das Meer, in dem wir treiben, ist ruhig,
als der Himmel seine Farben ändert.

Und wenn die Sonne aufgeht,
bleibt nur eine kleine Pfütze übrig,
in der ich stehe.
Ich beobachte dich aus meinem
Goldfischglas heraus,
und ich würde dich fragen, warum du mir
einen Traumfänger schenkst,
wenn du derjenige bist,
der mich in meinen Träumen heimsucht.

Isabell Mangold * 1999

Wahre Liebe

Danke für die Gefühle
Die ich dank dir wieder spüre
Du hast mir Glück zurückgebracht
Das kann ich fühlen Tag und Nacht

Dein Lächeln, was in dunkler Nacht
Aus tiefer Trauer Freude macht
Und deine Schönheit, sie vermag
Zu verschönern jeden Tag

Du hast mein Leben erhellt
Bevor es zerfällt
Und mir etwas gegeben
Was mir niemand kann nehmen

Alles würd' ich tun für dich
Weil mein Herzschlag schüttelt mich
Wenn ich dich seh'
Und es ist für mich OK

Denn solang dein Name steht in meinem
Herz, gibt es für mich keine
Schmerzen
Nur der Gedanke, dich zu verlieren, bleibt
Dann würd' ich dich so stark vermissen
Dass die Angst in meinem Körper reift,
ohne dich leben zu müssen

Marcel Mangold * 1992

Bewusstwerdung

Ein Kieselstein barg ich auf meiner Hand,
betrachtete ihn, mit großem Entzücken.
Ich fühlte, was mich mit ihm verband,
meine Seele berauschte dies Beglücken.

Da war die Abgegrenztheit der äußeren
   Welt,
er ruhte in sich, still versunken und allein.
Er wusste zutiefst, was ihn am Leben hält,
gebar sich neu, aus dem Inneren seines
   Sein.

Da war die Härte, um Stürme zu
   überstehen
und mit Willenskraft, ihnen die Stirn zu
   bieten.
Da war die Weichheit im zeitlichen
   Vergehen,
welche die Spuren des Lebens in ihn
   ziehten.

Jedes Muster war Teil vergangener
   Geschichte,
war getragen von einem Hauch der
   Ewigkeit
und jede Falte, welche zierte, mein
   Gesichte,
zeigte Entwicklung, Schmerz und Seligkeit.

Ich umhalste ihn im Rausch gefühlten
   Glücks,
spürte wohlige Wärme, seine kühle Nähe.
Der Kieselstein gab mir holde Klarheit
   zurück,
mit Gewissheit, dass unsere Einheit
   bestehe.

Ilonka Männel * 1962

Der Holzweg

Sein oder nicht sein?
Die unbedachte Frage.
Die Politik – ein Schein,
Oder ein schmutziges Gelage?

Sein oder nicht sein?
Dagegen kämpfen,
Oder es ertragen?
Gefühle dämpfen,
Alles lassen sein?
Wieder dieselben Fragen.
Sein oder nicht sein?
Wie ist denn das zu haben?
Yin will man gewähren lassen sein,
Ohne das Yang wollen zu haben?
Sein oder nicht sein?
Die infantile Frage.
Gefangen im Schein
Bis Ende aller Tage.

Viktor Mantik * 1954

Meine Antwort auf das Leben

Von Geburt an
In unserem Leben warten wir die meiste
   Zeit:
warten darauf, erwachsen zu werden
warten darauf, eine Wende zu haben
warten darauf, jemand zu treffen.

An den Wartetagen
Lernen zu warten
erfüllend und beschäftigt
Gib dein Herz nicht leichtfertig her.

Du muss diese Person finden
Bereit, die Sterne am Himmel für dich zu
   holen.
Bereit, das Gewicht des Lebens für dich zu
   teilen.
Bereit, dich Seite an Seite zu begleiten
diese traurige Welt zusammen
   anzuschauen.

Du musst dankbar sein
Voller Wertschätzung
Halte seine Hand
nicht loslassen
mit ihm Seite an Seite
diese traurige Welt zusammen
   anzuschauen.

Jinyan Mao

In ihren Armen

Aus den Trümmern ihrer Kriege ist sie geboren
Leid, Schmerz, Enttäuschung haben ihr Herz erfroren.
Wie ein kalter Windzug, sie rauscht an mir vorbei,
Und lächelt mich an, ganz nebenbei.

Wie eine Blume im Frühling sie erblüht
Aus der Dunkelheit, ich Flieh
In ihre Arme

Sie lässt mein Herz höherschlagen,
Mich manchmal lachen wagen,
weinen wagen
In ihren atmen

Die ruh' die sie gibt kann ich nicht geben.
So bleibt sie verloren
Während ich in den Himmel steig',
In ihre Arme

Und sie, sie bleibt auf Erden
Bis die Löcher kommen,
sie hinunterziehen
Aus meinen Armen

Und sie fällt Zurück in die Trümmer Ihrer Kriege

Nafissa Maramcheel * 2006

2023-unsere Gesellschaft

wir lassen uns leiten
von guten Momenten, von Impulsen
von Gedanken voller Lust und Leidenschaft
wir geben uns kurzfristigen Befriedigungen hin
als gäbe es nichts außer sie
unser klarer Verstand ist ausgeschaltet,
als hätte es ihn nie gegeben
wir leben für die guten Momente

Momente die uns fühlen lassen,
als wären wir so hoch,
ohne Angst vor dem Fall zu haben
doch nichts davon hat uns je langfristiges Glück geschenkt
gefangen unter tiefen Narben
legen wir Pflaster darauf nur um sie kurz danach wieder abzureisen
wir drehen uns im selben Unglück wieder und wieder
und mit denselben Scherben
liegen wir in unsrer eigenen Blutlache
das Messer fest in unsrer Hand
gleichzeitig lachend und heulend
waren wir wieder in unsrer eigenen Hölle gefangen

Alessia Marino * 2004

Herbstgedanken

Erneut gekommen ist die Zeit,
der goldene Herbst macht sich bereit
die Landschaft zu verschönen
mit rot, gelb, braunen Tönen.

Die Sonne lässt die Farben strahlen,
ein Künstler wird jetzt Bilder malen,
die Stimmung festzuhalten.

Ruhe, Geduld und Toleranz,
einzelne Blätter wagen den Tanz.
Harmonie und Wärme,
betrachte sie und schwärme.

Du ordnest die Gedanken,
ziehst hier und da auch Schranken,
du glättest die Gefühle,
ernüchtert durch die Kühle.

Noch flutet Licht durch alle Räume,
bunt gekleidet sind die Bäume.
Was du bis jetzt nicht hast vollbracht,
wird schlafen eine lange Nacht.

Rena Maro

Alles, das steht

Deck mich in Schwere und Schläfrigkeit.
Deck mich in Stille und Frost.
Nimm alles, das Funke der Heiterkeit.
Nimm Edles und Lass mir den Rost!

Deck mich in Nacht,
Die ersten Winde des Herbstes!
Lass meine Bäume vergehen.

Lass mir den Winter,
Das nächtliche Eis!
Deck mich in allem, das steht.

So will ich es, so kalt und verrostet!
Ich weiß um meine Ewigkeit.
Nimm alles, lass mir nur was es kostet!
Ich wollte nie Unsterblichkeit.

Mila Marohl * 2003

Nie wieder

Nie hätt' ich gedacht dich zu treffen,
die Kälte in mir hast Du beinahe aufgegessen.

Beinahe heißt nicht ganz,
denn noch schimmert mein Herz im eisigen Glanz.

Wirst Du der sein der es befreit,
der nachdem es schreit?

Wirst Du es weich und blutig machen
und es dann ausbluten lassen?

Oder wirst Du seine fleischliche Form tragen,
sie bewahren und nie nach einer anderen fragen?

Ich wünscht so sehr es sei mir gleich,
doch das Eis wird dünn und mein Herz weich.

Kontrolle und Macht hätt ich über Dich –
das ist wahr
Und doch tu' ich es nicht – denn dieser
Plan ist nicht, was ich in Dir sah.

Entscheiden sollst Du, selbst denn ich
wende mich zum Guten.
Doch wärmst Du mein Herz ohne Grund,
so muss Deines ebenfalls ausbluten.

Amelie Madeleine Mars * 2003

Beschäftigt

Alle rennen sie durchs Geschäft
Schieben vor sich hin einen kleinen Wagen
Schieben ihn vor sich wie ihre dicken
  Bäuche
Füllen den Wagen mit Essen
Schieben ihn weiter und vergessen
Ihre Köpfe zu füllen mit Ideen
Sie wissen nicht wohin sie sollen
Haben vergessen wohin sie wollen
Den ganzen Tag könnten sie hier
  verbringen
Ohne zu wissen wie die Vögel draußen
  singen
Sie atmen die Luft des Abgestandenen
Sie atmen Luft ohne Leben
Nur einer lässt seinen Wagen einfach
  stehen
Tanzt durch die Menschen hinaus
Schlüpft durch die Drehtür wie ein
  Schmetterling
Schnappt tanzend nach Luft, beginnt zu
  singen
Erinnert sich an seinen Weg
Weiß wohin er will
Fliegt träumend in sein Glück
Und kehrt nie wieder zurück.

Christine Marson * 1976

Nächtlicher Atem

Der Wind hebt den Stift
Und summt leis dazu
Hörst du seine Schrift
In nächtlicher Ruh?

Mal kämmt er das Meer
Oder streift meine Hand
Oder streift leis umher
Ob er je Frieden fand?

Er flüstert Gedanken
Die mir schnell entwischten
Aus den Erdenschranken
Vergess'ne Geschichten?

Emma Martin * 2005

Herzblätter

Der Sommer ist vorbei. Ich kann sein
  Glühen noch in meinem Herzen
  fühlen.
Meine Tränen fallen schwer wie nasse
  Blätter, die ziellos vor mir durch den
  Nebel fliegen.
Wo sind die Farben? Sie fehlen mir, wie
  deine Worte, die einfach
unausgesprochen zwischen all den Zeilen
  liegen, die wir uns schreiben,
als ließen sich mit Belanglosigkeiten unsere
  Gefühle vertreiben.

Das satte Azurblau des Meeres wechselt
  jetzt in kahles Grau. Ich sehe mich
  noch einmal auf den Klippen stehen.
Mein Blick ganz weit, kann über das Meer
  bis auf den Grund meines Herzens
  sehen.
Von mir zu dir, zu uns, es konnte nicht
  tiefer gehen.
Tiefgründig waren die Worte, die ich für
  uns fand. Ich warf sie dir großherzig
  zu über die Klippe, über den Strand.

‚Viel Glück' stand von einem Herz
  umgeben vor mir im Sand.
Ich nahm es mit, dieses Glück, weil ich
  hoffte es könnte für uns beide stehen.
Jetzt zerfällt es mit den Blättern im
  Garten, ich sehe es in Fragmenten
  durch die Lüfte wehen.

Ich gehe hinaus und lege die Scherben
  meines Herzens in das kühle Laub.
Herz zu Blättern, Blätter zu Staub.

Nika Martin * 1975

Dem Abbe Franz Stock gewidmet

Epochen getragenes Kreuz
und das Leid, schwer,
verrostet von der Zeit.
Geschnitzt das Holz,
Lebensbruch.
Bruchstücke des Lebens,
von Menschen-Geschichten
bewachsen.
Staub der Wege,
auf den Lippen der Rost,
verbrannt die Schatten des Tages.
Die Zeit beichtet
die All-Dunkelheit des Himmels.
Wir treten ins Gotteslicht
hinaus.

Rosa Marusenko

Mittelaltermarktmusik

Einer Ahnung gleich liegt Summen in der
  Luft
Es ist die Vergangenheit, die nach mir ruft
Sie hatte einst so schöne Haare
doch ist ergraut, nun fern von Farbe
Ihre Brüste, prall und voll
neigen sich dem Erdball zu
Die glatte Haut voller Krater
Gekrümmt trägt sie ihre Marter
An sie erinnern Flöten und Gezupfe
Frohes Tanzen wie fröhliches Gehupfe
Doch fort ist sie nun, eine Erscheinung gar
Es bleibt nur die Ahnung, wie sie früher
  einmal war

Julian Marvin * 1998

Gedanken

Millionen Gedanken kreisen im Kopf.
Hast du das Licht aus? Ist auf dem Herd
noch der Topf?
Hast den Anruf vergessen, der gestern so
wichtig war.
Wo ist der Schlüssel? Was stellst du dar?
Verdammt der Tag fängt wieder gut an.
Naja was soll's! Komm, halt dich ran!

Auf Arbeit warten schon die Leute.
kommst Recht spät. Wo warst du heute.
Der Stress geht los in diesem Haus.
Oh man mein Kopf. Ich muss hier raus.

Weg vom Stress. Mal Ruhe tanken.
Verdammt ich bin schon wieder in
Gedanken.

Ja morgen schmeiß ich alles hin.
Lauf los und hol mir mein Gewinn.
In den Flieger, neues Leben.
Dem Dasein neuen Sinn vergeben.
Natur genießen, Sonne tanken.
Oh man, schön sind's, die Gedanken.

Yvonne März * 1976

Sehnsucht

Sehnsuchtsvolle Gedanken fliegen herum,
die einen träumen vom Meer,
andere wollen Reisen durch viele Länder,
manche möchten erleben Gefühle der
Liebe,
einige haben Sehnsucht nach dem Frieden.

Träume, vom Meer, von der Liebe,
Reisen in der Welt umher,
die können wahr werden.
Vom Frieden im Krieg, diese Träume,
werden viele nicht mehr erleben.

Friederike Masawd * 1952

Buga 23

Auch altvertraut ergänzt sich,
Weiher, Tier und Baum,
Luise zu Spinelli
Mannheims neuem Lebensraum.

Wie wunderbar die Beete,
tausendfach bestückt
und zauberhaft die Blumen
viele Tausende beglückt.

Doch bald schon geht die BUGA
still und leis' dahin,
es bleibt jedoch in Mannheim
dauerhaft der Hauptgewinn.

Chapeau.

Walter Masch * 1947

Winter mit dir

Weiße flocken dicht an dicht
stürzen sich ins Abendlicht
tänzeln voller Übermut

sitz am Fenster wie ich seh
liegt schon feiner weißer Schnee
im Kamin knistert die Glut

mein Buch das leg ich aus der Hand
verlasse grad das Auenland
in einer Stunde wirst du hier sein

ich bin nervös bin aufgeregt
hab mir Mozart aufgelegt
und schon kommst du zur Tür rein

und in diesem Augenblick
schüttelst du den Schnee der dick
auf deinen Locken liegt

ich seh dich an ich küsse dich
wie jeden Tag verlieb ich mich
schau auf mein Herz das zu dir fliegt

Maschy * 1963

Kinderliebe

Du sagst, du wirst mich immer lieben
hast du mich überhaupt gekannt?
Du sagst, ich bleib in deinem Herzen
doch sahst nur zu, als ich verschwand

Ich bin gegangen, um zu lieben
Du hast mich niemals angesehen
doch du sagst, ich bleib dein Mädchen
wieso ließest du mich gehen?

Heute singst du deine Lieder
harte Worte über mich
Du sagst ich war die große Liebe
doch geliebt hätt' ich dich nicht

Bist du wirklich blind gewesen?
Ich hab so lang auf dich gehofft
doch wenn ein Mädchen immer wartet
weint es irgendwann zu oft

Du sagst, ich werd für immer fehlen
hast du mich doch so sehr geliebt?
Oder liebst du nur den Traum
dass es ein Mädchen für dich gibt?

Paulina De Matteis * 1993

Ein Weihnachtstraum

Am Silbermond des Jupiter
uns'rem Auge verborgen Er
vom Funkelnebel kalt her rührt
zum Prinzen im Schattenreich führt.

Herr über Naturgewalten
lässt Leben prachtvoll entfalten.
Ewig' Mächte Ihm wohl gewollt
Gibt und Nimmt Sein mehr es sollt.

Machtvoller Sturm sich feig versteckt
hat unter sich das Land bedeckt.
Das Dunkelreich hat uns bedacht
so sinkt auf Erden stille Nacht.

Kalte Welt im blassen Gesicht
in Ihr das Licht des Himmels bricht.
Meine Spieluhr sanft klingt und dreht
im Eis jedoch die Zeit stillsteht.

Zu Geisterstund' und Sternenschein
möcht' ich im Wolkenschlosse sein
wo Engelein mit Zauberhand
das Fest der Liebe uns gesandt.

Christian Maul * 1988

Für ihn

Und wenn ich in meine Zukunft blicke, da
   wird es dunkel, denn ich fühle mich
   verschwunden.
Braucht es doch mehr, um glücklich zu sein
   und traue mich nicht mehr verliebt
   zu sein.
Ich weiß doch selbst nicht, wohin und wer
   ich denn eigentlich bin.
Wünschte mir er würde mich auch sehen,
   doch nur um mich war es geschehen.
Er nimmt mich wohl nicht wahr,
weder als besonders noch als wunderbar.
Nein, ich bin eher nur ein Mittel zum
   Zweck und nach morgen vielleicht
   schon wieder weg.
Macht mich traurig zu zusehen und doch
   werde ich drüberstehen.
In mir drin eine große Leere, doch mach
   weiter, als ob nichts wäre.
Sperre ich lieber Gefühle in die Endlichkeit
   und lasse mich nicht nochmal auf ihn
   ein.
Ich kann doch nicht mehr raus, denn ich
   bin genfangen, ich weiß du liebst eine
   andere.
Doch wünschte ich mir mehr als alles
   andere für einen Augenblick,
einen Schimmer der Sehnsucht und einen
   kleinen Moment des Hoffnungsglück.
Deine glitzernden Augen und warme Haut,
   deine Nähe und Vertrauen,

welche mir bringt mein Herz zum
    Schweben und wünschte du vermisst
    mich eben.
Doch ist traurig, aber wahr, nur all das ist
    eine Illusion und nicht da.
Manchmal, da denke ich noch an dich,
    wünsche mir die Tage zurück und
doch am Ende schreib ich auf meine Zeilen,
    in denen ich wohl verweile.
Du suchst doch selbst nicht nach mir und
    alles, was du liebst, findest du in ihr,
    nicht in mir,
aber ich meine Liebe in dir.

Yasmin Mäurer * 2002

Alles wird gut

Glaub mir wenn ich sage es wird alles gut,
Ich weiß vielleicht fehlt dir gerade der Mut.
Doch lass den Kopf nicht hängen,
Und hör auf das Gute zu verdrängen.
Denk dran Du bist nicht allein,
Ich werde dir helfen und immer bei dir sein.
Zusammen werden wir das doch wohl
    schaffen,
Denn Hoffnung ist eine der stärksten
    Waffen.
Ganz egal was in dir drinnen abgeht,
Es gibt immer jemanden der hinter dir
    steht.
Vielleicht kommst du ja auf andere
    Gedanken,
Komm wir weisen das schlechte zurück in
    seine Schranken.
Versuch positiver zu denken,
Du wirst merken wie deine schlechte Laune
    anfängt sich zu senken.
Manchmal muss man auch durch schlechte
    Phasen,
Um sich auf das Gute zu konzentrieren,
Manchmal wird man vom Leben
    gezwungen sich auf das schöne zu
    fokussieren.
Drum denk immer daran es wird wieder
    alles gut,
Deshalb lass ihn dir nicht nehmen, deinen
    Mut.

Chantal Mäurer * 2001

Verloren in deinem Herzen

Wehmütig schaute ich dich an,
doch weiß ich
dass ich dich nicht haben kann.

Du bist mein Licht
In der Dunkelheit.

Wehmütig schau ich dich an,
doch nie wirst du mein
Und ich auch nicht dein.

So Rein und Schön,
das bist Du.

Dich zu vergessen,
ist wie zu hoffen,
doch schaff ich es nicht.

Mein Herz ist dein,
das verlor ich an dich,
deins behältst du bei dir,
zu vergessen schaff ich dich nicht.

Leah Maria Maurus * 2006

Antigravitation

Wir schütteln Hände
reden
Bände
hoffen
wir werden gehört

Es wird viel geküsst
und berührt
ohne je näher zu treten
aus Angst
dem Leben zu begegnen
das an unseren Hoffnungen zehrt

Treue wird geschworen
Tränen verbleiben
vergossen
auf unserer Haut
hartgesotten
wie erkalteter Sternenstaub

Maux * 1982

Unter einer starken Eiche
Bin begraben ich im Traum.
Da vermodert meine Leiche
Und belebt den ganzen Baum.

Tiefer als die Wurzeln reichen
Ruht mein zärtliches Gebein
Sucht nicht mehr nach seinesgleichen
Welkt ins Pflanzenleben ein.

Nils Maxen-McIntire

Leben

Wie nichtig ist doch das Leben,
Nun ziehe ich hier meine Kreise,
Das Gefühl der Nostalgie überströmt mich,
Das Leben als endbare Reise,
voll Trug und Schein.

Die Schönheit ist gegeben,
Nur vergisst man sie recht schnell,
Ein Fluch unserer Zeit,
Ohne Liebe, Treue, Zweisamkeit.

Die Sonne strahlt in vollem Glanze,
Jetzt nur jetzt sieht man das Ganze,
Einsamkeit ist Trug und Schein,
Freude das was man vergisst,
Sachen, die man vermisst.

Dustin May * 2005

Das MONSTER Mensch

- geschaffen durch die Vorgaben einer
Gesellschaft und deren Ansprüche, die
so hochgeschraubt,

überheblich, gnadenlos oberflächlich und
unerbittlich sind....

Der Mensch an sich war nie schlecht, doch
irgendwann kam der Konsumwahn
und die Menge passte sich an.

Jeder der nicht auf dieser Welle surft wird
erbarmungslos zum Aussenseiter....

Wann begann es, das die grosse Meute
bestimmte wer liebenswert,
ansehnlich oder begehrenswert ist???

Wer nahm sich das Recht heraus dies
zur Vorgabe zu machen und viele
Menschen die wundervoll
unperfekt sind, dazu zu verdammen, in
einer absolut isolationsähnlichen
Weise zu leben???

Allein die Oberflächlichkeit der äusseren
Hülle, die viele Menschen als das Non
plus ultra erachten,

haben den Mensch zum Monster mutieren
lassen....

Eines, welches unschuldige Seelen auffrisst,
das Selbstwertgefühl zu einem
Steinbruch zerlegt

und Menschen die nicht zu den
Erwartungen passen zerstört.

Oft ewig verdammt dazu an sich zu
zweifeln, weit entfernt von Selbstliebe,

nicht fähig Freiheit und Unbefangenheit zu
leben ...

Jeder Mensch trägt mit seiner
Persönlichkeit, seinen Fähigkeiten,
Besonderheiten,

seinem Aussehen dazu bei, dass unser
Leben vor Vielfalt schillernd strahlen
könnte.

Aber die Masse – das MONSTER Mensch
lässt uns in einer

Zweiklassengesellschaft verweilen ohne zu
verstehen, dass jeder Mensch Teil eines
Mosaiks ist,

in seiner Farbe und Vielfalt an nichts zu
messen.

Doch wir sind so darin gefangen immer
nach größerem, besserem und
wertvollerem zu streben,

dass wir verlernt haben die Liebe zu
spüren, die von wundervoll, perfekter
Unperfektion ausgeht.

Chao_May * 1979

Mut

Traget ein, ich werde stehen.
Man wird mich sehen,
Keinem wird das Licht vergehen.

Später sei es doch was ich mich trau,
Und nicht jener Weg, der mir vorgelegt.

Ein jener Mann, der riets ihm aus,
„Groß führt er sich auf".

Doch glänzend Früchte trug
Des Heldens großer Mut.

Joana May

Unser bestochener Wunsch – Schöne heile Welt

Blumen im Frühling, Sommer, Herbst und
    Winter
Schönheit!

austrocknender Wind,
Schreckensherrschaft der Sonnenglut,
Wut des flutenden Wassers,
Botschaft!

Gegenwartsbewohner untätig und bequem
feststeckend, rettungslos, still, verloren.
lauschen den Gewissenswurm
Verzweiflung? Gleichgültigkeit?

Kampf der Natur gegen ihre Ausbeutung,
aufbäumen einer seufzenden Erde,
verzweifelt windet sich der Erdenplanet.
HILFERUF? Höre mich!

mahnende Mahner handeln,
Verbote und Gebote aufstellend,
Wir retten dich!

Die Erde verhandelt nicht, wartet nicht
das Klima läuft Amok!
Schöne heile Welt ade.

Johanna Mayer * 1960

futuro

hektisches winken knorriger äste
im luftzug des plötzlichen wandels
insektengleich neue gedanken
suchend - flirrend im luftigen raum
verlassen des im gedächtnis vorhandenen
zähes ringen mit dem selbst
steingleich die neue materie
bestehende wirklichkeit gesprengt
schritt des reisenden auf wandelstern
bannstein überwindend
urmasse im hintergrund
horizont blickend
auf dem jungfräulichen pfad
durchs zwischenreich
ins neue sein

Monika Mayer-Pavlidis * 1963

Liebe

Liebe ist mehr als ein Wort
Führt uns an jeglichen Ort
Liebe – weit mehr als ein Wort
Gibt uns'rem Herz einen Hort

Füllt Euch aus in jedem Eck
Und jedem Winkel Eu'rer Seel'
Sei Euer tägliches Besteck
Dass Euch nie den Sinn verfehl

Gründelt wie ein großes Tier
Am tiefsten Grund der dunklen See
Eu'res Geist schönster Manier
völlig egal, ob man's versteh

Hüllt Euch ein, umschließ Euch ganz
Deckt Euch zu, zu jeder Zeit
Führt Euch im harmonisch' Tanz
In ewig süßer Einigkeit

Helge Mazuw * 1967

II (Krefeld)

Deutsche Riesenbabys,
denen all die Bratwürste die sie in ihrem
    Leben unermüdlich fraßen,
das ganze Gehirn verweichlicht haben.

Speckige, kraftlose Hände überdeckt
    mit Haaren, die dem ganzen einen
    lächerlichen Anstrich verpassen.
Lautes Männerlachen, johlen,
    Stammtischschenkelklopfer.
In ihrer Welt war kein Raum für
    Andersartigkeit.

Anders konnte ihre kleinen Herzen in
    rasenden Unmut stürzen,
anders wusste nicht welchen Schnaps man
    in der Kneipe zu seiner Mettstulle
    bestellt,
Anders war verwirrend und windet sich nur
    mit anstrengender Zähigkeit,
durch die Bratwurstwinden ihrer Cremigen
    Gehirne.

Klarer Korn, das ganze gute, deutsche
    Glück. Anders wusste das nicht zu
    schätzen,
hat es nie zu schätzen verstanden,
nie verdammtnochmal zu schätzen gewusst.

Weiches, rosanes, schwitzendes Fleisch
Genährt von ihren Müttern,
Die wie alte, astmathische Doggen
    sich schleppen,

Zu Lidl und Aldi u Netto,
Zum nächsten Ausverkauf ihrer
    kümmerlichen Seelen.

Soll es das gewesen sein,
Ein Fähnchen im akkurat getrimmten
    Innenhof
der menschlichen Belanglosigkeit zu hissen
und der eigenen Mittelmäßigkeit,
stolz, mit biertriefendem Schaum vorm
    Mund zu salutieren.

Karina Medowa * 1990

Irmgard

Keiner wusste, was aus ihnen ward.
Graf Otto und Gräfin Irmgard.
Als es ging von Kaiserin Kunigunde die
    Kunde in die Runde,
dass deren Ehe wäre wild und nicht vor
    Kirch und Kaiser gilt.

Irmgard jedoch pilgert fromm zum
    Petersdom nach Rom.
Allein, ohne Begleitung – zu erzwingen die
    Entscheidung.
Den Papst sie um diese bat und auch
    bekommen hat.
Doch erkannte diese niemand an.

Peter Meffert

Ich habe alles und doch bin ich nicht glücklich

Ich habe alles und doch bin ich nicht
    glücklich,
bitte sag mir wie ist das nur möglich?
Wer ist es der es mir sagen kann?
Liegt es an mir? Was hab ich denn getan?
Die ganze Welt liegt mir zu füßen,
Hab ich etwas falsch gemacht? sag mir wie
    soll ich dafür büßen?
Ich stehe an der Spitze und habe unendliche
    Macht,

Und doch bin ich alleine in der kalten Nacht,
Ich habe alles und doch bin ich nicht glücklich,
Sag mir wie lange es noch sein wird, ist es etwa für ewig?

Riyan Mehmood * 2006

Bescherung

Trockene tote Tannenbäume taumeln vor sich hin.
Tausende braune Nadelträume verwehen nun im Wind.
Kurze Kerzen schmelzen schnell wie sanfter Schnee.
Draußen, durch Fenster seh ich, taut auch schon der gefrorene See.
Doch schon nächstes Jahr beginnt es von vorn mit Baum und Wein.
Kommt und geht von Jahr zu Jahr.
Nur die Sterne, die werden immer dieselben sein.

Luca Meier * 2001

Reuelos

Seine Worte taten weh bloß, warn brutal und reuelos.
Als er ging, wurde mir klar, dass er ja mein Leben war.
Dass ich verhall wie ein Ton, abdank wie ne Königin vom Thron und zerfall wie die Berliner Mauer,
denn auch die war nicht von Dauer. Merke dir: Milch, die man eines Tages nicht mehr mag,
wird eben eines Tages sauer.

Yasmine Meier * 1969

stehe, stehe, stele

sehet
sehet
stele
stele
sehet

leset
leset
stele
stele
leset

stehe
stehe
stele
stele
stehe

verst
ehets
telev
erses
tehen

Andreas Meier * 1951

Nichts

Ich habe nichts.
Doch dieses Nichts,
Das ist so riesig,
Das macht mir Angst,
Das ist nicht nichts.

Viola Meier * 2000

Traumzauberbaum

Mondlicht
Müde Augen schließen
Kraftvoll ein Baum
Inmitten blühender Wiesen
Äste wiegen sanft im weiten Raum
Körperlich fühlbar, ein sinnlicher Traum.

Raschelnde Blätter, ein flüsterndes Wort
Erzählend von einem vergessenen Ort
Sehnsuchtsvoll lauschend, kostbar und fein
Frieden und Stille stellen sich ein.

Zärtlich klingende Zweige schenken Geleit
Wohlgesonnen, verzeihend, in Herzlichkeit
Vögel zwitschern, wie ein liebliches Lachen
Gewissheit, ein neuer Tag wird erwachen.

Augenlider blinzeln, ein kurzer Moment
Gedanken sind noch nicht existent,
Erfüllt mich tiefer Glaube, ganz rein
Ja, es ist möglich, ein Baum zu sein.

Jeanette Meinberg * 1978

Der Schmetterling

Ein schillernder Schmetterling
wird gebrochen
so viel schneller als eine Raupe,
sie kommt gekrochen.

Nur ein Flügelschlag
gegen die falsche Sache,
die er nicht mag,
ein Teil zerkrümelt zu Asche.

Nachdem die Raupen sich entpuppen
als nicht fähig wirklich zu sein,
außer in Gruppen,
zum Schein,

Kriechen sie zusammen mit gierigen Augen
und fressen den Halm,
auf dem hatte gesessen
und gehofft nicht zu fallen,

Der Schmetterling,
der jetzt muss seinen Platz verlassen.

Sind es Gesetze der Natur,
oder verzweifelte Phantasien
eines hässlichen Falters,
der denkt über das Fliehen?

Lou Anouk Meinke * 2005

Zusammen

Voller Sehnsucht
sehne ich mich nach dir und suche dich.
Voller Erwartung
warte ich auf dich, bin voller Glück
und vollkommen glücklich,
wenn du kommst, und wir gemeinsam
    kommen.

Wir wachsen zusammen,
wenn wir wachsen und zusammen sind,
wollen nicht mehr auseinander,
denn dann ist es aus ohne einander.
Es könnte unendlich weitergehen,
lass uns endlich miteinander gehen.

Meinrad * 1970

Verzeih mir!

Es war nicht meine Wahl zu gehen
Es war nicht meine Intention dich zu
    verletzen
Es war nicht mit Absicht, dich nicht mehr
    zu sehen
Es war nicht umsonst, zwischen uns
    Grenzen zu setzen

Es war, weil ich wusste
Es war mein Schutzmechanismus
Es war, weil ich musste
Es war ein bisschen auch Egoismus

Ich wünschte es wär nicht das, was es mal
    war
Ich wünschte es gäbe dich noch, bevor
    deine Augen eine Andere sahen
Ich wünschte es wär noch nicht zu Ende,
    wie letztes Jahr
Ich wünschte es machte mir nichts aus, dass
    wir beide wieder zur Realität nahen

All die Ausreden,
können dich nicht mehr ersetzen
All die Veden,
zu spät, um deine Liebe wertzuschätzen

Vielleicht will ich, dass du mir verzeihst
Vielleicht will ich das auch gar nicht
Was weiß die Zeit
und wie sie zu mir spricht ...

Aya Melli * 2005

odysseus

vor zwanzig jahren
endete der krieg?

nicht für den mann
dessen dämonen ihn
über die meere trieben

zurück wäre er besser
nicht gekommen?

penelope wirkte noch immer
das gewebe der welt

Bettina Melzer * 1955

Der Mensch

Es frisst der Mensch auch ohne Grund,
er fühlt sich g'sund, auch kugelrund.

Er gönnt sich ja nur „ein" Gläschen Wein,
dann wird er entspannt wohl sein.

Sport ist Mord und keine Liebe,
dafür setzt er auf seine Triebe.

Anstatt zu lieben des Menschens Herz,
verzehrt er sich an Schönheit, welch ein Scherz.

Alle einsam, traurig und gestresst,
so viel Unnötiges wird ins Leben gepresst.

Social Media wird zur modernen Pest,
es vergiftet jedes noch so harmonische Nest.

Jeder vergleicht sich und will triumphieren,
fast schon wie bei den wilden Tieren.

Jederzeit erreichbar und vernetzt,
die Privatsphäre wird zerfetzt.

Der Bildschirm flimmert, man betäubt sein Leben,
anstatt miteinander zu reden und nach Harmonie zu streben.

Man vergeudet so seine Lebenszeit,
wo bleibt nur die Menschlichkeit?

Irene Meneder * 1983

Sturm

Bleigraue schwere Wolken jagen über den Himmel,
zerrissen von Wind und Regen,
ärgerliche Formen annehmend.

Das Wasser in der Bucht wird eins mit der Farbe des Himmels und
drängt dröhnend an den Strand.

Die Bucht hallt wider
vom Gebrüll des Wassers und
die Felsen erbeben unter der
Gewalt der wilden Wellen.

Ein Mensch steht auf den Klippen
hoch über der Bucht.
Der Wind zerrt wütend an seiner Kleidung,
versucht ihn wegzudrängen.

Aber der Mensch steht fest und still,
legt sich trotzig in den Wind und
schaut dem Sturm ohne Angst in die Augen.

Angelika Merfort * 1954

Auf den Mars

Ich möcht gerne auf den Mars,
Auf den roten Planeten.
Ich weiß es nicht warum,
Träume darüber nachts im Bett.

Warum habe so ein Wunsch,
In diese kalte Wüste?
Auf dem Mars ist 3-mal kälter
Als im kalten Russland.

Es gib auch noch ein Problem:
Keine Luft vorhanden.
Ohne einen Luftballon
Kannst kein Atem empfangen.

Für die Menschen ist der Mars
Schlechter Lebensraum,
Dafür aber für den Rover
Ist ein Forschungstraum.

Wenn die Erde mal kaputt geht
Können wir uns retten.
Alle hauen wir einfach ab,
Auf sauberen Planeten.

Nur, ich denke, unser Gott denkt darüber anders,
Will Er nicht, dass du zum Glück in den weiten Kosmos wanderst.

Andreas Merk

Motten

Tausend Gedanken im Kopf. Wie Motten.
Tausend Wege sie loszuwerden. Alles Sackgassen.
Stunde drei gebärt den Tod und die Toten.
Kognitive Kernschmelze droht durch kritische Masse
an kognitivem Overload, Angst zu verlassen,
was zu verpassen, nicht genügend zu leben, zu lieben, zu hassen, sich nicht fallen zu lassen...
Tausend Gedanken im Kopf. Wie Motten.
Tausend Wege sie loszuwerden. Alles Sackgassen.

Max Merkel * 1987

Das Virus verteidigt sich

Ich bin zwar nicht wirklich „Leben",
kein Bakterium und auch kein Tier,
doch mich wird es ewig geben.
Ich lebe viel länger als ihr.

Und damit ihr euch bloß nicht irrt
und wenn ihr mich dafür hasst:
ICH, ich bin hier der Gast
und ihr seid doch stets nur mein Wirt!

Der Wirt muss jetzt die Zeche zahlen
Mit kleinen, großen Krankheitsqualen,
ja manchmal zahlt er mit dem Leben!
Mir ist das gleich – so ist es eben!

Schaut Euer Treiben selbst mal an:
Was ihr der Erde angetan!
Soll das etwa noch schlimmer werden?
Ihr seid doch auch nur Gast auf Erden.

Gerhard Merten * 1951

Leben

In heißen Sommernächten
die Luft vibriert.
Das Blut
in deinen Adern
pulsiert.
Du wirbelst im Kreis.
Im Rhythmus des Tanzes
spürst du
die Lust zu leben.

Margit Methner * 1949

Herbstspaziergang

Bunte Blätter wirbelt der Wind,
und in der Ferne lacht ein Kind,
ich geh den Weg bergan.

Der Bäume Atem hüllt mich ein,
im dunklen Wald bin ich allein
und setze Schritt vor Schritt.

An grünen Wassers stillem Rand
ein dürrer Ast reicht mir die Hand
zu einem stummen Gruß.

Die Zeit steht still, der Schatten fällt,
und Finsternis umfängt die Welt,
die rings um mich versinkt.

Methysis * 1970

Israel

Fauchend ziehen Raketen über das Land hinweg,
heulend tönt der Alarm in Dörfern und Städten.
Bewaffnete Kämpfer, zu jedermanns Schreck,
dabei einen Zaun niederzutreten.

Der Tod zieht durch die Straßen, an jedes Heim,
die Bewohner in Schutzräume eilen.
Das Gefecht in der Gasse mit schwerem Kaliber,
deutlich macht: es gibt keinen Sieger.

Alles springt auf: schon wieder Krieg?
schon wieder Leid?
Wird er jemals enden, dieser Streit?
Doch es hilft kein Flehen, kein verzweifeltes Gebitte,
beginnend schon, die eig'nen Luftangriffe.

Als der Rauch sich lichtet, die Zerstörung enthüllt,
sind beide Seiten fatal geschlagen.
Nur der Zaun wird erneut beschlagen.

Man fragt, was steht denn eigentlich im Wege,
eine gemeinsame Gesellschaft zu erbau'n?
Und weit draußen steht er, der mächtige Zaun.

Tobias Meyer * 2004

Der Storch

Der Kopf fällt leicht,
Neigt Richtung Ferne.

Sein Inneres, es flüstert leise.
Spricht von Erbe,
Sehnt nach Weite.

Flügel schlagen stark ins Leere.
Tragen sanft
Altes Gepäck.

Antik und versteinert scheint doch die Reise.
Ein unscheinbares, weites Leer.
Etwas,
Das sich ein Vergessen teilt,
Wie ein Tempel, der
Unter Wüsten weilt.

Nun scheint ein Himmel in Blass und Weich,
Betupft mit schwachen Formen.
Im Erbe der entwohnten Luft,
Schwebt noch ein Duft
Des Fortgelebten.

Arne Malte Meyer * 1992

5 vor 6

Sie morgens Mutter
von 6 bis 10 vor 8.

Am Tag bis 5 vor 6
Projektarbeit mit Deadlines
bis kurz vor knapp.
Die Netzhaut löst sich ab.

5 Minuten bis die Krippe schließt.
Das Kind allein am Zaun.
Ein letztes knappes Kind.
Das Kind. Es löst sich ab.

Nachts schmales Licht und Wein
und meine fliehenden Gedanken
bis 5 vor 12 und noch viel später.
Ich. Ich lös mich ab.

Deformation professionelle.
Das Herz. Es löst sich ab.

Parole Meyer * 1975

Sommerabend

Am Feldrain
steht die Lerche in der Luft
auf staubigem Wege
brechen Sonnenstrahlen
des Wanderers müden Schritt
wo am Dorfrand
roter Mohn im Schlaf versinkt
leuchten Wetter
in die Nacht

Günther Mika * 1953

*Verzückende Offenbarung für
niemand und alle*

„Bammm" – Aufwallend erhellende
    Direktperzeption – ist Erfüllung nah?

Mit unerschütterlich vertrauender Hingabe
    zum endlichen Sein,
durch unaufhörlich begehrende Variationen
    im Nichts bleib rein.

Bietet sich denn Erfüllung nicht schon
    immerzu dar?
Nur im unsichtbaren Spiegel bekennender
    Einfachheit und Sanftheit kann
    werden es wahr.

Keine Angst vor dem fulminant
    donnernden Licht,
schau ruhig hinein – sogleich ist's
    uneingeschränkt gewahrende Sicht.

Wird Sicht und Licht unverzüglich und
    selbstlos verbunden,
ist jedwedes, phänomenal widerfahrendes
    Ereignis bereits schlichtweg
    überwunden.

Geradezu in der blendenden Absenz
    von vereinzelnd wahrnehmendem
    Ansichsein
erfährt sich prägend das unschuldig
    hemmungslos begeisternde
    Bewusstsein.

Ist instinktiv bewahrende Leerheit
    zumutbar in vernunftelegant
    duldsamer Vision,
wird resolut entfaltende Lebensenergie und
    Charme zur natürlich vollzogenen
    Religion.

Mit andächtig emanzipierter Willenskraft
    staunend und versöhnend durch
    Raum und Zeit,
nicht anders wird man von wiederkehrend
    haftender Melancholie und Sehnsucht
    befreit.

Ist man zudem gereift die nun erlangte
    Vergewisserung unbefangen und
    restlos aufzugeben,
wird Milde, Mut und Tugendhaftigkeit
    zum authentisch impulsiven Erleben.

Kein Zweifeln im unberührt betörenden
    Denken ist nun mehr vonnöten,
schon allein der Duft der Rose lässt einen
    sogleich leidenschaftlich erröten.

„Ahhh" – Erfüllung ist nah!

Mikael * 1965

Liebe

Liebe ist ein Weg, ein Augenblick, der nie vergeht.
Sie ist des Lebens Sinn, der Ewigkeit Beginn.
Liebe ist ein Erfassen, ein Verstehen, des ander'n Leid nicht zu übergeh'n.
Sie ist für alle gleich, egal ob arm oder reich.
Liebe ist eine zarte Melodie, eine in sich ruhende Harmonie.
Sie ist nicht nur in Dur, sondern vielmehr eine Uhr,
die uns lehrt zu versteh'n mit dem Schicksal, welches uns alle ereilt, umzugeh'n.
Liebe nicht immer eine große Tat, die man haben muss parat.
Manchmal ist sie nur ein nettes Wort am richtgen Ort

Arami Mikl * 2008

So lasst mich fliehen

Ich fühle mich gefangen in meinem Kopf
Die Angst überkommt mich wie ein schwarzes Loch
Mein Herz so schnell wie es klopft
So schnell wie es pocht

Den Schmerz den ich spür
Ist es es Wert?
In meinen Magen wie ein Geschwür
Sollte ich es tun, wie im Mittelalter mit einem Schwert?
Ich will entfliehen durch eine Hintertür
Es hat doch kein Wert

Leben will ich, aber doch nicht so
Schreien will ich ganz tief aus meinen Lungen
Werd ich jemals wieder froh?
Will ich so Leben, so erzwungen
Froh werd ich hier nirgendwo
Meine Schreie so gedrungen

Ella Miller * 2008

cantus oecologicus

I.
Ach, Leute nehmt die Bäume rein,
es regnet doch nur Asche.
Und eure Kinder lasst daheim,
den Teufel in der Flasche.
Und holt euch einen toten Fisch
vom toten Fluss mit auf den Tisch
Wir wolln das Nachtmahl halten.

II.
Die Blumen wollen nicht mehr blühn:
Der Regen ist ersoffen.
Das Feuer hat verlernt, zu glühn:
Die Kälte schweigt betroffen.
Die Menschen werden grau und matt-
Und keiner pflegt das letzte Blatt:
Die Luft ist ausgegangen.

Michael Milde * 1953

Wenn du nicht da bist

Wenn du nicht da bist,
heult der Wasserhahn eiserne Tränen
und Nachbars Katze tanzt auf meiner Nase.

Wenn du nicht da bist,
ist die Milch sauer und
der Kühlschrank knurrt mich böse an.

Wenn ich ohne dich nach Hause komme,
knatscht die Haustür.

Der Platz in meinem Bett zankt sich mit der Wand.

Nur das Telefon liebt mich
weil ich es dauernd anstarre und abknutsche.

Wenn Du nicht da bist
tick die Uhr nicht mehr richtig
und droht, dass mir nun die Zeit um die Ohren fliegt...

...wenn du nicht da bist.

Milli Miller * 1976

Fensterbrett

Auf dir ruhten Ellbogen,
Über dir, schauende helle Augen,
Trüb geworden, mit der Zeit

Trübe helle Augen,
Stets zu zweit, aus dem Glas schauend,
Welches du trägst.

Pflanzen auf dir, manchmal
Eine Kaffeetasse, ein Buch mitunter,
Über dir stets ein blickendes Gesicht

Trübe helle Augen sind nicht mehr,
Niemand ruht auf deinem faulen Holz,
Deine Freundin, die Scheibe, ist matt geworden.

Travis Millin * 1977

Das deutschsprachige Gymnasium „Bertolt Brecht" in Pazardzhik – Bulgarien; heute – Sprachgymnasium „Bertolt Brecht"

„Der *Menschheit *Würde ist in eure Hand gegeben,
Bewahret sie!
Sie sinkt mit euch! Mit euch wird sie sich heben!"
Friedrich Schiller

Ich habe mein bulgarisches Gefühl
Auf Deutsch ... und überjubelnd ausgedrückt!

Es kommt mir von der deutschsprachigen Schul'! -
Von ihrem Herzen aus, das niemals lügt!

Die deutschsprachige Schule ist mir nah -
Wie jedem, der sie sich zu treten stieß! -
Die Blicke der sorglosen Jugend da,
Picassos Friedenstaube, die Dich grüßt!

Die Zimmer sind sehr groß und scheinen hell!
Die Sonne drin ist ständig werter Gast!
Der Schulfunk quält Dich manchmal fast wie Höll'
Und raubt Dir allen Atem, den Du hast.

Die Schule ist noch nicht privatisiert! -
Dem Geist der Freiheit dient die
   *Menschenwürd'!...

Stoyan Minev * 1959

Liebe, die nicht geht

„Melancholie Marie", sagte er sehr nüchtern,
Sie begann sich zu entkleiden,
Wenn auch nur sehr schüchtern.
Sie wusste was gemient war und irgendwie auch nicht,
Sie sah in seine Augen, sie sah in sein Gesicht.

„Vergangenes sollte vergangen bleiben,
Sie zog sich wieder an,
Er schaute leicht genervt und dachte noch daran,
Wie gut sie einmal waren und wie schlecht sie jetzt performten,
In Gedanken immer eins, an zwei verschiedenen Orten.

Minimalusch * 1989

Eine handvoll Gefühl

Echos haben sich totgebrüllt.
Schwarzer Schnee rieselt aus jedem Geäst.
Nebel hindert den Tag daran,
einer zu werden.

Raureif überzieht alle Postboten.
Geschwollener Knöchel – Trophäe der Hatz.
Kinder schreien um weinendes Feuer,
hellblau vertickt sich die Uhr.

Tropfen hängen todmüde am Gitter.
Elstern fressen das Blau aus dem Tag.
Wäscheleinen tragen den Regen und
genau wie er altert mein Schrei.

Träume rutschen über sinnlose Hänge.
Ufer sind weiß – aber niemand legt an.
Zukunft borgt sich vom Wind Melodien
aber keiner singt sie für mich.

Lichtstaub schäumt über den Himmel.
Jedes Bemühen wird lila.
Wieder erwachen Dämonen,
denn ich schlafe nie aus.

Robert Minkel * 1961

Die zwei Frauen des Rodensteiners

Zu einem Kreuzzug zieht es den Ritter fort,
doch Sklave wird er an einem fernen Ort.
Unter Leiden er sein Tagwerk tut,
die Wunden voller Blut.

In Alexandria im Morgenlande
knüpft eine Schöne ihm zarte Bande,
verzücket ihn durch ihre Hexenkunst,
gewinnet seine Gunst.

Wie ein Wunder - von Ketten wird er frei,
als ob ein Zauber ganz plötzlich mit ihm sei.
Dem Rodensteiner, von Kummer nun befreit,
beginnt eine neue Zeit.

Mit Sarazenenweib erreicht Burg Rodenstein,
jedoch sein Eheweib, das will auch hold ihm sein.
Ein Schloss ihm dient für diesen Dreierbund,
will genießen Tag und Stund'.

Ganz verwirret Rodensteiners Sinn,
hier Sarazenenweib, da Europäerin.
So verschmelzen in seinem Geiste sie.
Wer ist nun die, wer ist die?

Karl-Heinz Mittenhuber * 1942

Der Strom

Einst ein eigenartiger Mann stand mitten auf der Straße,
der Rücken gekrümmt, der Kopf gesenkt,
der Blick starr und leer,
seine Standhaftigkeit scheinbar nur eine kurze Phase,
doch trotz Widerstands seine Füße verwurzelt im Teer.

Jedoch stellt sich die Frage, worauf wartet er?
Die Menschen ignorant, wollen nichts weiter wissen,
die Gegenkraft zu sehr, die Belastung zu schwer,
so wird er letztendlich von dem Strom mitgerissen.

Sein Wille war zu schwach, um noch Hoffnung zu haben,
sein Mut zu gering, um sie noch zu bekehren,
es war lediglich sein abschließendes Vorhaben,
Mitmenschen eines Besseren zu belehren.

Ihr einz'ges Ziel, sich an Sinnlosigkeiten zu laben,
seine Geduld vergangen, sie aufzuklären,

er wollte nicht mehr vergeblich nach dem
    Schatze graben,
deshalb gab er es auf, sich weiter zu
    wehren.

Zu viele Gedanken in ihm stapelten sich,
er fällt in die Tiefe und sein Kopf prallt auf
    den Asphalt,
zwar einer von ihnen, doch ihnen nicht
    ähnlich,
sicher ist nur, dass seine Eigenartigkeit
    nachhallt.

Julia Mödinger * 2000

Wag es!

Tust du es nicht probieren, so wirst du es
    auch niemals spüren.

Du kannst nicht immer grübeln, du musst
    auch mal anfangen all die schönen
    Dinge auszuprobieren.

Kannst du sie nicht fühlen? Dann musst du
    beginnen zu üben.

Üben, all die Dinge in dir zu lieben.

All die schönen Worte endlich mal zu
    akzeptieren.

Wag es das alles zu kontrollieren!

Was soll schon passieren?

Du kannst zig Menschen verlieren, dennoch
    darfst du nicht aufhören dich von
    allen zu distanzieren.

Du musst lernen vieles zu riskieren,
    Dumme Menschen zu ignorieren,
    schlechte zu konfrontieren,
tolle zu lieben, dich selbst reflektieren
    und vor allem jeden Menschen zu
    tolerieren.

Du musst dich mit niemanden
    identifizieren.

Du musst auch nicht immer perfekt
    funktionieren.

Das einzige ist, dich selbst nicht zu
    verlieren,
fang an dich und dein Leben nicht aus den
    Augen zu verlieren.

Zohra Mohamed * 2005

Wurzeln und Blüten/Budapest

Ich laufe durch Straßen in denen du als
    Kind gespielt hast
Und Ich spüre dass du hier bist
Die Teile von mir
Die Teile von dir sind
Sind verstreut in dieser Stadt
Fremde Vertrautheit
Ich hoffe du hast hier gelacht
& dich zum ersten Mal verliebt
Was macht man bei so vielen Fragen
Wenn es den der sie beantworten könnte
    nicht mehr gibt
Paprika und selbstgebrannter Pálinka
Dieses Jahr habe ich geblüht
An so vielen Orten
Doch Du
Du bist Teil der Wurzel

Livia Aurelia Mohos * 2000

Helle Lichter

Stimmen und Gläser klirren
Alle in Gesprächen und ich in Gedanken
    die verwirren
Lachen, Gespräche, fröhliche Gesichter
Leben gefüllt voll heller Lichter
Mögen sie noch so hell scheinen
Bringt mich meine Dunkelheit fast zum
    weinen
Wie gern würd´ ich mich auch so frei
    fühlen

Und nicht alles Vergangene wieder
    aufwühlen
Es ist doch nicht die Zeit dafür
Bin nicht sicher hinter verschlossener Tür
Es ist ein Beisammensein
Mit Tisch voller Bier und Wein
Ich sollte lachen, sollte reden, sollte Spaß
    haben
Nicht still dasitzen und mich in eignen
    Welten vergraben
Wieso aber trotzdem mach ich das genau
    jetzt
Ich bin von mir selbst entsetzt
So sollte ich nicht sein
Nicht um mich kreisen, auf dem Stuhl so
    klein
die Lichter sind doch so hell am scheinen
Und ich hier kurz vorm weinen

Nina Mölgen * 2002

Philharmonie der Misanthropie

Die Kryptik des Seins, die die Lehren der
    Mystik vereint,
das Sein, welches unsere Spezies verneint,
Bewusstsein, Nirwana, Moksha wir sind
    bereit,
Für das Ende unseres evolutiven Streits,
Von unserer Illusion befreit,
Der Illusion des Selbsts, der Illusion der
    Zeit
Das Ende der Philosophie der Melancholie,
Das letzte Geigenspiel der Philharmonie
    der Misanthropie

Moritz Molitor * 2002

Liebe und Gedächtnis

O Werdekeim, friedlicher Erdenschrei –
Heilige Schmetterlingsfährte –
In einem sphärischen Mantelheim
    ausgebändigter Strahlen
Ruht in dir die Parabel, der
    Gedächtnisplatz in allem:

So wahr sich Gott in dir zusammenfasst
So wahr gelobt dem Himmel
Im jüngsten Tag, dem sphärischen Nabel
Dem du selbst schöpferischer Himmel
    bist –
Schwesterliche Sterntriangel –
Wölbte sich aus deinem Herzen die Tiefe
    aller Lippen:
Der Liebe unerschöpfliche Aphorismen:

Die zartemporgewundene
Oder die dunkel-pantherartige
Oder die phantomhafte und vielgestaltete
Weise unserer liebsten Künstlerin.

Dem Sternenherz gelobter Wein,
aus dem Empfang der höchsten
    Entzückung
der ausgeschwungenen Beglückung,
kelterte sich in dir der besinnliche Keim
und bringt Gedächtnis und Liebe
als austauschbare Namen heim.

Erik Möller * 1996

An Bord

Wir segeln durch das Leben
hoffen auf Rückenwind
stets bemüht um Gleichgewicht
stehen auf schwankenden Planken unserer
    Seele

wir haben eingecheckt
zu einer Reise mit unbekanntem Ziel
im Gepäck unsere Träume und Hoffnungen
geben wir unsere Zeit den Alltagswellen
    zum Fraß
hoffend auf den Rettungsring der Liebe
der Freundschaft heißt.

Wir segeln ohne Wiederkehr
hinaus bis es nicht mehr weitergeht
One-Way-Ticket der Unvernunft
und wenn der Wind aus allen Richtungen
    bläst
singen wir unser letztes Lied

und die Fluten kommen über uns
so wie früher

       Mia Mondstein * 1961

Zeitensicht

Aus dem Fenster ein Auge
das nachfühlt
wer
den Wettlauf der Finger
am geöffneten Mund der Entkernten
vorbeiführt
bis zur Deutung des untröstlichen
 Zellkerns
hin mit ausgestreckten Worten
zum Freifall des Geäderten –
der
operiere mit beiden Händen
am Auge des Fensters
am offenen Herzen der Zeit

       Mark Monetha * 1982

„Fern-nah"

Weshalb fühlt sich Ferne so nah an,
Weshalb fühlt sich Nähe so fern an,
Wenn du nicht da bist?
Alles fühlt sich so fern an, doch nah.

Zwei Aliens in ihrer Welt
Sie wollen nicht(s) mehr als zu lieben und
 geliebt zu werden
Von ganzem Herzen
In ihrem Element und in ihrem Wesen zu
 leben, frei von Komplexen.

Deshalb fühlt sich Leere wohl so schwer an
Deshalb fühlt sich Schwere so Boden-
 gebunden an, so bodenständig
Wenn du nicht da bist, ist Schwerelosigkeit
 kein Hauptgewinn
Alles fühlt sich so einsam an, so verloren,
 nicht lebendig.

Ein Samen; Aufwachen; Aufwachsen;
Es fühlt sich richtig an, so wahr
Wir sprechen die gleiche Sprache auch
 wenn wir nicht mit derselben
 aufgewachsen sind
Wachen zusammen auf, wir Wachen neben
 es zu leben in Kauf.

Wie das Wachs auf einer Kerze
 zerschmelzen wir
Wir formen uns neu und entflammen
 wieder
Treffen uns dort und hier
Fern und nah - zusammen.

       Elisabeth Mönius * 2000

Entscheide Dich

Entscheide dich. Nach der Schule,
 ein Beruf, Familie und Zukunft.
 Entscheide dich.
Hast du noch keinen Plan? Natürlich nicht.
Die anderen wissen schon, nach der Schule,
 ein Beruf, Familie, Zukunft und Luxus
 Immobilie. Warum du nicht?
Entscheide dich. Du musst wissen wer du
 bist, musst vorausdenken.
Doch alles was du bist, ist angepisst, willst
 nicht raus und nicht zur Schule, für
 dich gibt es kein Applaus. 5.Klasse.
Siehst du dich in 10 Jahren? Ein Vorbild
 willst du sein.
Heute blickst du herab auf deinen Wein
 und denkst dir, ach du Scheiße, wer
 will ich sein.
Sie machen dir Druck. Entscheide dich.
 Aber geben dir dennoch keinen Ruck.
 Was ist nur falsch mit deinem Kopf?
Nur noch 10 Jahre, dein Leben brodelt, wie
 in einem Schnellkochtopf.
Dennoch planlos, darfst es nicht sein, bist
 alternativlos. Wie siehst du die Welt?
 Verstehst du sie nicht?
Entscheide dich. Wie halten Menschen
 eigentlich ihr Leben aus? Mit
 Alkoholproblem?

Für die gibt es auch kein Applaus. Scheiß auf das System.
Denn vielleicht liegt es nicht an deiner Weltansicht, sondern viel mehr an der Welt an sich.

Annalina Montalto * 2007

Tagträumer

Träumen von Gedanken die uns begleiten
Gedanken die uns begleiten ganz leise
Die uns begleiten auf irgendeine Art und Weise
Gedanken die sich kreisen
Gedanken die erinnern an vergangene Zeiten.
War schon immer so seit Ewigkeiten.
Gedanken die auf ewig bleiben
Gedanken durch die wir Zeit vertreiben
Gedanken durch die wir leiden
Die uns die Realität zeigen
Welche gehen oder bleiben
Wer kann das schon entscheiden.

Pablo Montesdeoca * 2003

Federführung heute, Wind.

Katze schnurrt mit Explosionen.
Ich will tanzen.
Gelber Funke,
Bunter Regen,
Schöner Mund,
Diese Augen.

In meiner Brust trampelt ein Beben so neu und alt bekannt.
Ich hab erpresst.
Nimm meine Hand, du kleiner Wirbelwind,
Und tanz mich klein.
Ich will alles,
um dich,
in dir sein.

Du wildes Tier,
Wie fang ich ein?
Was einfach nicht zu halten ist?
Du Monster,
Biest,
reibst mein Fleisch mit deiner Zunge.
Verdammt friss mich.

Das Fenster steht leicht angelehnt,
Du liegst auf seiner Bank.
Der Wind streicht dein Geheimnis,
Deine Tatzen beben im Abenteuer.

Vielleicht Morgen * 1975

Zitronenfalter

sie setzte
einen Zitronenfalter
in mein Grau

seitdem
übe ich mich
in der Kunst
ihn nicht zu stören

vielleicht
bleibt er noch
eine Weile

suggeriert mir
Flügel

Julian Morgenbesser * 1988

Wie eine Blume

Wie eine Blume
zerbrechlich und hart
eine Tänzerin
in der Bewegung erstarrt
Millionen
zum Kriegseinsatz gekarrt
tausende aus Trümmern
gescharrt und aufgebahrt
die Tänzerin bleibt
in der Bewegung erstarrt
so die Blume
zerbrechlich und hart

Nives Morgenstern * 1965

Diese Nacht (Frei)

Diese Nacht ist wie für mich gemacht.

Heute darf ich fliegen.

Für einen Moment geb' ich nicht acht.

Meine Angst wird mich nicht kriegen.

Sophia Mössbauer * 1991

Menschen

Das sind Menschen
Sie sind gut und sie sind böse
Sie sind klug und sie sind dumm
Sie sind schön und sie sind hässlich
Sie duften und sie stinken
Sie sind süß und sie sind bitter
Sie sind, sind, sind
Menschen
Punkt

O. W. Müberlin * 1957

Meine Gedichte an die ich nicht verzichte ist meine Geschichte die ich dir berichte.
Wenn es dich nicht gebe, könnte ich keine schreiben und hätte keine Zeit im Gedanken um sie mit dir zu teilen.
Du bist mein Leben ohne mit dir darüber zu reden „nett und ehrlich" und für mich gefährlich.
Gebe es ein anderes Leben, würde ich dir alles geben und keiner könnte uns es nehmen.
In dem anderen Leben gebe es aber auch kein Buch um es jemanden weiter zu geben.
Was ist nur ein Buch mit leeren Seiten , gebe es keine Geschichten von uns beiden.

Es wäre nur ein Traum gefangen in einem dunklen Raum.
Doch in diesem dunklen Raum endet die Geschichte und du bist für mich kein Traum.

Antonijo Mühl * 1982

Herz erdrückt

Herz erdrückt
Ein Herz erdrückt von schwerer Last,
Die Last der Sorgen,
die es umfasst.
Wie eine dunkle Wolke hängt sie drüber,
Die Leichtigkeit verblasst,
es wird immer trüber.

Ich suche nach Luft,
nach Raum zum Atmen,
Doch die Enge
lässt die Hoffnung verblassen.

Die Last wird größer,
das Herz wird schwer,
Es sehnt sich nach Frieden,
nach Leichtigkeit so sehr.

Svea Mühlenhof * 2008

Gefrorener Engel

Ich friere
Meine Lippen so blau
Der Herzschlag leis' und rau
Liege auf Schnee, wird mir bewusst
Im Winde vergeht böser Frust
Mein Atem bildet kleine Wolken
Starre ihnen nach, versuche ihnen zu folgen
Auf einmal ist's ganz leicht
Der Atem stockt, blasser Nebel erbleicht
Aus meinem Rücken sprießen Flügel
Ich erklimme schon den ersten Hügel
Der Körper tot, doch das Leben nicht
Zum ersten Mal seit langem, recke ich der Sonne stolz entgegen mein Gesicht

Auf Zehenspitzend stehend, hebe ich ab
Schaue niemals mehr hinab
Das ist Leben, begreife ich
Frei sein, fliegen, konnte ich zuvor nicht
Wind zerrt an meinem Haar und ich fühle das Licht
Endlich habe ich freie Sicht

Lilli Mühlmann * 2005

Der Preis des Lebens

Den zahlen wir Menschen, oft anders als wir denken.
VIELE Dinge, die wir nicht verstehen.
Könnten auf das Konto gehen ...
So wie sich in vielen Bereichen, die Dinge ändern oder gleichen.
Schon als Kind zahlst du zurück, was zu geben dir nicht geglückt
... Mit kleinen Dingen fängt es an, was du dein Leben lang nicht vergessen kannst ...
Co, Abhängig ... nennt man das, was einem das Herz drückt, wie eine Last.
Als Kind von Kriegsgeschädigten Eltern. lernst du nicht Liebe sondern Hiebe.
Du wirst benutzt und weggeschickt ... auch wenn es Dir das Herz zerbricht ...
Bist alleine und einsam, wie soll ein Kind da glücklich sein. Mit Schlägen wird geradegestellt.
Wie es läuft auf dieser Welt. Ich hab bezahlt, schon als Kind.
Bis mir im Leben die richtigen Menschen begegnet sind ...
Jetzt will ich was zurück, das mir zusteht zu meinem Glück ... Aber tiefverwurzelt in mir ...
Der Preis ist hoch Ich genieße es doch... Zeit zu erkennen wer Du bist...
Ein Leben lang die Kinder nie vergessen immer unter Druck. Und Zwang ...
Jetzt ist Zeit für mich zu schieben, was wohin gehört und meinen Platz zu finden ...

Im großen Preisverleih des Lebens, habe ich den 1. PLATZ GEWONNEN ...
Ja nichts ist umsonst im Leben...
Sonst würde es uns Menschen nicht geben

Mukolito * 1948

Das unbeschriebene Blatt Papier

Ich total nah
Ins weiße Blatt vertieft,
Horch ich, wie es zu mir rief.
Aus der hintersten Faser weißen Holzes,
Erklärte es mir vollem Stolzes:
„Ich bin ein unbeschriebenes Blatt Papier.
Du starrst mich nur an?
Wie nett von dir!
Bitte lass mich so sein wie ich bin!
Ohne jegliches Gekritzel drin."
Von innen also komplett hohl ausgemalt,
Ließ ich das Blatt halt einfach kalt.
Und legte es ab und zu wieder vor mich hin,
Um ihm zu danken,
Denn auch ich sei,
Wie ich bin.

Ariane Müller * 2001

Sanfte Funken

Wenn bunte Blätter rascheln
Kalte Winde durch die Straßen fegen
Fulminante Flammen mich ergreifen
Menschen gefangen sind zwischen Fluch und Segen
Ist es fast als wärst du hier
Hier bei mir.
Hand in Hand gehen wir einen Schritt zu weit
Ein gemeinsamer Kampf gegen die Einsamkeit
Ich bade in Reue
Schwöre diesem Gefühl ewige Treue
Ich will dich nicht bereuen
Die letzte Chance versäum'

In einem Raum mit hundert schallenden
　　Gesichtern
Sitz' ich still hier und werde weiter nur von
　　dir träum'.

Tausend Lichter klingen durch die Nacht
Auf der Suche nach mir selbst
Stolpere ich über die erstickende Macht
Die du immer noch über mich hast.
Sanfte Funken können bis in den Himmel
　　brennen
Immer wenn du dich in meinen
　　euphorischsten Träumen
In Gedanken verdrehst
Lasse ich dein Gesicht in meinen Augen
　　verblassen
Doch alles ist vergessen
Wenn du plötzlich wieder vor mir stehst.

　　　　　　　　　　　　Sarah Müller * 2002

Labyrinth

Zwischen Traum und Realität
Zwischen noch unsicher und schon zu spät

Zwischen Fernweh und Rastlosigkeit
Zwischen Verlustangst und Festgefahren
　　sein

Zwischen hellwach und wie in Trance
Zwischen Karriere und vertaner Chance

Zwischen dem Wunsch etwas zu verändern
Zwischen Gleichgültigkeit und Blendern

Zwischen Zukunftsangst und Schatten der
　　Vergangenheit
Zwischen wie im Rausch und Einsamkeit

Zwischen Stille, so laut wie kein Lärm es ist
Zwischen dem Wunsch nach Gesellschaft,
　　die man so oft vermisst

Zwischen dem Vorsatz mutig zu sein
Zwischen „ich rede meine Taten klein"

Zwischen dem Drang der Zugehörigkeit
Zwischen dem verblassen der Persönlichkeit

Zwischen Irrsinn, Alltag und einer
　　hektischen Zeit ist man nie wirklich
　　bereit

Wie in einem Labyrinth
in dem wir gefangen sind

　　　　　　　　　　　Katharina Müller * 2002

Verstand

Ich bin mehr Wert,
als dein Herz begehrt.
Kompromissbereitschaft war für dich ein
　　Fremdwort,
naja jetzt bist du eh fort.
Beinah alles war für dich eine Last,
als ob dir gar nichts passt,
so als wäre ich nur zu Gast,
oder du im Knast.
Dabei hast du mich in meiner Liebe
　　beraubt,
hätt' ich dir niemals zugetraut.
Doch eine Frage bleibt mir offen,
ich weiß, ich brauch nicht mehr darauf zu
　　hoffen,
denn du hast es dir recht leicht gemacht,
und dabei nicht einmal an mich gedacht.
Du sagtest ich würde dich vor den Kopf
　　stoßen,
doch sag mir,
wer ist der Täter und wer das Opfer?

　　　　　　　　　　　　Maren Müller * 2000

9 Wochen

Ein Windhauch hat dich in mein Leben
　　getragen.
Bist du die Antwort auf all meine Fragen?
Hab aus Steinen eine Mauer gebaut, um
　　mein Herz,
es zerreißt mich, so grenzenlos tief sitzt der
　　Schmerz.

Mein Innerstes weint seit unendlich langer Zeit,
aber ich spüre, jetzt bin ich bereit.
Behutsam nimmst du meine Seele in deine Hände,
stumme Zeugen sind nur die Wände.
Deine Stimme liebkost zärtlich meine Gedanken,
mein Lebenshaus beginnt zu wanken,
Tränen begeben sich ganz leise
auf eine ausgedehnte Reise.
Meine Synapsen umschlingen deine Worte,
wie eine zuckersüße Torte.
Dein Blick strahlt, wie tausend Kerzen
und ich fühle, du bist der Schlüssel zu meinen Herzen.
Meine Augen singen dir ein leises Lied:

„Danke das es dich gibt!"

Sabine Müller * 1968

Universum

Was meinst du
was die Sterne denken
wenn sie uns dabei zuseh'n
wie wir die Erde lenken ?

Vielleicht sollten wir
UNS NICHTS wünschen
sobald wir eine Sternschnuppe seh'n
sondern eher nachdenken
in die Stille geh'n.

Da uns eventuell ein kleiner Teil
eines Sternes nur besucht,
da ER im Einzelnen
nach dem Menschen sucht
der über unsere Erde
mit Verstand und bedacht

OHNE EIGENNUTZ
EINFACH NUR WACHT

Carmen Müller * 1968

Dunkelheit

Die Nacht ist lang und grausam
Gedankenkreisel verbannen den Schlaf
Lügen bedecken die Sünde und mich
Endlose Gebete ohne Hoffnung
Kein Ausweg zu finden
Guter Gott: Lass diesen Kelch an mir vorübergehen.

Aber das hast du ja nicht mal bei deinem Sohn gemacht
Er ist den Weg in die Dunkelheit bis zu Ende gegangen
Ohne Schuld, ohne Sünde.

Und hat auf dem Weg in dieser Nacht mich eingesammelt
Meine Schuld mitgenommen
Steht an meiner Seite vor irdischem und göttlichen Gericht.

Die Angst geht
und das Verstehen bleibt
wofür du gestorben bist
Licht und Freude vertreiben die Angst vom schuldbeladenen Ich.
Geben Mut zum Handeln
in der Schuld und als Christ.

Endlich habe ich Jesus gefunden.
Das Licht der Welt.

Petra Müller * 1966

Mich fragen die Leute allzu oft

Mich fragen die Leute allzu oft, wie kannst du glücklich sein.
Lebst ohne Mann und ohne Kind, so für dich ganz allein.
Dann lache ich und sage nur, das ist es ja grad eben.
Ich kann für mich allein nach meinen Träumen leben.
Ich bin eine Frau, stark und frei und völlig ungebunden
und wenn ich wollte, könnte ich die ganze Welt umrunden.

Annika Müller * 1988

weltfrieden

Den Weltfrieden wünscht man sich lange schon,
doch Putin ist ein Hurensohn.
Der will 1v1 gegen Ukraine,
doch Selenskyj, der ist eine Maschine.
Putin weiß, er wird nie gewinnen,
deshalb bleibt er in seinem Bunker drinnen.
Die Atomwaffen schon bereit,
die schiebt er sich ein, die sind sehr breit.
Und die Moral von dem krassen Gedicht,
Putin den Intellegenzallergiker, mag man nicht.
Ende

Franz Müller * 1969

Mystisches Verlangen

Erinnerung im Nichts verloren
Selbst die Auferstehung kennt sie nicht
Das Sein ein Lichtblick voller Illusionen
Der Baum des Wissens unsere Hoffnung
Die Pflege seiner Zweige unser Ziel
Das Wurzelwerk nicht sichtbar von der Bühne
Die Enden verlieren sich im Vaterunser
Ich will im Jetzt gern tiefer gründen
Das Selbst vom zügellosen Ich befreien
In Demut Teil des Ganzen werden
Kräfte schöpfen in der Zeit
Für Widerstand und Liebe
Was immer mir noch bleibt
Drum muss ich mich besinnen
Und schließen sich der Kreis

Klaus-Dieter Müller * 1951

Ich will dich küssen und mit dir Liebe machen.
Ich will mit dir lästern und über dumme Witze lachen.
Ich will mit dir bis spät in die Nacht philosophieren und
am nächsten Morgen unsere Gedanken neu sortieren.
Ich will mit dir tiefsinnige Gespräche führen
und dich dabei ein bisschen verführen.
Ich will mich mit dir streiten und wieder versöhnen,
ich will dich jeden Tag so richtig verwöhnen.

Ich will mit dir reisen und die Welt entdecken,
ich will bei dir ich sein und mich nicht verstecken.
Ich will mit dir noch so vieles machen, im Regen tanzen
und mit der Sonne aufwachen.

Ich will dich nie loslassen müssen und falls doch,
will ich dich ein letztes Mal küssen.

Anela Murtic * 1987

Vorsatz & Menschlichkeit

Wenn die Anmut der Gerechtigkeit,
die Verwahrung menschlicher Achtung
und die Bedeutung all weltlicher Vereinbarkeit
soviel Zusammenhalt, wie bei einem
Vorsatz zum Jahreswechsel erfahren könnte,
ja dann hätte die Menschheit wahrhaftig
alle Bösen Geister vertrieben.

Kim David Muse * 1957

Der Spiegel

Der Mann er tat es immer so,
Manchmal traurig, manchmal froh,
was er sah, das war stets gleich,
dünn und klein und manchmal bleich,
doch eines Tages, da fing es an
da sah er noch einen zweiten Mann.
Der Mund weit auf, die Augen leer,
wich nicht von seiner Seite mehr.

Mit ihm kam auch der Kummer dann,
an seinem Geiste hing er dran.
Verschlang ihn bald mit Haut und Haar,
und hinterm Glase lacht' nun der Narr.
Schadenfroh kicherte die Gestalt,
denn der Mann war tot und das Herz kalt.

Bianka Myers * 1994

Für die Liebe

Was uns nicht tötet, macht uns nur härter.
Doch dadurch wird Leben nicht
    lebenswerter.

Ach, hätten der Mauern wir nur nicht so
    viele,
so fehlten Akteure der Dramaspiele.

Was uns nicht tötet, macht uns nur
    weicher.
So wären wir sanfter und l(i)ebten leichter.

Die Masken des Alltags wär'n nicht von
    Nöten.
Verletzungen würden die Liebe nicht töten.

Lasst uns zusammen die Mauern sprengen.
Achtsamkeit uns entgegenbringen.

Vergangenes nicht auf das Neue legen.
Verletzlich bleiben, der Liebe wegen.

Ramona Nabli * 1972

Herz gegen Verstand

Und wieder warte ich auf den richtigen
    Moment
auch wenn mein Verstand sagt dies wird es
    nicht geben,
doch mein Herz hingegen,
will die Hoffnung nicht aufgeben.

Was mache ich nur?
Frage ich in jener Sekunde
und mit jeder Sekunde
werden die Enttäuschungen zu Wunde.

Alles so leer,
Habe keine Kraft mehr,
lebe in einem Traum,
wach bis zum Morgengrauen.

Was mache ich nur?
Frage ich in jener Sekunde,
doch die Antwort ist,
wie Salz in offene Wunde.

Haneya Nabyzade * 2005

Winzig sein

Ich bin so winzig klein -
eine Muschel am Strand könnte mein
    Bettchen sein.
Ich klettere sodann auch müde in eine.
Dein lieber Gedanke an mich, ist mein
    Plumeau.
Gemütlich ist es so.

Winzig sein

Über mir nur die Sterne und vor mir das
    nachtschwarze Meer.
Meine Äuglein werden schwer.
Einen Gruß werfe ich wie Blüten in den
    Wind:
freudig und doch vor Sehnsucht
    tränenblind.
Nun träume ich, ich wäre zwanzig Meter
    hoch
und könnte über die Dächer sehen und
    über Flüsse gehen.
Es ist etwas stiller da oben;
alles wird zu einem Wispern und Rauschen.
Ach, ich bin winzig und möchte gar nicht
    tauschen!

Nafke * 1978

Der Baum der Liebe

Er ist auf der ganzen Welt verbreitet, aber
    kaufen kann man ihn nicht, er ist der
    schönste Baum dieser Welt,
doch es gibt ihn nicht für Geld, er ist ein
    Geschenk des Herzens.

Er wächst aus einem Funken in zwei
   Herzen zugleich und macht diese
   beiden Menschen sehr reich,
ist der Baum groß genug und wird bald
   blühen, ist es schön wenn auch andere
   ihn sehen.

Er ist nun gepflanzt und steht in voller
   Blüte, seine zarten Blätter wiegen sich
   im Glück
und er wird bald wachsen, jedes Jahr ein
   Stück.

Nun muss er gehegt und gepflegt werden,
   damit er gut anwächst und kräftige
   Wurzeln bekommt,
denn es können auch stürmische Tage
   kommen, seine Wurzeln geben Kraft
   und Halt.

Er sollte regelmäßig gegossen werden,
   damit die Blüten Früchte tragen
   können,
es ist wichtig, sich um ihn zu kümmern,
   was nicht immer nur Vergnügen, nein
   manchmal auch anstrengend sein
   kann.

Er ist eine starke Pflanze, ein Sturm macht
   Ihm nichts aus, doch man sollte
   schauen,
ob er auch noch gerade steht nach einem
   Sturm.

Wenn man alles richtig macht und nicht
   nachlässt sich um ihn zu kümmern,
   hat man ein Leben lang Freude daran,
je länger und kräftiger er im Erdreich
   verwurzelt ist, umso weniger können
   ihm Sturm und Hitze schaden.

Man kann sich jedes Jahr aufs Neue an
   seinen Blüten und Früchten erfreuen
und sein Schatten gibt Schutz an heißen
   Tagen.

Dieser Baum kann sehr alt werden,
   meistens ein ganzes Menschenleben
   und sehr oft auch darüber hinaus.

Sabine Nähring * 1960

Wunderschöne Qual

Wunderschöne Qual
Peinige mich
Steinige mich
Leg mich in Fesseln
Berausch mich
Verbrauch mich
Durchstich mich mit Nesseln
Berühre mich
Verführe mich
Halte mich fest
Brich mich
Erstich mich
Gib mir den Rest
Begehre mich
Bekehre mich
Zeig mir was wahr
Beglücke mich
Entzücken mich
Liebe mich gar

Laura Nallin * 1994

Fels in der Brandung

Der Fels in der Brandung ist
unauflöslich, unzerbrechlich:
witterungsresistent.
Zeigt starre Stärke
ist regungslos
und
Sturmflut erprobt.

Vieles zerschellt an ihm.
Er weicht nicht von der Stelle.

Narrator * 1968

Der Frieden

Der Frieden beginnt nicht erst bei den
   Großen und Mächtigen dieser Erde.
Der Frieden hat seine Wurzel in Dir.
Das kleinste Parlament der Welt ist Dein
   Herz
mit seiner linken und rechten Kammer.

In ihm werden Gefühle ausgetauscht,
Entscheidungen vorbereitet und in die Tat
  umgesetzt.
In ihm entstehen Liebe und Hass, Freude,
  Hoffnung und Leid.
In ihm wird über Sein und Nichtsein
  entschieden.
Von hier aus fließen lebenswichtige Impulse
  bis in die kleinsten und entferntesten
  Adern und Organe.
Geht es ihnen schlecht, spürt es das
  Parlament
und umgekehrt, bis hin zum Infarkt, der
  alles Leben blockieren, schädigen oder
  für immer lähmen kann.

Alle Organe sind aufeinander angewiesen
  und deshalb voneinander abhängig,
  wollen sie lebenstüchtig sein.
Ein gesundes und gut funktionierendes
  System ist die Voraussetzung für den
  Willen zum Frieden.

Würden alle Menschen und Parlamente
  den festen Willen besitzen
und ihren Verstand in die Tat umsetzen,
  damit es wahrhaften Frieden gibt,
wäre das Leben auf unserer Erde für alle
  gerechter, leichter
und dem Paradies auf dieser großartigen
  und gefährdeten Welt ein kleines
  Stück näher.

Uwe Natus * 1955

Zuhause in mir

Die Stille spricht hier ach so laut,
es flüstert ihr Getöse.
Sie fordert mich im Schweigen auf,
dass ich mich endlich löse.

Der Lärm der Welt stiehlt mir das Ohr,
mein Geist wandert stets mit
Doch hör ich meinen Herzschlag nicht,
fehlt ich den nächsten Schritt.

Drum schließ ich alles Laute aus,
hüll mich in Ruhe ein.
Ich sag ‚Hallo' zu meinem Herz
und kehre endlich wieder heim.

Theresa Marie Nau * 1991

Überall herrscht hass.
Kriege brechen aus.
Russland-Ukraine, Tschetschenien hilft
  auch.
Afghanische Spezialkräfte -
  Killermaschinen.
Serbien und Kosovo wo bleibt der Frieden.
Palästina und Israel in China Uiguren.
In Jemen herrscht
Hungersnot, überall sehen wir Menschen
  rot.
Corona und Maske Impfpass gab es auch
  Lockdown,
wehe man ging raus. Panikmacherei, dann
  kam die Polizei.

Neue Viren tauchten auf Jahrhunderte
  versteckt, Wissenschaftler spielen /
  Bakterien entdeckt.
Wenn es ausbricht beginnt das Spiel wieder
  von vorn.
Wegen den Nachrichten wächst in mir der
  Zorn.

Ist es so schwer sich die Hand zu reichen?
Nur mit liebe können wir alles erreichen!

Neda * 1996

Lebens Glück

Ohne dich tät es das Leben
nur mit einer Lücke geben.
Wie man sieht lebt es famos
lieber mit dir lückenlos

Franz Josef Neffe * 1949

Mit dem Wind

Ich liege im Gras und träume,
der Wind rauscht leise durch die Bäume.
Wolken ziehen am Himmelszelt.
Sonnenstrahlen wärmen die Welt.
Stille liegt heilend auf meiner Seele.
Keine Gedanken die mich quälen.
Innere Ruhe macht sich breit.
und ich bin für Neues bereit
Mit dem Wind da könnte ich fliegen.
Mich in Sicherheit wiegen
und es würde leicht.
Vielleicht?

Doris Nelles * 1944

Weihnachten zu Sommer

Haselnüsse ess ich gern, im dunklen
 leuchtet hell der Stern.
Schneeflocken ganz schön klein und
 Räuchermänneln riechen fein.
Und die Schwibbögen leuchten hell viele
 Leute spenden Fell.
Pinguine sind sehr süß, heute noch gibt es
 Menüs.
Wintermützen sind schön warm, manche
 Leute sind sehr arm.
Dennoch wünsch ich mir viel, morgen gibt
 es nur gespielt.
Ein Glück haben wir kein Sommer, denn da
 gibt es nur Gedonner.

Lucy Nemeth * 2014

die Sonne auf deinem Bauch
das ist was du jetzt brauchst
in der linken Hand eine Zigarette
du paffst den letzten Zug zu Ende
dein Blinzeln lässt mich wieder fühlen
dass ich am Leben bin
in diesem Moment merke ich
wie wichtig ich mir doch bin

Hannah Neppl * 2006

Was (wenn)

Was, wenn der Mond zerbirst
zur Unendlichkeit -
unsere Wege sich kreuzen
in Wortlosigkeit?

Was, wenn die Sonne verglüht
in Dunkelheit -
die Sterne aber tanzen
in Sorglosigkeit?

Was, wenn die Nächte
nicht enden -
und die Tage
nicht vergehen?

Was, wenn ein Schrei in der Nacht
nie gehört wird -
der Stumme jedoch alle Antworten
kennt?

Was,
tust Du –
wenn ein Herz voller Liebe
uns alle beim Namen nennt?

Susanne Nessmann * 1964

Blauer Jasmin

Blau, blau, blau waren alle meine Kleider
 als er meinte, ich würde mein ganzes
 Leben lang scheitern.
Alles an mir ist krumm und schief. Kein
 Mensch könnte mich jemals lieben.
Keine Suppe schmeckte, meine blauen
 Kleider passten mir nicht mehr.
Ich wurde zu einem Fädchen, wog nur noch
 ein halbes Lot und ich wünschte mir,
 ich wäre tot.

Mit Stock und Hut war ich der Tunichtgut.
Um mich herum nur Überflieger,
Überlebenskünstler und Stubentiger.
Es dauerte bis realisierte nach all seinen
Erdbeben, sie würden mich lieben.
Sie gaben mir alles, was ich will und haben
mir gezeigt, wer ich wirklich bin.

Ich bin blauer Jasmin.

Jasmin Neuberger * 1996

Wandel

Ein Samen klein und unscheinbar,
sprießt ‚gen Himmel hoch hinaus.
Wächst ein Baum oh wie wunderbar,
dem Wandel der Welt voraus.

Vor vielen tausend Jahren,
die Natur und der Mensch im Einklang.
Der Wandel konnte es nicht bewahren,
Die Welt wird gehen Ihren Gang.

Die Menschen heut gespalten,
sehen diesen Wandel nicht.
Glauben können dies stoppen und erhalten,
Was für eine vernebelte Sicht.

Alles auf dieser schönen Welt,
verändert sein Gesicht.
Doch eines wie ein Zelt,
Die Liebe in uns aus Gottes Sicht.

Jörg Neumann * 1962

Jugendlicher Leichtsinn

Die Knie aufgerissen.
Straßenpflaster ist eben härter
als Haut,
aber sanfter als Stacheldraht,
sagt mein Oberschenkel.

Das helle Bellen hallt noch im Ohr nach
und bei dem Gedanken
stellen sich die Nackenhaare auf,
stramm wie eine Armee Soldaten.
Bloß nichts davon verraten.

Wir beide werden schweigen,
das wissen wir,
ohne es zu sagen.
Das tiefe Gefühl von Niederlage
ist unser einvernehmlicher Handschlag.

Bis(s) zum Anschlag.
Könnte eine Fantasy-Reihe sein.
Ist es aber nicht.
Es ist Leichtsinn, der sich im Spiegel
betrachtet
und seine Idee in Fetzen zusammenhält.

Chris Neurath * 1992

Sehnsucht nach Dir

Die Sonne geht auf
Ich denk'an dich
die Nacht kehrt zurück
wie einsam ich mich fühl' ...

Oh mein Liebling
Wo schickt sich deine Liebe hin?
Fühlst du mein warmes Herz
Das heuer nur für dich schlägt?
Fühlst du meine sanfte Haut
Die mal eng an deiner vertraut?

Oh mein Liebling
Schaue mich, schaue mich doch an!
Hier, dein Stück Zuckerchen
Das so gern in dir verschmilzt
Hier, mein süßes Lächeln
Was ich dir immer schenk'!

Oh mein Liebling,
mein Liebster!
Tag ein, Tag aus ... zittert meine Seele
in der Sehnsucht nach dir ...

Phuong Thuy Nguyen

Zwischen zwei Stühlen

Heute vermisst du mich.
Wenn du morgen zu mir kommst, merkst du,
dass es doch nicht deinen Vorstellungen entspricht und dich nicht wirklich erfüllt.
Kurz hältst du es bei mir aus, bis du dich nicht mehr ablenken kannst und nur noch wieder weg möchtest – zu ihr.
Daher haust du sogleich ab.
Nach einiger Zeit denkst du dann, dass du mich vermissen würdest und alles beginnt von vorn.
Wir drehen uns im Kreis und mit jeder Umdrehung stirbt mehr in mir.

Nicoéulouetté * 1979

Gedanken

Wasser strömt den Rücken hinunter
Betäubt die Sinne mit der Flut
Kälte löscht die letzten Ängste
Fühlt sich beinah' an wie Glut

In der meine ärgsten Feinde
Brennen nieder bis zum Aus
Einen Moment der Stille zeugend
Kommen sie doch wieder hinauf

In mir ganz allein' dableibend
Tropfende Nässe macht sich breit
Ekelhaft kalt ziehen sie ein
Erfüllen mich mit Einsamkeit

Mascha Carlotta Nicolai * 2004

Des Menschen Veränderung

Sie kennen dich
und wissen, wie du früher so warst
Sie lieben dich
und wissen, wie du früher so warst
Sie hassen dich,
sie wissen, wie du früher so warst.

Die Welt der Tugend in der Jugend
hat sich verschoben
Wer ist reich
nicht reich oder arm
wer hat Erfolg
Wegweiser Geld
ist die heutige Welt.

Ulrike Niepmann-Sahin * 1980

Dunkel ist der Tag

Dunkel ist der Tag ohne Dich,
bis der Regenbogen sich die Wege bricht,
der uns beide wiedervereint im Licht.
Dort sind wir Gesund und Jung,
Auch wieder Stark und Fit,
Egal was wir gelitten nun sind wir hier,
beim Engelschor und dort wartet das Himmelstor.
Dahinter sind alle die vorrausgegangen und haben eine
Herzlich willkommen hingehangen.

Elke Niesen * 1970

Schatz im Doppelbett

Es war einmal ein Doppelbett, in dessen Mitte lag ein Schatz.
Um ihn herum, da war kein Platz.
Verboten war das Licht,
denn aufwecken wollte man den Schatz nicht.

Hätte man das doch gemacht,
Hätte einem folgende Szene angelacht:

Ganz rechts am Eck, da lag ein Mann
Kam bei jeder Bewegung näher dem Abgrund heran
Die Frau, die lag dicht daneben,
versuchte ihr Bestes zu geben.
Ihre Hände umrangen den Schatz,
dessen Ärmchen und Füßchen vereinnahmten den Rest vom Platz.

Arabella Nigg-Stock * 1994

Ewigkeit

Sanftes Wogen vom Meer
Ohne Ende, ohne Ziel
Immerwährendes Hin und Her
Der Wellen geduldiges Spiel

Ohne Ende, ohne Ziel
Der Wellen geduldiges Spiel
Sanftes Wogen vom Meer
Immerwährendes Hin und Her

Silvia Nigmann * 1960

Ach wir, ach wir, ach wir
Hast du in Kinderzimmern nicht genug
An lauen Abenden zu viel
Von all dem Glück genossen
Das dir blinde Flecken machte
Haus, Frau, Mann, Kind genommen
Baum gepflanzt, so stolz, so stolz
Im Baumarkt warst du, warn wir
Mit Geschmack von altem Salz auf Lippen
Morgens, im Strom der Regendusche
Gewissen ruhig, Wasser perlt an
    Lendenspeck
Da hast du, wir nicht gefragt
Was da unten liegt
Im Reihnhaustief, im Souterrain
Da lachst du, tempranillotrunken
Und wir mit dir, bis gestern heute wird
Ich träume uns zu unsern Gräbern
Mit Zierkies schöngemacht
Gabionenpfortenstil, da liegen wir
Ein Atem noch, das hätt ich mir gewünscht
Ich hätt so gern im Bunt
Der Vorgärten getrunken, bevor die
    schwache Hand
Die Hand, der Mund verreckt
Ein letztes noch, nur unter uns:
Was für ein Segen, der da den Zeitenlauf
    zerfickt.

NiSk * 1975

Leuchtfeuer

Gegen die einlaufende Flut laufen wir und
    springen hinein
In das Holzboot, die Küstenwache schießt
    Leuchtsignale
Unter taghellter Nacht wiegt die Strömung
    uns
Auf die offene See hinaus und Tripolis
    bleibt zurück
Die Mäste der Segelboote im Hafen nicken
    uns Glückwünsche zu
Wir halten uns an den Händen und der
    Himmel
Öffnet seine wolkigen Tore, haushohe
    Wellen driften uns entgegen
einige von uns Fallen ins tosende
    Mittelmeer und liegen
Nur noch ich im Holzboot sitze, doch dann
Ein weißes Schnellboot dreht bei, die
    Italiener
Schlagen und bespucken mich aber
    immerhin
Nehmen sie mich an Bord und ich sage:
    Asyl
Aber dann sind wir da, endlich im Hafen
Über einer wackligen Planke betrete ich
    Europa
Der Sonnenaufgang zwinkert mir zu und
    im
Polizeibus fahren wir aufs Revier in die
    Stadt
Endlich kann ich lächelnd durchatmen,
    habe es geschafft
Europa bleibt trotz allem mein Leuchtfeuer

Nico Nissen * 1981

Höre

Ich rufe
durch die gefrorene Nacht der Geschichte
gerufen habe ich
vor der ersten Morgendämmerung
mit all meiner Kraft
Geduld und Sehnsucht
habe ich mir dir entgegengestreckt
wage mich

Lass mich dir die Sprache lernen
im flüstern des Windes
im Tau der Sommermorgen
in der Glut die hinter jeden Sonnenaufgang
   liegt
in jede Dämmerungsträne

Ohne einander
sind unsere Leben nichts
und unseren Schmerz Ewig

Höre meine Stimme

Ragnhild Norma * 1945

Der Stillstand

Mein Akku ist leer. Alles steht still.
Meine Energie ist alles was ich will.

20% will ich erreichen,
doch ist das mit 100% zu vergleichen.

Durchhalten ist mein Motto.
Doch Ruhe wäre mein Lotto.

Stress ist das was in meinem Gehirn klingt
   und
meine Gedanken auf eine andere Stufe
   bringt.

Liebe und Sicherheit ist das was ich
   brauche,
jedoch ist Einsamkeit das, worauf ich
   krauche.

Nun stehe ich hier im Kreis und warte auf
   ein Beweis,
dass ich das schaffe und mich von selbst
   wieder aufraffe.

Melanie Nunvar * 2006

Deine Stimme

Seit Jahrhunderten ist mein Körper hier
   gefangen,
doch meine Seele findet immer einen Weg,
um zu dir zu gelangen.
Wie eine Welle eines Meeres überfluten die
   Ängste meine Sinne.
Doch wie die Tiefe eines Ozeans rufst du
   mich mit deiner Stimme.

Deine zarten Worte in meinen
   Erinnerungen schneiden mir ins
   Fleisch.
Die Ferne in der Melodie deiner Stimme
   schmerzt, bis ich kreisch.
Jegliche Farben werden in deiner
   Abwesenheit zu unerträglichem grau.
Mein Herz versteinert sich zu dunklem
   schwarz und kaltem blau.

Ich reiße alle Grenzen nieder und renne
   hinaus in die offene Welt!
Ich folge deiner Stimme in meinem Herzen,
bis deine Hand mich hält.

Und wenn ich dich etwas weniger lieben
   würde,
wäre das Finden der passenden Worte keine
   Hürde.
Doch wenn man könnte meine Gefühle in
   Worte prahlen,
gebe es keinen Grund zu rennen, dichten
   und zu malen.

Nadja Nuss * 2004

Herbstzeit

Wenn die letzen Rosen blühen,
Schwalben nach dem Süden ziehen,
wenn Blätter von den Bäumen fallen,
ist es wieder soweit:
Es naht die schöne Herbstzeit.

Wenn die Weinlese beginnt
und der Most in den Krug rinnt.
wenn die Äpfel fallen vom Baum,
vorbei ist manch bunter Sommertraum.

Auch der Herbst hat schöne Tage,
wenn man nach des Tages Plage,
sich immer noch gut versteht
und miteinander durch das Leben geht.

Klaus-Dieter Nussbaum * 1943

Luftschloss

Atmend lebt der Wolkenmensch
fliegt auf goldenen Kissen
sanft, so küsst der Wolkenmensch
jene, die dürstet nach Wissen

Schwelgt in Phantastereien, viele
hören zu und wie der Wind
fängt er sie ein, es werden Spiele
wie viele Herzen, die offen sind?

Lügen, Wahn und Apathie
wonneverlogene Zeit
Wut, Hass und Ideologie
sind nahe und kampfbereit

Hab Acht! Hab Acht!
wolkige Menschen
sagen viel und tun so frei

Hab Acht! Hab Acht!
vor Seelenwänden
spricht sie nur die Kälte frei?

Jessica Levia Oberhoffner * 1993

Mundart Nikolausgedicht

Nikolaus du braver Mo,
schau mi ned so finster o.

I woass, i muass a bissl braver sei,
kimmst im nächsten Johr numoi vorbei?

Dann versprich i dir bis dann,
reiss i mi ganz besonders zam.

Werd brav foing und ned so drädln,
Mehra essen und weniger blädln.

Dann werds nur no wos zum Loben gebn,
wenn wir wieder vor dir stehn.

I kann nämlich a brav sei, wenn i mog,
aber jeder hod a moi an schlechtn Dog.

Nikolaus jetzt frog i di,
host du wos im Sog für mi?

Lisa Obermaier * 1985

Long Drink

Die Band summt Seidenjazz. Niemand
 schaut auf die Uhr.
Für wenige Achtel. Zwischen den Worten
 sein.
In saphirnen Blicken plätschert streichelnd
 Des Dur.
Gläser werden leerer. Jemand schenkt noch
 gut ein.
Auf runde Eiswürfel, die schleichend sich
 entzwei'n,
in enthobener Rumba sich spielen und dann
sich endlich entkörpern im exotischen
 Schein.
Ein Saxophon. Ein Long Drink. Ein
 heimlicher Bann.
Nichts anderes. Nur den Nachthimmel
 hast du an.

Klaus Oberrauner * 1982

In einem anderen Leben

In einem anderen Leben, …
… Hätte ich früher zugegriffen
… Wäre ich früher gegangen, hätte ich
 mich dir gar nicht erst geöffnet.
… Hätte ich nicht die Nacht in deinem
 Bett verbracht.
… Wäre ich nicht aus deinem Bett
 geflüchtet.
Und dann zurückgekehrt.
Nur um zu merken, dass deine Tür dieses
 Mal verschlossen blieb.

Vielleicht hättest du die Liebe deines
Lebens nicht in demselben Tag
gefunden, wo ich dein Bett verließ.
Vielleicht hättest du das ganze nicht so
schnell beendet.
Vielleicht wären wir jetzt echte Freunde.
Vielleicht würde ich deinen Namen nicht
verfluchen.
Vielleicht hätte ich dich noch für eine Weile
behalten können.
Was nicht vielleicht ist, dass das Ganze ein
angebrochener Kuchen ist.
Und ich noch nicht satt bin. Ich werde es
auch nie sein können, weil du alles
verderben musstest.

Janet Obiora * 2001

Veränderungen

Was einmal gerade war, dreht sich im
Kreis,
und auch wenn ich jetzt weiß,
es ist nicht gerade unangenehm,
so frag ich mich doch, wie bleib ich stehn?

Janna Odabas * 1984

Gelähmt

Wie die Ameisen
wimmeln, wuseln, wachsen wir
doch moralisch, da stehen wir über dem
Tier
denken wir.

Wie die einsamen Wölfe
umschleichen, umkreisen, zerreißen wir
einander im ewigen Kampf um das beste
Stück Fleisch
als ob es kein Morgen gäbe.

Und wie das Reh im kalten
Scheinwerferlicht
stehn wir gelähmt, erschüttert und doch
fasziniert
im dumpfen Schimmer des glänzenden
Todes.

Und doch, die Beine gehorchen wieder!
Leicht zitternd vor Angst kontrahieren die
Glieder
und zucken nie wieder.

Carlotta Oertel * 2005

Erinnerungen

Wenn ich in den Spiegel blicke und dir
meine Gedanken schicke,
dann sehe ich dich und weiß du bist da.
Du bist nicht mehr hier und trotzdem bei
mir,
in meinem Herzen lebst du ewig.
Oft noch muss ich weinen und viele mögen
meinen, es wäre mal gut.
Doch das ist egal, denn ich habe die Wahl.
Man trauert so lange wie es eben dauert
und oft lache ich auch.
Ich darf das, denn es sind meine
Erinnerungen die in meinen
Gedanken leben.
Schöne Erinnerungen, lustige Erinnerungen
und sie gehören mir. Ich bin wie du
und das macht mich stolz.
Denn ein Teil von dir, lebt auf ewig in mir.
So bist du nie wirklich fort und nur an
einem anderen Ort.

Tanja Oesterhaus * 1982

Kakihände

Ebenholzhände umfassen mich
Liebkosen meine Wangen
Streichen meine Sorgen von dannen

Ebenholzhände umfassen dich
Liegen in rostigen Ketten
Kämpfen um Essensfetzen

Ebenholzhände umfassen mich
Es rinnt das Unschuld's Blut
Vermischt sich mit der kalten meeres Flut

Ebenholzhände umfassen dich
Fühlen den Schmerz in dir
Mühen deine Sorgen fort von Hier

Ebenholzhände umfassen mich
Sind in einem fremden Land gefangen
Wüstentränen laufen über ihre Wangen

Ebenholzhände umfassen dich
Halten ihre Herzen zusammen
Gegen des kalten Fingers rammen

Ebenholzhände umfassen dich
Klammern zaghaft an dir
Halten sich mit Liebe hier

Joseph Oesterle * 2000

Dysthymisches Wetter

Es gibt einen inneren Ort
dort
bist du verloren
wie verirrte Kinder im Walde
dort
tragen die Berge Namen wie
Furcht und Angst
dort
ist der Flüsse Wasser
salzig
dort
sind die Wolken schwer
voll Vorwurf und Ablehnung
dort
sind des Windes Laute
argwöhnisches Geflüster
dort
will der Erdboden
Abstand zu dir gewinnen
dort
bleibt dir nichts übrig
als dich dem Versprechen
aus wärmenden Lichtstrahlen hinzugeben
Dem Versprechen der Morgenröte

Bilal Ohara * 1991

Ich, in fremd

Die Frau in der Bahn, die neben mir sitzt
Ich hoffe sie spürt nicht mein Starren
Sie hält mit den Seiten die Brust geschützt
Und versucht sich darin zu verscharren

Die Finger sind über den Einband gespreizt
Als wollten sie auch noch verdecken
Den Namen des Autors und wie das Buch heißt
Um auch das Versteck zu verstecken

Es schützt sie gut, das bedruckte Papier
Ich sehe es in ihren Augen
Sie ist befreit vom jetzt und hier
Hat sich im Buch verlaufen

Und dennoch kenn ich ganz genau
Den Ort wo sie gefangen
Selbst bin ich schon im Morgentau
Durch diese Welt gegangen

Mein Starren sieht sie wirklich nicht
Egal, wie ungehemmt
Na klar, sie ist genau wie ich
Ich bin es, nur in fremd

Linda Öhlmann * 1992

Städte voller Leere
Oder Das Ende der Menschheit

Hoch über Trümmern hängen Sterne,
Durchstreifen tut sie nur der Wind,
Da hier so wie in aller Ferne
Alle Menschen nicht mehr sind.
Die Menschheit hat sich selbst getötet,
Es ist verstummt ihr letztes Lied
Und wenn dann bald der Morgen rötet
Ist da Niemand der das sieht.
Und wenn dann über Rost und Schimmel
Bei Zeit mal nicht die Sonne scheint,
Dann ist es, dass bei Zeit der Himmel
Einsam für die Menschheit weint.

Gernot Öhrlein * 2001

Sie als Elster, ich der Schmuck,
War immer nur das hübsche Teil,
Sie fliegt zu mir runter mit einer Wucht,
Ist keine Geduld zu sehen, immer voller eil.
Sie packet mich mit den glänzenden
    Krallen,
Wird mich fliegen hoch zu ihrem Reich,
doch höre bloß ihr Kreischen hallen.
Immer nur das glänzend schöne, nie das
    matte. Unschön
Wo man muss suchen für das den Augen
    schmeichelnde; Vergebens.
Nun – so kann ich auch weinen und
    verzweifeln:
Ich bin bloß Schmuck, eines der vielen
    anderen,
Sie war, Sie ist, Sie wird: eine Elster sein
    auf ewig.

Yvonne-Courtney Okolo * 2005

Wer? Wie? Wann?

Zwischen Nachtigall und Nachtigall
Sich ein Baum in der Wüste windet
Sich aufzubauen scheint ein Wall
Wie Plus und Plus sich bindet

Ein Leben sich versucht aufzubauen
Es immer seien wird wie ein grauen
Denken was nicht zu denken weiß
Endlich es soll werden heiß

Schach und Valo ist ein Zeitvertreib
Meine Angst die Liebe ist
Mich kennen ihr denkt ihr wisst
Sorgen plagen Ego versagen

Finden ich nie werde
Was zweifelhaft begehre
Existieren sie nicht tut
Bitte Leute macht mir Mut

Adrian Olmes * 2006

Rap poet

ich träume in den Tag rein träume von der
    Wahrheit träume davon, dass diese
    Geschichte immer wahr bleibt.
Der Junge mit dem Traum,
Feuer steht in seinen Augen
Er will Rapper werden, was die meisten
    Menschen ihm nicht glauben
Doch er gibt niemals auf, legt das Mikro
    nie zur Seite
Seit er dreizehn Jahre ist, geht er diesen
    Weg allein
War lang genug im Heim
echt nen langer Lebenslauf
heute ist er Rapper und erfüllt sich seinen
    Lebenstraum

Agirman Ömer * 1989

Warteinseln

Genau so stelle ich mir mich stets vor,
urteilend und nachdenklich,
und es ist wahr,
meine Ausdrücke lügen nicht.

In Stille betrachte ich dich scharf,
sinne darüber nach, was ich mir wünsche,
wo ich gerne wäre,
doch du bist dort, fern.

Die Arme in die Höhe gestreckt,
die Stimmen und die Glasflaschen
schaffen es nicht,
meine feste innere Verfassung zu
    erschüttern.

In der Menschenmenge suche ich nach dir,
du starrst ins Leere,
wartest vielleicht auf jemand anderen.

So gerate ich in Verwirrung,
inmitten der Blicke der Skeptiker,
du tauchst wieder auf, jedoch findest du
    mich nicht.

Alberto Orlando * 1998

Kontrast

Überall ist Kontrast.
Zwischen blau und weiß
Zwischen ja und nein.
Zwischen lieb und gemein.
Es ist nur die Zeit. Sie ist in meinen Augen
  eine Ewigkeit.
Die Ewigkeit ist flüchtig, wie ich nach der
  Vergangenheit „süchtig „.
Das Leben geschieht jetzt und zieht an mir
  vorbei.
Wie die Wolken: blau und weiß.
Wie die Entscheidung im Leben: ja oder
  nein.
Wie das Leben selbst: lieb und gemein.
Überall ist Kontrast,
Zwischen Bauch und Kopf.
Zwischen Leben und Tod.
Zwischen du und ich.
Ich möchte es nicht.

Miri Oscher * 1963

was bleibt

als unsere münder
aus rissigen lippen
weiche inseln im sud des sonnennebels
wabernd ausatmen

steigen wortlose schlieren
in gewändern geschälter haut
in den tag

nackt
schimmern rohe wunden
suchen verstecke
im drachenblut

ein bad im tümpel geschundener patina
zurück bleiben zwei
verlorene tänzer

Volker Oslender * 1971

Stille

Wie herablassend du bist, du Stille dort.
Du verhöhnst mich, mit in all deiner
  Gelassenheit, deinem perfekten
  Einfach Sein.
Du blickst auf diejenigen herab, deren
  Gedanken lauter sind, als der Wind in
  den Bergen
oder das Tosen der Wellen am Meer.
Wie herablassend du bist.

Wie herzlos du bist, du Stille dort.
Du lädst uns ein, dich mit offenen Armen
  zu empfangen, doch du gehst keinen
  Schritt auf uns zu.
Du rufst uns zu, wir sollen dich suchen.
  Doch besteht deine größte Freude
  darin,
dich zu verstecken und all jene auszulachen,
  die dich nicht finden.
Wie herzlos du bist.

Wie grausam du bist, du Stille dort.
Erst schürst du eine Sehnsucht nach dir,
  dann ziehst du dich zurück und lockst
  aus der Ferne. Zwingst uns,
aufzugeben oder uns einzulassen ganz auf
  dich. Nur auf dich.
Ich weiß nicht, auf was ich stoßen werde,
  wenn ich dich jemals finde. Doch
  suchen muss ich,
denn dein Ruf ist verführerisch.
Wie grausam die Suche ist und wie groß
  die Hoffnung auf dich,
du Stille,
dort.

Lisbeth Ott * 1983

Lauter (!) Stille

Laut ist es, auf dieser Welt.
Auf dass sie noch zusammenhält.
Und dass die Stillen können auch,
teilnehmen am Lebenslauf.
Euch auch wird bald noch zugehört.
Redet mehr, und sagt was stört!

Seid nicht nur sehr leise!
Teilt euch mit, auf eure Weise.
In den Ohren, ihre Worte hallen.
Laute, wollen immer gefallen.
Laute bekommen das größte Stück.
Ehret sie nicht und seid nicht entzückt!

Daniel Ott * 1994

Nach den Regeln der Kunst

Nach den Regeln der Kunst,
höre ich sie sagen,
solltest du schreiben
denn das wäre schlau.
Doch was sind das für Regeln?
Tue ich sie fragen
vielleicht die, die gelten
wenn man sagt „Kunst am Bau"?
Die kann auch bezaubern
und ist auch oft sehr schön.
Aber musste sie doch
über mehrere Schreibtische gehen.
Wenn Kunst vorsortiert wird
bis sie manchen gefällt
kann es denn doch Kunst sein?
Vielleicht in einer künstlichen Welt.

Martin Otto

Neuland

lockere Wurzeln
graben
suchen Halt
in aufgewühlter Erde

Gedanken
rieseln aus löchrigen Köpfen
Puzzleteile
im Blickfeld suchender Augen

Träume
sehnen sich nach einem Zuhause
irren ruhelos umher

halbgefüllte Koffer
warten auf die Reise
in neue Lebensfülle

Sabine Otto * 1965

Getrübtes Blut

Getrübt von der Anmut der mir zugrunde
  liegenden Gefühle dieser und jener
  Zeit,
die ich zu vergessen vermag. Ich bin
  getrübt. Jede Ader in der mein Blut
  langsam fließet.
Durch jede Vene. So wie die Gefühle. Die
  Trauer und die Freude. Ja, auch die
  Wut und die Angst zu gleich.
Alles vermischt sich. Alles ist eins. Hast du
  kleines Kind eine Ahnung von dem,
  was dahintersteckt?
So ist deine Antwort Ja – weißt du, dass du
  nichts weißt.
Verloren in den Gedanken, worum es im
  Hier und jetzt geht.
Bisweilen du vergisst oder gar willst und
  es somit vergisst zu lieben, leben und
  ehren.
Sich bedacht auf etwas zu reduzieren, seine
  Gedanken zu bestimmen.
Du bist ein Erdbewohner, jedenfalls in
  deinem Körper.
Verloren in dieser unbedachten Reihenfolge
  von Zufällen und du lernst,
diese zu ertragen mit jeder weiteren Ader in
  der dein Blut langsam fließet. Sag mir
  normaler Erdling.
Bin ich es dir Wert? Kannst du mir zeigen,
  wie ich normal bin? Wie ich mit dir
  normal bin?
Was ich fühlen darf, was ich fühlen soll und
  wie ich es fühlen soll? Ich werde zu
  viel fühlen.
Zu viel falsch machen. Mich in dem Gewirr
  von Gefühlen verlieren. Und somit
  auch dich.
Ich bin getrübt. Gefühle durch rostige
  Rohre, bei denen einst ebenbürtige
  Gefühle Ihr Zuhause fanden.
  Verschlossen und vergessen.
Mit jeder Ader. Des Herzens Wille ein
  Versuch, dass die Rohre nicht brechen.
Neuartig. Nicht wie gewohnt. Anders.
Alles mit dir und alles ohne dich.

Benjamin Otto * 2000

Schein

Bezaubernd und elendig ein Vergleich der
    mich selbst ersticht.
Eine Galaxie voller schwarzen Löcher in
    der Ferne nein,… misslicher kann es
    nicht sein,
denn auch das Bild meines ist getüncht in
    Farbe des Scheins.

Rihem Ouaqerrouch * 2005

Gesellschaft

Unsere Gesellschaft ist für viele ein sicherer
    Ort.
Aber ist es so?
Manche fühlen sich unsicher in ihrer
    eigenen Sicherheit
Welche Sicherheit?
Führer dieser sicheren Gesellschaft versagen
Sie lassen uns leiden unter ihren Fehlern
Unter welchen Umständen?
Fragen, die diese Führer nicht beantworten
    können
Diese Führer sind unsere Führer.
Wir sollten sicher sein
Wir wurden überzeugt, dass wir sicher sind
Nun ist
Unsere Gesellschaft für viele ein sicherer
    Ort.

Tracy Owusu * 2009

Was ist Liebe?

Schwierige Frage für die es nicht diese eine
    Antwort gibt und ich die letzte bin
    die weiß wie man sie beantwortet
weil ich es außerhalb meiner Familie noch
    nie gespürt habe.
Es gibt Geschwisterliebe, Liebe zwischen
    Eltern und Kind und in der
    Partnerschaft
aber jeder definiert diese Liebe anders.
Für mich ist Liebe die Geborgenheit,
    Sicherheit und Führsorge die ich spüre
wenn ich mit dieser Person bin oder auch
    allein in seiner Nähe.
Es ist die Zufriedenheit und Freunde die ich
    habe allein nur durch die Anwesenheit
    dieses Menschen.
Es ist sich in die andere Person
    hineinversetzen zu können, die Fehler
    und „Macken" des anderen zu verstehen
    und zu akzeptieren. Es ist sich
    gegenseitig vertrauen zu können und
    offen miteinander zu kommunizieren
    – keine Angst zu haben etwas
    auszusprechen.
Liebe ist für mich Vertrauen. Das Gefühl
    mich immer auf die Person verlassen
    zu können – meine 2. Hälfte.
Liebe ist für mich nicht nur schöne
    Momente zu erleben.
Es ist auch durch harte Zeiten zu gehen
    und das zusammen. Durch diese
    Prozesse wächst man
meiner Meinung nach nur enger zusammen
    und wird gemeinsam stärker.
Der erste Gedanke nach dem aufwachen
    und der letzte vor dem Schlafen gehen
    an diese Person –
das ist Liebe für mich.
Es ist zusammen die gemeinsame Zukunft
    zu planen und zu gestalten.
Liebe ist die Anziehung und die Sehnsucht
    zwischen zwei Menschen
ganz egal wie weit sie voneinander entfernt
    sind.

Lisa Özdemir * 2003

Das Leben ist so groß und mächtig

Das Leben ist so groß und mächtig
und wir halten uns an Dingen auf.
Wir zanken und wir streiten täglich,
und ohne Schonung nimmt es seinen Lauf.

Wir können vieles kaum begreifen,
obwohl wir so gebildet sind.
Doch alle Bildung wird nicht reichen,
auch wenn wir 100 Jahre sind.

Wir denken Alles geht so weiter,
das ist das Leben, das du kennst.
Manchmal traurig, manchmal heiter.
Doch alles Leben ist begrenzt.

Wir haben Alles schon getan,
um friedlich durch die Welt zu gehen?
Wir haben alles schon verstanden,
die Welt mit anderen Augen schon
    gesehen?

Und schon wieder ist ein Krieg in Butter,
ganz zu schweigen von den Kriegen dieser
    Welt.
Hattet ihr denn alle keine Mutter,
die von Kriegen euch erzählt?

P.B.K. * 1960

Dein Sonnenfänger

Du scheinst den ganzen Tag und bist schon
    total erschöpft.
Du gibst deine ganze letzte Kraft für den
    Abend,
Um nochmal einen letzten Versuch zu
    wagen,
Doch es kommt nicht gut an, was dich ein
    bisschen bricht,
Woraufhin sich verschlechtert deine Sicht.
Doch ich bitte dich zu warten, denn
    nach jeder noch so schlechten Sicht,
    eröffnet sich ein neues Licht.
Und so glaube mir, auch, wenn du nicht
    jeden glücklich machen kannst und
    denkst es sei vergangen,
Es gibt immer jemanden, der nur darauf
    wartet ein kleines Lichtlein von dir zu
    fangen.

Julia Palinkasch * 2005

Stille Blicke

Es tischt die Zeit lieblich die Freude auf,
    verträumten Weges liebes Wort.
Von Anbeginn ein heller Klang, was blieb
    ist mannigfaltig schön und warm.
Umgarnte Zeit getischte Aprikosen,
    gekostet lieblich trunken Wein.
In Ferne zieht es manches himmelweit,
    Vernunft gestimmtes helles Kleid.

Was anfangs blieb sind Augenblicke, ein
    Wimpernschlag gezierte Blicke.
Und unbefangen warm die Stille, ein reines
    trunken Quell der Sinne.
Dies entsprang so leicht, wie ein Tautropfen
    des Nachtens.
Wachend immer sehend erinnernd, still
    gebettet federleicht in Hoffnung
    sacht.

Erdachtes stilles Sinnens Klanges Wagen,
    getrunken Weite volle Sterne.
Ein leuchten im Herzen, so rosig trunken.
Verweilt enteilt, zugleich dem Alltag fern
    in warmen Stunden.
Man möchte es greifen, still und hell
    gezimmert wohlschmeckend und
    mundend.

In Formen gießen sich der Zeit erfreuen,
    wenn alles endliche Freude ist.
Und wohl der Sonnenschein, im Herzen
    jener Funke blieb.
Dies möchte man nie mehr vermissen,
    gleich der Wogen des Meeres die
    nimmer schliefen.
So blieb dies Sehnsucht still und fort, sie
    weilt enteilt ist immer da.

Alexander Paukner * 1982

Dramaturgie der Begegnungen

Wenn ich dich höre, hörst du dich selbst.
Meine Reaktion, wie es dir gefällt,
als Erwartungserwartungen
in deinem Bühnenbild
systemtheoretisch aufgestellt.

Die Improvisation gecastet,
das „ja, und" gekonnt souffliert.
So stehen wir uns gegenüber -
in der Komplexität ein wenig reduziert.

Und anders, als schweigend vorgestellt,
müssen wir neue Rollen finden.
In Abkehr von Projektion und Ideal
gilt es nun das zu überwinden,
was das eigene Selbst im andern sucht.

Versagt dem Ende als Komödie,
denn zu erkennen ist Verlust.
Und, im Scheitern um das Göttliche
    gewusst,
bleibt so die Möglichkeit allein,
dass entsteht Wahrhaftigkeit
zwischen uns zwei'n.

Joy-Robin Paulson * 1994

An einen Freund

Sehnsucht quält mich in der Brust,
Nach Erfüllung, Schicksal, Lust.
Weiß nicht wonach der Sinn mir steht,
Erbarmungslos die Zeit vergeht.

Versuchung hält mich eng umschlungen,
Ringen tu ich mit mir allein,
Ich fühl mich ganz und gar bezwungen,
Doch meine Seele die bleibt mein.

Auch wenn ich äußerlich verfalle,
Und mich plagt des Höllen Quells,
Selbst zu spucken Blut und Galle,
Meine Seele bleibt wie Fels.

Selbst wenn das Dunkel sich nicht lichtet
und keine Hoffnung ist in Sicht,
bleib ich dennoch zielgerichtet auf das
verborgen göttlich Licht.

P.S.

Die Zeilen die dein Herz gerührt,
Welchem Geist sind Sie entsprungen?
Vermutlich hast du es gespürt,
Sind tatsächlich mir gelungen.

Roland Paulus * 1990

Das Schiff

Die Zeit vergeht,
Erinnerungen vom Wind verweht -
vom Sturm der Liebe,
vom Sand der Zeit -
Die Welle der Vergänglichkeit.
Die untergehende Sonne winkt,
das Segelboot alter Zeiten sinkt -
Vergraben im Tief.
Erkennst Du sie denn nie?
Die Stimme der Göttlichkeit.
Die Stimme deines Selbst.
Die Stimme deiner Vorfahren.
Werden wir es wagen?
Sind wir bereit?
Ein Kampf gegen den Sturm der Zeit?
Klänge sich erheben,
lassen Herzen beben
Seelen leuchten und schimmern,
aber wir gewinnen nie und nimmer.

Denn dies ist die Endlichkeit.

Laura Franziska Peintner * 2006

Das Voynich-Manuskript

Ein Mann verwirklicht seinen Jugendtraum
geheimnisvoll zu schreiben für die
    Ewigkeit,
da dieses Buch zu gestalten keine Sünde
    war,
schaut der Autor vom Himmelszelt auf die
    Entziffer

bei ihrem Tatendrang,
sechshundert Jahre sind nun bald
    verflossen,
doch ist der mystische Text noch nicht
zur Lesbarkeit durch einen Schriftgelehrten
    bereit,
doch sehe man die Sache positiv,
an Zeichnungen der Pflanzen und an
    unverstellter Erotik
kann man sich erfreuen tagelang!

Lutz Walter Peitzsch * 1955

Das Smartphone

Stets online, erreichbar und geortet
Fotos werden im Speicher gehortet
Informationen fließen hin und her
Ohne sie geht gar nichts mehr
Freiwillige Abhängigkeit
Fressmaschine deiner Zeit
Wissen nur mit einem Klick
Nachrichten leicht weitergeschickt
Die ständige Präsenz
Keine Grenzen kennt
Ist es der Mensch, der steuert und lenkt
Ist ihm Kontakt und Realität schon fremd
Wird die Technik uns besiegen
Schafft sie es doch uns zu verbiegen

Keike Pelikan * 1955

Ein Sinn im Leben

So schnell älter werden, wie unheimlich
    ist mir
Unaufhaltsam, pausenlos vorwärts, sag
    ich dir
Der Sinn für die meisten, nicht erkennbar
Doch schön anzusehen wenn zwei
    untrennbar
Bis an all ihrer Tage sich bemühen
Die Zeit ignorierend ihre Feuer glühen
Und aus ihrer Liebe eine Familie entsteht
Zusammenhalt, wie liebe nicht untergeht
Mit gefalteten Händen, der Glaube stark
Aus freiem Wille, für einander beten mag

Das Kinde aus Liebe wird geboren
Mit Mühe und wohlbedacht erzogen
Aufs Leben vorbereitet, Stärke gelehrt
Und sich gegenseitig respektvoll verehrt
Beobachtet man am Ende vielleicht
Das weder sinnlos oder einem gleich
Man so der Zeit nicht beraubt werden kann
Verstehe vielleicht darin den Sinn
    irgendwann
Dass das eigene Glück als wichtige Habe
Geteilt, gelehrt und als Weitergabe
Wenn dein Leben die Zeit hat überwunden
Als Sinn des Lebens, das leben selbst
    befunden

Tony Daniel Pendergrass * 1981

Die Ähre

Gereift in tausend Sonnenstunden
neigt ihr Haupt die goldene Ähre.
Verschont von Hagelschlag und bösen
    Winden.
Genährt von sanftem Regen
Wuchs sie heran zur prallen Schwere

Gepflanzt in feuchter Erde,
mit Hoffnungen beladen.
damit aus Korn die Ähre werde.
Du Mensch bewahre Wachsen und Saaten
Sonst nimmt die Zukunft Schaden.

Arnold Pesch * 1939

Einerlei und Reimerei

Manchmal ist nur Einerlei
Morgens aufsteh'n Zähne putzen
Abends Mord und Liebe glotzen

Dann wird's auch mal wieder lustig
Reime machen ist so putzig
Die Gedanken werden luftig

Viele haben schon berichtet
Fröhlich ist wer täglich dichtet
Ernst und Ungemach vernichtet

Schreib doch mal ,n Reim als Gruß
Trag das Briefchen dann zu Fuß
Nicht vergessen ganz zum Schluss
Marke drauf das ist ein Muss

Zu dem gelben Kasten hin
Kommt dann schnell zu mir hierhin

Philipp Peter * 1954

2084 (Zwanzig-Achtzig-Vier)

2084 denke ich an das Paradies, an Felder
    voll von Rosen und Tanzen mit Dir.
Denke nicht zu viel, zu schnell, zu weit,
    immer mehr und immer besser.
Bin trotzdem nie genug.
Bin nicht schön oder schlank, bin nicht
    lustig,
sogar krank, krank im Kopf.

2084 denke ich an das Paradies, an Felder
    voll von Rosen und Tanzen mit Dir.
Denke ans High sein, ans Fliegen
und wenn doch nur alle so lieben würden,
wie Menschen, die sich wirklich spüren.

Und irgendwann ist es 2084 und wir
    suchen noch immer nach dem
    verlorenen Paradies,
haben uns dabei selbst verloren, in eine
    wunderschöne, unperfekte Welt.
Haben gesucht und gesucht und wollten
    immer nur mehr.
Und haben dabei nie gesehen, dass das
    Paradies direkt vor uns wär'.

Weil das so ist, will ich an die Liebe
    glauben.
An Felder voll von Rosen und Tanzen mit
    Dir.
(Meine liebste Blume bist Du.)
Dann ist es 2084 und wir sind da, wo wir
    sein sollten.
Zusammen.

Philin Peters * 1997

Der Narzisst

Der Narzisst ist sehr verliebt,
in alles was ihn widergibt.
Doch Spiegel, sei'n sie menschlich, sächlich,
sind oftmals blind oder zerbrechlich.
Vermögen höchstens abzumalen,
das äuß're Bild – und meist verzerrt,
doch nicht den inn'ren Schmerz, die Qualen
und was der Spiegelnde begehrt.

Verdrängend jeden einz'lnen Tag,
dass er sein Innerstes nicht mag,
muss dieser, ständig sich betrachtend
und nach der Eigenliebe schmachtend,
ertragen, dass er nicht begreift,
wonach er sehnt, er nie erreicht.
Darum zerstört er alles Gute,
auf dass ein jeder ewig blute,
der ihm nicht nehmen kann die Pein,
ein elender Narzisst zu sein.

Kirsten Petersen * 1970

Kleine Hoffnung

Als ich Dich das erste Mal sah,
Konnte ich mein'n Augen kaum trau'n;
Konnt's nicht fassen, doch ist's wahr,
Konnte nicht aufhör'n, hinzuschau'n.
So stand ich da, inmitten der Schar,
Versuchte alten Schmerz zu verdauen.
Das erste Mal, dass ich Dich sah,
Du hast mich sofort umgehau'n!

Vom ersten Moment war ich Dir verfallen,
Gefangen in meinem persönlichen Bann.
Wie schaff ich es, Dir aufzufallen?
Irgendwann wird es so sein und dann
Werde ich Dir gefallen.
Wissend, dass es nicht klappen kann,
Hoffe, gar sehne ich weiter, obwohl
    irgendwann
Unsere Wege sich trennen.

Da traf es mich, ein Schlag ins Gesicht:
Was ich mag? Ich möchte Dich!
Jenes Geheimnis ich barg entwich,
Ob ich mich wag? Man weiß es nicht.

Giulia Peuser * 2004

Die Stadt ist ein zerfetztes Karo
Bäume tragen Blüten aus Angst
ich gehe auf die Straße
es riecht nach altem Lippenstift
jemand schießt mir Tränen in die Augen

Sonja Pfäffli

Juni-Kälte

es ist Juni, hauchst du leise,
wispernd in mein Ohr hinein
hinterlässt auf diese Weise
Gänsehaut, als wärs noch kalt

doch der Winter ist vorüber,
dunkel ist es nur in mir,
s'wäre mir doch so viel lieber
wenn ich drüber reden könnt, mit dir

ich mach den Mund auf, doch es kommt
   mal wieder,
wieder zu viel Unsinn raus,
gibst dem ganzen ne Bedeutung,
lächelnd schaust du zu mir auf

Winter ist es, der dich anzieht,
Sommer ist es, der nicht hält
du bist es, der einfach da ist,
ich bin es, die wieder friert

Irmela Leni Pfeffermann * 2004

Menschenmenschen.

Menschen,
manschen,
Matsch.

Mahnmal.

Menschen,
machen,
Macht.

Merkmal.

Menschen,
mögen,
Mogeln.

Muttermal.

Merci:
Menschenmenschen.

Kristine Luise Pfeiffer * 1962

Im Traum

Im Traum
bin ich im Garten,
muss warten – warten.
Die Füße in Erde -
fühle, ich werde
ein Baum.

Saft steigt empor im Stamm,
treibt Blätter und Blüten
zum Wachstum an.
Weiße, übermäßige Verschwendung –
es drängt zur Vollendung.

Hedi Pfitzner * 1940

Ecce homines

Ich mag Jesus
finde aber die
Christen zum Kotzen

Imago Dei
Kinderschänder
Vergewaltiger
Bankräuber
Raubmörder

Imagines Diaboli
Scheiterhaufenanzünder
Judenvergaser
Mienenleger
Bombenabwerfer

Nein, nein, nein
nein, nein, nein
So bösartig
kann doch
der Teufel
nicht sein

Hermann Manfried Pflanz

Harmonie und Vollkommenheit

Die Dunkelheit und die Nacht, Sterne und
    Mond, die Dunkelheit betont!
-Zusammen eins-
Am Himmel thront...

Das Licht und der Tag, Sonne und
    Regenbogen, das Licht betont!
-Zusammen eins-
Am Himmel thront...

Der Mensch, die Seele, der Geist
-Zusammen eins-
Intellekt und Intuition.

Am Himmel sowie auf Erden thront...
Das Licht, die Harmonie und
    Vollkommenheit.

-Die Quelle des Lebens-

Kunstsein. Das Unsereins.

Nadine Maria Pflästerer * 1985

Das kleine i im Leben

Dem Leben hat einer ein i geschenkt.
Seit dem heißt es auch Lieben.
Das Leben ist alles, das Lieben auch.
Beginnt bei der Zeugung in Mutters
    Bauch.

Das Leben und Lieben Geschwister sind,
die miteinander verwoben
in jedem Gedanken und jeglichem Ding
zwischen unterstem Tief und hoch Oben.

Ein jeder Gedanke Leben ist,
mit dem i sei er ständig gekrönt.
Wer jeden Gedanken mit Liebe denkt,
der ist mit dem Leben versöhnt.

Do Pfrogner * 1937

Elend der Weisheit II

Die Wahrheit hat zu viele Feinde.
Die Lüge zu viele Freunde.
Die Liebe zu viele Verständnislose.
Die Freiheit zu viele Fesseln.
Der Fortschritt zu viele Gegner.
Die Einfältigkeit zu viele Nachahmer.
Die Habgier zu viele Mitmacher.
Die Armut zu viele Befürworter.
Der Reichtum zu viele Betrüger.
Die Natur zu viele Beschmutzer..
Der Optimismus zu viele Pessimisten.
Und der Frieden zu viele Militaristen.

Nun überlegte der Weise,
wie man dieses Dilemma behandeln muss
und kam nach langer Überlegung nur zu
    dem Schluss,
dass man gegen die Dummheit nichts
    machen kann.
Dann erschoss sich der gute Mann.

Alexander Pfützner * 1948

Was ich verlor

Wie in den letzten Monaten auch, steckte
    ich sie morgens in meine Tasche.
Hat einiges an Zeit gedauert bis ich
    sie gefunden hatte.
Ich hatte sie immer dabei, weil ich sie gern
    bei mir trug.

Wie immer packte ich im Zug meine
    Kopfhörer aus,
denn die Hinfahrt am Morgen und auch die
    Rückfahrt am Abend sind entspannter
    mit Musik.
Nur das Wissen, dass ich sie dabei hatte
    beruhigte mich und machte die Arbeit
    erträglicher.
So verging der Tag wie im Flug und ich war
    schon wieder auf dem Heimweg. Als
    ich zu Hause ankam,
griff ich nach ihr, doch musste schmerzlich
    feststellen, dass sie weg war.
Handy, Portemonnaie, Schlüssel und
    Kopfhörer war alles da.

Doch was ich an dem Morgen eingepackt
hatte, war weg.
Ich hab überall danach gesucht und die
Hoffnung, dass sie wieder auftaucht,
nie aufgegeben,
doch nach einigen Monaten begann auch
ich zu realisieren.

Es muss mir unterwegs verloren gegangen
sein.
Ich hatte mich zu sehr auf andere Dinge
konzentriert und diese eine Sache,
meine Sache, aus den Augen verloren.

Es tat weh, denn ohne sie, war die Arbeit,
der Weg zur Arbeit, der ganze Alltag,
wenn man so will, einfach grau und
langweilig.
Auch wenn man sich nach einiger Zeit
gewöhnt, ist es dennoch nicht einfach.
Doch man fängt an sich besser zu fühlen,
denn Zeit heilt bekanntermaßen alle
Wunden.

Die verlorenen Zigaretten konnte ich
trotzdem nicht mehr finden.

Marvin Pham * 1994

Frühlingsmond

Wie Tränen tropft der Tau vom Farn und
rinnt in meine Seele
ein Sturm kommt auf eiskalter Frost
verschnüret meine Kehle
Was sehn' ich mich nach Milde, dem ersten
Frühlingsmond
der Zeit in welcher neue Hoffnung auf
bessere Zukunft wohnt
Hinaus aus tiefer Dunkelheit, hinein in
neues Leben
in dem man ruht und sein lässt, fernab von
Müh und Streben
Wo hier und jetzt die Freude tanzt auf
Tischen, Bänken, Stühlen
Wo Alles still steht, Raum und Zeit und
sämtliche Tretmühlen

Umschlungen von Wärme, zarten Farben,
lass' ich nun Alles liegen
Die Pflicht die ruft, ich lass sie rufen
Möcht' mich nicht mehr verbiegen

Anja Barbara Piepenstock * 1988

Das Wort

Das Wort,
Das Sein,
Das Jetzt,
Das Hier.

Klagt an,
Sieht her,
Gibt ab,
Lässt zu.

Entkommen der Worte,
Zuflucht in das Sein,
Hör auf die Gedanken,
Begreifen des Scheins.

Das Hier,
Das Jetzt,
Soll NICHT sein:
Das Wort.

Martina Pieper * 1974

Freunde

Ein Mensch zum Umgang oft
nur gute Freunde sich erhofft,
dieweil er Kameradschaft braucht,
wenn er zur Einsamkeit nicht taugt.

Zu leicht gerät er aber, leider,
an falsche Freunde, meistens Neider,
die ihn nutzen nur zu ihrem Zwecke,
bis erst Erkenntnis ihn erschrecke.

So ist es nötig zu misstrauen,
anstatt auf andere zu bauen,
und die Freundschaft wird vermiest,
die man im Grunde gern genießt

Die Freundschaft soll ehren,
soll Friede gewähren
den Menschen, die zu ihr stehen;
sei darum zu jeder Zeit
zu ehrlicher Freundschaft bereit,
dann wirst auch du nie vergehen.

Chug Pierce * 1947

Steppenreiter

Nicht Abendmahl, nein Abendessen.
Und das in Wien, und nicht in Hessen.
Man sitzt dabei und schmaust vergnüglich
in aller Ruh; doch die ist trüglich.
Es meldet sich ein „Steppenreiter",
und siehe da: Es folgt ein zweiter.
Ein Bissen später kommt ein dritter.
Man spart sich glatt den Magenbitter.
Ein Schluck vom Bier und 'ne Zigarre –
der vierte ist's, auf den ich harre.
„Es schmacket mir", tät Luther meinen;
und mir – ich kann es nicht verneinen.
Der Feiertag, er kann nun kommen.
Das vierte Rülpsen tut mir frommen.
Auf Wiedersehen, ihr „Steppenreiter"!
Ist's morgen trübe oder heiter?
Mir ist's egal, auch wenn es regnet.
Ich freue mich, weil ich gesegnet!

Manfred Pitterna

Die letzte Kippe

Du bist wie die letzte Kippe.
Nur noch ein Mal.
Ein letztes Mal.
Dieses Gefühl der Endorphine.
Einatmen. Ausatmen.
Sehe den Rauch aufgehen.
Genieße dem Moment,
denn du mir schenkst.
Abaschen ...
Ich bin nicht klein und auch nicht süß,
doch in deinen Augen schon.
Ich wollte doch, weg vor dir!
Ich wollte doch, Ruhe vor dir!

Ich höre auf!
Denn bald ist die Kippe zu Ende.
Und die Nächste kommt dann,
vielleicht auch die Letzte.

Mirel Planic

Gedicht zum Jahreswechsel

Das alte Jahr, es ging zu Ende,
Ereignisse und Katastrophen sprechen
    Bände.
Die ganz Welt, sie spielt verrückt,
ist ihren Fugen komplett entrückt.
Kriege, Unwetter, Dürre, Hungersnöte,
    Krankheiten
und Menschenhass toben ohne Unterlass.
Wir hängen die neuen Kalender auf,
und hoffen alles nimmt einen besseren Lauf.
Wir wollen allesamt glücklich sein,
und dies geht nur in einer Welt mit
    Zusammenhalt allein.
Drum lasst im Kleinen uns beginnen,
und auf das Gute uns besinnen.
Wir wollen uns die Hände reichen,
und setzen der Welt damit ein Zeichen ...!

Planitzer * 1953

Erfolgsrezept

Gemütlich ja, erfolgreich nein,
das sollte aber anders sein!
Den Weg zeigt dir allein dein Herz,
doch sei gewappnet für den Schmerz.

Entscheiden musst du dich zuerst,
sodass du Alt den Rücken kehrst.
Das Neue macht dir vielleicht Angst,
sie schwindet, wenn du allem dankst.

Probleme sind zum Wachsen da,
verzweifle nicht, denn Rat ist nah.
Geh immer weiter, Schritt für Schritt,
vertrau darauf, das Glück kommt mit.

Gewinnen mag nur der, der glaubt,
weh dem, der dir die Hoffnung raubt.
Nimmst du das Leben wie ein Spiel,
kommst du mit Fleiß und Spaß ans Ziel.

Erfolgreich ja, gemütlich nein,
doch frei und glücklich, so soll's sein!

Stephanie Platz * 1994

Liebe auf den ersten Blick

In der Unendlichkeit von Raum und Zeit,
begegnen wir uns immer wieder.
Wie Magnete ziehen wir uns an,
so unterschiedlich und dennoch passen wir
    zusammen.

Als wir uns das erste Mal in die Augen
    sahen,
blieb die Zeit für einen Moment stehen.
So überwältigt von Faszination und Liebe,
du sahst mich an als were ich das schönste
    das du je gesehen hast.

Doch verloren wir uns wieder,
mein Herz blutet schwer.
Werden wir uns je wiedersehen ?
Die Sehnsucht zerreißt mich fast,
doch ich muss stark bleiben in meiner
    Kraft.

Eines schönen Tages sitze ich im Café,
mein Blick schweift von meinen Buch auf
und ich glaube es kaum was ich sehe.
So wunderschön stehst du vor mir,
mein Herz fängt an zu rasen und ich weiß,
ich will in keine anderen Augen mehr sehen
    als in deine,
so tief und blau wie der Ozean.

Sabrina Pleh * 1996

Der Kuss

Nichts ist köstlicher
wenn der Himmel
die Erde küsst
und Verliebten
Diamanten
in ihre Blicke
zaubert und
im Rausch
der Berührung
so rosarotjung
der erste Kuss

Marlene Plüschow * 1938

Nur ein Wort

Nur ein Wort
Sag nur ein Wort
Und sprenge meine Fesseln
Glaube mir
Ich verstehe dich
Lass mich
Zu dir sprechen
Und deine Fesseln sprengen
Erkenne mich
Und ich
Erkenne dich
Auge trifft Auge
Wort trifft Wort
Herz trifft Herz

Poet * 1971

Abschied

Gerade eben war noch alles heil. Doch
    irgendwie bricht jetzt plötzlich alles
    entzwei.
Wo sind die Dinge hin die uns so viel
    bedeuteten. Wir schauen immer nur
    in die Vergangenheit
aber was ist mit heute?
Du hast gesagt es wird nie etwas zwischen
    uns stehen.

Doch jetzt ist da ein tiefer Graben und für
mich bist du kaum noch zu sehen.
Es war dir immer wichtig meine Hand
festzuhalten. Doch ohne deine Nähe
wird mir langsam kalt.
Dieses Gefühl so langsam zu erfrieren, tötet
mich bald.
Ich habe Angst in den Spiegel zu schauen,
ganz allein ohne Hoffnung, Liebe und
Vertrauen.
Am Ende hast du dich für einen anderen
Weg entschieden.
Doch was ich mir am meisten wünsche,
wärst du einfach nur bei mir
geblieben.
Denn einen Menschen wie dich werde ich
für immer lieben.

Truth Words Poetry * 1984

Das Geschenk

Eine Wolldecke
aus farbigen Quadraten
zusammengesetzt,
für kalte Füße
am Abend.
So kuschelig und wärmend.
Für das Enkelkind
die fliegende Engelsschaukel.
Rasend als Rennbahn.
Und wieder wärmend am Abend.
Nun der Schock-sie hat ein Loch!
Kann man ,s stopfen?
Vielleicht kann es die Tante?
Die sieht nicht mehr gut.
Was ist das für ein Getue?
Auch mit Loch wärmt sie ja noch!

Heidi Pohl * 1941

Schwarz Weiß

Wir beide am Morgen: die Zeitung zeigt
Schwarzes auf Weiß.
Im schwarzen Kaffee - noch schwärzer am
Grund - tiefschwarz
zu lesen der Satz: wer von uns beiden
bleibt.
Das Herz, es fühlt den Schatten vom
stummen Schwarz,
wird irren in duftloser Luft am dunklen
Tag.
Ein Kuss muss her so leicht und süß. Wir
warten,
bis eine Wolke leichten Schaums vorm
Maul -
sehr flott gerührt aus Zucker, klarem Ei,
aus Trost und Jetzt und neuer Lust auf
Lachen, -
den schwarzen Mund füllt mit Baisers in
Weiß.

Maria Pohlen * 1950

Schwarz Weiß

Wir beide am Morgen. Die Zeitung zeigt
Schwarzes auf Weiß.
Im schwarzen Kaffee – noch schwärzer am
Grund – tiefschwarz
zu lesen der Satz: Wer von uns beiden
bleibt.
Das Herz, es fühlt den Schatten und
stummes Schwarz,
wird irren in duftloser Luft am dunklen
Tag.
Ein Kuss muss her so leicht und süß. Wir
warten,
bis eine Wolke leichten Schaums vorm
Maul –
sehr flott gerührt aus Zucker, klarem Ei,
aus Trost und Jetzt und neuer Lust auf
Lachen, -
den schwarzen Mund füllt mit Baisers in
Weiß.

Maria Pohlen

Duschvorhangstange

Bin gesund und munter,
doch was fällt mir plötzlich runter,
die Stange in der Dusche,
auf meinen Kopf hinab.

Schmerz durchdringt mein Oberstübchen,
doch ich spüre ihn nur in meinen
  Grübchen!
Die Sonne lacht,
das Herz gleich mit,
ach, was ist wohl mein größtes Glück?

Denken muss ich da nicht lange,
Gesundheit, Freude und die reparierte
  Duschvorhangstange!

Katja Pöhlmann * 1995

Sacre coeur

Heiliges Herz, als rhythmisches Leben
trägst Du mich auf hoher See,
bist Barke und Tempel in tiefem Beben,
tröstest mich in allem Weh,
bist stiller Ort von tiefem Glück,
bringt mich Dir näher, wenn Du
  entrückst,
hebst Zeiten auf in der Vergänglichkeit,
bist Lebenslauf für das, was übrig bleibt.
Dort treffe ich Dich im Rendezvous,
Dich, meine Liebe, Du,
kann nicht begreifen, wo Du jetzt
  schwebst,
wenn ich Dich suche, in Sehnsucht
  verweht.
Ich sinke tief in mich hinein,
in meinem Herzen bist Du mein.
Sacre coeur, ich liebe Dich,
hier sind wir eins, Du und Ich!

Verbunden mit dem Weltenklang
tanzen wir in süßem Gesang!

Christine W. Pollok * 1956

Mein Herz

Mein Herz leise flüstert: können wir kurz
  aufhören stark sein zu wollen, wie in
  weiter Ferne das Donnergrollen.
Die Gewitterwolken ziehen von weit her,
  der Himmel wird dunkel die Luft wird
  schwer.
Wie der Himmel aus den schwarzen
  Wolken die Blitze rauslässt,
möchte mein Herz dass der Schmerz es
  verlässt.
In den Armen von dir zusammen brechen,
  damit das Herz aufhört zu stechen.
Alle Gefühle rauslassen weinen und
  schreien, mich von dem Schmerz
  befreien.
Mein Herz sehnt sich nach Frieden, wenn
  die Gefühle so schwer auf ihm liegen.
Manchmal bleibt die Luft schwer, auch
  wenn ein Gewitter nötig wär.
Ich flüster leise zu meinem Herz, du musst
  noch aushalten den Schmerz.
Ich bin noch nicht bereit auszusprechen,
  woran du drohst zu zerbrechen.

Lena Ponsel * 1986

Wieviel Schritte

Wieviel Schritte zählt ein Leben,
und wie groß ist unser Fuß.
Der Weg zum Ziel wird sich ergeben,
entlang der Zeit am langen Fluss.

Ich hör mich heut als Kind noch sagen,
wenn ich mal groß bin mach ich das.
Und ohne mich zu hinterfragen,
frag ich mich manchmal - was?

Ich träume viel von Mut und Glanz,
und wie das Leben wäre.
Vergesse dabei meistens ganz,
zu leben ohne Leere.

Verzeiht mir Freunde wenn ich träume,
als ging das Leben endlos weiter.
Und dabei Wichtiges versäume,
ich kann nicht anders, leider.

Denn nur wer träumt kann verstehen,
das Leben mehr als Schritte sind.
Und wenn wir bis ans Ende gehen,
dann werden wir auch wieder Kind.

Ronny Pontow * 1971

Die Liebe

Die Liebe und all ihre Triebe, sie versetzt mir Peitschenhiebe auf mein Getriebe.
Hört ihr sie flüstern, leise wispern in dein Ohr, dort ist das heile Seelentor.
Wahre Liebe kommt von Herzen und bei Verlust, verursacht sie Schmerzen,
deshalb kein grelles Licht,
sondern warme leuchtende Kerzen.
Zünde sie an, dann bist du in meinem Bann, für immer gefangen, doch keine Angst,
du brauchst nicht bangen, ich habe längst Feuer gefangen.
Eines Tages sah ich dich und schaute in dein Angesicht, dort leuchtende blaue Augen,
ich konnte es kaum glauben,
dass es jemand hat geschafft, meine Seele zu berauben.
Auch der Rest von dir war toll, du bist einfach wundervoll, so ohne Groll,
nicht wie ein böser Troll.
Ja, es ist wahr, du bist nun da.
Na, alles klar? Dein Name ist Niko nicht Chicko oder Rico.
Ich liebe dich, das weiß ich jetzt, es fühlt sich an so wie verhext.
Auf gar keinen Fall sag ich mehr Next. So, das war es schon, mit diesem Text.

Mara Pöppinghaus * 1991

Ode An Die Poesie

Zeilen,
wie Federn
in Reih und Glied.
Schwingen
im Winde,
singen mein Lied.
Erfüllen die Räume,
welch sanfte Melodie.
Worte,
im Rhythmus
lieblich erklingen.

Schweben weit
oben,
über den Dingen.
Verführen
zum Tanze
die Fantasie.

Christiane Possmayer * 1977

sich übernehmen im unternehmen

lebt der mensch nur in extremen
kann er sich schnell übernehmen
ein vollgepackter stundenplan
sorgt für mentale achterbahn
am abend ist der akku leer
jedoch denkt mensch „der gibt noch her"
und stürzt er sich, dann quietschfidel
noch in 'ne bar, so schlägt das fehl
denn spätestens beim fünften bier
merkt barkeeper: der pennt heut' hier

Linda Pradel * 2003

Auf der Suche nach der Ewigkeit

Wir verborgen unsere Seele
hinter mächtigem felsigen Schicht.
So geht alles dort unten verloren.
In Vergessenheit sinkt. Im Dickicht...

Hinter Stacheln und Dornen der Rosen
bleiben hängen die Sorgen und Hoffnung.
Flattert Segel gerissen so lose
in dem Wind, zu der eisigen Stund'.

Wo der Himmel so grau und neblig,
wo die Wälder umhüllt, wie in Milch
tanzen Elben in Ewigkeit. Sterblich
sind nur wir. Manch gelassen im Stich…

Und wir laufen unsere Wege
auf der Suche. Wie Blätter im Wind.
Suchen wir die Antworten. Am Stege
warten wir auf das Boot leer und blind.

Die Antworten über Sinne des Lebens,
über Peitschen und Sperren in Rippen,
über Leiden unseres Wesens,
über Unsinn archaischer Sitten.

Auf der Suche nach göttlicher Briese
wir verlaufen uns schnell im Dunkeln.
Zerbröckeln, zerstreuen die goldene Prise,
die Krümeln des Lebens, die nach Ewigkeit
funkeln.

Aleksey Prays * 1985

Die Psychologen

Hat die Seele ein Blackout,
ist die Stimmung meist versaut,
dann wird es nicht so leicht gelingen
mehr Ruhe in das Leben zu bringen.

Der Clan der guten Psychologen
ist Patienten stets gewogen.
Manchmal gibt's an armen Tropf,
der ist nicht immer klar im Kopf.

Da braucht es richtig starke Nerven,
um nicht das Leben wegzuwerfen.
Der Patient, auch ein Duchlaucht,
oft Hilfe für die Seele braucht ...

Wie spielt die Welt oft so verrückt,
was unsereinen kaum erquickt,
ist uns're Lebensfreud' entflogen,
ist es Zeit für Psychologen.

Christian Prem * 1947

Entfremdung

Ich frage mich, was sich verändert hat.
Plötzlich gab es diesen Cut.
Ich sitze in einem Raum voller Vertrauter.
Doch um uns herum wird es leiser, nicht
    lauter.

Bis dort nichts mehr ist als Stille.
Außer man erreicht eine gewisse Promille.
Vielleicht sind wir still, um nicht
    auszusprechen, was wir schon lange
    wissen.
Dass es nicht mehr ist wie früher und wir
    eine Illusion vermissen.

Ist schon lange her, dass wir gemeinsam
    lachten.
Oder sagten, was wir wirklich dachten.
Was uns fehlt, ist gute Konversation.
Und auch ein bisschen Inspiration.

Die Freundschaft ist alles andere als intakt.
Sind nur noch sporadisch im Kontakt.
Doch bis wir uns das wirklich eingestehen,
wird noch etwas Zeit vergehen.

Wird vielleicht noch ein Text geschrieben,
um das Unvermeidliche nach hinten zu
    schieben.
Der Moment, wo wir nur noch Fremde sind
und etwas Neues ohne einander beginnt.

Camie Presser * 2003

Berühren

Beweg dich zur Sonne ohne Schlüssel
    empor,
lauf leicht übers Wasser, verletzt im
    Vergehen.
Bewahre im Beisein bescheidener Stürme,
dem Lachen und Weinen ein glanzvolles
    Stück.

Ein Glauben und Hoffen im Zersprengen
    der Nacht,
hol auf im Werden ein verlorenes Ich.
Das Brennen und Dürsten auf erfahrenen
    Wegen,
vernetzt im Verglühen mit bewachsener
    Kluft.

Lass vergehen das Sinken einer hohlen
  Empfängnis,
vernarben die Erkenntnis der vergeblichen
  Mühen.
Nimm weiter den Makel der vergilbten
  Begabung,
flieh nicht das Verlangen eines haltlosen
  Herzens.

Der wächserne Dunst einer fruchtbaren
  Laune,
schält einsam und ängstlich ein Begreifen
  hervor.
Das gläserne Zeichen einer achtbaren
  Wandlung,
schließt benommen den Kreis einer
  Lächerlichkeit.

Hannes Presslauer

Brief in das Tal

Mit jedem Worte wird sie älter,
Die Hand, die diesen Brief verziert,
Im Haus am Berg wird es nun kälter,
Wenn Schnee am Seeufer gefriert.

Mein Herz lacht gerne noch zurück,
Da wir am Bergekranz marschierten,
Im Zirbenwald wuchs unser Glück,
Die Zeit war nichts; wir existierten.

Am See da spielte stundenlang,
Dein Sternenbild am Spiegel-Eis!
Dein Kuss war kosmischer Gesang,
Der Mond färbte dein Haar so weiß.

Als wir rauf zum Gipfel stiegen,
Hoch am Zenit, sahst du mich an.
Wenn die Götter Kinder kriegen,
Spielt derselben Liebe Klang.

Meine Hand wird langsam schwach,
Die Zeit verstrich ohne dein Lachen,
Die Tränen halten mich noch wach,
Wie soll der Brief zu dir gelangen?

Tobias Prett * 2001

Der Baum

Wenn Du ein Baum wärst, dann wäre ich
  gerne Deine Erde.
Mit Deinen festen Wurzeln würdest Du
  mich zusammenhalten,
an mir hinge Dein Leben und Du gäbest
  mir Grund zu sein.

Wenn Du ein Baum wärst, dann wäre ich
  gerne Deine Sonne.
Deine grünen Hände würdest Du mir
  flehend entgegenstrecken und ich
  ließe Dich gewähren.
Vergeblich suchest Du mich in der Nacht –
  da habe ich Dich vergessen.

Wenn Du ein Baum wärst, dann wäre ich
  gerne Dein Blatt.
In mein zartes Geflecht von Adern würdest
  Du Deinen Lebenssaft pumpen und
  mich großzügig sprießen lassen.
Und gingest Du durch Deine dunkle
  Jahreszeit, so würfest Du mich ab.

Wenn Du ein Baum wärst, dann wäre ich
  gerne Deine Blüte.
In verschwenderischer Schönheit würde ich
  Dich zieren.
Den Bienen würde ich mich hingeben und
  niemals einen Sommer überstehen.

Wenn Du ein Baum wärest, dann wäre ich
  gerne Deine Frucht.
Scheinbar selbstlos würdest Du mich an Dir
  reifen lassen,
Vollgesogen von Deiner Art zu sein, gäbest
  Du mich für andere fort.

Wenn Du ein Baum wärst, dann wäre ich
  gerne Du.
Immer feiner Dein Gespinst, alles
  durchdringend und allumfassend
Mit Dir, in Dir und durch Dich hindurch
  könnte ich aufhören zu sein.

Manon Preußner * 1994

D'Albo

Vielleicht ist es stets die Aufgabe unserer
  Angst,
sich zu bewahrheiten.
Und unsere Aufgabe ist es zu lernen,
mit dieser Angst umzugehen.
Angst sollte etwas vorsichtiges und gar
  zurückhaltendes,
aber dennoch nichts verweigerndes sein.

Pia Prill * 1997

Überall und nirgendwo

Die Eisenbahn schleift.
Wir streifen an so vielen Orten vorbei,
Man könnte meinen, wir waren überall.
Weit vom Ziel und Start entfernt
Ziehen wir von Ort zu Ort,
Hauptsache fort.
Nicht hier sein, sei dort.

Egal, was es kostet,
Wir wollen weit weg,
Anstatt weiterhin nur festzustecken.
Wir halten nie,
Wir walten nichts.
Nie haben wir mit den Leuten da draußen
  Kontakt,
Man könnte meinen, wir waren nirgendwo.

Maximilian Privitera * 2006

Metallene Augen

Die weinenden Rosen
haben gefrorene Blütenblätter
sie sind still, abgelenkt
von der Erde und ihren Gesichtern.

Die weinenden Rosen
fühlen sich kalt unter der Sonne,
weil sie nicht wissen
was Wärme sein kann,
wenn der Winter jahrelang dauert.

Die weinenden Rosen
haben Augen aus Metall, eine Seele aus
  Kristall
Tränen so groß wie korallenfärbend Hagel
die schnell auf den Boden krachen,
weil sie nichts mehr zu verlieren haben.

Giulia Privitera * 2000

Die Pappel im Innenhof

Die Pappel rauscht im Wind
Ich lausche wie ihre Blätter Symphonien
  rauschen
Möchte manchmal mit ihr tauschen
Denn so musikalisch bin ich wohl doch
  nicht
Schlicht und einfach bin ich ich
Nicht dass das schlecht ist
Optimieren kann ich immer noch
So lausche ich weiter der Pappel
Zappel nervös mit dem Fuß hin und her
Denn es ist eine Weile her
Seit du das letzte Mal schriebtest
Du schiebst es wie immer vor dich her
Und wir befinden uns in der
  kommunikationslosen Grauzone
Die Pappel rauscht
Steht bodenständig in der Sonne und winkt
  mir zu
Was man von dir nicht behaupten kann
Na dann lausch ich einfach weiter dem
  großen Baum
Der Pappel in meinem Innenhof

Anna Provini * 1998

Schwarz wie Du, Schwarz wie ich

Ich spreche von keiner Farbe, ich spreche
  von der Grundlage von allem.
Reiner Kohlenstoff, endlos wie das
  Universum.
Facettenreich und auch undefiniert, reich,
  unendlich und kreiert vom Kontinent.
Ankh-Symbol des ewigen Lebens, von dem
  Kontinent kommend, der uns allen
  das Leben schenkte.

Ewig bleibt unsere Erinnerung an unsere
Vorfahren, denn die waren Schwarz
wie Du, Schwarz wie ich.
Nun stehen wir in der Dunkelheit, wenn
wir nicht aufeinander zugehen.
In unserer Zukunft sehe ich Vermischung,
dennoch bleiben wir:
Schwarz wie Du, Schwarz wie ich.
Sankofa zurückholen, zurückblicken,
lerne und gehe vorwärts mit deiner
stolzen Brust wie ein Kind, das an der
Mutterbrust genährt wird.
Es ist so einfach zu verstehen, Schwarz wie
Du, Schwarz wie ich.
Freimütig sein, ohne unhöflich zu sein.
Schwarz sein in Deutschland!
Ich fühle mich benutzt, überstrapaziert,
missbraucht und abgelehnt von Dir,
verstehst du mich.
Ich träume von einer Revolution, meine
Revolution ist noch eine Illusion,
ich habe immer noch Angst vor der
Revolution, nur um herauszufinden,
dass diese Revolte mein Leben ist:
Schwarz wie Du, Schwarz wie ich.
Schwarz zu sein in einem weißen Raum.

Phyllis Quartey * 1987

Religio

Ein Lächeln spaziert durch die Welt –
es ist der Hoffnung letzte Waffe.
Sage mir, wie viel goldener Raum
schwingt immer noch in dir?
Wunderbar geborgen in des Lebens
Farbenfülle
wandern Gebete
auf ewigen Bergen zum Firmament hinauf.
Verlieren sich
im lieblichen Rosenlicht des
Abendhimmels.
Lichttrunkene Wolken
wiegen sich feierlich über den Gipfeln.
Schon spiegelt sich der Schicksalsstern
im Meer der Seelen …

… und alles träumt und
träumt und träumt vom Fließen
der göttlichen Attribute.
Morgentau
Von der Erde Saum bis an den
Himmelsrand
Seelenband …

Irene Quast

Wenn Du gehst

Wenn Du gehst, weinen die Engel.
Wenn Du gehst, pass auf Dich auf.
Wenn Du gehst, hinterlässt Du eine Lücke.
Wenn Du gehst, bleibt etwas von Dir bei
mir.

Jeder Atemzug von Dir bebt in mir.
Jeder Hufschlag von Dir lässt mein Herz
höher schlagen.
Jedes Fohlen von Dir hinterlässt etwas von
Dir.
Der Zyklus des Lebens setzt sich in denen
fort.

Jede Minute mit Dir ist Erholung pur.
Jede Minute im Gelände ist Liebe pur.
Jede Minute neben Dir ist wie Urlaub.
Die Zeit mit Dir ist ein Geschenk.

Ich bin dankbar für unsere Zeit.
Ich bin dankbar für die gemeinsame Zeit.
Ich bin dankbar für unseren gemeinsamen
Weg.
Ich hoffe sehr, dass dieser noch lange so
weitergeht.

Deine Sanftmut hat mich Demut gelehrt.
Deine Schönheit die Bescheidenheit.
Deine Güte hat mich Dankbarkeit gelehrt.
Ohne Dich wird sehr viel fehlen.

Anna Raab * 1964

Was du nicht siehst

Findest du es nicht auch seltsam was wir
 Beziehung nennen,
in der wir nicht einmal unsere Werte
 kennen
und Sachen unserer Pärchenliste abhaken,
weißt du überhaupt meiner Mutters
 Namen
oder interessiert es dich nicht,
weil in deinen Augen die Wichtigkeit in
 einer Beziehung ganz woanders liegt.
Dem ständig Vergleich nachgehen, dass wir
 Pärchensachen machen
und uns täglich sehen aber noch nie hast
 du gesehen
was ich öfters miterlebe, besonders oft das
 fließen meiner Träne
oder wie oft ich nach schlafloser Nacht
 gähne.
Zum Glück siehst du an diesem Tag nicht
 meine Mähne,
denn diese sieht aus wie ein Nest, ich
 erkenne mich selbst nicht wieder,
ich bin umhüllt von einer Krankheit
 ähnlich wie der Pest.
Nur dass nicht mein Körper verfault oder
 zerbricht, sondern mein inneres ich.

Vivianne Rabiega * 2006

Das Gedicht

Wenn du erblickst dieser Welt, dass Licht
wie wichtig wird sein für dein Leben, ein
 Gedicht

Zuerst freuen sich alle und du weinst, was
 für Sache
am Ende sollt es so sein, das alle weinen
 und ich Lache

Ohne Anleitung in einer rauhen
 Umgebung, voller Gefahren
sollst du stolz machen, Mutter; Vater, und
 deine Vorfahren

Erfolg haben und viel Geld verdienen,
 Karriere und hoch die Leiter
ich werde, stärker, härter, laufe schneller
 und springe weiter

Die Frage kommt eines Tages, warum,
 wenn es gib kein zurück
bin ich denn da um zu leben, um finden
 das Glück

Warum wenn die Seele braucht Nahrung
 und die ist nicht Geld
Wenn ich diese nicht kaufen kann und sie
 nicht ist, von dieser Welt

Gehe ich in die Kirche und bete für das
 seelische Brot
Ist es das Gebet oder ist es der Schöpfer
 unser Gott

Es könnte sein, für den Fall, Er es ist nicht
es ein Buch oder gar ein Gedicht

Momcilo Radanovic * 1970

licht

ich sas uf enä stenä
daruf satzt ich den ellenbogen
ich hab in minä hand gesmogen.

Patrik Franz-Josef Radoslav-Walpen * 1998

Die blaue Vase

Die blaue Vase, siehst du sie?
Sie war mal bunt und auch mal schön.
Jetzt steht sie da, so ganz allein,
sie will noch bunt und schön auch sein.
Doch leider liegen Scherben da.
Sie ist zerbrochen, das ist wahr.
Doch jede Scherbe, noch so klein,
erzählt ein Leben-
das ist mein.
Die Scherben fangen an zu sprechen,
hör gut zu,
es wird dich treffen.

Leg sie zart in ein Regal,
als wär die Vase wieder da.
An manchen Tagen wird sie bunt,
sie kann auch lachen ist gesund.
Sie stellt sich in die Sammlung rein
ja die Scherben,
die sind dein.

Deine Cherie

Ragazza * 1950

Fühle und forme

Niemand ist klein, denn er fühlt.
Sobald du fühlst, wirst du deiner Magie
    fähig.

Deine Magie ist bedeutend für alle und
    alles.
Du bist bedeutend für alle und alles.

Mach dir das bewusst, so wirst du wieder
    wissen wie groß du bist.
Wie bedeutend du bist, weil du fühlst.

Du wirst wissen wie wichtig fühlen ist.
Zuzulassen was in dir und um dich
    aufsteigt.

Die Magie wird sich in Liebe und
    Dankbarkeit formen und wachsen.
Fühle und forme.

Corinna Rainer * 1996

Weddinger Nacht

Gestern Nacht kam ein Twitter
von Plato ich war überrascht er
sichtlich auch ich sah ihn an mit
den Augen einer Braut mit dem
Geist einer benachbarten Nervenheil
Anstalt und durch Sonnenbrillen
vieler Passantinnen zugleich
balancierend am Rande ihres
zerklüfteten Bürgersteiges ob er
macht ebenfalls ...? dachte ich

die Frage ist falsch erwiderte
Plato wie viele schatten siehst du
gerade und keine davon ist von
Sokrates ich legte mich schlafen
zusammen mit einem von diesen
bebarteten unrasierten Bürger
kriegen vermummter Gedanken
es geschah in einer vorwiegend
irreversiblen weddinger Nacht

Elena Rajeshvari * 1954

wieder und wieder

und ich sitze schon wieder viel zu lange
    drin
so oft an der Tür gestanden
und doch nie geschafft den Knopf zu
    drücken
so viele Male die Möglichkeit gehabt
und doch nie den Mut dazu auszusteigen
denn als du wieder vor mich standest
mir tief in die Augen schautest
deine Hand zart meine warme Wange
    streichelte
du mir einen sanften Kuss auf die Stirn
    gabst
und du mich wieder für einen kurzen
    Moment dieses eine Gefühl spüren
    ließt
was ich doch, oh so lange nicht mehr spürte
ja genau das war es
was mich wieder alles vergessen ließ
sodass ich den richtigen Ausstieg wieder
    und wieder verpasste

Jona Alica Rampe * 2005

Bündnis Mensch

Ich werde nicht mehr leiden und weiterhin
    schreiben.
Die Liebe hat gesiegt und die bösen Geister
    besiegt.
In Hoffnung taumele ich.

Ich sehe das Tal. Endlich das Tal.
Das Rauschen des Wasserfalls ist schon von
    Weitem zu vernehmen.
Wir benehmen uns wie kleine Kinder, weil
    es doch anscheinend, etwas wie ein
    Wunder existiert.

Ich bin das große Kind vor der Brücke der
    Prüfung und werde als großer Mensch
    hervorgehen.

Bündnis Mensch hat gesprochen.

Alle Parteien werden zur Seite gestellt,
    keine Koalition erhoben.
Das Volk hat die absolute Mehrheit
    gewählt.

Nach Freiheit wird die Gerechtigkeit
    und schlussendlich die Liebe aus
    Menschlichkeit obsiegen.

Sidra Rana * 1995

der See ‚Lac Rimosa'

im Herzen des Mittelmeers, nahe der
    französischen Küste, gibt es einen See:
    den ‚Lac Rimosa'...

Ein See, dessen südliches Ufer Hoffnung
    heißt.
Ein Boot treibt auf dem Lac; dessen Ziel
    zum ‚GlücksLand' weist.

Kaltes Wasser formt sich im Sturm zu
    salziger Gischt
und Verzweiflung wird mit Angst
    vermischt.

Das Mädchen Raji geht schwimmen - für
    immer.
Die anderen wollen retten, doch auch sie
    sieht man nimmer.
Nüchtern waren sie versunken,
jetzt sind alle volltrunken.

Die Gischt, sie färbt sich dunkelRosa.
Und aus der Tiefe tönt leise Mozarts

    LACRIMOSA
    Lacrimosa dies illa

Rudi Ratlos * 1955

Das Milchglas

Unser Leben war doch einmal so leicht
    noch als Kind.
Sag mir wo sind wir hin?
Alles war so klar, wie das Sternenmeer bei
    Nacht, doch das war nicht wichtig,
    wie uns wurde beigebracht.

Wolken zogen auf und trübten die Sicht.
Wir rannten immer weiter bis wir uns
    verloren hatten im Käfig des Lebens
    zwischen all diesen Ratten.
Verloren die klare Sicht,
da sich alles Schlechte hatte beigemischt.

Nun ist das Milchglas unsere einzige Weise
    zu sehen, wie wir sollen durch das
    Leben gehen.

Sina-Emily Ratzel * 2002

Unsichtbare Verknüpfung

Immer wenn sich die Hoffnung
als ganz zartes Pflänzchen
in mir zu regen beginnt
und vorsichtig das erste Grün
über die Erde schiebt,
stellt die Walzmaschine
schon ihren Motor an.

Jutta Rausch * 1960

Danke

Ich hab sie gefunden,
nach so langer Zeit,
und durfte gesunden
mit Heiterkeit.
Und wenn ich die Kraft
fürs Gute stets nutz',
so wär's mal geschafft,
Gott, dank deinem Schutz.

Rebekka

Selig, die Frieden stiften

Gott ist Liebe, Herz all jeden
Menschenherzens; Gott ist Frieden.
Brüder streiten und befehden
täglich sich: Es ward geschieden
Wort der Lehre von dem Geist.
ALLE Er Sein' Kinder heißt. ---
Dienen wir noch Gott hienieden?

Herrscht nicht Selbstbezogenheit?
Lebt die Organisation
ihrem Herrn in Geistigkeit,
oder ist sie lange schon
tot, vom Stifter abgetrennt,
den der Mund nur Meister nennt,
ohne Herzens-Religion?

Jedes Rad hat EINE Nabe,
Wahrheit endigt Zwietrachts Spiel.
Dank, des Denkers reinste Gabe –
Wasser in die Quelle fiel –
Dank lasst uns GEMEINSAM sagen!

Gottes Stille stillt die Fragen ...

Karin Rebzweig * 1963

Der Stoff

das ist die Bühne, barfuß betreten
das ist die Wahrheit, die wir nicht verstehen
das sind Löcher, die wir reißen
in den Stoff der Anderen, die wir
    hintergehen

das sind Wände, sie zeigen Schatten
das Licht und die Farben, im Klang
    verblendet
das sind Kleider, sie gehören dem Kaiser
und der Königin, im Rausch verschwendet

das sind Maschen, sie fallen herab
das gerissenste Glied hat das Wort besiegt
das ist die Maske, sie fällt wie ein Schleier
ein ewiges Band, das wie Eisen wiegt

das sind Fäden, sie sind verknotet
das ist Gewebe, es wird verletzt
das sind Geschichten, Worte verwoben
alles Geschichte, sie wirkt im Jetzt

Nandi Regentag * 1995

Feen können fliegen

Mein Haar verweht
Bin am Strand, am See
Bin ich zu spät?
Oder bin ich eine Fee

Kann ich fliegen
Kann ich siegen
Kann mein Herz bei dir liegen
O weh, kann ich dich je Wiedersehen

Du, mir mein Herz gebrochen
Lag rum zuhause tagelang
Hört nicht auf beim Anblick dir's zu
    pochen
Hilf mir, bin ich schon so bekannt?

Will dich wiedersehen
Doch ich will wieder gehen
Tust mir nicht gut
Doch ich komm nicht von dir los
Wär ich eine Fee könnt ich fliegen

Jennifer Reh * 2005

Nebelstunde

Es läutet zur Nebelstunde
Wir stapfen durch Schlamm
Mit hängenden Köpfen
Die Hunde voran

Freiheit schmeckt nach Norden
Hier ähnelt sie einem Witz
Kein Zuhause ist geborgen
Wenn es Gitterstäbe besitzt

Die Bäume sind verdorrt
Verrucht sind die Menschen
Nichts an diesem Ort
Lohnt sich zu vermissen

Die Nebelstunde neigt
Sich ihrem bitteren Ende
Um uns thront kein Heim
Nur gesprengte Wände

Luna Kaisa Rehberger * 2008

Misstrauen

Behutsam, fast ehrfürchtig
berühre ich ihr Gesicht,
ein Tremolo –
das die Kraft mir raubt im Herzen.
Wie eine Porzellanfigur so zart,
ich habe Angst, dass sie zerbricht,
ich traue meinen Händen nicht.

Ein Gefühl, das in mir bebt,
ein unruhiges Flimmern in ihren Augen,
raubtierhaft ihre Bewegungen sind.
Sie gibt meinem Leben Licht,
doch ich traue meinem Herzen nicht.

Behutsam zu schützen
die Knospe der Liebe,
zaghaft zu tasten
nach diesem Glück,
erbebend zu empfangen dieses Gefühl.
Ich werde wohl leben in diesem Licht
und traue doch seinem Glanze nicht.

H. Rehder * 1952

Traumland

Ein kleiner Junge träumt davon, wie es
  wohl wär' zu fliegen.
Es tragen ihn die Wolken fort, weit weg
  von hier, gen Süden.

Er fliegt hinfort, um viel zu seh'n.
So manchen Ort, so manche Seen.

Hoch über' s Meer fliegt er so weit.
Die Welt dort oben kennt keine Zeit.

Die Möwen weisen ihm den Weg zu einem
  Land,
von dem er gar so oft geträumt, ihm bisher
  aber unbekannt.

Er fliegt so weit, ihm wird bald klar,
sein Ziel, das er sich ausgesucht, ist jetzt
  zum Greifen nah.

Der kleine Junge träumt davon, wie es
  wohl wär' zu fliegen.
Und merkt schon gar nicht mehr, den Flug
  in' s Traumland hat er längst
  bestiegen!

Natascha Rehe * 1968

Weit Näher

Du neben mir,
wärmend
wundervoll,
himmelsgleich,
Ich, neben Dir
der Sinne voll,
glücklich

Deine Farben
auf mich einströmend
solche, die ich noch nie sah
jene, die ich schon lange kannte

Du erzählst
sprühst Wärme
streichelst Augen
duftest nach Nähe

Kein Ende soll es haben.

Sehnsucht
nicht länger ein Wort
fassbar
Nähe Ohne Nähe
Liebe ohne Haut
Weit
unter der Haut

in mir
für immer

Rose Rehlein * 1969

Zeit

Soviel Zeit…

Das Leben mit all seiner Pracht,
Liegt schillernd vor unseren Füßen.
Die Nacht wird zum Tag, der Tag zur
   Nacht,
Das Erlebte, will das Sein versüßen.

Etwas Zeit…

Der Alltag ist voller Tun,
Fordernd und hart zugleich.
Nur wenig Zeit, um auszuruh' n,
Lebensziele werden erreicht.

Kaum noch Zeit…

Die ersten Wolken zieh' n auf,
Die Zeit vergeht viel schneller.
Die Lebensuhr hält niemand auf,
Doch der Himmel wird nun heller.

Endlich Zeit…

Jetzt achtet man jeden Tag,
Und dankt für sein Erleben.
Auf das ein Neuer kommen mag,
Kein Anspruch, sondern Segen.

Maxi Rehn * 1973

ENT – TÄUSCHUNG

was täuscht dich tagein tagaus?
sind wir zu nett zu uns? ja, auch …
und selbstkritik ist derzeit unbeliebt.
dafür work-live-balance durchgesiebt.
fettleibige anführer reden von disziplin,
doch schauen sie auf sich selbst hin?
spaß wollen wiederum die nine-to-five-r
doch wo führt diese konstellation hin?
naheliegend ist der gesellschafts-ruin.
was passiert, wenn wir uns enttäuschen?
… ohne täuschung sind? luftkeuchen?
wo sind täglicher sport, gesundes essen?
wann gehen wir zu bett? ja angemessen!
unsere gesellschaft hat arbeiten verlernt
und sich damit laufend selbst entkernt.
enttäuschung ist das tor zur freiheit.
täuschung ist das spaß-ding unserer zeit.
in medien gefangen streicheln wir screens
und wünschen uns trotzdem live-love-
   scenes.

Katharina Reich * 1980/Wien

Herzensangelegenheit

Es pulsiert und pocht
In schimmernder Ruhe
Vollkommen durchgelocht
Weggesperrt in finsterer Truhe

In all dem Tumult in dem ich Hause
Wohnt eine innere Pause
Ein Uhrwerk welches tickt
Und kein Versprechen bricht

Es ist das Herz, das mich bewegt
Es ist das Herz, das mich versteht

Fridolin Reich * 2003

Kein Verständniss

Mir fehlen die Worte zu sagen warum,
   ich frage mich ist die Welt denn
   eigentlich dumm.
Die netten, guten und bescheidenen Leute,
bekommen ständig nur Pech und das auch
   heute. Je menschlicher man ist und
   freundlicher hier,
umso mehr wird man behandelt wie ein
   ungeliebtes Tier.
Das Schicksal und Glück nicht auf ihrer
   Seite,
Problem, Frust und Angst unter denen sie
   leiden.
Ich gehöre zu derer doch bin lieber so, denn
   den anderen gehört auf den Po.
Selbst wenn ich dann reich wäre ich bliebe
   mir treu,
würde weiter versuchen anderen Freude zu
   geben, ganz ohne Scheu.
Drum merke ich mir, ich bleib wie ich bin,
   nur so hat mein Leben den nötigen
   Sinn.

Dominik Daniel Reichardt * 1992

Nachtwesen

Dein Umriss
in der Dunkelheit,
strahlt Liebe,
Stärke, Tapferkeit.

Blaue Augen
zum Himmel hoch,
mit jeder Sternschnuppe
schickst Wünsche los.

Fledermäuse, Ruhe
und fallende Sterne.
Dein Herz als Nacht,
im Mond erwacht.

Yara Reichel * 2005

Im Licht des neuen Tages

Morgen erwacht
ein neuer Tag.
Unklares klärt sich.
Kopfsteinpflaster
in unseren Gedanken-
Gängen zerbröckelt.
Phönix
steigt aus dem
Rest-Sand.
Wird ein Ganzes
im hellen Licht
des neuen Tages.

Ulrike Reim

Weltliche Konstrukte

Rauer Wind trübt sanfte Augen,
Tränen werden weggeweht.
Klamme Hände wollen rauben,
was einem jeden zusteht.

Doch tausend strenge Münder sprechen,
was tausend vorher schon gesagt.
Worte, die nur Geister brechen,
Regeln, die niemand hinterfragt.

Jahrhunderte von harten Lehren,
haben Gefühlen ein Geschlecht gegeben.
Die Seelen mussten viel entbehren,
infolge von Macht und Streben.

Doch sanfte Augen gibt es noch,
offene Münder teilen Weisheit.
Veränderungen gibt es doch,
im zähen Fluss der Zeit.

Wären nur die alten Steine nicht,
die das Zeitenwasser stauen.
Ob das Fließen sie einst bricht,
liegt bei der Welt, der rauen.

Delia Reimer * 2001

Die Liebe

Dies ist die Liebe:
Die – bringt dich noch um den Verstand!
Geh fort! Geh fort!
Dein Stern tappt zum Mond und fällt und
   fällt
Und weinet bei jedem Atemzug.
Wie ward der Frühling so licht!
In neu und froh enthüllten Feldern lag
Die Sonne und sang: Keine Schatten mehr
Warf der Winter über den Dorn.
Dies ist die Liebe:
Die – bringt dich noch um den Verstand!
Geh fort! Geh fort! -
O Kind des Schnees, du vergehst, stirbst.
Welch ein Schmerz ließ dich
Den Tag, den hellen Tag so fliehn,
wo heller Frost den Reif auf Bäume haucht?
Du bist ganz still? Liegst nur da?
Und ich schweige nicht?
Dies ist die Liebe:
Die – bringt dich noch um den Verstand!
Geh fort! Geh fort!

Jürgen Reinhardt * 1969

Bäume

Lasst uns nicht über Politik reden
sprechen wir lieber über Bäume
die sich im Wind wiegen und biegen
und dabei ihre Blätter verlieren.

Es tut niemanden leid sagen Sie
und meinen es ist ihr Risiko
in einer Zeit wo der Sturm uns
doch allen direkt ins Gesicht bläst.

Im Frühjahr kommen bestimmt wieder
bessere Zeiten auch für Bäume
solange die Hoffnung nicht stirbt
auf Wachstum und frisches Maiengrün
solange die Wurzeln schön fest
in der Erde verankert bleiben
im Übrigen heißt es Baumgruppen
überstehen solche Zeiten besser.

Paula Reinhardt

Heimwehlied

Mein blauer Engel
Mein weißer Hirsch, wie blutleer harrst Du
   der kalten, hohen Räume
Mein Storch, nur Gott! singen Deine
   tausend Namen
Schmeckt Dir die kreideweiße Stille?
Immer klagen die Türen des Nachts.

Ins Nichts klagt Deine Nachtigall,
ins Nichts im Kleid von tausend Krähen
am Fluss im Nebelland der stummen,
   kranken Steine
Dürstend ewig, nach dem roten Morgen.
Kleine Kinder, ertrinken meist still.

Flieg auf, mein Lymphgetünchter!
Verlass doch, diese, Deine milchigen
   Scheiben
Hinaus
Hinauf
Heimwärts hin
Durch des Regens tausend Schleier
Zu den Bergen
fern und blau und grausam schön.
Die Seele ist die geringste Art englischer
   Natur.

Klara Franziska Reinisch * 2000

Leben

Ich stehe im Leben und tue mein Werk,
Ich arbeite fleißig und bezwinge den Berg,
Die Berge aus Arbeit und die Felder aus
   Plänen
Und die Hügel aus Träumen und die Seen
   aus Tränen.

Und ich stehe im Leben und wandre ins
   Tal,
Bin früher Vogel, aber Hauptsache schmal,
Vorbei an Körperklippen und Kluften aus
   Fashion,
Vorbei an Baumgerippen und Bänken für
   Schwächen.

Und ich stehe im Leben
mal schleppen mal schweben,
Und ich fühle mich einsam und doch voll
    vernetzt,
Wie den kleinen Samen, den man schnell
    zersetzt.
Ich hebe die Beine, über alles, was schön
    scheint,
Über die grinsenden Steine, die merken
    mein Herz weint.
Sie wissen ich stolpre und stehe und falle,
Sie warten, dass endlich reißt, an das ich
    mich kralle.

Edda Reis * 2003

Leer

Ich fühle mich so leer,
Mein Inneres ist das reinste Scherbenmeer,
Und mein Herz drückt oft ganz schwer.

Wo ist mein Glück?
Wer bringt mir mein Lächeln zurück?
Und die Liebe Stück für Stück?

Ich sehe in den Spiegel und erkenne mich
    selber nicht mehr.
Mein Inneres ist das reinste Scherbenmeer,
Und mein Herz drückt oft ganz schwer.

Oft sehe ich in die Sterne,
Und sehne mich nach der Ferne,
Oder hat mich doch jemand gerne?

Ich lauf und lauf und lauf,
Wann hört das endlich auf?
Ich gebe doch schon auf.

Ich kann nicht mehr,
Mein Inneres ist das reinste Scherbenmeer,
Und mein Herz drückt oft ganz schwer.

Melanie Michaela Reischl * 1996

Für meinen Vater

Lieber Vati,
der Name Kämpfer zeichnete dich aus,
gingst gerne in die Natur hinaus.
Musstes früh schon Überlebender sein,
deine Kriegserlebnisse waren nicht fein.
Als Junge getrennt von deinen Lieben
lerntest du im HJ Lager das „kriegen".
Zum Glück warst du zu jung um auf dem
    Schlachtfelde zu enden,
dadurch erlebtest du verschiedene
    Lebenswenden.
Als junger Mann traf dich die TBC,
ein Lungenflügel musste weg, oh weh.
Als Kämpfer konnte dich das nicht
    schrecken
es ließ deine Resilienz und Lebensgeister
    wecken
Du arbeitetest fleißig mit großem Elan,
der Aktienmarkt hatte es dir angetan.
In der Bank fandest du deine Frau,
sie wollte nur dich und wusste genau,
Kinder zu bekommen ist schon sehr schlau
Drei Mädels erblickten das Licht der Welt
für dich bist du ein Lebensheld.
Musstest du auch vor ein paar Jahren
    gehen,
werden wir uns auf der anderen Seite
    wiedersehen.
Pass gut auf meine drei Brüder auf.
ich schreibe derweil weiter an meinem
    genialen Lebenslauf.
In meinem Herzen hast du ein Zuhaus
dieses Gedicht ist nun leider aus.

Reisepoetin * 1965

Ein Heinrich Heine Gedicht

Einst dacht' ich, die Liebe sei einfach,
Ein Heinrich Heine Gedicht,
Ich wüsst's, wenn es wahr ist, hab' ich
    gedacht,
Heute weiß ich, so ist es nicht.

Die Sätze sie trafen sich wie zum Tanz,
Und unbemerkt flogen die Stunden,
In ihrem Blick ein freudiger Glanz,
Die Hände innig verschlungen.

Und während ihr Atem zu meinem wurde,
Da wusste ich ganz zweifelsfrei
Wenn je etwas so genannt werden durfte
So muss genau das Liebe sein.

Und Wissen enthält doch auch Wahrheit,
So sprach ich es mutig aus,
Erst hatte sich mir ihr Erstaunen gezeigt,
Dann lachte sie zärtlich mich aus.

Der Schmerz er verging mit der Liebe,
Und Liebe kam wieder mit Lust,
Und jedes Mal wieder und wieder,
Hab' ich es aufs Neue gewusst.

Jonathan Reiser * 1995

Im Winter (Rondeau)

So endet leise dieses kurze Jahr
nicht mehr wütend
nunmehr irr geworden
treibt der Abendwind mein Leid
durch alle Städte
seine Tränen
– weil wir uns fern sind –
schmelzen den dünnen Schnee
Dann schweigt er
Und Deine Sehnsucht brennt
– weil wir uns fern sind –
in meinem Herzen
durch alle Nächte
treibt der Abendwind mein Leid
nunmehr irr geworden
nicht mehr wütend
So endet leise dieses kurze Jahr

Matthias Maria Reissner * 1962

Wein und Wort (Stabreimiges)

Im Wein träumt sich Erinnerung wach an
  Blüte, Wuchs und Jahr.
Im Wort schwingt Unerbittlichkeit, weil es
  will werden wahr.
In weiser Nähe, wohlvertraut, wirkt beides
  ... wunderbar!

Werner Reiter * 1937

Alleine im Wald

Bäume
Überall nur Bäume
Die Nacht ist angebrochen
Stille
Und diese Einsamkeit.

Wo muss ich lang?
Keiner der mich leitet
Ich verlaufe mich
Ich muss hier raus
Ich muss entkommen

Ewige Wege
Führen ins Nichts
Angst
Ich laufe so schnell ich kann.

Ich will aufgeben
Doch in der Verzweiflung
Seh ich ein kleines Licht
Der Funken Hoffnung
Der mich rettet.

Lisa Reiterer * 1997

Hinter den Zäunen

Möglichkeiten so hoch
hoch bis in den Himmel
Freiheit so tief
bis unter die Wurzeln

der Himmel so weit
wir haben mehr als nur Zeit
wo der Anfang,
wo das Ende

schaff dir deine Welt der Träume
nicht zu groß
deine Welt muss passen in unsere engen
    Räume
ich springe hoch

springe bis über deine alten Zäune
du willst deine Traumwelt nicht mehr
in den engen Räumen
wachsen die Blumen nicht so schön

nicht so schön wie hinter den Zäunen, raus
    aus den Räumen
aus denen wir nur entkommen wenn wir
    träumen
ohne der Furcht etwas zu versäumen

Lea Reitmann * 2005

Überwintern

Ungefüllt, füllbar
sitzt der Korb
auf der Fensterbank -
wartend.
Nur in Gedanken reich,
reich an Optionen.
In der Erwartung
eines Tages gefüllt zu werden.

Wie viele Sommer und Winter
muss ich noch warten, bis
ich nicht mehr Blumenzwiebel
spielen muss?
Wann
kommt endlich das Frühjahr
mit meiner Blüte?
Sind mein Hoffen und Erwarten
vielleicht
nur blinde Dummheit,
die mich aushalten lässt,
dass ich alles verpasse?

Janina Renner * 1985

#07

Ich bin
Hier
Und tu als wäre es
Ewig
Längst sitzt die Krähe
Gegenüber
Die Wand in blau.

Martina Resch

Gute Nacht-Brief in Liebe

Nun wünsche ich dir gute Nacht, der
    schöne Traum in dir erwacht.
Und wenn du schließt die Augen zu, ich
    denk an dich, das geb' ich zu.

Auf den Moment, wenn's so weit ist, dir
    gegenüber, tief im Blick.
Möcht' spüren die Wärme die du gibst,
    und deine Hand die meine ganz fest
    drückt.

Möcht' fühlen die Küsse, die sich berühren,
    die mir den Atem rauben und mich
    entführen.

Auch wenn ich dich nicht oft getroffen,
    doch auf die Stimme und dein Wort
    zu horchen,
lässt mich jetzt auch nun gut zu Bett, ich
    fühl mich gut, und das ist echt.

Wenn du nun schaust im Himmel hoch, die
    Sterne dort auch ich jetzt seh',
sie leuchten hell und voller Kraft, es ist die
    Sehnsucht, die entfacht.

Du bist so anders als der Rest, du kannst
    verzaubern, gibst dich echt.
Mit deinem Lächeln und dem Charme,
    möcht' ich dir wieder die Augen
    schau'n.

Schon morgen früh, wenn du erwachst, der
nächste Tag sein Stündchen hat.
Nun gar nicht lang bis soweit ist, dann
sehn' wir uns, von Abendsonn' bis
Mondeslicht.

Wir lernen uns kennen, schau'n uns tief an,
wir hör'n uns zu und sehen dann.
Doch mein Gefühl vom Bauch mir sagt,
das könnt es sein, ich bin gespannt.

Gemeinsam finden einen Weg, auch wenn
so mancher Stein entgegensteht.
Doch auch ein Stein, egal wie groß, macht
uns nur stark und gibt uns Mut.

Möcht' für dich da sein, wenn du weinst,
auch wenn am Tag mal nicht die
Sonne scheint.
Möcht' dich umarmen und dich küssen, die
Nacht dein Atem fühlen,
am nächsten Morgen mit dir den Tag
begrüßen.

Ich möchte dich auf Dauer spüren,
und dich begehren, schätzen und
verführen.

Nun freu ich mich auf deine Anwesenheit,
auf deine Nähe und dich in
Wirklichkeit.

Jetzt schlafe schön und lass dich fallen, ich
bin bei dir, die ganze Nacht, umarme
dich und gebe acht.

Gute Nacht

Michael Reske * 1974

Du hast gar keinen Hund

Ist denn unsre Liebe
Nur eine räudige Hündin,
Die vor der Türe bleiben muss?
Na dann sieh her
Auf mein Gewehr:
Sie kriegt von mir den Gnadenschuss!

Selbstverständlich, Puppe,
Schaff ich den Kadaver fort.
Ich werf ihn übern Gartenzaun.
Ich will dem Mann,
Der so gut kochen kann,
Die Ernte nicht versaun.

Er macht Dir Hummer
Gegen Liebeskummer –
Ahnt nicht einmal was.
„Beim Nachbarn
Liegt ein Hund begraben.
Wusstest Du denn,
Dass die Hunde haben?
Unterm Gras da liegt das Aas."

Axel Ressler * 1965

Sie sah es

Sie sah es
Vor langer Zeit, da sah ich Sie, es war wohl
doch so Ende Mai,
obwohl ich schon ganz nah bei Ihr, blickte
Sie an mir vorbei.
Es war so schön in dieser Zeit; die Sonne
neigte sich zum Rand,
obwohl Sie mich doch nicht sah, nahm Sie
mich stumm bei meiner Hand.
Und wir zwei, wir gingen leise, weit hinaus
an den Strand,
Sie sang für mich in einer Weise, die mir
bislang noch unbekannt.
Ich verstand all Ihre Fragen, die in meinem
Geist ich sah,
doch was sollte ich Ihr sagen, was in diesem
Augenblick geschah?
Ihre wunderschönen Augen, die tief in alle
Dinge drangen,
machten mich unendlich froh, doch
manchmal auch etwas bangen.
Die Nacht kam schnell, aber nur für mich
und wir standen ganz allein,
es ist so schön auf dieser Welt, und ich
sagte: „ich bin dein."
Manch einer von den Sternen fiel, fiel herab
auf uns zwei,
und auch das Meer war ganz still, als ob Sie
eine Göttin sei.

Stumm nahm ich Ihre Worte war, nur
  selten unterbrach ich Sie
und zärtlich strich ich Ihr durchs Haar,
  vergessen all das kann ich nie.
Ich wünschte mir nur Ihren Wunsch, doch
  glaub ich nicht, dass er geschieht,
es wär so schön, wenn er wohl wär, wenn
  auch nicht, bleibt Sie geliebt.
Eines noch, so möcht ich sagen, jeder weiß:
  Sie ist blind -
doch all das gilt nichts auf Erden, denn
  Liebe ist es die uns bind.

Joachim Retzek * 1959

Hoffnung

Wen wir sagen was wir denken, kann man
  dann soviel lenken.
Gesagt ist schnell, danach wieder hell. Wir
  müssen schauen und darauf bauen.
Können wir wissen, aber dafür nicht mehr
  missen. Wir sehen das gute aber mit
  der Rute.
Gedanken sind frei aber allerlei. Der Weg
  ist da aber noch nicht klar.
Die Zeit wird es bringen mit allen Sinnen.
Erstaunt werde ich sein, Probleme dafür
  wieder klein.
Schaue nach vorn und nie zurück das gibt
  dir ein Stück.

Christin Reuter * 1985

mein nie endender Weg

Seit einer sehr langen Zeit gehe ich diesen
  steinigen Weg entlang.
Währenddessen frage ich mich immer
  wieder: Wann komme ich endlich an?
All die unterschiedlichen Richtungen, die
  direkt vor mir liegen,
doch welcher dieser Wege führt mich zu
  meinem inneren Frieden?
Ich wünsche mir so sehr, dass ich meinen
  Frieden finde,
bevor ich für immer von diesem Weg hier
  verschwinde.

Jeder nächste Schritt erscheint mir ohne
  Bedeutung, wie verschwendete Zeit.
Wann ist das alles zu Ende all mein
  Schmerz und all mein Leid?
Wann kann ich wieder aus tiefstem Herzen
  lachen und glücklich leben?
Für die Antworten auf diese Fragen würde
  ich alles geben.
Meine Kraft neigt sich dem Ende zu, doch
  der Weg, der noch vor mir liegt, ist
  lang.
Die Zeit läuft immer weiter, doch ich
  komme nicht voran.

Natalie Reuter * 1998

Familie

Ihr nanntet mich altklug, kess, unerzogen
Meine Bastelarbeit habt ihr verlacht.
Ihr habt nicht gelogen, als ihr verspracht
Ihr habt das Versproch'ne nur nie gemacht.

Damit ihr mich seht in dem Stück in der
  Schule
Hab ich geweint, bis der Kopf fiebrig
  glüht.
Gegangen seid ihr dennoch als erste
Nach Hause, in euer Reich, was niemand
  außer mir sieht.

Fotografien von uns gibt es keine
Unfotogen, schlechtes Haar, schlechte Haut
Ich weiß nicht warum, ob eure, ob meine.

Ich liebe euch stumm, so wie ihr mich
Bemüh mich mit Taten statt Worten
Und bleibe dennoch lieber allein, denn
  beides konntet ihr nicht.

Stephanie Rex * 1989

Wir sind ein Sonett

Du bist die große Liebe meines Lebens.
Der Ansporn für Erfolg und Ruhm und
  Ehre.
Für dich veröffentliche ich Gedichte.
Nach deiner Liebe strebe ich vergebens.

Ich bin die erste Frau in deinem Leben,
du hast mit mir den Augenblick genossen,
doch keine Liebe ist bei dir entsprossen,
so hat es viele weitere gegeben.

Wir waren jeden Sommer hier ein Paar,
wir trafen aufeinander Jahr für Jahr.
Zweisandkite und Inselzeit.

Jetzt folgen wir getrennten Lebenswegen,
du reist mir nach zu allen meinen
    Lesungen:
Zweisandkite und Inselzeit.

Pascalyn Richlowski * 1989

Akustische Illusion

Und wieder einmal Tränen, die aus dem
    Nichts kommen,
Bilder als Erinnerungen die man nur noch
    sieht verschwommen,
vom seelischen Schmerz man sich fühlt wie
    benommen.

Jederzeit man sich fragt; wird man jemals
    aus diesem Teufelskreis entkommen?
Oder ist man von seinen Erfahrungen
    und Entscheidungen völligst
    eingenommen,
Dieses Happy Life wie in Filmen wird man
    es je bekommen?
Gibt es einen Weg all den Traurigkeiten,
    KOmplikationen und Sorgen zu
    entkommen?
Oder sind diese Lasten eine Art „
    Geschenk" was man einmal
    angenommen,
immer und ewig wird mitgenommen,
ist es vielleicht nur eine Illusion in der man
    denkt man wäre eines Tages frei von
    allen Negativitäten?
Ist es alles nur eine Lüge,
Man kann NIEAMLS entkommen?

Vanessa Richter * 1996

Gedankenurlaub

Ich gab meinen Erinnerungen die Chance,
sich zu entfalten.
Sie sollten neu erblühen,
in all ihren leuchtenden Farben.

Manchmal,
muss man sich gar nicht bewegen,
um etwas Neues zu erleben.

Man kann die bereits,
genossenen Erfahrungen,
Revue passieren lassen,
und Gedanken, mit Worten schmücken

Als würde man bunte Girlanden,
um den bereits mit rosanen
und glanzvollen weißen Blüten versehenen
Apfelbaum schmeißen.

Marie Charlotte Richter * 2002

Das Klima und seine Unberechenbarkeit

Auf unserer Erde ziehen Taifune und
    Erdbeben vorbei,
viele Verschüttete gab es in der Türkei.
Meere erzeugen meterhohe Wellen,
die eine Gefahr für die Menschheit
    darstellen.
Im Süden Europas war es über 40 Grad
    heiß,
das Klima spielt verrückt, wir zahlen einen
    hohen Preis.
Aber das ist bisher noch nicht der Fall,
wir erreichen nicht mehr das Klimaziel 4,5
    Grad auf unserem Erdenball.
Der Boden kann kein Wasser mehr
    aufnehmen wegen Trockenheit,
die Klimaforscher sagen, wir haben nicht
    mehr viel Zeit.
Doch ich glaube, die Hoffnung stirbt
    zuletzt,
man bereits Fichten durch Buchen und
    Eichen ersetzt.

Es ist wichtig das wir der Natur, unserer
grünen Lunge nicht mehr zusetzen
viel Schaden,
da wir nur eine zum Leben haben.

Claudia Richter * 1982

Bruder

Bruder,
Dein scheuer Blick
Schmerzt.

Hinter deinen Lidern
Ferne Wirklichkeiten.
Asche im Jetzt.

Wortlos
Stehen wir im Weg.
Fremd.

R.E.A. Rieck * 1937

Blaue Lippen

Süß, konfliktfrei, unverletzt
Zurückgenommen und abstrakt bewundert
Elternstimmen, die stets in mir flüstern
Will wütend sein, voller Tränen und
    gesehen
Hab' keinen Platz und Angst
    zurückzubleiben
Verschwimme in der Hektik des Gefallens

Plane, kontrolliere, eile dem Leben voraus
Ducke mich weg vor der Welle der
    Unsicherheit
Die mich umströmt, durchnässt, erkalten
    lässt
Verliere mich und sehne mich
Geh nicht weg, lass mich nicht allein
Von Prägungen umzingelt, eingeholt,
    stagniert

Nacktheit, Rohheit, mich zerbrechlich
    zeigen
Augen nach innen, es schmerzt
Ich trage die Mauer ab, teile die Brüche mit
    der Welt
Traue mich hinzusehen
Scham bleibt und ich wende mich ihr zu
Will endlich ehrlich sein
Mensch ist Mensch und ich nicht alleine.

Franziska Rieger * 1997

Geknüpfte Worte

Woran es liegt, dass ein Text mir gefiel?
Hüllt er mich ein, wie ein feines Textil?
Es schmeichelt mir das schöne Gewebe,
als ob ich die Geschichte selber erlebe.

Ich erfreue mich gerne an schönen
    Wörtern,
muss Texte zum Glück, nicht mehr
    erörtern!
Finde in Dichtung semantische Orte,
geflochten, geknüpfte, verzaubernde
    Worte.

Julian Riemenschneider * 1982

Die schönen Tage

Wie schön war doch die Jugendzeit
an jedem Ort ein Abenteuer.
Fünf Freunde, zu jedem Spaß bereit,
Mädchen, Camping, Lagerfeuer.

Niemand hatte viel, und doch war es genug
Überall war etwas los
Nichts hörte man von Lug und Trug
Die Lebensfreude, die war groß.

Doch was ist alles nur passiert,
man ist im Lebenskampf gefangen
Die Welt heut übertechnisiert,
Die Freude ist lange schon gegangen.

Schwer ists geworden, sein Leben zu
    bestreiten,
die meisten Dinge gibts nicht mehr
das Schöne sieht man nur von weitem,
wie trist ist diese Zeit, und leer.

Wie gern würd ichs noch einmal erleben,
doch lang ist alles schon vorbei
Ich würd die Freude gerne weitergeben,
das auszusprechen macht mich frei!

Manfred Rieser * 1972

Abschied

Abschied tut weh, Abschied ist schwer,
drum bitt ich Dich um eins so sehr:
Lass Dein Herz bei mir zurück,
lass mir meinen Traum vom Glück,
wenn ich dann geh, es muss ja sein,
bin ich nicht so sehr allein!

Bitte, nimm mein Herz mit Dir,
nimm die Liebe mit von mir,
wenn ich dann geh, es muss ja sein,
bist auch Du nicht so allein.

Und dann trennt uns keine Ferne,
wo Du bist, da bin auch ich.
Wir beide sehen dieselben Sterne,
und ich weiß, Du denkst an mich.

Lass Dein Herz bei mir zurück,
lass mir meinen Traum vom Glück.
Du bist meines Lebens Sonne,
ich weiß, dass ich auch wiederkomme.
Lass Dein Herz bei mir zurück,
ich brauche unser Glück!

Irmgard Ripkens * 1956

Der rote Schal und Gottes Zauberkraft.

Tiefblaue Augen
tiefbraunes Haar,
perlweißes Häutchen
Roter Schal.

Wenn sie lächelt
und wenn sie spricht,
Dann fragte ich nicht mehr, warum ich
    lebe.

Aber was ich denke,
und was ich mache,
ist egal.
Ich habe einen Deal mit Gott.
Und ich muss dich verlassen.

Erika Ritz * 2004

Krieg und Hoffnung

Der Regen hat aufgehört
es ist alles still,
Wo einst das Leben noch war ist jetzt nur
    noch Stein und Geröll.

In der Ferne sieht man traurig und nicht
    mehr Kühn,
Fast lautlos nun die Panzer ziehn.
Durchbrechen die Stille mit sanftem Ton,
Viele Menschen sind Tod ist das der Lohn?

Ein klagender Laut voll Kummer voll Leid
    sich plötzlich aus den Trümmern
    befreit.
Schmerzende Wunden nichts deckt sie zu
    nur Sand und Stein zur letzten Ruh.

Die Luft ist trüb und Sorgenschwer nach
    Tod riecht alles rings Umher.
Und es scheint als ob die Kraft je
    wiederkehrt
Vergebens.

Ein Spross reckt sich empor dem grauen
    Himmel entgegen
Ein kleiner Lichtstrahl nur
Doch keinesfalls verwegen.

Freude teilen Hoffnung geben jeder hat ein
    Recht auf Leben,
Mit Gerecht und Liebe so erreicht man
    Sieg,
Und nicht mit Hass und Waffen …denn das
    ist Krieg.

Ka Ro * 1979

In anderen Umständen

Der Planet macht mir zu schaffen
und Luft zu schnappen fällt mir schwer.

Alle Leute glotzen, gaffen!
Den Aufzug wünschte ich mir leer.

Da, neben mir, die junge Frau,
sie schätze ich im siebten Mond.

Nicht lange mehr, weiß sie genau,
dann ist's vorbei, weiß, dass sichs lohnt.

Doch trag ich ganze zwanzig Jahre,
die Kugel schon herum vor mir.

Im Traum lieg ich oft auf der Bahre
und press' hervor, ein Fässchen Bier!

Robbi * 1954

Die Wahren

Ich so naiv und dumm ...
Die Freunde stumm,
äußern keine Bedenken,
wollen nur Freude schenken.

Die Wahren trauen ein paar Worte,
doch nur von der vorsicht'gen Sorte.
Voller Sturheit, kein Ohr offen,
will schließlich nur das Beste hoffen.

Fehler kennt man erst im Nachhinein,
frisst dann die Trauer in sich rein.
Die Wahren immer Rückhalt geben
und mit der Zeit die Stimmung heben.

Sie sind immer für einen da,
egal wie dumm und stur man war.
Das Kostbarste sind die Wahren.
Gebt Acht! Die gibt es nicht in Scharen.

Svenja Rodenbröker * 2001

Andere Bauernregeln

Wenn von dem Baum die Mägde Äpfel
    ernten,
dann werden Äpfel zu vom Baum
    Entfernten.

Dringt an ein Ohr ein Gackern aus dem
    Stall,
ist es das Huhn und nicht die Nachtigall.

Entsteh'n aus Weizensaatgut rote Rüben,
dann muss der Säer halt noch fleißig üben.

Vermisst der Knecht in seiner Hand das
    Stroh,
hat er es höchstwahrscheinlich anderswo.

Bevölkern Kühe grasend grüne Weiden,
lässt deren Grasverlust sich kaum
    vermeiden.

Wenn heft'ges Sturmgebraus zum Fasching
    tobt,
man sich ein windgeschütztes Plätzchen
    lobt.

Wenn's wolkig gar in der Walpurgisnacht,
dann sind es Wolken, welche dies gemacht.

Ist es zu Pfingsten angenehm und warm,
besteht für wen'ge nur ein Grund zum
    Harm.

Gibt es zum Erntedankfest morgens Tau,
wird man nur äußerst selten daraus schlau.

Wenn's gänzlich schneefrei zu Sankt
    Nikolaus,
sieht Schnee man weder vor noch hinterm
    Haus.

Wolfgang Rödig

Wer, wenn nicht wir

Wer, wenn nicht wir
Der Himmel, der im Rot erblüht.
Stirb.
Stirb.
Stirb.
Schrien all unsere Männer im Chor.
Auf die Fährte, auf das Gestüt.
Reitet in den Osten und holt her den Krieg.
Kämpft ohne Gnade.
Kämpft gegen Sie.
Sie wollten es so.
Sie haben es verdient.
Sie schrien danach und wir hörten sie.
Der Kampf, wie auch Gott, für Gutes dient.
Stirb.
Stirb.
Stirb.
Schrien unsere Männer und stirb schrien auch sie.
Streckt nieder die Deren, streckt nieder das Vieh.
Die Macht ist das, wonach wir Menschen streben.
Doch wir wissen nicht, wieviel Leid wir der Erde damit geben.

Felina Rodigast * 2006

als der Mond...

der Mond hat uns geborgen,
weil die Sonne finster war
und voller Flecken.
noch vom Tage her,
und der Mond wusch mit Silber,
und dein Haar glänzte auf,
und dein Mund gehörte mir

und der Mond trug uns umher
auf den Lichtern, weich trug er
mal weit, weit hinauf
und dann schläfrig nach unten.
die Herzen aneinander,
und der Nachtwind sang ja

und wenn man uns fragte, früh,
wo wir denn waren so lang,
dann lachen wir laut,
überall waren wir, da,
wo die Träume noch zaubern,
gut sind und niemals böse,
und die Seide auf den Weg
webte der Mond

Helga Rodrian * 1929

Tanz mit mir

Ein jeder Schritt
in Harmonie
ein jeder Blick
mehr noch provozieren will
Es ist Musik
die in uns klingt

Schamlos im Takt
sind wir Beute an der Hand
Drehen uns um unsere Gedanken
lassen Seelen Sprache tanzen

Von Klängen berührt
zum Tanzen verführt
für einen Moment
das Vorspiel unserer Fantasie
nur so lang die Musik erklingt
danach wieder fremd
danach wieder still

Sabine Rogge * 1968

Der Himmel in deinen Augen

Ich schaue in deine Augen,
sehe denn Himmel
Wie nah ich ihn noch nie sah,
Dachte der Himmel ist weit entfernt,
unerreichbar in meinen Augen
Doch deine Augen,
Sind vor mir
Der Himmel in deinen Augen,
Steht vor mir

Emily Röhl * 2008

Zeit

In jungen Jahren berührt sie kaum,
sie scheint fast nicht zu rennen,
Momente für die Ewigkeit,
Dir wenig Müh abkennen.

In der Jugend,
frei und wild,
Du unbedingt willst Fliehen
hast vieles satt,
die Freiheit liebend,
Geduld scheint nur geliehen.

In der Mitte,
nun geerdet,
wird vieles schnell vergehen.
Fragst dich manchmal im Geheimen,
habe ich genug gesehen?

Am Lebensabend,
mit Erfahrung reich beschenkt,
erkennst Du aus Erinnerung,
die Zeit hat viel gelenkt.

Stephanie Rohmann * 1983

Zwei Herzen

Zwei Herzen schlagen in meiner Brust,
bis jetzt war ich mir dessen noch nicht
    bewusst.
Doch mein Innerstes hat es schon immer
    gewusst,
dass zwei Herzen schlagen in meiner Brust.

Zwei Herzen schlagen, doch nicht mehr
    lang,
denn der Gleichschlag ist bei Zeiten
    verloren gegangen.
Ohne Takt und mit viel Dampf,
erklären die beiden sich den Kampf.

Zwei Herzen schlagen schneller und
    schneller,
die Bilder im Kopf werden immer greller.
Ich weiß ich muss es beenden,
sonst werden die Herzen sich gegen mich
    wenden.

Kein Herz schlägt mehr in meiner Brust,
in mir hab ich es schon immer gewusst.
Zwei Herzen, dass ist eines zu viel
Zwei Herzen, dass ist zu viel Gefühl

Julia Rohn * 2003

Hiraeth

Dieses Gefühl - unbeschreiblich
Eine tiefe Traurigkeit, ein Vermissen
Eine unendliche Sehnsucht nach dem, was
    vergessen scheint

Und doch ein Funke der Erinnerung
An einen Ort, der Alles war
Ganzheit Liebe Frieden Glück

Ein Funke, der plötzlich aufglüht, um dann
    wieder in der Dunkelheit unserer Welt
    zu verschwinden
Das absolute Bewusstsein, dass alle Wege
    zurück nie existiert haben

Doch dann eines Tages
Rumi schreibt „Was du suchst, sucht dich"
Und Hiraeth fand mich

Dieses Wort
Ist Zuhause
Lässt die Zeit für eine Sekunde stillstehen

Ein winziges Licht
Eine liebevolle Umarmung voller Trost
Dass da andere Menschen sind
Die dieses Gefühl teilen
Alles ist eins und eins ist Alles

Estella Sophia Rohrmüller * 1989

Geschwister

Kindheit – all unsere Einsamkeiten,
die sich an Händen fassten, hielten,
als wenn es ich und du nicht gäbe,
die sich umarmten oder manchmal
    schlugen,
als uns zu weinen noch ein Kinderglück
    und möglich
um Trost zu finden in der Mutteraugen
    Wäldern.
So gingen Monde, ging ein Leben, wie
    gemeinsam.

Als dann das kleine und das große Wir den
    Zaun
um sich gezogen vor allem namenlosen
    'sie',
das seinen Laut hineinwarf und sein
    fremdes
Lachen in unsrer stillen Tage Spielen,
Bälle die wir uns warfen, um sie blindlings
aufzufangen, Freuden, die nicht alterten.
Aussaat von Traumen, unser täglich Brot,
das wir uns ohne Gott zu bitten nahmen.

Christian Romanowski * 1945

Späte Antwort

Ich hörte: Das Glück im Leben,
in Haben, Tun und Sein,
ist kondensiertes Streben
nach... – wonach? Es fällt mir nicht ein.

Ich such es in Kinderliedern,
in Stürmen und im Gedicht,
in Fellen und in Gefiedern,
die teils den Zugriff erwidern,
doch finden kann ich es nicht.

Ob Knochen, Blut oder Abort,
mich treibt das Wofür, das Wozu.
Im Sterben, vielleicht, dann die Antwort:
Was zählt, ist das Wie. Und Du.

Elsa Romfeld

Gleich

Alle wollen Gleich sein, so dass ER
    zufrieden wird.
Doch schmeißt jeder auf alle seinen Stein,
    damit ER größer sich gebiert.
Jeder schreit nach Gleich, doch ist ER nicht
    groß genug, wird ER sagen: „Es ist
    Betrug."
Jeden klein zu machen ist sein Reich, doch
    sich lösen von Rache ist das wahre
    GLEICH

Jörg Rommelmann * 1979

Gedanken

Ein Blinzeln,
ein Herzschlag,
ein Atemzug,
während das Blut rauscht.

Manche schrecklich,
ein wütender Sturm,
einnehmend und verschlingend.

Ein Rauschen der Bäume im Sturm,
ein Aufblitzen am Horizont,
ein Sonnenstrahl.

Ruhe,
Hoffnung,
...
ein schüchternes Lächeln.

Lille Ron * 1985

Manchmal

Manchmal ist es gut.
Doch braucht es auch viel Mut
Das Gute aufzuspüren.
Das Böse hat gelernt zu führen.
Es führt dich unaufhaltsam fort
Von dir.

Du bist noch hier.
Es ist schon dort.

Es ruft vertraut. Setzt an zum Stoß.
Und schon zerfällt dein Lebensfloß
In alle seine Einzelteile.
Das Böse nutzt die kurze Weile.
Es flüstert sündig. Lenkt dich ab.
Die Stämme spült's derweil hinab.
Ins Delta, weit verstopft hinauf
Mit Lebensresten. Du gibst dich auf.

Gehst einzelhaft mit dir verloren.

Und scharf und laut aus dumpfem Sumpf
Jauchzt dir das Böse im Triumph.
Es singt vom Sieg. Erkennst es längst.
Der du in seinen Reusen hängst.

Christoph Rösner * 1958

Briefe

Ein Stück Papier
Voller Leere starr ich es an
Was will ich heute sagen?
Wo fange ich bloß an?

So viele Worte auf dieser Welt
Die ich dir sagen will
So viele Sätze
Die noch im Fernen liegen

Die Tinte breitet sich langsam auf dem
Weißen Stück Papier vor mir auf
Meine Finger schreiben von allein
Ich muss gar nichts tun
In mir regnet es Worte für dich

Ganz gleich ob ich dir heute sage
Wie sehr ich dich liebe
Oder doch wieder Tränen aufs Papier weine
Und sie dir im Umschlag schicke

Diesen Brief schreib ich nur für dich
Und er sagt alles was ich fühl
Und was ich schon längst hätt sagen sollen

Ich schütte dir mein Herz aufs Papier
Und hoffe du liest es
Ende.

Felicia Roth * 2005

Frei

Und wieder wurde sie an das riesige Fenster
     geschoben.
Rundum glänzten die Dächer der Stadt im
     warmen Licht der Sonne,
ragte die Kirchturmspitze bis hoch in den
     tiefblauen Himmel, dampfte die
     Straße die letzten Regentropfen weg.
Die Autos und Menschen muteten sie an
     wie kleine Spielfiguren.
Sie schaute in die Fenster gegenüber, sah
     auf die Balkone, die Schornsteine,
die bilderbuchmäßig Rauch in den Himmel
     bliesen, die Bäume zwischen den
     Straßenschluchten,
den Wald, der am Rande der Stadt begann.

Und wieder wünschte sie sich nichts mehr
     als fliegen zu können.
Eins sein mit Wind und Himmel, über den
     Türmen und Dächern kreisen.
Sich hoch in die Lüfte erheben.
Frei sein, endlich frei sein, schlug ihr Herz.
Ihr sehnlichster Wunsch seit sie Tag für Tag
     gefangen am Fenster saß.

Und sie flog, flog, flog!
Endlich!
Erhob sich über alle Dächer der Stadt.
Fühlte den kühlenden Wind angenehm
     durch ihre Federn streichen.
Ihre Augen scharf alle Bilder in sich
     aufnehmend.
Die Stärke ihres gekrümmten Schnabels,
     von dem langsam ein winziger
     Regentropfen perlte.
Weit holte sie aus.
Ihre kraftvollen Flügel brachten sie höher
     und höher in das tiefe Blau des
     Himmels,
vorbei an gold glitzernden Dächern, dem
     satten Grün des Waldes.
Ewig wollte sie so kreisen, in dieser
     herrlichen Luft, dem lieblichen Wind.

Sie war frei, endlich, unendlich frei ...

Bernhilde Roth * 1954

Der Biertrinker spricht

Ich sitze hier und trink' mein Bier,
säß' ich woanders und nicht hier,
tränk' ich kein Bier.

So sitz' ich hier und trinke Bier,
woanders sitzen, nicht mit mir,
trink hier mein Bier!

Ganz kühl rinnt durch die Kehl' das Bier,
ich sage kurz zum Kellner hier,
bring noch ein Bier!

Flugs bringt er dieses Bier zu mir,
und flüstert, jetzt sind es schon vier,
egal war's mir!

Der Kellner kam noch oft zu mir,
und brachte mir ein frisches Bier,
ganz recht war's mir!

Und die Moral von der Geschicht',
ich such sie, aber find' sie nicht,
mich nichts anficht!

Wolfgang Roth * 1950

Die Berliner Großstadtindianer

Sie haben einen Irokesenschnitt
und sind überall tätowiert
Mit Lendenschurz habe ich einen
bei Kaufland gesehen
Seinen Tomahawk hat er zu Hause gelassen
Er bezahlt auch mit Karte
Er schiebt sein Büffelfleisch aufs Fließband
Die Kassiererin schaut zu
Barfuß hat er am Fußgelenk einen
    Federschmuck
der ihn als Stammesmitglied
der Pankower Pawneeindianer ausweist
Als Piercing ein Elchzahn, ein weißer
Die Kette aus Bärenklauen
Die Kreditkarte ist nicht gedeckt

Er versucht mit Goldnuggets zu bezahlen
Die Kassiererin schüttelt den Kopf
und schiebt das Büffelfleisch zur Seite
Er haut mit hängenden Schultern ab.

Eberhard Rothe * 1957

Intuitionsklage

Gesehen aus der Stahlgasse in den
göttlich Ausschnitt von Schwingenhöhe,
gespreitet Licht formt ewig sich unter
den gesuchten Flügelzirkeln, die
abtasten mit fremdem Auge, nicht
    elektronisch,
Gefühlspläne schweigend tages-wählender
Menschen, die in erworben Gepflücktes
beißen.
Krachende Münder der Liebe späht das
    Ätherauge,
nie herabsenkend sich aus seinem Revier,
    wenn,
versteckt nur und schon gar nicht dringt
der Nachtmutter Rosensprache in Tierohr.

Mike Rother * 1979

Es geht nach Haus

Es liebt, als ich noch nicht war.
Es hält verborgen,
damit ich strebend bleib.

Wie komm ich nach Haus,
wie oft sich's noch verläuft?

Es zieht mich,
so kommts mir vor,
wie ein Blatt im freien Fall zur Erde hinab.

Vergangene Tat im Winde gesehn,
scheucht das Grün-Saftige umher.
So dann, zu mir unbekannter Zeit,
die Stille es zu begehren bereit.

Aufstieg in Gefilde
welche das Zeitliche segnen,
Es hält die über allem stehende
Ordnung der Unsterblichkeit.

Dies, was Es dann ausserhalb Worten zu
umhüllen anfängt,
ich im Fleische nicht zu begreifen bereit.

Es versteht fraglos,
in menschversetzten Dosen den Schlüssel
der Liebe zu verlosen.
Der dann in Hingabe reift und im Saatgut
der Demut die Tiefen begreift.

André Röthlisberger * 1981

Nachtabenteuer (Tropfende Glocken)

Wenn der Regen tropft
Im Mondeschein, aufs Dächelein,
Und der Schlaf in seinem ruhigen Gemach
In einem wellenden Loch,
Sich ergötzt vom Tropf.

Der Klang sich erhebt
Und wieder fällt
Als gehöre dem Regen die Welt.

Wenn Gedanken so klar
In Kreisen sich erweisen,
Und der Glockenturm ruht

Im Mondeschein, aufs Dächelein
Der liebe Gott sein Tröpfelein
schenkt dem Alleinesein

Und das Nichts sich erhebt
Anfängt zu webt
Reflektiert wie es war und wie es geht

Der Tropf scheint vergangen,
Durch Gotteshand, im Abendtanz,
Stimmen ertönen und fremde Gedanken
       verhöhnen
In tief leisen Worten,
Sich selbst gefangen.

Jonas Rottstegge * 1993

Leben

Einiges muss sein

Anderes kann sein

Weiteres wird nie sein

Manches ist Wahl

Vieles ist ohne Wahl

Alles ist Leben

Beatrix Rubin-Lucht * 1964

Werden, Bleiben, Gehen

Es ist ein Werden, Bleiben, Wiedergehen –
und wiederholt sich stets und überall
und ändert sich für mich in keinem Fall
aufs Wiederkommen oder Fortbestehen.

Die Zeitenuhren lassen sich nicht drehen;
das Leben ist nicht wie beim Opernball;
ich bin hineingesetzt ins Weltenall,
gefragt wohl eher nicht - es ist geschehen.

Es ist nun wohl an mir, es zu gestalten;
die Fähigkeit, sie liegt bei mir allein –
ich lass den lieben Gott allein nicht walten.
—
Er gab mir Wissen, dieses nicht zum
       Schein;
Ich kann nun wählen, ob ich es verwende –
wie ich auch wähle – einmal kommt mein
       Ende.

Luzie Rudde * 1936

Herbst

Wind weht Farben von den Bäumen
Kastanien igeln sich aus

Das Sterben wird grösser
die Reise aber
hat Frühling im Gepäck

Elisabeth Rudolf * 1951

Die Anderen

Wo kommen sie her?
Wo kommen sie nur alle her, all diese
    Anderen, die Anderen?
Was wollen sie Hier? Hier bei mir oder
    Dir?
Warum kommen sie her; gehen den weiten
    und gefahrvollen Weg übers Meer?
All diese Anderen!
All diese Männer mit den bösen schwarzen
    Bärten im Gesicht und stechenden,
    teuflischen Blick.
All diese Frauen, verhüllt in Tüchern und
    muslimischem Gewand.
All diese traurigen und verstörten Kinder!
    Warum weinen sie denn nur?
Sie überfluten unser Land, unser geliebtes
    Heimatland;
machen sich überall breit und geben uns
    zur Begrüßung nicht mal die Hand.
Sie wollen uns doch nur unser Hab und
    Gut stehlen;
wenn selbst das nicht schon reicht, unsere
    Frauen und Kinder missbrauchen und
    quälen.
Die Anderen, all diese Anderen!
Was schert uns Christen denn euer
    Schicksal?
Wir haben doch genug mit uns selbst zu
    tun!
Also packt eure sieben Sachen schnell
    wieder zusammen
und unsere Toten können wieder in Stille
    und seligem Frieden ruhn.
Wir haben keine Geduld; fragen auch nicht
    mehr nach Schuld.
Denn es ist und es war schon immer so:
Schuld sind die Anderen, immer nur die
    Anderen …

Hans-Georg Rudzinski * 1953

Die Magie der Jugend

Ein Leben ohne Grusel, frei von Furcht,
Ohne Sorgen, die uns schwer bedrücken.
Kein Blick auf das Aussehen, ganz
    unbeschwert,
Dick oder dünn, groß oder klein,
    verfluchen wir nicht.
Kein Gedanke an die Meinung der
    Menschen,
Was sie von uns denken, soll uns nicht
    lenken.
Ein Kind zu sein, wie wundervoll,
Doch jedes wollte erwachsen werden, auf
    den ersten Blick.
Doch Peter Pan, er hat früh verstanden,
Das System zu durchschauen, schon vor
    langer Zeit.
Heute begreife ich, was er meinte,
Doch die Zeit zurückzudrehen, ist zu spät,
    keine Möglichkeit.
So lasst uns in diesem Augenblick
    verweilen,
Genießen wir das Leben, so wie es ist.
Ohne Grusel, ohne Furcht und Sorgen,
Frei von Zweifeln, die uns oft belasten.
Das Kind in uns, lass es immerfort leben,
Die Magie der Unschuld und des Träumens
    bewahren.
Denn tief in unserem Herzen ist es nie zu
    spät,
Für ein Stück Peter Pans Weisheit zu
    erfahren.

Louisa Ruf * 2005

Ich gehe zurück an einen Ort, der mir einst
    so wichtig war.
Ich verstehe trotzdem nicht, wo ich bin.
Ich fühle die Distanz und sehe diesen
    wunderschönen Ort.
Alles ist gleich, das Wetter ist noch klar
    und sonnig, das Gras ist noch grün im
    kühlen Oktober,
die Vögel zwitschern, die Ruhe und
    Verbundenheit besteht weiterhin.
Dennoch fühle ich mich so, als ob es nur
    ein Traum ist.

Ich atme, ich lebe, es ist Realität.
Aber ich habe mich einst so nah gefühlt mit
diesem Haus und diesen Menschen.
Ich gehe ins Zimmer und denke: „Da sind
die bekannten Gesichter", aber ich
erkenne sie nicht wieder.
Wer sind diese Menschen, von denen ich
dachte, dass ich sie kenne?
Warum kann ich nicht mehr in meine
Wohnung, von der ich denke, dass ich
sie noch bewohne?
Wo sind die, die ich so liebgewonnen habe?
Selbst die, die mich noch sehen, erkenne ich
nicht mehr.
Ich weiß, dass ich mich einst hier zu Hause
fühlte, mehr zu Hause als je zuvor.
Nach jahrelanger Einsamkeit hatte ich das
Gefühl einer Heimat hier sogar zum
ersten Mal.
Aber heute bin ich eine Fremde an diesem
geborgenen Ort,
der nur noch in meinem Kopf und Herz
existiert, wie ich ihn erlebt habe.
All die Wärme und Geborgenheit
schlummert noch hier, es wurde noch
nicht abgerissen und zerstört,
aber der Takt meiner Träume ist nur noch
ein leises Ticken in der Ferne.
Meine Erinnerungen schmelzen langsam,
wie die Ruhe vor dem Sturm.
Während ich sehe, wie es sich langsam
auflöst,
gehen alle und packen ihre letzten Sachen
ein vom Haus, das wir einst unseres
nannten.
Ich gebe zu mir war klar, dass ich nie gehen
wollte, aber ich habe übersehen,
dass ich es so schwer finden würde, wieder
zurückzukehren.

Katharina Ruiss * 1996

Aufgepasst

Alter Mann aufgepasst
ich spür genau wie du es hasst
ein Leben anders gedacht
ein Leben anders gemacht

Alter Mann aufgepasst
ich spür genau wie du es verlachst
anderes Denken
anderes Tun
spür dein Lauern aufs Missglücken
Recht zu haben dein Entzücken

Alter Mann aufgepasst
hast leider den Moment verpasst
hinzuhören hinzuschaun
mir mein Leben zuzutraun
stehst starr alt abseits und allein
bitter – aber soll so sein

Mensch du aufgepasst
dass du nicht den Moment verpasst
anderen Leben zuzutraun
alter Mann ist junger Mann ist Frau

Christine Ruiu * 1974

Traumwelt

Kind sein bedeutet, sich klein zu fühlen.
Im Dunkeln mit den Eltern nachhause zu
fahren und halb wach,
halb schlafend mit den Augen die
Leitpfosten der Autobahn zu jagen.
Gefährlich schnelle Autos und
Straßengräben, hinter denen eine
Dunkelheit liegt,
die tiefer nicht sein könnte.
Dieses geborgene Gefühl mit all dem nichts
zu tun zu haben.
Als wäre es ein mystisches Geheimnis, was
sich hinter den blinkenden Lichtern
am Himmel verbirgt
oder was die alten, erwachsenen Menschen
in den Fenstern,
die sich entlang der Straße bis in die
Unendlichkeit reihen, wohltun.
Diese alten, erwachsenen Menschen, die
schon wissen würden, wie ihre Welt
funktioniert,
die schon wissen würden, wie ihre Probleme
zu lösen sind.

Als wäre man in eine andere Welt
eingetaucht, die so weit weg scheint
und sich bereits am nächsten Morgen,
wenn man im warmen Bett aufwacht,
mit Träumen vermischt hat.

Katharina Rupp * 2006

Bei mir

Seit wann bin ich mit dem Kopf nicht mehr
    hier?
Sondern dauernd woanders und zwar bei
    dir.
Möchte mit dir das graue Papier heller
    kreieren.
Halte die Luft an und du bist nie bei mir.
Hier neben mir.
Hier vor mir.
Mit mir zusammen, mit dir hier.
Bei mir.

Sandra Rußegger * 2003

Verlorene Liebe

O meine Liebe,
wann haben wir angefangen uns aus den
    Augen zu verlieren,
und nicht mehr miteinander zu
    kommunizieren?

O meine Liebe,
du weißt genau,
Ich habe Sehnsucht nach dir und dass ich
    mich durch diese Trennung selbst
    verlier.

Was ist bloß aus uns geworden?
Weißt du nicht, du hast einst geschworen.
Geschworen, dass unsere Herzen sich
    niemals loslassen werden,
dass wir immer wieder zum andren
    zurückkehren.

Wir haben eine Mauer des Schweigens um
    uns gebaut,
weißt du noch, einst hast du mir Blind
    vertraut.
Mein Herz hast du in mehr als 1000 Teile
    gebrochen,
und manchmal wünschte ich es würde
    aufhören zu pochen.

Jule Rüssing * 2008

Ein Blick

Ich sitze hier,
schau' heraus,
aus meinem Haus,
und seh' den Sommer,
wie er strahlt,
wie er lacht,
wie er scheint.
Das Gras so grün,
der Himmel so blau,
und ich denke mir: „Wow!",
was für ein Augenschmaus.
Von den Eindrücken überwältigt,
schau' ich heraus,
geh' aus meinem Haus,
steige aufs Rad,
und fahre in die sommerliche Welt hinaus.

Dawid Dominik Rutkowski * 2007

Kummer in einer kalten Nacht

Draußen riecht es wieder nach Winter
Kälte, Schmerz und Einsamkeit
Sommer liegt schon längst dahinter
Vorbei die warme Zweisamkeit

Heute nur Kummer in einer kalten Nacht
Vor mir mein Atem, ein eisiger Nebel
In stechender Kälte sitze ich wach
Tränen frieren ein – gebrochene Regeln

Verschwommener Blick in das ewige
   Dunkel
Lippen zittern ein leises „Warum?"
Hinter den Wolken die Sterne am Funkeln
Entgegnen mir nur kalt und stumm

Anna Rzasa * 2005

Lyriker:innen

Kunstrebellen, Neologismen
sind die geheimen Aktivisten.
gejagt, verboten und gehasst
durch Emotionen haben sie Macht.
Sind rosa Kaninchen doch stärker als
   Löwen,
steuern die Welt auf seidenen Pfoten.

Doch auch die Gitter können sie nicht
   bremsen.
Art de Triomphe kennt keine Grenzen.
Gedankenfreiheit, Freiheitsgedanken
menschlich natürlicher als
   Orchideenpflanzen.
Märtyrer, Helden, unruhige Geister.
Kein einfaches Leben, ihr Opfer begeistert.

Sind kunstvolles Brot
Eine Schachtel Pralinen
Sind Herzens Eisen welches sie schmieden.

Thea Saam * 1999

Die Ziege

Eine Ziege stand einsam auf einem Feld
   und blickte traurig in die Welt.
Sie rief eine zweite Ziege dann herbei und
   gründete eine Ziegelei.

Jens Sager * 1976

Goldenes Licht- ein Traum

Die Realität verwischt
in goldenem Licht
warm genug darin zu baden
hinfortgetragen von Nebelschwaden

Landest du wo der tiefste Süden zerschellt
an den Pforten der grünen alten Welt
wo an lauen, blauen Tümpeln
schimmernde Nixen am Ufer dümpeln

Sie fassen deine Arme
ziehen dich ins Wasser, ins wohlig warme
Auf deine Haut malen sie Bilder
Kreise und Blumen in rot und silber

Zum Himmelszelt schauend, Arm in Arm
seht ihr Sternbilder erstrahln
schließ die Augen, bis deine Seele singt
von der dehnbaren Zeit, die nie verrinnt

Lisa Sahin * 1999

Eins weiß ich ...

Eins weiß ich die Stille der Nacht, erdrückt
   mein Gemüt, ich tue alles und bin
   bemüht.
Mein Herz voller Schmerz und Leid, meine
   Seele schreit und weint ich renne weg
   doch der Weg versperrt und die Jahre
   erschwert.
Kummer und Trauer es ist wie eine Mauer
   von großer Dauer.
Lenke meine Gedanken denn ich habe das
   Leben verstanden Freiheit
und Liebe werde ich erlangen dafür werde
   ich mich bei Gott bedanken.

Elif Sahin * 1987

Ein kurzer Lebensschimmer

Du tratest in mein Leben mit kleinen
   Schritten.
Vor die war alles gut, mit dir plötzlich ganz
   aufregend.
Vor dir war ich glücklich, mit dir ganz
   aufgeregt
Ein kurzes „Hallo" und „wie gehts dir?"
   wurden irgendwann zu „Gute Nacht"
und „deine Nachrichten die fehlen mir."

Von einem Fremden, zu einem guten
Gesprächspartner.
Von einem guten Freund zu einem
Fremden, so plötzlich wieder.
Keine großen Gefühle, sondern kleine
Lebensschimmer.
Nicht laute Herzen, sondern leiser
Augenkontakt und irgendwie hast du
mir meinen Alltag gemacht.
Erzählungen von Geburtstagen, zu
Lieblingsfarben,
wurden zu Gesprächen über unsere kleinen
Eigenarten.
Von Handschlägen zu einer kurzen
Umarmung.
Von langen Telefonaten, zu er schreibt mir
nicht, obwohl ich warte.
Von „er ist ein Fremder", zu ich denk an
dich wenn ich nicht die Augen zu
krieg.
Du gingst mit kleinen Schritten aus
meinem Leben.
Mit dir war alles aufregend ohne dich so
langweilig.
Mit dir war ich ganz aufregt nach dir so
demotiviert.
Keine gebrochenen Herzen und kein Streit.
Nur leblose Fragen und nicht mal ein
schlichtes Bye.

Azize Sahin * 2003

Mein Chiffonier

Öffne Tür,
Dich, Chiffonier.
Darin vorne beste Bände,
Hinten jene ohne Ende.

Krumme Schulter trägt,
Generationen prägt,
Helden in die Masse ein,
Ein Buch, schon ist man nicht allein.

Prophetens Geister, die sich drücken,
Zeichen spucken kühne Lücken.
Lehrt vom Teufel abzusehen,
Und als Engel einzustehen.

Maja Saidowsky * 2006

e-Spur

hin und her
durch e-Dorf des Weltalls –
auf der Suche nach deinen Gedanken

Samogite * 1972

pflänzchen

andersneu bricht leben an
der spalt ist immer noch da
wurde breiter nach Jahren
trocknet so vor sich hin
weil tränen schon eingetrocknet

müde topfpflanzen am fenstersims
die katze eingekringelt in ihrer wonne

erinnerungen lösen sich auf
wie oma's tagebücher
verstaubte vergangenheit im altpapier

sie kommt wieder
diese dazwischenzeit
der wind bringt sie zurück

wie phönix aus der asche
recken pflänzchen ihre triebe
frühlingsvögeln entgegen
ein wiedererwachen der gefühle

ein anders-neu

Samurai * 1945

Kein Traum – Realität

Du bist alles was ich liebe, was ich brauch,
wie ein Tattoo gehst Du mir unter die
Haut.
Durch deine Liebe fühl ich mich high und
nicht down,
es fühlt sich an als wär es ein Traum.

Doch bist Du kein Traum, bist Realität,
bist alles was mir wichtig ist und was
   zählt.
Wir sprechen immer dieselbe Sprache,
mein Alphabet besteht seitdem ich Dich
   kenn nur aus deinem Namen.
Vorbei mit den grauen Tagen, denn dein
   Lächeln und deine Liebe lässt mein
   Herz höher schlagen.
Ich weiß nicht wie soll ich es Dir noch
   sagen,
Ich liebe Dich, deine Nähe tut mir gut,
   heilt meine Narben und lässt mich
   schneller Atmen,
Du bist das Glück was ich gesucht hab in
   all den tausend Farben.

SanDra * 1979

Sprachlos

Sprachlos versuche ich Worte zu fassen,
doch sie gleiten mir aus beiden Händen
und bevor ich es bemerke,
werden sie durcheinandergewirbelt
von wortlosen Ängsten.
Sprachlos versuche ich Worte zu fassen,
doch sie verformen sich
zwischen meinen Lippen
und verwandeln sich in fremde Gestalten,
die vor meinen Augen umkippen
und alles um sich mitreißen
festlegen und zuweisen,
während ich sprachlos versuche Worte zu
   fassen
und mich darauf einzulassen
Worte zu finden,

die ich wirklich sagen will.

Valentina Santner * 2001

Nur manchmal nachts

Nur manchmal nachts vermiss ich deinen
   Schatten
Wie ist dann meiner? Blass, allein, verwirrt
Wegloser Hauch der übers Pflaster irrt

Und wenn er sich verstört zur Seite neigt
und dort auf keine warme Schulter stößt
Ist er in seinem Nichtsein ganz entblößt
Und hüllt sich in die Nacht.
Und friert.
Und schweigt

Maximilian Sarre * 1990

Oben

... unten – links und rechts, 360 Grad im
   Matrix-Netz.
Kaum wirklich zu beschreiben was Einheit
   ist, nur ab und an ein Erhaschen von
   wohltuender Leere.
Kein Denken, nur SEIN, ein Moment der
   STILLE mit Glückseligkeit.
Wie ein Beheimatet-Sein im
   UNIVERSUM.

Saso * 1968

Gläserne Märchenlügen

In einem hellen Haus
aus Pusteblumen gebaut
hoch oben am Babyblau
schau ich raus
aus meinem Federfenster
und beobachte die Tauben aus Glas,
wie sie flatternd verzweifelt versuchen
dem gnadenlosen Grau am Grund zu
   entfliehen.
Und ziehende Ewigkeiten lang
Eine nach der Anderen
Eine nach der Anderen
Eine nach der Anderen
zerspringen sie doch, müde,
klirrend, im Staub der Realität.

Nadine Sawenko * 1998

Ungeheuer Mensch

Leider in der Welt beklagend, Trotzdem nach dem Sinne fragend.
Sie das größte Böse hegend, Doch die Hände auf dem Munde legend, Lügen über Lügen sagend,
Über Unehrlichkeit beklagend.
Doch nichts verstehend, Weiter durch die vergraute Ortschaft gehend.
Vor Gott kniend nach Begnadigung flehend, Und Gott verzeiht, die Lügen nicht sehend?
Gott vergibt die größte Sünde tragend, Niemals nach der Schuld zu fragend.
Sie die Wahrheit niemals sehend, Doch weiter durch die Ortschaft gehend.

Danielle-Sophie Schack * 1997

Verlorene Seelen

Manchmal verschwinde ich in meinen Gedanken ... zu gern.
Mit verschlossenen Augen stelle ich mir vor, ich wäre weit weg ... weit von hier fern.
In solchen Momenten bleibt die Zeit einfach stehen.
Der Verstand versucht sich zu befreien, sich fernhalten vom Geschehen.
Die Welt um mich herum verfällt wortlos in Vergessenheit.
Es gibt keine Gegenwart, Zukunft oder Vergangenheit.
Jede Regung, jeder Gedanke prallt ab und durchdringt meine Seele.
Angeblich bin Ich nicht allein, doch mich begleitet nur eine stille Leere
Ich sehe manchen Menschen in den Augen an, ich sehe wie ihre verlorenen Seelen in Schmerz ertrinken.
Sie wandern unter uns und suchen, ohne zu erkennen wie tief sie versinken.
Und dann verlieren sie sich in der dunklen Tiefe,
und vergessen wer sie sind.

Ich erkenne, dass sie sehen und doch sind sie blind.
Weil ihre ausdruckslosen Gesichter umhüllt sind durch Tränen,
wünsche Ich mir, ich würde diese Welt auch anders kennen.
Ich wünsche mir, wir Menschen würden uns mehr nach Liebe füreinander sehnen.

Ivelina Schäfer * 1991

Sandelholz

Sandelholz und Wald
Ich liebe deinen Geruch
Dein 3-Tage Bart

Meine Gedanken
Nicht da wo sie sein sollten
Lenken mich zu dir

Will dich vergessen
Doch irgendwo will ich's nicht
Falsch dennoch so schön

Bringst mich zum Lachen
Aber kein Verlass auf dich
Grüner Pullover

Meine Verliebtheit
Nur ohne meinen Verstand
Warum nur so schön

Laura Schäfer * 1995

Ich bin ein Mensch

Ich bin ein Mensch, ein Mensch, ein Mensch!
Nichts, nichts, nichts weißt du von mir:
Wie ich flog, flog, flog - nicht wie ein Vogel;
Wie ich schoss, schoss, schoss durch das Weltenmeer
Der Gestirne, der Gestirne, der Gestirne.

Wie ich schrie um Hilfe und Erlösung,
  Hilfe und Erlösung,
Als ich das Sternenmeer, das Sternenmeer
  durchfloh
Vor den Buh-Rufen, Buh-Rufen der
  Verdummten,
Zu flüchten, flüchten, flüchten ins Asyl,
  ins Asyl
Der Verpönten, Abartigen, Tod-
  Gewünschten,
Tod-Gemarterten, Gemarterten, Unwerten,
  Unwerten.

Nichts, nichts, nichts weißt du von meinem
  Kampf,
Meinem Kampf, meiner Trauer, meiner
  Trauer,
Meiner Sehnsucht, meiner Sehnsucht,
  meiner Sehnsucht.

So suchte, suchte, suchte ich Schutz,
  Schutz, Zuflucht
Bei dem, dem, der mich Sünder Sünder
  nennt,
Dem ich sei ein Gräuel, ein Gräuel, ein
  Gräuel, ein Ärgernis,
Im Himmelsdom, Himmelsdom, unfassbar
  weit
Über den Ozeanen aller Sonnen, aller
  Sonnen des Weltenalls,
Und ergab, ergab, ergebe mich Seiner
  Gnade, Seiner Gnade ...

Karl-Heinz Eberhardt Schäfer * 1947

Der Nebel

Im Tal der Vernebelung erkannte ich die
  schemenhaften Umrisse deines Selbst.
Es bewegte sich auf mich zu. Langsam und
  dann immer schneller.
Ich fühlte dich sehr nahe an mir.
Alles war ein Bad der zärtlichen Gefühle.
Du an meiner Seite, dein Atem ein Gefühl
  der Nähe.
Im nächsten Moment löst sich deine
  Anwesenheit auf.

Ich versuche dich wieder und immer wieder
  zu erkennen.
Ich schlang meine Arme um etwas was
  ohne Substanz zurück war.
Eine leere Hülle von Nichts. Geblieben
  bin ich.
Ein Ich, einst von dir berührt worden.
Ein ich voller Sehnsüchte und verfliegenden
  Fragen.
Ich stehe da- ohne dich, was bleibt ist ein
  Schleier des Nebels- sich auflösend in
  der Unendlichkeit.

Laura Schäfer * 1999

Zwiespalt

Tausend Gedanken in meinem Kopf

Ich möchte schreien, aber bringe keinen
  Ton heraus.

Ich möchte wegrennen, soweit mich meine
  Füße tragen können,
aber doch fühlt es sich an als ob ich an dem
  Bett angekettet wäre.

Ich möchte mit dir reden, doch meine
  Stimme versagt.

Soviel Gedanken schwirren in meinem
  Kopf, doch ich kann keinen einzigen
  klaren Gedanken fassen.

Ich möchte das du mich fest hältst, als wäre
  es das letzte Mal,
doch gleichzeitig möchte ich nur alleine
  sein und weinen, die Welt und mich
  herum vergessen
und all die Sachen die mich verletzen und
  traurig machen.

Für nur einen kurzen Moment nicht
  existieren.
Doch bleib ich stumm und ich hoffe das
  ich den Mut finde wieder mich selber
  zu finden.

Laura Schaffer * 1991

Von verliebten Versen

ich verflechte, verknüpfe, verknote Verse
und zwischen zwei Zeilen
wo versteckte Worte verweilen
verbinden verschmolzene Verse vielleicht
dich und mich
zumindest zeichnen meine zaghaften Zeilen
unseren Bindestrich

Julia Schaffhirt * 1994

Yassussuria

Nimm den Kiel
einer Federwolke
und schreib dein
Lieblingswort
an den Himmel:
Yassussuria!
Pfeif den Lockruf
der blauen Nachtigall
und pflanze ihr
im Garten deiner Seele
einen Baum damit sie
heimisch werden kann
lass die Zauberfalter
fliegen sie werden
die Gräser und Blumen
deiner Prärie küssen

Walter Schaller * 1960

König Knobi

Ich weiß, Knoblauch wird in Deutschland
 sehr gehasst,
Trotzdem habe ich zu seinen Ehren ein
 Gedicht verfasst.
Wenn Knoblauch wie die Menschen
 sprechen könnte,
Dann hätte Knobi sehr klar und deutlich
 gesagt:
"Was ist passiert, was ist denn los, liebe
 Leute?
Warum werde ich in Deutschland so
 gehasst?
Warum lasst ihr mich kulinarisch nicht
 integrieren?
Ohne mich werden deutsche Gerichte
 depravieren.
Das ist nun schade, dass ihr mich selten
 genießt,
Und dass ihr mich zu eurem Vorteil nicht
 nutznießt.
Es wäre gut, mit mir eine Freundschaft zu
 schließen,
Dann wird Allicin durch eure Adern
 fließen.
Ich helfe euch doch, Thrombosen zu
 vorbeugen.
Ihr müsst vor mir wie vor einem König
 beugen.
Ich wirke blutdrucksenkend auf eure
 Arterien,
Dafür sprechen soeben klar medizinische
 Kriterien.
Pythagoras hat mich zum König der
 Gewürze gekrönt.
Dass ich ein Gewürze-König bin, hat er
 ständig betont.
Nehmt es mir nicht übel, nehmt das bitte
 in Betracht.
Die Knobi-Integration hat in Deutschland
 versagt."

Alexios Schandermani * 1953

Was Glück bedeutet

Du schaust zurück und siehst die Bilder,
wie durch einen neuen Filter.
Wo sind die jungen Jahre geblieben
und die Süßen, die immer noch deine
 Kinder?

Die Haare waren einmal dunkel,
jetzt sind sie mehr so grau.
Die Augen sind nach wie vor tief und
 dunkelbraun,
dahinter die Gedanken in himmelblau.

Du schaust in den Spiegel der Gegenwart
und erkennst es deutlich:
Die Zeit ist vergangen,
doch nur so konnte alles wachsen.

Das Puzzle setzt sich zusammen
und du erkennst immer mehr:
Es ist gut so,
auch wenn Vieles nicht mehr.

Du lebst jetzt das Heute,
das sich dir in neuem Gewande zeigt.
Besetzt mit Steinen wie Diamanten,
aus Zeiten, die Glück bedeuten.

Elisabeth Schanz * 1963

DenkWeise

Gedankenkreise
sind nicht rund.
Radius Null bis unendlich.
Lassen Auswege
schließen Lücken
ebnen Umwege.
Ideensatelliten senden Impulse.
Zeit festigt die Konturen.
Mittelpunkt gleich Lösung?
Wahrheit liegt innen oder außen.
Schwerelos. Unsicher.
Ich gehe den Pfad
durchs Überhaupt.

Karin Schattmann * 1951

Abschiedsgruß aus Immerath

Majestätisch strahlt das uralte Sternenzelt
Hernieder voll Schönheit überall auf die Welt.
Was muss es da sehen, was muss es ertragen?
Das ist nur die erste von vielerlei Fragen

Der gemauerte Turm wachet ein letztes Mal
Wie trostloses Mahnmal verlassener Stadt;
Auf ihn wartet schon morgen die unheil'ge Qual;
Stählerne Monster machen ihn reuelos platt.

Was muss ich mit ansehen, Orte, die sterben!
Ich bin mir fast sicher, es ist das Verderben
Dort bleiben von Häusern nur steinerne Scherben.

Mir kommen die Tränen, ich wünsch' ich wär taub
In lautem Getöse brechen die Steine zu Staub
Welch eine Schande! Es schmerzt wie legaler Raub

Die Glocken sind stumm, fort ist die frühere Pracht
Und über alledem legt sich wieder die Nacht
Das ist sie also, des Menschen grausame Macht

Tanja Schaupp * 1990

Krieger der Stadt

Ich träume auf dem Häuserdach
Ich sehe das Spiel, höre den Krach
Über mir nur Wolken und Sterne
Ich spüre den Rausch, und das gerne.

Die Stadt wird durchzogen von Brücken
Unzählbare Häuser bewuchern die Gassen
Durch sie drängen sich die Massen
Es scheint überfüllt mit fehlenden Lücken

Ich starre bis tief in den Morgen
Erkenne Gesichter der Menschen mit Sorgen
Es sieht aus als hätte niemand mehr Zeit
Wie Zinnsoldaten, sie sind allzeit bereit

Wo ist bloß ein Lächeln, ein kleines Lachen
Wir haben verlernt, uns Freuden zu machen
Schubsen und Stoßen, der tägliche Krieg
Geht um in den Straßen, es gibt keinen Sieg

Simone Schaupp * 1986

347

Landfrieden

Im stillen Tal des Morgengraus
sind wir Kinder aufgewacht;
geboren aus drei Tropfen Tau
ein Fluss hat uns ans Land gebracht.

So bauten wir ein kleines Haus
wo Leben sprießt und Krieg bleibt aus;
an einen Ort, der wohl bedacht
gar friedlich lebt und freundlich lacht.

Und schaun wir aus dem Steingebilde
so stehn vorm Tor die grünen Riesen;
sie wachsen in des Vaters Wilde
und schlafen in der Mutters Wiesen.

Und im Kamin, da lodern Flammen
es nährt sie das Holz, das der Wald uns
    geschenkt;
wir speisen bei Licht und sitzen beisammen;
bis eine fallende Feder unsre Augen lenkt.

Und über dem Dache unseres Häuschens
da hören wir Laute wie die eines
    Täubchens;
das weit über den vermoderten Fenstern
singt mit den Geistern und Gespenstern.

Anna Scheffler * 2002

Alltagsrassismus

Ja er schleicht durch die Welt.
Gedanken, die man im Kopf behält.
Gedanken, die man versehentlich hat, aber
    gar nicht denkt.
Denn sie halten sich fest, „nein so denk ich
    nicht."

Doch das tust du ...

„Wo kommst du her?"
„Aus Deutschland."
„Nein. Ich meine, wo kommst du wirklich
    her?"
Bitte sehr ...

Ja er schleicht und suhlt sich in
    Stereotypen.
Er springt von Wort zu Wort, von Ort zu
    Ort.
„Ich kann doch ‚Mohrenkopf' sagen, was
    ist schon dabei, so wars schon immer,
    anders kanns nicht sein."

Warum findest du keine Wohnung?
Ach so, du heißt Mohammed und nicht
    Thomas.
Na sowas.
Und plötzlich ein „Ich habe nichts gegen
    Ausländer, aber ..." ertönt.

Ja, der schöne süße Alltagsrassismus, wie
    er sich durch die Köpfe frisst, noch
    immer in unserer Sprache ist.
Wird unbewusst, aber doch ganz bewusst
    von vielen benutzt.

Maxim Vincent Scheidt * 2003

Du bist nicht von dieser Welt

Was machst du mit der Angst?
Wenn du da sitzt ...
und du denkst das alles wird nie wieder ...
nie wieder hell
nie wieder heil
nie wieder wert gelebt zu werden.

Wo gehst Du hin?
Wenn es keinen Ort gibt an dem es
Besser wird
oder anders?
Da gibt es scheinbar etwas
Was zerbricht wenn alles zu Ende geht.
Nein doch nicht
die Hoffnung stirbt zuletzt.
Was gibt es noch zu retten?
Von dieser Welt....

Erzähl mir von früher
als Oma uns Pfannkuchen
gebacken hat
Der Duft von zuhause

Der Abend stirbt und
bald bricht schon der Morgen an
Müde wirst du bald wach.

Stefanie Schemberg * 1972

Kirschblüten

regnet es
in meinem Traum
filigrane Schmuckstücke
die ich dir
schenke

Beate Scherf * 1952

Valentinstag

Heiliger Valentinus

Du Heil'ger Valentinus
hege heut keinen Verdruss,
Es geht doch um die Liebe
das sie erhalten bliebe.

Du Heil' ger Valentinus
erhöht vom Papst Gelasius
verschenke neu im Überfluss
Zuneigung und Hochgenuss.

Du Heil'ger Valentinus
Ich geb der Liebsten einen Kuss!
Zieh sie behutsam an die Brust
voll Liebe, Freude und mit Lust.

Michael Schernthaner * 1956

Der Sozialstaat

Ist das Geld nicht in Massen,
darf er dich nicht hängen lassen.
Er hat viel zu tun,
darum wird er nicht ruhen.

Die armen Kinder woll'n was ändern,
Hier und in ander'n Ländern.
Wir zahlen alle ein,
drum muss auch keiner traurig sein.

Die Bevölkerung ist wie ein starkes Band,
sie hält zusammen das ganze Land.
Der Sozialstaat gibt sein bestes,
doch am Ende bleibt nichts Festes.

Habt in ihn vertrauen
um finanzielle Stärke aufzubauen.
Der Sozialstaat kümmert sich um jeden,
egal ob bei Sonne oder Regen.

Emely Schiffmann * 2007

Weihnachtsmarkt

Tannen, Buden, Lichterketten,
transportable Toiletten,
Grillgeruch und Sterne rot.
Ringsherum ist Parkplatznot.

Wenn man auf dem Fußweg parkt,
dann ist wieder Weihnachtsmarkt.

Menschen stehen in Glied und Reih',
an den Mützen Hirschgeweih,
blinken rot uns immer wieder
spielen manche Weihnachtslieder.

Glühwein, Wurst und Karussell.
Stille Nacht und Jingle Bell.
In der Ecke gibt's Gejohle
bei der Feuerzangenbowle.

Heilige Drei Könige
singen „Oh Du Fröhliche".

In der Kirche Weihnachtsmesse
... und zum Schluss die Politesse.

Udo Schilling * 1947

Ruf nach Leben

Welt
Was wird aus dir
Wenn das Licht versinkt
Welt
Was wird aus dir
Wenn das Leben im Krieg ertrinkt

Welt
Was wird aus dir
Wenn Tränen sich wandeln in Flut
Welt
Was wird aus dir
Wenn alles weicht der Wut

Woll'n nicht versinken
Niemals ertrinken
Nach Macht auch nicht streben
Sondern einfach nur
Leben!

Tita Schindhelm * 1971

Talent ist harte Arbeit

Talent ist harte Arbeit, nichts davon fällt einem in den Schoß,
Doch immer wieder sagen sie, ich denke viel zu groß,
Ich bin nicht dafür vorgesehen, ich gehöre nicht dazu,
Doch ich denke mir nur du:
Kennst mich überhaupt nicht, weißt noch nicht mal wer ich bin,
Und nein die Worte sagst du nicht nur so dahin,
7 Jahre für den Erfolg gekämpft,
Wissen, Talent und Durchhaltevermögen habe ich mir hart erkämpft.
Mein Ehrgeiz treibt mich immer wieder dazu, meinen Traum zu erfüllen,
Immer wieder aufzustehen, weiter zu kämpfen, um mir den Traum zu erfüllen.
Jahre bin ich durch die Hölle gegangen,
Bin bereit, nun endlich mein Ziel zu erlangen,
Habe mich Ewigkeiten drauf vorbereitet und kämpfe allein,
Denn nur so bleibt mein Herz rein.
Ich brauche niemanden um mich herum, der mich nicht unterstützt,
Denn Talent ist harte Arbeit und nur meine Eltern haben mich unterstützt.

Gib niemals auf, auch wenn das Ziel noch so weit weg erscheint und keiner an dich glaubt,
Du glaubst an dich und das ist alles, was du brauchst !

Jessica Ellen Irma Schlaff * 1997

Vorsatz

Ich möchte im Leben nichts bereuen
und keinen Tag im Leben scheuen.
Möchte stets Nächstenliebe zeigen
und mich dankbar vor der Schöpfung verneigen.

Ich möchte nie die Hoffnung verlieren
und stets Lebensfreude verspüren.
Möchte gern mit Zuversicht durch das Leben gehen,
und viele Menschen besser verstehen.

Doris M. Schlechta * 1946

Erlösung

Durch unsichtbare Hand geführt
In die Fänge deiner Liebe,
Ein Hauch Zärtlichkeit mich berührt
Gefangen in deinen Trieben.

Leb' wohl zuletzt, vergiss mei' nicht,
Ein Schrei so leise wie die Nacht.
Spüre die Angst, zeig dein Gesicht
Beraubt des Lebens, gib nun Acht!

Schwarze Augen, eisern im Licht
Lippen singen stumme Lieder.
Endlich, der Himmel öffnet sich!
Gottes Hand schickt Engel nieder.

Lässt zurück die Last des Lebens,
Führt Sonnenstrahlen durch mein Sein.
Spricht „Glück können wir dir geben!"
Erleuchte hell dein Engelschein.

Hannah Schlicher * 1999

Für die Liebe

Für die Liebe,
Lohnt es sich,
Mutig zu sein.

Aber wenn mutig sein,
Auch Schmerz bedeutet -
Wie könnte ich dann
Aus tiefster Seele,
Mutig sein?

Soll ich mutig sein
Und dem Schmerz
In die Augen schauen?

Das ist es,
Was es so furchtbar macht,
Dass das Glück der Liebe
Dem Kummer und dem Schmerz
Oft so nahe liegt.

Hannah Schlieper * 2002

Byeeee

Wie verrückt
Dass ich deine Hand noch halten kann
Während du bereits meilenweit weg
In den Armen eines anderen liegst
Ich rufe deinen Namen ohne eine Antwort
   zu erwarten
Und greife in der Nacht nach unseren
   Träumen
Die niemals wirklich unsere, sondern eher
   meine Träume waren
Mir nichts, dir nichts, wir nichts
Hast du einfach mal so
Entschieden, dass du
Für mich keine Verwendung mehr hast
Ein Auslaufmodell, ein Statist
Eine Nebenfigur, lediglich eine
   Zwischenstation
Mit abgelaufenem Haltbarkeitsdatum
Traurig nur dass ich leider
Tatsächlich an uns geglaubt habe

Und nun mit leeren Händen
Vor meinen eigenen Scherben stehe
Und dir fällt nichts besseres ein als
„Byeeee"

Juli Schlöbe * 2004

Der evangelische Kirchentag in Düsseldorf

Die Theologen sind wohl von Sinnen
Um tiefen Eindruck zu gewinnen
Ließ die Mama fallen ihre Hose
Denn die Mama musste stehen Pose
Der Sohn malte wie ein Heide
Im Workshop der Mutter Scheide
Im Workshop malen die Kinder stets die
   Fotzen
Das ist pervers, widerlich, es ist zum
   Kotzen!
Nicht die Vulva wird uns befreien von dem
   Bösen
Sondern das Kreuz und nur das Kreuz,
   wird uns erlösen!

Wendelin Schlosser

Held des Krieges

In der Hölle der Schlacht,
Zwischen Rauch und Feuer,
Siehst du ihn sterben.
Todesangst in seinen Augen.
Du fühlst seinen Schmerz.
Dein Gewehr landet im Dreck.

Und ohne Zögern,
Ziehst du ihn vom Feld.
Schüsse hallen,
Granaten schlagen ein,
Erschüttern die ganze Erde.

Er zittert sehr,
deine Jacke soll ihn wärmen –
Nach einer halben Ewigkeit,
ist das Lazarett erreicht.

Und im Schein der Lampe,
Siehst du den Feind.
Er atmet nicht mehr.
Gut ist es nun um ihn bestellt –
an diesem Tag bist du ein Held.

Arne Schlüter * 1973

Inter Netz

Ich war einst die Ferne
und bin nun die Nahe geworden.
Zu nah für die Schlächtergötter im Netz?

Die Masse, sie tritt.
Stolpert über ihre eigenen Hälse.
Hate in Sekunden gestapelt,
geschürt, geschossen,
mit kleinen, feinen Messern geritzt.

Geschwiegen zu lange, was wirklich
spricht?

Ein großes Maul im Hilfssystem.
Es so schön, zu beißen.

Wie ein blauer Daumen pulsiert meine
Leere
In einer Schale verborgen: mein Post.
Doppelt stummer Schrei
An der neuen Klagemauer.

Ann-Helena Schlüter * 1986

Arle am Mittag

Schon immer hörte ich gern des
Wiesenweges Klang.
Töne wölben sich von ihm bis zu der
Kirche, dort, am Horizonte.
Ihr Dorf ist menschenleer, versunken im
Apellplatz droben auf dem Walde.
Buchenwald.
Nicht mehr ertragen kann ich jetzt
den Atemstrom des Mittags, den die Salve
sprengt.
Und erst das Schlepptau vor der Nacht.

Es endet droben bei den Galgen, nicht im
Licht.
Doch statt des Sonnenatems spür' ich
schwarze Stiefel,
Galgendiener schwarzer Hosen.
Koppel, Du! Dein Wildwuchs
füllte einst den zarten Nebel,
und auch den Schwung der
Kinderschaukel,
der an das Westwerk pochte.
Leichter Wind kommt quer des Weges,
malt den Morgen auf die Wangen.
Doch nur mit Stille
weicht des Nachts ein Traum dem Klange.

Arno Schmidt

Hommage an Babsi

- Genau hier stand früher „Europas
  modernste Diskothek".
- Was aber führt mich auf diesen
  leichenbepflasterten Weg?
- Den Weg, den du gingst, immer
  verzweifelter gingst, getrieben
- Von deiner Sucht, zwischen Scheinwelt
  und Wirklichkeit zerrieben.
- Ich erwarte gewiss eine Wende in meinem
  Leben...
- Welches ich endlich mit dem deinen,
  Babsi, möcht' verweben.
- Doch es kommt niemand ... nur jefraud,
  im Lederkleid, die mich fragt
- „Hast du Lust?"... Die Frage ist
  enttäuschend, das Outfit gewagt...
- Enttäuscht ist der Romantiker in mir, der
  Nähe ersehnt
- Doch dessen „Reinheit" nicht echt ist,
  sondern aus Büchern entlehnt...
- „Rein" warst du, Babsi, nicht BEVOR du
  mit dem Drücken begannst.
- Rein war erst der Engel, vom Berliner
  Himmel ausgestanzt.
- „Wer unter euch ohne Tadel, der werfe
  den ersten Stein!"
- „Rein" ist niemand, und niemand sollt' es
  auch versuchen zu sein.

- Niemals könnt' ich abweisen, wer dein Schicksal, Babs, teilen muss...
- Doch ebenso wenig mit Geld entlohnen einen Zwangskuss...
- Pandemiebedingtes Alleinsein und der „Wunsch zu leben"
- Lassen schließlich alle ethischen Bedenken erbeben
- Und machen Berlins berühmten, einstmals geteilten Himmel
- Zum brausenden Meer, in das mich - mit ihr - entführt Storms Schimmel.

Jean-Marc Schmidt * 1972

Gier Der Neuzeit

Was soll wir tun
Wo sollen wir hin
Die Welt geht zum Grund
Und wir arbeiten drauf hin

Keiner denkt
Keiner glaubt,
Was war uns geschenkt
Aber nicht zu zerstören erlaubt

Alles voll
Immer mehr
Geld ist toll
Doch nichts bleibt unversehrt

Der Mensch gerissen,
Zu retten, was übrig bleibt
Sonst vermag der Mensch zu vermissen
Was ihn jetzt vertreibt

Den Mund voller Wörter
Die Hände zu schwach für Taten
Wir alle sind Mörder,
Und fühlen uns verraten.

Geld regiert die Welt,
doch das Geld rettet nicht unsere liebe Welt

Nina Schmidt * 2005

Elysium

Schweigen, gelebte Ruh,
Gesteh ich mir nur selten zu.

Die Welt so laut, der Kopf voll Krach,
Das Herz liegt leer, der Korpus flach.

Der Menschen stetig Raserei,
Wie ein Regen von Kugeln aus Blei.

Mag das Schreien der Seelen doch endlich verstummen,
Und wir uns in Stille können vermummen.

In Stille dann die Poesie erwachen mag,
Entschleunigt und sanft erscheint der Tag.

Voll Sehnsucht erwartet man dann die Nacht,
Die uns in manch Traumland schon hat gebracht.

So steh ich da und halte mir die Ohren zu,
Und danke dem Dasein für die selige Ruh.

Andrea Schmidtner * 1980

Ganz und gar

Es ist nicht klug
und nicht strategisch.

Es hat keine Haltung
und keine Moral.

Es wehrt sich nicht
und zieht sich nicht zurück.

Und wenn einer kommt,
es herausreißt unter den Rippen,
und wenn er es fortwirft
weit in den Fluss,
dann schlägt es
bis es ertrinkt
und liebt ganz und gar
bis zum Schluss.

Eva Schmiedl * 1980

Dort wo der Wildbach rauscht

Dort wo der Wildbach rauscht
im Schlosspark an der Wern
da hat Sie mich geliebt
komm' zieh' dich hurtig aus
weil ich schon nackig bin.
Dort wo der Wildbach rauscht
im Schlosspark an der Wern.

Als dann im grünen Forst
auf einer roten Bank
hab' ich sie geliebt
weil Sie schon nackig saß
Dort wo der Wildbach rauscht
im Schlosspark an der Wern.

So fanden wir uns als verliebtes Paar
und ham' geheiratet
in der Schlosskapelle an der Wern
Ja dort wo der Wildbach rauscht
im Schlosspark an der Wern.

Anton Schmitt * 1964

Schlaflos durch die Nacht

Durch die dunklen Straßen laufe ich Nacht
 für Nacht.
Wach hält mich irgendeine dunkle Macht.

Tausend Gedanken laufen durch mein
 Hirn.
Wer ist verantwortlich für mein
 Lebenszwirn?

Jetzt ist es soweit.
Das schwarze Loch ruft
„ ich bin für dich bereit"

Doch standhaft muss ich bleiben.
Dazu tut ein kleines weißes Licht nicht
 treiben.

Und werde ich den rechten Weg nicht
 erhaschen,
dann wird mich die Erde vernaschen.

Hans-Otto Schneider * 1971

ein gutes Gefühl

Die Welt im Außen funkelt mich an
Ich blicke zurück, voller Elan
blase ich Musik in mein Ohr
Hol' meine ganz große Liebe hervor
Freu' mich über wahnwitzig schöne
 Knalleffekte
Hebe die Klarheit hervor, die perfekte

Spüre mich, mein Gefühl sitzt im Bauch
Die einzelnen Wahrnehmungen
zieh'n vorüber wie Rauch
oder vielmehr wie Vögel mit einem Ziel
 im Sinn
Ich liebe - und ich bin
wer ich bin.

Anne Schneider * 1988

Destiny

In den Klängen der Musik erblick' ich dich,
 ein kalter Schauer trifft meinen Körper,
 mein Herz liegt im warmen Bett,
 jegliche Gefühle übermannen mich.

Du tanzt im Rhythmus und ich seh',
 mein Schicksal steht direkt vor mir,
 Die Zeit bleibt stehen, es beginnt der
  Moment,
 der alles verändert und ich zu dir geh'.

Der Anfang vom Ende ist abzusehen,
 du bist tief in Dunkelheit gehüllt,
 es ist eine Liebe ohne Chance,
 und wir müssen getrennte Wege gehen.

Es schmerzt mich so, dich zu verlassen,
 das Gefühl der Hilflosigkeit,
 wie ein Vogel, der niemals fliegen lernt,
 aber diese Liebe muss verblassen.

Denise Schneider * 1995

Das Alter buhlt
um mein Einverständnis

schau zu mir hin
raunt es
ich bleibe

Und wenn du mich umarmtest
könnten wir
gemeinsam lächeln
altersmilde

Inge Schneider

Herz-Takt

Es gibt so vieles auf der Welt, dass uns
keine Freude bringt.
Einfacher ist's zu hören, wovon das Herz
uns singt.

Es singt von Freundschaft, Güte, Liebe, von
Humor und Fröhlichkeit.
Und es schwingt im Takt mit denen, die
immer auch zum Kampf bereit.

Kampf um Gleichheit, Recht auf Liebe,
Recht auf Leben, Hoffnung, Glück.
Sollte uns das nicht gelingen, wär' das
schon ein starkes Stück!

Alle seh'n die gleiche Sonne, alle sind auf
dieser Welt!
Nicht die kleinen Unterschiede;
Gemeinsamkeit ist das, was zählt!

So möge es uns bald gelingen: Frieden auf
Erden! Alles wird gut!
Wir müssen heute noch beginnen - der
erste Schritt erfordert Mut!

Komm, wir tun ihn gemeinsam, geh'n ab
hier nun Hand in Hand!
Steigen auf die höchsten Berge, zieh'n
zusammen übers Land.

Rufen's aus! Alle soll'n ,s hören: nur
zusammen sind wir stark!
Frieden wird es nunmehr werden: die
Botschaft trifft uns bis ins Mark!

Dann gibt es ganz viel auf der Welt, dass
uns wieder Freude bringt!
Und immer lauter, immer schneller, schlägt
der Herz-Takt und es singt!

Kathrin Schnittker * 1978

In die Jahre kommen

Ich blättere kraftlos durch die Zeit
und schmachte nach den alten Bildern.
Mein Greisenherz spürt Dürftigkeit,
es will nicht schwermütig verwildern.

Bevor sie mir abhanden gehen,
will ich die Bilder nochmals sehen,
liebliche Bilder, die mich einst umwarben.
Die Träume damals war'n noch
aprikosenfarben.

Nun schweb' ich blasser durch die Tage,
kann nur noch halbe Pirouetten dreh'n.
Schleichend verdüstert sich die Lage.
Ich kann nur still um Gnade flehen.

Samira Schogofa * 1958

Herbsttag

Die Sonne lässt den Zauber ihrer Strahlen
leuchten,
mit grellen bunten Farben zeichnet sie das
Laub.
Sie zaubert Nebelschwaden in den
Wiesenfeuchten,
und in der hellen Sonne glitzert
Spinnwebstaub.

Bald kommen trübe, dunkle Tage auf uns zu,
von bessren Zeiten kündet nur Erinnerung.
Wo nehm ich dann die Kraft her, wo die Seelenruh?
Das Rad der Zeiten dreht sich weiter voller Schwung.

Nach Herbst kommt Winter, dunkle Jahreszeiten.
Doch auch im Jahreslauf wird wieder Frühling sein.
Die Sonne wird die Herzen wieder weiten,
und neue Kraft strömt in die Seele ein.

Eckehard Schöll * 1951

Widerspruchswesen

Ordnung – Primat
Gattung – Homo
Art – Mensch

Sammler und Jäger einst gewesen
nun beschäftigt mit Rechnungswesen.
Zwei Arme, zwei Beine, höchstentwickeltes Gehirn,
doch selbstdenkend steht er hinter 'nem Schirm.

Will frei sein, handeln, nicht determiniert,
doch klaut, raubt und hat Betrug normalisiert.
Bewusst und unbewusst entstehen viele Theorien,
versucht sich jedoch der Verantwortung zu entziehen.

Braucht den Sinn, um das Leben zu füllen
will seine Gutmütigkeit enthüllen;
doch lässt sich treiben und bleibt Egoist
bis ihn sein Verlangen zerfrisst.

Einer von vielen, die die Erde bewohnen
kann nicht über diese Wesen thronen;
ist aber fähig zum Entwickeln und Bewegen
muss nur endlich seinen Lebensraum pflegen.

Jasmin Scholtbach * 2007

A new millenium

an den Ufern des Tibers pulsierte ein Weltreich
dessen Straßen bis zu denen am Jangtse führten
wo die Kaiser ebenso allmächtig und gottgleich
ein Herr an Beamten und Soldaten anführten

während die Mauern im Reich der Mitte standhielten
fiel mit Rom in den Schoss der Klöster mächtiges Wissen
das die zum Ruhm ihres Erlösers geheim hielten
indes die Welt weiter drängte nach Erkenntnissen

und so entwuchsen uns aus dem Kopf die Maschinen
flogen vom Kern der Atome bis zu den Sternen
heute bauen Maschinen Maschinen und dienen
niemand sollten sie bald um sich selbst wissend lernen

In 1000 Jahren im Gehege auf lichtem Feld
setzen junge Panther einem Kind nach bis es fällt

Michael Scholtischik * 1962

Verdrängen

Wir können es nicht vergessen, verdrängen
    gerade so.
Doch jede noch so kleine Erinnerung
    zerreißt uns irgendwo.
Die verflossene Liebe, noch ein
    Partnerportrait in der Hand.
Eine gescheiterte Prüfung, das Zeugnis
    zeugt von dieser unverwandt.
Die Waage die unser Gewicht in harten
    Zahlen ausdrückt
und ein Freund der durch Lästereien schon
    lange keiner mehr ist.
Wir verdrängen ohne Unterlass, anders
    könnten wir das hier nicht überstehen.
Doch jede Erinnerung zerbricht uns aufs
    Neue und alle können es sehen.

Hannah Scholz * 2002

Mühen

Du bist ein Stein in einem Koffer
den man die Straße hinab rollt.
Wenn man dich rüttelt
dann polterst du
und die Leute schauen,
wenn sie den Reißverschluss ziehen
und du bescheiden
in ihre Hände kullerst.
Wer macht sich diese Mühe?
sagen sie bloß
mit trüben Köpfen schüttelnd
und dich hinauswerfen
in das Meer aus runden, grauen Steinen.

Clara Schönharting * 2000

Der Wahn

Ein Augenblick,
verschwommen im Licht,
der Nebel zieht herauf,
eine Kluft die wächst,
Stimmen,
Geschrei,
Stille,
Realität?

Die Wut steigt hoch,
die Aggression bricht durch,
verloren im Rausch,

Zerbrochen
getäuscht
gefallen
Tot!

Markus Schöpf * 1989

Auf Umwegen

Die Zweifel nehmen dich ein, du versuchst
    alles zu kontrollieren.
Atme doch mal tief durch. Du hast gar
    nichts zu verlieren.
Du stehst noch ganz am Anfang, hast noch
    alle Zeit der Welt.
Du musst nicht alles sofort schaffen, das
    hast du dir anders vorgestellt.

Nicht jeder Versuch führt zum Erfolg.

Und für jeden Schritt nach vorne, nimmst
    du mehrere zurück.
Doch dieser Schritt ändert die Richtung, du
    erkennst gar nicht dein Glück.
Dein Ausgangspunkt hat sich geändert und
    somit auch dein Weg.
Du kannst hier gar nichts falsch machen,
    solange du deine Zweifel ausschlägst.

Mancher Versuch führt zum Erfolg.

Und du wirst schon landen, wo du landen
    sollst,
solange du dich vom Fleck bewegst.
Du kannst nicht ankommen, wo du
    ankommen sollst,
wenn du an derselben Stelle stehst.
Mancher Weg ist direkt, mancher führt
    über Umwege-
du hast auf falschen Pfaden, dich zum
    richtigen Ziel begeben.

Entgegen deinen Zweifeln, startest du noch
    einen Versuch.

Und du landest, wo du landen sollst,
    kommst an, wo du ankommen sollst.
Du hast auf Umwegen, deine Sicht geklärt,
und mit neuem Blick, die Aussicht auf dein
    Ziel geschärft.

Alyssa Schorn * 1997

Ein e zu viel

Sprache ist für den Menschen unerlässlich.
Ein Jeder nutzt sie jeden Tag.
Ob im Schrift- oder im Sprachgebrauch.
Weil er sich so zu verständigen vermag.

Sie bildet unseren Grundstein, für das
    Leben miteinander.
Ohne Sie, sind wir hilflos, fast schon
    stumm.
Die Welt versteht unsere Ausrufe nicht
    mehr,
und so wird man abgestempelt, ja man gilt
    fast schon als dumm.

Wer Du bist, kannst Du mir nur sagen,
    wenn Du auch die Worte dafür hast.
Mit jedem Wort, das Du kennst, steigt für
    mich Dein Wert.
Ich muss Dich nicht mehr selbständig
    ergründen.
Alles, was ich muss, ist dem zu lauschen,
    was Deine Sprache mir erklärt.

Unikat an unserer Sprache ist ihr bestehen
    in der Schrift.
Sie wird überall verwendet, ob von Hand,
    gedruckt oder doch ganz digital.
Die Schriftform unserer Sprache ist längst
    wichtiger als unsere Stimme selbst.
Denn hier bleibt jedes Wort bestehen,
    wann es gesprochen wurde, ist egal.

Am Ende müssen Deine Worte sichtbar
    sein.
Jeder Fehler ist fatal.

Nur wenn alles richtig ist, entscheiden Sie
    Dich zu verstehen.
So entscheidet schon ein e zu viel, ob
    bemindert oder doch genial.

A. Schraft * 1999

Der Ursprung des Lebens, der doch nicht lebt

Begleitet von Schmerz und Trauer stets,
Die Zeit sie kommt, sodann vergeht.
Das Leben schwindet, wenn es steigt,
Es ist so schön, dass es nicht bleibt.
Alle Erfahrung vom Wind verweht.

Der Schutzwall bricht, die Mauer geht,
Gefühle schön, so schaurig viel.
Schenken Freude, vernichten Sie,
Nur durch Wandel, bleiben nie.
So ist der Fortschritt ohne Ziel.

Es ist, zerfällt, ein neues steht,
Zeit zerfrisst, erschafft und dann verwischt.
Kein Produkt, nur selbst ihr Herr,
Unendlich kurz, doch immer mehr.
Ewige Mutter aller, bis sie selbst erlischt.

Jonas Vasco Schräpler * 2003

Winter

Aus schwerer Wolke fallen
Flocken leicht und zart,
aus schwerer Wolke fallen
Flocken auf mein Grab.

Sie decken mir die Wimper,
sie decken mir den Schlaf,
aus schwerer Wolke fallen
Flocken leicht und zart.

Christine Schretzmann

Der Schiefe Glabass Von Rammsow

Steht vierhundert Schritte vor Rammsow
der Schiefe Glabass.
Ragt wohl zwei Klafter aus der Erde.
Sieht ringsum aus
wie mit dem Purreisen gedaubt.
Weiß niemand sein Alter.
Sollen sich allda dereinst
zwei Reuter gekarbelt haben.
Kommen Männer vom Rammsower Krug,
müssen sie am Glabass erstmal flummern.
Sagen, sonst gäbe es Unglück.

Ulrich Schröder * 1943

Morgen

Morgen wird heute wird gestern,
Ist jetzt schon da,
Als ob es immer schon war.
Vergangenheit, Gegenwart, Zukunft sind
 gleich alte Schwestern,
Sind überall, tief in uns drinnen.
Geben einen unweigerlichen Lauf den
 Dingen.

Julia Schrodi * 1984

Sehnsucht

Ich schau hinauf zu den Sternen,
die Nacht ist hell und klar.
Wie sind doch diese Fernen
so unerreichbar nah.

Ich möchte nach ihnen fassen
und ihren Frieden spüren,
mich einfach fallen lassen
und mich darin verlieren.

Dann such ich mir den Stern der Liebe
aus diesem Himmelszelt
und stell mir vor, auf diesem liege
meine kleine Welt.

(22 Jahre später)

Ich schau hinauf zu den Sternen,
so wie vor langer Zeit.
Den Stern, den ich mal suchte,
war so unendlich weit.

Doch endet mal für mich die Zeit,
werd ich in aller Ewigkeit
so strahlen hell in weiter Ferne
inmitten dieser Pracht von Sterne.

Donna Schröter * 1962

Anfang und Ende

so schön und so grausam,
so nah und so fern,
so licht und so schattig,
so rein und so verbraucht,
so wahr und so unreal,
so langersehnt und so flüchtig,
so tief und so unerwartet,
es ist was es ist
und schon immer war.
Alpha und Omega

A Ω

Cornelia Schubert

Schandfleck

Vom hohen Ross
steig hinab
in mein zerriss'nes Herz.
Vorbei an den Ängsten,
meinen Zweifeln,
stiller Hoffnung
bis zum letzten aller Funken.
Schau weit hinunter
bis auf den tiefsten Grund.
Du findest keine Mördergrube,
keine Todessehnsucht,
keine anmaßende Weisheit.
Nur dieses unstillbare Verlangen –
nie endende Sehnsucht
nach dem Frieden.
Nennst Du es einen Schandfleck?

Peter Schuhmann * 1969

Blinde Gefolgschaft

Franz: Fahr Hans fahr!
Hans macht
Franz: Sag Hans sag!
Hans macht
Franz sagt an, Hans macht

Franz: Rasch Hans rasch!
Hans macht
Franz: Hab acht Hans, hab acht!
Hans macht
Franz sagt an, Hans macht

Franz mag Hans
Mag Hans Franz?

Hans macht das, was Franz sagt
Was Franz sagt, das macht Hans
War Hans klar, was Hans macht?
War Franz klar, was Hans macht?

Klar war
Franz sagt an, Hans macht.

Carlo Schulz * 1999

Gestpenster im Kopf

ich setze mich auf den Sessel,
werfe einen Blick aus dem Fenster.
Es fühlt sich an wie eine Fessel,
durch meinen Kopf huschen Gespenster.

„Was ist wie eine Fessel?", fragen sie alle.
Ich denke still für mich.
Die Gespenster rufen: „es ist eine Falle!",
also schweige ich.

Sie werden ungeduldig und trippeln mit
    den Füßen.
Ich bin gezwungen, zu reagieren
doch muss ich dann die Schuld einbüßen,
ich muss es wohl akzeptieren.

Ich fange an, zu reden,
über die imaginäre Fessel.
Die Gespenster führen endlose Fehden,
sie brodeln wie ein Kessel.

Und ich schrei',
so laut ich kann,
plötzlich bin ich frei,
nun kommt der Sensenmann.

Ella Schulz * 2009

Oh süßer Schlaf

Oh süßer Schlaf, umhülle mich
Ich richte mein Gebet an dich
Nur du verstehst mein wahres Ich

Oh süßer Schlaf, trag mich weit fort
Nur du kennst diesen einen Ort
Du warst gewiss schon öfter dort
Man nennt ihn auch den Seelenhort

Oh süßer Schlaf, entscheide dich
Und wähle dieses Mal auch mich
Der Himmel schon verdunkelt sich
Die Zeit, ach sie so schnell verstrich

Celina Schulz * 1985

Wie im Märchen

Spinnen, die sich durch meine Venen
    schleichen.
Kaffee, der so gut schmeckt wie Heroin.
Von der drögsten Nacht möcht' ich dir
    erzähl'n.
Von grellen Rotlichtsinfonien.

Sitz' auf'm Webstuhl und spritz' mir den
    braun'n Garn.
Meine Venen, die abtauchen.
Halt' das Nirwana fest in'n Armen.
Das Heroin in Schwaden verrauchen.

In der drögsten Nacht, pilgerte ich um die
    Häuser.
In Ekstase vegetiert. Das Perverse gesucht,
    die Straßen verrucht.

Bereun' tu' ich es, denn den Super-Gau,
   den bekomme ich nämlich nur
bei einer Frau.

Spritze' im Bett erst Fontänen, doch dann,
   wie immer, stellst du uns
ab wie ein Thermostat.
Trotzdem suchen wir beiden gemeinsam
   nach der Gefahr.
Jagen Euphorie durch unsere Venen,
   während die Herzen schlagen
Alarm.

Die Hetzjagd nach dem Glück.
Die Odyssee, die mach' ich nur mit dir.
Die Funken, die leuchten rau auf'm
   Schmiergelpapier.

Kevin Schulz * 2006

Koserow

Wellen brechen sich an diesem,
Magisch ruhigen Seelenort.
Bis sie ohne mich zu fragen,
tragen meine Gedanken fort.
Ziehen raus auf's offne Meer,
Erleichtern meinen vollen Kopf.
Tragen neue Gefühle her,
Drücken sanft auf einen Knopf.
Der mich endlich spüren lässt,
Dass alles gut wird in den Tagen.
Und hier auch der letzte Rest,
Der Anspannung wird fortgetragen.
Nur wenig Zeit hab ich gebraucht,
Um ein Seelenheil zu spüren,
In den Wellen abgetaucht,
Ließ ich mich zur Sonne führen.
Dankbar bin ich jetzt für diese,
Zarten Momente voller Frieden.
Umweht mich eine Meeresbriese,
Lässt auch den letzten Schmerz verfliegen.

Dana Schulze * 1984

Choke On Me

Es ist drei Uhr nachts und ich erwache aus
   einem schrecklichen Traum
Ich sitze schweißgebadet im Bett und fasse
   es kaum.

Choke on me, choke on words.
Can't wait next time until I'll see.

Schlaf ich oder bin ich wach?
Ich weiß nicht, was ich hier gerade mach.
Nicht Gesagtes bleibt in mir, versunken im
   Chaos, nun ist es halb vier.
Gedanken sind wahllos, ich fühl mich
   betrunken.
Realität oder Fiktion?
Was weiß das Unbewusste über mich
   schon.

Choke on me, choke on words I didn't
   spoke.
It isn't funny it isn't a joke.

Ich kann kaum atmen, es fehlt die Luft.
Zwischen mir und den Wörtern herrscht
   eine große Kluft.
Kann es nicht sagen, wage nicht dran zu
   denken
Bin ich feige oder kann ich mein Inneres
   Ich einfach lenken?

Choke on me, choke on words.
Didnt know yourself... yeah it hurts!

Annika Schulze * 1988

Meinungsverschiedenheiten

Der eine sagt:
„Ich finde das Klasse!"
Der andere meint:
„Wie ich das hasse!"

Jeder glaubt, er ist im Recht.
Doch das ist für beide schlecht.

So gehen die Meinungen
zwar auseinander,
doch leben müssen wir miteinander.
Gemeinsam,
sonst sind wir am Ende
sehr einsam.

Elisabeth Schumacher * 1949

Hier stimmt was nicht

Das Laub fegt
Das Ei legt
Der Tee trinkt
Das Lied singt

Der Staub wischt
Hier stimmt was nicht

Das Bild malt
Der Bon zahlt
Das Brot isst
Das Klo pisst

Das Wort spricht
Hier stimmt was nicht

der Stein wirft, das Loch bohrt, der Ton hört,
der Schal strickt, die Kuh melkt, der Eid schwört

Der Aal fischt
Hier stimmt was nicht

Das Beet gießt
Der Ball schießt
Das Buch ließt

.....

Die Glut glimmt
Das stimmt

Martin Schumacher * 1957

Der Vogel der fortbleibt

Kleiner Vogel fliege frei
und wünsche dir dein Glück herbei
Der Wind, er lasst dich schweben fort
und doch bist du an diesem Ort

Hier bei mir in meinem Schloss
Kein Löwe brüllt, es trabt kein Ross
Nur ein Vogel flattert fliegt
Doch dieser alles überwiegt

Die schwere Zeit ist nun vorbei
denn dieser Vogel ist jetzt frei
Keiner wagt zu sagen Wort
Der Vogel fliegt für immer fort

Sara Schumacher * 2007

Traumgedicht

Freundin der Thetis
Lustwandelnd am Abend
Dem Herrscher ergeben -
Quälende Nacht

Nimmt mit dem Morgen
Vier Feuer entzündend
Die Waffe zur Hand -
Wechselt das Kleid

So wie die Wolken
Umhüllen die Erde,
Nach Weisung des Windes
Lenken das Licht

Stellt sich die Freundin
Dem Tag und dem Schicksal,
Vernichtet den Herrscher
Erträgt den Wind

Achim Schüßler * 1948

Heimat

Einst baute er Schlösser in den Wolken,
bevölkerte sie mit Bediensteten und
  Rössern, die ihm folgten;
Warf sanfte Schatten auf Alleen, die
  Birkenbäume säumten.
Ließ die Baumkronen leuchten, ihre Nester
  von Sonnenschein vergolden.

Für eine Weile war der Horizont seine
  Heimat,
die ihre Macht – weiß auf blau – für ihn
  preis gab.
Treue Diener, stolze Rösser, die ihm zu
  Geleit war'n.
Süße Vogelstimmen in Alleen, wenn es
  anderorts zu Streit kam.

Doch die Schlösser in den Wolken sind
  verwaist.
Gedrängte Verliese in den Träumen von
  einst.
Pritschen hinter Gitterstäben im
  leuchtenden Weiß.
Welche Hoffnung besteht schon das
  Zeugnis der Zeit?

Christof Schwab * 1988

Kassandra's Ruf

Nebelverhangener Wald
leise, und winterlich kalt;
stumm sind die Bäume, doch mahnend ihr
  Gesicht!
Verstehst du ihre Warnung nicht?

Der Äste knorrige Finger,
sie zeigen auf dich.
ein dunkles Murren, das einem Lachen
  glich
dringt durch die tiefgefror'ne Erde.

Ein wurmzerfressner Baum
in dessen Höhle eine Unke lauert;
sie hört dir zu und hüpft in deinen Traum:
„Ich war schon immer da,
ihr habt mich nie gehört,
ihr hattet nie genug
und habt mich nur gestört!"

Kristallen funkelt der Reif im Licht
und Spuren von zarten Hufen im Schnee
sind Boten
Von einem friedvollen Reh.

Claudia Edith Schwarz * 1964

Nichts

Ein kalter Schauer treibt durch meinen
  Körper.
Ich liege auf meinem Bett in einem
  dunklen Raum.
Öffne ich die Augen und sehe zur Decke,
sehe ich sie dort, wider. Sie blicken
  mich an, braungrün,
ich blicke zurück.

Ich höre nichts,
ich spüre nichts.

die Fenster sind geschlossen, sie lassen das
  leere Gemurmel,
das Wiederkauen ewig gleicher Sätze der
  Menschen neben mir nicht an meine
  Ohren.

Ich rieche nichts.

Mein Körper rollt zusammen, wie ein
  Wurm, eine Raupe, verkleinere ich
  mich zu einer Kugel in sich.

Ein hechtgrauer Schleier durchhaucht den
  Raum.

Nichts.

Ingrid Schwarz * 1944

Autorin

Schau nach vorne, was siehst du?
ein Neid, eine Sehnsucht ...
oh wie ich verbrenne
eine Trophäe ist nicht, wovon ich träume
Würde, Adel, Menschlichkeit ...
Respekt, Bewunderung, Endlichkeit,
es wäre schön,
in diesem großen Kampf,
den wir leben nennen
meine beste Version zu erleben.
Es wäre schön.
ihr habt mich gestrichen
habe mich selbst neu gemalt.
nein ihr habt mich nicht erzogen ...
weder die Schule noch die Familie
es war Gott und die Autorin

Berrin Schwarzmann * 1978

Zeitgeist

Die Unkenrufe dieser Tage
sind stets unüberhörbar
die Zeit rast, der Mensch lahmt
Netzwerke aktivieren sich
von alleine, der Mensch
nur Instrument? oder
Erschaffender der Kultur
die ihn einzuengen droht
weshalb er ausweicht
ins vermeintlich Bodenlose
der Maschinenwelt
um seine Gier nach
Unendlichkeit zu stillen
Wo bleibt der Sinn?

Johanna Sebaretnam * 1989

Schicksal

Man sieht es nicht,
Man hört es nicht,
Und trotzdem ist es da.
Du kannst ihm nicht entrinnen,
Es ist einfach für Dich da.

Deine Pläne, Deine Ziele,
Deine Wünsche, Deine Träume,
Werden scheinbar nicht berührt.
Doch es wandelt leise,
Und kommt unerwartet zu Dir.

Es bringt Dir viel an Freude,
Es bringt Dir noch mehr Leid.
Du kannst ihm nicht entkommen.
Eine neue Stufe ist erklommen,
Und trotzdem ist 's noch weit.

Der freie Wille Sein Geschenk,
Das Schicksal das Dich lenkt.
Wie oft wirst Du noch kommen?
Das liegt allein an Dir.
Deine Aufgabe ist: Dienen hier!

Georg Schwörer * 1955

Als würden wir durch Sinne stampfen

Als würden wir durch Sinne stampfen,
und taubes Futter mampfen.
Als hätten wir nur Durst und Hunger,
und keinen trägen Kummer.
Als wären wir nur traut und reich,
und nicht ergeben müder Bleich.
Als könnten wir das Leben schmecken,
verborgen an dem Süßen lecken,
dem unerhörten Willen nur zu sein,
der uns gebiert, wahrhaft und rein.

Mit einem prall gefüllten Ranzen,
der uns frohlockt zu tanzen,
voll Weihrauch, Gold und Myrrhe,
versagen wir der schalen Dürre.
Wir tauchen in die Flut des Lebens
und fühlen uns ergeben,
der Fülle einer zarten Lust,
und fragen uns dann just:
Wie möchten wir uns der Welt zeigen, und
  dennoch in uns bleiben?

Jutta Sedlmeier * 1962

Warum sind wir nachts alle so schön?

Nicht weil die bunten Lichter uns schmeicheln
Nicht weil wir den Blick uns mit Wein durchweichen, nein
Weil nachts alles Traum wird und wir fliegende Seelen
So können wir uns viel besser sehen

Einer hat Glück im Spiel
Ein schiefes Gesicht, Sexappeal
Einer hängt in der Luft
Ein lockerer Spruch, Softskills for real

Nun legt sich der Himmel ins Meer ohne unterzugehen
Wo mutige Herzen zum Tanze die Westen ausziehen
Bis müde der Regen ins Flussbett fällt
Und der Weichensteller alle Weichen neu stellt

Marie Cathrin Seeger * 1981

Vogel des Hermes

Vogel des Hermes ist mein Name,
meine Flügel verschlingend, ewiger Sklave

Aus den verrottenden Körpern fließt das Blut, nährt des Feuers rote Glut
Die Toten Soldaten erheben sich, kämpfen auf dem Schlachtfeld ewiglich
Der Vogel des Hermes kommt schon bald, Hauch des Todes bitterkalt

Der Vogel des Hermes labt sich an Angst, rotes Blut bespritzt die Nacht
Seine Feinde zur Mitternachtsstund der Vogel des Hermes verschlingt

Vogel des Hermes ist mein Name,
meine Flügel verschlingend, ewiger Sklave

Nacht getränkt von rot, liegt deine Armee blutend und tot, eure Körper erheben sich bald und schließen sich des Vogels Truppen an

Lernt in der Nacht zu leben, Ghouls zum Kampfe geboren
Der Geruch von Blut so sauer, die Feinde des Vogels vor Furcht kauern

Vogel des Hermes ist mein Name,
meine Flügel verschlingend, ewiger Sklave

Daniel Segschneider * 1990

Bleib

Schnell ziehen die Wolken dahin
vor anthrazit gefärbtem Himmel
in leuchtendem Berliner Grau.

Der Hall der Gespräche,
die sich, in der Hofmitte treffend,
vermischen –
verklungen.

Kalt weht der Wind
durch das offene Fenster
riecht es plötzlich nach Herbst.

Sommer,
bleib noch ein wenig.

Seija Seidemann * 1978

Generation Z

Generation Schlaf
zu viel, zu wenig,
Sekundenschlaf und Tagträume
Schlafmangel und 21 Nächte wach
wach im Bett liegen, denken
zu viel, zu wenig

Generation Musik
volle Lautstärke, Airpods, JBL Box im Park
CD, Schallplatte, Konzerte, Bass,
Gehörsturz,
alles egal, Hauptsache laut.

Generation Selbstzerstörung
Komasaufen, noch einen bauen,
paar Teile schmeißen, high sein
alles vergessen, während man sich selbst
    zerstört
noch ein Zug, noch ein Schluck
Rauch in der Lunge und Flasche an den
    Lippen

Generation Z: Wir leben, um zu sterben

Rebecca Seidenfaden * 2007

Geist

Ich bin ein Geist
der nicht weiß
was Leben heißt
Ich bin ein Geist
der entgleist
weil er in keine Schiene passt
Ich bin ein Geist
den es zerreißt
hinter falscher Miene
Ich berühre
Ich spüre dich
fast

Patrick Seidl * 2004

Mensch sein

Mensch sein heißt, über Grenzen zu gehen,
Mensch sein heißt, man muss nicht immer
    alles verstehen.
Mensch sein heißt, im gleichen Maße
    denken und fühlen,
Mensch sein heißt, andere ohne Worte zu
    berühren.
Mensch sein heißt, auch mal zu schweigen
    wenn Worte nicht mehr helfen,
Mensch sein heißt, auch mal alle bedenken
    über Bord zu werfen.
Mensch sein heißt, sich nicht für andere zu
    opfern, sondern dazu sein wenn dich
    jemand wirklich braucht,
Mensch sein heißt, dass das Leben auch mal
    schlaucht.
Mensch sein heißt loslassen und wieder
    vereint sein,
Mensch sein heißt, immer man selbst zu
    sein.
Mensch sein heißt auch mal zu weinen
    wenn es schwer ist,
Mensch sein heißt, sich nicht zu verstellen,
    du bist gut wie du bist.

Diana Seifert * 1987

Zentralisierte Lähmung

Ganzen Tag was gemacht
Nur nicht das
Was auf der Liste stand

Unterwegs gewesen
Gedanken unterdrückt
Spaß hat's gemacht

Morgen!

Ganzen Tag was machen
Nur das
Was auf der Liste steht

Michelle Edwina Seifert * 1991

Ertrunken

ich möchte frei sein
so frei, dass ich meine Flügel ausbreiten
    kann
doch da ist etwas was einen hält
ein tiefes Gefühl was einem von innen
    heraus erwürgt
es soll doch nur aufhören dieser Schmerz
der Schmerz der mich ertrinken lässt
wenn ich doch nur fliegen könnte
so frei sein mein Leben zu leben
voller Hoffnung durch die Welt zu fliegen
nicht gefangen von einem selbst mit Ketten
    im Bett

das Leben verdammt zu ertrinken in den
   schmerzen
mit dem tosenden Gefühl zu sterben
aufzugeben wäre so leicht
doch die Angst aufzugeben hält ein wach
ertrunken in mir selbst steh ich jeden
   Morgen ohne Flügel auf.

Sahra Seitz * 2001

Zwischen Morgen und Nacht

Zwischen Morgen und Nacht.
Was hat der Tag dir gebracht?

War es Sorge und Leid?
Gab es Mißgunst und Neid?

Brachte er Friede und Glück?
Dir sogar die Liebe zurück?

Wie war Heut dein Leben?
Konntest du Feinden vergeben?

Hast du Frieden gefunden?
Gab es traurige Stunden?

Schau auf diese Zeit.
Sei für Morgen bereit.

Der Tag geht zur Ruh.
Behütet seist du.

Uwe Seltmann * 1966

Wie ich ertrank

Meine Tränen schwanden im Meer der
   Trauer,
die Wellen derer mich ergreifend,
im Blitzen des Wassers verlor ich mich,
im schimmernden Spiegel entschwand
   ich, der beißenden Realität,

Der Druck zu hoch, die Schuld zu groß
die mich langsam aber gewiss,
in den Abgrund zerrte, immer weiter
bis ich ertrank in meinem eigenen Unglück

Ringend um Luft, versuchten die Hände
just sich zu retten, Hilfe ersuchend
doch die Leere ergreifend,
sanken sie tiefer und tiefer auch,
dem schwarzen Loch entgegen

Nerangeny Selvarajan * 2000

Salzach

In Gischt und Strömen Einklang fließt,
Im Weißdicht sich's mir speist und sprießt,
Ein Lichtblick, welch mein Aug ersieht,
Ein Wahrlicht, welch für mich geschieht.

All was hier ist, klang wo schon.
Ein Klang, ein Strohm, vom Ursprung
   schon.
Bis hierhin, und weiter weitend,
Ein klarer Strohm, wie hier zu Zeiten.

Ein Moment, der trotz Weiterziehns uns
   sicher ist,
Von Berg, bis Tal, die Salzach fließt.
Und weiterzog, den Handel Antrieb,
sie war schon da, als Alles anfing!

Keine Fragen, was zum Schluss ist,
Da die Ewigkeit, hier mir kein Truss wird.
Sieh nur her, wie er mir zurzeit fließt,
Der Schatz des Lebens, hier mir ein drein
   blickt.

Semmestrix * 1995

Fliegen lernen

Wie ein Magnet hast du mich in denen
   Bahn gezogen, geschleudert durch das
   finstere und das Licht.
Habe ständig meine Stücke gesammelt um
   die wieder zu streuen. Mit dir war ich
   alles und auch das nichts,
habe mich stark um mich wieder schwach
   zu fühlen.
Fest gehalten um zu lernen loszulassen,
   durch dich erkennbar geworden um
   mich wieder zu verlieren.

Habe mit dir am Regenbogen getanzt um
    dann im Schatten zu schlafen. Du bist
    die Liebe,
der Schmerz die freue das Leben und das
    Leid der weg den ich gegangen und
    gehen werde um zu lernen,
denn du bist mein bester Lehrer mein
    Liebhaber das Hoch und das Tief, das
    Schwarz und das Weiß.
Durch dich lerne ich im Regen zu tanzen
    ohne nass zu werden, Farben im
    Abgrund zu erkennen,
zu lachen, wenn ich weine in meiner
    Melancholie, die Leidenschaft zu
    erleben.
Ich bin deine Erde und du bist der Samen
    du bist die Erde ich bin der Samen,
lass uns aus den Blüten den Nektar
    genießen.
Lass mich dein Himmel sein, in dem du
    dich verlieren kannst, um dich wieder
    zu finden,
das Licht in deinen dunkelsten Tagen. Sei
    der Weg zu mir.
Ich bin du und wir sind Eins in aller
    Ewigkeit. Wir sind das unendliche
    Licht

Irena Senkaj * 1981

Das Monster

In mir wütet ein Monster.
Es rüttelt an der Tür.
Es zertrümmert Fenster.
Warum hast du den Schlüssel
    zu diesem Raum?
Warum gehst du nicht einfach
    daran vorbei?
Ich will, dass du die Tür versperrst
Und den Schlüssel schluckst.
Aber du hörst nicht auf mich.
Oder habe ich es dir nie gesagt?
Dieses Monster,
es verletzt auch mich.
Das Gebrüll dröhnt
    in meinen Ohren.

Die Krallen bohren sich
    unter meine Haut.
Warum öffnest du die Tür?
Warum weckst du es auf?
Halte Abstand.
Komm näher.
Bin das Monster etwa ich?

Julia Şensarı (geb. Braumüller) * 1990

Wunderbar nutzlos

Ich bin nutzlos heute
und auch morgen
es gibt nichts zu besorgen
drum geh ich unter Leute

Die Nächte trink ich aus
Die Tage träum ich
Die Seele baumelt
ebenso der Bauch

Dem Gras seh ich beim Wachsen zu
der Wäsche an der Leine
sie flattert an meine Beine,
die ich heut tunlichst auf der Liege ruh

Heut wird die Welt nicht untergehen
nicht heute und nicht morgen
und ohne große Sorgen
lass ich die Zeit verwehn

Helene Severin

Am Ende Asche und sowas, verrußtes Metall

das bist du nicht
unter der Krone des Baumes das Feuerzeug
    in deiner erkalteten Hand
jemand anders spiegelt sich in der Pfütze
und du
du nicht du (oh Gott)

du trinkst die Pfütze aus
du saugst das andere auf

nimmst es auf, nass in deinen Blutbahnen
zusammen dreht ihr dann am Reibrad,
Funke entsteht, Flamme entflammt

alles brennt

K Severin * 2005

Mutter

Ich urteile nicht, denn Liebe beißt
sie brennt, heißer als heiß.
Wer vermag sich zurückzuhalten,
seine Hände auf den Schoß zu falten?

Denn wenn einmal entzündet, dann fliehe!
den solchen Flammen
sind wenige jemals entkommen.

Recht tust du diese Flammen zu nähren
doch wisse, sie sollten dich nicht verzehren
den mit sich tragen sie Kummer und
    Leiden
und ihr Biss ist nur schwer zu heilen.

so achte auf dich und ihre Wut meid'
den lang ist ihr Weg und endlich breit.

Daniel Sharifi-Tabar * 1997

Einmal so zu lieben

Du schreibst: „Einmal so geliebt zu
    werden", doch was ist mit meiner
    Liebe,
reicht sie dir nicht?
Ich leg meine Hand auf's Herz und blättere
    in Erinnerungen, einmal so zu lieben,
    wie war das für mich?
Einmal so zu lieben, dass man ein Zuhause
    im Glanz deiner Augen findet, der
    jedes Unheil überwindet,
einmal so zu lieben, dass man in einem
    Raum voller Seelen nur Augen für die
    eine Seele hat.

Einmal so so zu lieben, dass man nicht nur
    in der Nacht träumt, du bist mein
    niemals aufhörender Gedanke,
meine Seele ist umgeben von einer
    Rosenranke.
Einmal so zu lieben, dass man dich berührt,
    ohne die Hände zu benutzen,
unsere Seelen sitzen gemeinsam auf einer
    Wiese, werden unterstützt durch die
    sanfte Friedensbrise.
Einmal so zu lieben, ich werde zwar der
    Autor sein, doch du, du bist das Wort.
Einmal so zu lieben, mit einer Liebe, die
    mehr als Liebe ist.
Du sollst dich nicht sorgen, einmal so
    geliebt zu werden, denn wenn ein
    Schriftsteller dich liebt,
kannst du niemals sterben,
auch wenn auf dem Boden liegen seine
    Scherben.

Nilufar Shirkhani * 2005

Fühlst du den Winter

Wenn der weiße Schnee die grauen Straßen
    bedeckt
und sich jeder im warmen Häuslein
    versteckt,
dann weißt du es ist Winter.

Wenn die Stille mal wieder so laut ist,
dann weißt du es ist Nacht.

Eine dunkle Winternacht.

Eisige Gefühle holen dich ein,
warmer Kamin knistert fein.

Der Duft von Schnee klar und rein.
Glaube mir,
er geht dir niemals aus der Lein.

Verborgen,
ganz tief in deinen Sorgen.
Noch einmal Weihnachten als Kind ohne
    Sorgen.

Zauberhaft.
Früher war's mal so.
Doch an heutigen Tagen kann man nur
    davon träumen,
wie an guten magischen Zeiten war's mal
    so.

Angela Shopova * 2007

Versteckt im Licht – eine Geschichte

Aus dem Schatten hinaus,
entstand von Sehnsucht heraus:
Der Wunsch nach dem Licht,
in dem nie etwas bricht.

Den Mittelpunkt erreicht,
das Leben scheint so leicht.
Doch das Blatt beginnt zu wenden,
und das Licht beginnt zu blenden.

Abgegrenzt vom Leben,
keine Kraft mehr zum Streben
aus der Tiefe der Frust.
Eingeschlossen; ohne ein Tropfen
    Lebenslust.

Doch hör' auf zu rennen,
Licht und Schatten lässt sich trennen.
Das gleißende Grellen wird verschwinden
und wohlige Wärme lässt finden.

Mara Siegert * 2007

Erschöpfung

Ausgelaugt den ganzen Tag,
Nachts vermag ich nicht zu schlafen,
Gefühl der Antriebslosigkeit,
macht sich immer wieder breit.
Freunde treffen, welch ein Glück!
doch danach der Absturz sicher ist.
Ich seufzte leise in mich rein
vermag, auch nur hier zu schrei'n.
Erschöpfung hat mich übermannt,
ein Kreislauf, den ich nicht gebannt.

Doch wie komme ich da raus? Wie
    verändert sich mein Lauf?
Welche Hoffnung gibt das Leben? Welchen
    Sinn ich mich ergebe?
Kraftlos sieche ich dahin,
frage was ist mein Gewinn?
Auszeit nehmen, doch wohin? Macht es
    alles einen Sinn?
Sorgen, Ängste, die mich plagen,
kommen hinzu- mein Versagen.
Und erneut stellt sich die Frage, wie komm
    ich raus aus dieser Plage?
Gesund werde ich allein durch Freude die
    ich teil',
Ruhe, Frieden, Gott begegnen, all das
    macht mich wieder Heil.

Isabella Siemens * 1983

Alltägliche Sorgen

Sobald ein neuer Tag beginnt,
die Sorgen parat stehen
und ständige Begleiter sind,
Menschen aufs Gemüt gehen.

Sie kosten Lebensqualität,
sogar Jahre des Lebens,
manch einer aus der Spur gerät,
bemühte sich vergebens.

Auch wer die Sorgen ignoriert,
sich ein dickes Fell zulegt,
sie weder beseitigen wird
noch zur Besserung beiträgt.

Doch selbst der tiefste Blick ins Glas,
wird auch nicht froher stimmen,
bereitet nicht den Hauch von Spaß,
denn Sorgen können schwimmen.

Sorgen zum Leben gehören,
meist sehr viel Ärger bringen,
doch mit „Nörgeln und Empören,"
sind sie nicht zu bezwingen.

Werner Siepler * 1946

Hallo Glück

Schon wieder könnte ich heulen
Warum nur ist alles so anders.
Ich habe so viel zu geben und wo sind sie
   diese Menschen,
Lebewesen
Die ich glücklich machen kann
Wo soll ich suchen, finden und wirken
Ich strahle und die anderen
Was, wollen Sie nicht glücklich sein?
Wo vor nur haben Sie Angst?
Sich zu öffnen
Wurden sie gekränkt
Enttäuscht
Lass es doch zu
Es ist so einfach
Schenk mir dein Lächeln und befreie deine
   Seele
Von dem Kummer und Schmerz
Mach dich frei für eine neue Zeit
Jetzt bist du dran
Hallo Glück

Petra Silbernagl * 1963

Vor mir
da sitzt ein weinendes Kind
Will es fragen, tröstend umarmen
Es schreit nicht, wie Kinder das sonst tun
Es weint still, als ob es schon ewig weinen
   würde

Vor mir
Da sitzt ein weinendes Kind
Und ich erfrier, stehe auf der Hälfte der
   Brücke
Vor mir
Da sitzt ein weinendes Kind
Die Quelle der Tränen
in mir.

Chiara Laetitia Silveira Teyke * 2003

Ein Tag wie ein Diamant

Eines Tages fügt sich vieles,
spürbar wird das Glück des Zieles.
Liebliche Landschaft, menschliche Gunst,
leidenschaftlich erschaffene Kunst,
leuchtende Farben, Figuren und Kanten
werden mir zum Diamanten

- Edelstein der Ewigkeit
im Gerümpel der Alltagszeit.

Und ich blicke aus enger Bedrängnis,
dem Verpflichtungsraster-Gefängnis,
aus des Lebens trübem Verlies
an diesem Tag ins Paradies.

Folgt anderentags auch Ernüchterung,
bewahrt mir die Erinnerung
als Vitrine des Gedächtnis
diesen Tag wie ein Vermächtnis,
gibt von zauberhafter Stunde
mir kristallklar wieder Kunde,
schöpft aus der Vergangenheit
Hoffnung in den Fluss der Zeit.

Ralf Simon * 1958

Glaube

Wenn es dich gibt mein Lord
Dann gibt es auch ein himmlischen Ort
Dort ist alles so süß wie Schokolade
Alles glitzert wie auf einer Parade
Muss ich beten um da zu sein
Darf es reichen das ich werfe kein Stein
Also lebe ich und denke mal an dich
der an dich glaubt denkt meist nur an sich

Mustafa Simsek * 1973

Der Schmetterling

Ein Schmetterling, er fliegt umher
Ein Schmetterling er liebt dich sehr
Der Schmetterling ist wunderschön
Genau wie du, das wirst schon sehen

Sieh ihn dir an, er breitet sie aus
Seine Flügel, das solltest du auch
Flieg vor in das Glück. Er zeigt deinen Weg
Zu sich nach Haus, wo seine Familie steht

Dominik Skudlarek * 1997

Das Duo

keine Notwendigkeit von bekanntem Takt
keine Struktur
kein Ego
keine Trennung zwischen Musik, Technik,
Mensch, Poesie und Wissenschaft.

Es gibt eine Klangchemie,
eine Palette von Farben,
Farben, die nicht jeder wagt zu verwenden,
da sich nicht jeder traut
mit sich selbst zu experimentieren.

Keine Notwendigkeit von bekanntem Takt
keine Struktur
kein Ego
keine Trennung zwischen Musik, Technik,
Mensch, Poesie und Wissenschaft.

Boryana Smilkova

Der von dir gesalbte Minotaurus

Ich bin der von dir gesalbte Minotaurus,
meiner samt geworden en Labyrinthe.
Schnaube, scharre, stürme.
Breite meine Schwingen aus über unserer
    Herzensfestung,
die wir uns schmiedeten
aus finsterer Stätte Tagen.
Mein Löwenherz brüllt allen Welten.
Deines antwortet mir durch
alles Ewige, das bröckelt nur.
Zu neuen, allzeitigen Reichen mauern wir
    dies alles auf.
Tanzend werden Kinderlachen durch alle
    Hallen glänzen.
Heiliger Ruf wird eilen um die Welt,
sie erfüllen und reinigen.

Wir thronen schon an diesem Orte
    immerfort,
gestern, heut, und morgen.
Blick mit deinem Mut auf dieses Leben nur,
du bist schon dort.

Jack B. Smith * 1981

aspekte der kunst

idealwelt
in verschiedenen
ebenen
entspannung
träume
räume
groß
für einen moment
davongemacht
weg
aus alltag und trübsal

Alexander Henning Smolian * 1977

Alles ist alles wert

Regen zieht vom Berg,
die Sonne zieht die Wolken,
nichts ist nichts mehr wert.

Der Fernseher ist leise,
ich liege hier und träume
von den Sternen, dabei ist es Tag.

Still kreist es in meinen Gedanken:
Nichts ist nichts mehr wert.

Ob ich lache oder weine,
ob du still bist oder schreist,
ob du gerade fühlst oder kalt bist,
nichts ist nichts mehr wert.

Die Welt umkreist sich selbst,
ob's hell ist oder dunkel,
ob's regnet oder nicht,
nichts ist nichts mehr wert.

Du liegst in meinen Armen,
der Tag war furchtbar lang, du weinst, du
schreist, schluchzt und seufzt,
an einem Tag wie heut:
Alles ist alles wert!

Lisa Smolinski * 1990

Liebevoll

Erkämpft, erschlagen- dein Innerstes
   im Vordergrund! Keine Reue, kein
Erbarmen. Immer nehmen.
Liebevoll.
Unkontrolliert, leidenschaftlich,
   wutentbrannt.
Liebevoll.
Immer liegen bleiben, niemals aufstehen.
Kein Streben, keine Ehre.
Liebevoll.
Zerstörerisch, ohne Rücksicht,
   teilnahmslos.
Liebevoll.

Isabel Smolka * 1983

Himmelsklänge

In des Himmels tiefen Weiten,
Wo die Sterne stets begleiten,
Webt sich leise, fein und klar,
Ein zartes Band, das ewig war.

Flüsternd in der Nacht so stille,
Trägt die Sehnsucht eine Fülle,
Von Gefühlen, tief und rein,
Möcht' mit Dir verbunden sein.

Zwischen Sternen und dem Licht,
Liegen Welten, schwer und dicht.
Noch unsichtbar, doch stets bereit,
Zeigen sie uns die Unendlichkeit.

Herz, getrieben von Verlangen,
Möchte nicht mehr ewig bangen.
In des Dichters Liedern, alt,
Lebt die Sehnsucht, ewig kalt.

A.R. Sorande * 1994

In einer Welt,
mit schier unendlicher Möglichkeit,
haben wir uns Selbst das Lieben verlernt.

Mit heuchlerischer Ehrlichkeit,
suchen wir lechzend nach Zweisamkeit.
Und enden dabei meist,
in zerwühlter Einsamkeit.

Verlernte Zufriedenheit,
macht sich immer mehr breit,
und hemmt die Schönheit
der eigentlichen Möglichkeit.

Verlernte Welt,
mit verprasster Gelegenheit
und zu viel vertaner Ruhiglosigkeit,
durch grenzenlose Süchtigkeit,
nach makelloser Glücklichkeit.

Jana Sobecki * 1982

Unser aller Erde...

Dein Werden hatte einen Sinn,
gabst uns Platz von Anbeginn,
setzten auf Hoffnung, Geborgenheit,
Zuversicht und Frieden, heute jedoch
müssen wir bangen um dein Leben!

Erkannten die Zeichen nicht,
nahmen einfach alles hin,
hatten doch Erfahrung so viel,
man begann zu tarnen des
Menschen gefährlichem Spiel.

Schaue in die Ferne, die Weite,
habe meinen Platz gefunden,
ein traurig' Bild, hör' die letzten
Möwen rufen, spür voll Sorge
der Erde tiefe Wunden.

Nur kurz, die Zeit, die ich lebe,
doch hoffe ich, ich konnte dir,
ganz so wie ich lebe, ein kleines Stück
nur, von meinem Sein, dir für dein
Leben geben.

Soso * 1949

Taubheit

Taubheit ist ein Gefühl,
das zerrt dich aus dir heraus
und pflanzt dich in dich hinein
Taubheit ist ein Gefängnis
Voller offener Türen
Die ins nichts hineinführen

Taubheit ist eine Lähmung
Wie das Gift einer Schlange
Dir wird ganz bange
Die laute Atmung
Zwingt dich bis zur Selbstsprengung

Taubheit, das willst du abschütteln,
von dir rütteln
Taubheit ist eine kalte Hand,
Ein heißer Brand, eine rückende Wand
Taubheit ist wie Treibsand
Du wehrst dich mit aller Kraft
Doch sinkst nur dauerhaft

Amira Souissen * 2005

Der Morgengrauen

Laut, schrill, wutentbrannt,
 ohrenbetäubend; voller Wonne und
 Gelächter.
Vorsicht, Achtung, Neiiiin!!! Ist was?
Voller Sorge, gar Verzweiflung macht
 sich breit, die Verwunderung durch
 Kindesaugen.
Die einst stabile Stütze, so gebrechlich,
 kaum zu halten.
Das Ertragen, das Aushalten kurz vorm
 Fall, oh welch Malheur.

Der verschmähte Schmerz, solch ein Leid.
Unwissend, unbemerkt gar ignorant,
 schaukeln sie munter weiter.
Sanft, streichelnd weht der Wind die
Last hinfort bis zum nächsten
Morgengrauen.

Noemi Sozzo * 1985

Gedankenkreisel

Leben ist ein Spiel
Ein Kreisel stumm gedreht
Aber wehe ein Finger dazwischen gerät
Spiel verloren...Kreisel am Boden
Wer hebt ihn auf?
Dreht ihn wieder an?
Ich mit letzter Willenskraft stehts bring
 mein Leben wieder in Schwung.
Ach verzeih mir reden wir vom Spiel und
 nicht vom Leben?
Aber eines will ich euch doch mitgeben.
Unterbricht der falsche Mensch, macht er
 das ganze Spiel verfälscht.

Carla Spiegel * 2000

Momente

Momente Momente Momente
sind wie ein Ambiente
man muss sie genießen
denn es soll auch innerlich fließen
Sind Körper, Seele und Geist eine Einheit
ist es etwas, das einen befreit
Momente sind ein Geschenk
das bedenk.
Wer die kleinen Dinge nicht sieht
sich in Gefahr begibt
dass ihm das große entflieht.
Genug differenziert denken
wird das Niveau nicht senken
Bewusst leben soll sein unser Bestreben
Dass Güte ein wesentlich voraussetzender
 Teil
des geistigen Friedens ist

und somit Gelassenheit erzeugt
wie ihr alle hoffentlich wisst
Drum seid bei alle dem dankbar
dann sehr ihr so manches besser klar.

Angelika Spitman

Meeresrauschen

da waren zwei
einer allein
der andere einsam

mal war es Herbst
mal war es Sommer

ganz egal zu welcher Zeit
immer sprachen sie über das Meer

das Rauschen der Wellen verzauberte den
    einsamem

der andere liebte die Muscheln am Strand

sie kannten sich kaum
und doch trafen sie sich

zur Hälfte jedes Monats
standen sie am Meer
schweigend ohne Erwartungen
an den anderen
an sich selbst

dort standen sie bis der einsame ging
bis irgendwer, irgendwas
ihm den Zauber der Wellen nahm

der andere blieb
vergaß die Muscheln am Strand
und lauschte nur noch dem Rauschen

dem Rauschen der Wellen

Luisa Sporer * 2003

Ein Hauch von Nostalgie

Die Kapuze tief im Gesicht,
während der Himmel über den Häusern
    zerbricht.
Schwere Tropfen prasseln nieder,
wie Glassplitter zerschneiden sie die Luft,
    immer wieder.

Des Sommers Grab, des Winters Wiege,
keine Jahreszeit erweckt einen Sturm in
    mir, wie diese.
Ein Windstoß und tausende Blätter wirbeln
    hinunter,
die sterbende Welt wird immer bunter.
Worin liegt der Sinn der Vergänglichkeit?
Inzwischen bin ich das Rauschen dieser
    Gedanken leid.

Ich trauere Verlorenem hinterher,
plötzlich fällt mir jeder Atemzug schwer.
Verschlungen von der eigenen Apathie,
eine Flucht aus jenem Kreislauf fand ich
    noch nie.

Sarah Stach * 2003

Der Missklang

Die Melodie in deiner Seele,
Hat eine Störung in sich in.
Das ich dir eines Tages fehle,
Kam mir noch niemals in den Sinn.

Die Violinen, die sie spielen,
Ihr Holz zersplittert schon zu lang.
Er war's, dem wir zu Füßen fielen,
Nur diesem einen Seelenklang.

Du kannst mich nicht mehr ignorieren,
Zu lang war ich ein Teil von dir.
Und diesen Kampf wirst du verlieren,
Bist du doch auch ein Teil von mir.

So wir das Ganze reparieren,
So ziehen wir an einem Strang.
Versuchtest mich zu kontrollieren,
Find' Schönheit in dem Misseklang.

Felix Stadlbauer * 2007

Winternacht

Es stürmt
So wie in meinem Kopf
Immer dunkler wird die Nacht
Was hat es bloß aus mir gemacht?

Ich erkenne mich gar nicht wieder
So ließ ich mich auf mein Bett nieder

Alles draußen ist weiß und funkelt
Doch ich saß wieder im Bett und munkelt
Es machte mich schlapp die dunkle Tracht
Die über Dächer und Wiesen zieht
Ich hoffe nur, dass sich
Jemand in mir wiedersieht

Amélie Stadler * 2009

Mein Traum

Gedanken und Wünsche habe ich viele
oft versteckt oder von mir nicht erkannt,
Träume, Sehnsucht und große Ziele
zum Schweigen und unterdrücken
    verbannt.

Gedanken die sich der Kontrolle entziehen,
Visionen und Herzschmerz ohne eigenen
    Willen,
wohin soll man nur den Gedanken
    entflieh'n
ohne sich selbst aufzugeben, im Stillen.

Gedanken zum Lächeln, zum Weinen, zum
    Schreien,
ganz durcheinander, oft lähmende Wut.
Doch ohne Träume möcht' ich nicht sein,
es ginge mir ohne sie, lang nicht so gut.

Sabine Stahl * 1956

Die Wahrheit

Die Wahrheit ist
Ich weiß es nicht
Egal was ich dir sage
Alles was da aus mir spricht
Bleibt für dich nur vage

Wer bin ich
Wenn mein Ego meint
Die Wahrheit auszusprechen
Wo doch das was mir wahr erscheint
An Vielem kann zerbrechen

Und ist es wahr
Und glaub ich dran
Bleibt es doch was es ist
Die Wahrheit die ich sagen kann
Die doch nur aus mir spricht

So sag ich dir
Nur eins ist wahr
Die Wahrheit gibt es nicht
Doch stellt es keine Lüge dar
Wenn jemand von ihr spricht

Miriam Stahl * 1990

Gedankenspinne

Wenn nachts die Gedanken ihre Fäden
    spinnen
mich überziehen mit einem Netz aus
    unendlichen Möglichkeiten
dann liege ich wach
wälze mich von Seite zu Seite
bin zum Schlafen müde und mache doch
    kein Auge zu
ich beginne die Fäden zu entwirren
rolle sie auf
ordne sie nach Stärke und Länge
schaffe Struktur
suche Lösungen
vergeblich
kann dem Chaos nicht entkommen
jedes Schlupfloch lässt neue Ideen hinein
ich drehe mich im Kreis
bis ich aufgebe, wach bleibe
und erst in letzter Runde in den Schlaf falle.
Am Morgen sind die Spinnfäden
    weggeweht
es bleiben nur flüchtige Gedankenfetzen
und die Hoffnung auf eine neue, bessere
    Nacht.

Ute E. Stahlschmidt * 1957

Er.

Sie sagen: „We don't care,
das Leben ist nicht fair,
das wird doch eh nichts mehr."

Drum komm'n sie alle her,
tun so als ob nichts wär,
und sind noch immer leer.

Denn fällt das Lachen manchmal schwer,
geht man in'n Disco-Lichter-Flair,
und dann ist man wieder wer.

Doch dann steht man mal am Meer,
fragt sich: „Wo komm ich eigentlich her?",
fühlt in der Weite plötzlich sehr:
„Da ist doch irgendwer..."

Und plötzlich zeigt sich der,
der bekannt ist als der Herr
und ist dir viel aufbauen-der
als alles um dich her.

Von einem ganzen Heer
an Liebe zur Umkehr
gebracht, zählt nur noch ER.

Joy Eliane Stahn * 2000

März bis April

Die Sonne scheint,
du streichelst meine Hand.

Die Luft ist warm, das Gras ist kalt,
du küsst mich.

Die Sonne glüht,
wir lieben uns.

Ich dachte, da ist mehr.
Die Büten vergehen,
du hast dich in dir getäuscht.

Franziska Stangl * 1991

Nie ohne dich

Vater, Tochter
Mutter, Sohn
Geschwister,
getrennte Zwillinge,
Liebende, Hasserfüllte.

Durch alle Zeiten hindurch,
verwoben, nie getrennt,
nie ohne dich,
neue Körper, neue Namen,
alte Themen.

Wie oft waren wir,
wer waren wir,
immer wir,
wie oft noch?

Nie ohne dich.
Durch alle Schleier hindurch,
rufe ich dich:
Komm' zu mir zurück.

Laura Virginia Stanke * 1984

Neumond

Nie mehr
Ist das Lied der unerbittlichen Hüter
Die den letzten Schleier mit sich nehmen.
Grausam sanft ihr tödlicher Kuss
Der selbst den Schmerz verwehrt.
 Der ruhigen Geste kann ich nicht
    entrinnen.
Versonnen sinke ich der Tiefe entgegen,
im Atem mondengleich
so nah – so fern entschwinde auch ich.

Irmgard Maria Starke

Geräusche, noch irreal

Ich höre das Brummen und Rauschen
einer Autobahn
aber da ist keine

die Nacht samtschwarz
summt ihr apokalyptisches Lied

und eine leise Stimme sagt mir
es könnten auch Panzer sein

Christoph Staudigl * 1962

Von Luzifer zu Satan – Gestürzter König einer gefallenen Welt.

Ich bin der Mächtigste auf dieser Welt,
Besitze ein enormes Geld;
Hab' tausendfach die Welt belogen
Und Manche um ihr Wohl betrogen.

Für mich zählt nur der Machterhalt,
Ich bin der König in Gestalt;
Mein Ego lebt in meinen Träumen,
Mein hohes Amt werd' ich nicht räumen.

Ist die Welt auch sehr gespalten,
Meine Macht gilt's zu erhalten;
Meinen Thron, den räum' ich nicht,
Bevor die gesamte Welt zerbricht!

Martin Staudt * 1969

Die Gedanken sind frei

In Gedanken
Versunken am Meer
Fühle das kühle
Wasser unter den Füßen
Zwischen den Zehen schmatzt der Sand
Kleine Wellen lecken sie blank
Quirlige wirblige Gischt zischt empor
Salzwassertropfen funkeln an Nase und
  Ohr
Ich schrei meine Lust direkt in die Sonne
Das Meer, das Salz, die Gischt - eine
  Wonne
In Gedanken
Versunken, fast trunken und wieder
Aufgetaucht:
Alle Sorgen entlassen, den Geist erfrischt,
Das Leben ergriffen und neu gemischt
Mein Glück
Die Gedanken sind frei
Zeigen Wege aus dem Alltagseinerlei
Beleben, erheben, verweben mich
Mit dem Großen, Schönen, Vielerlei

Gabriele Steiner-Janssen * 1957

Mai im April,
ich vermisse dich.

Kathrin Steinhauser * 1993

Mein bester Freund

Mein bester Freund
Ich habe ein guter Freund, er ist ständig bei
  mir. Ob ich in einer Party bin oder bei
  Freunden
und sogar beim Einkaufen.
Er ist auch immer bei mir zu Hause.
Er versteckt sich im Keller und kennt alle
  meine geheimnisse
Wir sind unzertrennlich.
Ich hasse mein Freund. Er lässt mich nicht
  mehr los.
Ich kann nicht ohne Ihn machen, er ist
  ständig bei mir.
Bitte lass mich gehen.
Du mein Freund Alkohol.

Silvia Steinmann * 1966

Abendlied

In dieser Nacht, da
möcht' ich fliegen,
nie mehr ein Schritt
an Schnüren geh'n,

die Arme aus
den Fesseln biegen,
all meine Knoten
lösen Feen.

Ihr Geißeln, will
euch jetzt besiegen,
als Riese werdet
ihr mich seh'n!

Ihr Schlingen, weg
kann aufrecht liegen,
kann ohne Taumeln
vor euch steh'n,

mich frei und leicht
im Vollmond wiegen,
die Fäden leer
zu Boden weh'n.

Till Stelling * 1945

Zufall oder Fügung

Gerade zur rechten Zeit am rechten Ort
das klappt nicht immer im Lebenstrott
doch glaubt man fest an Gottes Wort
erntet man meistens keinen Spott
im Gegenteil, die Erfahrung zeigt
je eher ich bin für Neues bereit
klappt das mit dem Zufall jederzeit
die Parklücke, stell ich mir intensiv schon
    vor
und auf einmal ist sie plötzlich da
sobald man ist für die Eingebung ganz Ohr
so ists mit allem, das Glück ist nah
Vor allem sag ich danke vorab
damit es mit dem Leben klappt.

Barbara Stenzel

Raumschiff Erde

Unendliche Weiten …!
Wir fliegen rasant durch Raum und Zeit!
Wem und was uns dabei begegnet?
Niemand weiß es!?
Doch wir werden wachsam sein …!

Umhergewirbelt in den Wirren der Zeit,
drohen wir, die Orientierung zu verlieren!?!
Wie im Schleudergang
    durcheinandergeraten,
kann dies nämlich ganz leicht passieren!?!

Doch alles Unbrauchbare sortiert sich nun
    aus!?!
Es wird sich ganz neu formieren!?
Es wird Platz gemacht für neue Erkenntnis
    und Raum!?!
Wir werden unser Raumschiff Erde nun,
durch eine ganz spannende Zeit
    navigieren!!?

Bleiben wir neugierig und offen für neue
    Ideen!!?
Nutzen wir die uns gegebene Chance!!?
So kann auch in Zukunft für kommende
    Generationen,
auf unserem Raumschiff Erde,
eine lebens- und liebenswerte Heimat
    erwachsen!

Heidrun Stephan

Mein Herz und ich

Viel zu oft hab ich für dich versucht Sterne
    vom Himmel zu holen
Viel zu oft hab ich bei dem Versuch versagt.

Du versuchtest jedoch viel öfter mir mein
    Herz zu entreißen, bei jedem Versuch
    zerbrach es ein Stückchen mehr.

Viel seltener begann ich also nach einem
    Stern zu greifen,
während du bei jedem Gespräch immer
    öfter nach meinem griffst.

Ich wollte los lassen was mein Herz so sehr
    verletzte, doch Leider blieb an
den ganzen Scherben ein Stückchen von
    vergangenem hängen.

Mara Ster * 2006

Krise

Gefangen in einem Käfig aus Gold,
eine einzelne Träne über ihr Gesicht rollt.
Alles scheint perfekt,
doch für Sie scheint alles Glück weg.
Und sie schreit in sich hinein,
seht ihr nicht ich bin einsam und allein.

Mia Josefine Steur * 2002

Fels in der Brandung

Ich möcht' ein Fels in der Brandung sein,
Die Wellen, sie peitschen gegen mich ein,
Ich trotz' dem Wasser und auch dem Wind,
Bis alle Wellen gebrochen sind.

Joachim Stiller * 1968

Ein Engel erschcint im goldenen Licht die
Sonne an seinen Flügeln sich bricht.
Wo Kälte herrscht bringt er Wärme, er
nimmt dich mit in die Ferne, er zeigt
dir die Wahrheit über das Licht
und es herrscht seltsame Stille wenn er
spricht. In Liebe wirst du in seiner
Nähe gedacht,
es ist als ob man gar nichts mehr braucht.
Worte gesprochen aus Liebe zu dir, er
will dir nur helfen darum ist er hier.
Sein strahlen kommt von der göttlichen
Macht und er hat die Worte der
Quelle gebracht.
Reinheit von der wir geblendet sind und er
sagt zu dir du göttliches Kind, stell
dein Licht niemals als klein hin,
denn du bist so, wie ich es auch bin.
In gleiche Höhe will er dich erheben
du musst es nur Anerkennen, den
Schleier ablegen.
Wenn alles von einem kommt, wie kann es
das, dann geben, dass Menschen über
Menschen Werte festlegen?

Lebe in liebe und lerne dazu mein Kind es
sind wir, genauso wie du.
Niemals lassen wir euch allein, doch euer
Ruf kann nur der freie Wille sein. Von
mir zu dir. Silvia Stockhammer

Silvia Stockhammer

Das möcht' ich wohl

Lautheit der Welt
Kaum wo noch ist Ruhe.
Hetzen, rasen, jagen, wüten.
Zwei Louis D'Or für deine Schuhe.
Aus den Fugen ist so viel.

Nicht, dass die Sonne uns verbrennt.
Die Wasser uns verschlingen
Die Stürme uns fällen
Die...

Ich, ich ich. Die Welt ist so laut.

Weinblätter atmen. Samen hegen.
Wasser hüten. Mit Kartoffelfeuern mich
kleiden. In Mondenhelle träumen.
Das möcht ich wohl.

Das Leise will ich suchen, KOMMA, soll
mich suchen, KOMMA, soll mich
befrieden. PUNKT.

Frank Stöckle * 1964

Geschichtswiederholung

In Stein gemeißelt, das Herrscherreich,
auf Sand gebaute Herrscherwahrheit,
den Täter, Angreifer in seiner Narrheit,
verdreht, abgelenkt, verdummt im Reich,
sich zum Opfer willkürlich verklärt.

Ein berühmter Balken nimmt ihm die
Sicht,
inneres Hässliches hat Gewicht.
Der Herrscher, in scheinheiligem Gewand,
ein frostiges Herz, tobender Verstand.
Auf Würmer, Herrscherglanz, fallend
Alligatorengehabe wiederhallend.

Feuersturm, Höllenglut,
tosende Wut,
Stahl und Blut.

Durch Leben und Freiheit fressend
Kadavergehorsam, stumpf und hassend.

Herrschergeschenk, ein Friedhofsfrieden,
in der irdischen Hölle des Reichs,
Kampf Davids gegen Goliath
einziges, ewiges Leben des Himmels, der
   Freiheit.

Hans Stöckle * 1956

Die Metamorphose der Liebe

Wo immer Bäume Blüten tragen, die
   Gärten sind dann wunderschön.
Wenn Kinder Purzelbäume schlagen, kann
   man die Lust am Leben sehen.
Wie aber steht es mit der Liebe, zeigt sie
   sich auch so hell und klar?
Gibt es da auch so schöne Triebe, später,
   Jahr für Jahr?
Am Anfang, ja, da ist viel Feuer, die
   Flammen schlagen hoch empor,
die Herzen brennen ungeheuer und eilen
   dem Verstand zuvor.
Da sind die zwei in einer andren Welt und
   gehen Wang' an Wange
und wenn das Feuer hält, lebt auch die
   Liebe richtig lange.
Wird dieses Feuer aber schwächer und
   bleibt am Ende nur die Glut,
dann hüte sie mit sanfter Stimme, damit sie
   dir nicht ganz verglimme.
Die Glut fühlt sich zwar an, wie wenn ein
   Tag zur Neige geht,
oder des nachts, kein Stern am Himmel
   steht,
trotzdem träumt sie mit Wehmut vor sich
   hin und hofft auf einen Neubeginn
Zur Asche wird die Liebe dann, wenn sich
   kein Gleichklang findet
und alles was mal war, in Apathie
   entschwindet.

Dann hat sie keine Bleibe mehr und
   wünscht sich, selbstlos zu erblassen,
oder sie stirbt, wie Sappho, um nicht im
   Gegenzug zu hassen.

Karlheinz Stöflin * 1953

Zweisam einsam

Du bist laut,
ich eher leise.....
Du machst in Worten,
ich schweige...
Du hast für Alles meine Schuld,
ich warte was mir geschieht,
übe mich in Geduld. und wünsche mit,
dass dein Sturm an mir vorüber zieht,
wünsch uns an Orten,
weil ich zur Liebe neige...
und weil mein Herz auf Liebe baut,
hofft mein Herz dich zu erreichen ,
auf meine Weise.....
Ich lauf, renne schon so lange fürs „
   Gemeinsam „ ,
.....Ich liebe Dich doch ......was bleibt?!!
...ist leider doch
...
.........Zweisam einsam......

Sanne Stolze * 1966

Die Bonassola Pirouette

Die Drehung des Glücks hat einen Namen
Sie will die Sonne begrüßen
Ihr Wellen, ihr Wellen, auf, mir nach!

Erinnerungen an die leuchtende Mutter der
   kleinen Wellendiva
Sie vereinen die Gärten Italiens mit Mama
   und Kind und ...
Der Meeresraum wird eine
   Eidgenossenschaft im Ferienglück

Diese zarten Sprösslingswellen, sie wollen
   als Blütengruß fließen und ...
Sie wollen im Wellental Wahrheit und
   Wachheit pflanzen und ...
Der Engelmund von der Mama, er küsst
   die mediterrane Küste und ...

Die zierlichen Schwimmflügel sind
   gewappnet: Auf, mir nach!
Mamas göttlicher Namenszug ziert die
   Wolken himmelwärts und ...
In sanften Lettern steht im Klassenbuch
   rankend und schöngeschrieben

Sina ...! Mit ligurischem Hauch verwoben
   ist sie ein Jungbrunnen und ...
Der Augenblick ist wellengestundet ...und!
Der Jüngling ruft: Auf, mir nach!
Er sagt sich: Du musst das Leben nicht
   verstehn. Bitte! Auf, mir nach!

Der alte Mann und das Meer, sie haben die
   Drehung gewagt und ...
mit Tränen der Ewigkeit haben sie in der
   Stimme des Ozeans gesungen
Die Pirouette hat ihre sinnliche Brandung
   entfacht ... forever

Ihr Wellen, ihr Wellen, auf, mir nach!

Enrivo Storioni

Heimweh

Oh wir hättens nie geglaubt
das ist nun die Gegenwart
die Welt steht still, der Alltag fad
und Freiheit wurde uns geraubt

Es scheint nicht schlimm
Isolation
was, der vierte Monat schon?
die Zeit fliegt still
und wir bleiben Daheim.

Und in dieser wirren Stille
sehne ich mich immer mehr

Welt in Chaos, Zukunft leer
sehn ich mich nach Heimats Fülle

Kontinente, weit und fern
doch im Herzen sind wir nah
bleibt wie es schon immer war
ja bei euch wär ich jetzt gern.

Numi Stössner * 1997

Hoffnung

ein Wort
ist ein Raum
der zum Verweilen lädt

Gott und Menschen
können sich darin niederlassen
bei offenem Fenster
flattern Vögel herein
kleine Raupen
kommen durch Ritze gekrochen

bis sie als Schmetterlinge
hinausfliegen
auf der Suche nach neuen Räumen

Hanne Strack * 1948

Das Leben

Das Leben ist eines Mädchens gesegnet,
   dass aus der Freiheit entsegelt.
Das Mädchen ist geschwind wie der Wind
   und zeiget was das Leben bringt.
18 Jahre jung voller trum.
Das leben wie ein Sturm in voller Höh und
   tief.
Doch aus diesem Grund das Mädchen
   verließ.
Fazit des Tages, das Leben ist kurz.

Giuliana Stracuzzi * 2005

Erdenzeit

Nachtdunkel säumt schweigendes Geheck
den fahlen Himmel.
Des Mondes lichte Schleppe
löscht blasses Sternenlicht,
doch abertausend funkeln.

Ein sanfter Hauch
raunt zart im jungen Laub,
legt eine feine Spur in die Vergangenheit,
die uns verborgen zwar,
jedoch voll Kostbarkeit.

Die Zeit entführt den Augenblick an jenen
   Ort,
wohin die stillen Wünsche fliehen,
in jenes Land, in dem
die Blumen unserer Träume
ewig blühen.

Am fernen Baldachin,
hoch am Zenit, der große Wagen
rollt unberührt von Erdenzeit
in ewig gleicher Spur,
und wir, wir reisen mit ein gutes Stück.

Hans-Joachim Straßburg * 1940

Nachtglanz

Die Lampe an der Decke
groß wie ein Mond.

Lavagesteinig der Grund,
mit einer Schale
voller aufgeheizter Gedanken.

Schattenboxen an der Wand
und ein Mund voller Kerne, die,
ins beinahe verlöschende Feuer gestreut,

Sternenknisterballaden entfachen.

Ursula Strätling * 1955

Auf das Leben!
Wie es gelingt dafür gibt es kein Rezept.
Mit ein bisschen Gottvertrauen
Mit Wertschätzung und Respekt
Darauf lässt sich bauen,
Schicht für Schicht
Vergiss dabei die Liebe nicht!
ob sie dich enttäuscht oder beseelt,
die Quintessenz ist das was zählt.
Lache viel, der Humor ist ein Ventil
und sorgt für Sexappeal.
Ab und zu mal ganz hochfliegen und
sich wieder erden, hilft beim Werden.
Glaub an dich, strebe nach deinem Ideal,
nach den Vorstellungen anderer zu leben,
   wäre fatal.
Benutze deinen Verstand aber vergiss nicht
   dein
Gefühl, geh mit Mut und Optimismus
   durch das
Lebensgewühl.

Petra Straub-Möll

Borderline

An der Grenze des Seins
Teilt der schmale Strich des Horizonts
Meine Augäpfel
Wimpernfederspiel
Augenblicksfolter
Möwe flieg

Jutta Streubühr * 1959

Märchenland

Ich blicke in die Ferne, wie hell sie funkeln,
   die fremden Sterne. Mein Gesicht
   wendet sich der Sonne zu,
Alle Sorgen vergessen im Nu. Mit der
   Bewegung des Pferdes schwebe ich
   übers Land,
Das Leben reicht mir wieder die Hand.
   Tränen der vergangenen Last fließen,

Die Blumen im Herzen, sie sprießen.
Das Gefühl von unbeschreiblicher Sehnsucht kam zurück.
Ich hatte vergessen wie es sich anfühlt, dieses Glück.
Die treuen Pferdeaugen heißen mich willkommen, nun hat das Leben wieder begonnen.
Dann wird es Abend und ich schau nochmals in die Sterne, ein letztes Mal schweift mein Blick in die Ferne.
Ich öffne meine Augen und schau zum Fenster raus,
Der Schatten kehrt zurück ins Haus.
Das Herz ist trüb und schwer, meine Freiheit, ich vermisse sie so sehr.
Doch schon bald kehre ich zurück in das Land meiner glücklichen Tage,
auf das mein Herz bis dahin nicht verzage.
Meine Seele ließ ich dort, im heißen Puszta-Sand.
Ich werde wieder kommen, mein geliebtes Märchenland.

Sivil Strugger * 1992

Die Zeit

Die Zeit ist sehr alt.
Die Zeit ist schnell.
Der Zeit werden wir alt.
Zeit ist die Zukunft.
Zukunft ist die Zeit.
Die Zeit der Erde läuft.
Mann kann die Zeit nicht zurückdrehen.
Wie ein Wunderwerk ist die Zeit.
Die Uhr zeigt die Zeit.
Die Uhr zeigt das Leben.
Das Leben ist die Zeit.
Geheiligt sei die Zeit.

Shawna Stückle * 2015

Das Weltall in mir

Als ich stand wie erstarrt
auf der magischen Brücke der Hoffnung
und kleine Lichtboten der neuen Sternen sah,
dann spürte ich die Kraft der Heiterkeit,
begegnete ich der Rose des Herzens und
hörte ich das Weltall in mir.
Wie verborgen ist die Weisheit, die oft überhört wird?
Wie verstreut sind die Welten,
die den Tempel und die Natur des Menschen
noch nicht kennen?
Wenn ich wage, dieses Wort auszusprechen,
dann bin ich deine zeitlose Schöpfung,
der Anfang ohne Ende, den du im Spiegel siehst.
Ich lasse mich von dir führen durch den Tempel namens Welt,
ich bin noch einmal geboren in deiner goldenen Schönheit.
Ich habe durch dich erfahren - das Gefühl der Liebe,
das Gesicht des Hasses, die Barmherzigkeit des Verzeihens.
Du öffnest das Tor zu unseren Idealen und Visionen,
durch dich ist die Realität veränderbar,
du bist mein Reiseführer.

Suki * 1967

Abschied und Wiedersehen

Ich sitze am Bahnsteig. Eine Uhr ohne Zahl.
Wann sahen wir uns das letzte Mal?
Erinnerst du dich, unsre Zeit war vergessen.
Die Gleise steh'n heute verlassen.

Clara Süßenbach * 2008

Gesagter Worte Schweigen

Gesagter Worte Schweigen das Herz mir bricht
gelebte Momente des Glücks, nicht mehr sind,
gewesene Blicke, strahlend im Kerzenlicht
getane Dinge, bedeutungslos, verweht vom Wind.

Die Zeit so schön war für uns zwei
des Schicksals Hand uns führte,
das Leben, nun geht an mir vorbei
der Tod im Traume mich berührte.

Menschen werden zur Erinnerung
was ich einst liebte, ist nicht mehr,
Gottes Wille, des Menschen ist Bestimmung
das Haus der Wünsche, für immer leer.

So geh auch ich den Weg der Gnade
wenn Gott meine Zeit für gekommen hält,
allem Leben dann entsage
wie schön war doch die Welt.

Die Strasse der Unendlichkeit
Keiner jemals kam zurück,
Sie führt uns in die Ewigkeit
des Einen Leid, des Anderen Glück.

Kim van Suyling * 1954

Als die Erde anhielt

Wir stehen mitten im Mohnblumenfeld.
Lustig, wie überrascht wir uns ansehen.
Als hätte uns jemand dort hingestellt
Und wir nicht mehr wissen, woher wir kommen oder wohin wir gehen.

Im jungen Licht des Sonnenuntergangs
Strahlen die Blüten im saftigen rot.
Sie kitzeln unsere Knien charmant
Und ihr Duft berauscht uns ... so süchtig fast bis zu Atemnot.

Meine Fingerkuppeln auf deine Wangen –
Alles schimmernd vom Sonnenbrand.
In deinen Augen ausweglos gefangen ...
Mit einem langen Wimpernschlag greifst du nach meiner Hand.

Du führst sie langsam zu deinen Lippen
Und setzt zärtlich für einen Kuss an –
Vorsichtig, als würde Monet uns finden.
Unsere Herzen schlagen im gleichen Rhythmus. Die Erde hält an.

Ein plötzlicher Knall schallt an uns vorbei
Und in der Ferne sehen wir fliegen
Menschen, Tiere, Sachen allerlei.
Im ewigen Sonnenuntergang sind wir alleine stehen geblieben.

Siglinde Svilengatyin * 1988

kein Oben, kein Unten

Jeder Schritt ein Zufall,
jenseits von Absicht.
So ist das, wenn man unvermittelt
eine Grenze überschreitet und
sich im Unbekannten wiederfindet.

Weite, sehr weit, Fremdheit ohne ein Ding,
ohne irgendetwas wie Baum, Strauch,
Geschaffenes oder Gebautes,
keine Anwesenheit, keine Ordnung
nichts Hörbares

nur Ausdehnung und Stille

B. Swandt * 1938

Der Sinn

Geben ohne zu nehmen ...
Vergessen und vergeben,
Die Liebe nie aufgeben,
Die Sorgen Gott zu geben,
Ist das der Sinn im Leben?

Der Schmerz mit Würde tragen,
Bescheiden, nie beklagen,
Aufhören zu hinterfragen,
Ergeben sich zu wagen,
Ist das der Traum zu fangen?

R. T. * 1979

Talent

Talent, eine Strafe für meine Sünden.
Seelenqualen die sich auf dem Papier
   verkünden.
Tausende Wörter werden zu einem
   Gedicht,
in einsamen Nächten, bei Kerzenlicht.
Tinte wird zu Herzblut in diesem Gedicht,
Träume und Wünsche, die in mir wallen,
Echos von Erinnerungen, die wiederhallen.
und mein Herz findet Frieden nicht.

Aligeidar Tagiev * 1986

Hat die Zukunft eine Vergangenheit?

Hat die Vergangenheit eine Zukunft?
Hat die Zukunft eine Vergangenheit?
Ich weiß es nicht, vorher auch?
Fragen bleiben immer, auch wenn
   Antworten folgen.
Bleibt die Frage, will man auf alles eine
   Antwort?
Solange wir noch unseren Instinkten
   folgen, gibt es
Fragen und auch Antworten.
Wer Fragen hat – spürt das Leben,
wer Antworten kennt, bleibt trotzdem
   neugierig!
Solange wir unsere Neugier nicht verlieren,
   leben wir!

Magrit Tamborini * 1954

Wenn der elektrische Strom endgültig
   ausfällt.

Der Hund des Nachbarn bellt!

Und die Menschen verzweifelt sind.

Die meisten von ihnen sind blind!

Blind sind ihre Herzen!

Gott sei Dank gibt es Kerzen!

Abu Tarbush

Dunkle Verführung

Die Stimme einer Sirene in der Ferne
So schön wie die vereinten Sterne
Durch Gierigkeit getrieben in die Tiefen
   der Meere
Jedoch ist das was übrig bleibt eine ewige
   Leere

Ohne Widerstand verschlungen von
   herzlosen Dieben
Schwer zu sagen: dies sind die Menschen
   die wir lieben
Streben nach dem Gefühl von
   Geborgenheit
Doch erleben dies nur durch
   herzzerreißenden Streit

Dinge sind nicht immer so wie sie scheinen
Menschen sagen Worte die sie eigentlich
   nicht meinen
Doch wäre dies die Wahrheit warum
   werden wir verletzt
Verloren durch Taten, versetzt und ersetzt

Eine einsame Seele die alleine verbleibt
Durch die Liebe die uns hat einst vereint
Geht nun alleine auf weitere Reise
Stets auf Hut, verborgen und leise

Ilayda Tas * 2005

Ein Teil von mir

Ich spüre tropfen die mir übers Gesicht
 laufen, es fängt an zu regnen
Wind kommt auf und es wird Kalt
Ich friere, aber es ist mir egal
Denn ich warte
Auf dich
Das du kommst
Ich schließe meine Augen
Und da spür ich ihn
Ein Kuss
So leicht
So flattrig
So süß
Ich öffne meine Augen und bin umgeben
 von Nebel
Ich suche dich, doch ich bin Blind
Ich krieg dich nicht zu fassen
Denn du gleitest mir, wie der Nebel durch
 die Finger
So steh ich da und seh nur mich in der
 Pfütze vor meinen Füßen
Allein

Laetitia Teguia * 1998

Die Nasslingnacht

nass in Nasslingnacht
sacht der Regen schlief still ein
Tropfen er vergaß

heimlich schlich sich was
Wackelstachel schritt allein
über Stock und Stein

nein - kein Stachelschwein
Igelbert in Busch und Gras
schlich im Huschlingnass

scharf sein rauling Schrei
schnitt die Nasslingnacht entzwei
tropfling weint die Nacht

traumling Tropflingnacht
huschling schlich sich heimlich was
tief im Nachtlingnass

Steffen Teichmann * 1960

Ein Gefühl

Verbirgt sich zwischen den Zeilen
Offenbart die Möglichkeit zu wachsen
Neben Zweifeln, Angst und Scham

Labyrinth, in dem ich gefangen
Irrgarten meiner Gedanken
Es führt kein Weg hinaus
Bevor es nicht ausgesprochen
Ehrfürchtig sich enthüllt

Meral Tekin * 1982

Musik

Die Sterne leuchten heller,
ein Meister ist wiedererwacht
und seine Piano Klänge
erwärmen die Schneewinternacht.

Die Musik öffnet sanft unsere Herzen,
die Hoffnung steigt freudig empor
und was uns zuweilen bedrängte,
kommt auf einmal gar nicht mehr vor.

Die Welt erscheint ohne Grenzen,
wir drehen uns euphorisch im Tanz
und durch diese Glücksgefühle
erleben wir Verbundenheit ganz.

So sollte es für immer bleiben,
die Musik darf niemand vertreiben.

Petra Tergan

Ich, wer ist Ich, wer soll Ich sein...

Das soll schon alles gewesen sein, alle
 Rollen erfüllt, bis aufs äußerte gewagt
Nichts ist wie es scheint, folglich vor aller
 Welt versagt
Unzureichend, an sich selbst (ver)
 zweifelnd, erfasst mich gewiss
Mein Herz zuvor laut vor Glück, ist nun
 verstummt das beste Stück

Schwer ist mein Gemüt, wie ein Tropfen
   Tau der einen Grashalm biegt
Mein Fluss des Lebens, allmählich versiegt
Schmerz, tief bis in meinem inneren Kern,
   kaum aushaltbar,
Doch seh' Ich klar,
Einzelne Tränen wie ein kostbarer Schatz,
Ein Geschenk meiner Seele, zur
   Erleichterung gedacht
Eigenwillig und unbeugsam ist sie, diese
   innere Pein
Ich bin Ich, Du bist Du, zusammen sind
   Wir im Sein

Cornelia Teufel * 1969

Magischer Mond

Es erscheint die Scheibe rund
Ein Spiegel auf nachtblauem Grund.

Darinnen sieht der Träumer Bilder
Grenzenlos, von seltener Pracht.

Er selber ist sich selbst Gesicht
Im Mondlicht wandelt wird der Traum zur
   Pflicht.

Mit Fantasie verzierten Wolken
Dreht sich die ganze Welt um sich.

Aus der wilden See der Träume
Steigt wie Schaumwein eine Gischt.

Wo werden sie einstmals sein
Die rettenden Hände?

Was geschieht mit den Sternen
Wenn der Bilderhimmel zerbricht?

So wandelt der Träumer in der Hoffnung
   weiter
Dass ihn der Abendstern einstmals noch
   küsst.

Ihm ist der Mond aus Glas gemacht
Und alle Schau durch ihn hindurch ist
   zauberhaft.

Gewährt der Mond ihm aber endlich
   Einlass
Schaut er durch ihn hindurch zur
   Erdenwelt hinab.

Dort sieht er die beiden ungleichen Brüder
   wieder
Tod und Leben, wie sie aufeinander folgen
   und sich die Hände geben.

Ritter Thaa * 1956

Seelen Hass

Wenn Wut über dich rollt, wie schwere
   Last sic dich zerlegt.
Hass steigt auf in deinem Geist.
Hass der keine Grenze kennt!
Es kaum gelingt ihn zu bändigen, er
   einfach kommt wie eine Welle.

Keine Grenze, keine Mauer.

Die Wut auf alles und auf jeden.
Die Menschen sind es.
Aus den Menschen steigt es auf,
kein bremsen und kein halten.

Was passiert mit dieser Welt? Sie ist so
   schlecht, doch noch so wundervoll!

Warum hält es niemand auf?
Warum stoppt denn niemand dieses
   Kriegen?

Krieg zwischen den Geistern und den
   Seelen.
Es kann alles so friedlich sein ohne Wut
   und ohne Hass.

Doch Schmerz steckt wie der Dolch in
   vielen Herzen.
Ein Schmerz den niemand reut...
Wir alle können es beenden, wir alle
   können es beenden, nur keiner zeigt
   den Mut.

Für Krieg haben wir die Kraft, für Frieden
fehlen uns dann die Kräfte.

Zwischen Glaube, Paaren und auch Leben.

Lieber köpft man als man küsst,
lieber schreit man als man schweigt...

Alexander Theis * 1986

Die Natur, so wundersam und groß,
die uns umgibt, wo auch immer wir sind.
Das Rauschen des Windes, das Flüstern der
   Bäume,
die Schönheit der Berge, die Weite des
   Meeres.

Sie zeigt uns die Schönheit des Lebens,
die unendliche Vielfalt und Fülle.
In ihren Wäldern finden wir Frieden,
in ihren Flüssen das Leben und das Licht.

Sie gibt uns Nahrung, Luft und Wasser,
sie heilt uns und erneuert uns jeden Tag.
Die Natur ist die Mutter aller Dinge,
sie gibt uns alles, was wir brauchen, um zu
   leben.

Doch wir müssen achtsam sein und sorgen
   für sie,
damit sie uns weiterhin begleitet und nährt.
Wir müssen ihr den Respekt und die Liebe
   geben,
die sie verdient hat, so wie sie uns immer
   gegeben hat.

Denn die Natur ist ein Wunderwerk,
ein Geschenk an uns alle, das wir
   wertschätzen müssen.
Lasst uns ihr danken für all das Gute,
das sie uns jeden Tag aufs Neue schenkt.

Mark Theobald * 1965

Vom Windsurfen

Welle zu Welle

Schwapp, schwappt unterm Board,
Und hinter uns lassen wir sie,
Wir woll'n erstmal Fort,
Ins Wasser fallen wir nie

Böe zu Böe

Kreuz'n wir auf,
Vormittags gen Nord,
Nachmittags gen Süd,
Wir werden nie müd,
Komm'n weiter raus,
Zu einem andern Ort

Rausch zu Rausch

Düsen wir bretternd über die Wellen,
Und gleiten darüber
Ein Glücksgefühl kopfüber
Der wuchtige Wind, hindert's hochstellen

Wir fliegen wie Blätter im Wind

Grigoris-Hristos Theocharis * 1997

Der Ring des Lebens

Die Natur, die hat's gegeben,
vor dem heut'gen Menschenleben.
Hüten, sorgen und ernähren,
tut sie das, was lebt auf Erden.
Doch vergessen darf man nie:
auch nen Willen, den hat sie.
Und stoßen wir auf Widerstand,
liegt das, was folgt, in höh'rer Hand.
Drum gebet Acht und gebt zurück,
dass auch die Erde lebt in Glück.

Denn Nehmen fordert auch ein Geben,
Leben folgt doch auch dem Leben.
Und die Erde hat's gegeben,
vor dem heut'gen Menschenleben,
ist sie fort bedenket,
wer dann das Leben lenkt.

Ich will's euch sagen, hört:
Wenn alles ist zerstört,
kein Leben kann bestehen
und alle müssen gehen.

Lina Lisann Theuer * 2002

Die Persiflage der Dinge

Dichtendes Dickicht ergibt sich,
in regenform-fließenden, wabernden
 Schimmern
besitz ich gerichtlich verankerte,
 lichtflüchtige, berüchtigte,
schwankende, weiß und inniglich witternde
 Schimmel im Wald.

Die Gegenwart der Dinge an sich, besitzt
 weniger Celsius als Zeit,
hat Buse zu tun, im Sinne: den Wandel
zum Kalt! Zu zweit verzweifelt,
eifernd in eifrigen Schleifen vereitelt;
 zischende, dazwischen
ringende, flüchtige, ding-artig geformte
weiße Pferde eilen zum Leid.

Der Goldene, der den Thron bewohnende,
 zeitverschobene, hinterziehende alte
 Weise,
vergaß unterlassen auf hinten abbiegenden,
 klapprigen Gleisen,
wie er mitunterdessen zur Weisheit
 gelangte und nach leiser
Hinterfragung, die der durch kritische
 Betrachtung betrachteten Passagen
sich durch Fragen zu durchleuchten und
 sich danach zu beklagen?

Luca Thiel * 1998

Liebe

I st Liebe nicht ein grausam Ding?
C haotisch, wenn man drin versinkt,
H offnung oft darin ertrinkt.

L ieblich ist der Augenblick,
I n dem die Liebe dich verzückt.
E ingefangen von Begierde,
B eseelt ein Glücksgefühl den Tag.
E rlösung kommt, wenn sie dich mag.

D u hast die Liebe nun gefunden,
I n deinem Herz zieht Freude ein.
C harakter sie von dir erwartet,
H at sie gesagt: „Für immer Dein!"

Hartmut Thisius * 1957

Im Geiste der Lebendigkeit

Im Geiste der Lebendigkeit vereint,
So gleich in Geistessphären Höh'n,
Scheinen Göttlichkeit und Mensch geeint,
Ergänzen sich so schön!

Erblicket nur, was euch sich aufgetan,
Als Ihr das Licht der Welt erblickt'!
Der Geiste schafft des Geistes Plan,
Wie gleich die Uhr des Weltgeist' tickt.

Ein Wiedermal scheint schnell vergessen,
Was aus dem Busen eines Menschen quillt!
Belesen scheint, wer tief besessen,
Und der dem Lernen sei gewillt!

Erblicket so, was sich euch aufgetan,
Sollt' Ihr am Abgrund steh'n!
Des Urgeist' irdisch Lebensbahn,
Will nicht in Tiefen geh'n!

So ziehet fort, ihr tapfern Kinder,
Und zeichnet in der Welt die Bilder:
Von Freiheit, Schönheit, Heiterkeit,
Im Geiste der Lebendigkeit!

Nico Thomas * 1999

Frieden sei mit uns!

O Krieg, du grausames und wildes Tier
Mit deinem Zorn zerstörst du alles, was wir hier
Deine Flammen lodern hoch, und deine Wut entfacht
Ein Inferno aus Hass und Zerstörung, das alles in die Nacht.

Doch Frieden, holde Ruhe, wie bist du so kostbar
Ein Licht in der Dunkelheit, ein Leuchtfeuer in der Nacht
Ein Königreich aus harmonischer Freude, ohne Leid
Ein Ort, an dem alle Menschen friedlich miteinander leben.

O Krieg, wie kannst du nur so viel Leid und Schmerz bereiten
Wie kannst du nur so viele Herzen zerstören, und Tränen wecken
Wir flehen dich an, geh fort von uns, und lass uns in Frieden sein
Denn nur so kann unser Volk in Wohlstand und Glück erblühen.

Doch Frieden, komm zu uns, und bring deine Gaben mit
Schenke uns Freude, und lass uns in harmonischer Freude sitzen
Denn nur so kann unser Königreich im Licht erstrahlen
Und nur so kann unsere Welt ein besserer Ort werden.

So lasst uns den Krieg besiegen und den Frieden preisen
Lasst uns unsere Hände in Freundschaft und harmonischer Freude reichen.

Dana Thomas * 1985

Sonnenaufgang

Als ich am Morgen erwachte,
sah ich die blutrote Sonne,
wie sie sich am Horizont
majestätisch erhob.
Ihre goldgelben Strahlen
ließen die Tautropfen glitzern,
welche im Spinnennetz,
aufgespannt im Gebüsch,

und im feuchten Gras
wie gläserne Perlen hingen.
Zart wie das Morgenrot
schimmerte auch deine Haut.
Über sie mit der Hand
strich ich behutsam und gab dir,
von deinem Anblick gerührt,
auf die Stirn einen Kuss.

Dabei konnte den Duft
deines Haares ich riechen.
Du aber lächeltest leicht,
küsstest mich auf den Mund,
fasstest meine Hand
und drücktest sie fest und innig.
Wahrlich, die Sonne ging da
auch im Herzen mir auf.

Roman Tieck * 1950

Ländliche Kontinuität

nicht am Birnbaum erhängt
erwürgt von Metzgers Händen

und dennoch nur ungern im
    Friedhofsgeviert
abgefertigt

mundfaule Worte aus speckig römischem
    kragen für den abgefallenen

jetzt treibt sie's mit dem Ministranten

notgedrungen

Felix Tiefenbacher * 1967

Abendritual

Vergiss, dass es andere Menschen gibt, eine
  Welt außerhalb dieses Zimmers.
Vergiss, dass es andere Dinge gibt, die Du
  noch tun musst.
Nur wir existieren, Du und ich in der
  Dunkelheit, zusammen.
Du spürst, wie meine weit geöffneten
  Augen dich ansehen.
Noch bin ich nicht bereit einzuschlafen.
In meinem Kopf dreht sich das
  Gedankenkarussell immer weiter.
Du singst unaufhörlich immer die gleiche
  Melodie.
Diese Melodie hält Dich aufrecht, nur nicht
  nachlassen, sagt sie Dir.
Und du weißt, dass du es schaffst, jedes
  Mal aufs Neue.
Aber meine Beine zappeln noch immer.
Ach würden sie doch endlich damit
  aufhören, denkst Du Dir.
Aber nein, solche Gedanken der Schwäche
  darfst Du nicht zulassen.
Sobald Deine Gedanken sich nicht mehr
  darauf konzentrieren,
Sobald Leere herrscht in deinem Gehirn,
Sobald Du keine Wünsche mehr hast an
  mich oder den Rest der Welt,
da werde ich in Deinen Armen schwerer.
Vorsichtig trägst Du mich zum Bett und
  legst mich sanft hinein.
Deine Lippen bewegen sich noch im Klang
  der immer gleichen Melodie
und auch als Du meine Zimmertür schon
  hinter Dir geschlossen hast,
merkst Du, dass Du immer noch singst in
  steter monotoner Hingabe.

Britta Tigges * 1979

Etwas kam zur Sprache
Sprache sagt: „So aber nicht."
Dunkelheit lässt sich nicht zeigen
in diesem Tageslicht.
Wie sagt ein Wort des Tags
„Gute Nacht."?

Wie hat ein Fisch sein Kind
an Land gebracht ?
Manchmal spielt jemand ein Lied
und Jemand glaubt daran,
dass Jemand der es hören kann
versteht was er verstand
und dann
sollten sie besser schweigen.

Dirk Till * 1987

Weihnachtszeit

Wenn der Schnee leise fällt,
und er von den Bäumen aufgefangen wird.
Wenn eine Glocke von weit schellt,
was die Stimmung nicht wirklich verdirbt.

Wenn die Menschen über den Markt
  spazieren,
wo sie kleine Dinge kaufen.
Wenn sie die Freude nicht verlieren,
obwohl kleine Kinder in sie laufen.

Wenn am Abend die Lichter angehen,
so warm und hell.
Wenn man strahlende Gesichter kann
  sehen,
ach es vergeht alles so schnell.

Dann ist es soweit, sie ist da, die
  Weihnachtszeit!

Christina Timischl * 2007

Herbstimpressionen

Des morgens wachst du auf und die ganze
  Welt ist im Nebel verborgen.
Doch langsam verzieht sich der Nebel.

Und so peu à peu zeigt sich die Natur.

Die Sonne lässt den Wald erblicken. Die
  Herbstblätter scheinen goldend.
Die unterschiedlichsten Farben zeigen sich.

Von gelb, orange, rot, braun bis grünlich
strahlen die Blätter.

Und bei einem Spaziergang kann man
sich von den schönsten Impressionen
verführen lassen.

Und diese Farbpalette tut der Seele gut.
Sie beschwingt einen und stärkt das
Selbstwertgefühl.

Goldner Herbst du tust so wohl.

Tina * 1966

Der Drang etwas Bedeutsames zu tun.

Der Drang etwas Bedeutsames zu tun.
Ich bin nur ein kleines Mädchen und doch
bin ich nicht genug.

Jede Bemühung, jede Gestik wird
unbedeutend in Betracht des
Möglichen.

Mein Sein giert nach einer Exzellenz, die es
selbst in meinen kühnsten Träumen
nicht vermag,
meinen Durst zu stillen.

Ich bin nur ein kleines Mädchen und alles
was mir bleibt,
ist es zu streben nach einer Größe zu groß
für ein kleines Mädchen.

Jedes Gedicht wurde schon geschrieben,
jedes Wort schon gesprochen, jede
Note schon gesungen.
Der Mond betreten, der höchste Berg
erklommen.

Das kleine Mädchen balanciert auf einem
Stuhl aus Tränen und Hoffnung. Sie
streckt sich in die Höhe,
um nach den Sternen zu greifen.
Das kleine Mädchen greift ins Leere.

Ich will nicht streben, aber ich habe Angst
zu fallen.

Hier ist es dunkel und einsam und ich
sehne mich danach mich umzuschauen
und still zu stehen.
Ich habe Angst zu fallen.

Johanna Tödt * 2007

Als ich lernte, Nein zu sagen

Hörte ich auf von allen gemocht werden
zu wollen
Begann ich zu tun was ich will und wurde
mein eigener Chef
Hörten unzumutbare Behandlungen auf
und bekam ich die richtige
Wurde ich befreit von Medikamenten die
mich zerstörten
Bekam ich die Freiheit das zu tun was mir
Spaß macht
War ich rücksichtsvoll zu mir selbst
Achtete ich auf mich
Wuchs meine Stärke
Hatte ich Zeit zum Beten und Lesen
Wurde ich ruhiger
Hörten Vorwürfe auf weil ich
ausgeglichener wurde
War wieder Jesus bei mir
Wurde ich wieder stark für andere
Übernahm ich Verantwortung für mich
Hörte mein Nachgeben auf und begann die
Selbstliebe
Begann ich zufriedener und glücklicher zu
werden
Achtete ich auf gegenseitige Freiheit von
mir und meinem Mann
Begann ich mich wieder zu lieben und
damit die ganze Welt
Begann mein Selbstschutz
Konnte ich im Stress/Angst Fragen stellen
Begann die Sprache der Liebe

Annette Todte * 1966

Der erste Gedanke

Im Winde stehst du still und stumm,
fragst dich wieder nur warum ...
Auf das du nicht verzagen magst,
und nie und nimmer wieder klagst.
Du, genieße nur den Tag,
wenn's mal still ist, einfach frag!
Denn suchest du nicht mehr dein Licht,
bringt auch nichts mehr der Verzicht.
Drum schenk dir ein,
den reinen Wein,
er möge dir Erkenntnis sein.
Und wenn du trotzdem traurig bist,
und alles plötzlich sinnlos ist,
dann denk doch nur einmal daran;
wie schön nur unser einer Liebe,
doch sein kann ...!

*Stella Tölle * 1994*

Nahe Hofoldinger Forst

Dunkel war, der Mond schien helle, als der Ferrari blitzschnelle langsam dicht ans Heck auffuhr.

Auf der Autobahn der nassen
Drei Vierzigtonner rasen.
Und weiße Sprinter folgen prompt
Und ein Krad mit Fernlicht kommt.

Wer langsam düst, verreist bequem.
Bei Coke und Zigaretten.
Mäuschen kannst 'den Arsch verwetten',
Bin fristgerecht zu Hause.

Schluss mit sülzen, 'Mach mal Pause',
Bin entspannt und angenehm!

*Tom * 1961*

Stille ist dein Freund

Die Hand, die dich berührt, die Trauer, die sich rührt.
Kein Kontakt mit der Seele, nur mit dem Körper, den sie spürt.
Ungeduldig wartet sie, bis du ihr gehörst.
Kein Wort wird je gesprochen, das Herz es wird gebrochen.
Tränen steigen in die Augen, aber lass sie niemals laufen.
Die Hand die wirst du kennen, wenn die Gefühle sich geben zu erkennen.
Stille ist dein Freund, sag niemals ein Wort.
Gehorche dem der sie führt, die Hand, sonst wirst du spüren.
Den Körper wird sie decken, in blaugrünen Flecken.
Das Blut das wirst du schmecken, du musst dich jetzt verstecken.
Laufe in den nächsten Raum,
nun schnell, ruf die Männer in Blau.
Ruhe kehrt ein, kann es denn sein,
dass die Hand, die dich einst quälte, nun der Gefangene sei.
Tatsächlich es scheint war zu sein, die Hand ist nun allein,
das Schwarz es hüllt sie ein, nun bist du endlich frei.
Es gibt nun kein Geschrei, der Frieden er kehrt heim.

*Tena Topic * 2006*

Weck' mich auf

Weck' mich auf
Weck' mein Innerstes auf
Beschütz' mich vor meiner Dunkelheit
Vor dem Nichts das ich bekam
Weck' mich auf
Weck' mich auf aus diesem Albtraum
Beschütz' mich vor dem Schmerz das mich beherrscht
Und der Dunkelheit das in mir ist
Weck' mich auf
Weck' mich auf aus diesem Chaos des Wahnsinns
Beschütz' mich vor dem Zerfall
Und dem Elend der mir droht
Weck' mich auf
Weck' mich auf aus dieser Ohnmacht
Beschütz' mich vor der Zerrissenheit

Und vor der Zerstörung die in mir tobt
Gib' mir Frieden
Gib' mir inneren Frieden
Lass' Vernunft und Verstand sich
　einschalten
Und Liebe sich verbreiten

Sylvia Toth * 1978

Im Garten der Lust
(gewidmet der Stadt Würzburg)

Ich betrat den Garten der Lust,
Wo die Liebe an Blumen hing,
Als dort das Schlagen der Brust,
Durch meinen Körper ging.

Meine schöne Liebesbraut,
In den Gängen singt und malt,
Der Klang durch meine Haut,
Wie schöne' sie doch strahlt.

Das Leben ist so herrlich,
Wie meine Schönheit dort,
Ich sag' es immer ehrlich,
Ich gebe ihr mein Wort.

Sie, die Lust des Lebens,
Ein hymnischer Gesang,
Des Wollens und des Strebens,
Der Liebe schönster Bann.

Am Ort der alten Jahre,
Wo nun man hört Poesie,
Es ruhet' manches Wahre',
Des Lebens Melodie.

Lambros Tourkakis * 2005

Herzenskerbe
(gewidmet S.D.G.)

Mit Sommerhimmeln
hat er sie verlassen,
doch verblassen
die Erinnerungen nicht.

Sie flüchten sich mit Angstgebrüll
ins letzte Chlorophyll
der noch vorhand'nen Blätter
dieser Bäume.

Mit ihrem Traum im freien Fall
senkt sich der Herbst
in die geschlag'ne
Herzenskerbe.

Als stürbe alle Hoffnung
mit dem Laub, das sie befällt.
Wer soll darin wohnen,
wenn nicht er?

Natalie-Christine Toussaint * 1985

Kristallklar

Kristallklar
Es scheint ein heller Schein,
wie von einem Edelstein,
vertreibt jegliche Sorge,
jede Pein und wäscht die Augen rein.
Und oh wie du vom Himmel fielst,
so wunderbar und klar,
wie du dich auf Erden niederließt
umschreibt es Mär um Mär.
So zeigst du uns Weg und Ziel,
denn in Finsternis wandern viele
und locker glimmst du von außen her,
es blendet mehr und mehr.
Doch fest leuchtest von innen her,
des Himmels Sternenheer.

Gabriel Träger * 2000

Ein Gedanke ist nur ein kurzer
Augenblick

Ein Gedanke ist nur ein kurzer Augenblick,
　eine Blume.
Doch wer denkt wirklich bewusst und kann
　jeden Tag auf den Wald schauen,
　sein Holz fühlen, das Morgengrauen voller
　Rotkehlchen hören,
　jede einzelne Rose riechen, das leichte
　Lüftchen lieben,

sein Innerstes spüren, die Feuchtigkeit des
Regens aufnehmen und unbelastet in
die Ferne schauen?
Ein Gedanke ist ein kurzer Augenblick,
eine Blume ...

Claudia von Trausnitz * 1977

Das Rote Gemälde

Der Körper ist zerstört vom Kopf,
Die Luft ist stechend dünn.
Aus der Linie fließt ein roter Tropf',
Flieht und geht dahin.

Nach innen biegen sich die Wände
Gellend schrill schreit die Stille
Ganz verschwommen sind die Hände
Vom hastigen Halten der blutigen Rille.

Der Schmerz fährt stechend ins Herz,
Tränen fallen blutend zum Abgrund,
Die Welt ächzt in disharmonischer Terz,
Dehnt sich lang' und wird wieder rund.

Ein leidendes Lächeln schleicht sich auf's
Gesicht.
Die Augen öffnen sich flatternd.
Die roten Rillen werden hart und dicht.
Der Körper erhebt sich ratternd.

Der Kopf ist vernebelt von düsterem
Dunst,
Die Luft ist bedrückend dick.
Das rote Gemälde bleibt sichtbar zurück,
Doch erst sein Verstecken macht es zur
Kunst.

Dana Trefzer * 2003

Lieblingskugelschreiber

Ich liege in Deinen Händen,
fühle Deine weiche, warme Haut.
Was wird aus mir?
Wirst Du mich achtlos verwerfen,
im Kinderspielzeug vergessen,
wirst Du mich bei Dir tragen,
mir für die Ewigkeit
Deine klugen Gedanken,
Deine zarten Gefühle,
Deine Alltäglichkeiten des Tages
stilvoll anvertrauen?
Werden meine Spuren auf dem Papier
Deine anmutige Schönheit unterstreichen?

Es liegt in Deiner Hand.

Wolfram Treydte * 1956

Bestseller Main

Wir kennen uns seit fast vierzig Jahren, seit
dem Studentenwohnheim
in den 80er Jahren.
Damals war der Main für uns nur ein Fluss,
kein Platz zum Baden, wie es früher im
Nizza gewesen sein muss.
Heute liegen die Müßiggänger wieder in
seinen Anlagen,
trinken Apfelwein und sehen den
Fahrradfahrern zu, die die Skater,
Border und Roller jagen
und den Fußgängern in die Parade geraten.
Nachts wird gelacht, gefeiert und die eine
oder andere Wurst gebraten,
aber auch am Eisernen Steg so manche
Liebe verraten.
Tags wird die Skyline mit dem Handy
fotografiert,
auch eine Museumstour ist garantiert,
der Blick auf Fixer irritiert, die
Flaschensammler werden ignoriert, so
lange freie Hunde die Gänse jagen,
Halbwüchsige Hosen mit Löchern tragen,
ist die Welt am Main so up-to-date wie
noch nie.
Kähne tragen Namen wie Käthe - hier
queren Sophie, Rachel und Marie.
C'est la vie,
Kräne gibt es nur noch vereinzelt, wie alte
Spielplatz Gerätschaften entseeltes
Mobiliar.

Lagerhallen sind noblen Appartements gewichen. Schöner wohnen am Main - die Gesellschaft ausgeglichen? Der Brückegickel vis-à-vis.

Hannelore Tröller * 1962

Vielfalt

Die Sprachen, sie klingen, so vielseitig,
In Worten und Sätzen, im Lachen so weit,
Die Welt wird bunter durch jedes Gespräch,
In Toleranz und Respekt, da liegt unser Geschäft.

Lasst uns feiern die Vielfalt, die uns vereint,
In Toleranz und Respekt, das ist es, was uns eint,
Denn in dieser Welt, so bunt und so groß,
Ist Vielfalt und Toleranz unser höchstes Los.

Die Liebe, sie kennt keine Grenzen, kein Land,
Sie verbindet die Menschen, Hand in Hand,
Ganz gleich, wen du liebst, wen du begehrst,
In Vielfalt und Liebe, da ist, was uns lehrt.

Verschiedene Hautfarben, so wunderbar,
Gemeinsam durchs Leben, das ist sonnenklar,
In Einheit und Frieden, Hand in Hand,
Zeigen wir die Stärke, die Vielfalt uns fand.

Die Natur, sie zeigt uns die Schönheit und Pracht,
Von Wäldern und Meeren, in der Dunkelheit und der Nacht,
Mit Tieren und Pflanzen, so einzig und schön,
In dieser Vielfalt, da wollen wir steh'n.

Yakub Trommer * 1999

Liebe aus meiner Sicht

Lieben so wie Julia und Romeo
Zusammen Ed Sheeran ballern, auf der Stereo
Der Zusammenhalt ist das A und O
Und nach einer gewissen Zeit geht man gemeinsam aufs Klo
Liebe ist wenn wir gehen durch Zeiten schlecht und gut,
manchmal kommt es sogar zur Brut.
Toll ist die Liebe nicht immer,
manchmal will man sie einfach nimmer.
Liebe Leute verliebt euch nicht zu früh,
sonst bekommt ihr wenn ihr alt seid zu viele de ja vus
Bei meiner Omi war Liebe noch echt,
heute heirate ich lieber einen Specht.

Troubadixa * 2006

Umbruch

Zeiten weichen dem Alltag
Lange zu viel gesehen
Nostalgie weinen die Augen
Und bringen das Herz zum Glühen

Kalte Angst erhitzt den Atem
Wenn die Zeit Überhand ergreift
Doch mit jeder kommenden Jahreszeit
Übermannt
Falls bereit
Reife das vergangene Leid

Noëlle Zoe Trüeb * 2001

Traurige Momente

Es gibt einen Ort den niemand kennt
versteckt und tief begraben
ein keiner kennt den Weg dorthin
seit wann kann ich nicht sagen

Doch fühl ich immer mehr den Drang
mich dorthin zu begeben
weil Kräfte ich zu spürn vermag
ich kann sie nicht erklären

Die Sehnsucht nach Vergangenem
nach unerfüllten Träumen
verbirgt ein Schleier mir die Sicht
als würd das Leben ich versäumen

Es wächst der Drang ganz tief in mir
Verlangen nach was Schönem
versuche zu erkennen was
vernehme leises stöhnen

Das Herz bemüht sich wie verrückt
mit aller Kraft zu schlagen
die Traurigkeit verdrängen will
und niemals wieder klagen

Parthena Tsotoulidou * 1973

Abschied

Ich möchte weit weg.
Bloß weg.
Mal sehen wohin mich meine Träume
    treiben,
denn an diesem Ort möchte ich nicht
    verbleiben.
Ist es nicht traurig soweit weg sein zu
    wollen?
Doch irgend eine Stimme meint, dass ich
    bleiben soll...
Es ist nicht meine eigene, denn sie träumt
bereits von einer grünen mythischen
    Weide.
Nein, es sind die Personen die mir am
    Herzen liegen sollen,
die mich am meisten unterstützen wollen.
Doch ich breche ihnen das Herz und
    möchte bloß weg.
Es fühlt sich wie ein Verrat an.
Angst, Wut und Kummer fressen mich auf.
Ich hoffe dies wird nicht mein Lebenslauf.

Die Zeit tickt und es ist nicht mehr lang.
Dann schaltet mein Sinn ein und mein
    Koffer ist gepackt.
Dann steh ich an der Tür und meine eigene
    Stimme flüstert mir zu:
Ich schaffe das.

Lilly Tüllmann * 2006

Musik des Lebens

Schwermut fließt
dahin wie Regentropfen
an und auf den Fensterscheiben

Es fließt und rinnt
in Strömen immer weiter immer stärker
Tränen ohne Unterlass
fließen dahin, fließen in eine Kraft
in eine Form

Es entsteht Substanz, Festigkeit
Struktur – ein Ganzes –

Schwermut floss – Leben ist Wandel

Dorothee Turalsky * 1958

alles geht verloren
in diesem riesigen wald
und dennoch hat alles seinen platz
die musik erfüllt das leben
erfüllt die gefühle
erfüllt den regen der menschen
bis die sonne
untergeht.

Gizem Tursun * 1996

Himmelblau

Mein Blick dem deinen folgend –
der Himmel strahlend blau;
unser Lachen tanz mit dem Wind:
Die Zukunft liegt in unseren Händen.

Ob wir die Welt bereisen
oder ein Traumhaus bauen,
ob wir Berggipfel erklimmen
oder schlafen bis zum Sonnenuntergang:
Es liegt allein an uns,
wie wir unseren Weg gestalten.

Deine Umarmung
zärtlich und voller Zuversicht,
Deine Lippen mit den meinen
verschmolzen:
Alles ist möglich.

E. C. M. Tüx * 1982

Was ist Liebe

Das Licht des Mondes scheint hell auf sein
Haar
Ein fernes Licht, so sanft und so klar
Kleine blaue Blumen, zart im Wind
Wie Pflanzen so schön in der Dunkelheit
sind

Seine Augen, sie leuchten wie Sterne bei
Nacht
Ein Funkeln, das lenkt und Wärme
entfacht
Ein güldenes Band erstreckt sich von ihm
zu mir
Bin ich sonst im Überall, nun bin ich im
Hier

Seine Berührung, ein Hauch von
Zärtlichkeit
Ein Kuss und meine Haut glüht wie Licht
Ein Wort, das die Angst und die Stille
bricht
In der tiefen Nacht, wenn der Himmel so
weit

Ein tiefes Gefühl, ein Druck auf dem Herz
Ist es Sehnsucht, ist es Liebe, oder ist es nur
Schmerz?
Sein Herzschlag, das leise Pochen an
meinem Ohr
Durchbricht jede Mauer und öffnet jedes
Tor

Was ist Liebe? Ein Gefühl, ein Sein?
Ich vermag sie nicht zu definieren, doch
fühl ich, sie ist rein
Meine Liebe für ihn ist echt, sie ist wahr
Denn heute Nacht scheint der Mond so hell
auf sein Haar

Joline von Twistern * 2005

Erinnerungen

Vorbei. Vorbei für immer.
Es war, es kommt nicht zurück.
Im Bauch ein Stein, das Herz ohne Glück.
Sehnsucht nach dem was war.
Es kommt nicht zurück.

Es erinnert. Es erinnert viel.
Erinnerungen trüben das Gemüt.
Auf dem Tisch die Gläser, im Radio das
Lied.
Erinnerungen an das was war.
Sie bestimmen das Gemüt.

Leer. Leer bis irgendwann.
Leer durch endloses Vermissen.
Am Morgen auf dem Balkon, am Abend
beim Essen.
Sehnsucht nach dem was war.
Werde es immer vermissen.

Katrin Tzschoch * 1969

Herbstgefühle

Der Herbst entfaltet sich mit dunklen,
trüben Tagen,
die Lebensmut und Frohsinn plagen.
Der dichte Nebel trennt, begrenzt die
Kreise.
In der Natur schwingt dämpfend eine
Klagensweise.

Die kahlen Bäume ihrer Lebenskraft
beraubt,
trotzen geduldig, denn tief in seiner Seele
glaubt
ein Jedes an den Frühling, der noch fern,
denn bald glüht wieder stärker unser
Sonnenstern.

Doch plötzlich wird's im Innern Frühling,
noch sind die Körper steif und müd.
Ein Strahl der Liebe trifft bereite Herzen,
bewirkt, dass eine Seelenrose neu erblüht.

Unbestechlich waltet nun das wahre Leben,
das Schicksal bahnt sich seinen Lauf.
Was einst getrennt soll neu sich finden.
Auch Angst und Schmerz nimmt es dafür
　in Kauf.

Nun banges Herz sei mutig und entscheide
mit deiner Weisheit, deiner Macht.
Folge dem Klang der unerschöpflich,
　wahren Liebe,
die immer wieder neues Leben schafft.

Dieter Übler * 1950

Quersumme

Wenn über einen Weg zu Dir,
die schmale Brücke keine Streben hat,
und frei fliegt in unseren Herzwindungen,
nicht zerbricht, weil unsere Träume fliegen,
dann sind wir Kinder aus Glas und Stein,
Kinder die Kieselsteine werfen über dunkle
　Wellen,
Kinder deren Kanu ins ungewisse fährt und
　brennt.
Wenn nur eine Flaschenhalslänge reicht,
um Luft zu holen, über dem Geruch deiner
　Träume,
wenn Füße kaum noch tragen können vor
　Müdigkeit,
dann laufe ich mit blutender Zunge zu Dir,
　Geliebte,
und sterben umarmt im tiefen Wasser.

Thomas Ufermann * 1964

Dilemma

Ich weiß nicht, wie ich's sagen soll,
Denn eigentlich ist es gut, dass ich,
Menschen hab, die sich sehr kümmern
Und sich sorgen auch um mich.
Doch bitte, ich kann's nicht ertragen,
Wenn sie mich dann dauernd fragen,
Ob's mir wirklich ernsthaft gut geht,
Und ich nicht weiß, was ich sagen
Soll, denn eign'tlich wissen sie's schon.

Ich will doch nur in Ruhe sein.
Ich muss mal mit mir selber klarkommen,
Bitte lasst mich dann allein.
Es ist doch schon alleine schwer,
Ja - nicht ganz okay zu sein.
Aber es ist schwerer, wenn
Alle zu zuschauen scheinen.
Ich will mich wirklich nicht beschweren,
Weil ich, ja so ist es eben,
Freunde hab, die mich ganz sehen
Und die mich dann trotzdem lieben.

Hannah Ulbrich * 2004

Brücke zum Licht

Des Lebens Gut ist Lebensmut,
drum ist es besser, wenn man tut,
nicht kreisende Gedanken denken,
leben – lieben – loben – lenken.
Dankbarkeit im Herzen tragen,
Freude haben und nicht klagen,
Nächstenliebe nicht vergessen,
nicht an anderen Menschen messen.
Dunkelheit gehört zum Licht,
wie das Schicksal es verspricht:
– Jeder erntet, was er säät –
niemals nicht ist es zu spät.
Willen haben, Rückgrat stärken,
nicht vergessen, Gutes merken,
Universum wirken lassen,
keinen Menschen jemals hassen.
Wünsche haben, Gott vertrauen,
Menschen lieben, Brücken bauen.
Blumen schenken und verstehen:
– Jeder muss doch einmal gehen –

Stefanie Ullmann * 1977

Das Leben leben

Ihren gespenstischen Schleier lüftet
　langsam die Nacht.
In Orange und Rosa ergießt sich ein neuer
　Morgen.
Ein Tag voll endloser Möglichkeiten
　erwacht.
Aber noch sind Glück und Erfüllung
　verborgen.

Mit der Sonne blühen auf Hoffnung und
    Mut,
nach Zufriedenheit und Liebe zu streben,
mit großer Freude und feuriger Glut
das Erlebnis des Lebens zu leben.

Die Herrlichkeit der Schöpfung zu
    erkennen,
in der Düfte und Töne Sinne anregen,
um Kunst zu erschaffen, für sie zu brennen
und dabei sich ganz dem Atemzug
    hingeben.

Volker Ullmann

Sehnsucht

Irgendetwas fehlt, hast Sehnsucht.
Weißt nur nicht, nach wem oder was.
Bist einsam, überall wo du bist.
Da ist immer etwas, was die Sache
    unvollständig macht.
Bist mit all deinen Ängsten allein.
Es sind so viele Momente, in denen du so
    verdammt einsam bist.
Ständig die Frage in deinem Kopf, wer oder
    was dir so unendlich fehlt.
Aber du findest keine Antwort.
Vielleicht liegt es daran, dass die Antwort
    du selbst bist.
Du fehlst dir. Hast Sehnsucht nach der
    Liebe zu dir selbst.
Kannst dein Leben nicht vollständig
    machen, wenn du selbst es bist der es
    unvollständig macht.
Du hast Sehnsucht nach dir selbst.

Louisa Ullrich * 2001

Der Liebesstern

Es ist so wunderschön die Nacht, so dunkel
    und leuchtend.
Ein Moment, selten wie die Ruhe.
Und das Salz, getrocknet auf der Haut
    schmeckt nach Abenteuer.
Ich war Zeuge einer Sprache, die Mutter
    Erde mir versucht zu winken.

Ein Schimmern, kristallklar, schweifend
    über das Blaue, heute stille.
Die Venus in ihrer Schönheit und Pracht.
Sanft streichelt sie das Wasser, beruhigt es
    mit ihrem glitzernden Licht.
Erhaben, fast vollkommen ist dieser eine
    Moment.

Undenkbar ist der Abstand, so viele Jahre
    liegen zwischen ihr und mir.
Und doch. In dieser Nacht küsste Sie mich
    mit ihrer ganzen Weite. „Es ist alles
    gut. Ich bin bei dir", flüstert sie.
Dann ließ ich von ihr ab.
Ich weiß, sie kommt nie wieder über's weite
    Blau zu mir.
Doch reicht es zu wissen, dass Sie es ist, die
    auf unsereins blickt, dich, mich, Tier
    und Blatt,
alle Rassen auf diesen einen, so kleinen
    Planeten.

Manfred Marc Umfahrer * 1981

Das dunkle Tier

Das dunkle Tier
Begleitet mich durchs Leben
An Stelle eines Liebsten
Es verfolgt mich
Es gibt Zeiten da verkriecht es sich
Und schläft
Dann erwacht es wieder
Und schlägt seine Krallen Zähne in mich
Saugt mein Blut
Leben und Freude aus mir heraus
Blutend
Zerschunden liege ich dann da
Bis es wieder und wieder angreift
Mich gerade noch am Leben lassend
Bis es mir das Herz herausreißt

Andrea Manuela Unverdorben * 1964

Seelentrost

Der Garten meiner Seele Ort,
verbringe die schönste Zeit des Lebens dort.
Im Angesicht der Blumen und des Grün,
können sich Sehnsüchte und Träume erfülln.

Bei Rosen und bei Veilchen genieße ich ein Weilchen.
Keiner stört und niemand ruft, kann genießen diesen Duft.

Oh, wie schön, eine Bank ist dort zu sehn.
Ein Plätschern und ein Stelldichein beim frühlingshaften Sonnenschein.
Setze ich mich, schließe die Augen nur und genieße die wohltuende erfrischende Natur.

Was braucht es mehr zum Glücklichsein,
als Blumen und den Sonnenschein.

Margitta Uting * 1959

Texte über Texte

Ich versuch' 'nen Text zu schreiben
und meine Gedanken schweifen ab.
Mein Text beginnt mit A und er endet mit dir
und wieder ein Text über dich.
Kann schon garnicht mehr zählen wie viele es sind,
es hört irgendwie nicht auf und das soll es auch nicht.
Ich will einfach nur mit dir auf der wiese liegen und dir in die Augen schauen.
Ist das Glitzer? Irgendwie funkeln die so schön.
Ich hab dich echt gern oder ist das der Punkt an dem man von Liebe spricht?

Aysima Uzunoglu * 2006

Falsche Verteilung

Er schreit nach Brot und Feuer,
Er ist dem Staat doch so lieb und teuer.
Doch wirf hin dien Helm und Spaten,
Der Staat hat dich verraten.

Die Unternehmen zu unterstützen,
Ihnen unter die Arme zu greifen,
Tut ihm offensichtlich mehr nützen,
Da kenn man dich auch mal schleifen.

Denn, „Geht's der Wirtschaft gut, geht's uns allen gut."
Zumindest allen mit einem türkisenen Hut.
„Wichtig ist, dass deine Leistung stimmt".
Die Frage ist nur: Wer gewinnt?

Josef Vana * 2005

Seelendurst

Flüchtig wie eine Sternschnuppe kann es sein;
objektiv irrelevant und unbeachtlich minim obendrein.
Doch spiegelt sich ein wenig du darin wider,
sinkt meine Vernunft verlegen verliebt zu Boden nieder
und ich widme dir ganz allein
die facettenreichen Dimensionen der absurdesten Schwärmereien.

Katerina Ventsel * 2005

Nächte

Die Nächte sind es
Die uns speisen. Wollen. Aus
Dem fahlen Licht des Monds

Tränken uns mit Bernstein. Rein
Gegossen aus den Augen. Grün
Und blau die tiefen Wasser

Ob wir wachen oder träumen
Nacht ist es die nähren will
Alle Spiegel unsrer Tage. Alle

Drei. Drei Hügel sind es. Fahl
Umgossen. Über die mir
Seele gleitet. Wandert mir

Die Hand. Und Mund. Der nur
Darf hier Mondlicht saugen. Leben
Nichts als Leben. Aus den zarten Knospen

Weiß man ob sie gern mir geben. Hügel
Knospen? Meine Nahrung. Und mein
Leben. Bebend hart sich widersetzend?

Ich muss trinken. Jeden Hügel
Jede Knospe muss ich trinken. Und
Muss durstig bleiben. Ewig trocken

Mir mein Mund. Und muss haben
Saugen. Haben. Willst du's dulden
Oder nicht! Muss den Hunger. Muss

Das Dürsten ewig haben. Um dich
Niemals zu gewinnen

Jetzt und immer
Nie und nimmer

Peter Veran * 1962

Mein Leben

Ein Wurm der sprach:
„Wie ist das gemein,
warum habe ich kein Bein?
Warum krieche ich hier so dumm
auf den Schmutz, den Boden rum?"

Da sprach die Ameise:
„Sollst doch nicht traurig sein,
ich habe viel zu viel Bein,
das find ich gar nicht fein.
Warum ich muss mich mit so vielen
  bewegen?
ich hab ein schweres Leben!"

Semir Vierra * 1977

Zyklus

Unermüdlich geht er auf dich zu
Kennt kein Erbarmen
Keine Not
Ein Sehnen nach Unendlichkeit
Doch er droht

Er ist die Warnung, die bleibt
Ein Hinweis, ein Rat
Der schreit
Des Lebens Schale voll zu schöpfen

Dann ist es vorbei
Mit einem Mal
Du wirst zu Erde und zu Stein
Hörst einfach auf zu sein

Der Laie sieht den Zyklus nicht:
Jahre später blüht ein Baum
Seine Blätter recken sich gen Licht
Ist deine Zeit vergessen?
Bist du noch hier?
Die Vergangenheit liegt in der Luft
Jede Blüte ist ein Teil von dir

Simon Vogel * 2004

Lebenskampf

Nicht Licht, nicht Schatten,
nicht Glanz, nicht matt,
die Innen nichts hatten,
glatt und satt.

Herkunft verschwommen,
auf Reisen geschickt,
nicht angekommen,
vergangen, verrückt.

Verkappt gewachsen,
gerade und schief,
folgsam den Achsen,
Zweifel zu tief.

Hoffnung folgt immer,
peinlich ein Schmerz,
nur kalter Schimmer
erwärmt das Herz.

Im Fall hängt Getropfe,
viel Müh, viel Not,
Geschrei und Geklopfe,
die Seele - tot!

Roswitha Vogel * 1954

Osterhase

Wenn der ersehnte Frühling kommt
erscheint auch Osterhase prompt
und jeder freut sich, Jung und Alt
auf die Legende in Gestalt

Doch ein Gerücht das Runde macht
bringt Osterhase in Verdacht
er entwende im Gehege
braver Hennen das Gelege

Dies alles zur Belustigung
für ein verwöhntes Publikum
geregelt unter Staatsvertrag
als klerikaler Ostertag

Wird die Beute dann gefunden
schenkt sie Menschen frohe Stunden
und beim genüsslichen Verzehr
erfreu'n sich Jung und Alt noch mehr

Jeannette Vogel * 1937

Verbundenheit

Berührend schon der erste Blick -
unaufdringlich und doch die Nähe suchend.

Wortlose Einladung zum Zusammensein.
Ungezwungenheit - nicht nur zum Schein.

Völlig ohne Erwartung zum Bündnis
    bereit,
teilhaben, eintauchen in des Anderen Welt.

Bezug nehmen, dazu gehören, Vertrauen
    gewinnen,
ein Auffang-Netz aus Integrität und Treue
    spinnen.

Sehnsucht nach Nähe und Zugehörigkeit,
gestilltes Bedürfnis nach Geborgenheit.

Sich verbinden - ohne sich selbst zu
    verbiegen,
sich blind und vertrauensvoll in Sicherheit
    wiegen.

Verbundenheit - sich nahe sein, das
    Miteinander erleben,
voller Wachstum in seinem Geben und
    Nehmen.

Christine de Vogt * 1954

Die Zeit nimmt

Machtlos, den Kampf aufgegeben
Mit Tränen, im starren Blick
Verloren einst das blühende Leben
Die Uhr macht ein letztes Mal Tick

Die Zeit nimmt, was ihr zusteht
Kalt bleibt der Körper zurück
Die Seele wandert, sie versteht
Muss weiterziehen, über die Brück'

Das Liebesband nie ganz zerbricht
Haltend fest, die Vergangenheit
Wartend dort im friedlichen Licht
In der grenzenlosen Ewigkeit

Anna Voigt * 1992

Wann

Wie viel des Sandes, wird verrinnen?
Zwei es wissend, sich besinnen.
Gleich wohl ahnend, Tage spürend.
So nah, so fern, zusammen führend.

Heiko Volkenand * 1976

Das Leben – Wünsche an meinen Vater

Von Tag zu Nacht, von Jahr zu Jahr, finde
ich dich wunderbar.
Ich wünsche dir das beste Leben, das Gott
konnte dir geben.
Ich wünsche dir noch ganz viel
Besonderheiten und ganz viel
Süßigkeiten.
Ich wünsche dir ein tolles Leben, mit vielen
Freunden, die dir viel bedeuten.

Lukas Völkl * 2013

Schweigen

Ich höre nur das Rauschen der Wellen,
Die tosenden Wogen …
Erinnerungen, die an den Felsen
zerschellen,
Wir haben zu oft gelogen …
Tief drinnen schreie ich immerzu,
Mein zerrissenes Innenleben …
In meinen Gedanken da bist nur Du,
Niemanden sonst gehört mein
Nervenbeben …
Allein - gefangen in der Einsamkeit,
Nichts als Schweigen um mich her …
Auf der Suche nach einer Wahrheit,
Ich vermisse Dich so sehr …

Katja Vollbracht * 1972

Mücke im Champagnerglas

Mücke im Champagnerglas
betrunken aber froh
lässt sich treiben,
sanft im Kreise
denkt an längst vergess'ne Zeit
alte Freunde,
neue Träume
Wehmut steiget ihr zu Kopfe.
Oder ist 's der edle Tropfen?

Michelle Völlger * 2000

Freiheit

Gedanken wachsen
in Stille
die Raum lässt
ohne Rahmen
ohne Begrenzung
Freiheit ist
geräuschlos
körperlos

Mia Völling

Wahrheiten

Ich bin
nun einmal nicht Du.
Meine Wahrheit ist
nicht Deine.
Deine Wahrheit ist
nicht meine.
Meine Seele will
Dinge, die Deine Seele
vielleicht nicht kennt.
Lass uns
jeder sein wie wir
sind.
Lass uns Dinge
zusammentun und manche
alleine.
Lass uns sein wie
wir sind.
Dann leben wir unsere
Wahrheit.
Es gibt mehr als nur
eine.

Claudia Vollmer * 1993

Ankerstern

Der Kaiser schwand, dein Stern erschien,
der erste Weltkrieg ging dahin,
durchs Volkes Herz und Schlesienland,
noch Preußens Gloria widerklang,

Vom Kaiserreich zur Republik, dann
    Diktatur und wieder Krieg,
Ein Wimpernschlag, des Wandels Sieg, von
    Dauer ist kein Augenblick.

Was heut noch ist, war morgen schon
    gewesen,
in diesem vorwärtsstreben nun,
die Zeit verrinnt- sei Anker die Erinnerung,
Wenn morgen noch nicht da und gestern
    schon verlesen.

Des Ankers Halt im Lebenswandels
    Widerhall,
auf deinen epochalen Reisen,
zum Berg hinauf, hinab ins Tal,
Das Dasein und der Schöpfer selbst,
    formten gar so manche Weisen.

Des Lebens Ernte reich an Frucht, fort
    dauert deine Sternenreise,
Im Herze Jugend und die Lebenslust, im
    Geistes Glanze Weise,
Der Ankerstern bist du jetzt nun,
    den Liebsten, Hoffnung, Heimat wie
    Bereicherung,
es neigt der Tag dir voller Würde zu, will
    festlich heut dir seine Stunden weihen,
in Freude und mit Herzenslust, dem
    Augenblick Bestand verleihen.

Arthur P.M. Vorreiter * 1978

Gegenständliche Gedanken

Ich bin eine freie Nudel
man könnte sagen eine Kugel
so rund und schön
ganz nett anzusehn
aber nach Weihnachten
werde ich wieder versteckt
was für ein Gfrett

Marike Vuga

Der Mantel

Mäntel tragen viele Namen
nicht nur genäht für schöne Damen.

Es gibt den Mantel der Vergangenheit,
man kennt auch den des Schweigens,
den Mantel der Vergesslichkeit-
ob Mann ob Frau, Garderoben zeigen's

Den Krönungsmantel trägt die Queen,
Brokat verziert mit viel Rubin.
In Apotheke, Praxis und Labor,
da heißt der weiße Mantel Kittel.
Kapuzen kommen manchmal vor,
als Tarnung hilft dies Zaubermittel.
Den Mantel gibt es auch im Zoo,
den trägt der Mantelpavian -
am Nordpol wärmt der Seal den Eskimo,
der Nerz hat's Frauen angetan.
Ob Regen- Bade- Wintermantel
ob Ulster, Paletot ob Cape
voll hängt die Garderobe
jedoch der richt'ge Mantel fehlt.
(geklaut)

Georg Wächter * 1936

Nur ein paar Worte

Nichts Großes habe ich für dich
Nichts Langes
Nur ein paar Worte
Hingeworfen
Vor die Eingangstür
Vor die Stufen zur U-Bahn
Vor die Großbaustelle hinter dem
    Hauptbahnhof

Nur ein paar Worte
Dir in der Februarkälte
Die Ohrläppchen zu wärmen

Anne Wagenpfeil * 1984

22:22 Uhr

Zwei Herzen aus einem Haus
Überfordert die Mutter
So vieles hielten wir gemeinsam aus
Abwesend der Vater
Nur du und ich um 22:22 Uhr.

Ich weiß was du denkst
Dafür reicht nur ein Blick
Angst nach der Schule
Bis Papa kommt zurück
Nur du und ich um 22:22 Uhr.

Zusammen in Freude
Wie bei den großen Fünf
Zusammen in Leid
als Mama von uns ging
Nur du und ich um 22:22 Uhr.

Du kennst meine Wunden
Und weißt sie zu nutzen
Wie kein Mensch sonst
Kannst du mich verletzen
Nur noch ich um 22:22 Uhr.

Alexandra Wagner * 1984

Wärme

Brennend schritt es auf uns zu,
unaufhaltsam wie Thanatos selbst
und die Natur schrie durch die Leiber.

Brennend, brennend, warm und sachte
kam es auf uns zu und dachte:
Fairer bin ich als das Leben.

Brennend, brennend sich die Hand
    erstreckt,
bei Jung und Alt die Furcht erweckt
und entgegennimmt die Wärme der
    Ewigkeit,
doch ich saß da und lachte.

Lasse Wagner * 1999

Gedicht

Wie schreibt man ein Gedicht?
Ich weiß es nicht.
Der Stift läuft über's Blatt.
Ich hab es lange noch nicht satt.
Das Spiel mit Worten gefällt,
aber auch dem Rest der Welt?
Das Wort, die Sprache, es fasziniert,
deswegen schreibe ich ganz ungeniert.
Zum 1.mal in meinem Leben.
Das kann mir auch in meinem Alter noch
    gaaanz viel geben.
Eine Freiheit fühle ich in meinem Herz,
wo gestern noch der Schmerz.
Über Stil der Zeilen weiß ich nicht
    Bescheid,
das birgt aber auch kein Leid.
Mir hat es riesig Spaß gemacht
und jetzt geb ich gut acht,
was nun passiert.

Angela Wagner * 1962

Abschied

Kisten und Koffer sind verschlossen-
Das letzte Hab und Gut wird weggebracht.
Der Blick schweift prüfend noch durch
    leere Räume,
Dann wird die Türe leise zugemacht.

Die treuen Augen meiner felligen Begleiter,
Sie sehen groß und fragend zu mir auf-
Der Lebenslauf treibt Schritt für Schritt uns
    immer weiter-
Und löscht vergang'ne Wohligkeit von
    Altvertrautem aus.

„Lebe im Jetzt"- So klingt mir liebvoll
    Deine Mahnung -
Sacht weht der Sommerwind mir Deine
    Stimme noch ins Ohr.
Ich fühl' den Sommerwind- Den weiten
    Äther...
Die Zukunft bringt die Gegenwart hervor.

Carmen Wagner

Halber Mensch

Dunkle Schwingen, beflecktes Herz,
ein halber Mensch aus grobem Erz,
niemals vollkommen, niemals absolut,
ein verdorbener Geist mit einsamer Glut.

Ein Kaleidoskop aus Schein und monotoner
    Farbe,
im Abyss verfing sich eine leere Frage.
Der Sinn hat die Seele gefressen,
in schwerer Dunkelheit wurde die Sicht
    vergessen.

Unter Schatten grotesker Fliegen
zerplatzt das Glas toter Augen.
Im Antlitz des Ganzen konnte kein Feuer
    siegen.
Jeder Splitter, gekettet an einen falschen
    Glauben.

Kaltes Licht von oben, ein Trug alter
    Anker,
das Gesicht vergraben in der Luft
    vergessener Kranker.
Ein verzerrter Geist verloren im Irrgarten
    ohne Illusion.
Gleichgültig wartend auf des Funkens
    Exekution.

Chiara Wahl * 1999

Kunst für mich wie Gift

Kunst wie deine Augen, Kunst wie dein
    Gesicht, Kunst in deinem Lächeln,
Kunst für mich wie Gift;
Kunst die du gemacht, Kunst die du
    geschaffen, Angst in meinem Herzen,
Ich hab Angst um dich;
Bilder voller Farben, Rot und Grün und
    Blau, van Gogh Monet Renard, kein
    Bild so schön wie Du;
so wunderschön gefährlich, gegessen von
    dem Gift, Evas Apfel in der Hand,
    verzweifle ohne Dich;

Bilder wie Gefühle, Erinnerung an dich,
    Sonnengelbes Gerstenfeld, wie ein
    Fisch im Wasser,
meine Angst nach oben schnellt, Panik
    vorm Verlieren;
nach dir kann ich sagen, Gewinner bin ich
    Nicht

Sebastian Wahlers * 1999

Nachtjäger

Die Sonne hängt tief, im Wald wird es kalt.
Das blassrote Licht kriecht über den
    Schnee.
Und in den Herzen dehnt sich, alsbald,
Angst aus wie ein überbordender See.

Alle frohen Lieder des Tages verklungen.
Ihre Sänger versteckten sich mit Bedacht.
Das Dunkle hat das Helle niedergerungen.
Es erwachen die Kreaturen der Nacht.

Augen, die glühend durchs Dunkel spähen.
Nasen, die prüfen und wittern.
Ohren, die lauschen in Fernen und Nähen,
spüren sensibel das feinste Zittern.

Das Feuer der Jagd, es wurde entfacht!
Die Bestien berauschen sich an ihrer
    Macht!
Im Triumph des Blutes der Schlächter
    lacht...
Und ein Heulen tönet durch die Nacht.

Thomas Waider * 1964

Sie sind da – sie kommen und gehen
Bist dir nicht sicher, denn du kannst sie
    nicht sehen
Die einen sind klein, die anderen groß
Manche sind gut, einige rigoros
Die Wahrheit erzählend widersprechen sie
    sich
Wem kannst du glauben, wem aber nicht?
In Kreisen tanzen sie um dich herum
Leises Gesumm wird zu lautem Gebrumm

Es sind die Gedankengeister, die versuchen
　zu dir durchzuringen
Und Gefühle und Ideen zu etwas zu
　zwingen
Also sei vorsichtig, sonst nehmen sie dich
　ein,
Verführen dich und du kannst nicht du
　selber sein.

Laetitia Waldenberger * 2005

Der Introvertierte

Ich bin ein Mensch.

Ich bin ein in sich geschlossener Mensch.

Ich bin ein gesellschaftlich unauffälliger,
in sich geschlossener Mensch.

Ich bin ein im Kissen weinender,
gesellschaftlich unauffälliger,
in sich geschlossener Mensch.

Ich bin ein wegen der Kleinigkeiten des
　Tages,
im Kissen weinender, gesellschaftlich
　unauffälliger,
in sich geschlossener Mensch.

Ich brauche keine Hilfe!

Luana Walder & Natalia Kruk * 2005

Die Würfel des Lebens

In der Liebe und im Spiel ist alles erlaubt
Aber meine Liebe ist eingestaubt
Ich suche sie, wie die Sonne an Regentagen
Und kann ihr Angebot doch nicht
　ausschlagen

Einfach los zu lassen
Damit all die Erinnerungen verblassen
Mein stärkstes Verlangen
Aufhören Feuer zu fangen

Sie verbrennen mich mit ihren Worten
An all den verletzlichen Orten
Mein Herz hat längst Feuer gefangen
Und meine Leidenschaft ist längst
　untergegangen

Wie fühlt es sich wohl an zu ertrinken?
Und immer weiter im offenen Meer zu
　sinken
Das Feuer wurde zwar von den Wellen
　erstickt
Aber sie haben meine Hoffnung mit
　weggeschickt

Meine einzige Chance war das Spiel
Bis das Spielbrett zusammenfiel
Meine Spielfigur hat das Spiel verlassen
Wie kann ich mich jetzt nicht hassen?

Hannah Waldmann * 2007

Eine Liebe ohne Zukunft

Ich sah dir ins Gesicht und ich wusste es
Du empfindest nicht so wie ich
Es schmerzt so sehr
So als würde ich Stück für Stück ertrinken
　im weiten Meer

Ich ertrank Nacht für Nacht im Meer
　meiner Tränen
Jedoch wollte meine Liebe für dich einfach
　nicht vergehen
Für dein Lachen und deine Art mich
　glücklich zu machen
Wie du stets versuchst das beste aus allem
　zu machen

Aber ich kann nicht mehr zusehen
Zusehen wie du alles gibst damit andere
　Mädchen dich so sehen
Dich so zu sehen wie ich dich seit Tag eins
Aber dennoch war ich niemals deins

Ich muss aufhören damit zu versuchen
deine Liebe zu gewinnen
Und anfangen mein neues Leben zu
beginnen
Ein Leben ohne dich und den damit
verbundenen Schmerz
Aber du bleibst fürimmern in meinem Herz

Denn von nun an werde ich dieses Gefühl
für immer mit dir verbinden
Da du der Grund warst wieso ich lernte so
zu empfinden
Du warst und bist meine erste große Liebe
Niemand wird das jemals von mir nehmen
nichtmal der beste aller Diebe

Elisabeth Waldmann * 2007

Das Licht in deinen Augen

deine Augen
so schön wie eine stürmische Winternacht
sie lächeln mich an
Augen lächeln?
fragst du dich
die deinigen tun es
du siehst mich und sie leuchten auf
vielleicht nur ein Fehler meinerseits
vielleicht nur ein Teil meiner Vorstellung
doch es wirkt real
alles an uns wirkt real

Elisa Walenszus * 2006

Ares

Oh roter Gott - Ares, Männer mordender,
  Wehklag säender,
Geißel nennen sie dich die da gar schwach
  sind an Arm und Geist
Sieh sie erzittern im weibischen Sinn hören
  sie nur von Ferne deinen Namen
  sagen
Singen möchte ich deinen Preis, niederlegen
  den Kranz an heilger Stätte -
Sehet der bewährten Männer Schwarm,
  wie er andächtig wallfahret zu deinem
  Altare das blutige Opfer zu bringen
Sehet aus von Blut getränkter und vom
  Fleische gesättigter Erde den Samen
  männlicher Tugend
tausendfach sprießen
Sehet die Blüte der Jugend ! -
Dahingerafft.... Ach ! Zu kurz währte
  das Los
Ares, unersättlicher, in deinem Tempel
  lodert die Flamme die sich entzündet
  am ewigen Hass
Und wo nur einer träget das Feuer hinaus,
  schnell mehret Hass sich am Hass
und schon bald sehet rasen Hass
  verzehrende Brände der Schlacht
Ares, rasender Wüterich, als einen der
  Götter erkenn ich dich,
wenn nach der Sonne Untergang du leise
  schimmerst im rötlichen Licht
Saget mir! Lohnt es denn zu lieben,
lohnt es gar zu hassen die Fäden die zum
  Schicksal gewoben urstämmige
  Partzen
Lohnt es zu hadern mit der Menschen
  Geschick, das von Beginn an ewiglich
  aus gleichem Elemente gebildet ist
Du Ares bist ein Teil davon und
  vielleicht auch in all unser Schicksal
  eingesponnen,
drum will ich dich auch nicht leugnen,
  denn es gebührt dem Menschen nicht
  sich vor dem Schicksal zu beugen
Und solltest du mir einst begegnen auf
  meinem Gang, nicht werde ich
  erschrecken dann,
an meiner Seite sollst du gehen, Begleiter
  will ich dich heißen,
bis mich an des Hades dunklen Pforten die
  Schatten entreißen

Jan Simon Walka * 1993

Frage

Ich habe mir eine Frage gestellt,
eine,
bei der man vielleicht einen Moment
    nachdenken muss,
eine,
bei der womöglich jeder eine andere
    Antwort hat,
eine,
bei der ich nicht weiß ob es eine richtige
    Person gibt um sie zu stellen,
eine,
bei der ich nicht weiß ob ich es jemals
    erlebt habe,
eine,
bei der ich nicht weiß ob sie mir überhaupt
    jemand beantworten kann,
eine,
bei der ich nicht weiß ob es überhaupt eine
    Antwort darauf gibt,
eine,
bei der ich nicht weiß ob ich jemals eine
    Antwort darauf finden werde,
eine,
die ich mir jeden Tag stelle.

Nicole Wallner * 2006

Im Bruchteil einer Sekunde

Wir schauen uns an: Du hältst den Blick,
    ich jedoch nicht.
Früher war das anders, fast schon
    umgekehrt.
Bemerken tue das allerdings nur ich! Du
    nicht?
Genau das wäre eigentlich meine Frage:
Noch nie, noch nicht oder einfach nur
    nicht?
Alles im Bruchteil einer Sekunde.

Schau ich dich an, zerreißt es mich.
Doch schaust du mich an, dann heile ich.
Aber nicht ganz, sondern nur ein Stück.
Gerade so viel, um den Schmerz zu
    vergessen

Um mein zerrissenes Ich wieder
    zusammenzusetzen.

Die Sekunde ist rum, doch der Bruch ist
    noch da.
Und innerlich, da bedanke ich mich
beinahe aufrichtig,
für einen weiteren Bruchteil einer Sekunde.

Antje Walpert * 1999

empathielos

Zwei in einem Raum.
Ein Stein, ein Baum.
Nahtloser Saum.
Farbe gibt es kaum.

Der, in der Mauer verschanzt,
sieht nicht, wer tanzt.
Wie der Andere frisch gepflanzt.
Der Raum ist nicht verwanzt.

Worte erklingen
wie zuckersüßes Singen
oder enge Schlingen.
Die Zweifel ringen.

Gehauchte Versprechen
erzeugten schon eisige Flächen.
Und das kleinste Stechen
führte zum Brechen.

So beginnt ein Tropfen seine Reise.
Rollt immer weiter ganz leise.
Bald entsteht eine breite Schneise.
Ignoranz ist auch eine Art und Weise.

Emily Walter * 2003

Der Schatten

Knipse das Licht an und verdränge die
    Finsternis
Steh im Raum und hab plötzlich ein
    zweites Gesicht

Hab einen Schatten der furchteinflößend
   düster ist
Mich verfolgt, aber mich niemals auffrisst.
Er ist ein Fleck hinterm Licht, ein Echo
   hinter mir ganz dicht
Eine Geschichte, die niemals erlischt, außer
   wenn es dunkel ist.
Er hat Angst, dass man ihn vergisst,
   obwohl er doch immer zugegen ist
Mich verfolgt und trotz des bittersten
   Sturzes sich nie etwas bricht.
Sich meiner formt, sich meiner erhebt, sich
   meiner labt
Sich den Moment ewig erjagt, sich aber
   niemals beklagt
Ein Schatten, der niemals fragt, das zweite
   Gesicht, das nie etwas sagt
Ein Meister der Illusion, äußerst begabt.
Doch knipse ich das Licht aus, bin ich dem
   Schatten gleich und doch immer einen
   Schritt voraus,
sitze ich im Dunkeln und male mir aus
Wie der Schatten in der Dunkelheit
   zerfließt, sich der Finsternis ergießt
Die Grenzen seiner Persönlichkeit erschießt
und dann ganz leise verschwindet, während
   ich die Dunkelheit überwinde
Doch knips ich das Licht an, er mich immer
   wieder findet
Und mein zweites Gesicht mir inne bindet.

Cornelia Walter * 2003

Krieg umschleicht das Haus

Der Krieg umschleicht bereits dein Haus,
Gar ängstlich siehst du zu ihm raus,
Siehst seine Fratze hämisch lachen,
Als in der Ferne Schüsse krachen.

Sogleich gefriert in dir das Blut,
Du bangst um all dein Hab und Gut,
Du weißt, er wird dich nicht verschonen,
Für And're aber wird's sich lohnen.

Beklommenheit dich nun umfasst
Und tief in dir wird dir verhasst,
Wer uns bereitet hat den Weg,
Doch leider ist es nun zu spät,

Das schlimme Treiben abzuwenden.
Mit den vom Schweiße nassen Händen
Verharrst du, weißt nicht ein noch aus -
Der Krieg umschleicht bereits dein Haus.

Alexander Walter * 1989

Der Weg zum Lebenswasser

Das Lebenswasser, rein und hell,
sprudelt oft aus ferner Quell.
Wer immer will sich dran erlaben,
muss einen Krug zum Schöpfen haben.
Doch manch ein Krug, der ging zum
   Brunnen,
ist auf dem Weg bereits zersprungen.
Willst Du vom frischen Wasser trinken,
dann musst Du geh'n, magst Du auch
   hinken,
den weiten Weg, den Krug im Blick,
stets nach vorn, niemals zurück.

Ekkehard Walter * 1960

Teufels Umklammerung

Winde ich mich doch
aus der Umklammerung des Teufels und
   seiner Dämonen heraus.
Sein Gift versprühend will er, mit Glanz
   und Gloria, mir nur
die Pest und den Tod aufbürden.
Denn
das Läuten der Sonntagskirchenglocken ist
   zu schön, – es ruft zur Ruhe,
die er mir nicht gönnt.

Friedrich Walterbach * 1956

unmenschlich

einstmals, was noch vor zwei wochen war
ich die welt noch mit andren augen sah
da blühten blumen und vögel sangen
die russen neben den ukrainern standen
in beijing noch ganz unbesorgt
mit liebe und viel freude am sport
doch dann vier tage danach
der traum, der frieden, alles durchbrach
der präsident nein führer, diktator er kam
geschossen, gemordet ganz ohne scham
von allen seiten tönt es, der krieg er ist da
und ich sitz' zu hause vollkommen starr
sehe die bilder mit ungläubigen augen
kann den skrupel noch immer nicht
    glauben
flugzeuge fliegen, bomben explodieren
häuser werden ruinen, väter soldaten
frauen und kinder müssen fliehen
einsam wo sie niemanden kennt
russland, es wird immer mehr fremd
wie kann ein jemand, wie kann er nur
wie kann ein mensch so unmenschliches
    tun

Julia Walther * 2004

Roter Mohn

Der rote Mohn am Feldrand steht,
im Reigen mit der Kornblume Blau.
Der laue Wind des Frühlings weht,
getrocknet schon der Morgentau.

So prall, so farbenfroh steht er Spalier,
gleichsam zerbrechlich und so zart.
Besucht wird er von manch' Getier,
das oft Flügel hat.
Falter flattern kunterbunt,
Bienen mit Gesumm,
Käfer, Hummeln kugelrund,
schwirren wild herum.

Der Mohn ist klar, ist rein,
lässt sich nicht verbiegen.
In der Vase geht er ein,
will in Natur sich wiegen.

Er leuchtet nur an Ort und Stelle,
nur da kann er gedeih'n!
Verwurzelt in der Heimat Bodenwelle,
kann er ihr Schönheit verleih'n.

Manch' Mensch, geerdet wie der Mohn,
ungeschminkt und dennoch leuchtend,
bleibt besser daheim in seiner Region,
ist für das dortige Leben bedeutend.

Den Mohn geseh'n am Feldrand stehen;
das Herz ging auf so weit.
Voll Wärme, Wonne mag ich flehen,
schützt das Strahlen für alle Zeit.

Sandra Walther * 1972

Stille Zeit

Die Empfindung, abgesunken, von den
Eindrücken des Tags überflutet, beginnt
sich wieder zu regen, langsam setzt sie,
unter Wasser die Segel, kreuzt überm
    Grund
ein wenig aufwärts driftend

ich kann am Bug ihren Namen lesen
wechsle Zeichen mit den Matrosen
bis sie auf große Fahrt geht
ins Dunkel der Vergangenheit
beladen mit dem Versprechen
zurückzukehren

Fried Wandel * 1950

Der neue Weihnachtsfriede

Was die Obrigkeit zerstört in diesen Tagen
zieht wie ein Gift sich durch die Landen,
drum ist's besser einen Neuanfang zu
    wagen,
nach Streitigkeit knüpft neue
    Freundschaftsbanden.

Der christlich', himmlisch'
 Weihnachtsfrieden
soll grabentiefe Wunden heilen,
doch wie die gegenwärtig' Zeit beschieden,
braucht's viel Geduld, geformt in Toleranz
 und lieben Zeilen.

So wie das Christkind auf die Erde kam,
in jener stillen, heiligen Nacht
und des armen Volkes Sorgen nahm,
bis etwas völlig Neues ist vollbracht.

Das Neue darf das Alte nicht entfremden,
ein demokratisch' Band aus längst
 vergangener Zeit.
Um aus dem Dunkel sich dem Lichte zu
 zuwenden,
bedarf's der Liebe, nicht gesellschaftlichem
 Streit.

Nicht die Täuschung, List und Lüge
erfüllen einen friedlich' Plan,
denn, wenn ich das eigene Volk betrüge,
stinkt's aus der Hölle bis zum Himmel an.

Drum' nehmt die Weihnachtsbotschaft
 euch zu Herzen,
versucht das Unmögliche, was möglich ist,
vermeidet zukünftiges Leid und Schmerzen,
in diesem Tun zeigt sich der wahre Christ.

Wanderer * 1963

Truhe voll Gold

Wenn ich an dich denke wird mir warm
 ums Herz.
Ich spüre die Liebe die du mir gibst.
Ich denke viel an dich, und merke mir die
 Worte die du sagst.
Du gibst mir das Gefühl, etwas besonderes
 zu sein. Geliebt zu werden.
Ich bin so glücklich. Es liegt an dir.
Du bist die richtige, sage ich mir.
So fühle ich mich. Geborgenheit: Schutz,
 Sicherheit, Wohlbefinden, Liebe.
Keine Worte,
kein Liebesbrief wird jemals genug für dich
 sein.

Mein Herz schlägt schneller, wenn ich dich
 sehe.
Für mich bist du wie ein Schatz. Das
 wichtigste in meinem Leben.
Ich will dich mit allem beschützen. Für
 immer lieben.
Du bist die Truhe voll Gold meines
 Herzens, die ich nur für die wenigsten
 öffne.
Du darfst sie nicht nur sehen, sie gehört dir.
Du bist ein Teil davon, ein Teil von mir.
Empathie: sie lässt mich fühlen. Trauern,
 freuen, feiern, weinen.
Fängst du an zu lächeln, schmilzt mein
 Herz. Ich bin nicht erfüllt.
Es ist das schönste auf der Welt.
Wir sind für einander bestimmt.
Ich bin mir sicher.
Keine Zweifel.

Dolores Wandschneider * 2006

Rosenstolz

Jetzt bin ich da, seht nur die Blüte,
Groß, üppig und von feinstem Duft!
Zu mir schaut jeder- meine Güte-
Und hebt ihr Haupt hoch in die Luft.

Wie kriecht ihr klein und untertänig,
Als Schneckenfraß den Boden lang,
Tritt man euch platt, so stört das wenig,
Wen freut schon euer blechern' Klang!

Da naht heran das Hagelwetter,
Zerschmettert Roses Blütenpracht,
Und zornig Sturmwind bläst die Blätter
Hinweg, in schwarze Todesnacht.

Und als es wieder hell geworden,
Da reckten sie ihr Haupt empor,
Die stolze Rose war gestorben,
Die Winzlinge schön wie zuvor!

Jott H. Wangerin * 1943

Sicht

Mal Federleicht, ich fliegen lerne.
Mal hart wie Stein ich um Atem bitte.

Mal der Ginkgobaum, leuchtend hellgrün.
Mal glitzernd gelb, der Sonne ähnlich.
Mal nackt und tot wie der Herbst.

Sommer, Winter, Herbst, Frühling,
    Wärme, Kälte, Regen, Donner, Blitz
    und der leichte Schauer vor dem
    Regenbogen.
Grenzenloser Schöpfer du.

Mal die Augen die nicht sehen.
Mal die Augen, die suchen nach deinen
    zauberwunder Grenzen.

Die Kälte die mich zittern lässt
Das schwarze Herz das mich bittern lässt.
Der Sommer der mich zum schmelzen
    bringt, die Seele die nun Frieden
    klingt.

Jedes Jahr die Zugvögel,
geleitet von dir, an die gleichen Orte.

Die tiefe der Geheimnisse der Ozeane sich
    in jedem Tropfen widerspiegeln.

Denn Sinn, der Mensch verstehen versucht,
    doch immer wieder verstehen vergisst.

Arfa Waraich * 1996

Die Mutter

Ihre Ohren sind taub von der Kreissäge,
dem kindlichen Geschrei, das sie wachhält.
Ihr ist, als ob es nur noch Gitterstäbe gäbe
und hinter diesen Gitterstäben keine Welt.

Mit ihrem Körper umschließt sie das Kind,
das sich an ihr festsaugt, klebt wie eine
    Klette.
Zeit wie Wasser durch ihre Finger zerrinnt,
als hätte sie einen Sprung in ihrer Kassette.

Sie liegt da mit schmerzendem Rücken
niedergedrückt von bleierner Erschöpfung
ihr Gedächtnis ein Sieb voller Lücken
und sucht nach der Kupplung für ihre
    Gangschaltung.

Karolina Warkentin * 1989

Ein Licht

Ich bin einsam.
Warum. Weil alles drumherum sich
    bewegt.
Nur ich steh still. Schau mich um, in
    mitten von hunderten Menschen..
    Steh ich.
Einsam in der Dunkelheit. Weis nix mit
    mir anzufangen.
Ich möchte ja, mit singen, mit tanzen aber
    die Vergangenheit, die schmerzen.
Das alles hält mich zurück. So sehe ich
    einfach nur zu. Und dann kamst du.
Ein Licht. Voller Leben n und Freude.
    Energie pur.
Und ich stehe. Geblendet von deiner
    Seele, sehe Momente die mir Freude
    bereiteten.
Und ganz kurz erhaschte ich deine
    Aufmerksamkeit. Angesteckt von
    deiner Energie,
gewärmt von deinem Licht so das in mir
    Hoffnung wieder keimt. Hoffnung
und Erinnerungen an vergange Zeiten.
    Doch die Schmerzen sie bleiben.
Vielleicht ist es ja noch da,ganz tief in mir.
    Wird eines Tages wieder entfacht,
so dass ich in dieser Menschenmenge stehe,
    hell leuchtend und ich dich wieder
    sehe,
wir zusammen ein Licht für die anderen
    entfachen. Das wäre schön aber bis
    dahin werde ich hier stehen.
Still und von Dunkelheit umgeben in
    mitten vom Leben.

Mandy Warsow * 1978

der Zettelwunsch

unbeachtet liegt er handverfroren,
der Fäustling im Baumwollgarn verloren,
aus Mutters Nähkasten,
hoch der Fahnenmasten,
auf dem sie es posaunen,
die Krähen unter kastanienbraunen,
Rehen den Jubelschall,
im Wiederhall vom Notenspiegel,
im Siegel der Weihnachtsgeschichte,
Wintergedichte im Finstersein,
mit Schwesterchen allein,
Zinkteller sich füllt von Zimtschokolade enthüllt,
den Sommer schmecken,
Kinder jedoch nur lecken am Schneeball,
vom Fall dem Kiefergespann dann,
blaue Hände ohne Schutz,
Mädchenkleid voll Schmutz,
Christkind in Bedacht gibt Acht,
für die Gaben der Mädchen und Knaben,
im Muff vom Engelshaar am Weihnachtsmorgen da.

Mona Wartenberg * 1973

Feuer lass mich zu Asche werden

Feuer lass mich zu Asche werden
Brenn' schon seit zu langer Zeit
Meine Körper ist bereit zu sterben
Doch die Seele lässt nicht frei mein Leib

Zerfressen von der Gier nach mehr
Doch jedes „mehr" füllt mich mit Nichts
Gefüllt von Leere, wiegt zu schwer
die Nacht beginnt, erlösch mein Licht

Stur entlang folgend dem roten Faden
ohne Wille fürs Leben, im Geiste tot
Da mich nur noch meine Beine tragen
durchtrenne für mich den Faden in rot

Wenn mein lang ersehntes Ende ist gekommen
Wenn mein gesamter Leib zu Erde vergeht
Flora und Fauna sich von mir nähren sollen
Damit mein Tod mehr Sinn als mein Leben trägt

Chiara Waters * 1999

Dein allein

Du allein hast mich der Dinge sehend gemacht.
Den Reichtum der Liebe ich fortan mein nenne.
Vernehme nun das Bekenntnis meiner Lippen,
dem nun zu Wort gemachten Schwur,
welcher gleichsam niedergeschrieben steht,
auf den einst so steinernen Wänden meiner sich in Fesseln windenden Seele, an jenem Höllenort,
wo sie eingesperrt und der Freude gänzlich entrückt, einzig auf Dich wartend, um diesen Schwur zu überbringen:
Dein bin ich, ewiglich.

Tanja Weber

wunder werden

noch steckst du einsam in der erde
und fühlst dich einsam, fühlst dich klein
dass auch aus dir einmal baum oder ein bäumchen werde
das kann nicht sein

noch hängst du festgesponnen in der seide
und das in enge und ganz ohne sonnenlicht
du glaubst nicht mehr an leichtigkeit und freude
sowas wie zukunft gibt es nicht

noch tauchst du tief im tal der tränen
kein leuchtturm leuchtet dort den weg hinaus

du bist versunken mit all deinen träumen,
deinen plänen
und kommst da auch nie wieder raus

doch halt - was wär ein winter ohne
frühling
wär ein tag denn ohne nacht
die freiheit und das leben rufen alle wesen:
die zeit ist reif - erwacht!

die zeit ist reif für schmetterlinge, für
blütenpracht und apfelbäume
genauso wie für schöne dinge, und licht
und liebe, lebensträume
die welt ist voller wunder, ja, und jedes
wunder ist ein sieg
nun komm auch du aus deinem
seidenpanzer raus
spann deine flügel auf -

und flieg!
Lean Malin Wehler * 1997

Das Selbst

Wenn das Leben jetzt endet, bin ich froh,
dich gekannt zu haben,
Deinen Schmerz, den Umschwung, deine
Liebe,
Deine Art, wie du mit Menschen umgehst,
Sie auffängst, in ihnen mehr siehst,
Sie akzeptierst, dich sorgst.

Du hast mich ein Stück weit geheilt,
Doch je weiter die Heilung ging, desto
kleiner wurde das Stück,
Im Wissen, dass du dich selbst zerstörst,
Doch es hielt dich nicht auf,
Da es dir wichtig war, dass ich mich nicht
selbst zerstöre.

Ein Mensch trifft sein Selbst zu früherer
Zeit,
Wenn er sich wieder sieht, ist er für diese
Zeit vollkommen,
Wenn er es nicht tut, bleibt Sehnsucht nach
dem Selbst.
Hannah Weidanz * 2006

Atonale Neuralgien

Achterbahnfahrt durch die Ohrmuschel
Drehschwindel
Orgasmus balloniert den Schädel
Tollkirsche verschluckt?
Freier Fall
auf die Baustelle
Spitzhacken stochern durchs Kleinhirn
Hysterisches Haschee
Seeleninfarkt?
Granitsplitter
hemmungslos durch die Luft geworfen
Grelles Knirschen
Der Presslufthammer zischt näher
Was war früher?
Berstende Tränensäcke
Gehen Sie ins Meer. Blau entkrampft
Agonie
Nebel legt die Stirn in Watte
Sieh, wie schlaff die Wolken heute hängen.
Barbara Weidenbach * 1961

Weihnachtsgans-Boléro

Vom Weihnachtsmarkt kommt heim die
Gans,
beschwingt in federleichtem Tanz.

Sie hat, das muss man leider sagen,
vier Becher Glühwein schon im Magen.

So swingt und rappt sie vollberauscht,
merkt nicht, dass da Herr Fuchs schon
lauscht,

Der denkt, die Schnauze aufgerissen,
ist diese Gans gleich totgebissen.

Heut Abend gibt's dann Gänsebraten,
Herr Fuchs will sich so richtig laben.

Er springt auf sie mit einem Satz,
sie torkelt, macht ein bisschen Platz ...

Er landet in der Dornenhecke,
sie watschelt um die nächste Ecke.

Am Abend sind sie dann vereint,
die eine heult, der and're weint.

Man hat mit sich gar viel zu tun,
verkatert muss sie sehr viel ruh'n.

Ihn stechen Dornen ins Gebein,
der Schmerz ist wirklich hundsgemein.

Um diesen Plagen zu entkommen,
hat man den Frieden angenommen.

Ihm zieht sie mit des Schnabels Spitze
die Dornen raus aus jeder Ritze.

Dafür darf sie in Ruhe schlafen,
auf seinem Pelz, wie bei den Schafen.

Und die Moral von der Geschicht',
ja, Gans und Fuchs vergesst die nicht:

Vereint ist besser zu beheben
die Alltagsnot in jedem Leben.

Carina Weiss * 1953

Die Liebe

Wenn du fliegen könntest wie ein Engel
   ohne Flügel
Wenn du die Welt umarmen willst und
   denkst: Alles ist gut
Wenn du glaubst, dass alles vergebens war
Dass es in der ganzen Welt keinen Platz
   gibt
Für dich und deinen Schmerz
Dann hat dich die Liebe berührt
Denn das macht sie aus
Erst Himmel hoch jauchzend
Dann zu Tode betrübt
So ist es, wenn die Liebe
In einem Menschen blüht
So ist sie, die Liebe
So schön, so gemein
Sie macht dich ganz groß
Dann wieder klein

Du kannst sie verfluchen, du kannst sie
   verehren
Du kannst sie dir wünschen, du kannst sie
   begehren
Doch am Ende geht sie ihren eigenen Weg
Denn so ist sie: Die Liebe

Carina Weiss * 1994

Frühjahr

Wassertropfen im Morgentau der Sonne
   versinken.
Ein kleines Kind auf der Wiese spielend
   und zugleich
schreiend die Welt neu entdeckt!
Vogelgezwitscher am frühen Morgen
   geweckt,
so ist unsere Liebe frühmorgens des
   Himmels bestellt.

Hedwig Weisseneder * 1959

Plagende Fragen

An manchen Tagen plagen mich so viele
   Fragen
Wo sind all die Menschen hin, denen ich
   begegnet bin?
Sind sie da oder sind sie dort?
Was soll's, sie sind fort.
Allein wollt ich sein, doch es fühlt sich an
   wie eine Pein.
Ein Schmerz in meinem Herz,
wenn ich andere lachen sehe und mich weg
   drehe.
War das denn immer so?
An manchen Tagen plagen mich so viele
   Fragen
Ist es besser sich zu verbiegen
nur um Freunde zu kriegen
Ist Einsamkeit, was mich treibt?
Oder bin ich einfach noch nicht bereit?
Bereit für die Zeit zu Zweit
An manchen Tagen plagen mich so viele
   Fragen

Ich versuch ein Gespräch zu führen und
doch verschließen sich die Türen.
Wort um Wort mach ich weiter, ich will
doch nicht fort.
Bin ich so verzweifelt, Menschen an mich
zu binden, kann ich die Hürde nicht
überwinden?
An manchen Tagen plagen mich so viele
Fragen

Katrin Weisshaar * 1981

Selma

Verkürztes Leben
jüdisch
mit großen Poemen
Ausdruck
einer gekrönten Empfindung
in noch ungeatmeten Versen
herzlich umweint
und
verletzt im Innern
bis in die Tiefe der Wurzeln
ihres Lenzes –
wie hätte diese Seele gejubelt
ohne Ghetto und Krieg

Ingrid Edith Wekel * 1951

Die Reise

Wenn das Meer anfängt
Zuckerwattenwolken auszuspucken,
Dann weiß ich ganz genau:
Die Reise beginnt.
Wir fliegen zusammen über den Ozean,
Entdecken die Kontinente,
Erforschen die Länder.
Doch wenn die Zuckerwattenwolken
verschwinden,
Dann ist die Reise beendet.
Dann steh'n wir beide wieder Hand in
Hand am Strand.

Alina Liyana Wellenberg * 2015

Füllhorn öffne dich

Wer sehnt sich nicht nach Reichtum und
Glück?
und scheinbar sind sie eng verquickt,
als könnte das eine in das andere
durch Geisterhände sich verwandeln.

Oh Füllhorn, überschütte mich,
wie es der alte Mythos verspricht,
mit deinen üppigen Gottesgeschenken,
die unerschöpflichen Quellen entspringen.

Nun haben die Zeiten ihren Verlauf.
Der Traum vom Fortschritt tauchte auf,
mit Glücksversprechen in großer Zahl,
dem Ende profaner Mühsal und Qual.

Es wachsen die Städte voll Prunk und
Pomp
und jeder sieht zu was er bekommt,
denn viel zu haben gilt als ein Muss.
Ansonsten triumphiert der Verdruss.

Wir mühen uns redlich in jeder Art.
Vergnügen, Erlebnis, wir wollen Spaß
und jagen den Wünschen hinterher
und steigern uns dabei immer mehr.

Reinhold Welter * 1958

Nimmermehr

Als die Freude siegt über die Reue, jener
falschen Tat.
Das Herz so voll, der Kopf so leer.
Keine Reue.
Nimmermehr

Rachel Wendland * 1999

Mein Sprechen

Ich möchte nicht mehr sprechen.
Konzentration in deinen Augen,
ich sehe wie du versuchst mich zu
    verstehen.
Nur noch nervöser werde ich, meine Zunge
    fängt an, noch mehr zu stolpern
und die Worte scheinen mir im Verstand zu
    verschwinden.
Ich sehe nun, wie deine Mundwinkel
    zucken und ein Lächeln sich spreizt.
Genug habe ich davon. Mein Hals schnürt
    sich zu, ein altbekanntes Gefühl.
Ein harmloser Witz, doch ich verabscheue
    ihn.
So gut ich kann, so tue ich, doch alles ist so
    neu hier.
Ich halte lieber meinen Mund nun, nicht
    noch einmal möchte ich solch einen
    Witz erdulden müssen
Und dennoch wird es wieder geschehen.
Gefangen im Moment, nicht nachdenkend
    sage ich etwas, nur um wieder das
    gleiche durchzumachen.
So satt bin ich es. Besser geht es nicht. Ist
    es so erkennbar, wenn ich spreche?
Ich hasse den Ton meiner Worte, doch zu
    ändern vermag ich sie einfach nicht.
Ich beobachte ihren Mund, wenn sie
    sprechen,
versuche ihre exakten Zuckungen und
    Bewegungen zu imitieren und
dennoch hören sie mich anders.

Natalie Wendler * 2004

Vorbereitungen

Die flache Hand
liegt auf dem Bauch
und geht leicht rauf
und wieder runter –
anscheinend ist
in diesem Bauch
die Bauchbesetzerin
schon munter.

Die Bauchbesitzerin
dagegen
ist ruhig,
doch weiß zu überraschen –
sie scherzt:
„Die Kleine ist wohl bald soweit –
auch sie packt schon
die Kliniktaschen! …"

Mathias Wendt * 1983

Verwechslung

Nacken steif.
Hände krampfen. Schultern
zucken. Gefangen an den Stäben stehst
    du da.
Verrat! – Dessen beschuldigst du mich.
Innerlich,
was äußerlich schon längst geschehen
ist. Mich zerrissen
hast.
Du rennst hindurch, wirfst, rammst.
    Rammtest.
Die Worte schallen, verweilen, verharren
im Echo meiner Wand.
Deiner. Dein
Verstand. Trickst? Spielt?
Nacken steht, steif. Hände zittern,
krampfen. Magen, Inhalt aberkannt.
Inhalt.
Die Menge
Rauscht, lauscht. Leise. Hinter den
    Mauern, auf dem
Platz. Gefangen an den Stäben stehst du
    da.
Verrat! – Dessen beschuldigst du mich,
nicht?

Vivien Werchosch * 1997

Vampirs Hilferuf – Oder: Ein Rätsel

Wie die blendwütige Sonne
ihren gleißenden Strahl
in mein müdes
Auge schlägt …!

Wie ihr Donnergedröhn
trümmerheischend
mein schmerzzuckendes
Herz durchbebt ...! –

Nacht, dunkelschwere!
Hülle mich
in dein
schweigendes Nichts,
dass ich
an den Klippen
des lichttosenden Tags
nicht zerschelle!

Werdender * 1963

Seelenschmerz

Mit dem Herzen verbunden zu sein
ist für das Leben ein Sonnenschein,
der eine wunderbare Beziehung nährt,
die täglich Lebensreichtum erfährt.
Diese Kraftquelle zu spüren,
ein glückliches Leben zu führen,
möge ein wichtiges Ziel für uns Menschen
  sein,
in Liebe verbunden ist man nicht allein.
Einen geliebten Menschen zu verlieren,
kann in eine tiefe Traurigkeit führen,
es ist wie ein Stich in das lebendige Herz
und da ist er wieder der Seelenschmerz.
Gedanken bewegen sich in der Dunkelheit,
es ist eine schmerzhaft traurige Zeit.
Erinnerungen können auch viel Freude
  bringen,
wenn die Gedanken ein fröhliches Lied
  singen,
wenn mit der Zeit diese inneren Bilder
  erwachen,
die im Gebet eingebunden wieder Freude
  machen,
die vergangenes für den Augenblick halten
  bereit,
eine Kostbarkeit aus der gelebten
  Lebenszeit.

Gisela Werner-Klingler * 1945

Was Geschieht

Sag mir was geschieht, wenn ich morgen
  aufwache und alles anders mache?
Sag mir was geschieht, wenn ich all meine
  Ängste ablege?
Sag mir was geschieht, wenn ich loslasse
  und davon schwebe?
Sag mir was geschieht, wenn ich den
  Schmerz der Vergangenheit vergesse?
Sag mir was geschieht, wenn ich mich nicht
  mehr mit anderen messe?
Sag mir was geschieht, wenn ich zu mir
  stehe?
Sag mir was geschieht, wenn ich nicht
  mehr nach hinten sehe?
Sag mir, dass alles anders wird.
Sag mir, dass mein Inneres nicht weiter
  stirbt.
Sag mir, wo finde ich die Kraft zum
  Weitermachen?
Sag mir, wo sind die Engel, die über mich
  wachen?
Sag mir, dass ich die Kraft habe, den Tag
  durchzustehen Ich will stark sein, ich
  will leben! Ich hab trotz allem viel zu
  geben.
Wo führt mich das Leben hin?
Ich bleib und suche nach dem Sinn!
Sag mir was geschieht, wenn ich morgen
  erwache und alles anders mache?

Juls Wessing * 1999

Der Rand

Im Umriss steht er einsam da,
Abseits der wilden Szenerie,
Als Sonderling, gar minimal,
Und seine Rolle nichtig.

Doch ist das Maß für Nichtigkeit,
Nicht der Mensch im Peripher,
Sondern dessen Fertigung,
Durch den blasierten Cast?

Und so ist die seine, kleine Rolle,

Wohl des Stückes wahrer Kern,
Denn was gilt des Werkes Bulletin,
Wenn nur die Mitten sind bespielt?

Christoph Westbomke * 1987

Stille

Ich halte den Atem an und schließe die
   Augen. Ich höre.
Nichts. Den ganzen Tag umgeben mich
   Geräusche und ich höre.
Alles. Alles außer Stille.
Ein Kinderlachen, einen umfallenden
   Stuhl, ein Buntstift der die Wand
   entlangstreift,
ein Weinen, ein summendes Handy, ein
   Klingeln an der Tür.
Die Kaffeemaschine blubbert, der Trockner
   dreht sich. Draußen mäht jemand
   Rasen.
Wie wichtig, Zeiten der Stille sind,
   bemerkt man erst, wenn man sie sich
   nimmt.
Dabei sind es grade diese Momente, in
   denen wir Auftanken
und Kraft für den Alltag, die Ehe, die
   Kinder, das Zu Hause, die Arbeit und
   unsere Liebsten sammeln.
In Zeiten der Ruhe bin ich in Verbindung
   mit mir und meinem Schöpfer und
   kann mich neu auf das ausrichten,
was wirklich zählt.
Ich atme ein. Ich atme aus.

Corinna Westermann * 1996

Der Narr

Es ist Verzweiflung die uns lenkt,
es ist der Stolz der uns kränkt,
der Großmut der uns hemmt,
der Hass der uns entzweit.
... natürlich brauch das Zeit!

Die schönste Zeit in seinem Leben, hast Du
   deinem Mann gegeben.
Ich war blind, ich war ein Narr, zu keinem
   Zeitpunkt für dich da.

Ich hatte einen Mund der konnt nicht
   reden,
hatte Augen, konnt nicht sehen,
einen Kopf ... doch nicht verstehen.
In dieser herbeigefügten Zeit, ist dein
   Lächeln eine Kostbarkeit.
Wieso nur, trieb ich es soweit?

Nun bin ich wach, bin wieder klar, doch
   außer Mauern ist nichts mehr da....

Es ist die Demut die uns stärkt,
es ist Hoffnung die uns nährt,
es ist Liebe die uns treibt!
Zu keiner Zeit in meinem Leben werd ich
   dich verloren geben,
bei aller Kraft die mir noch bleibt, ich
   beende dieses Leid,
mit bloßen Händen – muss es sein – werd
   ich die Mauern mir zerteilen.

... auch wenn es ist -nur zu erleben- das
   meine Augen dich nur kurz in der
   Ferne sehen.

Heinz-Geert Wever * 1979

Die Befriedigung der Seele stellt uns vor
   Gericht.
Die Köpfe wurden lange niedergeschlagen.
Ein Bitterblick, ein schreiendes Gesicht,
Das unser Leben so verfassen könnte,
Dass unser Gegner sprachlos,
Ohne Fragen die Waffen niederlegt
Und seine beiden Hände
Um schmale Schultern hält.

Daria Whinter

Herr, lass meine Hände offen sein
Für das, was du hineinlegst
Und meine Arme stark
Zu tragen
Und meinen Rücken beug
Nicht allzu rasch
Damit ich Deine Sonne
Noch seh für eine kleine Zeit

Ursula Wicklein * 1940

Die alten Zeiten sind so ferne

Die Jahre gehen schnell vorbei,
der Körper schwach, der Geist noch rege.
Im Grunde ist es einerlei,
der Herr da oben lenkt die Wege.

Die Jugendjahre sind so schnell verflogen,
die alten Zeiten sind so ferne.
Das Auf und Ab, das große Toben.
Ich lebe noch ganz gerne.

Volker Wieckhorst * 1955

Papa

es ist nun kein Geheimnis mehr, dass ich
   dich insgeheim noch liebe
auch wenn ich alles versuche weiß ich, dass
   ich es nicht hinkriege
ich kriege es nicht hin, dass du mich wieder
   liebst
und das verletzt mich zutiefst
wie viele Tränen habe ich für dich vergossen
und mit jeder einzelnen ist deine Liebe zu
   mir immer weiter verflossen
anfangs glaubte ich nicht an die Liebe, ich
   glaubte nicht, dass ich lieben kann
bis ich eines Abends in meinen eigenen
   Tränen versank
und meine Liebe zu dir darin ertrank
wieso bringst du mich zum Weinen?
nach und nach fing ich an dein Gesicht zu
   vermeiden
es tut mir nicht gut
und doch habe ich nicht den Mut
ich habe nicht den Mut, dich zu verlassen
niemals könnte ich dich hassen
du hast mich so verletzt
und trotz allem habe ich dich immer
   wertgeschätzt
habe immer zu dir aufgesehen
und beim besten Willen kann ich deine
   Aktionen nicht versteh'n

Romy Wieczorek * 2007

Gestern, Heute und Morgen

Gestern viel zu lange wach,
Hab stundenlang an dich gedacht,
Liege im Bett und stelle mir vor,
Wie es wäre, wärst du hier,
Wir zusammen und du neben mir.

Heute viel zu müde aufgewacht,
Schau auf das Display,
Vier neue Nachrichten,
Doch keine von dir,
Neben deinem Namen, geöffnet seit vier
   Tagen.

Morgen dann dasselbe Spiel,
Der Griff zum Handy,
Hoffentlich ist es eine Nachricht von dir,
Eigentlich schon klar, dein Name steht
   nicht da,
Und dennoch hoffe ich morgen wieder auf
   eine Nachricht von dir.

Liya-Sophie Wienekamp * 2005

Tief

Wie kann man nur so etwas Schreckliches
   fühlen, schwimme hier im kühlen.
Gewichte an den Beinen.
Habe keinen Mut, nur schweigende Wut.
Eifersüchtig auf das was in Frieden
   ruht.
Es ist kalt. So kalt.
Bin verloren und es scheint als wäre ich
   auserkoren.
Die Gefühle schwinden so mehr ich mich
   im Wasser winde.
Es ist Einsam und keine Rettung in Sicht.
Ich will das nicht.
Bitte nimm sie mir, meine Gefühle brauch
   ich nicht.

Vivienne Wies * 2008

Im Zeitungslicht

Die Dunkelheit schreibt Zahlen,
stampft sie auf großformatige Papiere.
Notate verruchten Tuns und dunkler
Gedanken.

Im Morgentaumel beginnen die Zeilen
zu beben. Die Empörung des Mannes
sprüht vor Druckerschwarz.

Ich giere nach Durchblick, ringe um Sicht.
Kaffeeduft ist längst von Statistik besudelt,
mein Croissant mit Totschlag garniert.

Plötzlich lädt die Sonne Staubkörner zum
    Tanz.
Reste aus Uralttagen und heut.
Da heben sich unsere Köpfe, fragend: Was
    tun?

Jetzt könnte uns das Licht tragen!
Und mit der Wahrheit im Rücken
sollten wir, er und ich…,

wir sollten uns aus dem Staub machen,
wissend: Uns gehört er!
Das ist der Tag.

Edeltraud Wiesmayr * 1954

Zeitenwandel

Es sind verrückte Zeiten!
Wie soll man unterscheiden,
wer Freund ist und wer Feind,
wer lacht am Ende und wer weint,
was Fleisch ist und was Fisch,
was auf, was unterm Tisch,
wer Wahres spricht, wer lügt,
wer ehrlich ist und wer betrügt,
was falsch ist und was richtig,
was sinnvoll und was nichtig?
Und doch kann unser Herz entscheiden!
Es kommen goldene Zeiten!

Petra Wiesner-Bley * 1957

Die auf dem Pfad der Liebe wandern

Die auf dem Pfad der Liebe wandern,
mit Glück und Sinn erfüll'n ihr Leben.
Sie schenken Zuwendung den andern
und vieles mehr sie ihnen geben!

Sie ihnen Freude gern bereiten
und sie das Gute stets erstreben.
Sie Stütze sind in schweren Zeiten.
Bereichern wollen sie das Leben.

Ulrich Wilke * 1964

Freiheit

Ein Vogel, der durch die Wolken zieht,
von Freiheit geplagt, er vor sich flieht.
Ein Vogel, dessen Federn liegen im Wind,
der alles gesehen, aus Sicherheit blind.

Ein Fisch, der durch das Wasser schnellt,
nach Luft schnappend, sieht nur den Regen
    der Welt.
Ein Fisch, dessen Schuppen funkeln im
    Licht,
sein Leben stumm, durch einen Vogel
    zerbricht.

Ein Käfer, der am Blatte hängt,
mit Kraft festhaltend, die große Welt
    empfängt.
Ein Käfer, dessen Fühler ertasten den Weg,
des Schutzes beraubt, von einem Vogel
    erlegt.

Der Vogel, der durch die Wolken zog,
von Freiheit geplagt, sich in Sicherheit wog.
Der Vogel, dessen Federn kleben voll Blut,
der alles gesehen, nur nicht den Mut.

Freiheit.

Yan Arthur Wilke * 2003

Enge Haut

Klopfen, kratzen, schaben, pressen
Hart Schale, Kern am brechen
Am Rand der Klippe ewig schwanken
Haut und Haar, Leid umranken

Erlösung nah, niemals näher
Augen brennen, Körper schwerer
Freispruch greifbar, unerreichbar
Kalter Boden, Schmerzen leichter

Lilli Wilken * 2005

Fünf

Fünf Finger hat die Hand
Fünf Freunde sind ein Band
Fünf Elemente hier vereint
Fünf Sinne, wie es scheint.

Erde, Wasser, Luft und Feuer
Mit Äther wird's zum Abenteuer
Riechen, schmecken, alles sehen
Tasten, hör'n, zusammen gehen.

Jeder geht auf seine Weise
Zusammen wird es eine Reise
Alle fünf, noch so verschieden
Doch zusammen eins geblieben.

Anke Wilkening

Kairos

Zur rechten Zeit am rechten Ort
Ein Blitzschlag durchs Gewölk
Wenn plötzlich Zeit aufbricht
Zu Ewigkeit gerinnt
Wenn das Gewicht des Schicksals
auf Schwertes Scheide steht
Die goldene Gelegenheit
Den Schopf dir weist:
Greif blitzschnell zu
Tanze rasant hinweg
Die Locke in der Faust

Tauch ein ins Strömen
Erfrischen lass dich
Von der Gischt des blinden Segens
Stürme hinan
Füllhorns Fanfarenstoß
auf deinen Lippen
Am rechten Ort zur rechten Zeit

Peter Will * 1958

Nachtspaziergang

Spaziergang bei Nachte, den Feldern
  entgegen,
Mein ew'ger Begleiter das Bahngleis am
  Rand,
Klirrend kalt ist die Luft und gefrierend
  der Regen,
Kein Mensch in der Näh', der mich hätte
  gekannt.

„So so" mein Gedanke, „was wäre wohl,
  wenn ...?"
Beim Blick auf die Gleise ergibt sich ein
  Bild,
Was wenn ich das Gleis zu mei'm Mörder
  ernenn'?
Nichts wird vor mir warnen, kein Schrei
  und kein Schild.

Nach Warten und Warten und Warten und
  Frier'n,
Kommt weit und breit kein Zug für ewigen
  Schlaf.
Scheint, als wär' heut nicht die Nacht, um's
  Leben zu verlier'n,
D'rum warte ich ab und gedulde mich brav.

Michelle Willberg * 2000

Neuerwachen der Natur

... und dann es wird der Sonne Strahl
der Segnung geben, Gnade wieder, wenn
des Sturmes Peitschenhiebe neu der
Zähmung musst' erlegen sein.

Natur sie atmet auf in neu erstand'ner
   Wonne,
Frische, reiches Leben wird geschenket
   mehr wo
aufersteh'n kann noch der ungeahnten
   Kraft im
Blütenmeere, Sonne, Dank zu geben ihr,
   in froher
Art, und Schöpfung neu, ihr Ton entlocket.

                                           Erich Willi * 1961

An Chat GPT in Vorbereitung des Valentinstages

Schreib mir noch heute ein Gedicht
Nicht gar zu kurz doch nicht zu lang
Gib von der Liebe mir Bericht
Ganz wie in einem Minnesang

Soll wie von Meisters Hand erklingen
Ein bisschen Rilke, etwas Grass
Will's auch noch heut der Liebsten singen
Gerade heut kommt's mir zupass

Nen Schuss Novalis setz dazu
Noch etwas Christian Morgenstern
Mit Heine bett ich sie zur Ruh
Sie liest vorm Schlafengehn ihn gern

Die alle hast du doch wohl drauf
Und höchstwahrscheinlich noch viel mehr
Damit verschaffst du mir nen Lauf
Bei meiner Liebsten im Verkehr

Ich will ihr Innerstes berühren
Mit des Programmes Worte Macht
Und sie damit noch heut verführen
Sie soll nur mein sein heute Nacht

                                Harald Willwohl * 1961

Die Brandmauer
oder wer weiß schon, was er tut

Der festgemauerte Beschluss der Partei ist
   ehernes, heiliges Dogma!
(auch bei lt. Generalsekretär schwieriger
   Umsetzung vor Ort)

Die Brandmauer zum demokratisch
   geäußerten Wählerwillen steht für
   immer und ewig unverbrüchlich fort!

Die Wähler können sich in ihrer kindischen
   Trotzhaltung nicht wirklich bewusst
   sein,
warum sie unerklärlicherweise die
   unaussprechliche Partei immer
   häufiger wählen.

Das kann mal passieren. Sollte aber nicht
   die Regel werden.

Die Partei der wahren Gesinnung muss
   daher fortan den Souverän vor sich
   selbst schützen
und seine unreife Wahlentscheidung für
   ungültig erklären.

Notwendig zum Schutz Deutschlands
   und der deutschen Demokratie als
   eifersüchtig bewachtes Eigentum
   der selbsternannten demokratischen
   Parteien.

                                Jörgen Wilms * 1958

Fünfziger Jahre

Unser Zimmereiplatz
riesig, riesig
mit Plumpsklo,
Ratten mit dem Gewehr
gejagt.

Wir bekannt durch
unsere imposanten
Holz-Eingangstüren.

Schreiner Jean Eckert
sang während der Arbeit.
Man müsste nochmal
zwanzig sein.

Onkel Robert, dürr
demonstrierte mir im
Blaumann
die Box-Künste des
jungen Cassius Clay.
Tänzelte wie ein
junger Mann.

An unserem Lieferwagen
das Schild:
Sein schlau,
lern beim Bau.

Wolfgang A. Windecker

Die Veränderung im Zauberland

In den Wellen des Lebens, tief und weit,
Reift eine Seele, die nun bereit,
Die Zeit verweht, die Jahre zieh'n,
Eine 50-Jährige, voller Glüh'n.

Wie ein Schmetterling, zart und bunt,
Entfaltet sie sich, vom Schicksal umrundt,
Die Worte fließen, ein neues Sein,
Esoterisch, im Geheimnis allein.

Vergangenheit, sie legt sie ab,
Wie Herbstesblätter, sanft und knab,
Die Sprache ändert sich, wird neu geboren,
In antikem Stil, ein Klang erkoren.

Tiefe Bedeutung, zwischen den Zeilen
    versteckt,
Die Weisheit des Lebens, die sie entdeckt,
Wie Mond und Sonne, im ew'gen Tanz,
Findet sie Frieden, im Lebensglanz.

Die Reise der Worte, sie führt sie weit,
verzaubert alle nun voller Geleit,
  Die Menschen verändern sich im eigenen
    Band,
  Verändern die Sprache, im Zauberland.

Silvia Winkler * 1975

Heiße Maroni

Heiße Maroni sind ein besonderer
    Gaumenschmaus,
sie gibt es sogar frei Haus.
Heiße Maroni wärmen Hände und Herz,
sie lindern so manchen Kummer,
sie lindern so manchen Schmerz.
Der Herbst ist die gemütlichste Jahreszeit,
bevor der strenge Gesell Winter ist soweit.

Elfriede Winkler * 1956

Silbervogel

Ich lieb dich
von fern
Ich lieb deinen Silberglanz
weit
Und breit

Ich verzehre
mich vor Begehren
Nach deinen
sanften
Armen

Aber ich kann dich
nie berühren

Du tanzt in der Nacht
so hoch
oben

Ich bin im Wasser
gelassen
Und doch so einsam
Auf ewig verlassen

Hannah Winterhalder * 2004

Das Leben

Das Leben will dich Lehren den Moment zu begehren.
Ganz wachsam in sich inne zu halten, und der Moment wird dein
Leben gestalten. Mit all seinen Kraft will er dich betören, den der Moment
soll nur dir gehören. Im hier und jetzt sollst du Leben und der schöne
Moment wird dir immer wieder begegnen. Mit all seiner Vielfalt wird er dich beschenken
und deine Zukunft in die Gegenwart lenken.

Momente sind in der Zeit verloren, da die Schönheit des Lebens sie
hat auserkoren. Momente kommen und gehen, doch die Veränderung
bleibt bestehen. Drum lass den Moment auf dich wirken und deine
Vergangenheit wird an Macht verlieren.

Momente sind zeitlos in sich gebunden, wer das weiß hat die Freiheit
in sich gefunden. Dein Moment kann dir keiner nehmen, denn sie sind die
tiefe Erinnerung an deine Lebensprägung. Und hat die Welt sich einmal
um dich gedreht, dann ist der Moment dein Lebensweg.

Ulrike Wippermann * 1975

Geduld!

Woran Gedanken sich den binden.
So auch werden Gedanken doch
finden den zum Licht der Zeit.
Dort, da Gedanken sich erheben mit
Geduld, über dem Licht seiner Zeit.
Da wohl die Zeit fühlt mit seinem
Seelenleid, dessen Augenblick im Licht
an der Geduld. Wo denn seiner Geduld
spürt das Licht der Wärme seiner Zeit.

Gerhard Georg Wirnsberger * 1950

Wir Söhne

Großväter, Väter, Könige, Feldherren, Päpste, Gott?

Was habt ihr aus uns gemacht?
Das wir Blumen und Wiesen nicht wild gedeihen lassen wollen,
wir überall und allerorts forsch, ungebeten über liebsame Grenzen rollen?!

Der Feind in uns selbst, sind wir,
unser Bild von uns, eine ohnmächtige Übermacht.

Doch nur in klaren Gedanken, mit Rücksicht,
nur reine Herzen, haben wir zum Lieben die Macht.

Marco Witt * 1983

Erkennung

Das ganze Geld der Welt
Hat gar kein' Wert,
Wenn man in wichtigem Moment
Begreift: es war verkehrt.

Das Streben nach dem Glück
Ist eigentlich der Weg dorthin.
Wir machen uns umsonst verrückt
Und jagen sinnlos den Unsinn ...

Laura Wittenbeck * 1965

Ein Mann im Wind

Er sitzt da wie eine Kartoffel im Wind
Schöne scheiße
Moderne Medizin - Am Arsch
Was soll das? Sediert
Bis unter die Fußnägel
Auf der Veranda im Halbschatten.

Die Mutter spricht wie mit der Nachbarskatze.
Streichelt deinen Kopf
Dir, ewig wiegender
Was wiegst du ab?
Die Ungerechtigkeit?

Komplikationen schon vor der Geburt
Oder einfach bei der OP
Sauerstoffmangel
Genau wie bei Papa

Jetzt sitzt du da
Kartoffel im Wind.

Sören Witzel * 1988

Hiob – Zweischneidig

Der Tod der Kinder streckte mich zu Boden,
Der Verlust der Habe schmerzte.
Meine Schwären störten dich nicht,
Noch rührte dich mein Stöhnen.

Aus dem Sturm heraus sprachst du zu mir,
Meine Schreie nahmst du übel.
Schonung erflehte ich,
Doch du stürztest mich in Finsternis.

Bei mir suchte ich Schuld, doch fand sie nicht,
Schrecken war mein Leben,
Meine Seele schwankend, doch immerzu
Glaubte ich, vertraute ich, hoffte.

Recht forderte ich, Gerechtigkeit, doch
Unterwerfung wolltest du, Verzicht auf jedes Ich,
Eingeschüchtert schließlich
War Stammeln meine Rede.

Mein zweites Leben? Ich frage nur noch leise:
Wieso ich?
War alles Zufall?
Ist alles Zufall?

Johannes Woestemeyer * 1951

Butter auf Brot

Butter auf Brot.
Butter an der Wand.
Weder GEGÖNNT noch mit Verstand.

Ich frage MICH immer, wer darf ICH sein?
Wen lasst IHR zu, der ICH darf sein?

Muss KLEINER nicht größer,
UNWISSENDER und nicht schlauer sein.
Immer die KLEINE.

Butter auf Brot.
Wer gönnt sie MIR?
KEINER!
Nicht einmal Margarine.

Aber ICH nehme mir, was ICH verdiene.
Lasse mich NICHT beirren.
Weder von DIR, noch von IHNEN.

Stehe zu MIR und liebe MICH selbst.
Stelle nun fest:
MEIN Brot schmeckt mir besser OHNE euer Fett.

Kim Sarah Wohlgemuth * 1986

Verlorene Seele

Ich versuche mich zu verstecken,
das wahre Ich vor anderen zu verdecken.
Kann keine Nähe zu lassen,
habe Angst die Menschen könnten mich hassen.
Ich spiele mir etwas vor,
die vielen Lügen bleiben mir im Ohr.
Ich weiß nicht mehr wer ich bin,
das Leben hat keinen Sinn.
Meine Seele ist verloren,
die Welt hat sich gegen mich verschworen.

Julia Wolfarth * 1994

Stumm

Es ist stumm um mich herum.
Die Stille steigt, sie kommt heran, in
    meinem Verstand, nimmt ihn ein,
    während dieser schreit.
Er bettelt, lass mich reden,
lass mich frei!

Doch die Stille schweigt, sie bleibt sich
    treu, erstickt im Keim, was blühen
    will.
So sitz ich da, so ganz allein, stumm, leise
    und ertrage mein Leid.
Doch die Stille, die bleibt da,
auch wenn ich schrei und Gewitterwolken
    weit und breit,
zerstören wollen, was Stille hält, doch dies
    nicht zu zerstören gilt.

                      Marie Wolfsteller * 1999

Wer schreibt…

Wer schreibt, distanziert sich von vielen
    Gedanken
und zwingt sich, den Kern zu erkennen,
Gefühle, die blendend um Fakten sich
    ranken,
und denen wir vieles an Blindheit
    verdanken,
er weiß sie vom Wissen zu trennen.

Wer schreibt, diskutiert seine
    Lebenserfahrung,
und Selbstkritik setzt ihm die Grenzen.
Der Leser erhält Material zur Verwahrung,
vergleichbar mit anderer geistiger
    Nahrung,
in guten und schlechten Sentenzen.

Wer Lyrik mit Reim wählt, der will sich
    verpflichten
den alt überlieferten Normen.
Wer Prosa bevorzugt, der textet
    Geschichten,
erzählt von der Welt oder will nur
    berichten,
und nutzt dazu vielerlei Formen.

Wer Strophen, Sonetten und Sizilianen
mit schwierigen Zeilenstrukturen
den Vorzug erweist, im Vergleich zu
    Romanen,
der muss seinen Text ohne Füllwörter
    planen
und achten auf Reim-Partituren!

Wer immer wie immer den Pegasus reitet,
gehört zu den freundlichen Wesen,
er will, dass der Blick seines Lesers sich
    weitet,
den Weg zu Kritik und Bewusstsein
    beschreitet,
und manchmal „mit eisernem Besen"!

                      Walter Wölker * 1938

Ist das wirklich alles?

Wir sind Rätsel
& zugleich Phänomen.
Schweben durch Raum und Zeit, werden
    ungern dabei gesehen.
Wissen so viel, doch im Grunde gar nichts.
Reden viel, ohne etwas dahinter.
Wir machen Anderen die schönsten Bilder
    von uns und unseren Leben, aber
    vergleichen uns dann wieder selbst.
Weil größer, schöner, mehr, geht immer;
doch in Wirklichkeit macht das unsere
    Gier und unseren Neid nur noch
    schlimmer.
Leben in einer Schneekugel-
es ist immer Sommer oder immer Winter,
    nichts dazwischen.
Wir warten immer auf den richtigen
    Moment, auf morgen, nächste Woche-
„Das mach' ich später", bis es kein „Später"
    mehr gibt.
Wir wollen viel, aber geben das Minimum,
    um unsere Ziele zu erreichen
und sind bitterböse auf uns selbst und den
    Rest der Welt, wenn wir scheitern.

Minderwertigkeitskomplex oder
Selbstwertüberschätzung.
Manchmal haben wir Angst zu fallen, wenn
wir zu hoch klettern und manchmal
klettern wir zu hoch und scheitern,
um neue Wege zu finden.
Wir hören nicht zu und starren wie
gebannt auf einen Bildschirm,
der uns den perfekten Sinn für
Wertevermittlung beibringt.
Die technikfortschrittgeprägten
Systemmitläufer,
die sich von einer Scheinwelt inspirieren
und infizieren lassen-
als wäre die Schneekugelwelt das große
Ganze.

Jasmin Wöls * 2002

Wir in 4 Phasen

Der Frühling verführt nur für den Sommer,
küsst uns mit duftend weichem Mund.
Er lockt die süßen, sanften Herzen
und malt die Unverschreckten bunt.

Der Sommer will auf ewig setzen,
Trägheit, vom Sonnenlicht erweckt.
Es lügt der lange warme Tag,
an dem manch alter Schmerz entdeckt.

Der Herbst lässt sich gern selbst hinein,
vom bitteren Wort geladen.
Dein sanftes, unverschrecktes Herz
nur Brot für tausend Maden.

Der Winter, gleichsam Schnitt und Naht,
verführt nur für das Frühjahr.
Es bleibt das bunte Herz und geht
was noch vom Sommer übrig war.

Marie Wolter * 1998

Frieden beginnt bei dir selbst

Ist Frieden nur ein großes Wort?
Ja, solang du ihn nicht wahrhaft spürst
So mach dein Herz zu jenem Ort
Wohin du ihn bewusst entführst

Spüre den Frieden in all deinem Tun
Lass ihn von Innen nach Außen wirken
Lass all dein Sein in ihm nun ruh'n
Erkenne, was seine Kräfte hier bewirken

Der Nährboden für Frieden
Ist in uns allen angelegt
Es ist nur eine Frage dessen
Wie gut man ihn mit Liebe pflegt

So bestelle deinen Acker weise
Und wähl dein Saatgut mit Bedacht
Dann sprießt der Frieden still und leise
Aus deinem Herzfeld über Nacht

Er ist der Wind in deinen Schwingen
Er führt in die Agape dich
Und während andere noch düngen
Zeigt in deinem Herzen schon die Ernte
sich.

Sabina Wolters / die Grenzgängerin * 1965

Der Verrat

Ich liebe und hasse zu gleich,
musste es so kommen vielleicht.
Ich habe ein Loch in meinem Herzen,
sag mir wieso habe ich solche Schmerzen?

Ich wollte nie, dass es zu Ende geht,
ich wollte, dass es für immer lebt.
Ich fühle mich als wäre ich in einer Gosse,
meine Liebe sie ist nicht erloschen!

Mein Hass er steigt und steigt!
Sag mir wie kann ich ihr verzeihen?
Ich fühle mich so leer
und gleichzeitig auch so schwer.

Das Leben geht weiter ich muss weiter
gehen,
doch wie soll ich wieder auf eigenen Beinen
stehen?
Ich tu und mach und gebe,
wieso hast du mich mit diesem Fluch
versehen.

Odin Wörmann * 2005

Unter Menschen und trotzdem allein

Unter Menschen und trotzdem allein,
Mit niemandem reden,
Sich nach jemandem sehnen,
Allein mit dem Ich sein.

In einem Meer von Menschen stehn',
Sich verlassen fühlen,
In Gedanken wühlen,
An dem Faden des Lebens drehn'.

Allein sein und einsam sein sind zwei
  Dinge,
Doch sie gehen Hand in Hand,
Solo sind sie nicht gesamt,
Sowie zwei treue Eheringe.

Vera Wotschel * 2007

Oh Täler weit oh Höhen

Und fällt im Herbst der erste Reif, zur
  treuen Flinte ich dann greif,
das ist der Zeit Gebot, Hubertus ließ in
  Ewigkeit die Brackenjagd bestehen .

Dies ist der Sauerländer Jägers Ehrenspruch
  von einem Ehemaligen im
  Ruhestand stehenden.

Gerhard Wrede * 1941

Der Kopf in den Wolken,
die Haare im Wind.
Die Gedanken entfesselt,
frei, unbestimmt.

Die Füße im Wasser,
die Zehen im Sand.
Das Branden der Wellen
klärt meinen Verstand.

Kein Ächzen, kein Jammern,
kein Klagen, kein Weh(n).
Nur heilsame Stille
und das Tosen der See.

Antje Wulff * 1980

Zweifel im Winter

So groß ist die Welt und doch so klein
So schnell vergeht die Zeit mit wachsendem
  Bein
Und so viele Fragen die früher nicht waren
Stellen sich auf an düsteren Tagen.
Der Mensch, der Sinn und alle Funktionen
War es Gott und wird er uns alle
  verschonen?
Oder doch nur eine Simulation?
Darwin'sche Reise Evolution?
Diese wichtige Frage die unwichtig ist
Stellt sich der Gläubige sowie der Atheist.
Und ob gleich der Mensch versucht gutes
  zu schaffen
Dreht sich das Rad Resultat sind die
  gleichen Sachen.
Vor lauter Gier fängt das Schiff an zu
  Gieren
Weiße Lilien die im Osten Gräber zieren.
Probleme sind nur noch Momente leicht zu
  ersetzen
Gleiche Pole die schmelzen und die
  Gesellschaft zersetzen.
Und so lang wie die gefallene Acht ist diese
  List
Doch gebt Acht denkt nicht nur Schwarz
  und Weiß sowie der Pianist.
Denn morgen schon erstrahlt das Leben
  wieder in allen Farben
Und wer den Sommer liebt muss auch den
  Winter ertragen.

William Wurlitzer * 2000

Begegnung der Gefühle

Liebe

Liebe ist das schönste auf der Welt.

Liebe kostet auch kein Geld.

Liebe ist, wenn man Hand in Hand geht!

Liebe ist, Frühling, der durch Haar weht.

Liebe ist, wenn man miteinander teilt und
die Herzen anderer heilt.

Liebe ist, wenn die Sonne scheint und auch
zusammen weint.

Liebe ist, was uns zusammenhält, was mir
mit Dir gefällt.

Wo Liebe ist, ist Vertrauen da.

Liebe ist einfach wunderbar!

Clara Wurm * 1959

Frösche

Die Seele meiner Qualen verschwimmt im
Ozean der Wellen
der wie das Zirpen einer Nachtigall mit
jedem Lichtstrahl des aufblinkenden
Bildschirms etwas leiser wird

Die Seele meines Kummers zerbricht
an den leuchtenden Hörnern von
Mephisto
der zum Gegenteil ihrer Persona mein Herz
begehrt
während sich meine Finger immer noch um
die rettende Nachricht klammern

Hast du auch schon mal Frösche gegessen?

Janis Wyden * 2006

Er ging und nahm mein Herz und meine Träume mit sich

Mit seinem gehen zerbrach meine Welt
zusammen.
Aber nicht nur meine Welt sondern auch
meine Träume und meine Freude am
Leben.
Er nahm mir alles weg was mich
ausmachte,
mein Lachen, meine funkelnden Augen,
und meinen Glauben an die Liebe.

Seitdem finde ich die Liebe irrelevant und
schmutzig, und seitdem will ich mich
nicht verlieben.
Weil ich nicht mehr schmutzig werden will
da ich schon schmutzig war und ich ganz
genau weiß wie schwer es ist diesen
Schmutz zu entfernen.
Wenn ich mich nochmal schmutzig machen
würde,
würde ich diesen Schmutz diesmal nicht
ganz abbekommen.
Denn ich würden die Flecken davon
diesmal bis zum Rest meines Lebens
mit mir tragen.

Aleksandra Yankova * 2007

Zerbrochene Erinnerungen

Wenn ich an meine Kindheit denke,
dann spüre ich ein Ziehen in meiner Brust.
Es raubt mir den Atem.
Ich falle in endlose Tiefe.
Zusammengeknülltes Papier auf dem
Boden.

Ich erinnere mich nicht mehr.
All die besonderen Momente sind verloren.
Umgeben von eisiger Kälte.
Mein Atem am beschlagenen Fenster.

Irgendwann wird alles gut.
Irgendwann ist niemals.
Irgendwann werden all deine Träume wahr.
Zerbrochenes Glas auf dem Boden.

Selin Yesil * 1996

Schicksalhafte Wunder

Es gibt Dinge, die nicht zu erklären sind,
Wie wunderbar so ein Wunder ist, das weiß
ja jeder.
In letzter Not findet man kurz vor
Erschöpfung einen Ausweg ...
Wie ein Wunder ...

Sehr schwer zu sagen, ob dies ja wirklich
    noch Realität ist,
Man spinnt umher und glaubt, alles
    erklären zu können.
Was nicht so viel heißt, dass keiner es weiß,
Denn letztendlich, nach vielem
    Kopfzerbrechen,
Doch zu einer These gelangt, dass dies ein
    Wunder ist.

Sevim Zahke * 1975

Der Weg

Der Weg der Weg, ob groß oder klein.
Beschwerlich zu gehen, wie ein großer
    Stein.
Trotz aller dem werde ich weiter gehen.

Gefährlich kann er sein,
doch ist er wie ein wunderbarer
    Sonnenschein.
Blumen blühen im Sonnenschein,
das soll die Freude sein.

Der Weg verfolgt mich auf Schritt und
    Tritt.
Auf Stein und Stein, soll das wunderbar
    sein?
Es gibt Blumen blühende Wiesen und auch
    kalte Briesen.

Es gibt hohe Höhlen, in die geh ich rein.
Am Ende sehe ich ein funkelndes
    Lichterlein.
Es wird ein immer helleres Licht, die Freude
    spricht.
Mein Schicksal ist es weiterzugehen, durch
    schmales Tal.
Doch wie wird es weiter gehen, das werdet
    ihr in Zukunft sehen.

Theodor Zahn * 2012

Was hält dich ?

Was mich hält ist die Welt,
ob sie noch lange hält.

Sie trägt die ganzen Menschen,
„was für eine Last", muss Sie sich denken.

Meine Familie immer dabei,
wenn sie geht, bin ich ganz allein.

Die Freunde mit im Boot,
aber wo sind sie in der Not.

Was mich wirklich hält,
dass bin ich selbst.

Denn wen soll ich geben mein Herz,
wenn es zurückkommt, voller schmerz.

Ich kann nur mir vertrauen,
dass darf mir niemand klauen.

Was dich hält,
weißt nur du selbst.

Denn jeder auf der Welt,
braucht sich selbst, als ein Held.

Emily Zarse * 2007

Selbstverletzung

Meine Hände zittern, meine Gedanken
    überschlagen sich.
Sie fragen sich, was ist mit ihr los? In mir
    hört es nicht auf zu gewittern,
während es aus meinen Augen in Strömen
    regnet frag mich, warum ich
    überhaupt noch lebe.
Ich höre die Stimme, die mir sagt ich
    bin erbärmlich, meine Gedanken in
    diesem Moment sehr gefährlich.
Und mit zitternden Händen, zieh ich die
    Klinge über meinen Arm, mein Blut
    ist warm,
ich habe es nicht anders verdient hat sie
    gesagt.

Doch plötzlich wird es still, das Gewitter
hat sich verzogen, sie hat mich nicht
belogen,
für einen Moment gibt es keinen Schmerz
mehr, sogar mein Herz tut nicht mehr
weh.
Doch so langsam beginnt die Stimme
wieder zu klagen und ich möchte
mich schlagen.
Ich bekomme Panik das Blut tropft auf den
Boden und mein Herz schießt nach
oben, es klopft wie wild,
im Endeffekt hat es meinen Selbsthass nicht
gestillt.
Im Spiegel sehen mich leblose Augen
an, wieder das Gefühl, dass ich mit
niemandem drüber reden kann.
Ich bin allein mit meinen Gedanken, sie
sind mein größter Feind.
Aber wenigstens für einen Moment fühlte
ich mich befreit.

Jessica Zaugg * 2009

Mein Stern

Du großer Stern
Ganz still dort oben
Ich frage mich
Wie geht es dir

Siehst unten
Kommen und Vergehen
Wie klein bin ich
Schau ich zu dir

Vergeht der Tag
Kann ich kaum warten
Am Firmament zu schauen dich

Dein zärtlich Licht
Mich schon begrüßet
Als wartest du auf mich

Könnt ich einst wählen
Wäre ich gern
Neben dir
Ein kleiner Stern

Andreas Zbinden * 1961

Gipfeltreffen

Der Putin fliegt nach Teheran
und pumpt den Ajatollah an.
Nur Raisi sagt zu ihm ganz leis:
„Bezahl die Drohnen, mach kein' Scheiß.
Wir nehmen Gold; auch Edelsteine
und: Du weißt ja selber, was ich meine ..."
„Sa Popedu" heißt es nun;
jetzt woll'n wir was für Syrien tun."
Auch Erdogan ist wirklich da;
beschimpft ganz laut die PKK.
Und seine Freunde drohen dann:
„Lass die in Ruhe, alter Mann!
Träum heut vom nahen Inselstrand,
der noch gehört zu Griechenland."
Das nächste Mal trifft man sich schon,
im „freien" Kiew (Russunion).
Ob Krim, Donbass, Portugal;
ein roter Stern bald überall?
Doch liebe Leute denkt daran:
dann bleibt uns nur der Ozean ...

Olaf Zeidler * 1961

Weiße Rose

Die Rosen dort am Wegesrand
Gedanken drüben den alten Mann
sieben Gräber in der Stille
Wo dir Kraft, wo der Wille
Wer wünschte sich ein Weltkrieg her
Soldaten marschierten stramm im Heer
Flammen wollten sie nähren
Weiße Rosen taten sich wehren
Aus Feuer entstanden Worte
geschrieben von der jungen Horde
Der Trupp treu und schweigsam
gemeinsam und nicht einsam
Das erste Blatt lautet Widerstand
verbreitet durch die eigne Hand
Das Letzte wurde zum Verhängnis
Weiße Rosen bangten im Gefängnis
Mein Gott, waren sie noch jung
fanatisch ihre Richter
Gegen Krieg, Völkermord und Tod
Das Henkerbeil blitzte dunkelrot

Viele Jahre sind seitdem vergangen
sieben Bilder aufgehangen
Weiße Rosen auf grauem Stein, ihre Namen
werden ewig sein
Reiner Zeitsch

Schlaf

Stehlen tust du meine Zeit
Tag und Nacht bist du bereit
Lass mich! bin deiner Leid
Von Träumen bin ich befreit.

Weise sagen, du bist gut
Lebenszeit verleibst du ein
Ankämpfen verlangt Mut
Du gewinnst, mich allein

Stehlen tust Stunde für Stunde
Klingeln soll es, werde wach
Tag und Nacht machst die Runde
Ohne dich liege ich brach

Träumen nennst du, mich entführt
Ungewiss ob da ob fern
Wer bist du? Hab dich berührt
Wann bin ich? Jetzt ich lern.

Augenlieder zeigen dunkel
Mag noch nicht, Licht sei hell
Melatonin, dein treuer Helfer
Gebe auf, gleite in dir ein.
Charlie Zetenyi * 1977

ewig

durch deine Augen scheint die
Ewigkeit
das, was uns verbindet
durch viele Leben und
durch alle Zeit -
Nähe, die nie schwindet

Es ist Liebe, das mit uns
Licht und großes Wort
mit der Sprache unserer
Seelen fern von
jedem Ort -

spülen Wellen, Regen, Stürme
uns zusammen fort.
Gundyi Narina Ziesse * 1966

wie wollen

die angst vor der invasion
eines DU
das besetzt
beschlagnahmt
das immer will
und immer mehr will
nur so will wie es will
das dir den atem nimmt
mit seinem wollen
dein widerwillen

die angst vor dem fehlen
eines DU
das stört
beglückt
irritiert
bezaubert
will
mehr will
wieder will
die angst vor dem fehlen
eines DU
mit eigenwillen
Dominique Zimmermann * 1972

Herzfrequenz

Dankbar wer sein Herz geöffnet nun in
    Liebe denkend sein bestes Leben heute
    lebend.
Hat Schluss mit diesem endlos langen
    Tränenguss.
Wo die Liebe das Lächeln ziert und das
    Ende der Einsamkeit bedeutet.

Dankbar wer dem Herzen treue und
    Verbindung gelobt.
Bald zwei sich wirklich einen können,
    träumeln zu zweit in dieser schieren
    Endlosigkeit.
Die Seele sich daran selig trinkend.
Dankbar dieser Sternstunde hat sie doch
    die Liebe eingeläutet.

Laureen Katharina Zimmermann

Die andere Seite

Am Ende der Straße steht ein blaues Haus
Du stehst am Fenster und starrst hinaus
Ich sehe die Wärme, das gelbe Licht
Lächeln auf dem sonst so betrübten Gesicht

Wäre ich nur hinter der Tür
Äße mit dir vom selben Geschirr
Oh, was gäbe ich dafür
Nur einen Moment weg von mir

Einen Moment weg von allem Ballast
Einmal ein betrübtes Gesicht im lächelnden
    Palast
Einmal auf der anderen Seite sein
Und sich mit den anderen Freuenden
    freuen

Ach, es ist besser, hier unten zu stehen
Und einsam im Kalt meine Runden zu
    drehen
Denn wär ich da oben, der Raum würde
    grau
Und die sonst so warme Luft wäre lau
Und all die Freude im ganzen Haus
Ginge auf kalte Spaziergänge aus

Und doch, ich wäre jetzt gerne bei dir
Im blauen Haus, hinter der Tür

Esther Zimmermann * 2002

Der Eine da, an der Bar

An der Bar. Der Eine da. Einer von vielen.
Er greift mir in die Haare. So schön,
    sagt er.
Ich sage nicht wirklich etwas. Er lässt ab
    und verschwindet. Ich bleibe stehen.
Der Mann neben mir hat es gesehen.
    Stimmt, sagt der, aber nicht ok, dass
    er dir in die Haare gefasst hat.
Warum sagst du MIR das und nicht IHM?
Doch das denke nur ich. Ich bin diese
    Reaktionen gewohnt.
Nicht dass es dauernd passiert. Aber viele,
    die ich kenne, haben ähnliche Storys
    erlebt.
Disco, Park, U-Bahn, Bus. Auf offener
    Straße. Haare, Hände, Po, Rücken.
Gepfeife, oder auch: Lächele doch mal.
An der Bar. Stehe ich noch immer. Es war
    einer von vielen.
Ich bin nicht mal schockiert, dass er mir in
    die Haare gegriffen hat.
Manchmal höre ich von bestimmten
    Männern: Freue dich doch. Das ist ein
    Kompliment.
Dann frage ich in Gedanken diese Männer:
Wie oft standest du da an der Bar? Als der
    eine da? Einer von vielen?
Und wie oft griff dir jemand anderes in die
    Haare und fragte dich,
ob du nicht vielleicht etwas mehr lächeln
    möchtest?

Madlen Zimmermann * 1992

Melodie des Glücks

Im Takt sind die Gefühle,
gleichmäßig, ruhig und zufrieden.
Dankbarkeit macht sich in mir breit,
Freudentränen voll mit Glück.
Leichtigkeit schwingt mit,
Klarheit tanzt dazu,
Dankbarkeit macht sich in mir breit.

Freudentränen voll Zuversicht,
den Takt kann ich vorgeben,
ich fühle die schönste Melodie,
höre wie sie mich sanft erfüllt.

Fühle mich wohl in diesem Lied,
das mir das Glücklichsein Note für Note
übergibt.

Manuela Zips * 1972

Der Frieden in mir

Vor meinem Häuschen sitze ich,
Früh am Morgen ganz allein,
Die Sonne strahlt, die Tauben gurgeln,
Ich höre zu, genieße den Sonnenschein.

Die Luft ist rein, es riecht erfrischend,
Der Tag, der kommt und macht sich breit,
Meine Gedanken lass ich fließen,
Und freue mich der schönen Zeit.

Ich nehme diese Stille,
Ganz tief in mir genussvoll war,
Mit Freude sehe ich den Frieden,
Der um mich ist, sehr warm und klar.

Es ist mir klar, das Leben,
Das ich hier lebe, ist mir gut,
Es ist jetzt Zeit, es zu genießen,
Mit Freude, Frieden und viel Mut.

Nelli Zizer * 1975

Goldig

Als der freche Wind seine kalten Flügel
    schüttelt,
bereitet sich die Blume zum Abschied vor,
seine Zuhause den Würmern überlassend,
spart der Vogel seinen Gesang
für den nächsten Grünenhang,
seinen Wachposten verlassend,
die Fußstapfen der Blume küssend,
färbt sich das Blatt
zum Ärger des Windes goldig
und begibt sich der Schatztruhe der Erde.

Sonne goldig,
Luft goldig,
Himmel und Erde goldig,
als hätte Gott nur noch Gold im Traum,
als hätte Gott die Welt
zur Ehre des Goldes erschaffen.

Einstimmig besteigt der bunte Herrscher
seinen goldigen Thron und bietet der Welt
einen frischen goldigen Atem ...

Be Zoban * 1958

Höhen und Tiefen des Lebens

Das Leben befindet sich
im stetigen Wechsel.

Genommen wird es, wie es kommt.
Mal zeigt es sich heiter,
sogar überschäumend.
Das ist die Seite, die zu kurz erscheint.

Vergessen ist bald die schöne Zeit,
was folgt, ist das,
was in Erinnerung bleibt.
Anwesend, wenn man nur kurz dran denkt.

Dann präsentiert sich das Leben
untröstlich bis hoffnungslos.
Das ist eine Phase,
die gefühlt nicht enden mag.

Erinnre dich an schöne Zeiten
im Familienkreis.
Zusammenkunft mit guten Freunden,
den Sonnenuntergang am blauen Meer.

Damit wird Schwermut
zu einem Hauch im Wechsel des Lebens.

B. A. Zoch * 1958

Xüüqoorät

Xüüqoorät, ein jeder Laut
und jedes Wort damit gebaut.

Xüüqoorät? Wohl alle Sätze,
jeder verdreht das Xüüqoorät
ermanchtes Wandeln, wie ich schätze.

Mit Kratzekanten angereichert, Spott und
  Stritt darauf gespeichert.
Sogar beim Sprechen, Prononcieren, ist es
  dem X und Ü daran,
dass es die Zunge brechen, ja-gar-lich
  frittieren kann.

Xüüqoorät jetzt schon verbannt, obwohl es
  nie im Duden stand.

Von unrühmlicher Sorte stecken, wie in
  keinem Worte, die Schrecken jeder
  Gespensterorte Ecken.
Der Schock, wenn man „Xüüqoorät"
  genannt, da wird mit Stock und
  Schwert gerannt.
Es wird geschrien, die Schmach beritten,
  unverziehen zum Grab gestritten.
Einrasten will die Tastatur, gewiss
  Xüüqoorät zu Lasten nur.

Gar jeder Streit, Xüüqoorät
weil es, zum Leid, keiner versteht
Ihr kämpft und rauft, statt dass ihr liebt,
für Xüüqoorät, das es nicht gibt.

ZustandsDichtung * 1977

Flügel – weit ausgebreitet

Wenn wir uns halten fest, dann kommen
  wir ans Ziel.
Doch wenn wir nah uns sind, brauchen der
  Feste nicht.
Wir laufen nicht davon, der Geist, der hält
  uns dicht
zusammen. Was geschieht, ist für uns doch
  ganz viel.

Wir schweigen auf dem Flug von unten
  durch die Nacht
der Wolken und der Sterne, dem Land der
  Zwerge fern.
Weit breiten wir die Schwingen und
  schweben allzu gern
zusammen in den Lüften, die frei uns
  halten sacht.

Es lockt uns mit Gewalt die laute Welt der
  Vielen,
sie lockt uns manchmal sehr mit immer
  neuen Zielen,
die fehl doch müssen geh'n in ihrem
  schnellen Lauf.

Sie scheut sich gar zu gern vor mancher
  Spinnerei,
in der der Vogel singt, der Traum nicht
  einerlei.
Drum lass uns dabei bleiben, zu schwingen
  uns hinauf.

Sabine van der Zwan * 1971

Ich bin es wert

Auch wenn meine Eltern mich nicht
  wollten
auch wenn meine Eltern mich nicht liebten
auch wenn sie mich vernachlässigten und
  verletzten
auch wenn sie mich täglich spüren ließen
ich bin nichts wert ...

Ich bin es wert, Freude zu empfinden
Ich bin es wert, geliebt zu werden
Ich bin es wert, mich selbst zu lieben
und anderen meine Liebe zu schenken
Ich bin es wert, ein Mensch zu sein
weil ich wertvoll bin

Carolin Zwergfeld * 1962

blue dragon

auf dem rücken
kopfüber
sich in die lüfte schwingen

vom morgen blutrot angetrieben
vorandrängen

schwarze blumen hängen wie lampen
vom boden herab
und sonnenstrahlen wachsen
aus dem himmel empor
der wiese entgegen

wolken schieben baumkronen
hinauf in die welt

drachentanz auf den wurzeln des waldes

wehenden schwanzes feuerwolken spucken
die lampen entzünden
den lichtfunken entgegengleiten

Katharina Dehmer * 1976

Zaudern

Ein blauer Himmel voll blauer Sorgen
ich denke und denke und denke hinein
Ein graues Leben voll grauer Morgen
ich lebe und lebe und lebe hinein
Und doch frage ich, was ist denn mein Scheitern
Wenn nicht mein Scheitern im Scheitern allein
Denn wie ich auch lebe, ich lebe mit Zaudern
Und wie ich auch denke, ich denke zu klein

Ein grauer Schlaf voll grauem Traum
Ich irre und irre und irre umher
Ein blaues Meer voll blauem Schaum
Ich treibe und treibe und treibe umher
Und doch frage ich, was ist denn mein Scheitern
Wenn nicht mein Scheitern im Scheitern allein
Denn wie ich auch treibe, ich treibe mit Sehnsucht
Und wie ich auch irre, mein Irren ist Schein

Nadja Krämer * 1999

Gedanken an eine Liebe

Tief in mir ist ein Feuer, es ist die Wärme, die ich durch Deine Anwesenheit spüre.
Wenn ein Engel, den Boden berührt, dann öffnen sich alle Herzen,
wenn Du an mir vorbeigehst öffnet sich auch mein Herz.
Schon lange Zeit habe ich die Liebe in mir für Dich entdeckt.
Doch Du siehst mich nur an, Dein Blick allein kann mein Herz nicht erlösen,
Deine Berührung fehlt, die meine Seele erwärmt.
Ich möchte fühlen, wie es ist, wenn ich mit meinen Händen durch Deine Haare fahre,
wie es ist wenn ich in Deine Augen sehe, wie es ist, wenn ich Deinen Mund berühre und küsse,
ich möchte wissen wie es ist, wenn ich Dich in meinen Armen halte an mich gedrückt
und deinen Herzschlag spüre,
ich möchte wissen, wie es ist, wenn ich Dich in der Nacht in meinen Armen halte,
wie es ist, wenn ich Dich morgens wach küsse,
ich möchte wissen wie es ist, wenn ich mit dir den Tag verbringe,
ich möchte nur eines wissen, ob Dein Herz tanzt, wenn ich bei Dir bin.
Wenn die Liebe so groß ist, wie der Himmel, dann ist meine Liebe unendlich.
In meinem Herzen, ist die Sehnsucht nach Dir verborgen,
die Sehnsucht die es schafft, dass ich nicht mehr klar denken kann.
Die Erinnerung, die ständig da ist, und meine Träume von Dir steuert.
Der Augenblick, in Dein Herz zu sehen, ist das Größte für mich.
Doch die Zeit wird vergehen und das Feuer in mir mitnehmen,
die Sehnsucht und die Erinnerung und Träume stehlen,
nichts an dem ich mich mehr festhalten kann, was mich an Dich erinnert.
Zähle nicht die Stunden, zähle nicht die Minuten,
zähle die Unendlichkeit in Deinem Herzen, die uns nicht zusammengeführt hat.
Zwei Herzen die sich nicht vereinigen, schaffen keine Erinnerungen.

Holger Geußenhainer * 1969

~ Windsternenstille ~

~Wirbelt plötzlich auf ein Meeresfrühlingswind
lässt dich erinnern der Sommermonde leicht
und wie ihre Silberstrahlen streiften die See
perlmutt schimmernd samtig ihr Licht

Des Himmel Blautief tiefer denn je
golden erhellt durch der Sterne Licht
bis die Nacht endlich der Morgenröte wich

Erinnerst des schimmernden Morgentaus
von weit schon durch die Nebel hindurch
fliegend' Schleier auf Meereswogen bedecken
doch enthüllen was dein Aug' sonst nicht erblickt

Dort in des frühen Morgen Sinnlichkeit
läufst du und streifst die Stille in dir
wie der Wind die fallenden Blätter~

Susannah L. Norton * 1974

wo geht es hin

wenn dunkle stunde grell uns läutet
wenn apfel reift und fällt
wenn wasser schwillt und flutet
wenn trockenheit verdammt die frucht

zerfurcht ist der krume samtiges gesicht
leer geschöpft des flusses feuchtes bett
zerrieben die nester hoch im baume
verdorrt das grün des hoffnungsvollen keims

kommt nacht, kommt tag
ohn' unterschied im leiden
verödet ist das land
leer sind die städte

fort ist das gebein des letzten
staubkorn weht im rauen wind
kein traum sich finden lässt im nirgendwo
der tod hält graue wacht

Wiebke Lobensteiner * 1965

Menschheit und Verachtung

Menschheit und Verachtung
Gehen Hand in Hand
Und flüstern sich in einer Sprache zu
Die jemand mit Herz noch nie verstand

Von all ihren trostlosen Wegen
Ist dies ihr Favorit
Er führt zu einem Massengrab
Gesäumt mit Dynamit

Ihre Trauerkleider sind maßgeschneidert
Und stehen ihnen gut
Tiefschwarz wie Obsidian
Und besprenkelt mit Blut

Sie tanzen zu einem Klagelied
Die Schritte beherrschen sie blind
Wenn man ihrem Totengesang lauscht
Weiß man, wer ihre Götter sind

Und während aus dem rußgeschwärzten Äther
Die Hymne des empathielosen Volkes erklingt
So wünscht ich mir, wie gern ich eine Waffe hätt'
Die statt Zerstörung, Liebe bringt

Roxana Färber * 1991

Hoffnung

Der Wandel dieser Zeit geht in die falsche Richtung.
Erst Pandemie weltweit brachte global viel Leid.
Dann Angst es kommt ein Krieg zu uns, macht sich noch breit.
Wir alle wissen nicht, wann kommt endlich die Lichtung.

Die Folgen daraus sind wirtschaftliche Vernichtung.
Die Preise steigen hoch, das Ganze auch weltweit.
Was hier in unsrem Land die Gesellschaft entzweit,
ist Hass im „Social-Net", wo es gibt keine Schlichtung.

Doch aktiviere jetzt Gedanken positive!
Setz dir den Filter auf für schönere Motive!
Gedanklich mache jetzt ganz einfach eine Kur!

Such was dir gut gefällt, vermeide zu vermuten,
dass alles ist so schlecht! Bedenke einfach nur:
Sogar die schlimmste Stund' hat nur sechzig Minuten.[*)]

Helmut Maiwald * 1964

[*)] Quelle:
Der letzte Vers dieses Sonetts ist inspiriert von der Textzeile „Denn selbst die dunkelste Stunde hat nur sechzig Minuten" aus dem Song „Mittendrin" von Udo Lindenberg.

Der Ethikvogel

Der Schnabel der Menschheit ist das Wort,
Trauer, Glück, Seligkeit, bringt er an jeden Ort.

Das Gefieder ist unser Tun,
was mache ich gerade, was mache ich nun.

Die Krallen, das letzte der Weisheit der Menschen,
verletzt, heilt und vervollständigt in Gänzen.

Mitke * 1965

Chancen auf ein neues Leben

Guten Tag mein liebes Buch,
der Himmel trüb, es ist ein Fluch,
meine Seele wünscht sich Wonne.
Wo bist du, unsre schöne Sonne?

Ununterbrochen regnet es seit Tagen,
was kann man da noch Großes wagen?
Keine Menschen seh ich weit und breit
und spür auch keine Heiterkeit.

So frag ich mich zu gleicher Zeit,
sind Menschen wirklich nun bereit
was Neues anzufangen
oder sind wir immer noch befangen?

Die erwachsne Welt ist voll verdrossen,
so, die Jungen mit den Sommersprossen.
Auch lernen geht es schlecht zu so ne Zeit.
Steht endlich auf, es ist soweit!

Ein neues Leben, alter Trott?
Das geht gar nicht, das ist Schrott!
Mut und Fleiß, mit Herz und viel Verstand
und niemals stecken den Kopf in den Sand!

Real ist nicht die Welt in unsren Köpfen,
real sei die Natur, und damit unser Schöpfer!
Wenn wir das erkannt, bewusst uns werde,
haben alle Chancen auf dieser einen Erde!

Elsa Neufeld * 1952

Echo

Fische flüstern das Echo der Sterne,
Der Horizont verschlingt die Ferne.
Smaragdgrün glitzert nun der Strand,
Ein Abend stirbt im feuchten Sand.

Träge schleicht der Mond empor
Und kriecht, ganz still, durchs Sonnentor.
Unsere Schatten halten sich,
Gewaltig, hier, im letzten Licht.

Deine Hände werden meine Hände,
Unsere Stimmen singen ohne Ende,
Meine Füße werden deine,
Wir tanzen über scharfe Steine.

Die Nacht wird Tag, der Tag wird Nacht,
Die Zeit zeigt sich in voller Pracht.
Wolken flackern schnell und grell,
Blaue Dunkelheit wird hell.

Um uns dreht die Erde durch,
Doch wir schreiten ohne Furcht.
Und sind die Hänge noch so steil:
Liebe ist ein sicheres Seil.

Gerardus Cornielje * 1962

FRANKFURTER BIBLIOTHEK

JAHRBUCH FÜR DAS NEUE GEDICHT

Auf den Hund gekommen

BRENTANO-GESELLSCHAFT

FRANKFURT/M.

GEDICHT UND GESELLSCHAFT 2024

FRANKFURTER BIBLIOTHEK

Gründungsherausgeberin Giordana Brentano

Erste Abteilung
Jahrbuch für das neue Gedicht

71.

Auf den Hund gekommen

Herausgegeben von
Klaus-F. Schmidt-Mâcon† und
Nikolaus Gruß

Mit einem Vorwort von
Katharina Strojek

BRENTANO-GESELLSCHAFT FRANKFURT/M.
2024

Auf den Hund gekommen

Jahrbuch für das neue Gedicht

Herausgegeben von
Klaus-F. Schmidt-Mâcon† und
Nikolaus Gruß

Mit einem Vorwort von
Katharina Strojek

BRENTANO-GESELLSCHAFT FRANKFURT/M.
2024

Hinweise zur alphabetischen Ordnung

Die Gedichte sind nach Autorennamen geordnet.
Umlaute gelten dabei als nicht geschrieben.
Sie sind in der alphabetischen Folge
nicht berücksichtigt.
Wegen der strengen alphabetischen Abfolge der Gedichte
mussten Spalten und Seiten auch im Vers umbrochen werden.
Die Redaktion bittet um Verständnis.

Beilagenhinweis:
Die Ausschreibung für die
Frankfurter Bibliothek 2025
liegt dem Band bei.

Empfehlung im Internet:
www.autoren-tv.de
www.literaturmarkt.info

Der August von Goethe Literaturverlag
publiziert neue Autoren.
Manuskriptzusendungen sind erbeten an:
lektorat@august-von-goethe-literaturverlag.de

www.august-von-goethe-literaturverlag.de
www.frankfurter-verlagsgruppe.de

©2023 Brentano-Gesellschaft Frankfurt/M.,
ein Imprint der Frankfurter Verlagsgruppe GmbH
Mainstraße 143, D-63065 Offenbach a. M.
Tel. 069-13377-177, Fax 069-13377-175
ISBN 978-3-8267-0113-9
ISSN 1613-8386

Rotweinmädchen 2

Vor ihrer Tür stehen Rotweinflaschen, drei
    Stück
sind leer, in einer sammelt sie ihre Kippen
die anderen wurden mit den
    herumstehenden Gläsern vergessen
sie raucht nur abends, für Cidre ist sie
    immer zu haben
vermisst ihre Heimat, seit drei Jahren schon
    völlig allein
so weit weg von Familie, von Freunden
nahe täglich im Pub, ein Stück Zuhause in
    der Fremde
am Heimabend eine Flasche Rotwein,
    manchmal mit Sprudel
Schorlen hat sie aus ihrem ersten Leben im
    Ausland allein
Sommerabende sind Cocktails, sind Cidre
    und Biergärten
aber Rotwein, der hilft ihr allabendlich
    beim Sein
sie erzählt, sie wäre krank gewesen, zu viel
    Alkohol
Früher
hätte das Haus nicht verlassen ohne
    Weinpuffer
brauchte die Rauschwand zwischen sich
    und der Welt
sie unterbricht ihre Geschichte, holt mehr
    Hugo mit Weißem
Dann raucht sie wieder eine und ruft ihre
    Mutter an

                    Eva Ahrens   * 2004

leer

nicht mehr voll stopfen
fressen trinken häufen
abgeben aufleben
draussen aufkleben

je weniger umso besser
einfacher tiefer nieder
einziges muss ist wasser
ja so ist es freier

auf den hund gekommen
aber es macht nichts
unten angekommen
ich fühl nichts

sie ist leer
und ich bin leer

                    Julia Andrist   * 2002

Der Baum der Hoffnung

Lange Schatten umrahmen den Baum,
und dunkle Gedanken erfüllen den Raum.

Die Äste und Zweige sind hohl und leer.
Das leichteste atmen fällt einfach nur
    schwer.

Kein einziges Blatt, am Baum, mehr zu
    seh'n
Ist alles so trostlos, weil du musstest geh'n.

Die ziehenden Nebel verschleiern den
    Blick.
Kein einziger Weg mehr, führt zu dir
    zurück.

Und doch ist da Hoffnung in jedem Baum.
Man muss nur tief graben und intensiv
    schau'n.

Dann, eines Tages, der Baum zeigt sein
    Kleid.
Mit tiefgrünen Knospen, sie leuchten so
    weit.

Und noch etwas später, die Blätter sind da.
Der Stamm hat noch Risse, ist jedem wohl
    klar.

Der Baum der Hoffnung zum Leben
    erwacht ,
und doch nie vergessen, die Schatten der
    Nacht.

                    Marion Baack   * 1974

Hügelzittern

Schneeglitzernd aufgetürmt
in weißdurchflockter Nacht
verharrt er still im Schattenrande
vom Wärmefeuer fortgedacht

Langes Lachen durchschallt den Platz
umtanzend den Laternenbaum
Klavier, Gitarre, Saxofon
im Hügelraum ein leises Kaum

Lauter wird der Freudentaumel
Küsse, Tänze, Wiedersehen
höher ertürmt der weiße Hügel
im schimmernd-sanften Schneetraumwehen

Die Glitzerpracht, die Last zu schwer,
bricht er taumelnd stumm hernieder
erstarrter Platz, verklirrend Klänge
totenstille Augenlider.

Dominik Banhold * 1985

Balu

Er ist ein Hund und gar nicht bunt.
Sein Fell so hell wie Karamell.
Sein Blick entzückt und mich beglückt.
Er ist ein Schelm und ziemlich schlau.
Er will trainieren und dabei nicht verlieren.
Ein Leckerchen muss her, das fällt mir nicht
    schwer.
Sein Blick entzückt und mich beglückt.
So tapsig und flapsig kommt er daher.
Ein Welpe ist er, bricht alle Herzen im
    Park.
Seine Energie geht bis ins Mark.
Er tollt herum mit Alt und Jung.
Ein Labrador ist er und sehr verfressen.
Ich werde ihn nie vergessen.
Sein Blick entzückt und ich bin voller
    Glück.

Angelika Barten * 1962

auf den Hund gekommen

Auf den Hund gekommen,
bin ich jetzt Hundefreund?
auf den Hund gekommen,
sind der ein oder andere,
der im kalten draußen,
sitzt und friert und hungert,
sorgt und zittert und verstummt,
nach und nach und nach.

Ein Kaffeebecher für Kleingeld,
ein mickriges Schild mit Aufschrift.

Ein Rucksack, Schlafsack, Pappmatratze,
all das ist sein Hab und Gut.

Hunger, Hunger, Hunger,
doch es reicht lange nicht,
niemals für zwei volle Mägen.
Nichts ist für ihn wertvoller,
als das funkeln der Augen,
dem Wendeln des Vierbeiners.
Tatsächlich zwei Mal
auf den Hund gekommen.

Kira C. Bauer * 2001

Kleiner Mann

Kleiner Mann mag es gerne
Eier vom Bauer zu klauen.

Gleb Bulich * 2000

Auf den Hund gekommen

Treue Augen schauen,
mich hoffnungsvoll an.
Treue Augen bauen,
darauf, dass ich's kann!

Ein weiches Fell liegt genau
vor meinen Füßen.
Ein weiches Fell kuschelt
Sich an mich zum Begrüßen.

Ein guter Freund begleitet
manch schwere Stunde.
Ein guter Freund ist da
In.kleiner und großer Runde.

Ich rede von keinem Menschen,
Dafür gibt's keinen Grund.
Ich rede von meinem Begleiter,
Meinem Hund.

Stephanie Buscemi * 1986

Vom Alter gezeichnet,
seine letzte Kraft verbraucht,
macht er sich auf
über die Regenbogenbrücke zugehen.
Ein letzter treuer Blick - dann ist es soweit.
Die Wege trennen sich,
doch man ist immer verbunden.
Er hat immer einen Platz in unseren
    Herzen
und in Gedanken ist er wieder hier.

Manuela Shania Doll * 1983

Der Herr und sein Mops

Der feine Herr und auch sein Mops,
die essen beide sehr gern Klops.
Der Mops begehrt ihn mit viel Soß',
der Herr steht mehr auf nacktem Kloß.
Und statt sich ständig d'rum zu streiten,
nach welcher Art sie ihn bereiten,
kamen sie zu diesem Schluss,
leckt erst der Mops mit viel Genuss
die Soße völlig von dem Kloß,
dann ist der Herr die Soße los.
Der legt den Kloß dann auf's Gedeck
und schmatzt ihn ratzeputze weg.
Und das, was er dann nicht verdaut,
wird tags darauf vom Mops zerkaut.

Horst Decker * 1947

Zugabe

Der Vorhang fällt - das Licht geht aus
und der Applaus verstummt.
Alles wird still.
Man steht auf der Bühne im
    Scheinwerferlicht - völlig allein.
Das Schauspiel ist zu Ende,
der letzte Akt gespielt.
Auch dieses Kapitel findet ein Ende,
was nun wohl vor einem liegt?
Der treue Wegbegleiter,
jahrelang an der Seite,
muss seines Weges ziehen.

Fellträger

Eine Träne
von mir
in deinem Fell
verrät
dass all
meine Geheimnisse
bei dir
sicher verwahrt sind
wortlose Kommunikation
mitten ins Herz
gegenseitige
Liebe pur
nichts hinterfragen
nichts bewerten
nichts kritisieren
alles verzeihen
das kann
nur
ein Hund

Dreschi * 1964

Heimatlos

Von Grenzfrüchten und Citruswällen,
Getroffene Hunde,
Ja die bekamen Schellen.
Umher streunernd. Ungewollt.
Früher doch so unbeschwert. Umhergetollt.
Jetzt Leere ausgesetzt.
Morgen ausgesetzt.
Früher verehrt. Jetzt verwehrt. Ab morgen
    verkehrt.

In einer wertebasierten Welt,
Einem Hundeleben gleich. Gefällt.
Nur wenn sich jemand erweicht.
Früher liebevolle Blicke erhalten,
Die jetzt sich anwidernd verhalten
Und morgen komplett erkalten.
Früher die herzliche Umarmung.
Jetzt unter dem Deckmantel der Tarnung,
Verstoßen ohne Vorwarnung,
Du hattest keine Ahnung.
Morgen ist die Straße dein Zuhaus.
Die Welt, sie sieht ganz anders aus.

Linus Ehle * 1995

Wolke

Auf Wolke sieben schweben
Mit dir zusammen gehen
Alles überstehen
Gegenseitig Halt geben

Du bist an meiner Seite
Ich sehe wieder die Weite
Die weite weite Welt
Und das Sternenzelt

Vier Pfoten und zwei Füße
Unsere Lebenssüße

Zwei Herzen
Ohne Schmerzen

Willenskraft und Tatendrang
Alleine sind wir nimmer bang

Stefanie Fischer * 1981

Auf den Hund da kommen ja auch nur
  Menschen mit viel Liebe.
Denn Hunde sind des Herzens Menschen
  Diebe.
Einmal auf den Hund gekommen
treuesten Freund der Welt
ihn intressiert weder Aussehen noch dein
  Geld.

Ein Blindenhund zum Beispiel ist ein
  wahrer Held.
Drum liebe Menschen, liebe Kinder, tut
  ihnen nicht weh
seht ihn als besten Freund so wie ich
  meinen seh.

Bianca Frank

Neidischer Vogl

in deiner dimension wollte ich mich
  bewegen
durch deine augen den boden erspähen
einmal so wie du durch die lüfte schweben
einmal nur, die welt von oben sehen
doch leider darf ich nur ein stück mit dir
  fliegen
bloß soweit mein auge reicht
dann muß ich meiner begrenztheit erliegen
wie sehr doch deine welt von der meinen
  weicht

Hartwig Fuchs * 1968

So ein Hundeleben ...

Wär' ich ein Hund, dann könnte ich den
  ganzen Tag im Bettchen liegen
und je nach Herrchens Laune einen
  riesengroßen Knochen kriegen.
Ich fühlte mich ganz pudelwohl und ließ
  mich überhaupt nicht stressen,
es gäb' für mich zwei Dinge nur, nämlich
  Schlafen oder Fressen!

Ich würde auch mal Gassi gehen und brav
  das Stöckchen apportieren,
wenn überhaupt, nur selten bellen und
  hätte ausgezeichnete Manieren.
Auf der Straße lief' ich dann neben
  Herrchen artig an der Leine
und manchmal zwickte ich ganz frech in
  eins der vielen Menschenbeine.

Und wenn sich einer echauffierte: „Wie
    kann der sich so was erlauben?"
Schaut' ich ihn an mit treuem Blick aus
    meinen großen Hundeaugen.
Ich wär' ganz unschuldig und lieb, als
    könnte ich kein Härchen krümmen,
mit dieser Masche würd' ich dann noch
    zwei, drei Leckerli erzwingen.

Lammfromm spaziert' ich einfach weiter, so
    als wäre nichts gewesen,
der allgemeine Tenor spricht: „Was für ein
    goldig' Hundewesen!"
Doch käm' mir „eine" mal zu nahe und
    machte sich ans Herrchen ran,
dann fletsch' ich meine Zähne und fing
    laut zu knurren an!

G. E. Fugmann * 1963

Alles in Allem

Knurren, Bellen, nächtliches Jaulen
Weckt bei mir nur nacktes Grausen
Wenn ich an das Pelztier denk
Was andern so leicht das Herz verrenkt.

Flöhe, Zecken und Gewürme
Lauter Scheußlichkeiten an dem Tiere
Schleppt er gern von draußen rein
Und legt sich dann aufs Sofa 'fein'.

Jeder ist gern tolerant
Wenn er nach dem Gassigang
Sich im Hause voller Wonne
Schüttelt aus dem Pelz 'ne Tonne
Wasser, Schlamm und manches Tierchen
- zur Belohnung gibt es Nierchen.

Doch wenn ich in Mayas Augen schaue
Sehe ich Vertrauen und Treue
Meine Gedanken werden verschwommen
Auch ich bin auf den Hund gekommen.

Sylvia Gayk * 1968

dobermann

es fiel ein junger dobermann
einen alten ober an
er biss ihn in den unterbauch
und knapp darunter leider auch
der ober blutete sehr stark
der dobermann verschwand im park

Gregor Griesgram * 1948

Unendlichkeit

„Unendlichkeit – Unendlich weit?
    Unendlich sein, die Welt, so unendlich
    klein. Unendlich – nah?
Unfassbar Fern? Weit wie die Sonne, hell
    wie ein – Stern ? Geheimnisvoll, wie
    der – Mond?
Fassbar, wie das Leben war gewohnt?
Verborgen, unbekannte Welt? Was uns
    dann wohl in der Alten hält?
Kann es nicht besser sein? Anders, un-
    endlich, nein!
Kann es kein Geheimnis bleiben? Kann uns
    keiner den Weg schon mal zeigen?
Wohin gehen wir, in die Un-Endlich-Keit?
    Gibt es – Zeit? Ist es noch weit ?
Wer kann uns den Weg sagen ? Unendlich
    viele – Fragen. Keine, nein, keine
    Antworten.
Wie lang nur ist die Unendlichkeit?
Wer kann sie zählen, uns davon erzählen ?
    Würdest du das Ende oder einen neuen
    Anfang wählen?
Wie ist es – Dort? Ist es ein neuer – Ort ?
Sehen wir die Vorausgegangenen wieder ?
    Hören wir die alten – Lieder?
Hören, Fühlen wir überhaupt das Gleiche
    wie Hier ? Gibt es das dort auch- ein
    Wir?
Gehen wir ins – Nichts? Gibt es Dunkel
    und das Hell des Lichts ?
Gibt es – Antworten auf all das? Gibt es
    – Was?
Unendlich fern, das alles noch. Und doch,
    und doch ...

Wir warten auf ein Zeichen, dass die
Fragen den Antworten weichen.
Es gibt: Keine. Keine Erkenntnisse, keine
Gewissheit. Keine Sicherheit.
Aber vielleicht im Leben ein Stück von der
Unendlichkeit."

Sophia Hein * 1992

die liebe machte uns arbeit

deine worte hast du in der kühltruhe
vergessen
ich habe sie in sauren schnee eingelegt

meine lippen haben sie nie berührt
doch meine finger wurden blau davon

im see ziehen unsere gesichter kreise
und lösen sich auf mit dem frost

so viele knoten in meinem haar
und winzige körnchen von sand

die liebe machte uns arbeit
wir betrachteten sie wie eine katze

die vergeblich eine maus jagt
sie ist längst auf den hund gekommen

ich blase unsere kerze aus
es ist kalt

Mina Herz * 1982

Als Doktor P. dich mittnächtig fand

Als Doktor P. dich mittnächtig fand:
grotesk gedunsener Bauch
auf blutgeschmirgeltem
Kirschholzparkett.

Schwer leiden hat sie vermutlich nicht
müssen
und stürzte – jählings ins Koma.
Schlimmeres blieb ihr erspart –
tröstete er resigniert.

Ihr Durst schien unauslöschlich:
nach gewirktem Leben und endlos
Gebranntem.
Ihre Züge mumiengleich zu Tode
veratmet.

Im Bad: roh entbürstete
Grauhaarbüschel,
horizontlose Flaschenarktis – du
mittendrin:
vom Rotlichtvisier des Abend
atmenden Sees getroffen.

Weitäugige spähten sie zehn Tage
zuvor,
dann in der Ferne die greise Mutter
geweckt –
Verbindungsknistern: Nur du bleibst
mir allein.

Monate später: Ich auf einer
rauchgrauen Bank,
wo mein Vater einst flüsterte: dein
Auto ist schön.
Die Asche meiner Schwester: in so
kurzer Zeit.

Anrufbeantworter zehnfach: Hier ist
Rosalie, was ist los,
warum meldest du dich nicht?

Stephan Homburger * 1964

Streunende Gedanken

Des Nachts, von den tröstlichen Geistern
verlassen,
streunen Gedanken
über lichtlose Plätze und einsame Gassen.
Sie taumeln und wanken
ohne Anfang und Ende in wirren
Mäandern,
wie tappende Hunde,
die ziellos den Abgrund der Seele
durchwandern,
Stunde um Stunde.
Probleme umstellen dein friedloses Lager.

Ein Rudel Hyänen.
Sie umkreisen dein Haupt, hungrig, rastlos
    und hager,
mit schütteren Mähnen.
Lichtscheue Gesellen, im Schatten
    verborgen.
Um sie zu verjagen
hilft dir nur am Ende der dämmernden
    Morgen,
beendet die Plagen.

Petra Jakob * 1951

Auf den Hund gekommen?

Die Firma, es war schon seine zweite,
ging unerwartet pleite.
Die nächste Firma nahm ihn gerne,
er musste aber in die Ferne.

Für seine Ehe war das ein Schritt zu weit,
doch lieber lebte er an sich zu zweit.
Er fand die Frau, die ihn erfreue -
doch ein leeres Konto überließ ihm seine
    Neue.

Der Alkohol ertränkte seine Sorgen,
der Bank gehörte bald das Haus,
die Arbeit verschob er stets auf Morgen,
aus seiner Wohnung flog er raus.

Nun war er ganz unten angekommen,
doch dachte er so ganz verschwommen,
dass auch Diogenes lebte einst in einer
    Tonne.
Der Gedanke erfüllte ihn mit Wonne!

Jetzt lebt er fröhlich und ganz frei
in einem Wäldchen, in der Natur,
Geld und Sorgen sind ihm einerlei,
er genießt sein Leben unbeschwert und pur.

Eckart John

Bitte warten.

Von der Freiheit fesseln lassen,
Ziele lieben und Wege hassen.
Die Welt dreht sich um ihre Insassen.

So singt der Zyklus meiner Zeit,
ich zweifle zu sehr an unserer
    Zukunftstauglichkeit.
Die Bewertungen unserer Taten
bringen diese Einigkeit
und erhöhen unsere
    Verletzungswahrscheinlichkeit.

Ich höre jeden Herzton,
so gebrochen sind wir also schon.
Wir werden jedes Haus leer wohnen,
jede Tür ist verschlossen,
jedes Schloss ist angebracht.

Es gibt keinen Ausweg,
egal was man macht.
Ich lerne das Leben
und übe Geduld.

Dominik Kalberlah * 1990

Ja ja ...

Vor die Augen, In die Ohren, Sensorsuit
Das wird gut.

Andre Welten, Andres Leben, Bin dabei
Endlich frei.

Kann jetzt fliegen, Welt verbiegen,
    Zaubertool
Find ich cool.

Dunkle Macht, Dass es kracht, Kraftkoloss
Bin jetzt Boss.

Super body, Krasser Stil, Ja du willst mich
Wenn ich will.

Plötzlich dunkel, Alles weg, Stromversagen
So ein Dreck.

Weg die Brille, Raus die Pods,
　Erdenschwere
Kühlschrankleere.

Ohne Arbeit, Ach was solls, Ungebraucht
Abgetaucht

Post bleibt zu, Dann hab ich Ruh, Compi
　leuchtet
Strom ist da.

Vor die Augen, In die Ohren, Sensorsuit
Alles klar.

Konrad Eßeling genannt Knüsting　*1957

Auf den Hund gekommen

Ein Hund stand allein am Waldesrand.
Ein Jäger hat's Gewehr zur Hand.
will schießen auf den armen Hund.
Entsetzt rief ich lass das sein,
der Hund gehört jetzt mein.
Verliebt schaut mich der Hund jetzt an,
dass ich nicht widerstehen kann
so nahm ich ihn mit nach Haus,
die Geschichte geht nun glücklich aus.

Wilma Krause　*1956

Heiliger Hund

Ich wollte keinen Hund mehr.
Keine Lust auf Gassi geh'n.
In Tibet begegnete mir dann,
auf dem Dach der Welt ein kleiner Hund.
Ein Jemtse Apso, auch Tibet Spaniel
　genannt.
Er saß wie ein Pilger
auf einem fahnenbedeckten Stupa und
　sonnte sich.
Kälte und Wind störten ihn nicht.
Er schaute mich mit seinen treuen Augen
　an,
stoisch wie ein Buddha.
Meine Begleiter fanden ihn hässlich.

Ich jedoch packte ihn ein und nahm ihn
　mit,
seitdem er mein Gefährte ist.
Ein Mönch sagte mir: Dieser Hund ist ein
　Geschenk,
selbstlos, mutig und intelligent.
Ein Wiedergeborener der menschlichen
　Seele.
Ein heiliger Hund!

Thomas Krieg　*1971

Der Floh

Ein Floh, der einst ein Star
in der Manege war,
vermisst die Zirkusluft.
Den Duft
von Sägespänen,
die Tränen
der Begeisterung,
die Hochachtung
der Welt
vor seiner Kunst im Zirkuszelt.
Das Alter hat ihm dies genommen,
so ist er auf den Hund gekommen.

Klaus Linge　*1950

Einzug des Wachhundes

Es hat einer einzubrechen versucht,
worauf der Hausherr hat lautstark geflucht.

Entgegen der Meinung seiner Frau
ging er ins Tierheim – zur Hundeschau.

Beim Abschied dort um die Mittagszeit,
es standen gefüllte Töpfe bereit,

schlapperte Wufdi ganz ohne Zwang
von Napf zu Napf durch den langen Gang.

Plötzlich zitterte er an Leib und Seele,
aber niemand wusste, was ihm fehlte.

Sein Inlet schien gar recht sensibel,
ins Rosenbeet tat er dann kübeln.

Weiteres ihn auch noch übermannte,
zum nächsten Baumstamm er hinrannte.

Auf dem Rücken man ihn wiederfand
sein Schicksal war der „Drei-Bein-Stand".

… war nicht gleich der erste Mann im
    Haus …
Am nächsten Tag sah's schon besser aus!

… nun ist's Hundle seit vielen Jahren tot.
… war stets Seelentröster in tiefster Not.

Renate Maili

Ein Hund und ein Meer

Ein Hund blickt nicht aufs Meer,
er sieht es schlicht.

Er findet es nicht schön oder erhaben,
für ihn ist es einfach nur da.

Im Grunde ist das Meer für einen Hund
    nicht einmal ein Meer,
es ist nur viel Wasser an einem Ort.

Ach, könnt ich dem Meer doch mit dem
    Verstand eines Hundes begegnen,
ich würde es besser verstehen.

Stephan Menz * 1988

Hundewetter

Kuschelnd auf dem Sofa lag er
Eng an mich geschmiegt
Ein seichter Kuss aufs Haar
Ein Abend wie immer

Das Plätschern stoppt
Abrupt
Tropfen gehen gen Himmel
Weltumkehrung

Kein Fokus, keine Fakten
Schimmernd ist die Wahrheit
Schmerzhaft die Erkenntnis
Kein Abend wie immer

Der Wind leert
Im Zentrum Donner und Wut
Die Hände lösen
Die Umklammerung

Dem Regenbogen folgt
Die Sonne schwach
Kein Nebel vermag
Die eigene Unfähigkeit

Linda M. Meier * 1984

Gewicht der Krone

Ein Mann steht auf der Straße,
eine Geige in der Hand,
ihm fehlt sein rechtes Auge,
und die Ohren sind verbrannt.

Und doch greift er zum Bogen,
spielt die schönste Melodie,
die Menge applaudiert zwar,
doch Moneten kriegt er nie.

Sitzt abends auf dem Sofa,
seine Hände rot und wund,
legt weg das schöne Werkzeug,
und streichelt kurz seinen Hund.

Ein Liebling kalter Massen,
und doch ständig ignoriert,
die Lustbarkeit der Oberschicht,
seinen Lebenslauf ziert.

Holger Monschau * 1990

Dackelträume

Eine Dackeldame mit Segelohren
Hat Dumbo zum Traummann erkoren.
Doch dann trifft sie nen Mops
Und das Wunschbild geht hops,
Als fünf Segelmöpse geboren.

nicbi * 1981

Wenn der Spiegel fehlt

Wenn der Spiegel fehlt
die Augen von Vater und Mutter
die dich sehen, so, wie du bist
dich erkennen und annehmen
schweigen

Wenn der Spiegel fehlt
siehst du dich nicht
erkennst dich nicht
suchst dich inmitten der anderen
findest dich nicht
tarnst dich als Spiegelbild anderer -
selbst spiegelbildlos.

Wenn der Spiegel fehlt
nimmst du die eigenen Augen
schaust auf dich
lächelst dir zu
und sagst:
ICH sehe dich.

Sarah von Oettingen * 1981

Das neue Familienmitglied

Das neue Familienmitglied

Ein kleines Kind heult sich die Augen
    wund:
„Mama, Papa, ich will einen Hund!"

Es gab keine Ruhe, bis er endlich ward
    gefunden,
das Gejammer und Geschrei schien nun
    überwunden.

Doch das neue Mitglied, es stellte sich
    heraus
war wild und unerzogen, so ein Graus!

Jetzt galt es auch noch einen Hund zu
    erziehen,
die Eltern wollten am liebsten dem Ganzen
    entfliehen.

Von überallher kamen gefragt und
    ungefragt Tipps,
zur Unterstützung halfen im Internet
    diverse Clips.

Auch wenn das Training ging nur mühsam
    voran,
ihr Kind war vom Hund schwer angetan.

Und wenn die Eltern manches Mal riefen:
    „Es ist noch so viel zu tun!"
Es half alles nichts, das Training konnte
    nicht ruhen.

Doch nach einer gewissen Zeit,
zeigte sich das neue Familienmitglied
    bereit:

So brav und folgsam hörte er nun aufs
    Wort genau,
doch zu allem Ärger machte das Kind nun
    Radau!

Die Eltern schauten sich liebevoll wissend
    an,
nun war also ihr Kind wieder dran.

Stephanie Posselt * 1981

Zu treu ist unser Begleiter

Auf den Hund gekommen,
so scheint es in dieser Welt,
sie erwerben einen Hund,
für ihre eigene Freud,
doch sie denken nicht an die Folgen,
für die Umwelt, für die Natur.

Der Hund, unser treuer Freund,
kann nichts dafür, er folgt uns nur,
doch wir zerstören die Welt um ihn her,
ohne Rücksicht, ohne Bedacht.

Es ist Zeit, dass wir uns wandeln,
dass wir unsere Verantwortung ernst
     nehmen,
dass wir handeln, bevor es zu spät,
bevor wir wirklich auf den Hund kommen.

Lasst uns gemeinsam handeln,
die Welt retten, für uns und unsere Hunde,
lasst uns auf den Hund kommen,
für eine Zukunft, die es wert ist, gelebt zu
     werden.

Alex Pret * 1981

Auf den Hund gekommen – ein Sprichwort mit unterschiedlicher Bedeutung

Es gibt einige Erläuterungen -
     wissenschaftlich belegt dazu, die
     meine ich nicht,
hör einfach mal mit dem Herzen zu!
Es geht um Familien mit Kindern und
     Hund und das Leben damit, fröhlich
     und bunt.
Ein Hund - ein Freund - oft ein Leben lang,
     an der Seite des Kindes, wieviel er
     doch kann.
Er bekommt einen Namen - genau wie du,
     nun gehört er zur Familie, begleitet
     euch auf eurem Weg.
Er wird euer Freund, er hört und schaut
     euch an, ob er all das Erzählte, ihm
     Anvertraute verstehen kann?
Er akzeptiert und registriert. Stimmungen
     kann er deuten - er ist erst einmal
     vorsichtig
und abwägend zu fremden Leuten.
Vertrauen schenkt er, wenn er es spürt, ein
     Leben beginnt dann mit ihm,

Verantwortung übernehmt ihr - er dankt
     es euch.
Freunde kommen und gehen - dein treuer
     Freund -- dein Hund ist an deiner
     Seite - du bist nicht allein.
Das ist wahre Liebe- so sollte sie sein.
So geht Miteinander mit einem Hund.
Dein Hund und du ihr könnt so viel
     miteinander erleben.
Nehmen und Geben gehört dazu, auf
     den Hund gekommen – was für ein
     Glück,
lauf weiter mein Freund – komm bitte
     immer zurück!
Für meine Enkelkinder und ihre Hunde.

Bärbel Reeh * 1947

Nasse Straßen

Ich laufe über nasse Straßen
kalte, nasse, dunkle Gassen
gehe über Buckelwege
holprig und steinig dem Dunklen entgegen

Und in der Ferne bellt irgendwo ein Hund

Ich lasse die Gedanken kreisen
lass sie zu und lass sie schweifen
sie wachsen hoch und fallen tief
schlagen Wurzeln in meinem Kopf wie ein
     Parasit

Und in der Ferne bellt irgendwo ein Hund

Mit Lupe in der Hand bin ich auf der Suche
wills stoppen, wills lösen, vergessen, ich
     blute
doch der Kopf ist voll, das Fass läuft über
Netz aus Wurzeln trotz all der Mühe

Und in der Ferne bellt irgendwo ein Hund

Nasse Straßen laufe ich zurück nach Hause
drücke Pause, lasse keinen Gedanken mehr
  zu
suche Ruhe, lasse sie nicht mehr kreisen
leg mich ins Bett und es wird leise
das Licht geht aus

Stille

Nicht einmal in der Ferne bellt irgendwo
  ein Hund

Lars Relecker * 1998

Crow

Die Nacht war lila,
immer wieder sah ich die Farbe.
Auch die Nacht sah ich immer wieder,
sie würde ein Teil von mir bleiben- eine
  Narbe.

Sie ließ mich meinen Verstand verlieren-
manchmal glaubte ich, andere könnten es
  sehen,
als würden rote Buchstaben meine Stirn
  zieren,
als würde es mir im Gesichte stehen.

Es war, als lagen alle Blicke auf mir-
und ich wusste was sie da lasen,
Buchstaben waren es vier-
die sich in meine Haut fraßen.

Ich bin eine Krähe
und kann nicht fliegen.
Das ist alles was ich sehe,
wenn die Nacht und ich hier liegen.

Charlotte Renard * 2006

Die Katze

Die Katze schleicht behände
Mit leisen Pfoten durch das Gras
Sie meint dort zu erkennen
Ein kleines Mäuschen so ein Spaß

Versucht im Spiel zu kriegen
Die Maus zum Fressen gut
Doch die ist überlegen
Schlüpft in ein Loch
Und ist ganz stolz auf ihren Mut
Die Katze ganz verdrossen
Den Weg nun weitergeht

Sie hat für sich beschlossen
Dass sie nun macht Diät

Susanne Röhrs * 1960

Auf den Hund gekommen

Helga und Nuri denken
häufig unabdinglich nur, dass
Hunde und nur diese,
Heiterkeit und Nächstenliebe
  demonstrieren

Matthias Roosen * 1990

Sonnenstich

Nach herkömmlicher Hungersnot,
versichert folgt der Hungertod.
Und wenn der Hunger schnell verkommt,
mit Glück man ihm noch prompt
  entkommt.

Nach diesig schwülen Sommertagen,
Kriegsveteran kehrt schleppend heim.
Pistolen für ihn leicht zu tragen,
es sei denn, er füllt Wasser ein.

Der Hungertod schon längst vergessen,
zu lang dachte man nicht an Essen.
Ein Möwenkind den Strand entleert,
bis echtes Kind im Sand verkehrt.

Der Federträger ist gereizt,
hat seinen Schnabel weit gespreizt,
wirft niemand ein, Vanilleeis,
ich in ihn dieses Kind da schmeiß.

Zu viel vom Sonnenlicht genascht.
Zu viel im Sonnenlicht geschwommen.
Die Möwe will das Kind nicht haben,
so bin ich auf den Hund gekommen.

Maximilian Rudloff * 2007

Lied der Mitglieder der Parteivorstände
(vortragbar im Rhythmus des Refrains von Friedrich Hollaenders „Nachtgespenst")

Ich sag's mit Vehemenz
Doch ohne Konsequenz
Bei breitem Grundkonsens
Ich heuchle Renitenz
Setz' auf Ambivalenz
Mit aller Eloquenz
Zum Zweck der Kohärenz
Mit meiner Konkurrenz
Ich pflege in Latenz
Und ohne Transparenz
Zu jeder Wahlsequenz
Eine Äquivalenz
Ergebnisoff'ner Kongruenz
Das bürgt für Permanenz
Und zeugt von Amtsprudenz
Bei vorgetäuschter Kompetenz

Gerd-Peter Rutz

Mein Hund

Mein Hund mein Hund
liebt mich ohne Grund
Mein Hund mein Hund
ist stets gesund
Mein Hund mein Hund
wird langsam rund
oh je oh mein Hund ist doch nicht so gesund

Sasa * 1978

Birkenhund

Hinter einer Birke fand
ich schönen, weißen Birkenhund

Ja, es war schon stadtbirkant
dass man hier Birkenhunde fand

Birgst du Tier hier dein Gesicht
seh ich dein grauses Lächeln nicht

Sanft, so sagt man, sind beim Funde
die schönen, weißen Birkenhunde

Ja, beim Funde, nickt der Weise
in die Runde

Folgt jedoch das Birkentier
dir geschwinde vor deine Tür

mach sie nicht auf und tu bedenken
wem kannst du dieses Monster schenken

Scarlin * 1954

Zweiter Frühling

Nun lag er hier schon viele Wochen im
    selben kleinen Knast
und konnte einfach nicht verstehen, warum
    er nicht mehr in ihr Leben passt.
Doch seinen Schmerz konnten sie nicht
    mehr sehen.
Fremde Menschen kamen täglich her und
    nahmen Tiere mit nach Haus.
Doch für ihn interessierte sich niemand,
    denn ein alter, kranker Hund war für
    die meisten ein Graus.
Dass er keine Beachtung fand war für ihn
    sehr schlimm und brachte ihn zum
    Weinen.
Er leckte sich die Pfötchen wund und
    wusste, für ihn würde die Sonne nicht
    mehr scheinen.
Doch eines Tages geschah es dann:
Ein altes Paar kam an seinen Zwinger
    heran.

Sie fanden ihn ganz wunderbar und hielten
    ihm ihre Hände hin.
Sollte er sich trauen und schnuppern?
    Machte das Sinn?
Die beiden Menschen waren geduldig und
    ließen ihm Zeit.
Sie begegneten ihm mit Ruhe und voller
    Zärtlichkeit.
Er fasste Mut, tapste langsam voran und
    wedelte mit seinem Schwanz
und wusste, ein zerbrochenes Herz heilt
    niemals ganz.
Doch diese Menschen nahmen ihn auf und
    schenkten ihm ein 2.Leben.
Und auch er hatte seiner neuen Familie so
    unfassbar viel Liebe zu geben.
Viele Lebensjahre gab es für ihn nicht mehr.
Doch über die Schönheit der verbleibenden
    Zeit freute er sich sehr.

Yvonne Schäfer * 1980

Inneres Kind

Es ist still, es ist laut
Es braucht viel Liebe und ein sicheres
    Zuhaus
Manchmal geht das schief,
so weint es bitterlich und fällt auf die Knie
Doch wenn die Sonnenstrahlen es berühren,
kann es plötzlich wieder fühlen
Es ist wer wir ganz wirklich sind
Es ist unser inneres Kind

Rhea Schirmer * 1998

Wenn der Magen regiert

„Hierhin!", ruft sie schon wieder,
die hübsche Nachbarin.
Falschblond sind ihre Haare,
wonach steht wohl ihr Sinn?

Ihr Hund soll wohl gehorchen,
doch hört er scheinbar schwer.
„Hierhin!" befiehlt sie wieder,
der Hund will wohl nicht sehr.

Er bellt nach Subventionen,
sie scheint jetzt eher taub.
Es führt zu Depressionen,
wenn man zu viel erlaubt.

Den Zweifel überwunden,
lockt sie mit einer Wurst.
Den Geldbeutel geschunden,
stillt man Begehrens Durst.

Ja, auf den Hund gekommen,
ist auch so manches Land.
Zu viel sich vorgenommen,
weil man sich hat verrannt.

Franz Schlotmann * 1952

Kleine Trixie

Es war in einem Tierheim
da kamst du angelaufen
ich nahm dich auf den Arm
gleich wurde mir ums Herz ganz warm

Wir haben dich mitgenommen
in unser schönes Heim
so bist du angekommen
und bleibst nie mehr allein

Du liebes, kleines Beagle Mädchen
warst uns unbekannt
Trixie wurdest du genannt
nun bist du unser größter Schatz
und stehst in unseren Herzen schon auf
    dem ersten Platz

Es sollen viele Jahre vergehen
und müssen wir einst Abschied nehmen
dann ruhst du in unserem Garten
und deine kleine Seele
wird im Himmel auf uns warten

Gisela Schmitz

Als wir noch Wölfe waren

Blutendes Fleisch vom Wild gerissen,
knackende Knochen im Sprung zerbissen.
Der Mond gibt Licht, der Mond gibt Kraft,
wir heulen und beten bei Nacht!

Wir waren so viele, wir waren stark,
wir haben alle bezwungen.
Doch nach dem Fressen saßen wir da
und haben das Schlachtfest besungen.

Heute sind wir nur Schatten von einst,
nur Hunde an Bändern und Riemen.
wir fressen aus Schüsseln und heben das
    Bein,
wir haben gelernt zu dienen.

So werden wir alt, der Rücken krumm,
die Beine nach außen gebogen.
Die Zähne faulen, wir bellen stumm,-
das Schicksal hat uns betrogen.

Wir waren so viele, wir waren stark, wir
    haben alle bezwungen!
Nun sitzen wir nach dem Fressen da und
    haben ausgesungen.
Doch manchmal, in einer besonderen
    Nacht, erfasst uns ein seltsamer
Schauder. Der Mond steht am Himmel, er
    gibt uns Kraft.-
Wir heulen und beten die ganze Nacht und
    schweigen am Morgen betreten.

Erwin Scholter * 1953

Der Spaziergang

Dreimal pro Tag soll es geschehen,
dass Mensch und Tier die Runde gehen.
Der eine groß, der andre fein,
der eine liebst schon längst daheim.

So ging der Hund am Wegesrand,
wo sich ein Stöckchen auch befand.
Mit Vorsicht nahm er in sein Maul,
was an einem Ende leicht schon faul.

Mit stolzem Gang so zeigt er nun,
den prächt'gen Stock in seinen Backen,
dass jeder weiß er wird es tun
und ihn in kleine Teile knacken.

Einem passt dies scheinbar nicht
und greift dem Hund in sein Gesicht.
Er holt, was schon leicht angebissen.
Zack, hat er ihn weggeschmissen.

Der Hund, der hat den längsten Atem,
denkt sich heimlich: „Ich kann warten".
Ein andern Mal wirst du nicht schauen
und ich auf einem Neuen kauen.

Täglich wiederholt sich jenes Spiel,
bis nach Haus, zu beider Ziel.
Hat Spaß gemacht denkt sich der kleine.
Der Andre: Morgen geht Mutti und zwar
    alleine!

Kay Schotte * 1991

Auf den Hund gekommen

Die Backenzähne fallen aus
Und es entstehen große Schmerzen.
Die Rufe gellen laut durch's Haus
Und schaden so auch noch dem Herzen.

Das Alter sollte doch so schön sein
So selbstbestimmt und auch so fein.
Gar keine Pflichten mehr und Sorgen
Keine Ängste mehr vor Morgen.

Doch leider meldet auch die Hüfte
Sie hat die Lebenszeit erreicht.
Im Krankenhaus die Ätherdüfte
Sie machen das Problem so leicht.

Im Monat drauf sind es dann die Knie
Sie schmerzen heute auch, und wie!
Doch bald ist alles überstanden
Die Alters-Rallye glatt bestanden!

Gabriele Schreib * 1949

Im Fluss

Ein herzliches Lachen am Ende dieser
    Zeilen
Lässt mich Angst und Freude
    gleichermaßen teilen.

Was schaust du mich denn so verkniffen
    an –
Ich bin fast alleine, bis auf diesen Mann …

Ich strecke ihm die Zunge raus, er streckt
    sie zurück,
Ich blase meine Backen auf, da setzt er
    noch einen drauf:
Er prustet und schäumt um den Mund,
seine Haut ist feucht, also ist er gesund.

Ein Laternenlicht flackert hin und her,
oder besser auf und ab, wie kleine Wellen
    im Meer.
Ich steh auf einer Brücke und werfe einen
    Kuss,
diesem Gesicht zu, unten im Fluss

Es grüßt mich zurück, meine Anspannung
    schwindet,
als sich dort mein eigenes Gesicht
    wiederfindet.

Ein herzliches Lachen …
Klaus Schüßler * 1948

Motte am Spiegel

Es steht mit hoch erhobenem Haupte
protzig, breitbeinig das Mottetier am
    Spiegel

Seine Zähne gebleckt und den Rücken
    gestreckt
starrt es sich an – ein grummelnder Laut
    entspringt seiner Kehle,
erst leise, dann immer stärker werdend.

Ist der Ton auch richtig getroffen?
Klingt es gefährlich, sorgt für Schrecken…?
Nur immer fleißig weiter blecken,
die Brust nach vorne, das Haarkleid
    sträuben!

Mit wichtigtuerischer Miene prüft der
    Motte seinen Charme.
Ob er doch mal wedeln solle? Oder lieber
    ruhig sein?!

Ein tiefer Seufzer rinnt hinaus aus dieser
    schlanken Hundeseele.
Noch einmal knurren!
Das erfrischt und stärkt die Nerven.

Des Mottes Schwanz geht in die Höh'
und voller Schwung verlässt der Herr
sein Spiegelbild, das wedeln, knurren,
    betteln kann.

Und viele wilde Blicke werfen!
Nelly Schwanstein

Meine Zeit ist noch nicht gekommen

Meine Zeit ist noch nicht gekommen,
Abgelaufen zu sein sie doch scheint
Wangen runter benommen, zerronnen,
Leise flüstere ich's dir gescheit

Valentins Tag mit Rosen und Dornen,
Blutes Tropfen auf silbernem Kleid
Meine Schlachten sind noch nicht
    gewonnen
Herzens innere Angelegenheit

Wenn ich liege und kein Wunsch zu atmen
    -
Ich verkrampf unter dem großen Leid
Warum hörst du nicht zu, ich verdampfe!
Zu verschwinden ab jetzt bin bereit...

Schwarze Augen - groß wie die Seen,
Schwärzer als jede so finstere Nacht,
Bleicher Körper und viele Kanäle,
Stiller Frust, Stimmeneinsamkeit

Meine Zeit, bist du schon gekommen?
Müde blicke ich auf dich drein
Deine Augen, Seen, zerronnen
Ich als Luft, steig nach oben, daheim.
Julia Sehrt * 1989

Das Universum in einer Hundepfote

In des Himmels weitem Bogen,
Liegt Jimmy, die Welt entzogen.
Sein Fell, seidig und schimmernd klar,
Reflektierte die Galaxien, fern und rar.

Seine Nase, braunschwarz und zierlich fein,
Riecht die Geheimnisse, die in den Sternen
   sein.
Mit Knopfaugen, klar und voll Mut,
Ahnt er, das Universum sei groß und gut.

Doch in dieser tiefen Sternennacht,
Wo alles eins scheint, hat er nachgedacht:
Wie groß ist die Welt, wo fängt sie an?
Wo ist ihr Ende, wo ihr Bann?

In der unendlichen Weite, so still,
Frage er sich, was das Universum wohl
   will?
Wo beginnt es, wo ist sein Rand?
Was hält es zusammen, welches Band?

Da ruft aus der Tiefe, fern und bekannt,
Sein Frauchen mit winkender Hand:
„Komm, Jimmy, ins Haus, es wird Zeit,
wir alle suchen nach Geborgenheit."

Mit einem Lächeln, das die Nacht erhellt,
Trabt er zurück in seine vertraute Welt.
Denn ob das Universum noch so weit,
Weiß Jimmy: im Hier und Jetzt liegt das
   Glück bereit.

Alina Sewko-Friebel * 1987

Das Ende ... nicht allein

Die Sonne kitzelt meine Nase, doch
   glücklich bin ich nicht.
Schmerzen tut mir alles, fressen will ich
   nicht.
Ich rieche eure Sorge, doch helfen kann ich
   nicht.
Nachts kann ich nicht schlafen und halt
   euch wach.
Ihr bedrängt mich nicht, doch bleibt ihr da.
Ihr krault mich und redet mit mir.
Eure Kinder umarmen mich, ihr legt mich
   auf die Rückbank.
Ich blicke zurück und sehe - die Kleinen
   weinen,
doch auch trösten kann ich sie nicht.
Die Fahrt ist ruhig und ich bin nicht allein.
Ihr tragt mich rein und bleibt bei mir,
Ich rieche Salz und weiß - ihr weint.
Ich lecke eure Hand und ihr umarmt mich.
Etwas pickst, die Schmerzen lassen nach.
Ich rieche Trauer, doch ich bin froh.
Die Schmerzen sind weg und ihr seid da.
Mein Blick verschwimmt, ich weiß was
   kommt.
Doch ihr seid da - ich bin nicht allein.

Lina Sievert * 2009

Sex oder Liebe

Im Herzen kein Degen,
mit Glücksfahnen wedeln.

Den Körper hingeben,
voll Sehnsucht sich regen.

Nackte Haut lass reden,
Antwort auf selben Wegen.

Die Vollendung ein Segen,
der Orgasmus ein Beben.

Schweißperlen die kleben,
nebeneinander sich legen.

Nicht Sex nur erwägen,
mit Partner zusammen leben.

Ängste unter den Teppich fegen,
gemeinsam die Hoffnung ersehnen.

Nach Zuneigung streben,
Glück – Liebe erleben.

Du ziehst selber die Fäden,
muss in die Hände nehmen.

Frank Skaletz * 1971

Gaffer

Hüpf, Spring, Sitz, retrieve,
den roten Ball, wenn ich dich rief.
Mein räudiger Gefährte warst
Bis die große Straße kam
Lang ist's her, und doch zu Zeiten
lass ich mich erneut verleiten, den Ball zu werfen,
Doch niemand hört, niemand der den Ball begehrt.
Wie du mein Freund, mein räudiger Begleiter,
Und so dreht sich die Welt nun weiter.
Trauer Verlust und Schmerz ...
Zu zahm
starbst du doch in meinem Arm.
Fast erleichtert sahst du aus
Als ich schaute zu mit Graus
Den roten Ball, der Straße folgend
Ein screech des Autos ... Jaulen ...
Alles aus

Sabrina Smithson * 1981

Mein Freund

Der beste Freund ist tot,
mein treuer Begleiter.
Er ist nicht mehr da,
und ich bin allein.

Ich kann nicht glauben,
dass er nicht mehr lebt.
Ich vermisse ihn so sehr,
ich kann es nicht ertragen.

Ich weiß nicht, wie ich weitermachen soll.
Ich fühle mich verloren und hilflos.
Ich bin auf den Hund gekommen,
und ich weiß nicht, wie ich wieder aufstehen soll.

Stephan_Sombra * 1979

Gemeinsamkeiten

Bei Kindern und bei Hunden sagt man,
wenn sie sich richtig freuen,
Sie würden's offen zeigen und auch dass es
stets ehrlich sei.

Bei Kindern und bei Hunden kennt man
den Trieb zu jeder Zeit,
Gemeinsam zu agieren und die
Bedingungslosigkeit.

Bei Kindern und bei Hunden spürt man,
kommt stets etwas zurück.
Auch ohne viel zu reden, es liegt allein in
ihrem Blick.

Bei Kindern und bei Hunden ist man,
wenn sie entschwunden sind,
Getroffen wie ein Hund und auch
verzweifelt wie ein Kind.

B. Wilhelm Steinfeld

Fernseher

Eines Tages steh' ich am Morgen auf,
Nehm' mir die nächsten Tage frei und lauf'
Kurz hinüber zu der Couch,
Log' mich mal ein,
Auf Insta brows'
Ich immer nur allein.
Will niemand denn mit mir zusammen sein?
Denn ohne Freunde ist das Leben ärgerlich.
Es ist, als schau' ich fern,
Doch auf Sendung bin nur ich.

Fabian Daniel Stessin * 2006

Der Weg ins Licht.

Es ist der dunkelste und einsamste Moment,
An dem man tief betrübt erkennt,
Dass das, was man einst verlor,
Sich zur Ursache des eigenen Glückes erkor.

So wandelt man langsam auf düsteren
    Pfaden;
Wird vom Tode zum Bleiben geladen;
Denn über das, was man am meisten liebte,
Ist es, worüber die Finsternis nun siegte.

Der Pfad der Freude, in unendlicher Weite,
Das Glück verfehlt, nur um Haaresbreite;
Wandelt der Mensch auf dem Weg ins
    Verderben; Tag für Tag,
Nur er selbst weiß, wann er ihn zu
    verlassen vermag.

Doch am Horizont, da leuchtet ein Licht;
Passt man nicht auf, so sieht man es nicht.
Leise und still strahlt es dahin,
Es ist der Funke für den Neubeginn.

Samuel Stratmeier * 2001

Pervitinroboter

Rausholen, Aufmachen,
Schlucken, Schließen.
Kameraden müssen
Gebiete erschließen!

Die Wirkung setzt ein.
Ihr Marsch wird noch weit gehn'.
Sie müssen Schalten,
wenn sie den Feind sehn'!

Schutz suchen, Ausspähn',
sich vorn anschließen,
Laden, Visieren, Stillhalten,
Sch-

Frederic Stump * 1994

Lohntüte!

Jeder Tag zählt
Jeden Tag eine gute Tat
Fähigkeit zur Muße z.B am Wochenende-
    Urlaub-Feierabend
Arbeiten
Lohntüte verdienen
Wenn-Falls
Entweder-Oder

Ich arbeite für meine Lohntüte
NICHT ARBEITEN
Ich erhalte Geld Hilfe zum Leben von „
    Vater Staat „
Empfehlen-Abraten-Meine Meinung:
Wenn-Falls ich arbeite:
Habe Ich das gleiche Geld
-Bitte die Arbeitsstelle annehmen -
Da-Weil
-Sehr viele Menschen „ Vater Staat auf der
    Tasche liegen „
Das braucht nicht zu sein
-Das tue ich nicht -

Thomas Thesing * 1968

Armutszeugnis der Politik

Dunkle Choräle verwehen,
weinende Frauen an Gräbern stehen.
Man möchte seinen Nachbarn schütteln,
besser, die ganze Welt aufrütteln.
Man will fluchen und laut schreien,
gegen die Beschränktheit der Parteien.

Noch nie schuf man je durch Waffen einen
    Frieden;
nur Unmengen von Menschen sind auf
    Schlachtfeldern verschieden.
Doch die Regierungen zeigen
    Argumentationen den Rücken
statt zu bauen politische Brücken.
Anscheinend sind alle Diplomaten
    begraben
oder glauben Urlaub zu haben.

Der Ukrainekrieg - meterlang hängt er
    einem zum Halse heraus
und die Bilder hält man schon lang nicht
    mehr aus.
Das Gemetzel lässt sich kaum noch in
    Worte kleiden
und egal welche Partei - man kann sie alle
    nicht mehr leiden.
Wo bleibt jetzt der ökologische Meilenstein,
sollte er nicht in diesem Jahrzehnte sein?

Hannelore Thiele * 1951

Haiku

Beim Anblick seiner
Leine in meiner Hand springt
er wie ein Flummi

Angela Hilde Timm * 1964

Hundehimmel

Noch immer hängt hier deine Leine,
als warte sie auf ein Signal,
auf Hundepfoten, die einmal
so freudig über Dielen tappten,
um an der Tür auf mich zu warten.

Du warst mein Freund, und jeden Tag
liefst du an meiner Seite, froh,
als wär das Leben nur ein Spiel
mit Stöckchen, und auch gleich, wie viel
in dieser Welt geschehen mag.

Springst du nun über grüne Wiesen -
wie sieht ein Hundehimmel aus?
Dein letzter Blick war, wie es schien,
voll Zuversicht, ich las darin:
Ich lauf für uns doch nur voraus.

Verena Wahrmann-Kaul * 1959

Oh wer ist mir

Oh wer ist mir heut mein liebster Hund
Noch kaum habe ich die Augen auf
Da nimmt der Hund gleich seinen Lauf
Brav kommt er zu mir angetrabt
Wedel hier, jault so arg
Gleich ist die Freude in seinem Herzen
Und ich tu ihm gleich
Nichts nimmt mir so die Last
Als wenn ich später schwer dann von der Arbeit komm
Zu Haus gerad so in die Tür rein fall
Und Erstes ist was mir all die Sorgen nimmt
Es ist mein Hund der da sitzt und dann auch rennt
Denkt er gleich: Vergiss die Sorgen und streichel mein Fell

Zustimmung ist hier angebracht
Also nehme ich hin was Gott mir gab
Das Leben es hat mich auf den Hund
  gebracht

Maximilian Wohler * 1994

Selbstbeweihräucherung
(auf der Basis einer Begegnung)

Oh wie bin ich toll!
Oh wie wundervoll!
-und schau ich in den Spiegel rein
fällt es mir gleich wieder ein:
Oh wie bin ich toll!
Oh wie wundervoll!

Ganz nebenbei bin ich auch wichtig
Was ich tue ist stets richtig
Was ich sage natürlich auch
Genauso ist es bei mir Brauch
... und wer es nicht glaubt
der sieh mich an -
vor euch steht der perfekte Mann.

Anni Christina Wötzel * 1952

Abschied nehmen

Gekommen bist du, kleiner Welpe,
  nichtsahnend wie sich dein Leben
  stellte,
Herangewachsen zum stattlichen Hund,
  du mein Gefährte, friedlich, fröhlich,
  mein Lebensgrund.
Immer treu und herzenswarm, trug dich
  Anfangs und Ende in meinem Arm.
Dieser Bund, zwischen Mensch und Tier,
  das war tief, das waren wir.
Die Blume des Lebens stets begossen, bis
  am Ende Tränen flossen.
Keine Jahre können mir jemals nehmen,
  dass meine Sehnsüchte, nach dir
  sehnen.
Vielen Dank für deine Zeit, ich wünsche
  dir, Glückseligkeit.

Christin Zucchetto * 1987

ich bin dankbar und wütend ich bin glücklich
und genervt ich genieße den ausblick und schaue
nicht hin ich hab damit gerechnet und bin
überrascht es ist mir gleichgültig und ich denk
immer noch drüber nach ich freu mich drauf und
geh nicht hin ich werd geliebt und bin einsam ich
warte und weiß nicht mal mehr auf was es ist
bedeutungslos und mir immer noch wichtig
ich liebe und gehe

Ella von Rosenthal

FRANKFURTER BIBLIOTHEK

JAHRBUCH FÜR DAS NEUE GEDICHT

Schicksalsschlag

BRENTANO-GESELLSCHAFT

FRANKFURT/M.

GEDICHT UND GESELLSCHAFT 2024

FRANKFURTER BIBLIOTHEK

Gründungsherausgeberin Giordana Brentano

Erste Abteilung
Jahrbuch für das neue Gedicht
72.

Schicksalsschlag

Herausgegeben von
Klaus-F. Schmidt-Mâcon† und
Nikolaus Gruß

Mit einem Vorwort von
Katharina Strojek

BRENTANO-GESELLSCHAFT FRANKFURT/M.
2024

Schicksalsschlag

Jahrbuch für das neue Gedicht

Herausgegeben von
Klaus-F. Schmidt-Mâcon† und
Nikolaus Gruß

Mit einem Vorwort von
Katharina Strojek

BRENTANO-GESELLSCHAFT FRANKFURT/M.
2024

Hinweise zur alphabetischen Ordnung

Die Gedichte sind nach Autorennamen geordnet. Umlaute gelten dabei als nicht geschrieben. Sie sind in der alphabetischen Folge nicht berücksichtigt.

Wegen der strengen alphabetischen Abfolge der Gedichte mussten Spalten und Seiten auch im Vers umbrochen werden. Die Redaktion bittet um Verständnis.

Beilagenhinweis:
Die Ausschreibung für die
Frankfurter Bibliothek 2025
liegt dem Band bei.

Empfehlung im Internet:
www.autoren-tv.de
www.literaturmarkt.info

Der August von Goethe Literaturverlag
publiziert neue Autoren.
Manuskriptzusendungen sind erbeten an:
lektorat@august-von-goethe-literaturverlag.de

www.august-von-goethe-literaturverlag.de
www.frankfurter-verlagsgruppe.de

©2023 Brentano-Gesellschaft Frankfurt/M.,
ein Imprint der Frankfurter Verlagsgruppe GmbH
Mainstraße 143, D-63065 Offenbach a. M.
Tel. 069-13377-177, Fax 069-13377-175
ISBN 978-3-8267-0113-9
ISSN 1613-8386

Draußen

Warum zieht es mich hinab;
Ewig in den tiefen Abgrund?
Gleich fatalem Weg ins Grab –
Qualvoll durch den rauen Schlund.

Es war einmal – alles voll Licht und
 Schimmer…
und wenn sie nicht – so hieß es immer,
Doch meine Welt längst verlor und vergaß
all jenes, das wahre Magie besaß.

Ich kralle mich fest und rutsche nur ab,
Die Kehle staubtrocken, der Schweiß rinnt
 hinab.
Sehne klaren Horizont herbei mit
 Silberstreif,
Doch tosender Sturm mich finster ergreift,
Während meine Hand das nackte Seil bloß
 streift.

Es war einmal - alles anders, ich weiß
 es kaum mehr… voll Freude und
 Frohmut, nicht einsam und leer.
Mein Blatt war noch weiß, die Tinte noch
 frisch – nun ist es vergilbt, die Schrift
 schon verlischt …

Denn vielleicht finde ich noch die letzte
 Kurve
Über die Schwelle, zurück ins Paradies
Womöglich aber aus Abweg Spirale wurde.
Mein Platz für ewig bleibt im Verlies.
Drum schätzet euren Thron im
 Sonnenlicht.
Denn allen gewährt ist seine Wärme nicht.

Belize Acharya * 2004

Abschied

Nun bin ich wie tausend Winde
Nun bin ich wie Sonnenlicht
Nun bin ich das Glitzern im Schnee
Nun bin ich das Rauschen der See
Ich bin eines Vogels Flügelschlag
Ich bin die Natur, die mir so am Herzen lag
Ich bin die Stille in der Nacht
Ich bin nicht tot – ich bin erwacht!

Selina Aebischer * 1993

Aufprall ins Licht

Alles so hohl, nicht zu meinem Wohl.
Alles ohne Fülle, ich bin nur noch eine leere
 Hülle.
Ständig auf der Suche nach Dichte, in Form
 eines Lichte.
Mir fehlt die Wonne, das Strahlen der
 Sonne.

Alles vergangen, in mir gefangen.
In dieser Dunkelheit, zu Nichts mehr
 bereit.
Zu viel Gift getrunken, in Lethargie
 versunken.
Die noch halbvolle Pralinen-Schachtel,
 verbrannt mit einer Fackel.
Nichts mehr zu bekommen, wie gewonnen,
 so zerronnen.

Es wirkt die Fülle des Gifts in mir, es ist
 prekär.
Melancholie, bleibt als einzige Energie.
Das ist der Grund, tief ist der Abgrund.
Die Sehnsucht ist da, so nah, kaum zu
 übersehen,
ein vorfühlen mit den Zehen.

Geschwind, umhüllt von der Dichte der
 Sonnenstrahlen im Wind.
Im freien Fall, was bleibt ist der Aufprall.
Endlich dieses wohlige Gefühl des Lichts,
 im Schatten der Dunkelheit,
es hat mich befreit.

Dylan Akrep * 1984

Memorys in the Space

Einst waren wir glücklich doch nach einer kurzen weile verstarbst du ...
Deshalb fing die Trauer mich an aufzufressen.
Tag täglich weinte ich dir Millionen von Tränen hinterher.
In der Hoffnung dich zurück zu bekommen,
doch was kam war nicht der schöne Traum, worauf ich gewartet hatte...
sondern ein schierer trister Alptraum.
Alles woraufhin ich mich erarbeitet hatte, war nur ein kleines Stück deiner Welt, die ich bestenfalls versucht hatte zu verstehen.

Irfan Alsan * 2001

Schreckensmoment

Der Wind hat gedreht.
Die Worte bleiben einem im Halse stecken.
Die eiskalten Hände umklammern ein Glas.
Die Nase zuckt, die Lippen pressen sich zusammen:
Zu Hause fällt man hin – und zerbricht, wie ein rohes Ei.

Ist doch etwas dran, an den schlimmen Prophezeiungen?
Es sind die anderen, die aufstehen und weitergehen.
Selber bleibt man liegen.
Die meisten heben nur kurz den Fuß, wenn sie drübergehen.

Karin Ammann * 1964

Trennung

Du bist wütend, du bist enttäuscht, du hasst mich und möchtest mir nicht verzeihen.
Ich habe dich verletzt und weiß nicht wie ich das gebrochene Herz wieder heilen kann.

Ich vermisse dich und liebe dich, denke jede Sekunde an dich.
Finde den Knopf nicht zum ausschalten.
Es tut mir leid.

Jörg Andersohn * 1974

Posttraumatische Belastungsstörung

Die Welt ist verkehrt.
Gerechtigkeit verdreht.
Aber Recht ist kein Weg, weil
das mehr Gewalt schafft als Gewalt
löst. Sich ein Teil meiner Naivität

Nur ein Abend. Voller. großer Leere.
Endgültig.

4. Dezember 2021. Das Datum vergisst sich nicht.
Sie küsst mich.
Ich will nicht.
Sie streichelt mein Bein.
Ich will nicht.
Ich sage, ich gehe.
Vielleicht will sie nicht?
Ich gehe.
Sie schickt mir Nachrichten vom Sex mit ihrem Freund.
Ich will nicht.
Sie sagt, ich kann Sex mit ihnen haben.
Ich will nicht.
Sie sagt, dass das nicht geplant war.
Ich weiß nicht.

anonym * 2001

Alptraum

An vielen Tagen
kaum zu ertragen.
Meine Seele hängt tief
in unüberwindbarem Mief.
Die Augen verschlossen
der Kopf wie besoffen.
Das Herz kann nicht schlagen
soll Erlebtes vertagen.

Läuft der Film wieder an
schreit mein Ego bleib dran.
Ich renne und schwitze,
muss weg von der Hitze.
Es ertönt ein Knall
bin im freien Fall.
Schnell werde ich wach
was bleibt ist ein Ach!

Margit Antweiler * 1958

anFÄNGERglück

das himmelszelt.
der sterne welt.

ihr schimmern.
wenn's dämmert.
ganz schlicht.

wenn's nacht ist.
erst sticht.
hervor.

erhasch.
es.

die funken.
im dunkeln.
gefangen.

zum anfang
der zukunft.
gelangen.

die archiTEXTin * 1980

Sommerregen im November

Sommerregen im November
Krieg zwei Länder entfernt
Und ich gehe zur Arbeit, zum Sport,
zum Restaurant an der Ecke.

Sinkende Boote vorm Badestrand
Hass auf jedem Wahlzettel
Und ich starre auf Netflix, Feeds
und meinen Kontostand.

Mehr Katastrophen als in eine Zeitung
 passen
Die Beerdigung einer
 Fünfunddreißigjährigen
Und ich schreibe Emails, Grußkarten
und Beschwerden über das Wetter.

Dabei gibt es Sommerregen im November.

Constanze Arnold * 1989

Mein Schicksalsschlag

Ich habe viel zu sagen,
Doch man hört mich nicht.

Ich werde angesehen,
Doch nicht wahrhaftig gesehen.

Meine Gedanken drehen sich schnell,
Doch die Welt bleibt stehen.

Ich weiß wo ich bin,
Doch bin ganz verloren.

Ich sehe in den Spiegel,
Doch ich sehe mich nicht.

Denke an die Zukunft,
Doch vergesse das hier und jetzt.

Wer bin ich ? Doch ich weiß es nicht.

Wer will ich sein?
Doch auch das weiß ich nicht.

Fragen über Fragen,
Doch niemand kann sie beantworten.

Höre auf mein Herz,
Doch habe Angst zu versagen.

Meinen Weg finde nicht in anderen.
Doch auch nicht in meinen Gedanken.

Das ist Wohl mein Schicksalsschlag,
Doch ich weiß ich kann es wagen.

Gabriella Aspeleiter * 1997

Verlorene Liebe

Mein Vertrauen ist zerstört
Nicht länger sind wir verbunden
Meine Wünsche unerhört
Ich dacht ich hätt sie gefunden

Zuviel das mittlerweile geschehen
Hab keine Lust mehr zu suchen
Hoffnung hab ich keine gesehen
Konnt keine Siege verbuchen

Bevor es richtig startete
Wurde es durch Stolz zerstört
Ein Jahr lang dass ich wartete
Ein Jahr und niemals angehört

Ich dachte es wäre perfekt
Wir beide für immer zusammen
Die Wahrheit sie war nur versteckt
Vertrauen ist nun Vergangen

Was hab ich nur verbrochen
Ich könnt mich dafür hassen
Hätt ich es nur gerochen
Ich hätte es gelassen

Jonathan Auer * 2005

Traumata

Leise bin ich, denn ich weiss, du bist für
 mich noch nicht bereit. Du nimmst
 mich war, doch wehrst dich stur.
Kein Problem und keine Hast ich hab Zeit
 bis in die Nacht.
Noch gönn' ich dir die frohe Zeit, wo
 lachen deine Seele heilt.
Doch bist du dann nachts allein mit mir,
 dann mein Kind glaube mir, wird alles
 Dir sogleich bewusst.
Jeder Schlag, jeder Kuss. Nichts was mehr
 einen Sinn ergibt, erst tief gehasst
 dann so geliebt.
Erinnerungen, die schick ich dir, so bleibt
 die Trauer tief in dir.

Denn was bin ich, wenn dich die Furcht
 nicht abends plagt, dich bis in deine
 Träume jagt?
Ich bin du und Du bist Ich, den einen gibts
 ohne den anderen nicht.
Du darfst nicht vergessen, denn vergessen
 macht schwach. Doch Schwäche war
 es die uns hierhergebracht.
Bleibe stark, nur noch ein wenig, bald habe
 ich mich in dir verewigt.
Durch mich sind deine Mauern hoch und
 stark. Niemand kann sie überwinden,
 weil selbst du es nicht vermagst.
Bald kann ich gehen und mein Werk
 bestaunen, so leicht wirst du dann
 keinem mehr trauen.
Keiner schützt dich so wie Ich! Ich sorg'
 dafür du vergisst das nicht!
Tränen fließen schon lange nicht mehr, das
 war es sowieso nicht Wert.
So mein Kind, nun schau dich an, ich habe
 jetzt genug getan. Mein Werk ist
 vollendet, nun kann ich gehen.
Irgendwann wirst du verstehen, siehst es
 endlich richtig klar, das war ich, dein
 Trauma.

Auraynia * 1997

Erniedrigung

Wenn dich nach einer Erniedrigung:
Niemand in die Arme schliesst,
Kein nettes Wort ins Herzen fliesst.
Wenn da nicht mal ne Frage ist,
Dann ist's, wie wenn man dich vergisst.
Allein gelassen mit dem Schmerz,
Sag mir verträgt dies ein Mensch mit Herz?
Nur gehetzt, obwohl verletzt.
Tief im Innern nur ein Wimmern.
Ist dies unsere Post „Moderne",
Menschlichkeit in weiter Ferne.

Evelyne Bagnoud * 1985

Was ich dir nachruf

Du bist nicht ausgestiegen, du stiegst in mich ein-
bist nicht verstummt, ich kann dich doch noch hören!
Würde so gerne lachen: du und ich in mir...! Allein,
ich fürchte meine Tränen könnten stören.

Du bist nicht aufgestiegen, du stiegst in mich ein-
bist nicht verweht, ich kann dich doch noch riechen!
Und wird die Welt zu laut, zu dumm, zu klein,
kann ich mich nach wie vor zu dir in mich verkriechen.

Kathrin Bärbock   * 1968

Fatales Los

Welch' ein Schicksal!
Welch' eine Qual...
Das Leben ist plötzlich so brutal!
Ein alles entscheidendes Ereignis
mit folgenschwerem Ergebnis.
Ein unerwarteter Wendepunkt im Leben!
Ein tiefer Einschnitt ist nun gegeben.
Nichts mehr wie vorher ist.
Die Welt abrupt eine andere ist.
Schlimmstes wurde wahr!
Tiefgreifende Veränderungen sind da.
Diese sind äußerst fatal.
Die Wende ist so entsetzlich brutal.
Drum nur noch Trübsal...

Juliane Barth   * 1982

Der innere Tod

Der Tod ist unausweichlich
und dennoch für viele unbegreiflich
mit nichts der Welt ist er vergleichlich
willst du immer am Abgrund stehen
täglich jemandem beim sterben zusehen
das kann keiner wirklich verstehen
ich bin in meinem Kopf...
Der strengste Lehrer in meiner Welt
Eine Majestät der Arroganten
Eine Seele der Verdammten
und manchmal...lieg ich da...am Boden
KRIECHEND und bin nicht mal ein Funken...
von dem...was ich einmal war...
Ein Schatten meiner Selbst...
Der sich nicht mal im DUNKELN im Spiegel gefällt
Das ist so...wenn man fällt...
Man muss nicht hoch sitzen um tief zu fallen
um jemandem zu gefallen
Denn Mut ohne Übermut
DAS ist des Künstlers höchstes Gut!

Marcella Barnickel   * 1978

Verweiste Gedecke (Rohfassung)

Du bist nicht anwesend,
an deinem Geburtstag.
Hättest auch gern, niemanden eingeladen
und trotzdem freundlich Gäste empfangen.
Nun aber bist Du selbst ausgeladen worden,
schon so manches Jahr.
Kann ich Dich nicht halten in meinen Armen,
an diesem Morgen ohne Sonnenaufgang.
Vielleicht in der Nacht, darf ich in meinen Träumen
Dich in die Arme schließen und hoffen,
dein Gesicht zu sehn, schlafwandelnd.
Mit tränen die in meine Seele krochen,
und nicht mehr weichen, bevor auch ich
kein Gastgeber mehr bin.

Maximilian Bath   * 1990

Ein Ort ohne Zeit

Ein Ort ohne Zeit,
ein Ort voller Liebe, Wärme und
   Geborgenheit.
Ein Ort, um lang vermisste Menschen
   wieder zu sehen,
ein Ort, den wir hier noch nicht verstehen.
Ein Ort voller Blumen, Farben, Licht,
ein Ort, stimmiger als jedes Gedicht.
Ein Ort, voller Frieden, ohne Streit,
ein Ort ohne Schmerzen, ohne Leid.
Ein Ort ohne Alltags-Last,
der Ort, den Du nun schon gefunden hast.
Der Ort, wo ich Dich irgendwann wieder in
   die Arme nehm',
und dann bleibt die Zeit gemeinsam für
   uns steh'n.

Christopher Bayer * 1982

Neues Glück

Auch im Leide liegt der Segen und der
   Zukunft Hoffnungslicht,
denk daran wenn dir auf Wegen, die du
   gehst, dein Glück zerbricht.
Lerne Unglück zu ertragen, blicke mutlos
   nicht zurück.
Im Verzweifeln und Entsagen baust Du dir
   kein neues Glück.
Schöner, grösser, stärker schichte, deine
   Trümmer, Stück für Stück
Und mit neuem Mut errichte, dreifach dir
   dein neues Glück.

Helmut Beck * 1958

Die Ohnmacht der bebenden Hitze

Heiß, Hitze, Schmerz.
Gedanken explodieren.
Werden zu schrecklichen Erinnerungen.
Die Brust hält mein Herz gefangen.
Wie die Erinnerung mich.

Beben, Pochen, Hämmern.
Hellwach und doch erstarrt.
Festgehalten von...
Mein Körper hat mich verraten.
Ich kann nicht verzeihen.

Ohnmacht, Wut, Hass.
Knallrot, glüht mein Gesicht.
Fäuste zittern geballt.
Keuchen, mein Blick fixiert.
Und dann nur noch Leere.

Tom Bednarek * 1996

Vorbildstreben

Ein Fotoalbum vergangener Tage
erzählt Geschichten still und leise
Tränen flüchten Herzen schlagen
auf eine ganz besondere Art und Weise

Meine Eltern waren Helden
beispielhaft ihr ganzes Leben
all die Liebe die sie gaben
immerfort ihr Vorbildstreben

Spielende Kinder in den Gassen
weit entfernt von Langeweile
toben bis es dunkel wurde
keine Spur von Furcht und Eile

All die Werte jener Zeit
Ordnung Treue Harmonie
meine Eltern gaben alles
pure Liebessymphonie

Jene Zeit wie sie gewesen
lässt mich wachsen permanent
meine Kinder werden erkennen
wie die Zeit doch weiter rennt

Marc Benduhn * 1988

Liebe

Zerstampft, zerrissen
Sich selbst weggeschmissen.
Verletzt und Verlassen
Allein in den Massen.

Ein Graben so tief
So weit und so schmerzlich.
Meine Stimme, die rief –
Flehend, nicht herzlich.

Am Boden liegend ...
Dahinsiechend ...
Von der eigenen Entscheidung zerstört
Verlangen, Sehnsucht, Liebe – ungehört.

Maximilian Julius Berger * 2002

Nicht ganz sterben

Der Körper, er tobt
wie die Gewässer
mit denen die Seele
längst nicht gewaschen ist.

Unter der Haut
ein Lebensrest, ein Kribbeln,
ein kurzes Gewahrsein
von Hier, aber nicht jetzt.

Der Geist, er ist tot
wie der Fisch im Gewässer
vor sich hintreibt und
längst nichts mehr weiß.

Unter der Decke
ein Atemzug, genug Sauerstoff,
kurz bin ich lebendig
im Nirgendwo.

Der Fisch, wie er mich anstarrt,
eiskalt und aalglatt –
noch längst nicht begraben.

Julika Berlin * 1979

Das Leben

Ich suchte das Leben und ging nach Bad
    Steben.
Dort suchte ich Heil und fand nur das Beil.

Stefan Bezold * 1968

Vorbei

Immer wieder öffne ich den Chat,
warte auf die kleine blaue 1 neben dem
    archiviert Schriftzug.
Bist du da? Willst du da sein?
Ich fühle mich allein.
Ich wollte nur, dass es funktioniert, aber ich
    hab's von Anfang an kapiert.
Ich war wieder zu viel, zu stark.
Hab gewartet, jeden Tag.
Auf eine Antwort. Vielleicht auch zwei
    oder drei.
Bei mir dauerte es nur Sekunden, bei
    dir wurden es jedoch immer mehr
    Stunden.
Du hast dich langsam abgewendet, aber ich
    war vor Liebe geblendet.
Jetzt lieg ich hier und schreibe diesen Text,
    während du dich vor mir versteckst.
Tränen berühren mein Gesicht, Nässe die
    eigentlich nicht da sein sollte.
Meine Gedanken hängen über mir wie eine
    dunkle Wolke, der ich eigentlich nur
    entkommen wollte.

Tabea Biedermann * 2004

Sommerregen

Regentropfen prasseln auf Wellblech
wie die Symphonie einer Sommernacht,
um die Stille zu übertönen,
die dein Gehen verursacht hat.

Leon Bieletzki * 2001

Heldentod

Wann werden die Wolken ihre
    Zurückhaltung ablegen
um als Steine vom Himmel zu fallen?

Die Natur, ein begabter Spielverderber
    kaut an den
Nägeln, verweigert die Erlösung

In Erwartung einer Erderwärmung
    klatschen Schaben
freudig in Kinderhändchen

Auslöschungsgedanken, die treulose
    Gesichtsknochen
zusammenschieben

Knochenüberwerfungen, die an den
    Rändern des Wahnsinns
Zuflucht finden

Im Schaufenster spiegelt ein heimatloses
    Gesicht das Auseinanderbrechen der
    Welt wieder

Ulrich Bihler * 1963

Die Klinge(l)

Sie ist verfallen und zu tief gefallen,
allein kommt sie nicht heraus aus diesen
    Höllenlauf,
und wieder sticht sie in die Haut,
das Gift nimmt seinen Lauf,
sie genießt den Rausch.
Es ist vorbei,
sie schreit still ein Hilfeschrei den niemand
    hört,
die Depression die sie zerstört
sie setzt die Klinge an
und fährt ruckartig ihren Hals entlang
-fast- denn es klingelt ihr Telefon
auf dem Bildschirm steht „mama" doch sie
    geht nicht Ran
und setzt die Klinge wieder an
 merkt aber das sie es nichtmehr kann

Leonie Sophie Billing * 2005

Der Marienkäfer

mutlos
im Alltag lauf ich
nur hin und her

die Miete überfällig
die Träume längst
eingeholt
von der Wirklichkeit.

das Herz gebrochen,
die Wolken erdrückend
schnell
ziehen alle vorbei.

einsam
in der Nacht liege ich
immer alleine da

einmal
fand ich einen Marienkäfer
das weiß ich noch genau

doch auch Marienkäfer
bringen kein Glück
meine Oma starb

zur gleichen Stunde
hab ich ihn mit dem Finger zerdrückt.

Sarah Binzenbach * 2000

Absicht der Moiren

Wie ein Schlag in mein Gesicht
ein ungewolltes „Vergissmeinnicht"
eingreifen einer überirdischen Macht
die über mein Schicksal wacht
und so sehr ich mich auch wehre
es gibt kein entkommen aus meiner Misere
Ich muss jetzt einfach damit leben
„Kein Grund aufzugeben"
denn nach all der Trauer der Ich erlag
war es nur ein Schicksalsschlag
und wie all solche im Leben
hat er mir auch eine Chance gegeben;

So heißt es jetzt nach vorn zu schauen-
und auf die Absicht der Moiren zu
vertrauen

Norah Bitich * 2004

Tränen

Tränen der tiefen Trauer,
erbaut zu einer dicken Mauer,
tief verborgen liegt das Meer,
das einsame Herz ist leer,
als gäbe es dich nicht mehr,
warum leide ich so sehr.

Tränen der tiefen Trauer,
immer größer wird diese Mauer,
meine Augen brennen wie Feuer,
die Trauer übernimmt das Steuer.
Ohne dich ist das Leben still,
weil mein Herz es so will.

Der Schmerz ist tief eingebrannt,
die Tränen sind davon gerannt,
das Herz ertrinkt,
in einem Meer aus Tränen,
die Sonne in der Dunkelheit sinkt,
es tut weh,
deinen Namen zu erwähnen,
in der Hoffnung dich zu sehn.

Lenya Blutmond * 1988

Wie traurig

Traurig
die Augen im Spiegel blicken
rot und geschwollen vom Weinen
die Tränen wollen nicht versickern
sie kullern runter wie Steine.
Die Wangen
wie vom Regen gepeitscht
gerötet vom salzigen Brand
die Schwere im Herzen heizt
in der Brust erdrückend spannt.

Der Mund
am Zucken und Zittern
der Körper erneut am Beben
unruhig die Augenlider
sich senken und heben.
Im Nebel
die Bilder erscheinen
verschwommen das Spiegelbild
die Mitte ist nur noch am Weinen
der Augenblick ist das was zählt.

Alicja Bode * 1959

Veränderungen

Die Zeit vergeht. Die Zeit sie steht.
Sie wartet nicht auf mich. Einfach voran
    sie geht.
Wartet nicht auf mich im morgen,
lässt mich heute allein mit meinen Sorgen.

Ach, wie schön waren doch die
    Kindheitstage.
An die erinnere ich mich sehr gerne.
Reisten als Familie in die Ferne.
Beim Zelten über uns funkelten die Sterne.

Sport, Wandern, Laufen in der Natur,
100 Kilomterwanderungen bestanden mit
    Bravour!
Doch das meiste davon mach ich heut
    allein.
Musste das denn alles sein?

Ein einziger Brief hinterließ eine große
    Leere.
Ich kam meiner Schwester in die Quere.
Nun bin ich für sie der Sündenbock!
Behandelt wie ein alter Abreißblock!

Die Zeit vergeht! Die Zeit sie steht!
Die Erinnerung nur langsam vergeht!
Zurück bleiben innere Narben!
Werden hoffentlich bald zu blassen Farben!

Vanessa Boecking * 1981

Schicksals-schlag ?!

S ein
C harmantes
H erzliches
I nnigliches
C hinesisches
K umpelhaftes
S chweigen
A ls
L eises
S irrendes
S uchendes
C hemisches
H erzflatterndes
L iebesgeständnis
A ns
G lück

Angélique de Bonheur

Aufwachen

Ich möchte von diesem Alptraum
 erwachen.
Kurze Sequenzen erscheinen vor meinem
 inneren Auge.
Ich. Nackt. Ausgeliefert. Wehrlos.
Immer und immer wieder.
Jeden Tag. Jede Nacht.
Ich möchte aufwachen.
Aber ich kann nicht.
Denn das ist kein Alptraum,
das ist meine Vergangenheit.
- Trauma verschwindet nie.

Lea Borawski * 2004

Prämortal

Dich lassen wir gehen,
in der Hoffnung auf ein Wiedersehen,
niemals gehen,
immer aufrecht stehen.
Es wäre so schön,
aber der Abschied naht,
wir legen uns in die Ewigkeit,
das Leben hier,
der Endlichkeit geweiht.

Alles ist irgendwann Geschichte,
nein, es macht nichts zu nichte.
Alles, was du warst und bist,
tragen wir in uns,
eine kostbares Erinnern,
in uns fest und gehalten,
das Hier und Jetzt gestalten,
in positivem Gewahrsein,
 du wirst nicht allein sein,
sondern auf deinem letzten Weg begleitet,
nichts entgleitet,
alles ist und wird und entsteht,
auch wenn es vergeht.

Meike Borggräfe * 1977

Warten

In der Bahn. Im Auto. Auf dem Sofa.
Allein. Gemeinsam. Einsam.
Rastlos. Gehetzt. Verzweifelt.

Dass was passiert.
Dass nichts passiert.
Dass alles passiert.

Ich warte.

Sehnsüchtig. Schmerzlich. Taub.
Hilflos. Hoffnungslos. Haltlos.
Stumm. Verborgen. Heimlich.

Dass jemand kommt.
Dass niemand kommt.
Dass jeder kommt.

Ich warte.

Verloren. Verboten. Vergessen.
Ausgeliefert. Verletzt. Geschunden.
Gefangen. Verschmäht. Beschmutzt.

Dass es ein Ende nimmt.
Dass es kein Ende nimmt.
Dass alles ein Ende nimmt.

Ich warte.

Auf Dich. Auf mich. Auf uns.

Ich warte.

Zu spät.

Malte Bornhöft * 1980

ungereimtheiten

und schon wieder stecke ich in der phase fest,
in der ich zu müde bin um wach zu bleiben,
und zu schwach um große texte zu schreiben.

doch gerade jetzt wo es so wichtig ist,
jetzt wo es um alles geht,
lässt mich mein system im stich.

weiß nicht was ich fühlen oder machen soll,
hab nur die angst ich rutsche tiefer,
und verliere mich mal wieder.

will um hilfe schrei(e)n,
doch irgendwie bin ich zu klein,
um bemerkbar zu sein.

hab das gefühl alles wird zu viel
und ich schaff' das alles nicht,
was soll ich tun?
ich möchte mich ausruhn'.

Madita Bornholdt * 2004

Im Selfie-Wahn

Mit dem Smartphone in der Hand, so eitel und blind,
Jeder Moment festgehalten, jedes Lächeln, jeder Wind.
Der Mann am Fels, so stolz und stark,
Fallt in die Schlucht, im Hintergrund der Lärchenpark.

Ein Klick, ein Blitz, das Unglück nimmt seinen Lauf,
Die Eitelkeit treibt ihren teuflischen Handel auf.
Das Mädel auf dem E-Scooter, lachend, ohne Sorgen,
Überfahren und zerschellt, kein neues Bild am Morgen.

Der Bub am Fluss, ein Selfie im Licht der Sonne,
Plumpst ins Wasser, die Strömung nimmt ihn ohne Wonne.
Das Lachen verstummt, die Bilder bleiben stumm,
Das Unglück hat sie geholt, die Eitelkeit ist so dumm.

Das Smartphone sinkt, der Bildschirm schwarz und leer,
Kein Like, kein Kommentar, das Netz ist nun so schwer.
Denkt nach, ihr Lieben, bevor ihr auf „Like" klickt,
Denn was bleibt, ist die Trauer, die uns im Herzen drückt.

Tatjana Borovikov * 1979

Danke, Narzisst!

Ich falle
  ich leide
    ich suche Hilfe
      ich finde nichts
        ich finde mein Leid.
Ich sehe es mir an
  ich sehe mich an
    ich sehe ihn an,
      ich erkenne ihn
        Ich verstehe.
Ich erkenne mich
  ich nehme mich an die Hand
    ich stehe auf
      ich wachse
        Danke!

Sylva Bouchard-Beier * 1965

Der Kopf und das Herz

Erwachter Tag, Sonnenlicht im Gesicht,
tiefblauer Himmel meine Seele berührt!
Federleicht, aus dem Bett mich erhebe,
motiviert, inspiriert, was ich heut bewege!
Das Schicksal meine Freude durchkreuzt,
geplantes versenkt, die Schwäche lenkt!
Der Stillstand lähmt, Schmerz mich quält,
kein Mensch ahnt, wie es mir heute geht!

Der Kopf rebelliert: «Nicht schon wieder!»,
ohne Kraft, schmerzendes sich manifestiert!
Zugleich in Gott Sinn und Hoffnung ich finde,
wissend, in Seiner Liebe allein ich durchlebe!
Im Glauben IHN erkenne, wertfrei ich bewege,
in der Hingabe Sein Segen in die Welt fliesst!
Sie ist nicht einfach, die Zeit in der Realität.
Dank Erfüllung trotzdem ich glücklich lebe!

Beatrix Brechbühler * 1953

Dämmerung

Die Worte rieseln aufs Papier, ich komme nicht zum Schluss
Ein jedes Zeichen weckt nur noch Verdruss
Warum, weshalb, was soll das Ganze nur?
Es ist vollbracht, ich bräuchte eine Kur
Um mich davon zu lösen, was sie meinen
Wenn sie mir sagen, ich solle vermeiden
Das, was ich tu.
Und doch, im Wald, da stehen Bäume.
Ein Wasserloch.
Dahinter lauern Träume.
Und manchmal grenzenlose Wut.
Ein Rot hüllt alles ein.
Und ich stell fest, hier möchte ich nicht sein.
Nicht hier, nicht ich,
so jämmerlich zuerst und dann so kräftig.
So unerwartet elegant und doch so schmächtig.
Da wächst in mir dies wilde laute Rufen.
Runter von meinem Eis mit euren schiefen Kufen!
Hinfort mit euch, ihr elendigen Geister!
Ich weiß euch zu vertreiben, ihr Unmeister!
Ihr Unmenschen und Unraben,
Untertanen und Undankbaren –
Ich mache mit euch Schluss.
Und dieses mit Genuss!

Kristina Broder * 1990

Gedankenfehler

Mensch, der einst von Gott erschaffen
ist von jenem längst verlassen.
Denn der Mensch denkt unterdessen,
dass er sich hat selbst geschaffen.

Hochmut hat ihn so beflügelt,
dass er sich hat ausgeklügelt,
auch die Welt, auf der er weilt
würde, wenn er sich ein wenig eilt
auch noch klein zu „kriegen" sein

Denn, so pervers ist schon sein Glaube
diese Welt, sie wäre sein.
Glaubt er wirklich an die Macht,
die er selbst sich zugedacht.
Dann ist eines programmiert,
dass er selbst sich ausradiert

Karl-Heinz Broesamle * 1938

Kopf voller Fragen

Nun bist Du fort, an einem mir noch unbekannten Ort.
Erzähl mir alles darüber wo du nun bist.
Wie war die Reise?
Warte noch immer auf deinen Anruf, damit ich weiß, dass du gut angekommen bist.

Zu realisieren das Du nicht mehr da bist
   fällt mir noch schwerer als die Frage:
„Was ist wohl leichter, Friseur oder
   Florist?"
Ich wünsche, ich sehe Dich bald wieder und
   hoffe es dauert keine Ewigkeit
bis wir gemeinsam wieder lachen über
   albernde Lieder.
Kannst Du uns sehen, beobachtest Du uns?
Was sollen wir tun? Wie machen wir's
   besser?
Frag ich mich im morgendlichen
   Nebeldunst.

Emmalie Broscheit * 2001

Das Monster der Kindheit

Als du damals in unser Leben kamst,
ahnte noch niemand was für ein Monster
   du warst.
Am Anfang freundlich und zugewandt,
habe ich das Monster in dir erkannt.
Du hast mein Umfeld manipuliert
und den liebenden Stiefvater gespielt.
Vor anderen Leuten warst du lieb und nett,
aber nachts kamst du dann zu mir ins Bett.
Es geschahen Dinge die man kaum
   aussprechen kann,
du nahmst meinen Körper vollkommen
   ungefragt.
Deine Lust hat mir meine Kindheit
   geraubt,
jede Nacht habe ich wegen dir geheult.
Mit Schmerzen weinte ich mich in den
   Schlaf,
während du wieder bei meiner Mutter
   lagst.
Ich hasste dich von diesem einen Tag,
als du mir meine Unschuld nahmst.

Martha Bülow * 1967

Feierabend

Wahr ist nur der Freigeist,
der auch noch als Greis feixt.

Aaron Büngener * 2000

Der Kopfschmerz

Der Kopf schmerzt mir vom Kopfe her
zerbrochen an Gedanken
ertrunken in dem Sorgenmeer
in dem diese versanken

Da liegt er nun auf tiefem Grund
in kalter, dunkler Schwere
versandet, leer, zerfressen und
so fremd wie ein Stück Erde

Ich heb ihn auf und drehe ihn
betrachte ihn ganz nüchtern
und sammle die Gedanken drin
die sich ins Weite flüchten

Doch: Sie sind nicht mehr meine
Drum halt ich ein und weine

Arne Busch * 1973

Nebel

Ein Nebel umgibt mich, seitdem du gingst.
Er verschleiert die Sicht - wenig, das ihn
   durchdringt.
Manchmal fühlt er sich kühl an und wiegt
   tonnenschwer.
Manchmal zieh ich ihn gern an als Schutz
   für mein Herz.

Er lässt Konturen verschwimmen, hüllt
   mich in sich ein.
Kann den Weg nicht erkennen -
   vaterseelenallein.
Ich weiß der Nebel ist Trauer, die mich so
   umringt.
Die sich ganz lautlos anschleicht und mich
   dann oft verschlingt.

Es ist wie mit dem Nebel - er zieht langsam
   auf.
Bedeckt Wiesen und Felder, alles in Schleier
   getaucht.
Also tauche ich ein, lasse die Welt außen
   vor.
Vertrau' auf mich selbst und auf das, was
   ich verlor.

Manchmal dringt die Sonne durch den Reif,
bringt schöne Erinnerungen, nach denen
   ich greif.
Sie erzeugen Wärme und bringen Licht,
durchbrechen den Nebel, optimieren die
   Sicht.

Nebel umgibt mich seitdem du gingst,
doch ich weiß jetzt wie man ihn
   durchdringt.
Mit dir im Herz kann ich mich wieder
   bewegen,
denn Nebel heißt rückwärts gelesen Leben.

Nele Calavera * 1990

Leibgedicht

Des Prinzen Leiden hausgemacht, auf
   Grund von Zwiespalt's schönster
   Pracht,
ob wärmend blumig' Nähe, ob doch
   die eisig' Ferne, Prinzessin's Wohl
   herbracht.

Dies Ratespiel schröpft jeglich' Kraft, er
   grämt sich gänzlich Tag und Nacht,
Zunge betäubt, Verstand in Ohnmacht,
Liebesstupor sich breit entfacht.

Dulzinea's Antlitz geprägt von lockig'
   Haar, lässt selbst neiden göttlich'
   Engelsschar,
überdies mit schillernd' Sternenmeer, sprich
   Äugelein gepaart,
als Grund des Prinzen Appetenz, sinnlich
   ganz und gar.

Dies Lächeln sonnig ohnegleichen,
   bloß Worte vermögen's kaum
   z'umschreiben,
einzig Ihr's kann flugs changieren, des
   Prinzen inner' Trübsal's Freund der
   Frust,
in wonnig' Seelenheil samt Lebenslust.

Sofern Altes nicht mehr hat Bestand,
   erglüht' Gefühl lähmt den Verstand,
so holde Maid reich' mit Emphase, ohne
   Furcht ihm deine Hand.

Denn wahre Prinzen erst agieren, dem
   golden' Herz es sicher scheint,
dass nach Moment der Offenheit, gewiss
   ein Keiner Rosen weint.

Max Monti Calvary * 1985

Noch ist Liebe

Es lauert der Tod,
schon sind schwarz geküsst die Lippen,
der Körper blutig aufgerissen.
Doch noch schlägt das Herz,
noch kämpft das Leben,
noch will es diese Seele nicht geben.
Noch ist Liebe.
Noch ist Licht.

Mandy Cankaya * 1978

Ziehe Kreise

Ziehe Kreise um einen Baum
   aufbrechen
Früchte am harten Asphalt
   trockenes Laub
   raschelnder Schritt

Höre die Einsamkeit
   in deiner Stimme
doch die Antwort
zerfällt unterm nächsten Tritt

Fallender Blätter sinkendes Sehnen
treibt welk in den Winter hinein

Annemarie Ceh * 1949

Schicksalsschlag

Er zerschlägt das Leben
mit einem Schlage,
das Gelebte, das Weiterleben,
nicht irgendeines, sondern meines.
Was nie bedacht, nie vorgestellt,
wird reine Gegenwart:
diese Krankheit, gerade diese,
dieser Verlust, der unersetzlich,
dieser Schwund, der mich
mir selbst entfremdet.

Alles, was ich wollte, suchte,
was ich fand und hielt,
bricht zusammen wie ein Kartenhaus,
das ich doch nicht baute, es war
mein Weg, mein Warum und mein Wozu!

„Schicksal" ist keine Antwort,
nicht für mich, nicht für dich.
Das Leid gemeinsam aufzunehmen,
einander helfen, wie es geht,
Lebensgabe, die uns bleibt.

Marco Ceurremans * 1949

Ich will Deine Tränen heilen!

ICH will Deine Tränen heilen,- Leid und
  Kummer mit Dir teilen!
Alle Sorgen die noch bleiben,- Will Ich
  lösen und vertreiben!
Nur die Liebe,- soll noch bleiben!
Nimm meine Hilfe an, Mein Kind,- Damit
  Du nicht, durch die Welt laufst
  Blind!
Verzeihe Mir,- Ich verzeihe Dir!
Alles was gewesen ist,- Und was Du am
  vergessen bist;
Wird durch Liebe,- aufgelöst - bereinigt;
Nur so,- werden Wir Uns,- zum guten
  Schluss wieder Einig!
Deine Tränen will Ich heilen,- Allen
  Kummer mit Dir teilen,-
Was gewesen ist,- Verzeihen!
Nimm Meine Hand,- und zieh mir - durchs
  Friedensland!

Christa * 1956

Letzte Gedanken Sinfonie

Schablonenurteil,
gläsern, auf transparentem Federkuss,
grün treibend,
Notenbaum und grasgeherzter Blick,
mich trifft, aus Ozeanien,
der sanft geborene Verlust und tausend
  teufelstugendhafte Häutungen,
mit Katzenfell belegter Zunge,
schreibt sich zurück, was Zeit und Raum
erschuf.

Matthias Clausnitzer * 1963

Am Vorabend

unser Bett in grellem Licht,
im Stakkato tödlicher Raketen

Liebster, ach, morgen schon

mit meinen Küssen
bedecke ich deinen Leib,
eine kugelsichere Weste
für dein furchtsames Herz

deine Finger in meine verschränkt
dürfen nicht zittern
am Abzug ach, morgen schon

in meine hohle Hand
bette ich dein Gesicht,
ein Visier, ein Helm für deinen Kopf

wir flüstern Koseworte
gegen den höllischen Lärm
im Dunkel der Nacht

Schild und Schutz ist uns
die Ohnmacht unserer Liebe

Regine Correns

Isoliert

Er hat sich zurückgezogen
Und ist gestorben
Hat sich zurückgezogen
Und ist gestorben

Hat sich zurückgezogen
Und ist krepiert
Zurückgezogen
Und krepiert

Wie ein Tier
Der Mensch

Von den Errungenschaften der Medizin

Isoliert

Alexander Czajka * 1976

Ich

Ich bin unglücklich.
Und doch fröhlich.
Ich bin enttäuscht.
Und doch zufrieden.
Ich bin alleine.
Und doch nicht.
Ich bin verletzt.
Und doch ganz.

Ich bin stumm.
Und doch spreche ich.
Ich bin wütend.
Und doch seelenruhig.

Ich kenne niemanden.
Und doch so viele.

Du bist da.
Und doch so fern.

Mi Da * 1991

Eigentlich ungeschlagen

Dem eigenen Schicksal entgehen
Wir irgendwie genauso gut
Wie wir uns darauf berufen
Können zu wissen wieso
Uns das Leben damit bedrängt

Und irgendwann verstehen
Wir kaum noch die eigene Wut
Sondern nehmen etliche Stufen
Gemeinsam bis auf das Niveau
Zu dem sich niemand bekennt

Dort aber bleiben und sehen
Wir alles was sich noch tut
Weil wir es selbst einst erschufen
Damit es sich im Irgendwo
Zur eigenen Erwartung verengt

Ingo Degenz * 1973

Mein Sonnenschein

Ich seh' dich noch im Sessel sitzen,
immer fröhlich, immer glücklich, stets
    zufrieden.
Ich hör' dich noch lauthals lachen,
wenn Sportler sich mal wieder langmachen.
Ich riech' noch dein Parfum,
denn viel hilft bekanntlich viel.
Ich fühl noch deine Hand in meiner,
ein starker Griff voll Sicherheit und
    Zuversicht.

Wie gerne würde ich dich noch mal sehen.
Deine Stimme nach mir rufen hören.
Einmal noch die Arme um dich legen
und dir ein letztes Küsschen geben.

Die Zeit geht weiter,
doch mein Herz bleibt stehen,
ich werde mich immer nach dir sehnen.

Leb wohl mein Sonnenschein,
dein Platz ist jetzt bei den Engelein.
Dein Licht wird für uns weiter scheinen
und die Erinnerung an dich uns alle einen.

Nele Deventer * 1993

Sehnsuch am Morgen

Bei aufgehender Sonne
Das Gefühl der Wonne
Ich wünschte, Du wärst hier
Jetzt – ganz nah und eng bei mir,
Dich spüren – vorne, hinten, oben
Und auch immer wieder unten,
Unsere Körper ineinander verschoben,
Auch in Gedanken tief versunken!

DonFiuto * 1955

Zwei Jahre

Zwei Jahre bist du schon nicht mehr da
Zwei Jahre voller Schmerz und Trauer
Nichts ist mehr, wie es früher mal war
Leben hinter unsichtbarer Mauer
Werd ich die Mauer einmal überwinden
Weiß nicht einmal, ob ich das will
Werden Schmerz und Trauer je
    verschwinden
Ich glaube, das ist nicht mein Ziel
Hab mich zwar entschieden, noch zu leben
Doch nach Glück und Liebe suche ich nicht
    mehr
Allzu viel hab ich nicht mehr zu geben
Ohne dich ist mein Leben grau und leer
Wie lange wird es so noch gehen
Zehn, zwanzig, vielleicht dreißig Jahre
Werde ich dich dann wiedersehen
Wenn auch ich in den Himmel fahre
Wird es dann wieder wie früher werden
Oder ist das nur religiöse Illusion
Kann nicht mehr bei dir sein auf Erden
Doch will zurück zu dir mein Sohn

Thomas Dreischhoff * 1963

Die Andere ...

Du bist die andere,
wenn du dich nicht anpasst.
Du bist die andere,
wenn du eine eigene Meinung hast.
Du bist die andere,
wenn du Recht hast.
Du bist die andere,
wenn du einen Geburtsfehler hast.
Du bist die andere,
wenn du keine Markenkleidung brauchst
    und keine teuren Statussymbole.
Du bist die andere,
weil du gesellschaftliche Regeln brichst.
Sei stolz darauf anders zu sein, denn gleich
    und angepasst ist die Mehrheit der
    Masse unserer heutigen Gesellschaft.

Katharina Drobbner * 1978

Erinnerungen

Der Blick in die Tagebücher
lässt Vergangenes aufleben
es sind Räume
gefüllt mit Emotionen
jeder hinterlässt Spuren
Trauer oder Freude

Manche Erinnerungen
lassen sich nicht auslöschen
stetig flammen sie auf
dringen tief unter die Haut
nicht aus jeder Wunde
ruft ein Schmerz
stumm der Schrei aus der
geschundenen Seele

Leonore Dubach * 1948

Zyklus

Am Anfang nichts, der Urknall bricht's,
Atome kommen später, dann Ausdehnung im Äther,
langsam Haufen überall, Materie im All.
Aus Erden zum Kneten, entstehen Planeten,
darauf Unmengen Wasser, Wogen beben.
Was regt sich da? Oh, Wunder, Leben!
Leben in tausend Formen, Leben mit Blumen und Dornen,
Leben im Großen und Kleinen, zwischen den Steinen,
Zischen und Beben, Kampf ums Überleben,
Wachsen und Fressen, wild und besessen,
lieben und hassen, leben und leben lassen,
Blick auf die Welt, Weisheit erhellt.
Weisheit bringt Ruhe, in das Getue!
Wille und Ohnmacht, Unwille und Macht,
Freuden und Leiden. Vorsicht, gebt Acht!
Krankheit und Tod, Menschen in Not!
Tod kann erlösen, von all dem Bösen.
Was kommt danach? Liegt alles brach?
Stille und Ruh, spürest auch du?
Leben wird Erde, Staub daraus werde!
Alles geht weiter. Himmelsleiter!
Staub fliegt durchs All. Neuer Urknall?

Christian Duca * 1954

Die Hymne an den Verrat

Wie man Verrat schreibt, weiß ich leider nich'
Aber Rat dafür bekomm ich nur durch dich

Du stehst immer hinter mir
Und dass ich Tritte im Rücken spür
Verdanke ich dir

So danke ich auch den vielen Malen
Ich durfte den Verrat an mir erfahren

Fahren kann ich auch nicht
Denn du sagtest, ein Führerschein sei wichtig
Aber was du sagst, ist niemals richtig

Jevgenia Duckstein * 2004

Berührung

Ein Hauch streift mein Antlitz
mit sehnendem Schweigen,
den Körper umgarnet er mild.
Ich lass mich verleiten, traumaufwärts zu steigen
gleich schwebt mir heran dein liebliches Bild.

Es tasten die Hände.
Sie suchen und spüren
in Wärme umhüllt das Gesicht.
Die flüsternden Worte geleiten den Herzschlag
hinauf in das ätherische Licht.

Die alte Gitarre
verrostet die Saiten
in ruhender Klanglosigkeit.
Die schwebenden Töne, die mich geleiten,
sie fallen zu mir aus der Ewigkeit.

Sonja Dworzak * 1958

Schnitte

Ich bin so leer,
es gibt mich nicht.
Wo kommen sie her,
die Emotionen in einem Gesicht?

Ich habe keine Freude,
aber auch kein Leid.
Schnittnarben sind mein Zeuge
von allumfassender Einsamkeit.

Wann fällt der Vorhang,
wann schließt sich die Tür?
Bringt der Tod den Einklang
zwischen dem Leben und mir?

A. E. * 1995

Der verlorene Freund

Ein Tannenbaum stand stolz im Raum, hell und glatt zur Weihnachtszeit.
Doch kaum das Fest vorbei, landet er auf dem Müll, allein.

Draußen im Regen, kein Glanz und keine Pracht, verloren, einsam, in der kalten Nacht. Wie traurig ist es,
dass sein Leben endet als Müll, vergessen, ohne Freunde, ohne Freuden.

Er war ein Wesen, einst so schön, doch nun verloren, für immer fort von hier.
Wir werden ihn vermissen, unseren grünen Freund, wo immer er nun ruht, allein in der Ewigkeit.

Eduworld * 1962

ER
(In Memoriam für Mutter Anna Niedermeier 1989)

ER kommt selten oder oft, manchmal auch unverhofft.
ER hat keine Freunde und bringt keinem eine Freude.
ER kehrt ein und wann, das weiß man nicht, doch niemand gerne von ihm spricht.
ER holt die Seelen alle heim und kann ein Erlöser manchmal sein.
ER hat Erbarmen mit keinem und begegnet unverhofft dem Einen.
ER wird gefürchtet für sein Erscheinen und man wünscht ihn auch keinem.
ER steht vor der Türe irgendwann und klopft nicht an, nimmt die Seele mit dann.
ER wird von keinem erwartet und die Reise ohne Reue er startet, dorthin wo die Trauer mit Tränen sich ausartet.
ER nimmt mit, ob jung oder alt und kommt zurück wieder bald.
ER ist für das Ende stets vorbereitet und niemand ihn gerne begleitet.
ER zeigt sich nicht sichtbar und ist eiskalt, macht vor keinem Leben einen Halt.
ER hat kein Mitleid und ist ohne Herz, doch erlöst er vom Leid oder großem Schmerz.
ER holt sich nur, wer muss gehen und doch ist er gerne nicht gesehen.

Waltraud Eglseder (Niedermeier)

Sand

Sofern man sich erinnert, dass Blumen vergehen,
die schwach und verkümmert auf sandigem Felde stehen,
verbirgt ein Darunter, die Trauer des Jetzt, man innerlich zweifelt, zerrissen, verletzt.

Den Sand vor den Augen, der wie Wasser verrinnt,
die Blumen nun Einheit mit der Leere sind, doch trotz Zweifel und Trauer setz ich mich zu dir,
Spüre Liebe und Wärme, unterm Sand, unter mir.

Florian Eich * 1982

eins

was waren wir

ein herz und eine seele
ein fleisch ein blut
ein gedanke
eins

jetzt
sind wir wieder
zu zweit

Annette Eichler * 1950

Streich

Gott spielt mir einen
Streich.
Anders weiß ich mir nicht
zu helfen.
Endlich gefunden, könnten
wir es genießen.
Aber sobald ich die Augen
öffne, sehe ich das
sterile Licht,
der Mann im OP Anzug
kommt auf mich zu
und beendet meine Hoffnung.

Simona Elbert-Striedelmeyer * 1973

Blooding Child

Ungewolltes Leben
Nicht geduldet hier
nur eiskaltes Schweigen
Damit ICH ja bloß erfrier'

Weinendes Kind
Euer Sonnenschein
zu Grabe getragen
Damit IHR nicht erfriert

Mit blutenden Herzen
blutig verdammt
Wärmende Seele
im Feuer verbrannt

Das weinende Kind
nun ein Gotteskind
wieder-geboren
im eisigen Wind.

Anna Elise * 1970

Ein Uhr Achtunddreißig

Es ist ein Uhr achtunddreißig.
Der Mond ist verschlungen in der Nacht
    und scheint nicht.
Denn mein Kopf überschlägt sich vielfach
    und denkt fleißig,
und hält mich wach und zerreißt mich.

Weil was ich dachte, was mich ausmachte,
    nur ausgedacht statt ein Ausgleich ist,
für die Fehler die ich mache und es reicht
    nicht.
Denn ich lebe unbedacht und ohne
    Einsicht,
und falle unausweichlich,
selbst als ich glaubte halt jetzt doch
    vielleicht nicht,
und merke dass mein Halt schon wieder
    einbricht.

Es ist zwei Uhr vierundzwanzig.
Ich suchte derweil in mir und fand nichts.
Weil du hier in mir nichts siehst denn ich
    kann nichts,
denn ich bin nichts, weil mein ich hinter
    Keil und Riegel verschanzt ist.
Weil ich dich, mein ich vertreibe und du
    hiermit verbannt bist.
Somit bin ich entzweit, ganz frei von Leid
    und bereit,
dass um drei Uhr siebenundzwanzig
die vielleicht letzte meiner vielen letzten
    Chancen,
mich mit allerlei perfiden Gedanken,
verlässt, weil ich ihr wie mir zu viel
    abverlangte.

Alexander Endlich * 1997

Kirschblütenschnee

Im Kirschblütenschnee
waren wir glücklich.
In diesem Jahr deckt er
Dein Grab.

Juliane Engels * 1955

die wenigen

wenn die
unheimliche fülle
des lebens
den segen
berstet

gebärt
der boden
des todes
unendlich krank
die wenigen

Manuel Engleder * 1992

Vorbei ist vorbei

Habe das Band zerschnitten.
Die Schere ruht
grausam funkelnd
im gleißenden Licht.

Tränenbrunnen fließen,
heiße Tropfen fallen
auf kalten Stein.

Kein Zurück mehr
kein Verzeihn
keine Worte
voller Liebe oder Hass
kein Grollen
es ist vorbei.

Der Donner zieht ab,
der Blitz verblasst,
Ruhe bleibt
wie nach einer Schlacht.

Wir sammeln die Toten,
bekränzen die Gräber,
besingen, beweinen,
belobigen auch,
dreh'n uns zum Gehen
schauen nach vorn,

vorbei ist vorbei.

Christina Eretier * 1965

schweigendes weinen

der Damm mit zitterndem Wasser unter
    meinen Augen,
staunend schaust du mich an und kannst es
    nicht glauben,
wie ich die Fassade aufrechterhalten kann.

Du, mein ich, schaust auf mich und fragst
    dich,
wie ich das ertragen kann.
Wohlwissend, dass das zitternde Wasser
    bald überläuft,
hältst du steht's die Fassade wie neu.

Gianluca Faenza * 2004

Verlies

Ein Schleier voller Zweifel
in einer Symbiose aus Angst und Scham
nagen an meiner Seele
Schwarz anstatt voller Farben
Der Lohn für ein halbes Jahrhundert Arbeit
Ein kalter Raum ohne Licht
Unmöglich ihn zu bezahlen
Werte wandeln sich
Ähnlich wie die Sorgen
Furcht vor dem Morgen
Das Gestern so weit weg
Das Heute noch so lang
Hunger anstatt Fülle
Mein Mann ist nicht mehr da
wie das Geld
das er mir hinterließ
Ich bete für unser Wiedersehen
oben im Paradies
während ich noch alleine friere
hier in meinem irdischen Verlies

Wanda Anna Fahlenbach * 1953

Nadeln in meiner Haut

Sie gleiten tiefer und immer tiefer,
Doch ich schrei nicht,
Ich lass mir nichts anmerken,
Um niemanden zu verschrecken.
Sie gleiten hinein in mein Fleisch,
Durchstoßen es.
Sie gleiten hinab
Bis zu meinem Herzen.
Stoppen sie?
Oder stechen sie zu?
Töten sie mich?

Vielleicht ist es besser so...

Nur vergiss nicht,
Ich liebe dich
Und hoffe du kannst ohne mich.

Schalva Fahlmann * 2003

Entfesselt

Abgebrannt und ausgeknockt lieg' ich in meiner Wohnung,
ohne Frau und ohne Kind, fern jeglicher Vertonung.
Der Klang der Leere ist ein düsteres Nichts,
ich trage jetzt die Bürde des mich strafenden Gerichts.

Zu erfahren, was an den Schultagen geschah,
dafür sind seit kurzem nur noch die Wochenenden da.
Ich werd' ihn nie bestreiten, den Anteil meiner Schuld,
und doch fehlt mir das einzusehen zuweilen die Geduld.

Sehenden Auges bin ich ins Loch hineingeschlittert,
die nackte finstere Kälte hat mich hernach verbittert.
Ich war gewiss mein Rauswurf, er wäre eine Drohgebärde,
ich täuschte mich, so wie man sieht, blieb er nicht nur Schimäre.

Da das Ärgste eingetreten ist, fühl' ich mich echt geschunden,
versehrt vom Übermaß an Freizeit, seither ich ungebunden.
Zorn der Ohnmacht tobt in mir vom Morgen bis zum Abend,
im Leben ohne Aussicht nun, ist gar nichts mehr erlabend.

Was bleibt mir als mein Vater sein verlässlich zu gestalten,
die rar vereinten Stunden nicht bloß in Trauer zu verwalten?
An jedem Tag besteht in mir die eine Hoffnung fort,
ich selbst sei meinem Kind ein Hafen, durchweg ein sich'rer Ort.

Oliver Fahn * 1980

Abschied

Müde sind die Augen
müde sind die Hände
schwer lässt es sich gehen
schwer ist das Leben.

Denk zurück wie schön es war
sagst du mir das ganze Jahr.
Ja, antworte ich ganz leise
anstrengend ist diese Reise.

Gabriele Falkner * 1960

Die Sonne

Oh, Sonne meines Herzens, erhelle meine Nacht.
Durch finstere Täler ging ich, ganz ohne deine Macht.

Nicht wissend das du immer da, nie fortgewesen.
Hätt ich dies je gewusst, so wär ich längst genesen.

Ich spüre dich als zarte Wärme, mein Herz dies sehr erfreut.
Doch immer wieder ist da auch, die Kraft die dies zerstreut.

So fing ich an zu suchen, das Licht, das in mir ruht.
Der Weg, der sich mir zeigte, gebar mir dann, den Mut.

Ich wandelte auf Pfaden die mir nicht sehr
vertraut.
Geführt mit goldenen Strahlen, hab ich,
mich dies getraut.

So stehe ich hier und spüre, dein warmes
goldenes Licht.
Nun weiß ich klar und deutlich, die Sonne
ist es nicht.

Am Ende bleibt die Frage was mich so tief
anspricht.
Es ist der Liebe strahlen, worauf ich bin,
erpicht.

So fühl ich mich getragen von göttlich
schöner Kraft.
Nun brauch ich nicht verzagen, denn dies
ist wahre Macht.

Oh, Sonne meines Herzens nun kenn ich
deine Kraft.
Es ist, ganz ohne Fragen, das Licht das
Christus schafft.

Meister Federleicht * 1963

Blaue Freude

In all das Getümmel von Unruhe und
Krieg
als ich noch wartete auf den Sieg,

von hinten mehrfach und schwer getroffen,
kamen 2 verrückte Typen, sie sahen so aus,
aber waren nicht besoffen.

‚Ihr seht so verrückt aus, die Kleidung aus
Stroh,
der alte Handkarren, der Blick so froh.'

Sie geben mir Stiefel, ich ziehe sie an,
‚Komm in Bewegung und fang dich zu
freuen an!'

‚Sei schlau,
komm mit uns an das Ufer der Blau!'

Fülle der Kraft erwartete mich dort,
an diesem friedlichen, glücklichen Ort.

Hier wird sie glücklich, die traurige Lau,
hier wollen wir uns treffen am Ufer der
Blau.

Susanne Feix * 1957

Ode an die Wehmut

Der Vorhang sich senkt,
über einst güldenes Land,
bleiern und schwer,
wie ein dunkles Gewand.

Die Sonne erlischt,
die Grenzen verschwimmend,
wie in eisiger Gischt,
das Licht des Schiffes verglimmend.

Eine Jahr ohne Sommer,
ein Spiel ohne Preis,
verachtend und lachend,
der hörnerne Greis.

Roman Dionys Fendt * 1993

Nur 15 Jahre alt

Nur 15 Jahre alt war ich, als ich das erste
Mal feiern ging,
mich betrunken durch Menschenmengen
quetschte und meinen Freundinnen
die Haare hielt.
Nur 15 Jahre alt war ich, als ich mich das
erste Mal verliebte
und die Wärme eines anderen Menschen
und die Küsse auf meiner Haut mich
in den Wahnsinn trieben.
Nur 15 Jahre alt war ich, als ich das erste
Mal rauchte,
spürte, wie das Gift meine Lunge füllte und
sie dann wieder verließ.

Und nur 15 Jahre alt war ich, als ich die
    Diagnose bekam.
Die Diagnose für weitere und weitere und
    weitere 15 Jahre.
Doch ich war doch erst 15 Jahre alt?
Ich hatte doch noch nichts erlebt, noch
    nicht gelebt.
Mit nur 15 Jahren benannten mich die
    Ärzte als krank, krank für immer,
    krank bis an den Rest meiner Tage.
Ich würde dieses Kranksein immer spüren,
    immer fühlen, mir immer bewusst
    sein.
Nun bin ich nicht mehr 15 Jahre alt,
ich habe aufgehört zu trinken und zu
    rauchen, auch neu verliebt hab' ich
    mich.
Aber krank bin ich noch immer.

Andrea Fercher * 2006

Roter Ballon

Ich schlafe und träume,
Ich schlafe und träume in letzter Zeit so
    viel.
Hab ich Angst?
Hast du Angst?

Er kommt auch, wenn man nicht mal vom
    Teufel spricht,
Voll gefüllt oder halb leer.
Hab ich Angst?
Hab ich Angst vor ihm?

Du gingst.
- Er kam.
Hab ich Angst?
Hab ich Angst vor dir?

Nur ich kann ihn sehen!
Seh' ihn platzen,
Ich glaub', ich hab Angst vorm Peng.

Seine Überreste vernebeln Augen.
Dunkle Tropfen treffen Zug und Gesicht,
Rote Wangen werden schwarz.
-
Ich hab Angst

Lisanne Feser * 2002

Aus dem Licht kommend
in diese wundervolle Welt
dem Schicksal zu folgen
in jedem Moment
anzunehmen
was immer auch geschieht
Vorbestimmung der Seele
ihr Leben zu erfahren
zu meistern
im Erkennen
im Verstehen
zu wachsen
im Wissen
jedes Schicksal birgt auch Kraft
trägt den Keim der Hoffnung
Ihrem Schicksal folgend
kehrt die Seele zurück
woher sie einst kam
in das überirdische Licht
einer anderen Dimension

Karin Findorf

Befreit

Ich gehe steil den Berg hinauf,
immer der Sonne entgegen;
geblendet vom Licht,
erkenne ich nicht:
Wohin gehen, auf welchen Wegen?
Und mitten im Lauf
– dreh' ich mich um,
nebliges Sehen-
werfe den Blick
nach unten, zurück,
um hinunter zu gehen?
Der Weg war oft krumm ...

– Nur weiter bergauf
der Sonne entgegen,
geblendet vom Licht
erkenne ich nicht...
auf welchen Wegen?
Noch höher hinauf!

José Finé * 1956

Der letzte Spaziergang

Wenn das Mondscheinlicht hereinbricht
Sich mein Herz entflammen wird
Wird mein inneres Ich erpicht
Mit dir durch die Nacht herumgeirrt

Nachtigall uns ständig begleitet
Auf unserem Weg in die Unendlichkeit
Meine Trauer schnell verschwindet
Was unsere Seelen nun verbindet
Ist die Macht der Unzertrennlichkeit
Dunkelheit umhüllt uns in tiefer Ruhe
Als die Funken sprühen
Und wir gemeinsam verglühen
In tiefer Nacht

Nun stehe ich hier mit dir
Mit dunklen Rosen ich verzihr
Den See mit Pier,
Ich werde rot und weine
Als du das Licht der Welt verlässt
Und mich für immer alleine lässt

Moritz Flottau * 2004

Schicksalsschlag

Doch niemals denke, dass die Show
sich setzt auf Dein Gemüt und Sinn:
Passiert es, doch ist´s bald vorüber
und übrig bleibt Dir ein Gewinn...

Wird unser Haus dem Wetter widern?
Bleibt das Dach ein Schutz, wird´s
    brechen?
Werden sich die Kinder lieben?
Die Nachkommen freundlich lächeln?

Ist da Treue, ist da Zutraun?
Ist da Freiheit? Ist da Gott?
Sind wir Kämpfer, sind wir weise?
Ist unser planen falsch oder gut?

Menschenleben ist Naturteil.
Wird es auch für immer sein.
Harmonie, bedachtes Leben
sind die Chance für gross und klein.

Zielgerecht dem Lebenssinn
in den Momenten unsrer Augen
Auf der Reise zu Momenten
können wir der Umsicht taugen.

Heiko Friedlein * 1974

Rasende Wut

Das Gesicht verzogen zu einer Fratze.
Die Augen beherrscht von Hass.
Alles Menschliche aus Körper und Geist
    entschwunden.
Es greift nach mir.
Greift nach meiner Seele, greift nach
    meinem Herzen.
Die Verzweiflung,
Die den beißenden Geruch des Todes mit
    sich bringt.
Ich ringe nach Atem.
Kämpfe um mein Leben.
Doch meine Kraft schwindet.
Ich sehe mich, sehe wie das Leben aus
    meinen Augen zu entweichen beginnt.
Ich fühle mich, fühle wie mein Körper
    erkaltet.
Wissend, ich habe den Kampf verloren.

Was bleibt ist der süße Geschmack des
    Triumphs.
Rasende Wut, betörend Macht.

Franziska Friedrich * 1986

Mein Begleitgeist der Drache

Als klein in meinem erlittenen Leid, war so
    ein Gefühl in meinem Leid.
Da wo ich aufgab und war bereit so schütze
    er mich mental.
In finstern Nächten als der Vollmond
    viel, da träumte ich jedes Mal von
    IHM.
So mächtig und grausam er doch aus sah,
Wusste ich, dass er meiner reinen,
    geduldigen Seele Beschützer war.
So kam er jedes Mal beim Vollmond auf
    neue und mir immer seine Treue.
Aus diesem Kind wurde eine Frau und da
    verschwand der treue Traum.
Beschützen wollten jetzt ihre Verehrer,
    doch erlangten sie schnell Grenzen
    ihrer Ehre.
Aber da wo Sie ganz in Eisgestalt auf
    einmal vor den Drachen durch Zufall
    stand,
Wusste sie nicht, dass sie ihn schon kannt.
Vertrautes Gefühl, was sie mal kannte, aber
    nicht genau in Gedanken erlangte.
Doch wusste der Drache schon von Anfang
    an, wer genau vor im stand.
Erstaunt darüber wie sie die langen Zeiten
    ohne seinen Schutz trotzdem noch
    ihre reine Seele wuchs.
Fasste er sich wieder mal ein Herz und
    nahm zu guter letzt ihren Schmerz!
Geschichte, die wir in jeder Lebensära
    immer wiederholt auf Suche nach uns
    um in Himmel heben so fühlt sich der
    Tag an von früher Traum.
So hab ich es erst da wo ich entfachte was
    in uns zu zweit lange wachte.
Magie ist in uns schon lang gewesen, denn
    so ist es nun mal in göttlichen Wesen.

Valentina Furasev * 1991

Herzens Melodie

Erzählt mir in leisen Versen über die guten
    auch die schlechten Zeiten,
die ich bis jetzt erleiden,
dies hab ich in all den Jahren verziehen,
    weil diese schlechten Zeiten mich auf
    den rechten Weg bringen.
Somit hab ich jetzt Freunde, die ich mag
    und respektier,
ja, wahre Freunde, das sind und bleiben wir.
Sie wollen mich nicht ändern, sondern
    lieben, was ich bin.
Mein Herz, es schlägt stark, mein Leben
    hat wieder einen Sinn.
Sie lieben mich und ich liebe sie,
dies hört gut zu ist die Herzens Melodie.

Tanja Gebhardt * 1986

Für Aylan Kurdi

Du liegst tot am Strand,
dieweil Deine Welt zerbricht.
Niemand nahm Dich an die Hand,
ein Happy End, das gab es nicht.

Deine kleinen Schuhe,
Dein Gesicht im Sand,
geben keine Ruhe;
das Paradies ist abgebrannt.

Die Wellen umspülen Deine Hände,
sie klagen keinen an;
und sprechen doch tausend Bände,
die ich nicht vergessen kann.

Klaus Gehling * 1950

Freunde in der Not

Bunte Blumen und Büsche in meinem
    Garten,
ungefähr ein Dutzend verschiedener Arten.
Hoch und stämmig, zart und klein,
reihen sie sich zwischen meinen Hecken
    ein.

Einige Samen wurden vom Wind
    hergetragen,
wollten hier aber keine Wurzeln schlagen.
In nur ganz wenigen Fällen gab es Sorten,
die trotz meiner allerbesten Pflege
    verdorrten.

Und dann gab es noch die, die ich selbst
    entfernte,
als ich meinen Garten zu bestellen lernte.
Schön finde ich Sorten, die Ableger
    bekamen,
die den Platz neben ihren Eltern im Beet
    einnahmen.

Echte Freunde sind aber die immergrünen
    Sträucher,
die ich auch in meinem strengsten Winter
    sah.
Andere waren an Farben zwar deutlich
    reicher,
aber leider nur im milden Frühling für
    mich da.

Monika Geiger * 1965

Fehler – Verschweigen – Bedauern

Im Leben
viele Fehler gemacht,
dadurch
viel gelernt.

Im Leben
manchmal was verschwiegen,
dadurch
manchmal was leichter gemacht.

Von den Fehlern
trotzdem
nur wenige bedauert.

Von dem Verschwiegenen
nur eines bedauert.
Ich wünschte, ich hätte geredet.

Carla, bitte verzeih mir.

Petra Giertz * 1963

An mein lieben Papa

Ich vermisse dich so sehr,
du bist einfach zu früh
von uns gegangen
wir lieben dich
wir vermissen dich

Katharina Gliemann * 1969

Ich wünschte ich wäre ein Stein

Ich wünschte ich wäre ein Stein
garstig böse und wiederholt gemein
keine bittere Träne könnte mich je
    erweichen
keine traurige Bitte würde mich je
    erreichen

Ich wünschte ich wäre ein Stein
ohne jedes Herz und ohne Gebein
nur feige Menschen würden sich mit mir
    messen
nur dumme Tiere würden versuchen mich
    zu fressen

Ich wünschte ich wäre ein Stein
weder Elend noch Armut wären mein
keinen beißenden Hunger müsste ich
    ertragen
kein brennender Durst würde mich plagen

Ich wünschte ich wäre ein Stein
unschön und ewig klein, so will ich sein
kein tragisches Schicksal würde mich
    berühren
kein besessener Glaube würde mich
    verführen

Ich wünschte ich wäre ein Stein
tief in dunkler Erde, aber nie allein
für die Liebe wäre ich viel zu kalt
für den Gevatter Tod wäre ich viel zu alt

Tanju Gökdag * 1967

Nein Mama,
Ich beneide die anderen Kinder nicht um
    ihr Haus,
Ich beneide sie darum,
dass darin eine heile Familie wohnt.

Nein Papa,
ich beneide die anderen Kinder nicht um
    ihre Kleidung,
ich beneide sie darum,
dass darunter keine Narben an ihren
    Armen und Beinen sind.

Lisa-Marie Goltz * 2003

Alexandra

Als kurze Meldung im Radio gebracht:
„Achtung! Falschfahrer unterwegs auf
    der A8."
Minuten später hatte es schon
gekracht.

Die Warnung ist für Dich zu spät
gekommen, ein Fremder hat Dir
einfach Dein Leben genommen.

Du kamst nicht mehr heim, Deine
Eltern und Dein Verlobter blieben
allein.

Kein Außenstehender kann diesen
Schmerz ermessen, aber:
Du bleibst für immer unvergessen!

Chris Gordon * 1965

Ein Wink des Schicksals

Ein wahres Geschenk und ein Hauch von
    Magie,
ist das Leben, da ist die Natur ein wahres
    Genie.

Vom Schicksal gelenkt,
wird vorerst schon mal ein Lebensumfeld
geschenkt.

Ob es gut ist oder gar schlecht,
das weiß man vorher nie so recht.

Umfeld und Entscheidungskraft,
des Öfteren ein schönes Schicksal schafft.

Doch von hier, bis zum Garten Eden,
haben wir nicht überall etwas mitzureden.

Gelenkt von einer unvorhersehbaren
    Macht,
das Leben einmal zwickt und einmal lacht.

Doch auch wenn man an den Wink des
    Schicksals denkt,
so man sein Leben trotzdem in eine
    positive, zumindest etwas in eine
    Richtung lenkt.

Macht einem ein Schicksalsschlag das
    Leben schwer,
so helfen Familie und gute Freunde immer
    sehr.

Sieht die Zeit auch noch so dunkel aus,
gute Energie hilft aus der schlimmsten Zeit
    raus.

Thomas Grabner * 1991

Eine Seele flog hinaus

Ihr Leben verlor sich mit jedem Tage im
    Nirgendwo
Verwirrte sie,
entrissen aus der Lebensroutine,
starrte sie orientierungslos in diese
    zunehmend dunklere Welt
Fühlte sich gefangen in ihrem Körper, den
    sie nicht mehr wahrnahm,
Mit jeder Minute vergaß sie die Dinge, die
    sie eben noch wusste
Haben wir jetzt Mittag oder Nacht?
Täglich wuchs innerlich ihre Traurigkeit
    über all das,
ihre Einsamkeit verstärkte sich teilnahmslos
    schaute sie einen an

Tag um Tag schwand Ihre Kraft, das Gehen
    ging nicht mehr,
ihre Hände versteiften sich,
nur ihr Lachen überdauerte eine längere
    Weile,
Allmählich spürte sie das ihre Lebenskraft
    zu Ende ging,
ach, wenn sie doch die Zeit zurückdrehen
    könnte,
obwohl es noch Augenblicke der Freude
    gab,
oh, wie liebte sie ihren Schokoladenkuchen,
auch einem Stück Schwarzwälderkirschtorte
    war sie nicht abgeneigt,
stundenlang konnte sie Mensch-ärgere-
    dich-nicht spielen,
jetzt auf ihre Weise, so wie sie es noch
    wusste.
Eins blieb ihr: ihre Seele.

Anna Martina Grahovac

Der große Mann

Ein Wort wie Stahl- ein Mann mit großem
    Herzen
Der Glaube an das Gute- leere
    Augenwischerei!
Die Last des Lebens liegt auf deinen
    Schultern
Und wieder geht das Glück an Dir
    vorbei…

Trauer und Wut über das Leben
Aus Deinem Herzen leise spricht
Und Tag für Tag „der große Mann"
Langsam und still in Dir zerbricht..

Ein Wort wie Stahl- die Kälte wird
    vergehen
Und Bruch der Höflichkeit durch „schwere
    Hand"
Du fragst, warum bestraft geschenktes
    Leben
Und fühlt sich fremd dein Mutterland?

Ein Mann mit großem Herzen, ohne
    Bedeutung…
Schon längst vergessener Protagonist
Die Welt um Dich wird weiter kämpfen
Bis Du in Dir langsam zerbrichst…

Ein Mann schon ohne Namen, ohne
    Zukunft
Vergessen und verraten vom System
Wie viele Menschenaugen blind geraten
Gelernt gewollt nicht hinzusehen…

Kristina Gregor * 1978

Seelenfrei

Ein roter Sommermorgen,
zwei Seelen dahinter verborgen,
getaucht in rotes Licht.
Es riecht nach Liebe, oder nicht?

Der Sommerwind weht durch ihr Haar,
seines bleibt wie immer starr.
Sind wirklich noch zwei Seelen da?
Es wirkt doch alles so unscheinbar.

Sie sitzt oben auf dem Hügel,
allein auf einer Bank.
Er sitzt daneben und hat Flügel,
schaut sie an und sang.

Hören kann sie ihn nicht,
doch wird getaucht in helles Licht.
Er ist schon lange nicht mehr da.
Sie ist ihm aber trotzdem unendlich nah.

Und ihr wird klar,
irgendwann sind ihre Seelen wieder
ein Paar.

Lynn Gröllich * 2005

Entzweit

Traurigkeit erfüllt ihr Wesen.
Verlust und Versagen begleiten sie auf
    ihrem Weg.
Erinnerungen ergreifen die Seele und
    hinterlassen Schmerz und Leid.

Verblasst und Verloren in der Ratlosigkeit
über das Scheitern der Verbundenheit.
Verwoben mit dem unvermeidbaren
Abwenden der Auflösung der
Zuneigung.
Liebe. Oder doch nur ein Schauspiel.
Ein Trugbild hervorgerufen durch
den Wunsch der Sehnsucht nach
Vollkommenheit.
Deine Haut. Dein Geruch. Deine
Berührungen.
Entronnen durch den zurückgelassen
Hauch der zarten Verschmelzung.
Gedanken und unerfüllte Träume
vervollständigen das absehbare Ende.
Verdrängt durch die Angst des Verlustes
und
der Reinheit der bedingungslosen Liebe.
Salz verbleibt auf der Haut durch den Fluss
der verborgenen Tränen.
Gereinigt durch die notwendige
Endlichkeit und demutsvolle Stille.
Akzeptanz. Klarheit.
Für immer Befreit.
Lebewohl zerbrochene Herrlichkeit.

Julika Grossmann * 1994

Absturz

Hoch im 7. Himmel sind wir geflogen
Doch du hast mich von Anfang an belogen

Blind vor Liebe konnte ich nicht sehen
Ach, ließ ich dich nur früher gehen

Liebe war für dich ein Fremdwort
Du hast bei uns gelebt, aber im Kopf warst
du fort

Ich hab dir geglaubt, stand zwischen den
Stühlen
Du hast mich nicht geliebt, das musste ich
fühlen

Körperlich und seelisch hast du mich
gequält
Unsere Tage waren schon gezählt

Von Wolke 7. in die Hölle bin ich gefallen
Der Absturz war hart, es gab ein lautes
Knallen

Lydia Gruber * 1988

Realität

Du bist im tiefsten verletzt,
es tut mir leid
ich hab Dich nicht geschätzt.

Ich hab Dich zu oft belogen,
deshalb bist Du mir vor
Angst davon geflogen.

Ich darf mich nicht beklagen,
diesen bitteren Schmerz muss ich nun
ganz allein für mich ertragen.

Ich genoss jede einzelne Sekunde
und hoffte auf viele weitere
schöne Stunden.

Ich weiß dies wird mich bis an mein
Lebensende begleiten,
dass ich Dich nicht konnte halten.

Du wirst mich irgendwann vergessen,
aber ich werde lebenslänglich von diesem
Schmerz zerfressen.

Die Realität holte mich ein,
es sollte wohl einfach
nichts sein.

Nancy Gruschka * 1985

Was immer ich schon sagen wollt'

Was immer ich schon sagen wollt',
es ist so kurz das Wort.
So einfach es mag sein das Wort:
ich schob es immer fort...

Schon als ich war ein kleines Kind,
warst du so gut zu mir...
Du reichtest mir stets Deine Hand,...
...bekam so viel von Dir.

Und was ich immer sagen wollt...
Es ist so kurz das Wort,
so einfach es mag sein das Wort:
ich schob es immer fort.

Wie schnell sie dann vergangen sind,
die Jahre die ich schau...
...zurück; sie eilten so geschwind:
auf Deinen Haaren grau...

Jetzt steh' ich hier und denke mir:
‚Ist denn das Wort so schwer?'
Bedanke mich ganz leis bei dir...
...doch du hörst mich nicht mehr...

Kurt Guggenmos * 1963

Der Tod

Stille
der Atem flach
meine erste Begegnung mit ihr
Unsicherheit
aber keine Angst
nur Leere
ich betrachte ihr wächsernes Gesicht
unser schmales Band
löst sich quälend auf
ohne Tränen
Bilder der Vergangenheit
von ihr und uns beiden
nichts mehr korrigierbar
ob sie es gewollt hätte
wir es geschafft hätten
Stille als Antwort
ein Ende ohne Schluß

sie war meine Mutter

Rolf Handrow * 1950

eine sache die ich noch besitze,
ist die erinnerung an dich.
der himmel, der blitzt,
wenn ich dich vermiss.

ich halte es nicht aus.
hier vor ort,
die welt ohne dich
so leer, grau

ich kämpfe tag für tag
doch du bist nicht da.
nur in meinem kopf,
wenn ich dich brauch.

du lebst in meinen herzen,
aber nicht mehr auf der welt.
ich lebe für dich,
du bist das was mich hier hält.

Meriam Gülseren * 2004

1934

Davor war es hell und erleuchtet,
danach nur noch finster und trüb,
bleibe liegen, ignoriere die Rufe,
fühl mich einsam, verlassen und müd'.

Ein Satz, ein paar Worte und plötzlich,
kalter Schweiß und ein Stich in der Brust,
wie ein Sprung aus dem höchsten der
    Türme,
in ein Meer voller Sorge und Frust.

Kanns kaum greifen, den Satz nicht
    verstehen,
lese wieder und wieder doch weiß,
tief im Innern es wird nichts verändern,
hab geliebt und nun zahl ich den Preis.

Meine Schreie verstummen nur langsam,
lassen Spuren wie Schmutz an der Wand,
doch die Stille ist schlimmer als Schreie,
fesselt eisern das was uns verband.

Warst mein Licht, meine Liebe und
Wärme,
lautes Lachen, mein festester Halt,
seit du gingst klopft mein Herz nur noch
leise,
ist verkümmert, ganz klein und eiskalt.

Selina Happe * 2000

Die Gedanken eines Menschen

Lachen ist hier, lachen ist dort.
Lachen ist überall um uns herum, doch
drehen sie sich um, so schweige ich.
Ich schweige, weil ich's sonst nicht tue. Ich
schweige, weil ich zu viel, zu schnell,
zu hoch, zu tief, zu häufig rede.
Ich schweige, damit sie in Frieden leben.
Ich lebe, um am Leben zu sein, ich lebe, um
gemeinsam zu sein, ich lebe, um nicht
aufzufallen.
Auffallen, bunt sein. Rausstechen, muss
das sein?
Muss ich was Besonderes sein? Muss ich
aufstehen und mir denken, das wird
mein Tag! Meine Woche! Mein Jahr?
Muss ich das? Ja. Nein. Vielleicht.
Ach, wer weiß denn sowas schon. Ich
jedenfalls nicht.
Also denke ich nicht „das wird mein Tag!",
sobald ich aufgestanden bin.
Nein, ich trete ans Fenster und blicke
hinaus in die Dunkelheit.
Finster, kühl, abweisend und irgendwo in
diesem Mix stehe ich am Fenster und
sehe ... mich.
Mich, gespiegelt in der Dunkelheit und ich
frage mich, bin das ich?
Bin ich eins mit der Dunkelheit, der
Abweisung, des Leidens des Lebens?
Liegt es an mir, oder der Jahreszeit, welche
sowohl Trauer, Tiefsinnigkeit und
Frost als auch Gemeinschaft,
Barmherzigkeit und Geborgenheit mit sich
trägt?
Barmherzigkeit. Ein großes Wort, gerade
jetzt zur Weihnachtszeit.

Alle tanzen, singen, springen, schließlich
ist's ja Zeit zur Freude.
So gehört sich das und so wird das
gemacht, denn so ist es gut. So ist es
richtig.
Richtig und recht, Recht haben und Recht
bekommen, Dinge, die das Leben
voranbringen.
Dinge, die uns beschäftigen, die uns
begleiten, uns die Hand reichen, uns
das Messer mit süßen,
freundschaftlichen Worten in den Rücken
rammen.
Entschuldigung, das wollt ich nicht, so
kennt man sich, so sagt man das,
selbst wenn man es nicht meint.

Lotte Hermiene Hartmann * 2004

Halte auf

In schwierigen dunklen Zeiten
Denke ich wieder und weiter
Jeden Tag an den möglichen Plan,
Nur das Leben wie Schwebebahn.

Sie wackelt, bremst und zieht
Sehr langsam und dann rapid,
Ist fraglich, wo komm ich denn an,
Trotz der Gleise der Schwebebahn.

In dem Nebel bewege ich mich
Dir entgegen und fast sehe dich,
In der Luft, wie im Ozean,
Halte auf, die Schwebebahn!

Mit Kabine, die vorbeifährt,
Bis zum Ende und zurückkehrt,
Bist du wieder fast nah, aber dann ...
Zieht mich weiter die Schwebebahn.

Olga Haufe * 1982

Zwischenwelten

Es ist ein Schweigen in allen Dingen
ein solches Schweigen ist auch in mir
dich schweigend ersehnend, tönt laut die
Stille
ich wandle mich tief und atme in dir

Ich dachte zurück an unendliche Stunden
habe bewusst dich an meiner Seite gespürt
noch nie hat ein Abschied in seiner Tiefe
so viel von mir selbst mit fortgespült

Was wir beide waren und was du nun bist
ich suche dich bei mir
doch fasse dich nicht
du atmest aus mir in die Stille hinein
dein eigenes Wesen und sein ewiges Sein

Ich möchte vertrauen, dass dein Schöpfer dich hält
in jener unergründlichen, mir weit fernen Welt
die ich nicht kenne, nur zu erahnen vermag
seit diesem einen, uns scheidenden Tag

Laura Haussmann * 1990

Das Lied meiner Vergangenheit
(Shoah-Leben überleben)

Spiel mir die Melodie meiner Vergangenheit
Spiele vom Kampf, der noch heute in mir tobt
Meine Seele tanzt dazu in Ewigkeit
Spiel mir das endlose Lied der Zeit.

Horche mit mir der Musik der Stille
Im Nachklang lebt in mir der Traum
Schenkt mir auf wundersame Art den Willen
In etwas in mir zu vertrauen.

Sing von meinem Leben, von Liebe und Leid
Singe von dem mir verwehrten Frieden.
Vielleicht bin ich irgendwann dazu bereit.
Sing mir das Lied meiner Vergangenheit.

Lisanne Heintze * 2002

Das Salz meiner Träume

Ich sitze am Meer,
lausche der sanften Brandung
und spüre die Wärme der untergehenden Sonne ...
Tränen fließen ...
Warum?

Letztendlich möcht ich die Schönheit des Moments
gerne teilen
doch ich sitz allein..
Der, mit dem ich dies schon genoss,
ist in den Fluten der Wellen
von mir gegangen ...
und der, mit dem ich gern das Erleben jetzt teilen möchte,
ist tausende Meilen entfernt.

Tröstend umschmeicheln mich laue Winde,
die Brandung des Meeres
schickt mir einen zarten Kuss...
Von den Tränen bleibt eine salzige Spur,
das Salz meiner Träume.

Regina Hellmann * 1950

Sein oder Schein

Was wir wollen, ist kein Grollen.
Leben, lieben, lachen.
Glücklich sein?

Bergauf, bergab.
Flussaufwärts, flussabwärts.
Was denn nun?

Gestern ist Vergangenheit.
Hier im Jetzt, morgen in der Zukunft.
Was soll es sein?

Heute tanzen, morgen verschanzen.
Gefühle hoch, Gefühle runter.
War's das schon?

Zerrissen, verschlissen, nichts wert.
Total verrückt, nicht verrückt genug.
Kann das sein oder ist das nur Schein?

Hoffnung bleibt, Realität knallt.
Zukunft wird's zeigen.
Gehen oder Verweilen?!

Janina Hempel * 1983

Mila

Schwund um Schwund.
Das Herz ganz wund.
Wie ein Weltuntergang würde es alles abverlangen.
Gehe weiter meinen Weg entlang, jeden Moment entgegenbangen.
Fühle mich schuldig.
Es tobt in mir ungeduldig.
Ein schwarzes Loch, das mich verschlingt, beinahe gewinnt.
Weicht langsam, als du bist da.
Jetzt ist es wahr.
Dann sehe ich klar.
Ich sehe dich.
Ich halte dich.
Ich höre dich.
Unsere Blicke treffen sich.
Der Herzschlag echt in deiner Brust.
In meiner auch, was ich gar nicht mehr gewusst.
Der erste Atemzug schmerzt kurz noch.
Dann ist es weg, das schwarze Loch.
Es nimmt mit sich, die Angst und den Verdruss.
Besiegelt es mit einem Kuss.

Sarah Henneken

Der See

Sein Fuß verschlang sich im Gestrüpp der Zeit. Der See zog ihn hinab.
Er war so tief unten, kein Lichtstrahl drang mehr zu ihm in die Dunkelheit.
Der See rankte sich um ihn und schloss ihn ein.

Da spürte er den Hauch einer Berührung, vernahm Gesang, sirenengleich. Er vergaß zu atmen, er vergaß zu sein.
Er schloss die Augen und die Dunkelheit drang vollends in ihn ein.
Er spürte die zarte Hand des Sees. Sie glitt bedächtig über seinen Leib.
Sie bedeckte seine Haut in ihrer Einzelheit, zog ihn noch weiter hinein.
Es sollte noch dunkler sein.

Plötzlich stieß der See ihn fort, wie sollte es auch anders sein.
Er atmete und eine kalte Wucht brach über ihn herein.
Als sie ihn herauszogen, versuchten bei ihm zu sein, spürten sie sein leises Herz und sein endloses Sein.
Als sie ihn befreiten, war er da. Zurückgekehrt. Endlich wieder daheim.

Doch wer war er? Mehr Hülle? Mehr Schein?
Wieviel war jetzt verloren?
Alles?

Nein.

Anna Herbst * 1993

Sternenkind

Jetzt wird's dunkel-jetzt wird's nacht
die Sterne glühen am Himmelsrand

Ich schaue hoch,-erkenne Dich-mein kleines- Gott wie lieb ich Dich

Erstrahlst noch heller als alle zusammen- immer da,-sobald der Tag mit dem Abend wechselt-Du warst so stark mein kleines Mädchen.

Das ganze Himmelsreich gehört nun Dir- tobst Dich wohl aus-brauchst keine Angst haben,-nein,ich schimpf nicht mit Dir.

Ich hab noch den Geruch von Dir in der
Nase-Dein Schnuffeltuch eingetütet
mit allen Deiner Lieblingssachen.

Ich bring sie Dir,-nur nicht heute-hab
Geduld mein Engel,Mommy ist bald
bei Dir.Bist im Herzen für immer
gespeichert

Zeig Dich bitte bis zu meinem Ende
bleib gehütet und beschützt

Ich liebe Dich
mein kleines tapferes Sternenkind

Christiane Heuser * 1975

Heldin

Wieviel Tode sind zu sterben,
Bis mein Herz im Rhythmus schlägt?
Wieviel Tode sind zu sterben,
Bis mein Atem Dich bewegt?

Wieviel Haut braucht eine Narbe,
Die mein Skelett umspannen kann?
Wieviel Faden hängt an meiner Seele,
Der mich noch halten kann?

Wohin baumelt dieser Faden?
Wieviel Hoffnung wohnt im Nichts?
Wohin dehnt sich meine Seele aus?
Wieviel Liebe spüre ich nicht?

Wer spannt mich für seine Zwecke ein?
Wessen Schatten ist mein Licht?
Wer will überhaupt errettet sein?
Der entscheidet über mich!

Unendlich viele Tode sind zu sterben,
Bis mein Herz im Rhythmus schlägt.
Dem bin ich verpflichtet,
Dessen Atem ich beweg!

Claudia Conrad von Heydendorff alias „Nachtlyrik"

Zwei streifen sah ich
Zwei Tränen sah ich
Gefreut habe ich mich
Behalten durfte ich dich nicht
Dieser einer schmerz
Das brach mir das Herz

Diana Hoch * 1982

Wir sind wir
(Gedanken und ein halbes Gedicht)

Zeiten gab's,
so heißt's seit jeher,
die war'n besser als diese,
ist nicht lange her.
Geschichten, Beweise, Anekdoten und
   mehr,
doch Greise plaudern und nützen nicht
   sehr.
Dem, der nicht zuhört,
doch ich höre zu,
und wenn du das liest
bist du ich, ich bin du.
Ich blicke aus dem Fenster,
kann dich immer noch fühlen.
Im Tod da wirkst du ernster:
„Hey, kommst du raus spielen?"
Doch kannst du nicht mehr kommen
mir die Zeit zu vertreiben
und ich glaube einstweilen es ist gut.
Auf die Art bleibt Raum für geborgen
   umschriebene Sorgen,
die auf ewig mein bleiben,
Wie zu gestern und auch morgen.

Sandra Hofmann * 1985

Trost für die Vergifteten

Wenn das Gift die Widmung ersetzt
Und die letzte Kerze sich verscherzt
Bleibt man mit dem letzten Licht beschert
Dunkelheit belebt die Hymne
Vom Strahlen bestürzt durch Sünde

Ein letzter Kampf mit den Gezeiten
Doch ohne sich zu streiten
Denn die Gewalt endet an Freundes Seite
Damit das Herz in Ruhe scheint
Ja, dieses Licht hat Bewandtnis im Sein
Endlich! Man erkennt das Gift ist
    vergänglich
Und egal wieviel es zerstört
Das Wissen bleibt: man ist vom Selbst
    geführt

Patrick André Höhne * 1994

Anders

Gib mir deine Hand!
Sie rutscht aus,
ihre Tränen fliessen
sie alle haben sie verlassen,
mit sich selbst alleine gelassen

Gib mir deine Hand!
Sie streckt ihre Finger aus
sie will nicht aus dem Haus heraus
Sie sagt, sie traut sich nicht in die Welt
    hinaus,

Gib mir deine Hand!
Eine weiße Flagge im Wind
ich bin kein Feind, der nur Verse reimt
Ich bin dein Freund, für heut
meine Liebe zu dir bricht niemals ein
wie Eis in der Frühlingsnacht,
Schwester lacht.

Mirka Holsteinova * 1976

Gehirnfick

Erst ficken Einen Andere
und dann man sich selbst.
Verloren in einem Dschungel an Gedanken,
fürchte ich mich vor mir selbst.

Öffne die Tür meiner Seele,
quietschend, knarrend, schabend,
was werde ich hier erblicken,
habe seit langem Angst
zu ersticken.

Dort liegt es!
Mein Leben!
Ein einziger Scherbenhaufen...

Irgendwo versteckt sich meine
    Lebensfreude,
meine Ausstrahlung,
meine Selbstliebe,
mein Glanz
und Akzeptanz.

Ich schaue auf das Durcheinander,
aus allem Lernen,
dann bin ich wieder Ganz.

Clara Holzhauser * 2002

Du kannst noch nicht gehen

Im Regen draußen
stehst du
mit dem kleinen Wasserglas in der Hand
und gießt die Blumen
und gießt die Sträucher

Dein Gang ist zögernd
aber pflichtbewusst
und liebevoll
wie du immer warst

Dankbar
nicken die Blumen
und auch der Regenwurm
schaut anerkennend

Nein
Du kannst noch nicht gehen
Wir brauchen Dich
Alle

Meiner Frau gewidmet, die an Alzheimer
erkrankt ist und die ich seit 3 Jahren
begleite auf ihrem Weg.

Hans Hörmann * 1943

Auf mich

Seit sechs Jahren trinke ich täglich Alkohol
Gefangen im eigenen Monopol

Außer ich kater
Ein Dramentheater

Hopfen, Malz, Wasser, Hefe. Bier
Halte mich selbst gefangen wie ein Tier

Ich bin eine Trinkerin
Und schon längst mittendrin

Ich bin psychisch abhängig
Nur noch bedingt einsatzfähig

Mein Grund vor die Tür zu gehen
Will mein Spiegelbild nicht mehr sehen

Tageszeit ist mir egal
Hauptsache Ethanol oral

Auch während der Arbeitszeit
Ich nutze jede Gelegenheit

Kein Selbstwert, Hass, kein Spüren
Kann mich selbst am besten verführen

Ich trinke bis zum Filmriss
Finde keinen Kompromiss

Genieß Hangover um in Selbstmitleid zu baden
Will ertränken meine Narben

Von Angstzuständen, Depression und Ekel geplagtes Leben
Eine Eintagsfliege in Spinnweben

Juliet Huchel * 1992

Sonne und Tango – Für Elias

mein liebes kind
worte
die nie gesagt wurden
stehen klammoffen
verlassen
in unserem raum
und tanzen
verspannten tango

immer wieder hin zu dir
herzgerichtet
will ich sie
mit meinem endlosen
geduldsfaden
geradlinig
zu mir holen

sie behutsam
auf meinen liebesknäuel
wickeln

doch über deine
hohen schranken
führt jedes wort
vorbei
soll es sein
dein unwetter
will ich dir
wegsonnen

damit
wir uns
nach diesem leerlauf
selbstlaut
schrankenlos
sonne und tango
einfühlen
einfüllen können

Sandra Huss * 1976

Weiter

Zerdachte Momente.
Augenblicke retten
vor der Angst.
Vergessen zu lachen.
Die Zeit läuft

ab
weiter
weg.

Trotzdem
gerade deswegen
gegen die Angst -
steh auf!
Bleib standhaft
haften am Leben
weiter!

Stefanie Hüttner * 1985

Gefühl

Wut, Freude, Trauer, Frieden.
Das sind halt die Gefühle der nun
Hinterbliebenen.
Es wird geweint und auch gelacht,
Es wird geredet,
Wenn auch noch mit viel Bedacht.
Man denkt zurück und will erzählen,
Ist froh,
Sich nun doch nicht mehr zu quälen.
Aber worauf ist man denn bedacht?
Jedes Gefühl hat doch seinen Platz
Frieden, Freude, Trauer, Wut,
Gehört doch einfach mit dazu.

Das Leben des geliebten Menschen
ist hiermit nun vorbei,
Was bleibt ist das Gefühl was bleibt.
Der Frieden, Die Freude, Wut und Trauer,
Kein Gefühl ist zu bedauern.

Lily Ilga * 1996

Der trotzige Alltag

Nichts was ich tue ist gut genug
Als ob eine Wand zwischen mir und meinen
  Wünschen stünde
Ich versuchte es Tag für Tag
Doch dann kam der Tag
Dieser eine Tag
An dem ich nicht weiter wusste
weil es kein weiter gab
Und mir klar werden musste
Dass ich fürs Glück nicht bestimmt bin
Es ist für die anderen
Aber nicht für jemanden wie mich

Sie sagen ich soll es versuchen
Du hast alles Glück der Welt
Und wenn du es nicht hast, erschaffst du es
Aber nein
Das habe ich nicht
Und das werde ich auch nicht
Denn ich habe alles versucht
ich wurde geschlagen
Und es reicht ständig der Verlierer zu sein
Wann wird der Gewinn kommen?
Denn durch mich scheint es nicht zu
  kommen

Mina Islamovic * 2003

Mein Ort ist nicht auffindbar und meine Zeit mir davongelaufen

Ich habe mich hinter Fotoalben verschanzt
Mich einsam getanzt

Drifte ab in der Badewanne voller
  Erinnerungsfetzen
Die sich gegenseitig schillernd an-
  schwätzen

Und versickere in samtenen
  Gedankengängen

Bilder die mein Fernweh nähren
Lassen mich nach mehr verzehren

Sitze auf Wartebänken
Stehe auf Sprungbrettern
Und sehne mich nach Verschmelzung

Manchmal springe ich auch ab
Für einen Wimpernschlag bin ich wach

Fühle die Unendlichkeit im Jetzt
Klammere mich aber schnell daran fest

Oh im Fall gibt es ja gar keinen Halt
Das habe ich dann auch schnell geschnallt

Und so drifte ich lieber vor mir her
Meine Gedanken sind bei dir und am Meer

Lucia Jacobs * 2000

Sturmgewalten

Aus dem Rahmen gefallen
und in die Tiefe gestürzt!
Dachtest du doch,
dein Gleichmaß aus Sicherheit
wäre dein fruchtbarer Boden,
der das Wachstum und die Reife
immer für dich tragen würde.

So schnell ist er entschwunden,
der sichere Halt
und du spürst die Nichtigkeit
der sonst so großen Belange.

Nun musst du das Fliegen erlernen -
Breite deine Arme aus, lasse dich treiben
und ergründe nichts mehr.

Fliege mit dem Wind,
lasse dich in die Zuversicht fallen
und fühle dich getragen.

Das Leben will dich lehren,
deiner eigenen Kraft zu vertrauen,
die dir Flügel wachsen lässt.

Helga Jaramillo Arenas * 1959

Alle Männer

Ja, es sind eben doch alle Männer.
Ein schneller Blick, der mich auszieht
Eine kurze Berührung, die langfristige
 Folgen hat
Meistens belastet mich das mehr als ihn
Meistens passiert danach nichts mehr
Zumindest nicht mit ihm
Meistens heisst immer.
Doch bei mir passiert viel:
Ich denke nach, ich kann nicht schlafen, ich
 weine, ich fühle mich dreckig
Hab ich es vielleicht doch provoziert?
 Unverständliche Signale gesendet?
 Nicht deutlich genug zum Ausdruck
 gebracht, dass ich mich unwohl fühle?
Ich bin wütend.
Es sind eben doch alle Männer, doch kein
 Mann wird je verstehen, wie dieser
 Satz gemeint ist!

Tamara Jonientz * 2003

Rückfall nach vorn

Ich werde heute nicht schreiben
zu traurig stimmt mich die Nacht
der Blick in Achlys' Weiten
hat in mir Sehnsucht entfacht

Zu Hause, das ist jetzt die Straße
ein Ort, zum Spuren verlieren
mein Fluchtweg, vor all deinen Bildern
den Worten, die meine Kreise regieren

Ich lauf sie hinaus deine Lügen
den Sternen vertrau ich sie an
ich will mich nicht länger betrügen
sie gehören einem anderen Mann

Der Mond, er wird zum Verräter
verführt mit Licht bloß zum Schein
entlockt mir beinahe ein Lächeln
doch diese Verse, ich sperre sie ein

Wozu noch Liebe verschwenden
gedankenleer ruht das Papier
schreib mich hinein in das Dunkel
und finde zurück, ganz zu mir

Sebastian Jung * 1980

Bis zum Ende der Zeit

Dein Blick voller Angst, deine Hände noch warm;
Deine Stirn so fragend, du in meinem Arm.
Deine Augen so traurig, dein Atem so schwer –
Doch plötzlich höre ich, deinen Atem nicht mehr.

Deine Hand lässt los, dein Kopf, der fällt;
Du schwebst so leicht, aus dieser Welt.
Ich bin an deiner Seite, ich verlasse dich nicht.
Dein Körper wird kalt, meine Hoffnung erlischt.
Ich lieg' in deinem Bette und küsse dich sanft –
Ich halte so fest deine leblose Hand.

Schwebst du nun in eine Welt voller Frieden;
In der Liebe und Güte über Boshaftes siegen?
Einen Ort voller Segen, einen Raum voller Glück;
Eine Welt in die jeder von uns kehrt zurück?

Fühlst du Freiheit, hast du keinen Schmerz;
Siehst du mich hier unten und mein kleines Herz?
Mein Herz das schmerzt, mein Herz das weint;
Ohne deine Sonne, die für mich scheint.
Mein Versprechen an dich, das ewig weilt –
Ist meine Liebe, bis zum Ende der Zeit.

JuNi * 1998

Hilflos

Wenn Ohnmacht dich auf sanften Schwingen
langsam ins Reich der Nebel zieht,
wenn Ärzte um dein Leben ringen
und um dein Wohlsein sind bemüht,
dann bist du willenlos und schwach.
Dein Leben liegt in fremden Händen.
Du hast nun keinen Einfluss mehr
und weißt nicht,
wie wird alles enden.

Mit Ärzte Hilfe, Gottes Kraft
hast du es hoffentlich geschafft.

Jörg Just * 1943

Licht

Alles ist finster nichts ist mehr hell.
Finster die Lichter die einst schienen grell.
Wohin führt der Weg? Wo ist das Licht?
Ich seh es einfach nicht ...
Schließe die Augen sie helfen dir nicht!
Seh mit dem Herzen es braucht kein Licht!

E K * 1988

Herzschmerz

Am Boden liegend,

verloren in Gedanken.

Die Hoffnung fährt gegen die Wand.

Das Glück läuft ans Ende der Welt.

Tränen über dem Gesicht,

füllen das überflutete Herz.

Auf der Suche nach einem Operateur,

der präzise Organe entfernt.

Links oben unterhalb des Kopfes.

Beim Blick in den Spiegel,

kein Kuss, nichts als Luft.

Der Wert des eigenen Ichs,

verloren bei der Fahrt durchs Paradies.

Am Ende wartet die Dunkelheit,

ohne Holz und Stroh.

Ein kurzer Stopp am Bahnhof Zoo,

weiter nach Amsterdam.

Die Sicht aufs Meer,

leer von Fischen und Vögeln.

Lebendig ist man nicht mehr.

Sophia Kahler * 1996

Gedrängt

Brustkorb verengt
merk wie du anfängst
kann nichts sagen
hör dich fragen
kannst keine Antwort abwarten

Freya Kallich * 2004

Der Schicksalsschlag

Ein jeder der das Karma kennt,
hat im Leben nicht gepennt,
Mit Sorgfalt er sein Leben lebt,
Und hofft, dass nichts daneben geht.

Doch wenn es mal so wie ganz oft,
etwas geschieht ganz unverhofft,
ne klitzekleine Änderung,
dreht sich wohl sein Leben um.

Nun ists geschehn, nicht umkehrbar,
fragt man sich „ ists wirklich wahr"
Ob gut ob schlecht egal wie arg,
So ist er wohl,
Der Schicksalsschlag!

Kenny Kästel

Versprochen

Schau mir ins Gesicht,
mein Kind, es stimmt, was man verspricht.

Es kommt ein Krieg, du musst hier weg,
deine Unschuld wird gebrochen,
versprochen ist versprochen.

Du wirst fliehen, trauern, leiden,
nur so können wir unsre' Schwächen meiden.

Ja mein Kind, denn wir sind Schwache,
selbstsüchtig, allein und wollen Rache.

Doch das Schlimmste ist, dass wir glauben,
wir sind groß und können uns all das erlauben.

Und doch, ganz tief in uns drin,
da macht all das keinen Sinn.

Denn wir sehen dich, gebrochenes Kind,
bestohlen und verraten,
schauen dennoch hinweg über das, was wir sind,
was man beschreibt als „unsere Taten".

Und geht es auf den Abgrund zu,
aus Tagen werden Wochen,
werden wir bestraft für unsere Taten,
versprochen ist versprochen.

Lotta Keil * 2003

Stoßgebet

Ich glaube nicht
Warum auch nicht
Es ist bekannt
Ich weiß es nicht

Wäre es dann doch
Oder könnte es sein
Sicher ist sicher
Ich wär nicht allein

Ich glaube vielleicht
Warum auch nicht
Der Trost wär mein
Auch wenns zum Schein

Dann tut sich was
Was soll man tun
Verzagen und klagen
Die Konsequenzen tragen

Ich glaube nicht
Warum auch schon
Nur wer trägt die Schuld
Und aus welchem Grund

Birgit Kerber * 1964

Verdammnis

Alles verschwommen
Alles unerreichbar
Ist es vorbei
Überkommt Erleichterung
Der Zustand ist vergessen
Als hätte der Wind ihn weggeweht.

Doch du darfst niemals vergessen
Welch eine Verzweiflung du hattest
Du wurdest geschlachtet
Du wurdest unbeerdigt gelassen.

Alles vergessen
Alles verdrängt
Hat es dich eingeholt
Bettelst du wie beim ersten Mal
Als sei es das erste Mal.

Gnadenlos die Verdammnis

Kennst es nur, wenn es vor dir steht
Hat es sich wieder umgedreht
Schleift seine Klinge an deine Haut
Eine Narbe doch
Schmerz vergeht.

Leiden wirst du unter all dessen neuen
    Gestalten
Gnadenlos
Gnadenlos ist die Verdammnis.

Sevval Keskin * 2005

Farblos

Das Leben ausgemalt in den schönsten
    Farben,
Das helle Licht hat alles glitzernd
    angestrahlt,
Ganz sacht bedeckte unsre Liebe alte
    Narben,
Die Kraft zu zweit den Weg zu gehen war
    unschlagbar.

Der Pinsel fort, die Farben leer, was bleibt
    ist weiß und schwarz und grau,
Das Licht ist aus, Kraft gibt's nicht mehr,
    was kommt, ich weiß es nicht genau.

Leuchtend bunt, so sahen wir unser Leben
strahlend schön die Zukunft vor uns lag
von Wärme und Geborgenheit umgeben
gingen wir in jeden neuen Tag.

Der Pinsel fort, die Farben leer, was bleibt
    ist weiß und schwarz und grau
Das Licht ist aus, Kraft gibt's nicht mehr,
    was kommt, ich weiß es nicht genau.

Verloren den Pinsel auf dem Weg, der vor
    uns lag im Regen
Die Farben weggespült, das Leben grau,
    der Nebel viel zu dicht um uns zu
    sehen

Verirrt im Dickicht ohne Plan, verwirrt
  vom Zwielicht, der Scham
Verplant vom Leben ohne Farben
Verletzt mit vielen neuen Narben
Bleibst du zurück
Bleib ich zurück
Mit der Sehnsucht nach dem bunten
  Glück...

Der Pinsel fort, die Farben leer, was bleibt
  ist weiß und schwarz und grau
Das Licht ist aus, Kraft gibt's nicht mehr,
  was kommt, ich weiß es nicht genau

Uta Klaus * 1968

Das Phantom

Nenn mich Phantom
Nenn mich den weißen Löwen
Aus der Höhle gegangen
Mit den Löwen verweilt
Und es eilt
Das Cash muss her
Ist es denn schwer
Aus Gold zu sein?
Meine Tränen weinen
Und das Weiß ist heiß
Und der Kreis ist meist
Das Vergnügen deiner Akzeptanz

Daniel Klinker * 1985

Ein Wimpernschlag!

Ein Mädchen an Jahren jung,
ihr Leben war heiter und bunt.

Sie glaubte, ihr könne nichts geschehen,
dann kam der Tag: sie dachte, sie würde
  vor Schmerzen fast vergehen.

Morbus Bechterew: so hieß es dann -
ihr ganzes Leben lang.

Die Zukunft erschien düster und trist;
denn Eines war gewiss:

sie musste damit leben
und vielleicht nichts schönes mehr erleben?

Einen sehr langen Weg musste sie gehen,
bis sie konnte wieder das Schöne sehen.

Die Zeit glitt ihr nicht mehr aus den
  Händen,
sie wusste: innerhalb eines
  Wimpernschlages konnte sich alles
  verändern.

Sandra von Kleist * 1968

Frage ohne Antwort

Frage ohne Antwort
Sie liebten mich, als ich ein Winzling war.
Und liebten mich, als größer ich dann
  wurde.
Sie liebten mich, als alle Sorgen dieser Welt
  ich über sie ergoss!
Sie lieben mich, als ich Karriere machte,
und liebten mich, als mich das Glück
  verließ.
Sie liebten mich mit all den vielen Fehlern
und liebten mich, bis Kräfte sie verließen.
Sie liebten mich in alle Ewigkeit.

Nun stehe ich am Grabe meiner Eltern:
Genügte alle Liebe, die je ich ihnen gab?

Christina Klose * 1945

REStriktion

Fein und spitz wie ein Nadelkopf
Mit einer gewaltigen unaufhaltsamen
  Intensität
Sinkt sie durch ihre Leichtigkeit schwer
  hinab
Eine Feder im leeren Raum meiner
  Gedanken

Das Gefühl von Schmerz
Gräbt sich ein
Bleibt wach
Wird zur Erinnerung
Ich gebe nach, mein Kopf gesenkt
Taub
Das Ziel vor Augen
Die Gewohnheit hält mich ab

Greta Kluge * 2004

Nur eine alte Frau am Lagerfeuer

Komm, komm, großer Mann.
Sieh mich an.
Schlag mir ins Gesicht.
und ich erzähl dir ein Gedicht.
Ich sing dir ein Lied,
auf dass es in deine Knochen kriecht.

Komm, komm, starker Mann,
Sieh mich an.
Putz die Uniform.
Nur eine alte Frau am Lagerfeuer,
tief im Wald, ohne jede Norm.
Ich hoffe dein Sieg wird teuer.

Komm, komm, dummer Mann.
Schieß mich an.
Lass' mich in Frieden,
das Ende meiner Welt versieden.
Nur eine alte Frau am Lagerfeuer,
Nur eine alte Frau am Lagerfeuer.

Marius Knappe * 1999

Automatisiert

Atmen trotz Tränen
trotz Dröhnen im Kopf.

Schritt für Schritt bewege ich mich
null Ahnung wie ich das schaffe
es geht einfach immer weiter
ohne mein Zutun ohne mich.

mein Körper hat übernommen sichert sich
sein überleben, während mein Geist sich
  erholt
reicht mein Körper mir als wäre es ein
  fremder
ein Glas Wasser und setzt es an meine
  Lippen an.

mein Körper schluckt das Wasser herunter
setzt das Glas auf
den Tisch und bewegt mich zu einem
anderen Punkt seiner Wahl.

ungefragt schlägt mein Herz einfach weiter
bis meine Seele wieder anspringen
  mag.

Rayka Kobiella * 1980

Etwas tun

Heute Sonne scheint nicht
Ich auch nicht
Lass mich nicht alleine
Möchte bei dir bleiben
Was soll ich denn tun
Das leben nun mal so
Können wir zusammen
Etwas dagegen tun?

Ich liebe dich dich
Glaub mir wirklich
Ohne dich dich
Ich bin nichts nicht s
Was sollen wir denn tun

Das Leben manchmal so
Alleine schaffen wir nicht
Etwas dagegen tun
Ich liebe dich dich
Glaub mir wirklich
Ohne dich dich
Ich bin nichts nicht s

Ali Kocaslan * 1976

Ein Engel im Himmel, warum hast du mich verlassen

Als du auf Erden wohntest, war Fliegen dein Lebens Elixier.
Dem Himmel nah sein, hoch über den Wolken, frei sein. Das Glück des Fliegen's leben.
Dies hast Du mit Leidenschaft getan und geliebt.
Ich durfte dieses Gefühl des Glück's Kosten, indem ich Dich kennen und lieben durfte.
Deine unendliche Ruhe die Du ausstrahltest, Deine positive, bescheidene Art.
Dein liebenswertes Wesen.
Dieses Gefühl des perfekten Glückes, dieses Lebens Elixier wurde mir an jenem verhängnisvollen Tag im April 1998 jäh entrissen. Der Tag an dem du mich für immer verlassen hast.
Nie werde ich diesen Tag vergessen als ich die Nachricht Deines Unfalles erhielt.
Eine unglaubliche Leere in mir. Nicht nur dieses berauschende Gefühl des Glückes schien verloren.
Auch Du warst auf einen Schlag nicht mehr hier.
Taubheit, Leere, Nebel. Unendlich viele Gefühle.
Aber kein Glück. Auch der Gedanke, dass du beim Fliegen ums Leben kamst, welches Du so liebtest und Dir Dein wahres Glück zeigte konnte mich nicht trösten.
Immer wieder die gleiche Frage: „ Warum musstest Du gehen?"
Mein Lebenslicht schien erloschen, verbrannt mit Dir in den Bergen.
Bis zu dem Tag, an dem Du im Traum zu mir zurückkehrtest. Als Du mir sagtest, dass es Dir gut geht.
Dass Du nun mit den Engeln fliegst und das ewige Glück gefunden hast.
Dass Du über mich wachen wirst. Und dies bis heute tust.

An jenem Tag war auch für mich das Glück wieder greifbar, mein Lebenslicht wieder entflammt.
Um dir nah zu sein, schaue ich in den Himmel und sehe dich mit den Engeln fliegen.
Ich sehe dein Lächeln und weiss, dass Du mich nie verlassen wolltest.
Flieg mein Engel flieg. Ewig in meinem Herzen

Sandra Koller * 1973

Unvermeidlich

Blutrünstig, schier unermüdlich,
Versagt die Seele, durch Erinnerung.
Wir gehen versteckte Wege,
ohne Wiederkehr.
Traumlos geht die Welt zu neige.
Der Blick in das unendliche,
und wir sind Feige.
Verstummte Lieder,
in trocknen Kehlen.
Es wird die Freiheit sicher fehlen.
Läufst brüchige Stufen,
rennst um dein Leben.
Schreist Laut heraus die Sorgen.
Und hoffst Verzweifelt auf den nächsten Morgen.

Yvonne Konduschek * 1971

Du fährst
Ich gehe
Du sitzt
Ich stehe
Ich habe Beine
Doch du hast keine
Bist ein Kriegskrüppel
Ganz alleine

Gleb Konkin-von Serebrowski * 1997

Wann ist eine Frau eigentlich eine Frau?

Wann ist eine Frau eigentlich eine Frau?
Das weiß doch niemand so genau!
Brüste, Vagina und Co
Das ist bei uns das A und O
Sexy Haare, großer Mund
Knack-Po durch den Yoga-Hund
Rote Lippen zum besseren Küssen,
Um sich das Leben zu versüßen.
Lange Nägel, lange Beine.
Alle wollen nur das Eine:
Schlank und schick
Bloß nicht zu dick.
Bunte Kleider, kühler Sekt
Essen, das uns lecker schmeckt
Epithesen hübsch versteckt
Und das Leben ist perfekt.

Nadja Köpplin * 1985

Der Nahe Osten so weit weg

Es ist doch ihre Entscheidung,
das Haarkleid sichtbar oder verdeckt,
wieso hat sie sich versteckt?

Sie trägt die Verhüllung,
Sie glaubt fest daran,
ungezwungen, ohne Mann.

Doch sie gegenüber, was ist mit ihr?
Trägt offenes Haar, will sich nicht scheuen.
Kennt sie nicht die Gesetze? Sie wird es bereuen!

Da seht ihr Gewagtheit,
Was wird nun geschehen?
Sie nehmen sie fest, sie schreien, sie gehen.

Bestraft für die Freizügigkeit,
beschimpft und geschlagen,
Sag, müssen die anderen das auch ertragen?

Nun glüht die Straße,
Auf ihr brodelt die Wut,
Beruhige dich lieber, bestraft wird der Mut!

Die Menschen erschüttert,
Stell dir vor es wäre ich,
Doch ist es soweit weg, betrifft es mich?

So nah, dass ich es höre,
wie sie mich anflehen,
doch weit genug um wegzusehen.

Emilia Marie Korrell * 2007

Das gibt sich

Als Du nachts aus dem Fenster schautest,
standen drei Monde am Himmel statt nur einem.
Ganz unerwartet, ungewollt.
Du ziehst den Vorhang wieder zu.
Und denkst: das gibt sich.

Es ist so ähnlich wie die Liebe.
Unerwartet ungewollte Tiefen.
Hauptsache, es gibt sich.

Georg Koschek * 1955

Ich muss Dir noch sagen

Ex
Ich muss Dir noch sagen, ich kann es kaum wagen.
Du warst mein Jing und auch mein Jang,
wir sind soweit zusammen gegangen.
Warst mein Strohhalm und mein Bro, mit Dir war ich ganz einfach froh.
Hab nie was bös von Dir gedacht, hab nur was bös für Dich gemacht.
Wusst nicht wie ich sagen soll, in mir war dann dieser Groll.
Wollt auch son Leben, groß und bunt, das war wohl dann auch der Grund.
Musst dich von mir böse stoßen, um selber kochen meine Soßen.
Entschuldigung mal hin mal her, das war nicht nett, schon gar nicht fair.
Du warst mein Dünger, warst mein Haus, deshalb musste ich auch raus.

Selber stehn, alleine sein, erstmal nur auf
   einem Bein.
Meine Kids, wie soll es sein, schenkten mir
   das zweite Bein.
Mein Mann hält mir die Arme auf, ich
   schau von oben drauf.
Ich war einmal ein Teil von Dir, doch nun
   bin ich ein Teil von hier.
Die Wunde heilt nur langsam zu, doch ich
   bin ich und Du bist du.
Und wenn der Wind hier günstig steht und
   Blühten von Dir rüberweht,
Denk ich stark an uns zurück, mit viel
   Trauer auch viel Glück.
Unsre Zeit war wunderbar, und am Ende
   vollkomm klar,
dass dies doch für immer bleibt, wir gehen
   in die Unendlichkeit.
Leb wohl

Anja Kosciotkowski * 1978

Im Angesicht der Sterblichkeit

O du Nachthimmel schwarzer Glanz.
O du Sternenbesetzter heller Schein.
Umhüllst mich deiner voll und ganz,
Möcht' ich nie wieder ohne dich sein.

Du traf'st mich tief mit deinem Pfeil.
Lies't mich bluten den letzt'n Tropfen.
Mein'r letzt'n Worte galt'n den Göttern
   ein Heil,
Dann ich nicht mehr spürt' mein Herz'ns
   Klopfen.

Deine Augenweide war mein letzter Blick.
Dein Sprechgesang war mein letzter Ton.
Ich wünscht' zu kennen diesen Trick,
Um zu umgehen mein' elend'gen Tod.

Justin Kraft * 1998

Wieder unerwidert

In einem Meer aus Stimmen
Foltert mich Stille
Um einen Ausweg zu finden
Fehlt mir der Wille
Um ans Ufer zu schwimmen
Ist es zu spät
Will nach Atem ringen
Obwohl es nicht geht
Ertrinke ich endlich
Oder leide ich fort
Erscheint es verständlich
Wünscht' ich mich dort
Zu dir?

Finn Krakowski * 2005

Es gibt kein Synonym für 'Ich'

Ich glaube, dass ich kein Ich sein kann,
   wie ein Virus, der nur durch andere
   existiert, um bemerkt zu werden.
Wenn ich anderen helfe, spüre ich etwas
   Ich.
Wenn ich allein bin, fresse ich mein Ich auf.
Wie ein Oktopus, wenn er gestresst ist, nur
   dass mein Sein nicht nachwächst.
Ich bleibe außen dasselbe und innerlich
   veröde ich.

Ich kann das Buch nicht zu Ende lesen,
   weil ich es dir abends vorgelesen habe.
Ich kann nicht essen, weil ich immer mit
   dir gegessen habe.
Ich kann dieses Gedicht nicht in Reimen
   verfassen, weil du meine Kreativität
   mitgenommen hast.
Ich kann die Quizshows im Fernsehen nicht
   sehen, weil du nicht mehr die Dinge
   weißt,
die ich nicht weiß und ich die Dinge weißt,
   die du nicht weißt.
Aber ich weiß nicht mehr.

Caroline Krätschmer * 1997

Der letzte Tag im September

Ich glaub daran, dass du glaubst
Liebe wird es nicht geben

Du glaubst daran, dass ich glaube
wir werden uns wiedersehen

Ich glaub daran, dass du glaubst,
du musst für immer gehen

Du glaubst daran, dass ich glaube
du wirst nie verstehen,
dein Gehen bedeutet Abschied nehmen
in dem Wissen auf ein Wiedersehen

Marie Krauel * 1990

Verlassen

Es frisst mich auf,
dreht mich auf den Bauch,
lässt mich nicht schlafen,
es zieht mich aus.
Reißt an meinen Füßen,
bricht mir den Kopf,
saugt an der Seele,
raubt mir die Kraft.
Scheucht mich vor sich her,
versetzt mich in Panik,
kümmert mich alles,
legt sich in mich.
Lässt mich nicht essen,
verdreht mir den Kopf,
lässt mich zweifeln,
gibt mir den Rest.

Melissa Kresner * 1999

Territorium

Ausgebleichtes, süßes Chlor
Tierhaare unter deinen Achseln wie Kreise
  aus, Kreise zu
weiche Zeit, Nylonhaut und das
  Wasser: Bewegungen aus leisem
  chromatischem Blau,
Rhythmus der Schwimmer, Teile einer
  ganzen motion-maschine.

Novembersonne, rötlich gedimmt innen
kurven wie angst in Handballen und der
weiße Turm, seine Zunge, oben –
atemströme einer nach dem anderen,
Herzschläge in pausen
springen,
deine Fußballen auf dem Schattendruck der
  anderen
Chlorblumen blühen unter dir, denke weit
  den Augenblick,
nur ein schritt, für immer
hier

Jana Krüger * 1990

Vom wir zum ich

Durch Symbiose einst vereint,
folgte die Metamorphose zum
  Alleinmenschen.

Schmerz, Trauer, Einsamkeit,
Freiheit, Glück,

Zufriedenheit.

Kubedale * 1986

Gespräch und Offenbarung

Die Natur erwacht, aus tiefkalter Nacht.
Schmetterlinge tanzen umher, das Leben
  scheint nicht mehr so schwer.
Gott hilf mir, ich schaff es nicht alleine,
  schwer geworden sind meine Beine.
Mein Kopf kann nicht mehr richtig denken,
  um's Leben weiterhin zu lenken.
Nur Du allein kannst mich verstehn, mein
  Leben soll doch weiter gehn.
Die Sonne scheint mir ins Gesicht, das gibt
  dem Leben neues Licht.
Die Vögel zwitschern pausenlos, das macht
  die Welt auf einmal groß.
Um neue Wunder zu entdecken, verkriech
  ich mich nicht hinter Hecken.
Ich möchte sehen alles nun, damit ich
  große Ding kann tun.

Der Bach im Tale plätschert leise, beflügelt
  mich auf sanfte Weise.
Die Blumen, Sträucher Blüten hier,
  verzaubern heut das Leben mir.
Herr gib Frieden dieser Erde, dass sie schön
  und bunter werde.
Niemals soll die Angst gewinnen,
  Zuversicht soll nicht verrinnen.
Glaube, Hoffnung, Liebe nun, warten auf
  Dein göttlich Tun.

Brigitte Kunde

Weinachten 2022

Nur wohltuende Liebe alleine beginnt
bestens im Detail an deutlich großer Pforte
für den eingebetteten Sinn jeden Lebens..

Ja, öffnet wichtige Türen auf mehr gefühlt
  herzwarmer Schwelle
mit oftmals abertausend vertrauten Sonnen
  geborgen
aus X-mal umwehten Augen, beflügelt
  durch echt pures Lächeln.
Wird ohnehin zum Rhythmus geboren,
  beim Heldensound
vom eigenen Sein und gewinnt je
  schlichtweg alles..

Bestimmt auch, was heute schon
  unerreichbar scheint
ganz sicher lebt es sich im aufrichtigen
  Werden
natürlich teilt sie achtsam untereinander
  zuverlässige
Zuversicht so vielfältig, dass es nie aufhört
dieses total berührt leichtfüßige andere
  Staunen.

Also jetzt ist Weihnachten, absolut gefühlt
  immer
jawohl, lasst uns gerne gemeinsam
  aufmerksam
einander abholen oder spontan mitnehmen
ums Liebe Glück flink zu feiern, voller
  Wunderkerzen
prima weltweit friedliebender Kehlen.

Toll, einzig Liebe selber, altert simpel nie.
Ihre still bewegte Licht Fontäne swingt
  endlos frei.

Wilma Kürschner * 1955

An diesem Ort

Wieder treibst du mich an hierher zu
  kommen
und kenne ich doch den Weg genau
habe ich heute eine neue Windung
  genommen
taumel vollkommen, in der ferne mein
  Berg von Fremden erklommen
zerfalle ich benommen, in rot und blau

Von Mal zu Mal, so scheint es mir
wäscht das Wasser mehr als nur Schmutz
  von meiner Haut
versteinert stehe ich dort, lasse Zeit
  verrinnen
und versuche zu ersinnen, wer mir hier
  einen Schutz erbaut

in Gewissheit, dass ich bald wieder einkehre
mache ich mich auf meinen Weg
und betrete den Steg, der mich heraus führt
  in eine greifbare Welt
und kaum ist die Freude des Abschieds
  verflogen
da vermisse ich bereits die finstern Wogen
und lasse mich treiben

Klaas Lahnert * 1995

Vom Balkon

Es wird nicht leichter, wenn
der andere in Rotz und Wasser aufgewogen
  ist
und das Luftholen weh tut
weil es sich schuldig anfühlt
dieses Atmen
dieses immer noch Atmen.
Dieses verständnislose Atmen.

Es wird nicht leichter, wenn
man nichts geahnt hat und die
   Entscheidung
nur von dem getroffen wurde
der am Ende nicht bleibt
denn was bleibt
ist dieses Nichts
dessen Last jemand anderes erträgt.

Es geht nicht schneller vorbei, auch wenn
es wohl nur ein kleiner Schritt

war

Benjamin Lauber

Das Freundschaftsende

Zwei Freunde eine groß, eine klein,
konnten gar nicht verschiedener sein.
Drum kam es zum Streit, Tag ein Tag aus,
Aus dem hielt ich mich meistens raus.

Doch eines Tages platzte die Eine
und ignorierte die Andere als wäre sie
   Keine.
Als Egoistin merkte sie's kaum,
erst zu spät, dann war's wie im Traum

Ich versuchte alles unsre Freundschaft zu
   retten
Doch irgendwie lag ich in Ketten.
Ich konnte unsere Freundschaft
   vorbeiziehen sehen
und wie die Beiden andere Wege gehen.

Jetzt ist es zu spät, die Beiden sind weg
und ich bleib immer noch an meinem
   Fleck.
Für die Beiden geht's weiter, normal wie's
   scheint,
Aber ich bin die, die noch Allem hinterher
   weint.

Tanja Leithold * 2008

Berührst du mich

Er berührte mich
und es fühlte sich an,
als würden
kleine Sterne über meine Haut tanzen.

Er berührte mich
und es fühlte sich an,
als würde
das fehlende Puzzleteil an seine Lücke
   gesetzt werden.

Er berührte mich
und es fühlte sich an,
als würden
Himmel und Erde sich vereinen.

Er berührte mich
und es fühlte sich an,
als würde
alles still stehen, nur für den Moment.

Denn, er hatte mich berührt, auf die wohl
unschuldigste Art und Weise: er hat
   meine Seele berührt,
ohne seine Finger auf meine Haut gelegt
zu haben.

Elsa Leuschke * 2007

„Schimmer"

Deine Augen trafen mich wie die Sonne
Sie durchdrangen mich voller Wonne
Jeden Morgen stand ich auf
und nahm an meinen Lauf,
nur um dich zu sehen.
Ich würd sogar drum flehn.
Oh du mein Herz,
mit dir vergesse ich meinen Schmerz
Wär's bloß ein für immer,
doch leider war es nur ein Schimmer
Ein Schimmer meiner Hoffnung zum
   Glück
Wie immer ich mein Herze schmück
Doch die Wonne nun ist verblassen
Ich kann es noch immer nicht fassen.

Elenore May Liedtke * 2004

Auf der schönsten Wolke

Mein Fels, mein Held, wo bist du nur hin?
Deine Krankheit, dein Sterben, wo ist da der Sinn?
Du warst stets für mich da, hast mich immer beschützt.
Und wirst von mir und sehr vielen so schrecklich vermisst.
Dein Lachen, dein Reden, dein sanfter Blick,
Du ... dies alles, kehrt nie wieder zurück.
Die Zeit, sie vergeht, mein Herz ist so schwer.
Mein lieber Vater, ich vermiss dich so sehr.
Ich denke zurück an unsere gemeinsame Zeit,
sie schein jetzt so fern, so unendlich weit.
Ich bin deine Tochter, du bleibst immer mein Held,
mein Fels und einfach der wichtigste Mensch auf der Welt.
Irgendwann, lieber Papa, sind wir wieder vereint.
Auf der schönsten Wolke im Himmel, wo die Sonne stets scheint.

Lilly * 1981

Ich will noch nicht geh'n

Ich sitze an deinem Bett, frisch gewaschen und adrett
liegst du da und schaust mich an. Die Zeiger deiner Uhr, sie halten bald an.
Du sagst: Ich will noch nicht gehen, ich hab so viel noch nicht gesehen.
Meine Enkel sie sind noch so klein, wie wird ihr Leben in zehn Jahren sein?

Ich halte deine Hand und spüre schon, dass eine Wand
sich langsam zwischen uns schiebt - zwei Welten, für die es keine Worte gibt.
Du sagst: Ich will noch nicht gehen, kann denn nicht ein Wunder geschehen.

Ich bin doch noch gar nicht alt. Warum ist mir denn nur so kalt.
Du sagst: Ich will noch nicht gehen, diesen Weg kann ich nicht verstehen.
Ich weiß nicht, was da kommt, auch wenn Gott da oben wohnt.

Als du gingst, war ich nicht da, eine Freundin wachte bei dir.
In dieser Nacht, so sagte sie mir, hat dich ein Stück Himmel berührt, das hat sie gespürt.
Deine letzten Worte zu ihr waren:
Es ist gut, ich kann jetzt gehen, ich muss das alles nicht verstehen.
Ich weiß, Gott wartet schon auf mich, bei ihm werden wir uns wiedersehen.

Andrea Lintermann * 1960

Die Angst die mich umgibt

Gedanken drehen sich um dich herum und Gefühle
sind wie abgestumpft. Dein Körper kalt wie
im tiefen Sumpf.

Ängste und Sorgen am Tag wie in der Nacht
dich plagen. Und stellst dir so viele Fragen.

Doch Dunkelheit nun dich umhüllt,
dein Leben dich nicht mehr so erfüllt.

Aber dein Herz wie ein kleines Licht
im Dunkeln zu dir spricht.
Du bist stark, ich kenne Dich.

Lizzy * 1984

Der Abschied

Wir weinen nicht, wir stehen still, so wie du es von uns willst.
Doch sei gewiss in unserem Innersten da sind die Tränen wie ein Fluss, wild und ungestüm.

Charlotte Löffelmann * 1980

Gnadenstich

DENN, so unerwartet schleichst Du oft,
um mich herum, wie auch heut,

als Du kamst so unverhofft,
mit einem Hieb erlosch mein Horizont,

ein Horizont gefüllt mit Kraft und
    Zuversicht,
als enthalte es das Lebens-Licht,

Nicht das Licht des Tunnels des Todes,
NEIN, das letzte funkeln Licht eines
    Epiloges,

Ein Licht dem Sternen gleich,
so wundervoll in seiner Pracht,
das nur strotze vor Lebenskraft,

Und die Hand, welch danach Griff,
die Hoffnung sehr gewiss,
denn am Ende war erzielt ein Kompromiss,

Doch dieser letzte leise Knall,
lies selbst zerborsten des Lichtes Klang,

Und als das Transzendente sich nun
    vollzog,
das Funkeln in die Tiefe flog,

so verstarb das Ende, am Verlust des Lichts,
welches erlitten hatte den Gnadenstich!

Xhevat Loki * 1977

Kirschbaum im Winter

Kirschbaum im Winter schaut nicht
    zurück,
Fragt nicht, warum zerbrach mein Glück,
Fragt nicht, warum sind die Blüten
    verweht,
Wo mir das Blütenkleid so gut steht –

Fragt auch nicht, was wird morgen
    geschehn,
Werd ich erneut in Blüte stehn,
Oder bleibe ich kahl und trist –

Kirschbaum im Winter – ganz still er ist,
Hört auf die Stimme, die tief in ihm
    spricht:
Hab nur Geduld, es wird wieder Licht –

Auf Regen folgt Sonne, auf Ebbe folgt Flut,
Tief in der Asche findest du Glut,
Wenn die Nacht am tiefsten, wird es bald
    Tag,
Drum fürchte nicht, was kommen mag –

Und tun dir vor Kälte die Ästchen weh,
So schenkt dir der Himmel ein Kleid aus
    Schnee.

Manuela Lowak * 1959

Glut im Kopf

Wie Pech bleibt es an mir haften,
denn ich kann es nicht verkraften,
wie die Vergangenheit mich einnimmt,
und dieses alte Feuer noch in mir glimmt.

Wie Glutnester hat es ewig bestand,
doch bekomme ich die Gedanken nicht
    gebannt.
So flammt es immer wieder auf,
und nimmt auf üble Weise seinen Lauf.

Erinnerung um Erinnerung reibt die
    Gedanken wund,
die Seele schreit und tut Not kund.
Fällt das Loslassen, von dem was war, so
    schwer,
ein Kreislauf ständiger Wiederkehr.

Schritt für Schritt,
muss kommen zurück,
die positiven Gedanken und Freude über
    das jetzige Glück.

Jessica-Anna Lutz * 1991

Der Begleiter

Schwere Last, die du jetzt trägst,
ein Begleiter mit dir geht.
Auf eine Reise die dir sagt,
lebe in voller Blüte, jeden Tag.

Schmeiß das Denken über Bord,
wirf den Stress einfach fort.
Vergiss das morgen und den Scheiß
von dem sowieso niemand weiss.

Deine Zeit die gehört jetzt dir,
nicht den Anderen und dem Wir.
Konzentriere dich jeden Tag,
nur auf das, was du magst.

Liebe das Jetzt und den Moment,
glaube an die Sonne, die in dir brennt.
An die unglaubliche Kraft,
die dich so einzigartig macht.

Hör auf deinen Begleiter.
Er sagt dir, wie geht's weiter.
Glaube fest und schließ die Wunden,
den im Glauben liegt das Gesunden.

M. W. M. * 1965

Ein Unfall

Ich ging vergnüglich pfeifend meiner
    Wege,
da traf mich von des Fensterbrettes Schräge
ein Blumenstock, gar lieblich anzusehn –
ich sah mich torkelnd stumm zu Boden
    gehen.
Und wie der irdene Topf auf mir
    zerbrochen,
ist mir der Blüte Pracht ins Aug gestochen.
Ich spürte nicht die blutigen Tropfen
    rinnen,
nur eitel Wonne tief im Herzen drinnen.

Nicht eins der zarten Blätter war geknickt,
der nackte Wurzelstock nur eingedrückt.

Im Duft der Blume drehten sich die
    Sterne...
ich kroch zu ihr – wie hätt ich liebend
    gerne
sie mit auf meinen grauen Weg genommen
–
wär der Besitzer nicht herabgekommen.
Ich sagte: „Tut mir leid, der Topf
    zerbrach!",
und ging beklommen meinen Pflichten
    nach.

Franz Mach * 1954

Die erste Nacht
mit dir
tastendes Erkunden unserer Körper
wir die Ergrauten
im Herbst unseres Lebens

Unsere Körper
verbunden
in der Dunkelheit der Nacht fanden wir
    Worte
für das Ungesagte
unsere Narben entblösst

Nachtworte der Zärtlichkeit
des Vertrauens
wir knöpften Freundschaftsbande
noch zart und zerbrechlich

Du im Würgegriff der Krankheiten
des Todes
ich teilte das Schmerzgefängnis mit dir
verlor mich

Endlose Trauernächte der Verlassenen
mein Seelenhaus
niedergerissen
im Winter meines Lebens
errichtete ich es neu
Schritt für Schritt
für mich

Gertrud Mahr * 1952

Narben die zu Sternen werden

Stille.
Ich schaue mich um und sehe nur Leere.
Wo sind die, die ich verehre?
Die Leere tief in meinem Herzen.
Was sind das bloß für Schmerzen?
Schmerzen die zu Wunden werden.
Wunden die zu Narben werden.
Auf der Haut und auf der Seele.
Zeit lässt die Narben leuchten.
Sie zeigen wie sehr sie dich bräuchten.
Helle kleine Sterne.
Die stehen für dich in der Ferne.
Jeder Stern ein Teil von mir.
Ein Teil von dir.
Leuchte hell und gib mir Kraft.
Kleiner Stern du hast die Macht.
Jeder Stern ein Gedanke an dich.
Ich hoffe auch du vermisst mich.

Sandra Maksimovic * 2000

Ein Wort von dir

Ein Wort von dir und die Kanonen brüllen
– die Erde bebt. Wir heben die
Waffen und kämpfen,
bis sich nichts mehr regt – bis unser Feind
um Gnade fleht.

Und wenn wir verlieren - dann tun wir's
für dich.
Denn der Befehl kam von dir - was zähle
schon ich?

Ein Wort von dir und wir fallen. Reihe um
Reihe, Schulter an Schulter. Bis der
Feind uns erlegt.
Wir sterben für dich.
Denn ein Wort von dir - und wir weigern
uns nicht.

Ein Wort von dir und der Feind hat ein
Gesicht. Und auch wenn wir's nicht
wollen, den Morgen sieht er nicht.
Eine Mutter, sie schreit und sie weint und
sie fleht.
Denn ein Wort von dir und ihr Sohn geht.

Ein Wort von dir uns wir bleiben niemals
stehen. Und wenn der Hunger uns
plagt, dann leben wir von der Idee.
Der Idee, dass wir irgendwann die Sonne
über unserem Land wieder aufgehen
sehen – der Idee,
dass doch nicht ein Jeder sterben muss.

Denn ein Wort von dir wiegt so viel wie
alle Worte von uns.

Letje Malle * 1997

Das Leben

Heute, morgen, übermorgen...,
wann werd ich geboren?
Ich weiß es nicht,
ist mir nicht klar,
bin ich hier oder bin ich da?
Bewusstsein klingt so klar,
doch, ist es das?
Was kann ich glauben?
Ich kann es nicht so richtig deuten,
es macht mich unsicher und
ich bin nicht so gern unter Leuten,
bleib lieber daheim,
allein,
doch dann kommt die Trauer
und nimmt mir die Power
am Leben,
ich fühle das Beben und
Bestreben
glücklich zu sein,
doch, es ist nur ein Schein
und wieder holt es mich ein...
das Leben?

Maluma * 1957

Brief ans Licht

Hallo. Du. Mein liebes Licht! Zu
dunkelster Stunde
Alleingelassen mit meinem Sein, frag ich
mich. Warum sehe ich Dich nicht?

Es gibt genügend Dinge, die meine Seele
plagen.
Nur fehlen mir schon jetzt die Worte. Dich
um Hilfe und um Rat zu fragen.

Liebes Licht, mir ist so kalt.
Ich steh' im Dunkeln
Schein' mich verlaufen zu haben...
Liebes Licht, nach dem rechten Weg wollt
ich Dich fragen.
Liebes Licht – Ich brauche Halt!

Weißt Du, mein Licht?
Jetzt wird's mir klar!
Ab und an, an dunklen Tagen bist Du für
mich unsichtbar!
Dennoch folgst Du Deiner Pflicht
Und bist für mich die Zuversicht!

Ich hab gelernt auf Deinem Weg zu gehn
Egal, ob heller Tag oder dunkle Nacht.
Mit meinem Herzen kann ich Dich immer
sehn!

Drum lass Dir sagen, liebes Licht...
Du bist meine Zuversicht!

Luca Magdalena Helene Marohn * 2000

Das Ende

An diesem Abend, zu dieser Zeit, an diesem
Ort.
Verstehst du die Bedeutung dieses Worts?
Warum jetzt, warum wir, warum gerade
hier?
Und wenn ich mich an diesem Abend nur
mehr beeilt hätte,
wenn ich nur ein wenig kürzer in den
Spiegel geguckt hätte, ich wette, dann
wärst du noch hier bei mir.

Ein „Schlag", so fest und schüttelnd, fast
so als würde man mich aus unserem
wunderschönen Traum rütteln.
Langsam begreife ich die Bedeutung.
Es bedeutet unbeantwortete Fragen, jede
Nacht voller Albträume und Plagen.
Es bedeutet, dass du mir aus meinen
Armen gerissen wurdest.
Und sie sagen mir: „Oh, was für ein
Schicksalsschlag."
Doch seit diesem Abend gibt es für mich
nicht einen einzigen glücklichen Tag.
Es war nicht nur ein Schlag,
nein es war wohl eher der Tag,
an dem meine ganze Welt in Scherben
zerbrach.
Und so widerspreche ich diesem Wort.
Denn deine Abwesenheit ist nicht nur
ein Schlag, sondern ein andauernder
Schmerz
und ein Leben, welches sich, ohne dich
nicht mehr lohnt, mein Herz.

Lilly Maschke * 2004

Kreuzung des Lebens

Allein, in tiefer, dunkler Nacht
habe ich meine bösen Träume
zu einem Stern, hinter den Wolken
gebracht.
Ich will nicht denken – einfach nur von dir,
lieb und sanft träumen,
dass ein Licht, von Hoffnung neu entfacht
in meinen Räumen.
Meine Wunden, Schmerzen, alles Leid
nichts heilte, in der Zeit.
Getrieben, immer auf der Suche, niemals
gefunden
verging Zeit und Jahre, der ewigen
Gezeiten in ihren Runden.
In jener Nacht, da weinten meine Tränen
in mein Herz hinein, und erblühten
zu neuer Hoffnung, im Tau des
Sonnenschein
verblasst die Trauer, verschwindet die
Lethargie
mit neuer Energie.

So ging ich dann, meinen neuen Weg, und
    fing jeden Tag
ein kleines Stück ab, vom neuen Leben.
Trage und halte, führe und verwalte es,
jetzt durch alle Zeit, in die eigene Ewigkeit.
Will nur noch leben, lachen, tanzen.

Paul Michael McGregor * 1979

Gefühle

Schreiben will ich gern
Auf einem Künstlerstern
In jener kalten Winternacht
Ist das Werk vollbracht

Zeichnen will ich viel
Auf einem Stern im All
Nach einem kühlen Picasso Stil
Mal ich die Nacht, finster und kahl

Singen will ich, im Sternenlicht
Mozarts Melodien
Scheinwerfer blenden die gute Sicht
Auf meinem Stern in Wien

Sprechen will ich das Goethewerk
Traurig, glücklich, laut und leise
Auf einem Stern im Zauberberg

Künste ihr sollt raus,
egal auf welche Weise

Ist das noch in mir, Schicksalsreise?

Anke Meer * 1981

In jedem Leben lieb' ich dich

Ich such' nach dir in dieser Welt, will es
    wieder sein, dein Held.
Jahrezehnte vergeh'n Stück für Stück, doch
    du kommst nicht zu mir zurück.
Brechen die Götter ihr heiliges Wort,
    brachten dich an einen and'ren Ort?
Deinen Namen ruf' ich immer nur, trag' im
    Herzen meinen Schwur.

Erinnerungen treiben mich voran, in denen
    ich dich wiedersehen kann ...
Wie nur soll ich leben ohne dich? Jeder Tag
    ist wie ein tiefer Stich.
Mit zahlreich' Feind' haben wir gerungen,
    nun werden wir von der Zeit
    bezwungen.
Ich spüre es – der Wahnsinn naht ... erneut
    erwacht die Schattensaat.

Diesmal bin ich endgültig verloren – zu
    deinem Gegner auserkoren.
Unser Wiedersehen ist eine Schlacht, wer
    den ersten Zug wohl macht?
Ich seh' den Schock in deinem Gesicht – wo
    bleibt dein rettendes Licht?
Ungerührt greif' ich zur Klinge; um mich
    zieht' sich eine Schlinge.

Ein letzter Funke von mir einst, den du
    kläglich hier beweinst,
wünsch' mir den Tod durch deine Hand für
    ein neues Leben ohne Schand'!
Du weißt, wo wir uns wiederseh'n ... der
    Zyklus wird sich weiterdreh'n.
Ich liebe dich in jedem, neuen Leben,
    darauf habe ich dir einst mein Wort
    gegeben ...

Ami Mercury * 1993

Ich will dich vergessen!

Ich schreite durch mein Leben,
nachdem ich so sehr strebe.
Alles scheint perfekt zu sein,
doch manchmal könnte ich einfach
    schreien.

Da bist noch du, in meinem Kopf
und mein Herz es klopft.
Ich habe dich verloren,
denn du hast dich bereits gegen mich
    verschworen.

Du warst mir der liebste Mensch auf Erden,
ich würde für dich sterben.
Das Schlimmste ist, es ist dir alles egal,
und dich allein zu sehen ist für mich die
    größte Qual.

Dein Lächeln brachte mich zum Strahlen,
doch nun wirkt es vermalen.
Kaputt, fremd und falsch,
es ist nicht mehr so schön wie damals.

Caren Meyer * 2004

Vergebung einer Sünde der Herzen

Der winzige Augenblick unserer Gefühle,
traf wie ein Blitz in mein Herz,
dein Herz war noch nicht frei für mich,
es war gefangen, oh ja, gefangen
von der Vergangenheit, ließ dich nicht los,
der winzige Augenblick, den wir hatten,
war ein Geschenk des Himmels
die zarten Gefühle unserer liebe
war wie ein Sonnenstrahl, der mein Herz
    traf,
wie ein Blitzschlag,
der sich nach Wärme sehnte, nach so viel
    Wärme,
die ich nie hatte,
Verzeih mir,
ich liebe dich.

Dagmar Meyer

Erinnerung

Herbstlicht, sanft und lebendig
Der Himmel, klar und blau
Eine Schwalbe, umringt von Kindern
allein und verpasst zu ziehen

Gebrochener Mut und Flügel
Das Leben flüchtig
eine Laune, ohne Wiederkehr
Zarter Herzschlag in meiner Hand

Demütig vor dem wenig Leben
hoffend übergebend in gute Hände
Wehmütig erinnernd an ein Sein
das Niemand retten konnte

Heute wärst Du ein Dreiviertel
    Jahrhundert
Du fehlst schon so lange.
Die Erinnerung:
ein Flügelschlag in der Dunkelheit.

Tanja Michelberger * 1972

Erschütterung 7,8 – Gewissheit ungewiss

Und deine Worte erschüttern mein
    Innerstes
Während meine Heimat erschüttert in
    Trümmern liegt
Meine Stadt ist zugrunde gegangen
Meine Stadt ist ein Trümmerhaufen
Meine Stadt hat Seelen und Augen mit sich
    in den Absturz gerissen
Meine Stadt gibt es nicht mehr
Nichts wird wieder gut
Nichts wird wieder so, wie es war
Die Hoffnung stirbt, mit den sterbenden
    Seelen und Augen
Die Hände bittend, bettelnd und betend
Haben aufgegeben und sich ergeben
Und ich ergebe mich
Deine Worte sind mein Einsturz
Und meine Seele liegt ewig darunter
    begraben
Ich bin im Frieden mit meiner Welt
Meine Welt, die nun Schutt ist
Ich bin im Frieden mit dir, lebe wohl

Nergis Micoogullari * 1986

Ich vermisse uns

Deine Augen schauen müde,
die Blicke leer.
Mich an dein Lachen zu erinnern,
fällt mir schwer.
Deine Stimme war stets mein
    Lieblingsklang.
Sie war meine Freude, mein Lachen,
sie war meine Rettung, wenn ich um Atem
    rang.

Wir waren chaotisch,
wir waren laut.
Du nahmst mir die Angst,
ohne Sorgen habe ich in unsere Zukunft
    geschaut.
Doch wir sind stumm geworden,
ich höre deine Stimme nicht mehr.
Ich vermisse dich.
Ich vermisse uns.
Ich vermisse uns wirklich sehr.

Michelle Möller * 2003

Merkwürdige Existenz

Schicksal – existiert es oder ist es nur eine
    billige Ausrede von denen die ihr
    langweiliges,
auf Zufällen basierendes Leben nicht
    wahrhaben wollen?
Ich gehörte zu denen, die stets an das
    Schicksal glaubten, da sich Zufälle
    nichtig und
unbedeutend anhörten. Ich wollte mehr
    vom Leben und habe in jeder
    Handlung,
in jeder Begegnung Anhaltspunkte gesucht
    die man dem Schicksal untermogeln
    kann,
auch wenn man oftmals beide Augen dafür
    zudrücken musste. Das kann doch
    kein Zufall sein, dachte ich.
Es muss Schicksal sein! Doch wie es das
    Schicksal so meinte, war dem wohl
    doch nicht so.
Und irgendwann ging mir die Geduld aus
    und ich fing an dies zu hinterfragen.
Manchmal will man sich sein Leben schöner
    malen
oder sucht Ausreden warum man gewisse
    Handlungen vollzogen hat.
Warum also nicht dem Schicksal die Schuld
    zu schreiben?
Es kann sich ja nicht wehren. Da es wohl
    nie existiert hat.

Mona * 1995

Schlaganfall

Ich kann nicht mehr gerade gehen und
    nicht mehr klar sehen.
Doch nicht nur meine Sicht ist
    verschwommen,
mein komplettes Körpergefühl, es ist ... wie
    benommen.
Schlucken funktioniert nicht mehr, die
    Finger sind ganz komisch taub,
nun ist's soweit, dass ich glaub',
da stimmt was nicht mit mir.
Es fühlt sich an, als ob ich mich selbst
    verlier'.

Das Sprechen fällt mir schwer und meine
    Energie ist leer.
Meine linke Seite ist wie gelähmt, dazu
    dieser Schwindel, richtig unverschämt!
Das Gesicht ist zur Hälfte steif,
wenn ich es nicht spätestens jetzt begreif',
ist es zu spät
und die Hoffnung auf Besserung
    verschmäht.

Aus dem nichts kommt dann ein heftiger
    Schlag –
Dein Kopf wird plötzlich durchhämmert
    von tausend Messern,
woher dieser Schmerz?
Er wird sich doch gleich bessern.
Doch geht er weiter, der Terz.
    Schwindelerregende Übelkeit,
Sternchen tanzen in der Dunkelheit,
die sich über dich legt, schleierhaft,
und du verlierst all deine Kraft,
für immer vielleicht.

Morella * 1994

Papa

Als kleines Kind brauchte ich dich
Doch du warst nicht da
Du warst so weit weg
Wie es nie zuvor war

Ich wurde älter
Von Frau zu Frau wurdest du kälter
Ich bin nichts wert war was ich dachte
Falsch war alles was ich machte

Ich verzweifelte
Mein inneres Kind schrie
Was soll ich tun Papa, damit du mich liebst
Damit du mir nur ein bisschen deiner Liebe abgibst

In jedem Mann, den ich seh, such ich nur dich
Doch vergeblich
Keiner kann mir geben was fehlte
Du warst alles was zählte
Doch ich versuche zu heilen
Und meine Liebe weiter zu teilen

Karolina Müller * 2006

Annas Narben

Eine auf der Stirn.
Wildes Kind, mit dem Kopf gegen die Ofenkante.
Die erste verborgene, nach der Scheidung der Eltern.

Eine am Handgelenk.
Wilder Feger, mit dem Rad die Böschung hinab.
Die zweite verborgene, nach der großen Liebe.

Eine am Sprunggelenk.
Wilde Frau, mit den hohen Pumps auf der Tanzfläche.
Die dritte verborgene, nach dem Auszug der Kinder.

Dann kam der Krieg.
Gebrochene Frau.
Das Haus in Donezk zerbombt, der Mann an der Front getötet.

Die Wunden wollen nicht heilen.

Scarlett Müller * 1965

Schneeblumenschlacht

Dein schneeweiß
macht mich schuldig,
denn die Wolken wollen doch nicht schnein
und tuns trotzdem.
Du eine Eisskulptur,
schneeglöckchenartig,
beugst dich über mich herab
und es weint und schneit trotzdem.
Zum Eiswindgeheule
dichtest du mir im Quintabstand
eine zweite Stimme.
Reicht diese Wärme für Frostbrand,
oder sollte ich zu graben beginnen?
Schneeweiß der Boden,
will seine Stille bewahren,
diamantstarr der Boden, der dich nicht erdet,
will seine Schätze bewahren.
Es wollen wieder Blumen sprießen.
Wenn alles schmilzt,
wie willst du davon erfahren?

Victoria Müller * 2006

Ich werde auf euch warten

Ich bin gekommen um Adieu zu sagen
Die andern sind schon vor und warten

Der Tag hat kaum begonnen
Und schon löst er sich von selber auf
Es fühlt sich an: Die Zeit steht still
Ob Morgen oder Abend
Spielt nun keine Rolle mehr
Das Gras es wächst auch ohne mich
Und wo ich hintrete
berühren die Füße den Boden nicht
Doch der Gedanken Saat geht auf
Sie lebt weiter legt Spuren drauf
So bleibt ein kleiner Duft
Und zieht auf ewig durch die Luft

Ihr seid gekommen um Adieu zu sagen
Ich geh schon vor und werde auf euch warten

Andrea Ellen Müller-Nadjm

Dunkelheit

Ach du schöne Dunkelheit
Bist du bald zurückgekehrt
Ich sehne mich voll Seligkeit
Was mir bleibt am Tag verwehrt

Stille, Tränen und das Wissen
Dass mich niemand sehen kann
Damit ich wieder was gerissen
Anfange zu nähen an

Stich um Stich
Naht um Naht
Schließt sich die Dunkelheit um mich
Pflanzt in mir die zarte Saat

Dass ich am Ende sicherlich
Den Tage wieder schätzen weiß
Doch bis dahin verzehr ich mich
An jedem hellen Tage leis

Nach jener süßen Seligkeit
In meiner schönen Dunkelheit

Alexander Müsgen * 1995

Vollmond

Oh trunkener Mond,
verwandelst die Nacht in eine silbern'
    Wabe,
ein stiller Raum worin der Mensch sich
    doch labe,
und wie gewohnt ziehen die Nebelwolken
    auf,
welche mich umhüllen,
meinen nackten Körper füllen,
alles im Licht,
dass matt ist und betört,
wie gelber Bienenwachs,
wie eine weiße Perle am Meeresgrund,
ganz ungestört!

Oh trunkener Mond,
benommen senke ich meinen Blick,
und falle auf deinen silbern' Schleier,
wo zupfend' Klang der Leier mich schlafend
    wiegt

und plötzlich,
in deine kalten Kleider gehüllt,
mein Herz erwacht,
bernsteinfarbenes Ende,
warm in einer Winternacht!

Nikomachos * 1982

Gebrochene Seele

Manchmal fühl ich mich allein,
bin mir fürs Eingeständnis doch zu fein.
Aber ich merk', es fühlt sich nicht gut an,
wie komm ich an das Problem nur ran?
„Geh' zum Psychologen", haben sie gesagt,
habe mich mit Therapiestunden
    rumgeplagt,
letztendlich war's nur eine Quälerei,
schlauer war ich nicht dabei.
Wie lautet das Rezept um durch das
    Gefängnis zu dringen?
Wie kann ich mich durch die Miseren
    schlingen?
Warum soll ich noch mich aufrecht halten?
Wie mein Desaster länger verwalten?
Die Anstrengung ist es doch nicht mehr
    länger wert,
manchmal Lichtblicke, doch die machen
    wiederkehrt.

Noberta * 1998

Traum

Ich seh dich aktuell mal wieder,
viel zu oft in einem Traum,
mein Quell von Hoffnung, Freud und Pein.

Dort drück ich dich, du mich, wie früher
und mit feuchtem Glanz, in deinen Augen,
stehen wir zwei bei dir daheim.

Du entlehnte Amazone,
mit deinem langen, braunen Haar,
mit deinem hübschen Menschgesicht,

bist wie ein Freund, der lang verloren,
endlich wieder, freudestrahlend,
vor mir steht. Ich liebe dich!

Dein wildes, frohes, liebes Wesen,
seh ich wieder, klar vor mir,
bist nicht mehr unerreichbar weit.

Ein Wiedersehen, in diesem Leben,
davon träum ich, viel zu viel,
nicht nur zur kurzen Schlafenszeit.

Also komm, komm doch mit mir,
mit mir raus, aus diesem Traum!
Was gäb ich nur, für eine Chance,
mit dir zusammen abzuhauen!

Heinrich Wilhelm Johann Osing * 1999

Aufwachen

Mein Vater ist aufgewacht
Nachdem wir alle glaubten
Dass er gestorben wäre
Durch große Trauer gingen
Doch ist mir bewusst,
dass ich schon bald erneut
durch dieses Tal der Tränen
schreiten muss,
denn sein Herz ist schlecht
die Pumpe in der Brust
wohlgemerkt
sie wollte schon lange nicht mehr
auch wenn sie jetzt noch einmal
angesprungen ist
vielleicht zum allerletzten Mal
doch egal:
erst einmal
ist alles wieder gut
ich darf wieder
gemeinsam mit ihm
reden, lachen, schwadronieren
Sohn sein
Sicher und glücklich sein
Dann wache ich auf.

Sven Otto * 1965

Wo bist du?

Und da saß ich vor meinem Fenster,
mit dem Finger an meinem Kinn,
sah aus wie der Denker.
Wo bist du?
Fragte mich mal wieder wo du bist,
denn du weißt, ich hatte dich vermisst.
Wo bist du?
Wartete Wochen, Monate und Jahre lang,
Kein Anruf, kein Zeichen,
DU gingst nicht einmal ran!
keine Antwort, warst wohl sehr beschäftigt,
keine Meldung, denkst du jetzt das war
    kräftig?
Wo bist du?
Wo war der Vorbild-vater von dem alle
    reden?
Ich fragte mich immer wieder; Ist der Herr
    überhaupt noch am leben?
Wo bist du?
Bitte sag es mir, mein ach so geliebter Vater
Der wahre Held ist und bleibt meine
    Mama.
Wo bist du?
Und wann kommst du wieder?
Hier ist dein Sohn. Du lebenslanger
    Verlierer.

Fidel Özdag * 1999

Meine letzten Worte an dich

Jetzt sitze ich hier, denke an dich und
    denke du bist noch hier,
an die Entfernung von dir war ich gewöhnt
    aber nicht das du ganz weg bist
ich schreibe dir immer noch, jeden Abend
    aber du liest es nicht mehr,
jedes Mal wenn ich an dich denke wünschte
    ich, ich wäre an jenem Tag da
    gewesen, hätte es was geändert,
hätte ich es geschafft, dich bei mir zu
    behalten und dich nicht gehen zu
    lassen
die Zeit vergeht und es wird immer
    schlimmer
bald ist es ein Jahr her und es gibt so viel
    was ich dir erzählen will

du bist zu früh gegangen und ich war nicht
    da
ich vermisse dich
ich hab dich lieb
das hätte ich dir gern noch gesagt
unser letzter Streit geht mir nicht mehr aus
    dem Kopf und die Feiertage werden
    zu Erinnerung mit dir
du hast mir gesagt ich soll nie vergessen
    wie lieb du mich hast
das werde ich nie aber kann ich mir sicher
    sein dass du es nie vergisst
jetzt wo du nicht mehr da bist

Aurelia Pace * 2003

Fantasie

Todesanzeige
Ralfi hat sich tot gesoffen … Sagt man …
Sehr davon betroffen bekam Robert einen
    Schlag
Und auch Ursel kriegt was ab
Denn Sie trat ins Mauseloch, brach sich
    Rippen noch und noch
Heiner half ihr aufzustehen, konnte aber
    nicht absehen
was beim Bücken, auch in Not , alles zu
    passieren droht
Fällt nach vorn, bricht das Genick … ach
    Du dummes Missgeschick

Keiner kommt hier lebend raus, ob vom
    Suff, das mit der Maus
tiefes bücken, das Genick, Krankheit,
    Dummheit, Missgeschick
Vieles bleibt hier ungenannt doch ist
    hinlänglich bekannt
Das man nicht voraussehn kann, was
    passieren kann und dann…
Denkt man das passiert mir nie …

Ihr habt wenig Fantasie

Lothar Panzer * 1951

Weltweit

Die Welt ist grau, grau, so richtig grau
Die Sonne ist hell, hell richtig hell
Die Wiese ist grün, grün dolle grün
Doch was, wenn nicht nicht nicht
Dann nicht!

Josephine Parys * 2000

Ein Vorhang

Golden
fällt der Windvorhang
Über
mein zitterndes Sein-
in
Zarte Tücher verborgen
ruht Eine
Vergangenes schmecken,
hält fest an diesem Ort

Eva Paul * 1951

Mein Brüderchen

ich kenne dich nicht,
aber du bist bei mir,

du siehst mich nicht,
aber ich liebe dich,

du weißt nichts von mir,
aber ich weiß alles über dich,

du bist verbrannt, verschüttet,
aber ich hebe dich auf,

du lebst in mir!

du warst ihr Alles,
ich der Ersatz,

wir stehen auf den Ruinen der Schlacht,
die sich potenziert, menschengemacht!

überall verbrannte Erde
aber endloses Gefasel über unsere Werte!

ich übergebe dich den Enkelkindern,
mein Schmerz geht mit mir zu ihnen,
aber lernten sie, Leid zu verhindern?

Ilse Perlhofer * 1944

Warm

Ist kalt, wo dunkel
Das Dunkel bleibt kalt
Erhofft dort die Wärme
Doch kommt sie nicht bald

So voll ist die Leere
Nichts füllt sie im Hier
Kein Platz für die Wärme
Die Erfahrung von dir

Ein Platz der mal war
Verloren, vergangen
Das Helle so wahr
Bleibt untergegangen

Schmerz, das Gefühl
Ist einzig wahr
Weil mein was kühl
Einst hell und warm war

Daniel Pfeifer * 1996

In Wellen reitet der Wind übers Gras

In Wellen reitet der Wind übers Gras
Streift Haut und Herz, lässt tanzen das
 Haar
Weckt wispernd alte Erinn'rungen auf
Türmt wirbelnd Träume zu Wolken hin auf

Atmen ist Leben, das sagtest du einst
Anfangs am Ufer, der Wind uns umspielt'
Wellen voll Glücks, sie rissen mich mit
Hoben mich kurz zu den Sternen empor
Eh' ich bemerkte, du warst nicht dabei
Stürzte ich taumelnd ins Dunkel verlor'n

Atmen ist Leben,
das sagtest du einst
Doch Atmen fällt schwer
Mit geprelltem Herz

Nina Piorr * 1992

Die Liebe stirbt nicht

Haltet die Zeit an, verhindert,
dass die Welt sich dreht,
friert ihn ein, den letzten Moment,
ich will nicht, dass sie geht,
lasst los den Sarg, lasst mich allein,
wenn ihr mir nehmen wollt, was einstmals
 war mein.

Lasst Lichter hochsteigen, leuchtend im
 Abendrot,
an den Himmel die Botschaft schreibend,
 sie ist tot,
lasst alle Vögel frei, damit sie nicht ist
 allein,
auf dem Weg in den Himmel, endlich
 daheim.

Sie war mein Gestern, mein Morgen, mein
 Hier und Jetzt,
mein ganzes Leben, bis zuletzt,
mein Licht in der Dunkelheit, mein Trost in
 der Nacht,
ich dachte, sie bleibt für immer bei mir,
 falsch gedacht.

Jedes Glück ist jetzt unerwünscht, löscht
 jedes Lachen aus,
dein letzter Auftritt bleibt ohne Applaus,
lass mich allein, verloren in der Einsamkeit,
an einem Novembertag, unsere Liebe
 Vergangenheit.

Stille Tränen, von mir, deinem trauernden
 Mann,
ich weiß, dass es niemals wieder gut werden
 kann.

Simone Pohlmann * 1978

Du bist fort,
Ich kann es nicht fassen.
Dein Körper ist tot...
Ich beginne zu hassen
Die Waffen, die Kriege,
Das ständige Sterben...
Wer bringt uns die Siege?

Wer Tod und Verderben?
Der Schmerz ist zu heftig,
Er kennt keine Grenzen,
Das Böse zu mächtig,
Beherrscht viele Herzen.
Ich kämpfe weiter,
Dein Kampf ist zu Ende,
Vermisse und leide
Bis ich irgendwann sterbe.

Olga Polikevic * 1983

Sterne

Hoch oben leuchten hell die Sterne,
nur einer der vom Himmel fällt.
Zur selben Zeit in weiter Ferne,
zerbricht eines Menschen Welt.

Wohl niemand wird den Stern vermissen,
der nun fehlt am Himmelszelt
und keiner wird vom Menschen wissen,
der verschwand von dieser Welt.

Simone Post

Die Schreie im Nichts

Verloren im Nichts.
Stille.
Die Schreie der Panik kann nur sie selbst
    hören.
Aber selbst helfen kann sie sich nicht.

Maria Prang * 2004

geheilt und verloren

Die Gedanken kreisen – wozu, weshalb,
    warum?

Alles ist zu schwer - Unbeschwertheit ist
    wohl zu lange her.

Alles geschieht zu schnell – immer
    schneller, höher mehr!

Bin ich zu langsam? Ist die Welt zu schnell?

Zeit vergeht – Wunden heilen – heile ich?

M. V. K. * 93

Der Horizont wird dunkler

Erkennen wird schwerer
Die Hoffnung immer leerer
Das Blut das erfriert –
Das Herz das explodiert.

Tausend Scherben zersprungen
Zersplittern tief drin –
Atme notgedrungen
Explodiert schon lang das Hirn.

Spitze Zungen in den Ohren
Sagen die wahren Lügen,
Die bei denen sich andere fügen –
Wehre müssen, bis in die letzten Poren.

RE * 1982

Das Laken

Weiß wie Schnee
Rot ein Tropfen von Blut
Der Traum so schwarz wie Ebenholz
Und Körper und Körper
allein
gerissen der Stoff
genäht
und es bleibt und es bleibt
eine Wunde
Auf die ich meine Hand lege

Anja Rechenbach * 1964

Gedankenträne

Der Blick über die Ferne,
die Sonne auf der Haut,
der Wind in deinem Haar, unser
Kind was mich anschaut.
Spüre dein Lächeln,
gebe auf alles Acht,
sehne mich nach deiner Hand,
die über alles wacht.
Noch ein Gespräch
oder nur ein Laut,
wollt noch so viel,
hab mich nie getraut.

Konnte dir nur meine Liebe geben,
hattest noch nicht viel vom Leben.
Die Zeit allein hat uns gezeigt,
das doch ein vieles, von uns bleibt.
Ein Ort, ein Lied, ein Sonnenschein,
nur in der Dunkelheit, bin ich allein.
Vermisse es,
die Gewissheit zu haben
nichts zu tun und nichts zu sagen.
So ist die Erinnerung,
wohin ich Verschwind
bis ich euch endlich, wieder find.

John Reed * 1984

Transformation (Diskurs gegen Todesangst)

Der Tod kann nicht
das Ende sein –
es gibt ein weiteres Leben!

Es glänzt ein nächster
Sonnenschein – obgleich
er abends unterging –
den neuen Morgen ein …

Willkommen in der nächsten,
neuen Welt!
Nur Tod erlaubt neues Leben …
sterben gehört zum Kreislauf der Natur!

Jörg Reinhardt

Gegangen

Jetzt bist du gegangen
überall Spuren von dir

Jetzt bist du gegangen
dein roter Schal in der Tür

Jetzt bist du gegangen
dein Lachen in mir

Jetzt bist du gegangen
Ich warte nicht mehr

Jetzt bist du gegangen
niemand mehr hier

Jetzt bist du gegangen
für immer von mir

Pia Reinhardt * 1967

Faktum

Wie das so ist, traf sie mich
unerwartet, schlug mir
mit aller Wucht vor die Stirn:
Was heulst du ein Leben lang.

Die Wahrheit ist eine eiskalte
würgende Welle. Sie schleppt dich
schlotternd und rotzend ans Land.
Steh auf. Oder auch nicht.
Deine Entscheidung.

Anna Reiss * 1966

Grauenvoll

Ich will mich doch nur fühlen,
Ohne deine Hände stets bei mir zu tragen
Versuche sie wegzuspülen,
All diese Erinnerungen die mich seit her
     plagen.

Ich war doch nur ein Kind,
Viel zu viele Tränen für dich vergossen
Schlechte Gedanken kamen einher wie ein
     sprint,
In einen doch so jungen Kopf geflossen.

Hilfe alles was ich wollte,
Doch allein ertrank ich in deinen doch so
     leeren Worten
Ich wusste nicht was ich tun sollte
Deine Taten verschlucken mich wie sie sich
     einst horteten.

Lilly Reuter * 2008

Coryna, Coryna

Verliebtheit ist ein Hexenwerk,
die Männer laufen mir weg.
Lass mich in Ruhe,
ich bin nicht in Vergabe.
Ich hab doch gesagt,
ich bin nicht in der Lage.
Und bevor du weißt,
was dir passiert,
ist das Leben vorbei
und du hast ein Kind.
Permanent, das heißt für immer,
ohne Korrektur.
Coryna, Coryna,
warum hast du drei Kinder,
und kein Abitur.

Lena Reyelt * 1971

selbstverschuldet

ich durstete
und der kiosk
stand auf der
anderen seite
der gleise.

die lebensgier stieg mir zu kopf,
doch ich sah den zug und stoppte:
er überfuhr mich nicht, es war die
fallende schranke, die schmerzte
und ich bemerkte, der rastort ist
gefährlicher als die überquerung.

im wartesaal bekam ich dann die diagnose:
innere lähmung durch schädeltrauma.
sie verschrieben mir als kurort die gleise,
aber nur bei zugausfall und kioskinsolvenz:

ich bin
bis heute
gelähmt.

Marie Ritter * 2000

Was fragst du mich

Was fragst du mich
nach denen
die es nicht mehr ertrugen

Einmal unter der Erde
werden sie dir nächtens
in den Weg treten
und dich ansehn
mit dem Weißen im Auge
und dir stumm deine eigenen
Antworten stellen

Die treffen dich
hinten im Hals
und da
wo das Herz zuckt

Erschrick nicht
denn es wird sein
wie Eisschollen auf dem Strom
den du noch queren musst
vor dem aller letzten Abend

Also was fragst du mich

Heidrun Röckert

The End

Ich fühle es kommen,
dieses große, überwältigende Gefühl.
Ich fühle mich benommen,
meine Hände werden kühl.

Die Gedanken kreisen immer weiter,
alles hängt an dünnen Schnüren.
Ich steige langsam auf die Leiter
und will einfach nichts mehr spüren!

Luna Roeder * 2007

Bittere Erinnerung

Dunkel ist die Nacht, die Straßen sind erhellt,
in einer Straße lebte einst die große Liebe.

Lang ist sie nun nicht mehr auf dieser Welt,
in einem dieser Häuser stand einst ihre
    Wiege.
Ein Viertel vom Jahrhundert warst du alt,
da hat das Schicksal zugeschlagen,
der Tod sagte bei dir halt,
zuvor hast du ein neues Leben ausgetragen.
Das Schicksal hat unsre Liebe hart
    getroffen.
Kein Trost kann daran etwas ändern,
ich gehe nun durchs Leben wie besoffen
und wandle an des Lebenszeiten Rändern,
Die Zeit heilt alle Wunden,
das glaubt man dann nicht mehr,
es sind so bittere Stunden,
das Leben ist dann leer.

Peter Roeke * 1940

endsommer

geschlossene fenster an den hausfassaden
schließen alle nöte ein
verborgen hinter kühlen mauern
warten sie auf ihre zeit

der sommer
treibt das leben auf die straßen
ein menschentanz im spiel des lichts
träume dösen unter schattenbäumen
nur heimlich tickt die zeit

wie nichtig scheinen böse geister
solang du sommer glaubst

Karin Rollinger * 1943

Sich neigen

Die alte Frau kam langsam auf mich zu
und ich öffnete ihr das eiserne Tor
zum Friedhof.
Zurückschauend sah ich sie
vor dem Grab stehen.
Mit gebeugtem Rücken,
das Gras aus den Ritzen rupfend,
passte sich ihre Gestalt
der Form des grauen Steins an,
der inmitten bunter Blumen
Schrift trug.

Was ich sah, formte Worte in mir.
Mein Fühlen jedoch verbarg sich
vor dem Geschauten
und schwieg.

Heike Roloff * 1962

XV.VII.MMXIX

Das Curry, das ich verschmäh und trotzdem
    aß
Auf Streife, Gespräche über belangloses die
    ich gleich wieder vergaß
Doch plötzlich war alles aus
Und du verließt unser Haus
Du zogst mir den Stecker

Du löst dich aus dem Leben, wie das
    festgebrannte Curry aus der
    eingeweichten Pfanne
Du spülst davon, zogst mich raus aus
    deinem Banne
Deine Liebe und Beständigkeit nahmst du
    mit als du gingst
Zurück blieb die Angst und Dunkelheit die
    deinem Erbe entspringt

Jede Nacht sucht es mich heim
Nachts um Drei
Ein lauter Schrei
Angst beherrscht mein Bewusstsein

Seit du weg bist bin ich allein
Seit du weg bist sucht die Angst mich heim
Du ließt mich bei ihm obwohl du ihn selbst
    kritisch beäugst
Er hat sie von deiner fälschlichen Schuld
    vor Gericht überzeugt
Und verhinderte meine Albträume nicht

Kroatien, Abschied, die Tränen die du
    unterdrückst
„es sind nur zwei Wochen dann bin ich
    zurück"
Doch bei meiner Ankunft bist du nicht
    mehr hier
Der 15. August der Tag an dem ich dich
    verlier

Antonia Rose * 2003

Schicksalsmord

Der Teller, auf dem du
Schwarzbeerkompott mit Kuchen isst,
   sieht aus
wie eine Bluttat
Dabei ist dir der Mord
Gar nicht im Gesicht abzulesen
Da ist höchstens diese
Ernsthaftigkeit zu sehen, die dir deine
   Wangen mit
Knochen und Kante
Neuerdings aufs Gesicht malen
Als du mit großen Augen
Eines Morgens aufwachtest und mir
   erklärtest
Dass dein Hase nicht mehr im Bett
Schlafen könne, sonst würde ja jemand
   denken
Dass ihr verliebt seid
Es folgen
Kinderbuch, Hose mit Blumen und
   Schuhkarton als Puppenküche
Doch ich kann nicht umhin, als mich wie
   ein
Trauergast zu fühlen
Als ich diese Kindheit zu den anderen
ausgemusterten Sachen in den Schrank zu
   Grabe trage

Isabell Rosenkranz * 2004

Am Ende

Tiefe Trauer erschüttert mein Herz
bitte befreie mich von diesem Schmerz
Aussichtslos scheint meine Lage
weshalb ich mich verzweifelt beklage

Endlos kommen Tränen aus den Auge'
Enttäuscht vom Guten und Glaube
Den Mächtigen Majestät stets werd ich
   lieben
Nichts ist mir übriggeblieben

Voller Freude floss mein Herzblut
wütet in mir nur noch tiefe Glut

Euphorie des Lebens schien endlos
Trümmer und Asche bleibt mir bloß

Feuer und Flamme war ich einst
Schutt und Elend bleibt vom feinst'
Wage ich nichts mehr zu sagen
werd ich jemals los all diese Plagen?

Wohin führt weiter des Weges Schicksal
werd ich nicht mehr wissen allemal.

Die Seele findet keine Ruhe mehr
ach Glück kommst jemals zurück her?

Saadia Rostayar * 1987

Du

Nun sitze ich hier, am Fensterbrett. Die
   Sterne leuchten leicht am Himmel,
Es ist eine sternenklare Nacht. Meine
   Hände beinahe taub gefroren.
Die rechte Hand hält eine Zigarette und
   mein Mund atmet Rauch aus und die
   frische Nachtluft ein.
Die einzige Wärme, die ich verspüre, ist
   die des Feuerzeuges in meiner linken
   Hand,
wenn auch nur leicht durchdringt sie meine
   linke Hand.
Und für einen Moment fühlt es sich an, als
   würde sie deine noch festhalten,
als würden wir wieder im Auto sitzen,
als würdest du wieder nach meiner Hand
   greifen,
als würde mein Herz schneller schlagen und
   die Sekunden langsamer vergehen.
Unsere letzte Umarmung, hätte ich da
   gewusst, dass es die letzte sein würde,
   hätte ich dich nicht losgelassen.
Ich hätte dich ein paar Sekunden länger
   gehalten, um deinen Geruch tief in
   meinem Gedächtnis zu speichern.
Deine Seele hat ihren Frieden nun mit einer
   anderen Person gefunden.
Während ich noch umherirre und mich
   frage, was geschehen wäre, hätten wir
   uns nie gekannt.

Dorothea Sahling * 2008

Schicksalswärme

Wer hatte vergessen, die Zeit anzuhalten
als dein Körper den letzten Atemzug
   gemacht hatte.
Wer hatte es gewagt, die Welt weiter zu
   drehen,
als du mich auf ewig verlassen hattest.
Wer zum Teufel, hatte der Sonne damals
   gesagt,
sie solle weiter scheinen, als dein Herz
   stillstand.

Du bist schon viel zu lange weg und die
   Lücke in mir
ist mir inzwischen so vertraut, als wäre sie
   ein guter Freund.
Sie erinnert mich an dich
und wenn ich an das Leben mit dir denke,
füllt es mein neues Leben ohne dich mit
   Wärme.
Mit Wärme und Licht -
und das hilft mir durch die dunklen, kalten
   Nächte.

Margit Sandberger * 1977

Bahnsteig einer metro-Station in Kiev, Geburt im März 2022 unter Artilleriebeschuss

Blut und Blut und Blut
im Innren tobt die Wut,
Angst im kleinsten Knochen
brechend hartes Hoffen.
Da ist auch Scham, ein Suchen
nach Verantwortlichen ihr
Fluchen, gleichzeitig ein
Beten; frostige Finger, schutzloses
   Gewimmer
grässlich Bahnsteig, alles hartbedrohlich,
eisern, Zähne zusammenbeißend
presst sie härter, flucht sie stärker
verprügelt ihre fiebrig Ängste, entschuldigt
   sich
in Gedanken, Herzen, ihr Winseln.

Über ihr die Wände bröckeln
klafft und brüllt und würgt
ihr Wunde, wunde Mund.
Wut und Wut und Wut
in Innren tobt das Blut
bei ihres Sohnes grauenvoll Geburt

Anastasiya Savran-Wellscheid * 1997

Tagesablauf

In mir ist es dunkel,
wie die Nacht heute schwarz.
Nachdenklich ich bin,
schon den ganzen Tag.

Es sind die Gedanken die mich steuern,
geradeheraus,
auf ein löchrigen Pfad.

Traurigkeit macht sich wieder breit.
Ich hasse es,
sodass es in mir schreit.

Es sind die Schreie der Verzweiflung, der
   Besinnung und schließlich Schreie des
   Erwachens,
die mich wieder klarer sehen lassen.

Lebte doch nur eine glückliche Seele in
   meinem Körper,
so wäre ich frei.

Körper du tust mir ausdrücklich leid.

Milijana Scepanovic * 1997

Der Seele Flucht

Zwei Wesen verschiedenster Natur,
finden zueinander durch die selbe Spur.

Des einen Fleisch bereits verdorben,
der andere möchts so gern entsorgen.

Unwissend über die folgenden Fehden,
beginnt man miteinander zu reden.

Des einen Geist, krank und schwach,
des anderen Blick, klar und wach.

Gemeinsam beginnt man diesen Weg zu
 beschreiben,
und einen Teil des Lebens voneinander zu
 bereiten.

Viele Nächte, schwer und kalt,
das getrocknete Blut, noch nicht einmal alt.

Die Klinge lässt den Schmerz entweichen,
das Blut wird den Arm langsam zeichnen.

Nach langem Kampf, nun endlich doch,
findet man heraus aus diesem Loch.

Der weitere Weg ist unbekannt,
doch ich habe meine Schwester an der
 Hand.

Erik Schaefer * 2001

Verloren Sich Selbst

Ehe Du fällst
am Boden zerschellst
raste und ruhe
schone die Schuhe
halte kurz inne

Besinne

Gesagt ist es leicht
das Wasser noch seicht
bis plötzlich kein Fuß
den Grund mehr erreicht

Michael Schäfer * 1992

Honigsüßes Sternenkind

Du berührst uns jeden Tag,
doch bist du nicht mehr da.
Du gingst von uns,
bevor du richtig ankamst.

Trotzdem bist du ein Teil von uns,
du begleitest uns Tag für Tag.
Dringst in unsere Gedanken ein.
Du willst einfach bei uns sein.

Wo auch immer du gerade bist,
in unseren Herzen bist du bei uns
und wirst sehnsüchtig vermisst.

Honigsüß wirst du immer bleiben,
wirst dich immer in unserem Leben
 herumtreiben.
Auch wenn der Tod dich von uns trieb.
Kleiner Stern, wir haben dich so lieb.

Tom Schalling * 1997

Zeit

Die Zeit zieht in Windeseile an uns vorbei
Lässt Narben zurück
Jeder Schritt so schwer wie Blei
Immer auf der Suche nach dem grossen
 Glück
Drehen und wenden wir uns mit der Zeit
Dem Ziel entgegen für das Schicksal bereit
Zählen die Stunden die uns noch bleiben
Um hier im Leben zu verweilen
Die Reise endet still und leise
Ein jeder geht auf seine Weise
Kein Schicksalsschlag kann je beweisen
Wann wir das Sternenlicht bereisen
Es ist der Glanz der ewig steht
Das Licht des Lebens nie vergeht.

Andrea Schaufelberger * 1966

18 Tage

Die Treppe knarzt und du hast Angst
Liegst in deinem Bett und bangst
Doch dann merkst du, er ist nicht da
Es wird nie sein, wie es mal war

Schon 18 Tage ist es her
Und plötzlich ist das Haus so leer
Als ihr ihn mit größtem Mut
Zusammen dann zu Grabe trugt

Dir fehlen die Arme, die dich halten
Doch nicht die Fäuste, die sich ballten
Seine Hände, groß und rau
Färbten dein Gesicht gern blau

Dir fehlt dein Retter in der Not
Doch auf den Teppich tropfte es rot
Blutende Knie und offne Ballen
Du bist wieder mal hingefallen

Du wünschst, du könntest richtig trauern
Doch in dir drin sind hohe Mauern
Jedoch ganz still und insgeheim
Würdest du gern erleichtert sein

Luzie Scheifgen * 2002

Das Gewissen das mich plagt, seit dem Tag als meine Mama starb

Manchmal hab ich das wichtige vor mir her geschoben ...
Spürst du, wie meine Gedanken wütend in mir toben?!

Mama, wie sehr ich es doch bereu ...

An deinem 71ten Geburtstag mit dir keinen Walzer getanzt zu haben, trotz deinem Fragen!

Mit dem Gewissen muss ich mich jetzt mein ganzes Leben plagen.

Ich hoffe ich kann und werde das ertragen!

Denn nun liegst du begraben und ich werd nie mehr was von dir haben, bis zu meinen letzten Lebenstagen!

Ich wollte dich doch hier rausholen, stattdessen landete dein Körper in heißen Kohlen ...

Und dein Geist wurde mir einfach gestohlen!

Drei Impfungen uns zu verpassen, Mama, dafür werd ich mich sehr lang hassen, hätten wir es besser doch gelassen!

Es ist so verdammt ungerecht, fühle mich wie ein Folterknecht, denn meine Mama ist jetzt einfach weg!

Was hat Gott damit bezweckt, indem er mir nahm meine Mutter weg!?

Dies Gewissen das ich jetzt hab, werd ich tragen bis zum letzten Tag!

Will mich nicht selber dissen und die Trauerfahne hissen,
bin ich innerlich auch noch so zerrissen und mir geht's beschissen...

Mama sollst du trotzdem wissen: „Ich werde dich auf ewig vermissen."

Natascha Schindelmeiser * 1989

Flut

Tausende Male bin ich in Fluten aus schwarzem Purpur gestorben,
aufgewacht auf einsamen Inseln am frühen Morgen.
Frische Hoffnung aus den Tiefen mit Netzen geborgen,
das Leuchtturmlicht neu entfacht, neue Zuversicht geboren.

Tausendfach meine Geschichte der Welt aufs neu erzählt.
Tausend mal in verheissungsvoll funkelnde Augen gesehen.
Tausend mal Bekenntnisse und Versprechungen gestählt.
Tausend Träume die Sorgen, Ängste wie Blätter verwehen.

Aber oft tanzt Anspruch mit Ego und Liebe wird zu Utopie.

Gegenseitige Verantwortung fürs eigene Glück werden umher geschrien.
Ja, Geborgenheit und Zuneigung waren leider schlicht nur geliehen.
Der Alltag lässt die übrigen Sonnenstrahlen rasch wie Wolken verziehen
und Tränen perlen sich auf Wangen mit versteinerten Mienen.

Nun steh ich hier im Hafen und mach mein
   Schiff wieder parat.
Um erneut nach der Liebe zu suchen von
   der ich einst las.
Solllte ich in Not geraten werf ich ein Licht,
   ich werde euch sehn.
Ich hoffe Ihr auch mich.

Markus Schleicher * 1981

Was bleibt

An solchen Tagen wie heute ist der Schmerz
   ganz nah.
Denn uns wird bewusst, was wir verloren
   haben.
Was jetzt fehlt und was jetzt anders ist.

Der Schmerz ist aber auch das, was uns
   zeigt, welche Spuren sie in unseren
   Herzen hinterlassen haben.

Wie sie uns liebten, wie wir mit ihnen
   lachten, was sie uns lehrten und wie
   sie uns prägten.

In uns und unseren Erinnerungen Leben
   sie weiter.

Anders als zuvor, doch genau so intensiv
   und echt
daran glaube ich fest.

Michael Schmäing * 1984

Grenzerfahrung

Am Pendel einer aufgesetzten
   Balanceschnur
Verbleibt der Herzschlag trockengelegt nur
Greifende Hände klatschen ins vage Leere
Halt einsuchendes Tonfenster mit
   Klagelaut
Gehendes Schweigen im Bodenarm
   Schwere
Stürzender Schrei letzte Hörenden verbaut

Roland Schmidlin * 1964

Mein Herz glaubt meinen Gedanken nicht

Sommer
mein kältester im Juni
2021
und ich wünschte
ich wäre nicht hier

Schnüren
um meinen Hals gebunden
Liebeskummer
die Erkenntnis
ich fühlte mich unverbunden

Jahrelang unglücklich,
Tagträume über Suizid
doch mein Herz glaubt meinen Gedanken
   nicht
bin ich jetzt froh, dass es mich noch gibt,
denn
ich hätte nie gedacht,
dass es so schön weiter geht.
Es passieren Wunder,
wenn man weiterlebt

Maike Schmidt * 1998

Der edle Mann

Warum bin ich hier,
und was passiert mit mir?
Kam ich her im Morgengrau,
Oder bin ich noch immer blau?
Und was ist dieses etwas,
Ein Er, ein Wer?

Er berührt mich,
Aber sagte ich nicht nein,
Und doch stellte er mir ein Bein?
So kam ich also auf den blauen Boden,
Und wurde von ihm ausgezogen.

Einen Schub noch,
Denn das seine Doch,
Zählte viele Male mehr,
Denn Er brauchte mich so sehr.
Das Seine Verlangen,
Hatte mich gefangen.

Und ich erkannte ihn schnell.
Den Er und Wer.
Den Edlen Mann!

Helen Nicole Schmidt * 2006

Hoffnung stirbt zuletzt

Im Limbus existiert
weder Zeit, noch Raum.
Einzig persistiert
ein quälender Traum.

Es gibt kein Vor,
es gibt kein Zurück.
Versunken im tiefen Moor.
Mit jedem Zentimeter fehlt ein Stück.

Alles ist offen,
nichts macht Sinn.
Keine Entscheidung wird getroffen.
Das Leben siecht dahin.

Jedes Gefühl ist taub,
alle Gedanken benebelt.
Von der Zukunft bleibt nur Staub,
durch die Angst ausgehebelt.

Doch Hoffnung erwacht
auch an düstern Orten.
Als Schattengewächs der Nacht
findet sie namenlose Pforten.

Julia Schneider * 1990

Tiefes Tal

Ich wand're durch ein tiefes Tal
mit allergrößten Schmerzen.
Doch tun mir nicht die Füße weh,
nein, es ist das Leid in meinem Herzen.

Egal wie weit ich weg von dir,
egal wie weit ich laufe,
dein ausgeübter Sog bleibt hier,
er gibt mir keine Pause.

Kein grünes Gras, kein blauer Fluss,
nur dunkle karge Wände.
Am Horizont kein Sonnenstrahl.
Wann nimmt das all' ein Ende?

Hoch über mir die finstre Nacht,
kein Stern am Himmelszelt.
Der Mond, der hält sich auch bedeckt.
Ach, was für eine düstre Welt!

Oh Mondin, komm heraus zu mir!
Send' Hoffnung auf meine Erde.
Lass heilen und genesen mich,
auf dass ich glücklich werde.

Sandra Schneider * 1984

Was bleibt

Ich schreie
wie du es tun solltest,
doch du schweigst.
Bin zum Stillen bereit,
doch meine pralle Brust
entlockt dir keinen Schrei.
Ein Schmerz, der jetzt auf Ewig bleibt;
ein Schrei, der nie verhallt,
weil deine Stille vom Tode zeugt.
Nun bin ich du.
Suche halbblind im Dunkeln eine stillende
    Brust,
doch finde nichts als Leid.
Unruhe bleibt
während du vor Beginn des Lebens
schon ewiglich in Ruhen weilst.
Und alles, was neben Unruhe bleibt
ist eine lebensgroße Lücke,
die von deinem ungelebten Leben zeugt.

Janne Schöps * 1996

An Dero Hochwohlgeborene gemeine Niedertracht

Ihr Mächtigen dieser Welt
Was gibt Euch Euer Geld?
Ihr seid mit Euren Waffen
geringer als die Affen

Das größter aller Übel
ist nicht „bin Laden"
Er traf Euch in die Waden,
ein Grund für Euch zur Prügel.

Ihr fliegt jetzt wie Hornissen,
sucht den, der Euch gebissen,
weil Ihr die Armen dieser Welt
schon viel zu lange habt geprellt!

Adalbert Schormann

Sie steht jeden Morgen auf,
Doch ihre Gedanken sagen: „Lauf!"
Ihr Leben fühlt sich an wie ein Leerlauf,
Wollt schon längst finden eine Lösung,
Wie oft wollte sie sich schon erlösen?
Von außen so wunderbar ihr Leben,
Doch was sie braucht kann ihr keiner geben,
Sie weiß schon nicht wie oft sie davon träumte,
Denn es gibt für sie nicht viele Freunde,
Was sie wirklich fühlte blieb verborgen,
Doch passierte es an einen Montagmorgen.

Matti Henri Schrader * 2005

Mutter

Kam durch dich in das Licht dieser Welt
Trugst mich in meinen ersten Lebensmonaten
Sahst meine Tränen und mein Lachen, als meine Seele noch kindlich jung war
Warst Trost und früher Ratgeber
Hast mich begleitet als ich wuchs
Jahr um Jahr
Hörtest aufmerksam meine Sorgen und Ängste
Teiltest meine Siege ebenso
Auch als ich längst erwachsen war, warst du da
Oft und immer
Das Schicksal malt unsere Gespräche und Erinnerungen
Wir beide wissen umeinander

Die Zeit vertilgt unsere gemeinsamen Schritte
Wenn du gehst, geht auch ein Teil von mir
Die Liebe bleibt
Gehst neben mir, auch wenn du nicht da bist
Doch die Liebe bleibt

Nun bist du gegangen
Meine Worte an dich zerschellen in der Stille des Todes
Doch die Liebe bleibt und atmet die Ewigkeit

Raimund Schrader * 1964

Gürtelrose

Was ist das nur für ein starker Schmerz, leider ist das gar kein Scherz.

Der Schmerz ist total gemein und er haut so richtig rein.

Starke Krämpfe habe ich am Kopf, am liebsten würde ich mir abhacken den Schopf.

Was soll ich bloß dagegen machen, mir ist gar nicht mehr zum Lachen.

Direkt am Auge, Kopf und Stirn was für'n Scheiß, und es fühlt sich an, so brennend, stechend und heiß.

Die Diagnose war eine Odyssee und es tat mir dabei so doll weh.

Im Krankenhaus war ich 2 Wochen lang und habe 3x täglich an der Infusion ab gehang'.

Ich bekam zusätzlich Schmerzmittel, Opiate und viel mehr, oh das nahm meine Leber wirklich schwer.

Und nach dem Krankenhaus ging es so weiter, es war überhaupt nichts mehr heiter.

Es sind nicht nur die Schmerzen und Krämpfe, gegen die ich noch täglich ankämpfe.

An manchen Tagen kann ich nicht mal gerade aus geh'n und verdammt jeder kann es seh'n.

Die Leute denken vielleicht ich wär' besoffen, dabei bin ich von lauter Schmerz und Schwindel getroffen.

Dann könnte ich schreien und weinen vor lauter Wut, doch das tut mir gar nicht gut.

Seit 5 ½ Jahren geht das nun schon so und darüber bin ich gar nicht froh.

Noch jeden Tag muss ich Tabletten nehmen, Mensch wie lange soll das noch so gehen?

Eigentlich bin ich Optimist, heute denke ich aber oft, was für'n Mist!

Gedichte schreiben fließt ganz einfach so heraus, und dann ist mein Leben gar kein Graus.

Aufgeben kommt für mich nicht in Frage, denn es gibt ja auch mal schöne Tage.

Und die versuche ich zu vermehren und halte sie dann alle in Ehren.

Denn das Leben geht ja weiter und vielleicht wird es auch wieder heiter!

Maya Schröder * 1970

Sehnsucht

Ich hocke im Wald und gucke auf die weißen Blätter,
Erinnere mich daran – früher war die Natur immer mein Retter,
Ich empfinde Nostalgie in der Kälte,
Was war es noch, was ich mir immer vorstellte?

Als ich klein war und voller Fantasie,
Als ich in den Wald guckte und wusste, es gibt Magie,
Ich tanzte in meinem Herzen,
Ich wusste von keinem Schmerzen,

Es waren Taten, die mich gewisse Dinge lehrten,
Doch die Zeit ist vorbei und ich lernte, sie zu ernten.
Ich hocke über den Boden und starre auf ihn,
Nichts ist mehr so, wie es einst mal schien.

Umgeben von den erfrorenen Blättern, langen Ästen, dem unendlich langen Blick nach oben zum Himmel zwischen den Buchen,
Wo ist alles hin? Ich will es noch einmal versuchen,
Doch Sehnsüchte und eine Vergangenheit kann man sich nicht buchen,
Ich hocke da und will die Zeit verfluchen.

Ich starre auf die kleinen Schneeflocken,
Ich denke nach, und mein Atem kommt ins Stocken,
Auf meiner warmen Backe fließt etwas Warmes runter,
Sie trifft das Blatt darunter.

Mir ist nicht mehr kalt und ich stelle mir vor, ich falle nach vorne und sinke in diese Erde da vor mir,
Hinab und weg und ein ganz anderes Geräusch auf einmal hier,
Als würden die Wurzeln buddeln und knacken,
Als würdest du eine Wahrheit auspacken.

Ich sehe die dunkelste Dunkelheit und dann die Hand,
Sie zieht mich zu sich und weg aus dem Sand.
Eine andere Welt, vielleicht das selbe Land,
Bekannt, denn es ist der Traum, in dem ich hier schon einmal stand,

Ich gehe mit offenen Augen den Weg
    entlang,
Verschlinge meine Finger in deine Hand.

Lilly Schroeder * 2001

Schmerz

Schmerz. Erstmals bekannt wurde er Mir,
    da war ich gerade einmal Vier.
Unberührt und unbefleckt, schnell
    entdeckt was Schicksal heißt,
was passiert, wenn es dich in den Rücken
    beißt.

Gestürzt, sehr stark gefallen und fand
    trotzdem vertrauen in den ach so
    heiligen Hallen,
Dort wo Schutz versprochen wird, doch ein
    Versprechen, gebrochen von allen.
Schon immer stand die Frage im Raum,
    wem könnte man denn jetzt noch
    trauen?
Wem wenn nicht mir. Die einzige, denn Ich
    werde nicht verliern.
Was wird noch folgen, was noch kommen?
Meine Zukunft wirkt jetzt schon ganz
    zerronnen.

Ohne Sicher- oder Vollkommenheit, hängt
    mein Leid an mir wie eine Sünde die
    sich Jemand geleistet,
die wurde nicht beim Priester gebeichtet.
Ein Verbrechen? Wer möchte mich noch
    mehr schwächen, wenn nicht der
    Schmerz.

Felicia Schulz * 2006

Letzter Wochentag

Früh steht er auf,
geht zur Arbeit, sitzt Stunden im Büro
und geht nach Haus'.
Dann geht er schlafen und steht früh auf,
geht zur Arbeit, sitzt im Büro,
geht nach Haus'
und wacht nicht mehr auf.
Denn sein Herz schlug nicht mehr
und er war weg, noch vor um 4.

Mila Schwarz * 2002

Der Puls des Lebens

Wenn der kranke Körper sacht
zum Leben wieder erwacht,
lässt der Geist versprühend
neuen Mut erblühen.
Die Angst, zu vergehen
bleibt stehen,
wird nicht größer
bleibt noch da.
Mit wachem Blicke wird es klar.

Hoffnung in des Körpers Zellen
lässt die Seele sich erhellen.
Die bösen Blicke
im Licht erstícke,
auflösen gar,
bis sie nicht mehr da.
In des Geistes Wirren blickend,
die Seele fast erstickend.
Suchend ist der Geist,
den Rettung speist.

Wenn das Licht
den Puls erblickt,
der Welten schneller Schlag,
der versteckt im Dunkeln lag
und des Lebens Grund erreicht,
dann wird es wieder leicht.

Antje Schwertfeger * 1971

Abschied nehmen

Jede Bewegung ist dir ein Schmerz
und es bricht mir das Herz, dich so zu
    sehen

Meine größte Angst ist dich zu verlieren
und ich weiß, eines Tages wird es passieren

Dann heißt es: heute ist mein Papa
    gestorben
und ich bin für immer verloren

Von daher will ich vor dir gehen
aber ich hoffe, dass wir uns im Himmel
    wiedersehen

Elie Seelinger * 1995

Der Journalist Pulitzer Jr. III

Er brachte in Erfahrung, wie es kam und
  wie es ist.
Und dann fiel ihm auf,
unterschiedlich das Passieren auf dem Weg
  des Lebens ist.
Der eine stellt bewusst im Leben Weichen,
während auch bekannt die Wetter sind,
auch dass es Böse schon gab,
die an Stühlen anderer sägen.
Doch und der der lügt, tuts nicht sagen
  solang,
und hat die Wahrheit im Versteck und im
  Gepäck.

So schrieb Pulitzer Jr. III:
„Der Bedacht, der sollte sein,
sowie nicht töricht sein,
und auch sich verzeih."
Und er unterschrieb mit
Dein Schicksal „selber"

Und der Pulitzerpreis ging
an das Schicksal selber.

Nicholas Segero

Leb wohl, kleine Schwester

Ich sitz in meinem Zimmer, im Kopf diese
  Leere....
Keine Worte, keine Trauer, ringsumher eine
  Mauer.
Unfassbar; nicht zu begreifen, was
  geschehen.
Ich kann dich nicht fassen, nicht sehen.
Du hast mich verlassen -- ohne ein Wort.
Bist einfach gegangen, bist einfach fort.

Die Frage nach dem „Warum",
Es gibt keine Antwort, alles bleibt stumm.
Für meine Tränen gibt's keinen Ort,
Bist einfach gegangen, bist einfach fort.

Dort, wo du bist, so hoffe ich, wird die
  Sonne dir scheinen,
Das ist mir ein Trost, mitten im Weinen.
Der Himmel ist blau, die Sonne, sie lacht,
doch für mich ist es Nacht.

Leb wohl, kleine Schwester

Septemberkind * 1946

Die rote Rose

Wenn ich hoffe, dass eine Blüte wächst.
So hoffe ich auch, dass du meine Liebe zu
  dir verstehst.
Verzeih mir, wenn ich die Wahrheit
  ausspreche.
So weint die rote Rose auch in Regenlache.
Natürlich hoffe ich auch, dass du deine
  Fehler einsiehst und es selber eines
  Tages schmeckst.
Auch wie die rote Rose, die all ihre Blüten
  verlor, weil du sie verletzt hast. Aber
  du weißt ganz genau,
wenn du der roten Rose keine
  Aufmerksamkeit oder Wasser gibst,
  dann trocknet sie und stirbt.
Genauso wie die Liebe mit ihr.
Die rote Rose ist immer ein Zeichen der
  Liebe doch trotz allem wird sie auch
  als Trauer bezeichnet.

Rawshy Shaker * 2008

Ein Tropfen auf dem heißen Stein

Heute schüttet es.
Heute ist es grau und rau
weil alles nur noch raucht.
Ich brenne innerlich und weine äußerlich
weil du bald nicht mehr in meinem Leben
  bist
und ich dich jetzt schon vermiss'
weil du schon längst vergisst
was eigentlich ist
wer du in Wirklichkeit bist.

Wie verstecke ich diesen Riss vor dir?
Dass du dich nicht wieder fürchtest vor mir
Wir bringen zusammen noch irgend'was
    auf Papier
Doch das Einzige, was du und ich
    versprühen...
Das ist reine Fear.

Larissa Vivian Sill * 2003

Verwirrende Frequenz der Existenz

Singend die Tonlage, ich spitzte die
    Frequenz und stellte Sie eins auf die
    Waage
und doch so Schade war es andauernd Töne
    und Bilder zu malen,-

Aus dem Irrtum heraus ich doch schaute
    worauf ich niemals auf die Existenz
    hinpaukte-

Gemeinsamkeiten sind auch trennbar in
    dem Leben das kam aus Zweisamkeit,
    Unwirklichkeit,
ich nur dort saß und hörte.

Die Stufe der Existenz unbeschreiblich,
    so doch der Ästhetik und
    Gottesgleichen,-
ich umherschwankte mit der Transparenz,
    Transzendenz durch die Verwirrende
    Unendliche Frequenz

Mark Slesarev * 1996

Trauer

Trauergedanken ziehen
gleich Nebelschwaden
in mein Herz.

Blumen wiegen
sanft im Morgenrot.

Ich vermisse Dich,
sagt mein Herz
ohne Dich
scheint die Welt
von morgen so leer.

Fern von mir
scheinst Du zu sein.
Deine Güte, dein Herz
vermisse ich sehr.

Bleibe bei mir
wollte ich Dich rufen.
Jetzt ruft mein Herz
dich jeden Tag in mir.
So lebst Du jetzt
noch immer hier.

Claudia Sollich * 1963

Ruhe

Ruhig ist es,
früh morgens im Park auf der Bank zu
    hocken,
in der Ferne schwingen die
    Kirchturmglocken.
Das ist ruhig.

Ruhiger ist es,
sich am Nachmittag auf die Fensterbank
    zu lehnen,
Ein wenig sich nach Vergangenem zu
    sehnen.
Das ist ruhiger.

Noch ruhiger ist es
am Abendbrottisch alleine,
Gesellschaft gibt es hier keine.
Das ist noch ruhiger.

Am ruhigsten ist es
in der Nacht bis zur Nase unter der Decke
    mit Blick in den Garten
beim Ticken des Reiseweckers auf den
    Schlaf zu warten:
Das ist am aller ruhigsten.

Birgit Sonnberger * 1962

Mein Bruder

Mein kleiner Bruder wurde damals
    geboren,
was keiner wusste, er hatte schon verloren.

Im Laufe der Zeit wurde eines bald klar,
er lag nur im Bett, weil behindert er war.

Ein Lächeln strahlte über seinem Gesicht,
was alles kommt, wusste der Junge nicht.

Er konnte nicht sprechen und tat oft schreien,
in seiner Kinderwelt war der Bruder ganz allein.

Die blauen Augen schauten in die Welt hinein,
was er sah, in seinem Leiden war er allein.

Er bekam sehr oft Krämpfe und musste leiden,
darum taten wir dieses Kind niemals beneiden.

Allein sitzen, laufen oder auch einmal stehen,
das konnte er nicht, wir konnten es nicht verstehen.

Wir haben alle versucht, täglich Hilfe zu geben,
damit er etwas hatte vom bescheidenen Leben.

Eltern und Geschwister waren hier sehr gefragt
und haben so manchen Tag oftmals geklagt.

Wir haben Essen gereicht und durch Räume getragen,
dabei taten wir schon öfters hin und wieder verzagen.

Das kleine Kind wurde leider nur acht Jahre alt,
als er nicht mehr da war, wurde es ums Herz sehr kalt.

Werner Speer * 1955

Familie

Eine Mutter, die nicht liebt, nichts
sagen kann, nichts gibt. Meine
Lebensmelodie, einsam wie noch nie.

Die Schwestern, die nicht wollen sein,
in der Familie stehts allein. Nie das
Gefühl, dabei zu sein, gleichsam
immer gut der Schein.

Die Kinder verloren, ein endloser Schmerz.
Ein Steinwurf entfernt, verbrennt
mein Herz.

Kein Mensch in meiner Nähe, niemand
hält es aus. Ein bisschen Wärme ich
er flehe, gedrückt in der Ecke meiner
Couch.

Die Angst vor der nächsten Sekunde,
schwillt und brodelt in meiner Brust,
sie nährt sich durch heimliches Winden, sie
ist mein kleinster Verlust.

Carmen Stahl * 1974

Nicht hier Nicht dort

Wenn ich dich höre still und leise,
geht mein Geist auf seine Reise.

Durchquert mit Ehrfurcht dunkle Wälder,
durchsucht voll Hoffnung dichte Felder.
Durchschwimmt bedrückt tiefstes Gewässer,
erkundet scheu Geröll und Stein.

Noch stark der Geist, gefüllt mit Hoffnung,
ich finde dich, so muss es sein!

Nicht hier nicht dort bist du zu finden,
doch spüre ich das zarte Band.
Muss meine Zweifel überwinden,
noch stehe ich an Klippes Rand.

Ich höre nichts, nicht laut nicht leise,
von Schmerz und Kummer hart geplagt.
Beende ich des Geistes Reise,
da neuer Zweifel an mir nagt.

Nicht jetzt nicht bald bist du zu finden,
all mein Glauben unerfüllt.
So blicke ich gen blauem Himmel,
da dieses Blau mich tröstend hält.

Catrin Stark * 1975

Lebenswerk Mensch

Was bleibt von uns, wenn wir gehen?
Alles und nichts.
Körperlich vergehen wir,
doch von unserem Lebenswerk bleibt alles.

Jeder von uns gestaltet im Laufe seines
    Lebens.
Das eigene und einzigartige Wunderwerk-
das Lebenswerk Mensch.

All unsere Träume und Wünsche,
all unsere Facetten und Gedanken,
all unsere Geschichten, Erfolge und
    Misserfolge sind Teil unseres
    Lebenswerkes.

Sie sind auch Teil deines Lebenswerkes.

Yasemin Starke * 1981

der atem geht schwer
unter dickem holzmantel
es könnte stickig werden

die sicht ist versperrt
auf grausten himmel
der bringt
feuchtes warten

zudem die kälte
lässt zu eis gefrieren
das innerste
von dem nichts blieb
außer eine pfütze

der frühling
wird nicht kommen

was bleibt
ist sehnsucht und erinnerung
an warme sommertage
ein plätscherndes lachen

sie

wird niemals zurückkehren
doch was weiß schon

ein brunnen
im dezember

philip stauss * 2003

Es gibt kein nach ihm.
Es gab nur ein vor ihm, das ein ohne ihn
war.

Es gab kein mit ihm.
Höchstens ein bei ihm, das ein neben ihm
war.

Jetzt gibt es ein nah bei ihm,
Doch ohne ihn bleibt es ein fern von ihm.

Linda Stederoth * 1985

Der Schicksalsschlag

Manchmal sieht man es nicht kommen
Aus dem Nichts da schlägt es zu
Danach fühlt man sich wie benommen
Erst waren es andere jetzt bist es du

Man sagt es ist vorherbestimmt
Es kann jeden von uns treffen
Es zeigt uns woran wir wirklich sind
Manche sind davon besessen

Trifft es dich liegst du am Boden
Das Leben ändert sich, auf einen Schlag
Davor bist du ganz hoch geflogen
Ob man das Schicksal nennen mag?

Lars-Ole Stegen * 1996

Schmerzende Hoffnung

Und der Schmerz schreitet voran,
Oh Gott, bitte halt ihn doch an!
Wie kann ich bloß wieder heilen?
Das Schicksal soll sich beeilen.

Die Zeit steht still,
Egal, ob ich es will.
Draußen dreht sich alles weiter,
Wann werde ich wieder heiter?

Es fehlt ein großer Teil von mir,
Und trotzdem wünsche ich das Beste dir.
Vielleicht kommst du zurück,
Und wir finden unser Glück?

Maribell Steiner * 1997

streifenweise

schäle haut vom körper
hänge sie zum trocknen auf
die leine vor dem haus in dem es
keine mutter
mehr gibt um sie wieder abzuhängen
stelle knochen der reihe nach auf
im garten nach jahren
ist der zaun nun also wieder
weiß
zähne
werfe ich in den stall in dem die
hühner verwesen
spreche zu den hasen
erst fressen mütter ihre babys dann
füchse mütter
manchmal ist es auch umgekehrt
augen werfe ich in den fluss in dem
vögel ertrinken und
brüder
haare zünde ich an
vor dem haus
ohne mutter
zünde ich mich an

Anna Steinwachs * 2004

Friedensmission

Frieden
Warum bist du gegangen
Wo nunmehr begann der Schmerz
Wir sind seitdem gefangen
Und schwer ward es uns ums Herz

Frieden
Wo bleibst du in aller Welt
Wir sehnen uns so nach dir
Weil uns so gar nicht gefällt
Was Kriege zerstören hier

Frieden
Wo bist du denn gewesen
Wir waren ganz betroffen
Weil wir noch nicht genesen
Wie schön, dass wir noch hoffen

Manuela Stempfle * 1962

Hoffnung

Die Hoffnung bedeutet, dass du deine
   Energie behältst, aber gleichzeitig
   schwach bist
Du lachst weiter, doch du bist traurig
Du musst Geduld haben, aber du hast
   keinen Schlüssel zum Erfolg
Du brauchst Optimismus sowie deine
   Mutter, als deine Freundin.
Du siehst die Freude, aber du bist in einem
   dunklen Raum
Du gehst ohne alles, ohne Straße, ohne
   Hand, die dich leitet
Aber wenn du den Willen hast, wirst du
   nie alleine gehen, auch wenn du nichts
   besitzt
So hast du doch viel
Du hast die Entschlossenheit, die von
   deinem Lachen kommt.

Cathlyn Stolle

Des Schicksals weiter Mantel

Des Schicksals weiter Mantel,
bedeckt den Lebensweg.
Er schafft so manche Straßen,
fernab von Glückes Steg.
Er zieht dir dichten Nebel,
verschleiert deine Sicht.
Du ahnst - etwas wird kommen,
doch wann, das siehst Du nicht.
Geh weg von mir du Schicksal,
ich fürchte deinen Schlag.
Verschone mich mit Taten,
die ich nicht fassen mag.
Man hätte dich in Händen,
doch das ist so nicht wahr.
Erkenntnis deines Seins,
wird erst am Schlusse bar.
Dann lüftest du den Mantel
und zeigst den ganzen Weg.
Welch Straße wir gelaufen
und einen neuen Steg.

M. G. Stonenger

Miniröcke
sind keine
Synonyme für eine
Einladung um meine Beine
auseinanderzudrücken

Vanessa Stöter * 2002

Einsamkeit

Wehe.
Wehe dem. dem der mit
Einsamkeit. verflucht

Zerfrisst dich von innen.
zerstört dich von außen.
Und doch sitzt du
still.
Gedanken peitschen dich
tobend.
umher Und doch sitzt du
still.

Ein stiller herzenschrei, durch die Facetten
deines
Seins.

Einsamkeit ein
Parasit.
der seinesgleichen sucht
Wehe dem.
der mit Einsamkeit verflucht

Ein Parasit der sich in deine
Seele.
gräbt, doch bevor es jemand merkt, ist es
längst zu spät
Zu spät.

Dennis Stotz * 2004

Die Jugend

(Hat die junge schöne Dame, sich mal
wieder zugedröhnt.
Am Anfang alles harmlos, danach mit
Alkohol verwöhnt.
Den Eltern war sie scheißegal und das fiel
ihr irgendwann zur Qual.)
Mit 13 Jahren alleine in der neuen
Schule, nicht vollgesoffen, sondern
ausgeschlossen.
Ihre Eltern waren getrennt und Mandy's
Zukunft verbrennt. Schlag und
Schmerz fühlte sie im Bauch,
denn sie lag auf dem Boden und hörte von
oben: „Lauf"!
Bald darauf griff Mandy zur ersten Flasche
und das wurde ihr zur täglichen
Masche.
Ihr Alter wurde vorgelogen: „Alles für die
Drogen"! Irgendwann wurde es zu
viel,
denn sie hatte nur noch Drogen im Spiel.
Immer weiter, immer mehr,
bald darauf wurde es zu schwer.
Früher schüchtern, heute nie mehr
nüchtern.
Krankenwagen Lichter flimmern und ihr
Zustand immer schlimmer.

Die Operation ging schief, ins Künstliche
  Koma sie lief.
Ihre einzige Freundin war besorgt, denn
  Mandy versuchte Selbstmord.
In diesem einsamen Raum,
hatte sie einen schweren Komatraum.
Monate zuvor,wurde ihr Leben zum
  Horror.
Vor den Zug hat sie sich geschmissen, fast
  wurde sie mitgerissen.
Retterin kam zur Not,sonst-Mandy wäre
  tot.
Endlich wieder aufgewacht, alles wurde
  mehr bedacht.
Nach Koma Leben jetzt geschätzt, hat die
  Flasche endgültig weg gefetzt.
Alkohol und Drogen spielen keine
  Rolle mehr, denn beste Freundin
  unterstützte Mandy sehr!

Amelie Strobl * 2010

Intrusionen

Du spukst schon wieder
Als Gedanken-Hirn-Gespenst
In meinem Kopf herum.
Und in meinem Bauch.
Die Übelkeit, der Ekel.
Der Verlust.

Hier wartet doch ein Tag.
Steh auf und weiter. Bleib nicht stehen.
  Geh.
Gedankenkarusselle
drehen sich.
Die Bilder wiederholen
Sich und mich
und die Vergangenheit.

Da Draußen ist auf einmal Winter.
Es ist kalt und es liegt Schnee.
Auf der Wiese vor dem Haus.
Die Sonne scheint und wärmt schon etwas.
Selbst durch die Fensterscheiben.
Auf der Esche saß heut Morgen eine Taube,
mit verdrehtem Hals und hat geschissen.

Eike Sara Stüber * 1978

Zeit und Liebe

Du warst ganz oben und lagst doch da
  unten.
Ich kann es nicht beschreiben aber wir
  waren verbunden.
Ich fühlte es ich fühlte dich
auch magst du sein nie unendlich,
für mich sind wir immer unzertrennlich.
Mir ist klar du siehst mich nicht jedoch
  denke ich du bist es,
du bist der, der gewartet hat gewartet auf
  mich aber wie auch immer jetzt bin
  ich da
und du bist dort zusammen gestalteten wir
  den Ort trotz der Distanz und der
  Ewigkeit
wir erschufen ihn den Ort der
  Unendlichkeit.
Da wo wir uns begegnen können tollen
  und rennen ich kam zu dir du warst
  da und ich kam und war auch da.
Zeit war der Schlüssel, der Schlüssel war
  auch vertrauen und vor allem war es
  Liebe,
Liebe auf einer einzigartigen Weise Liebe
  die alles überwand und am Ende
  gewann.
Jetzt sind wir du und ich ein Team, ein
  Team was zusammenhält und sich
  auch immer in allem ergänzt.

J.S. T. * 1999

Zu viel

Wo sind deine Tränen hin?
Ich weiß es nicht. Sie sind mir
  vergangen.
Wo sind deine Tränen hin?
Ich weiß nicht. Sie sind in mir
  gefangen.

Wo sind denn deine Tränen hin?
Was fragst du noch? Ich sagts
doch schon zuvor.
Wo sind deine Tränen hin?
Ich weiß nur noch, dass welche
ich im kalten Schnee verlor.

Raphaela te Pass * 1992

Bunt

Es ist wieder passiert, ist es so, weil
Menschen wie ich es ertragen können?

Weil sie es schaffen, aus dem tiefsten
Schwarz die buntesten Farben
erwachsen zu lassen?

Seit mehr als einem Jahrzehnt durchlebe
ich Verlust und Trauer,
ich erkannte, dass selbst die schlimmste
Katastrophe immer auch eine Chance
bedeutet

dass man den Mut braucht hinzusehen, um
an solchen Erfahrungen zu wachsen.

Ich habe mehr als 10 Jahre meines Lebens
den Menschen geschenkt,
die Not erleiden, es war eine Aufgabe, die
mich gefunden hat

vor einem Krankenhaus, auf einer
staubigen Straße, auf einem anderen
Kontinent,
das eigene Haus einen Tag zuvor im Krieg
zurückgelassen

im Angesicht dieses Krieges fand ich mich
selbst in dem Blick eines schwer
verletzten Mannes

stumm blickte er in meine Augen und ich
wusste sofort

all das passiert, weil Menschen wie ich es
ertragen können, mutig sind, Chancen
erkennen

und tiefschwarz entfaltet sich zu einem
atemberaubenden Spektrum von
Bunt....

Maike Tekbali * 1977

Trauer um Dich oder Trauernde Satzzeichen

Du wirst gebraucht, merkst Du das nicht!?
Es kommt nicht so sehr darauf an, wer man
sein will,
sondern darauf, wer man ist.

"When we hit our lowest point,
we are open to the greatest change."
[Aang]
„Wenn ich mich nur loswerden könnte ..."
[DaVina]

Stell Dich stattdessen zu Dir selbst!
Du bist auf dem richtigen Weg aber
Du balancierst hart an der Kante.
An Deiner Stelle, würde ich das lassen ...

Buddha liebt Dich aber liebst Du Buddha?
Du hast bereits Abschied genommen, oder?
Deine Trauer ist schön.
Wer will mich da prüfen? Und für was?

Spielt das eine Rolle?
Vielleicht ist es eher die Frage,
ob ich mich prüfen lasse ...
Und für was?

Das hängt vom Ergebnis ab ...

Konstantin Tesch * 1987

Tag 1

Jetzt soll es also weitergehen –
nur wie? wohin? warum??
Tag 1 seit diesem Ungeschehen –
Wo er war, bleibt es stumm.

Ey Welt! Merkst du es etwa nicht??
Ein Platz in dir ist leer!
Gehst weiter – alles läuft und spricht
als ob's wie immer wär'

Halt an dein dreistes Karussell
das rücksichtslos sich dreht
Langsam ist immer noch zu schnell
wenn jemand absteigt, geht

Alex Thiel * 1981

Trauer

Die Trauer, niemals so gefühlt,
nie zuvor so aufgewühlt

Was ist das nur, das da so wütet,
in dem Kopf so viel ausbrütet.

Dieses Tauzieh'n, der Verstand
im Krieg zum Herzen wiederfand.

Welch Ungefühl macht sich da breit,
so heiß, so kalt, so eng, so weit.

Wie nah erscheint der Himmel mir,
wie fern erscheint das alles hier.

Die Zeit macht sich die Zeit zu Eigen,
wird vor der Zukunft sich verneigen.

Die Ruhe kehrt zu uns zurück,
vielleicht sogar ein Stück vom Glück.

Jeannette Thiele * 1961

Unvergessen

Die Welt hört sich auf zu drehen, ich kann das Geschehene nicht verstehen.

Mein Liebster wurde mir genommen, ganz plötzlich und nicht von mir erwartet.

Das Leben wurde ihm zuviel, die Stimmen im Kopf befahlen ihm diesen Weg zu gehen.

Dein Suizid warf mich aus der Bahn, der Schmerz war tief, der Kummer groß, warum passierte mir das bloß?

Einen Abschied hat es nie gegeben, was fang ich nun an mit dem weiteren Leben?

Monate vergingen, die Trauer blieb noch lange mein Begleiter, aber das Leben ging einfach weiter.

Du bist in meinem Herzen geblieben und ich werde Dich immer lieben.

Eines Tages, werden sich unsere Seelen wieder treffen, bis dahin bleibst Du unvergessen.

Adriana Thyroke * 1977

Lebenslang

Meine Haut ist eiskalt.
Wie all meine Gedanken
an die Momente an dich.

Vor meinen Augen regnen Sterne nieder.
So verflogen der Boden doch ist.
Gefühllos dein Herz,
starr der geistige Sinn.

Schatten legen sich immer
wieder auf die Vergangenheit,
wie ein Nebelkleid.
Nur ein sanftes Licht strahlt hindurch.

In völliger Ewigkeit werden
sie in mir verankert bleiben.
Die vielen Erinnerungen
bleiben lebenslange Bilder.
Erschweren dunkle Tage und
stärken mich an Leichten.

Ca Ti * 1990

Michael

Michael schält die Kartoffeln. Gern.
Und er singt auch noch dabei.
Mutter streichelt ihn dann.

Das ist Erinnerung.
Seit Mutters Tod wohnt der Junge beim Vater.
Neue Familie und neue Stadt.
Und er soll nicht Kartoffeln schälen.
Soll lernen, vielleicht mal studieren, was aus sich machen.

Michael - hoffnungslos mutterlos.
Ein Bahndamm. Ein Zug. Nur ein Schritt.
So viel Mut hat er nicht.

So viel Mut hat er nicht. Michael - schält Kartoffeln.

Michael schält die Kartoffeln.
Er singt nicht mehr dabei.

Barbara Tischow * 1954

Tod der Nächsten

Du bist nicht da, ich weiss es schon
Doch manchmal nah wie nie
Dann schwingt mein Ton in deinem Ton
In ganzer Harmonie.

Und wie die Nacht den Tag nicht kennt,
Der sie doch ganz zerstört,
Vom Tage ewig ist getrennt
Und ihm doch ganz gehört,

So weiss ich nun nichts mehr von dir
Vergangenheit ist Glück
Und doch lebst du im Herzen mir
Wortlos doch unverrückt.

Pierre Le Trognon * 1967

Tod des Tigers

Zerschmetterte Katze,
Fragmente der Realität.
Abstrakte Scherben tanzen,
Trauer in den Pinselstrichen.

Verwischte Formen, verschwommene Linien,
Die Katastrophe gemalt,
Tiefe Wunden in der Leinwand.
Die Stille des Verlusts widerhallt.

Andreas Trpak * 1980

Großmutters Tod (Traumbild)

Dunkle Nacht liegt ringsherum,
Aufschauend in den blauen Himmel
folgt mein Blick dem schwarzen Greif,
der in weiten Schleifen aufwärts steigt.

Er umkreist den stillen Weg,
dem die Seele auf zum Himmel folgt.
Sanft vollendet sich Dein Kreis
und lässt, bloß einer Feder gleich,
eine dunkle Ahnung mir zurück.

Martin Tuckermann * 1970

Dunkelheit

Tief ins Dunkle tauch ich wieder
wo kein Sonnenstrahlen mehr dringt

Auf den Meeresboden nieder
mir das schale Herz versinkt

Angie Twistel * 1971

Im Fluss

Die Trümmer meines Lebens,
von Fluten mitgerissen.
Ergebnisse des Strebens,
so viele werd ich missen.

Zerstört ist mein Zuhause,
und fortgeschwemmt die Wege,
im Schlamm fand ich die Pause,
und einen Wunsch ich hege.

Von vielerlei Gedanken,
werd ich den einen halten,
und werde ich auch wanken,
muss er sich noch entfalten.

Ob schmutzig meine Hände,
und trotz des Eimers Schwere,
wenn's scheinbar hier am Ende,
ein neuer Anfang wäre.

Stefan Uellendahl * 1968

Susanne

Gäste in angeregter Stimmung an der
    Kaffeetafel
ein Platz ist frei - wo bleibt Susanne mit
    ihrer Torte?
Hat sie es vergessen?
Verspätet sie sich, weil es Wichtigeres gibt?
Plötzlkich klingelt das Telefon.
Es ist ihre Schwester.
Tage zuvor ist Susanne einfach bewusstlos
    vom Fahrrad gefallen,
mitten im Wald, Martina bei ihr.
Kein Handyempfang.
Wiederbelebungsversuche während des
    Wartens auf den Notarzt -
ohne Erfolg.
Hoffen, Bangen und doch ist alles
    vergebens.
Susanne stirbt im Krankenhaus. Mit 54.
Unfassbar.
Trauriges Schweigen macht sich breit.
Susanne wird nie wieder an der Kaffeetafel
    sitzen.
Keine Gespräche, kein Lachen, keine
    Gesten der Sympathie,
keine Berührungen.
Sie fehlt schon jetzt. Schmerzlich.

Barbara Ulmer * 1955

Grauwerte

Zerbrochen bin ich nicht an ihr,
der schrecklichen Kindheit und Jugend,
wenngleich sie mich wiederkehrend einholt.
Insbesondere dann, wenn ich mich
    ungerecht behandelt fühle,
wenn mich jemand unvermittelt anschreit
    oder
ich in fiese Machenschaften gerate.
Zum Glück steigt keine Panik mehr hoch.
Lediglich das übliche Frösteln, Atemnot
    und der schale Geschmack im Mund.
Wobei ich mich an das letzte Mal nur vage
    erinnere.
Die Abstände werden immer größer.
Ein Indiz dafür, dass ungute Erinnerungen
    verblassen –
gleicht schlecht gelagerten Schwarz-Weiß-
    Filmen.

Karin Unkrig * 1964

Hausputz

Nur freitags oder samstags putzen? -
ökonomisch ist das zwar von Nutzen;
doch was ist, wenn die Chance
in der Woche steht vor der Tür?
Verbietest du ihr
dann hereinzukommen
und faselst was von:
„Erst putzen müssen
und dann wiederkommen".
Was ist, wenn sie nicht kehrt zurück?
Ergreif dein Glück!
Halte dein Haus stets rein,
lass nicht jeden, aber die Chance, rein.

Unverplümt

Befrage dein Herz

Befrage leis dein Herz in jenen Stunden:
„Hast du genug? Hast du genug gelitten?"
Und mag es sonst auch um Erlösung
    bitten,
Ich habe stets noch Willen drin gefunden.

Es ist zwar reich an tiefen, alten Wunden,
Die ihm das Leben bös hineingeschnitten,
Doch schlägt es noch und hat zu neuen
    Schritten
Und neuen Leiden stets den Wunsch
    empfunden.

Jesko Veenema * 2005

Eintreffen im Himmel

Bin weggefahren, um nicht zu erfahren,
all das, was dir war widerfahren.

Da draußen im Grünen,
benommen von Gefühlen,
wartete ich auf dich.
Du kamst nicht,
sagtest du kannst nicht.

Du hattest dein Treffen mit dem Himmel
    schon vereinbart.
Ich wollte dir nur noch sagen, sei doch
    nicht so beinhart,
nicht zu dir selbst.

Noch waren meine Augen das einzig Nasse,
baldigst aber scheinst du als Blasse.
Deine Haut so zart und fein und
    glänzend vor lauter Elfenbein.

Konntest du nicht warten?
In diesen Zeiten, dass meine zarten
Küsse noch einmal deine Wangen streifen.

Janka Vida * 2002

Von Watte umhüllt

Wattewolkenschimmerregen
Ungewiss auf wirren Wegen
Ahnungsloser Flügelschlag
Herausgerissen aus dem Tag

Sonnenschein, ein ganzes Leben
Schattenwolken, Gedankenschweben
Trüber Nebel, Windeswehen
In Watte gepackt, auf Reisen gehen

Gewitterwolken vorm Gesicht
Schattenschimmer bricht das Licht
Regentropfen, helles Flimmern
Verlor'ne Zeit, ständiges Wimmern

Sternenschnee im Fall hinab
Schattenschluchten führ'n bergab
Geflügelte Seele auf steinigen Wegen
Verschwiegener Schrei im Funkelregen

Unsichtbare Hoffnungsstrahlen
Schattenbilder, die Zukunft malen
Wattewolken, verträumte Zeit
Glaube, der Flügel verleiht

Sarah Sophie Vierheller * 1996

Schicksalsschlag

Ich sitze hier in dunkelster Nacht und
    lausche dem Regen;
er fällt vom Himmel herab, sowie jede
    meiner einzelnen Träne.
Warum ich so weine?
weil ich mich nach dir sehne!
Doch „verschwendet" davon,
erscheint mir keine
Seitdem du von mir gingst
bin ich alleine und mir jede einzelne Träne
    Wert...
Von heut' auf Morgen warst du mir
    genommen,- ich wünscht' ich könnt'
    klar sehen,
aber ich seh' nur verschwommen!
Nur dich, spüre ich noch immer so klar bei
    mir ,-
dabei bist du schon lange nicht mehr hier!
Ich liebte- (- & liebe) - dich so sehr - wie ich
    es nie in Worte zu fassen vermag...
... und noch immer sitze hier und lausche
    dem Regen; Denke an dich & weine
    (Tag für Tag)
Und der Regen tropft noch immer mit
    jedem einzelnen Tropfen wie eine
    Träne von mir auf dein Grab.

Candy Vinzenz * 1989

An-Teil-Nahme

Vielleicht, gefällt es mir,
dir,
uns?
Wenn du und ich wir mich dein du mein
    uns unser
nennst
und erkennst dass ich, dass du, nicht wir,
    aber hier,
Teil, von dir, von mir, bist, bin, sind.
Wir sind nicht wir
wir sind du, wir sind ich
und das, macht uns, uns.
Nie wirst, du mich
ich dich, besitzen.
Doch nenn, mich dein.
Du bist mein.
Obgleich allein.
Allein zusammen
im wir, hier
ich, mit dir.

Sarah Vogels * 1994

Die blaue Blume

Immer wieder vertraue ich der Liebe, werde
    gestellt auf einen hohen Podest ...
werde angebetet bis in den Himmel, wo
    man mich dort dann alleine lässt.
Die Liebe hat leider nicht gezeigt ihr gutes
    Gesicht,
sie ist eine Verblendung der Gefühle und
    die Wahrheit erkennt man nicht

Das Anfangs große Gefühl was immer hoch
    beschworen, wird von Wut und Ego
    zerstört
Mein Herz fühlt sich verloren ... ich will
    gerne wissen wem es wirklich gehört

Daniela Voit * 1968

Los

Wer warf das Los,
wer warf dein Herz
in den Würfelbecher
der Welt?

Hand im Gras,
der Geruch
von frischem
Blut.

Kreis knospenden
Gesträuchs,
dem kein Morgen
mehr erblüht.

Ort, wo außer
dem Gesang der Vögel
nichts das Schweigen
mehr durchbricht.

Annette Vonberg * 1964

Hoffnung

Hoffnung ...
ist ein zarter Zweig Im Wind,
doch sehr elastisch und fest,
treibt Blüten und Knospen,
die in den Himmel wachsen ...
wenn man sie lässt.

Im Herbst ...
schweben die Blätter
von jedem Ast,
es ist wie das abstreifen,
einer uralten Last.

Trotzt Stürmen und Kälte
und erstarrt ...
in des Winters kaltem Licht.

Doch die Hoffnung bleibt,
und der Kreislauf beginnt neu,
vielleicht ...
aus einer ganz anderen Sicht.

Karla Voßberg * 1953

Gerade noch

Gerade noch hielt ich deine Hand,
streichelte dein blasses Gesicht,
hörte mit dir Musik,
redete leise auf dich ein.

Gerade noch halfst du mir,
kochen zu lernen,
meine Wohnung zu möblieren,
mit dem Leben zurecht zu kommen.

Gerade noch hast du mich getröstet,
weil ich mal wieder Liebeskummer hatte,
legtest mir die Wärmflasche
auf den schmerzenden Bauch.

Gerade noch zeigtest du mir,
wie man schwimmt,
wie man Rad fährt,
wie man sich die Schuhe bindet.

Gerade noch trugst du mich
unter deinem Herzen,
gebarst mich mühevoll,
schenktest mir das Leben.

Gerade noch versuchte ich,
dir etwas davon zurück zu geben,
ein bisschen von deiner Hilfe, Trost, Liebe,
Fröhlichkeit und Lebensmut.

Gerade noch hörte ich,
dass dein Atem schwächer wurde.
Gerade noch musste ich Abschied nehmen,
nun bist du nicht mehr.

Edith Wacker * 1969

Urschrei der Religion!!

Bei der Geburt hast Du gerufen
als einziges der Säuglingswesen
dein Lehrgang war von Angst bestimmt
erst spät im Traum bist du genesen
nun findet sich dein Spiegelbild
in Schmutz und Staub und Blut und Ekel
du ahnst was nunmehr für dich gilt
der nackte Weg im Menetekel!

Daniel Wagenblaß

Lebenstanz

Schöne Gedanken in heiler Welt,
geborgen und sicher, umlächelt und stark.
Gelb strahlt aus blauem Himmelszelt,
sicheren Fußes durch blühenden Park.

Dann fordert das Leben zum Tanz auf.
Ungebeten drehend mit schwindelnder
   Übelkeit,
schmerzend nimmt der Tanz seinen Lauf,
stolpernd, stürzend, fallend in die andere
   Zeit.

Trübe Sinne in zerbrochener Welt,
schändlich verraten, es gibt keinen Kreis.
Schwer drückt das Dunkel, kein
   Himmelszelt,
wankenden Leibes auf dünnem Eis.

Dann die Stimme, sie spricht; verzage
   nicht.
Getröstet die nächste Ebene empor,
Hände heben geborgen ins Licht,
langsamen Fußes durch offenes Tor.

Susanne Wagner * 1969

Der Komponist

Wenn Innerstes gut sichtbar wird
und farbenfroh die Welt erschallt
ein Funken Hoffnung leise flirrt
dann wieder Angst sich in dir ballt

Wenn Melodie zur Sprache wird
und Emotion den Raum erfasst
alle Geschichten dir serviert
mit Liebe Lust und Leidenschaft

Selbst stillste Wasser bringt zum Rauschen
Du weißt von wem die Rede ist?
Die Rede ist vom Komponist.

Claudia Waldherr * 1990

Blaues Tagträumen

Ich spiele mit Worten, wie ein Kind mit
   seinen Klötzen.
„Neid regiert die Welt.", ein Zitat von Curt
   Goetz.
Es widert mich an, wie sie sich an meinen
   Misserfolgen ergötzen.
Ich höre über mich Geschwätz, es zieht sich
zu wie ein Todesnetz.

Eigenschaften, Fähigkeiten, Charakterzüge
von denen ich selber nichts weiß.
Der Zyklus wiederholt sich, wie in einem
ewigen Kreis.
Sie lügen, betrügen und schwindeln, ohne
mit der Wimper zu zucken,
aufeinander hocken, tun sie wie die
Glucken.
Sie glotzen und starren,
ich winke, zu mehr bin ich nicht fähig.
Meine Gedanken sind benebelt wie durch
gezündete Knarren dessen Rauch.
Mein Gehirn, es hinkt, meine Kreativität
schwindet,
das Gehirn ist wie erblindet, meine Fantasie
ist entrinnt.

Ich hoffe sie sind stolz,
Menschen sind Monster.
Egal was tu, ich seh Gespenster.
Aber was soll's?
Besuchen tut mich niemand und die blauen
Pillen der Pfleger werden auch nicht
weniger.

Ann-Kathrin Walter * 2008

Momente

Hemdsärmelig und mit nackten Füßen
zeichne ich Momente, die mich
berühren.
Lasse sie von einer Hand in die andere
durch meine Finger rinnen;
Immer wieder den kurzen Augenblick der
Begegnung suchend.
Leises Glück, dass es ihn gibt. Ein
flüchtiger Augenblick, der nur dann
noch in meiner Erinnerung liegt.
Solche Momente erhellen mein Dasein
ungemein und ich sehne mich nach
ihnen.
Ein Sonnenstrahl küsst meinen Rücken
während ich barfüßig durchs nasse
Gras laufe.
Ich halte ihn kurz fest, denn seine Wärme
durchströmt meinen geschundenen
Körper.

Ich erreiche das dunkle Wasser des
Moorbades, samtig weiches Wasser
umschlingt mich.
Mein Atem huscht warm wie die Libelle
übers Wasser; silberglitzernde Wellen
tänzeln im See
und ein leichter Windzug lässt sie wie
Murmeln hin und her gleiten.
Ein Gefühl des Leichtseins und der
Unbeschwertheit überkommt mich.
Die bleiernen Sorgen beschweren mich jetzt
nicht mehr
und ich lasse alle Ungemach tief am Boden
des Sees im Schlamm verankert liegen.
Ich gleite sanft im Wasser dahin und
beobachte den eisblauen Himmel mit
den grellweißen Wolken,
die wundersame Formen annehmen.
Wer kann mir jetzt ein Leid antun? Wer
vermag
mich aus meiner muschelgleichen
Schutzhülle angreifen?
Warum war ich traurig?
Niemand kann mir hier in diesem Moment
mitten im See etwas antun, darum ist
der See mein Freund geworden.
Ich liebe diese Momente und möchte sie
festhalten in einem Glas,
so dass ich sie immer wieder hervorholen
kann, wenn ich sie brauche.

Simone Walter * 1963

Kugelfest

Zwischen den stürmen der Seele
Halt ich dich fest wie du magst
Und schmecke im Salz deiner Tränen
Das Bitter vergangener Tage
Mit jedem Herzschlag sprühen Funken
Entfachen im Dunkel unserer Hüllen
Leuchtfeuer der Geborgenheit
Ich atme dich in diesen Momente tief
Und versinke in der Gewissheit das ich
Kugelfest in deinen Armen liege
Wenn auf den Schlachtfeldern
meiner Seele Scharf geschossen wird

Sascha Walther

Der Schicksalsschlag plötzlich Blind

Gestern lebte ich noch mein Leben, heute bewundere ich dafür jeden. Einmal nicht aufgepasst,
und gleich ist die Welt verblasst. Ich hätte ein Wahnsinns Leben führen können, doch Gott wollte es mir nicht gönnen. Ich bin 19 und Blind, manche bekommen grad ein Kind.
Ob ich jemals wiedersehen werde?
Wohl kaum bevor ich sterbe.
Was hab ich bloß gemacht? Was hab ich mir dabei gedacht?
Da schaue ich einmal auf mein Handy, und spiele Crafty Candy.
Dann kommt dieses eine Auto, und haut zu.
So liege ich da, und der Autofahrer kommt mir nah.
Ich sehe ihn nicht, ich höre ihn nur. Es war weg, meine Sicht.
Ich hatte doch grad erst mein Abitur

Lucia Warkentin * 2004

Krieg!

Meine Sonne -
Ich habe nur für dich gelebt
Meine Sonne-
Die Erde hat gebeebt
Meine Sonne-
Und dass ihr ihnen nie vergebt

Dafür, dass sie meinen Sohn genommen haben

Die Zeitung schreibt-
Sie schreibt nur Zahlen
Die Zeitung schreibt-
Dabei kennt sie doch die Qualen
Die Zeitung schreibt-
Das mit dem die andren prahlen

Ich hätte sie nicht lesen sollen

Die Bomben fallen
Und ich habe Angst
Die bomben fallen
Während du wegrannst

Ach ich weiß nicht was mit den Menschen nur los ist

Sophie Charlotte Warres * 2006

Der Verzicht/ Doppelter Verzicht

Die Art und Weise, wie ich meine Limo schlürfe
Sei so sexy, sagst du und damit ich's nicht versau
Schlürf ich weiter und weiter und als die Limo leer ist
Werd ich schüchtern und im Magen wird's mir flau.

Du schaust mich an, ich sollte jetzt was sagen
Doch es war ein ganzer Liter, sodass ich nur eins kann:
Ich taumele zurück und kotz dir vor die Füße
Dann geht's mir besser und ich grinse dich blöd an.

Ich denke: „Jetzt hab ich's verbockt – das war's mir wert!
Und ich trink nie wieder Limo, das wär nun geklärt!"
Egal, ob du mich sexy findest oder nicht –
Ich bleib bei dem Verzicht!

Und alle Leute, die sich fragen, wie's ihm geht
Und ob er jetzt noch immer vorm Gebrochenen steht?
Die Kotze ist noch da, doch er ist weg
Es war für ihn wohl doch ein großer Schreck!

Die Limo war von ihm spendiert
Und die Aktion hat ihn schockiert

Egal, ob Limo oder Mann, ich weiß es
   nicht ...
Doppelter Verzicht!

Marie Waruschka * 1987

X. Epigramm

Unter der Sonne, ganz gleichgültig wo, sich
   erfinden die Menschen! -
Hab mich erfunden für dich seit du
   verlassen hast mich.

Franz Wasser * 1963

Heimsuchung

Du kamst und wuchst in mir, doch
   niemand wusste von dir.
Da sprach meine innere Stimme: „Schnell,
   lass dich schneiden, jetzt."
Wie gut, dass ich auf sie hörte; sonst wärst
   du – ausgebüchst.

Dann kamst du wieder, in neuem Gewand,
   und auch an neuem Ort.
Und diesmal sah es sehr schlecht aus, drei –
   Wochen – blieben – noch,
bis das Messer erneut mit dir rang. Und ich
   schaute zurück auf mein Leben.

Konnte sehen, wie es gewesen. Konnte es –
   nehmen – wie es gewesen war.
Noch einmal? – Würde ich wieder so
   gehen. – „Es ist mein Leben gewesen."

Ruhe trat ein und Frieden, die Tränen
   rannen noch still.
„Wenn ich geh'n soll, so kann ich es nun,
   wenn der/die Höchste es jetzt von mir
   will."

Und wieder schnitten die Messer, die
   Männer führten sie scharf,
und sagten, als ich aufwachte, dass ich noch
   leben darf.

Es folgte noch manche Behandlung, die
   Kraft kam nie mehr ganz zurück.
Man sagte, dass ich geheilt sei, und hätte
   ein riesiges Glück.

Ich konnte das Glück nicht empfinden,
   mein Körper fühlte sich schlecht.
Da ließ ich andere weiter suchen, die
   sagten, mein Körper hat Recht.

Du warst wieder da, an anderem Ort, und
   schon wieder in andrer Gestalt.
Schon wieder die Messer und so viele
   Strahlen; ich fühlte mich nur noch
   uralt.

Keine Kraft mehr – zum Kämpfen – ich
   seh' keinen Weg. Wohin soll das mich
   wohl führen?
Zum – Ende – das ich mir vorstellen
   konnte? – Ich – kann -- es --
   körperlich – spüren.

Ich schließe die Augen – und – Ruhe tritt
   ein – da ist auch wieder der Frieden.
„Ich kann nun gehen, das weiß ich genau,
   doch kann ich auch weiter – gehen?"

Claudia Wasserheß * 1956

Unbekannte Sphären

Leere.
Schwarz wie das Nichts vor meinen Augen.
Für immer war nicht lange genug.
Der Zeiger zieht weiter.
Stumm sehe ich ihm zu.

Schmerz kann nicht beschreiben.
Schmerz kann nicht erlöschen.
Was bleibt ist die Erinnerung.
Daran, dass Liebe grenzenlos ist.

Der Kopf ist so laut,
Das Herz ist so still.
Die Fragen bleiben,
Wie Narben auf meiner Seele.

Das Schicksal schlägt zu.
Du und Ich, wir bleiben.
Nicht auf dieser Welt,
Doch in unbekannten Sphären vereint.

Luicila WL * 1994

Schicksal

Präsens erstarrt im Präteritum,
geistert zum Schemen Futur,
fremdbestimmtes Schöpfertum -
Januskopf in der Natur.

Feste Konturen verändern
sich unterm Banner der Zeit,
dräuend schwelt über Rändern
Schicksal, das daran reibt.

Regisseur des Lebens,
Schierlingsbecher der Zeit,
keinen suchst du vergebens -
Parze im bunten Kleid.

Gabriela Weil

obdachlos

Die einzig Wärme, die er hat,
sie ist sein Leben, hat es satt,
er sucht nach Heimat, findet nicht,
hofft auf Erlösung, hofft auf Licht.

Die leere Flasche in der Hand,
verwirrt und traurig, zieht durchs Land,
er ist seine Bedürftigkeit,
die Hoffnung weg, lebt nur im Leid.

Das weiße Kleid, das er getragen,
in guten Zeiten, guten Tagen,
verließ ihn doch gewiss zu schnell,
die Zukunft dunkel, nicht mehr hell.

Entscheidet sich für einen Sinn,
denkt nicht mehr nach, nimmt alles hin,
denn eines kann ihm niemand nehmen,
Erinnerungen, die vergrämen.

Er trinkt, denn fördert seine Flucht,
mit Seinesgleichen lebt die Sucht,
entschließt sich, lebt in andren Welten,
erschießt sich, denn er wird nie gelten.

Anna Sophie Weisz * 2004

Willst du ...

Willst du leben,
dieses Leben in dir?

Willst dich hingeben,
der Suche nach dir?

Willst dich finden,
in den Tiefen deines Seins.

Dieses Leben in dir,
ungeteilt deins.

Ellen Welke * 1968

Agoraphobie

Agoraphobie
Verstehen werde ich dich nie,
Mit hohen Erwartungen ins Leben
    gegangen,
Durch deine Erkrankung eingefangen,
Universitäten versperrten mir das Lernen,
Und die steigende Angst, wovon soll ich
    mich in Zukunft ernähren,
Fotos die belegen, wie sehr ich die Weite
    liebte,
Erwecken nur noch wutvolle Triebe,
Das Gefühl ohne Hilfe alleingelassen zu
    sein,
War nie vorstellbar, bis du zogst bei mir
    ein,
Auch wenn jeder Tag sich anfühlt wie im
    eigenen Körper gefangen,
Wird kein Tag vergehen in dem wir nicht
    sind in einen Kampf gegangen,
Denn auch wenn du ein mächtiger Gegner
    bist,
Weiß ich das diese Zeit nicht unendlich ist,
Wissen tun wir beide im inneren,
Mein Leben, das werd ich zurück gewinnen.

Frederik Werner * 1996

Vögel im Wind

Endlich bist du frei, leicht, unbeschwert,
Breitest deine Flügel aus, schließt die
  Augen, prüfst den Wind.
Er greift dich zart, hebt dich auf, trocknet
  deine Tränen,
Trocknet meine auch.
Der Wind sucht nach meiner Hand, will
  mich mitnehmen zu dir.
Bin zu schwer, hab noch keine Flügel.
Ich schaue dir nach - verblassend, friedlich,
  klein,
Ein flammender Schatten vor der Sonne.
Bist jetzt frei, und ich allein.
Einzig meine Tränen ein erhabener
  Begleiter.
Der Wind hat dich davongetragen.
Lebe wohl, kleiner Vogel, möge meine
  Liebe dich begleiten.

Anneke Werner * 1997

Birkenwurzel

Als ich kaum mehr war als noch nicht,
da wurd die Straße unter Füßen geteert
und Himmel über die Befürchtung
  gehangen
und Münzen verehrt
und Licht gemacht, wohin Schatten fiel.
Es gab so viel, es gab viel Verlangen.

Und hätt' all das niemand vor mir getan,
wären Birken dennoch schöner als
  Straßenlaternen.
Man könnte sich vermissen unter tausenden
  Sternen.
Der Kitsch wäre ehrlich.

Und wenn einmal jemand nach mir fragt,
dann gibt es mehr Straßenlaternen.
Es gibt mehr Licht, mehr Leuchtreklame,
  niemand ist sterblich.
Ob ich die Wahl hatt', fragt er sich nicht,
ob ich wohl dort bin, bei den Sternen.

Nico Wirth * 2001

Vergiss Mein Nicht

Gefunden am Wegesrand,
nahm ich dich in meine Hand.

Hell Leuchtendes, blau,
zart wie der Morgentau.

Tag für Tag uns verband,
bis das Schicksal mich fand.

In ein unbekanntes Land muss ich gehen,
werden wir uns je wiedersehen?

Fort von dir zieht mich das Licht,
so wünsche ich mir nur eines,
vergiss mein nicht.

Cornelia Wied * 1978

Ein guter Tag

Der Morgen graut im Nebeltal
Die Sonne wirft den ersten Strahl
Durch dichte Schwaden düstre Nacht
Ein gold'ner Schein im tiefen Schacht

Tief unten tanzten Schatten Reigen
Und nannt' der Frost die Welt sein Eigen
Tief unten grub ich einsam Gräber
Und blieb der Lasten müder Träger

Kein Ziel mich rief am End' der Reise
Das später fuhr auf fremdem Gleise
Zu unbekannten, ungeliebten Halten
Wo doch und stets die alten Muster walten

Der Strahl erweckt des Traumes Geist
Zeigt, was das Glück willkommen heißt
Fort werfen will ich, was auf mir lag,
Wenn auch nur für einen Tag.

Klara Wirth zur Osten * 2002

Vergessen

Man erkennt es
in den Augen
mehr forschend
fragend ohne Ziel
weniger wissend
mehr glaubend
und Gesehenes
scheint zu viel
Hab' diesen Blick
zu oft gesehen
und hoffe
eher zu sterben
als dieser Blick
zu werden

Frank Karl Walter Witt * 1966

Vordefiniertes Schicksal

Zur falschen Zeit am falschen Ort geboren
Und ein Leben in Armut ist garantiert
Der Grundstein für Kriminalität ist gelegt
Und ganze Generationen manipuliert.

So ist es schwer den richtigen Weg zu
 finden
Oft bleibt dann nur die falsche Spur
Die Möglichkeiten sind beschränkt
Wie die Wege einer Schachfigur.

Ein gefährliches Leben wartet
In einer Welt die noch gefährlicher ist
Jedoch hast wahrscheinlich nichts zu
 gewinnen
Weil nur ein Bauer auf einem Schachbrett
 bist.

Daniel Woike * 1990

Die Welt in der wir Leben

Meine Welt sie drohet zu entfliehen
aus meines Geistes Sinn
meine Leben ist ja nur geliehen
es geht ja in andere Dimensionen hin

Achtsam hab ich sie mir angesehen
und doch nur die Hälfte wahrgenommen
will sie auch ganz bestimmt verstehen
die Zeit dafür, sie ist noch nicht zerronnen

Die Welt sie zeigt mir heute ein Gesicht
Angst, Wut und Sorgen bekomme ich zu
 sehen
aber auf ihr gibt es doch noch so viel Licht
wir wollen doch alle in eine wunderbare
 Zukunft gehen

Alle Welt spricht nun von Freiheit und
 Frieden
das durchzusetzen braucht die Kraft der
 Vielen
niemand will das sie sich bekriegen
keiner bräuchte mehr zu fliehen

So stell ich mir das „Morgen" vor
alles ist so wunderbar im hellen Schein
Fröhlich, Lustig und Luftig-leicht am
 Erden-Tor
so wird es für die Menschen in ihrem
 „Sein"!

Renate Elfriede Wöstmann * 1958

Stern der Hoffnung

Es war dunkel.
Wachte die junge Frau.
Ging an den Spiegel und schaute sich in die
 Augen.
„Ich sehe nichts" sagte sie.
„nur ein schwarzes Loch in der Ferne."
Es war dunkel, es war ruhig.
Dann fing sie an zu weinen.
Man hörte nur die Tränen, die tropften.
Hoffnungslos und verzweifelt war sie.
Wie noch nie.
Doch, sie sah alles, sie sah gut.
Jedoch war das schwarze Loch ihr Tabu.
Es war eine Illusion von Tausenden.
Sie ging hin und her in ihrem Zimmer,
Plötzlich leuchtete ein Stern am Himmel.
Sie blieb stehen, schaute vom Fenster.

Ein Stern, der im Dunkeln funkelte,
Ein Funkeln, darauf sie wartete,
Eine Hoffnung, die sie sich wünschte.
Größer wurde der Stern,
Näher kam die Hoffnung,
Und sie wachte schnell auf,
Ihre Augen waren feucht, in diesem Haus.

Senem Yüce

Für dich kleiner Bruder

keiner fragt uns, ob wir in diese Welt
    geboren werden wollen
und irgendjemand bestimmt, wann wir
    gehen sollen

den Weg dazwischen bestimmst du allein,
diesen Weg gehst du mit all deinen
    Wegbegleitern
ein kurzes oder langes Stück,
manche Menschen legen nur einen kurzen
    Weg zurück

auf diesem Weg liegen Glück und Leid,
    Liebe und Hass, Freude und Schmerz,
diese Gefühle kennen nur Menschen mit
    Herz

so ein Mensch warst du,
ein herzlicher und liebenswerter Ehemann,
    Vater, Bruder, Sohn, Schwager, Onkel
    und Freund immer zu

warum die liebsten Menschen zu früh
    gehen, das werden wir nie verstehen

wir sind den Weg ein kurzes, aber
    wundervolles Stück zusammen
    gegangen,
das letzte Stück musst du alleine gehen, bis
    wir uns irgendwann wiedersehen.

Zappi * 1963

Das Los des Lebens

So oft gefallen und ins Bodenlose gestürzt
So voller Schmerz, Wut und Hass
Verbittert und des Lebens überdrüssig
Am Rande des Wahnsinns kniend
Trauer aus den Augen fließend
Verstummt vor Aussichtslosigkeit
Unsagbar verletzt
Mit Narben auf der Seele
So tief wie der Marianengraben
In Selbstzweifeln ertrinkend
Und Dunkelheit versinkend
Eine Spirale ins Nichts
Ein Schicksalsschlag folgt dem nächsten
Auf der Suche nach Sinn und Frieden
Nach Ruhe und Akzeptanz
Verloren im Hier und Jetzt
Im Meer des Gewissens umherirrend
Von tausend Fragen überflutet
Und doch wie ein Pflänzchen existierend
Verdorrt, aber verwurzelt auf dieser Welt

Ricarda Zehm * 1982

Kerzen

Als die 1.Kerze hat gebrannt, wir noch
    spürten deine Hand.
Deine Wärme, deine Liebe, war nun alles
    was noch bliebe.
Wolltens nicht glauben, war alles gelogen,
dass Du bist zu den Engeln geflogen.

Als die 2. Kerze brannte und das Leben
    längst vorbei, wir nun ganz alleine
    standen, in des Glanzes Kerzenschein.

Kerze Nummer 3 so hell ihr Licht, wir dich
    überall suchten, doch fanden Dich
    nicht.
Wir riefen zu Gott, bring ihn uns zurück
    und schenke
uns zu Weihnachten ein bisschen Glück.

Heut brennt es so hell, das 4. Licht, doch
    Einsicht und Akzeptanz, die gibt es noch
    nicht.
Du fehlst hier so sehr, Dein Platz bleibt
    nun leer.

Wir hoffen Du siehst uns, wo Du jetzt
    auch bist
und weißt, Du wirst hier für immer
    vermisst.
Ein Abschluss in diesen Zeilen, findet man
    nicht
da Weihnachten ohne Dich, kein
    Weihnachten ist.

Simone Ziegler * 1973

Mutter

Mutter, ein Wort, 6 Buchstaben.
6 Buchstaben die es nicht geschafft haben
    bei mir zu bleiben;
Weinen tu ich nachts, vor dem Spiegel,
    wo ich mich betrachte und auf meine
    Gesichtszüge achte,
wo ich sie sehe, und mich frage: Warum
    bist du weggeblieben? Hast du es
    nicht geschafft, mich zu lieben?
Dein einziges Kind alleine gelassen, um
    lieber nichts von Gott und der Welt
    zu verpassen?
Warum hast du nur Zeit mit denen
    verbracht, deren Blut nicht dem
    deinen war.
Trotz allem war dir klar, dass du mich nicht
    liebtest, egal was war.
Ich frage mich immer, Tag für Tag, ob es
    irgendwann dazu kommt das wir uns
    vergaßen,
obwohl es früher nicht so war. Wo du mich
    fragtest „Sollen wir rennen?"
Gemeinsam zu flüchten, vor den großen
    bösen Flügeln die vor uns lagen.
Hast versucht mit deinem Schutz über
    meinem Herzen zu wahren.
Doch die Vernunft bekam die überhand.
Wo ich mir oft hoffte, wir hätten es
    gemacht.
Gesagt, getan, doch so war dem nicht.
Am Ende ist es eh nur über uns, ein
    trauriges Gedicht.

Anna Zimmermann * 2007

Danach

Die Nacht so kalt,
schwebt dunkel schwer.
Gefühle schwarz,
die Seele grau –
leer bleibt der Tag.
Der Tod kam schnell,
nahm mir das Licht.

Katrin Zinkel * 1972

Eine Träne

Eine Träne.
Nur eine bleibt.
Dein Herzschlag in meinen Gedanken
Und die Stimme weg, die mich sonst heilt.

Das liebste Buch Zuhause
verstaubt,
zu lange schon im Schlummermodus,
zu lange nicht mehr lesen getraut.

Schwer zu atmen durch
minutenlange Sekunden.
Brennend durch die Straßen und
plötzlich sind Minuten Stunden.

Träume
heimgesucht von der Melodie der Rosen.
Mit Flügeln in Gedanken
bis zur Erschöpfung toben.

Wie nie dagewesen mittlerweile
liegt nur eine Träne
zwischen Hier und Dort,
wenn ich nach dir weine.

Jennifer Zwicker * 2000

Mobbing

Der Herbst der Meute keltert mich mit bunten Blättern,
Keltert meine Träume und Bilder zu Eis. Mein Wort erblasst wie Schnee –
So still, so viel Tod. Ungehört falle ich in den Brunnen,
                      ungehört zerstäubt das Bild dieser Welt.

Ich höre auf zu wachsen an diesem Herbsttag,
                      der Raum leert sich wie ein Glas,
Neigt sich ins Jenseits hinüber, neigt sich in die Wahrheit.

Der Herbst der Meute keltert meinen Abschied, zerteilt mein Lächeln mit alten Nägeln,
                      zerteilt meinen Blick.
Kein Ast hält mich zurück, kein Sperling weint auf.

                                                  Silke Mader

# FRANKFURTER BIBLIOTHEK

JAHRBUCH FÜR DAS NEUE GEDICHT

Die Natur

BRENTANO-GESELLSCHAFT

FRANKFURT/M.

GEDICHT UND GESELLSCHAFT 2024

FRANKFURTER BIBLIOTHEK

Gründungsherausgeberin Giordana Brentano

Erste Abteilung
Jahrbuch für das neue Gedicht
73.

Die Natur

Herausgegeben von
Klaus-F. Schmidt-Mâcon† und
Nikolaus Gruß

Mit einem Vorwort von
Katharina Strojek

BRENTANO-GESELLSCHAFT FRANKFURT/M.
2024

Die Natur

Jahrbuch für das neue Gedicht

Herausgegeben von
Klaus-F. Schmidt-Mâcon† und
Nikolaus Gruß

Mit einem Vorwort von
Katharina Strojek

BRENTANO-GESELLSCHAFT FRANKFURT/M.
2024

Hinweise zur alphabetischen Ordnung

Die Gedichte sind nach Autorennamen geordnet. Umlaute gelten dabei als nicht geschrieben. Sie sind in der alphabetischen Folge nicht berücksichtigt.
Wegen der strengen alphabetischen Abfolge der Gedichte mussten Spalten und Seiten auch im Vers umbrochen werden. Die Redaktion bittet um Verständnis.

Beilagenhinweis:
Die Ausschreibung für die
Frankfurter Bibliothek 2025
liegt dem Band bei.

Empfehlung im Internet:
www.autoren-tv.de
www.literaturmarkt.info

Der August von Goethe Literaturverlag publiziert neue Autoren.
Manuskriptzusendungen sind erbeten an:
lektorat@august-von-goethe-literaturverlag.de

www.august-von-goethe-literaturverlag.de
www.frankfurter-verlagsgruppe.de

©2023 Brentano-Gesellschaft Frankfurt/M.,
ein Imprint der Frankfurter Verlagsgruppe GmbH
Mainstraße 143, D-63065 Offenbach a. M.
Tel. 069-13377-177, Fax 069-13377-175
ISBN 978-3-8267-0113-9
ISSN 1613-8386

Gedanken

Ich liebe das Leben, die Sonne und das
   Meer, die Wolken, den Himmel und
   Regen noch viel mehr.
Ich mag den Geruch von süßem Wind in
   Sommer lauen Nächten, wenn Sterne
   fallen auf mich herab,
muss ich so an dich denken, wie gern wär
   ich ein Teil von dir, eng umschlungen,
tief verbunden, tief in dir verwurzelt, mein
   Herz das schlägt in meiner Brust und
   ich fühle Lebenslust,
an nichts kann mehr ich denken und möcht
   dir meine liebe schenken,
bei dir bin ich zu Haus und breite meine
   Flügel aus, wie ein Adler schweb ich
   über dir,
jetzt, bin ich ein Teil von dir, ein Teil von
   Mutter Natur, das ist immer, was ich
   wollte nur.

Eileen van Aast * 1968

Frühlingsgefühle

Im Strahlenden blau erstrahlt das
   Himmelszelt,
Sonnenschein soweit das Auge reicht.
Man spürt wie der Frühling einstellt,
und der Winter immer mehr weicht.

Blätter wachsen an den Bäumen,
Sind noch klein, doch deutlich zu seh'n.
Gänseblümchen wachsen und träumen,
Winde tun ihren süßlichen Duft verweh'n.

Der Wind geht so sacht,
Erfrischend, süß - und doch so klar.
Der Frühling hat Vertrautheit mitgebracht,
wo einst der graue Winter war.

Daniela Achilles * 2003

Frühlingserwachen

Weißt du, wie der Frühling klingt?
Nach summend kleinen Bienen
die versuchen alle Poll'n zu kriegen
und nach hübschen flauschgen Vögelein
die ihren Nachwuchs ernähren fein

Weißt du, wie der Frühling schmeckt?
Nach bunt bemalten Eiern,
nach kalten Nebelschleiern,
nach kühlen nassem Tauwasser
das gnadlos stürzt den Berg herab
und frischen leck'ren Kräutern

Weißt du, wie der Frühling klingt?
Nach summend kleinen Bienen
die versuchen alle Poll'n zu
kriegen und nach hübschen
flauschgen Vögelein die ihren
Nachwuchs ernähren fein

Brian Luca Adler * 2011

Nebelland

Im Winter jagt die Füchsin
meist auf offenem Feld.
Ich schaue und schweige,
bis der Wind mich heim jagt.

Wenn die Wolken erzittern,
flieht sie hinein ins Geäst.
Ich steh' am Ufer und seh' ihr nach.
Sie weiß es und lädt die Krähen ein.

Nebelland hab' ich gesehen
auf offenem Feld am frühen Morgen.

Manuela Ahrens * 1971

Zwischen Zweifel und Hoffnung

Wenn die Sonne untergeht,
Und der Himmel sich rötlich verfärbt,
Und der Mond seinen Posten erwerbt,
Dann ein weiterer Tag vergeht.

Der Himmel so schwarz wie Tinte,
Die Erde überdeckt von Dunkelheit,
Und einem hochkommt die Vergangenheit,
Entstehen Erinnerungslabyrinthe.

Doch ein Lichtstrahl eilt herbei
Ja, die lange Nacht, sie ist vorbei!
Hoffnung erhellt die Seele,
Und räumt die Gedankenprobleme.

Der Morgen, ein Neuanfang!
Das Herz erfüllt voller Tatendrang,
Den Tag leben als wär's der letzter
Den Moment als wär's der erster.

Rahime Akboga * 2006

Lago di Como III

Eingebettet in Kieselsteine dieser See
ein breites Grinsen der Wellen im Gesicht
im Background das Rauschen des
    Gebirgsbaches
wie wilde Brandung des Meeres im Sturm
gleichmäßig, in guter Connection mit den
    Bergen
die das Wasser ablassen vom letzten Winter
kommt Regen auf, schwillt bedrohlich an
das Rauschen der kalten klaren
    Wassermassen,
um sich dann im See leiser werdend zu
    beruhigen
Im Hintergrund das verlorene Bellen eines
    Hundes
Es klingt so klar, das Zwitschern der Vögel
vereinzelt ein geduldiger Kuckuck
woher der kommt, weiß keiner
saftiges duftendes Grün des beginnenden
    Junis
Große edle Äste und Zweige einer uralten
    Zeder
beugen sich geheimnisvoll herab
das Flüstern bleibt
leise senkt sich der Abend herab
Die Stille der Dunkelheit deckt alles zu
Fernab ein leiser werdender Motor

Christine Albrecht * 1953

Lauf der Natur

Draußen ist's kalt
Grauer Asphalt
Träume von ‚ner alter Villa
Laufen im Wald

Male farbenfrohe Bilder
In meinem großen Garten toben Kinder
Früher waren Tage finster
Damit die Wolken verschwinden
Braucht es manchmal ein Gewitter
Ziehe die Rollläden hoch
Lass die Sonne in mein Zimmer

Das hier wollte ich schon immer
Das hier wollte ich schon immer

Einfach nur Musik machen
Nein, ich muss nicht ins Showbiz
Pflanze meinen Samen und die Zukunft
    wird rosig
Eine Biene fliegt auf die Blüte
Macht daraus Honig
Betrachte den Lauf der Natur
Und alles wirkt logisch
Streiche die Naivität
Doch will neugierig bleiben
Wenn ich es wirklich will
Kann ich Träume erreichen
Fühle mich so stark, ich könnte Bäume
    ausreißen
Wem gehört die Welt
Ich wollte schon immer über Zäune steigen

Hendrik Anacker * 1993

Entrindet

Nun Streife ich mit meinen Fingern,
den Staub von deinem Blatt.
So wag ich mich doch zu erinnern,
welch Schönheit du zu geben hast.

Wie wild das Tier mit seinen Klingen,
und Ungetüm mit langen Krallen.
Dein Herz und deine Seel' erzwingen,
so deine Schreie müd' erschallen.

Oh wie sanft sich deine Zweige wiegen,
im melodisch' Ton der lauen Brise.
Nur du kannst mir den Frieden geben,
wenn ich mich leg auf deine Wiese.

Doch dein Wohl wird schnell zu Leid,
dein Bett der Schöpfung langsam
 schwindet.
Und dich der Mensch im Kern entzweit,
so auch dein Geist von uns entrindet.

Was wünsch ich mir die Zeit zurück,
in der wir achten deine Gabe.
uns deine Liebe sachte drückt,
und ich weiß, was ich doch von dir habe.

Alina Angus * 1997

Natur ist für mich...

Natur ist für mich...
schmerzlich!
Also zumindest der Gedanke daran so
 ziemlich.

Denn ist es nicht so,
dass, wenn dort ein Ort,
nein,
ein Gefühl wäre,
dessen Anwesenheit einen erholen lässe
und dir in Mitten von Licht und Schatten,
 Tier und Pflanzen,nur für sich,
ohne einer Menschenseele,
die Möglichkeit deine Gedanken zu
 sortieren gäbe,

dass,
wenn man dann diesen Ort,
nein, dieses Gefühl
in seiner Abwesenheit all zu selten,
wie auch nur noch als Gedanke erblickt,
inmitten des Großstadtjungels und
Alltagsstress vor Sehnsucht erstickt.

Felix Antefuhr * 2005

Turner, der Maler, der das Licht einfängt

Turner- Der Maler, der das Licht einfängt
Gebunden am Pfahl, auf dem
 Aussichtsturm, weit oben am
 Segelmast.

Gebunden am Schiff, am größten Segler, an
 sein Schicksal auf dem Meer,
ob sonnig, Wind oder Sturm , die Kraft des
 Wassers und der Sonne in
Turners Gesicht hinterlässt seine Spur.
Gebunden an das Können der Crew, ein
 Fehler nur und das Schiff
einen in die Tiefe reißt, ohne einen Hauch
 von Gnade.
Gebunden und damit als stiller Pakt fest
 gezurrt,
ist das Schicksal von Schiff, Mann und
Turners unstillbaren Wissensdurst.

Er will es wissen, wie sich das Schiff den
 Ozean erobert.
Er will es spüren und fühlen, wie sich die
 harte Prise im Gesicht anfühlt,
wie ihn tausend Nadeln stechen. Die
 Augen kaum mehr offen haltend,
das Gebälk im Wind sich knarzend in sein
 Schicksal fügt und nur die
Ohren die Naturgewalt noch ertragen.
Endlich nach Schreien vor Angst und Lust,
 sich das Schiff in den Hafen begibt.
Herr Turner eilig in sein Haus geht, damit
 er die die Kraft, die Farben der Natur
 nicht vergisst.
Das Gefühl in ein Gemälde gießt, so ein
 mächtiges, tiefes Bild der Natur für
 die Menschheit entsteht.
Ende

Luis Are * 1968

Tesla

Etliche Menschen werden edel geboren,
Wiederum andere hämmern und bohren.
Laß mich eine Mauer fröhlich bauen,
Besser ist dies als auf Sklaven zu hauen.
Und da steht nun einer strahlend,
Und mancher benimmt sich deshalb
 prahlend.
Andere wollen eher seinen Tod sehen;
Ja, jeder will mit ihm oder ohne gehen.
Doch was tut der Mann eigentlich?

Antworte darauf ganz und gar ehrlich!
Er ersetzt den Benzinwagen
Durch eine EV und geht manchen an den Kragen.
Nicht eine Nachrichtenagentur aber
Spricht positiv darüber,
Zumindest nicht genügend.
Da kommt nun einer befehlend
Und rettet die Natur;
Doch daß er erobert ist störend nur.
Ein jeder will doch selbst befehlen –

Nimm ihm dieses Recht ab und er wird dich nicht verfehlen.

Payam Arzani * 1979

Tanne

Majestätisch, schlank, von harz'gem Duft,
Nadeln biegsam, weich und hell das Holz;
Kerzengleich die Zapfen; Waldes Stolz!
Du immergrünst aus tiefem Grund. Ein böser Schuft,

Wer dich nicht ehrt; wer deine Heiligkeit
Nicht spürt, die Heilkraft deiner jungen Wipfeln.
Wächst steil am Hang, fast oben ganz auf Gipfeln.
Nicht nur im Boden, tief auch in der Zeit

Du wurzelst: Germanen dir den Namen gaben.
Am soletrunken Reisig wir uns laben,
am Kranz wir uns erfreuen. Danken wir dein Dienen?

Dein Blütenstaub gleicht einem Schwarm von Bienen,
du größter Baum des Kontinents. Bleib uns erhalten
und gewogen, wir brauchen dich so mannigfalten!

Othmar Auberger * 1968

Leben

Das frühe Lied der Amsel weckte mich.
Ich sah aus dem Fenster,
und ich
sah Dich.
Reglos lagst Du im Gras.
Dein Gesicht verschlossen. Deine Wangen zart und bleich.
Ich ging hinunter und nahm es in meine Hände,
Dein kleines Gesicht,
entführte es der Morgenkälte des Frühlings,
trug es vorsichtig ins Haus,
brachte es Stufe um Stufe der Wärme näher,
legte es ihr zu Füßen.
Langsam kehrte das rosige Rot zurück in Deine Wangen.
Kräftig. Strahlend.
Du blicktest auf,
sahst mich an,
ganz still,
mit einem unsichtbaren Lächeln.
Du begannst, wieder zu leben, kleine Tulpe.

Jeanette Baden-Jaber * 1967

Aufrechter Gang

Vor vielen Tausend Jahren erhob der Mensch sein Angesicht,
wie in der Schule zu erfahren, in Afrika -
wir wissens nicht.

Die Urgeschichte lässt uns spüren: Homo sapiens wird zum Star,
beginnt die Gliedmaßen zu rühren, was lange so nicht denkbar war.

Doch kraft Gehirn entfernt von Tieren als ob es längst im Lauf der Zeit
endet das Kriechen auf allen Vieren, stellt sich auf Beine stark und breit.

Aufrechter Gang, Revolution im Leben, ein forschend Rundumüberblick
und immer schneller, höher streben, bricht uns dereinst auch das Genick.

Schon der Neandertaler nutzte Hände zum
 Beerensammeln und zur Jagd,
zur Malerei auf Höhlenwände hat er sich
 strebend vorgewagt.

Doch auch, um Konkurrenten zu besiegen
 mit hergestellter Waffenkraft
kam selbst der Ötzi zum Erliegen, ihn hat
 ein Feind dahingerafft.

Wie Archäologen nun gefunden, war Ötzi
 nicht behaart, nicht hell,
war eher braun ganz unumwunden und
 glatzenartig mit wenig Fell.

Aufrecht gehen, aufrecht stehen, die
 Evolution hat es bedingt,
des Menschen Fortschritt ist zu sehen, doch
 aufrecht sein oft nicht gelingt.

So stürmten wir in vielen Schritten vom
 Neandertal ins Digital,
wir wehrten uns mit vielen Tritten wohl
 wissend: Ja, es war einmal.

Erwin Barth * 1960

Das Rasuchen des Glücks

Hörst Du nicht das Rauschen des Glücks?
Riechst Du nicht den Duft der Freiheit?
Wanderer, was ist mit Dir?
Lass los und spiele mit den Wellen.
Lass Dich vom Meer fortragen und in
 seinen Wogen wiegen.
Denke nicht an den Tintenfisch, der mit
 seinen Tentakeln nach Dir greift!
Vergiss den Hai, der auf der Suche nach
 einem freinen Happen, unter Dir
 taucht.
Lass die Muräne Muräne sein, sei sie noch
 so giftig!
Und ignoriere die schillernden Quallen mit
 ihren brennenden Nesseln.
Sie alle können Dir Dein Glück nicht
 nehmen, das Du empfindest hier im
 Meer.

Florian Bauer * 1965

Natur

Bewegung ist

Lachen
Reden
Atmen
Weinen

Regen
Schnee
Blätter
Wachsen

Ideen
Gehen
Fliegen
Schwimmen

Wünschen
Liebe
Geburt
Tod

Bewegung ist Alles

Und Alles ist Natur

Georg Baum * 1952

Frühlingsgefühle

Die Blumen blühen in hellem Licht,
Die Sonne strahlt mit voller Kraft.
Der Frühling ist da, es fühlt sich an,
Als ob die ganze Welt erwacht.

Die Natur zeigt uns ihre Pracht,
Die Vögel singen fröhlich ihr Lied.
Die Zeit der Dunkelheit ist vorbei,
Die Welt ist voller Farben und Frieden.

Lasst uns den Frühling feiern,
Mit Freunden rausgehen und das Leben
 genießen.
Lass die Sorgen hinter dir,
Und tanze zu deiner Lieblingsmusik.

Der Frühling weckt in uns neue Energie,
Er erfüllt uns mit Liebe und Freude.
Eine Zeit des Aufbruchs und der Veränderung,
Die Zukunft liegt in deinen Händen, meine Jugend.

Nutze diese Chance, um zu wachsen und zu lernen,
Um deine Träume zu verwirklichen und zu leben.
Der Frühling ist da, um uns zu inspirieren,
Und uns daran zu erinnern, dass alles möglich ist.

David Baumann * 1985

Möwe am Meer

Bevor sie strandet, segelt die Möwe durch die Luft
beschwipst vom Ozon des hohen Himmels
Sie fliegt auf Welttournee, kennt jeden Fjord
und weicht unbeirrbar wie ein Flugzeugträger
gischtschäumenden glücklichen Hunden aus
Hält Sonne und Wind in den flirrenden Federn
Schenkt Schiffbrüchigen wie uns Hoffnung auf Land
Verlacht mit ihrem Schrei Schwerkraft und Schlick
Pickt wahllos Würmer aus dem Watt, aus Wolken
und strandet dann doch

Hendrik Baumgarten * 1966

Die Böschung ist tot!

Nichts wächst hier mal einfach so!
Bei diesem Anblick ist man nimmer froh
Dort wo vorher war das sanfte Grün
Wird wohl hier jetzt lang nichts blüh
Denn sie kamen mit Sägen und Zangen
Sind brutal über alles hinweggegangen,
Was hier gelebt hat und Leben gab
Warfen sie einfach von der Böschung herab

Die Vögel sind ihrer Nester beraubt,
die sie doch haben gerade erst gebaut.
Die Heckenrose war schon letztes Jahr gestorben
Nun ist auch die wilde Böschung verdorben.
Der wilde Flieder, die Hollerbüsche
Sie waren für viele Tiere die wichtige Nische.
Ihre Wurzeln hielten die Erde am Platz
als hüteten sie einen wertvollen Schatz.
Beim nächsten Regen,
wird viel Erde sich bewegen.
Und doch merkt es kaum jemand
Wie hier wütet die menschliche Hand.
Weniger Vogelgezwitscher, weniger Bienensummen
Bald wird auch hier die Natur ganz verstummen.

Rita Becker * 1996

Die großen Dichter

Das Leben zwischen Baum und Borke
läuft in Ringen ab und davon,
manchmal bedacht und manchmal schnell,
es springt durch die Wälder und Alleen.
wenn es gefragt wird: „wie geht's?",
sagt es: „es geht."
Es grüßt Sie Walter Kempowski
aus der Ewigkeit,
wo er mit Johannes Bobrowski
seine Zettel in die Zigarrenkästen sortiert.
Marmelade läuft am Mund herunter;
das Kirchencafe hat geöffnet.
Es heißt, es hätte alles gar nichts miteinander zu tun.

Frank Benthin * 1965

Gaia's Vergehen

Feuer, Wasser, Erde, Luft,
sind die vier Grundelemente und definieren des Erdes Duft.
Es trifft ein Schwall von Empörung auf Empedokles nach seiner dreisten Behauptung:

„Nicht doch, Empedokles, es sind die
  unteilbaren Atome",
sagt Demokrit ganz fromm.
Das Lachen des Alchemisten ist nicht zu
  überhören:
„Äther, Schwefel, Quecksilber und Salz,
sind es, aber ich will nicht stören."
„Feuer, Wasser, Erde, Luft,
unteilbare Atome,
Äther, Schwefel, Quecksilber und Salz?"
fragt der Klagebote.
„Ich bin es, Gaia, und hört auf mein
  Flehen.
Der mächtige Chronos und der einsinnige
  Prometheus, sie nehmen mich, sehn
  mich vergehen.
Ich liege am Sterbebett, in mir
  Vergangenheitsrudimente,
CO_2, Plastik, Methan und Waldverlust, des
  Erde wahrer Grundelemente."

Jana Benzaglam * 2008

Gedanken einer Wespe

Die Wespe Sie sabberte
Die Wespe Sie knabberte
Sie biss in die Kirsche rein
Sie knabberte bis zum Stein
Härte die überraschte
Zähne zum Brechen brachte
Schnell sah die Wespe ein:
„Knabbern das lass ich sein!"

Mike Berger * 1999

Sehnsucht nach Heute

Heute hat das End' begonnen,
Wälder brennen, Arten sterben,
Zeit, die bleibt, ist längst verronnen,
morgen wartet das Verderben.

Heute kennen wir die Nöte,
Luftverschmutzung, Klimawandel,
statt der Sommersonnenröte
Hitzetod als Ablasshandel.

Heute steigt der Meeresspiegel,
Wüsten wachsen, Städte schwimmen,
Wirtschaftskraft als Gütesiegel
darf unsere Zukunft mitbestimmen.

Morgen lechzt die Welt nach Farben,
schwarz die Zukunft, braun die Wiesen.
Ach, würden wir noch heute haben!
Verhindern könnten wir die Krisen.

Tristan Berghoff * 2000

Tagwerdung

Nebelverhüllte Träume
fliehen zurück
in die Nacht,
das Antlitz des Morgens
funkelt Furcht wider
und Glück,
welches vergänglich –
vergänglich wie Nebel,
vergänglich wie Tau.

Wird Licht sein,
bis abermals
das Dunkel kommt?

Johann Bernauer

Die Blätter, sie fallen

Der Sommer geht bald vorbei
Die Nächte werden länger
Die Sonne nicht mehr so heiß
Die Blätter, sie fallen

So glücklich wir waren
Von Anfang an
Es begann mit dem Frühling
Die Blätter, sie fallen

Die Zeit ist die Realität
Für dich und für mich
Entspann dich, wir könnten es sein
Die Blätter, sie fallen

Viele taten schwimmen
Andere gingen in die Berge
Es war eine schöne Zeit
Die Blätter, sie fallen

Aber jetzt tun wir es wissen
Sie kehrt von uns
Die Sommerzeit ist bald vorbei
Die Blätter, sie fallen

Klaus Beth

Metamorphose

Lag ein Kind am Honigbaum, es friert und atmet kaum.
Es schneit. Der Wind pfeift ein trauriges Lied. Bis ein Vogel das Kind dort sieht.
Er legt sich auf das verlassene Kind und schützt es vor dem kalten Wind.
Kaum Hoffnung ist mehr zu sehen, nun muss es seinen eigenen Weg gehen.
Der Vogel fliegt weg, der Wind pfeift sein trauriges Lied, bis ein Eichhörnchen das Kind dort sieht.
Mit seinem Fell gewärmt, mit Nüssen bedeckt, hat es das Kind noch immer nicht aufgeweckt.
Das Eichhörnchen ging und sah nicht was geschieht, bis eine Biene das Kind dort sieht.
Mit Honig gefüttert bis keins mehr dort, trotzdem kein Ton und auch kein Wort.
Die Biene fürchtete eine große Gefahr, bis ein Wunder geschah.
Der Vogel und das Eichhörnchen kamen zurück zum Kind. In diesem eisigen Winterwind.
Sie verteilten Blumen und Kerzen, was waren das für bittere Schmerzen.
Plötzlich knackte es ganz laut, etwas Liebes zu den Tieren schaut.
Die Blumen hat es wohl gerochen und kam aus seiner Puppe gekrochen.
Als es dann zur Seite ging, sah man es.
Ein schöner bunter Schmetterling.

Kathrin Bette * 1987

Wandel

Mücken tanzen ihr Lied
ahnungslos wild
über schräges Licht.

Durch Windhand berührt
pendelt Buntes vom Holz,
sucht Rascheln in Mulden.

Manches kämpft noch
um oben dem Kalten zu trotzen,
doch es verliert.

Kein Strahl wird bleiben
der in Herzen lachte
und den Sommer in Augen pinselte.

Eisiges fließt schon den Hang.
Es drückt sich näher
in noch warme Luft.

Schatten zieht die Ahnung
von Schnee und Tagen,
die im Hause vergehen.

Nächte mit Feuerholz
sind in Gedanken an morgen
das ganz leise wartet.

Ein Dach zu suchen
drehe ich den Atem
und mache den Schritt.

Bernhard Birkner * 1968

Die Natur zum Feind gemacht

Es ist das Wertvollste der Welt,
nicht zu kaufen für kein Geld.

Kriege, Feuer und Zerstörung,
sorgen für Empörung.

Was vom Menschen nicht geschaffen,
wird bedroht mit eigenen Waffen.

Der Mensch ist der Feind und weiß es
   nicht,
nimmt ihr Stück für Stück das Licht.

Felder, Wiesen und Wälder,
getarnt als große Schlachtfelder.

Vulkane, Wirbelstürme und Erdbeben,
bäumen sich auf zum Leben,
reißen alles mit,
Schritt für Schritt.

Sie hängt an der seidenen Schnur,
ist schon lange nicht mehr in der Spur,
unsere Natur.

Beatrice Blatt * 1979

Ein Naturgemälde

Ein Stillleben der nächtlichen Ruh
und aus den tiefsten Knospen drängt das
   Schweigen.
Doch nur eine Präsenz,
ja gar mein Eigen,
fügt jenem Frieden ein Seufzen zu.

In einer Pracht, der nächsten ähnlich,
erstrahlt das egozentrische Blumenlicht
der des Nektar Verfallenen Augensicht
und inmitten des Geschehens schluchze ich.

Ich kenne des starren Waldes Pflicht:
Er schenkt die Luft und ein einziges Leben.
Und so findet ein Manches, nein, jedes
   Geschöpf sein Bestreben,
nur erinner ich mich an das meine nicht.

Die eigenständig geschaffene Natur,
blüht aus der Saat, die sie in sich trägt.
Deshalb ist alles, was lebt oder sich bewegt,
in seiner Existenz zweckhaft und pur.

Und so bleibe ich nur ein Schatten in einer
   Welt voller Sinnhaftigkeit.

Leni Blohm * 2005

Blumenmädchen

sie treiben
schlagen aus
inmitten mir
ihre Blätter
füllen meine Lunge
ich atme ein
ein letztes Mal
Licht bündelt
meine Brust
endlich war es soweit
als ich den Kopf
in den Nacken legte
wuchs aus meinem Mund mir
die dunkelste aller Blüten
die dunkelste

Martin Blum * 1988

Verschlafen

Als die Nacht den Morgen verschlief
Blieb der Mond im Himmelsgebälk sitzen,
Mit den Beinen baumelnd, sorglos.

Die Spatzen waren die ersten
Die es von den Dächern schrien:
Mondgesicht, Tageslicht, geht doch nicht!

Nichts fällt ab für die Krähen,
Die auf fette Beute hofften.
Kein Blau stillt ihren schwelenden Hunger.

Der Mond ist enttäuscht
Kein Willkommen, keine Wasserspeier.
Der Tag ist so gewöhnlich

Wie Pusteblumen am Wegesrand

Ines Bouhannani * 1968

Konstanz

Ein friedsamer Angler, getragen von
   Steinen,
sitzt wohlig am Wasser, fixiert seine Leinen.
Erfrischende Brisen und zyklische Wellen,
die Strahlen der sinkenden Sonne erhellen,

in letztem Begehren den friedlichen Ort,
die zwanglose Stille, sie dauert noch fort,
bis Wolken verschleiern der Dämmerung Glanz,
am Himmel erblasset der goldene Kranz.

Aus Ruhe wird Leere, vom Dunkel verschlungen,
die Vögel verstummen, die eben gesungen.
Im Rauschen der Wellen und Zerren der Winde,
die Glieder erschauern vorm himmlischen Kinde,
umzingelt von steinernen Schatten so weit,
der nächtliche Einbruch vereinsamt die Zeit.
Und sogar die Fische, die alle ihn mieden,
sie ließen ihn sitzen, in elendem Frieden.

Julius Boxberger * 1996

Farben

Das herbstliche
Braun fallender
Blattgestürme
in tollender
Gemeinsamkeit
kindlicher Form
der Blattigkeit.

Auch Sonnengelb,
der reine Ton
des Lichts der Welt,
den Geiste schon,
wie Licht, das sich
in Wasser bricht,
ein freier Schein,
der Schönheit schickt.

Wie Wirbelwinde
uneingeschränkter
Verwirklichung,
ein Farbkonzert
mit Bedeutung.

David Julian Brauns * 2007

Die Schönheit der Natur: Ein Meisterwerk der Schöpfung

Die Natur ist ein Meisterwerk der Schöpfung,
ein Ort voller Wunder und Ergründung.
Die Berge ragen majestätisch empor,
der Himmel strahlt in unendlicher Tor.

Die Wälder sind ein Ort voller Leben,
wo Vögel singen und Tiere streben.
Die Flüsse fließen in sanftem Rhythmus,
als ob sie spielen eine himmlische Symphonius.

Die Blumen blühen in prächtigen Farben,
die Sinne betören in all ihren Gaben.
Die Sonne strahlt in einem goldenen Glanz,
die Natur erfüllt uns mit Glück und Tanz.

In der Natur finden wir Ruhe und Frieden,
sie gibt uns Kraft und erneut uns wie bei jedem Eden.
Die Natur ist der Ort, an dem wir uns finden,
und unseren Geist und Körper von allem Stress befreien.

Lasst uns die Natur ehren und schützen,
damit wir uns an ihr erfreuen und nutzen.
Lasst uns die Schönheit der Welt bestaunen,
um in ihrer Pracht uns neu zu erfreuen und es zu faunen.

Saskia Brink * 1996

Die Insel

Als ließ sie einst in das tosende Meer sich fallen,
schien kraftlos, ohne Hoffnung, zu versinken vor dem Land,
ließ auf gebeugten Rücken schwere Wellen prallen,
mit allen Sinnen sie die Antwort auf ihr Dasein fand.

Sie war die Amme für die Gier der
    Elemente,
mit unfassbarem Reichtum nährte sie den
    „Blanken Hans".
Sie spürte, dass des Saumes Schutz sich
    langsam senkte,
im Tidekranz gefangen, fordern Wellen auf
    zum Tanz.

Sie sieht als Opfer sich seit hunderten von
    Jahren,
denn einst vernahm im Osten sie ein
    schützenswertes Land,
kein selbst erlebtes Leid soll je ihm
    widerfahren,
der Mensch reicht ihr in ihrem Kampfe
    endlich seine Hand.

Sie trotzt als längster aller Brecher vor den
    Deichen,
ihr unsterblicher Zauber wagt das Ringen
    mit der Flut,
und, wenn die Wellenberge lauen Brisen
    weichen,
verneigt am Horizont die Sonne sich vor
    ihrem Mut.

Andrea-Maria Bröhan

Herbst

Fenster sind nicht mehr geöffnet,
stehe im ins Licht getauchten Raum,
höre nur noch mich und nicht die andern.
Fremde Stille wie in einem Traum.

Wo zuvor Geklapper und Gemurmel,
ist es jetzt der Blick durchs stumme Glas.
Und ich recke meinen Kopf zum Himmel,
sehe staunend
Flügelschlag in gleichem Maß.

Es sind des Herbstes erste Boten,
ihr banges Rufen hör ich kaum.
Ich bleibe hier und lass sie ziehen,
im stillen Takt und zittrig dunklen Saum.

Ina Buczko * 1966

Die Meere vereinen sich

Siehst du nicht es ist
schon da
du musst deine Vorstellungskraft nicht
für dies kläglich Schauderspiel verbrauchen
denn es ist da
dort drüben
wo das Wasser auf die Häuser trifft
und Wasser nicht mehr Wasser sondern
    dreck ist
da vereinen sich die Meere
Sie stehen auf dem podest
hand in hand
das heilig land wird zu heilig wasser
das heilig land wird endlich leben!

Julia Claudia Buhmann * 2003

Die bunten Farben

Die bunten Farben
färben meine Schritte

in der Dunkelheit

Schneeflocken lachen
legen sich wie Daunenbetten über die
    Felder

Verwandlung

Schwarz wird Weiß

Warm wird Kalt

ewige Veränderung

Wenche Burger-Nøstvold * 1945

Abschied des Herbstes

Befeuchtete Blätter fallen hernieder,
wenn Äolus ruft seine stets getreuen
    Winde.
Die Herbstkleider fallen mit friedlichem
    Rauschen -
der endliche Hauch einer goldenen Zeit.

Und Frische belebt nun den schläfrigen
  Geist,
er schaut aus dem Fenster, ihm offenbart
  sich das Licht.
Die Bäume sind kahl und glänzen
  verweilend,
inmitten der Landschaft eines neuen
  Gemüts.

Lukas Burghardt * 2003

Blumenkind

Ich wär gern wie eine Blume.

Hätte Wurzeln,
die sicher und tief in den Boden
  schmettern,
Hätte einen Stiel, der mich trägt,
und wie die Feen,
trüg ich ein Kleid aus Blättern,
so würde jeder meine Schönheit sehn.
Selbst ich.

Würde wachsen und gedeihen,
mein lebendiges Befreien,
aus dem Knollen, der ich einst war.

Und vielleicht findet mich jemand,
dem ich ein Lächeln schenke.
Vielleicht auch nicht,
vielleicht werd' ich allein verwelken.
Doch bis dahin,
hätt ich jeden Tag,
der Sonne entgegen,
das Leben bejahend,
in all meiner Pracht,
geblüht.

Jana Busch * 1995

Achtsamkeits-Haiku

Bäume erblühen
Vögel zwitschern im Geäst.
Und Menschen hasten.

Lucy P. Butterfly * 1967

Sonnenaufgang & Sonnenuntergang

Du schaust zum Himmel und suchst nach
  irgendeinem Zeichen,
Du siehst die Sonne glänzend am Horizont
  stehen,
Du fragst dich, wie soll es jetzt
  weitergehen.
Geht sie unter oder klettert sie hoch?
Was wartet in der Zukunft eigentlich auf
  mich?
Was kommt danach, kommt der Morgen
  oder kommt die Nacht?
Doch dann erinnerst du dich an die bunte
  Welt an einem sonnigen Tag,
Und den sternverstreuten Himmel in einer
  klaren Nacht.
Nichts ist wirklich erschreckend, jedes
  Ding trägt seinen eigenen Glanz,
Dann denkst du, lass es sein, was immer
  kommen mag.
Nichts ist mir wirklich fremd, wenn doch,
  dann lerne ich es kennen,
Wenn es mir nicht gefällt, dann bleibt es
  nicht für ewig,
Denn wie jeder Mensch schon kennt, Tag
  und Nacht wechseln sich ab.

Yuan Cao * 2000

Gipfel der Glückseligen

Die Nacht allmählich durch die Berge
  schleichend, stiehlt das göttliche
  Licht, schenkt Sehnsucht.
Ein okkulter Odem über die Hänge
  streichend, bietet mir aus der Realität
  jene Zuflucht.

Jeder Schritt in der knirschenden
  Schneedecke, führt mich näher zum
  heilen Himmelreich.
Himmlische Höhen aus jeder Bergesecke,
erstarren das traumlose Totenreich.

Wo das Wasser gegen Felsen schlug,
und im Sommer Schwäne schwammen,
verbirgt der eiskalte Spiegel nun mein
  Barkes' Bug und touchiert die tristen
  Tangen.

Die zerbrechlich schlanken Tannen wie
Bojen schwingen, ungeachtet des
Aiolos` hämischen Lachens.
An ihren aderigen Zweigen die Lasten des
Schnees hingen, eingefroren wie der
Rumpf des Nachens.

Plötzlich – hinter einer steilen
Bergesklippe, erhebt sich das epische
Elysium!
Gevatter Tod lässt fallen seine Hippe,
plötzlich ist das Leben ein Arkanum!

Matteo Roberto Cornelli * 2006

Wozu auf den Kalender schauen

Wozu auf den Kalender schauen?
Den eigenen Gefühlen vertrauen!
Sonnenstrahlen wärmen das Gesicht.
Der Schnee, eine eigene Geschicht.

Frühlingsgefühle, ein erster Hauch.
Ein vorlauter Schmetterling im Bauch?
Gefühle kennen keinerlei Kalender.
Das Kribbeln, das spricht Bänder.

Klimaerwärmung oder was auch immer,
die Natur hält sich ans Datum nimmer.
Der Mensch, der stellt sich darauf ein,
und lässt Unmut und Grübeln sein.

Christa Katharina Dallinger * 1960

Der Herbst

Wenn die Kälte aus dem Tiefschlaf kehrt
Und das Laub am Boden sich vermehrt,
Die Tiere in den Süden fliegen,
Die Winde die Kinderlein wiegen,

Dann fragst du mich, was im Park passiert
Und willst wissen wer die Bäum' rasiert.
Fühlst du den Regen auf deiner Haut,
Spürst die Dunkelheit, die dich anschaut?

Habe keine Angst vor der Natur
Und fürchte niemals die Kreatur'n!
Umarme Sonnenstrahl'n und Wärme,
Denn wer erträgt schon Mond und Sterne?

Doch wenn diese dunkle Zeit erscheint
Und du alleine zu Hause weinst,
Weißt du, ich bin immer da für dich,
So wie du auch immer warst für mich.

Maximilian Daublebsky * 2000

Erde

Unter Lasten erdrückt
Von Gier bezwungen

Geschändet, Weggeworfen

Deine Schönheit nicht erkannt
Deine Schreie nicht erhört

So lange gelebt,
letztendlich geschmäht

So musst du gehen,
Du Mutter aller Erden

Ein Wiedersehen?

Nein, nicht möglich

Warum?

Weil deine Tränen versiegen
und dein Atem stirbt

Sam De Wenah

Der Schrei

Der Fluss floss über die Uferstraßen,
gleich wie in Spiegeln sah ich das Grau,
in Häusern, Kirchen, Brücken, Bäumen,
den Horizont, der drohend und tief –
sich mit dem Grauen gräulich verband.

Die Menschen aber und ihre Blicke,
die sah ich nirgendwo, auch nicht die –
Sterne am Abendhimmel; er schien –
von Abgasschwaden verhangen,
die blaue Blume für immer erstickt.

Im Bächlein erstarrte die Forelle,
Bedrängnis kam von überall her,
verglommen waren alle Lichter –
und als ich sah, dass ich nicht fand
da schloss die Augen und schrie.

Marlene Dehina * 1950

Seinslehre

Still, ruhig blickt der Baumstamm an
mir herüber; seine knorrige Rinde
zeugt von Hundertalter; im Wesen aber
sein jetziges Sein stillt meinen Geist.

Ihm beschlägt Schnee das zache Moos,
mir mein Haupt; sich treffen der Sonne Lieder
an anderem Erdgesicht; zuweilen auch
mein Geist weiß zu ruhen im Winter.

Ach wenn es nur allen Menschen
Regelkenntnis, dass in Unendlichkeit es
keine Entfernung gibt; des Baumes Leben
wärmte auch diesen im Herz präsent.

Tobias Dombrowski * 1993

Der Schmerz der Erde

wenn die Schmetterlinge weinen
und sich die Tiere in den Wäldern
ohne Bäume verirren,

wenn die Elfen nicht mehr tanzen
und die Feen ihren Zauber verlieren,
wenn die Blumen nicht mehr duften,

die Fische im Wasser ertrinken
wenn alles brennt,
und der Regenbogen weichen muss
dem grellen Sonnenlicht,

dann fühlst du den Schmerz unserer Erde
wie sie schreit, und in sich zerbricht.

Jenny Döring * 1949

Bescheidenheit

Einem Zaunkönig war einst sein Zaun zu wenig,
„Was nützt mir", so schimpfte er, „die schönste Krone,
wenn ich nicht wirklich fürstlich wohne?
Niemand dient mir, kein Schloss weit und breit,
ich ziehe aus – es wird höchste Zeit!"

Dies' Gezeter hörte eine Natter
und zuckte flink durch des Holzes Gatter,
diente ihm auf ihre Weise

nun wohnte er – der König – jedoch als des Magens Speise!

Uwe Dräger * 1952

Nebel durch die Gegend schleicht

Nebel durch die Gegend schleicht,
setzt sich frech auf alles drauf,
wer nicht rein ins Trockne weicht,
fühlt die Nässe obenauf.

Auch die Sicht wird immer schlechter,
manches scheint ganz unscheinbar,
Schatten drohen wie ein Wächter
Kommt man nah, ein Baum steht da.

Andrerseits wird vieles weicher,
scheint verschwommen und nicht klar,
Tropfen funkeln immer reicher,
liegen wie Juwelen da.

In dem Meer aus diesem Funkeln,
liegt ein See und ruht sich aus,
und besonders dann im Dunkeln,
kommt der Mond ganz strahlend raus.

Er genießt des Nebels streicheln,
und die Stille in dem Wald,
nur das Fallen von den Eicheln,
hier und da am Ufer schallt.

Alfhild C. Dukat * 1964

„Auftanken" an der Ruht

Wenn die Seele schwer,
der Geist entrückt,
brauch ich den Frieden –
von der „Ruhr" ein Stück!

Am Ufer die langen Gräser glatt gefegt,
die schrägen Wurzeln strecken sich hervor;
dazu Geschnatter von den Enten
wie mit dem Wind im Chor!

Eindrücke der Natur – Ein Farbenspiel,
das die Seele nun in Frieden taucht –
mit Sonnenstrahlen bis ins Herz –
alles da, was das Gemüt jetzt braucht!

Die Seele baumelt wieder!
Gott sei Dank!
Eindrücke kleiden sich in Wohlgefühl
Danke „Ruhr" – für dieses Seelenspiel!

P E * 1958

Im Wald

Warum bin ich so gern im Wald?

Ganz tief im Wald,
vom Rand entfernt gar viele, schwere
    Schritte,
gefühlt in dessen weiter Mitte,
da liebe ich die satte Luft,
die Stille und die Einsamkeit
und auch den milden Duft.

Ich atme tief,
ich atme frei,
ich halte inne
und ich denk dabei:
"So solle es für immer sein!"

EDDY * 1968

Treibhausblume

Meine Blätter regen sich aus der Asche
Wurden nicht von Wind berührt
Nur von Händen gespreizt
Entwurzelter Schwamm der immer wieder
Das gleiche Tafelwasser aufsaugt und
Ausspuckt
Meine Natur
Verbirgt sich unterm Kopfkissen
Ein vergessener Wunsch den ich
Der Nacht zuflüsterte im Alter von sieben
Ein verbissener Wunsch der mir aus dem
    Mund fiel
Hochgezüchtet unter Glas das zu brechen
    droht
Diese Scherben nach denen ich mich
Sehne
Und das Blut wich der Erde
Wie das Schwert der Frau

Miriam Edelmann * 1997

Diana

Diana, bezaubernde Göttin der Pirsch,
Beschützerin des Wildes samt Hirsch.
Stehst Tieren zur Seite, sei ihnen hold,
ach sie fühlen in dir ein Herz aus Gold.
Mächtig sollst du über ihnen wohnen,
hierfür will ich dich als Poet belohnen.

Behüte, was dir vor die Linsen rennt,
wie man dein Geschick in Ehren kennt.
Schönen Träumen folgen ehrliche Taten
mit offenem Visier in klaren Formaten.
Lasse entbehrlich die Pfeile im Köcher
und mach in meine Seele keine Löcher.

Mit dir als Göttin der Jagd auf Erden
sollten im Revier alle glücklich werden.
Schreite fröhlich durch Wald und Flur
und schenke uns Freude aus der Natur
schönster Poesie in literarischem Glanz,
meine Verehrung, du göttliche Instanz.

Bernhard Hermann Efinger * 1941

Überschwang

Eine Fülle von Frühling... von lauer Luft,
Grasspitzen, lichtblauem Himmel...
Sonnenstrahlen...
vorwitz'gem Lichtgekringel...
zwischen irisierend zartgrünem
    Blättergewimmel...

Auftauend alles, was frostig verhärtet...
Unmut, der sich bis jetzt verschloß...
wird freundlichst geglättet...
und was es auch sei, daß uns verdross...
es wird hinweggeschmeichelt von
    leuchtendem Blau...

von Frühlingssonne mild gesstreichelt...
und nass berührt von gleißendem Tau...
sanfte Gesinnung...
durch verführerisch helles Diesseits-
    Allerlei...

Humanes Geplänkel mit der Weltzauberei
    ...
Doch wird sie auch in Abgründe des
    Denkens reichen ...?
die Überschwangstimmung ...?

Wie verwirrend sind doch Frühlingszeichen
    ...

Ursula Ehrhardt * 1943

Herbst

Dunkel dämmert jetzt November
Den Herbst verkündet jeder Mund
Regensschwere Nebelfelder
Äpfel hängen schwer und rund.

Letztes Licht küsst rote Wälder
Durch lichtes Dickicht herbstlich bunt
Grüßt die Sonne langsam kälter
Der Jahreskreis dreht ewig rund.

Kalter Wind singt seine Lieder
Grau statt Gold säumt nun die Sicht
Doch nächstes Jahr kehrt Sommer wieder
Wehes Herz, vergiss das nicht.

Steinberg Eisenblätter * 1985

Durch meine Hände

Schau ich darauf, erkenne ich so Einiges.
Man betrachte die Details im Kleinlichen.
Man fühlt so viel, durch die eigenen Augen.
Erkennen und die Energie einsaugen.

Durch Emotionen gestützt,
habe ich mich selbst beschützt.
Mutter Natur ich danke Dir,
dass ich mich nie mehr verlier.

Sieh mich nun an, in neuem Licht.
Mir somit niemals mehr von der Seite wich.
Bleibe mir so gut es geht treu,
dass ich so gar nichts mehr bereu.

Meine Hände. Das Schönste was ich kenne,
auch wenn ich Sie mir manchmal
    verbrenne.
Werde Sie weiterhin mit Achtsamkeit
    benutzen,
Denn Sie symbolisieren jeden Nutzen.
Sie geben mir meine Existenz zum
    Kreativen,
deshalb werde ich Sie immer lieben.
Wenn diese nicht mehr wollen,
so bin ich wahrscheinlich verschollen.

Meine Hände, meine Hände!
Für immer.

Kristin Eiswald * 1981

Melancholie

Traurig monoton tropft leichter Regen auf
    das Dach -
ein schauriges Gefühl, entfacht durch
    grauen Nebel:
meine Sinne sind betrübt, ich fühle mich
    schwach,
wo finde ich für den heilen Ausweg einen
    Hebel?!

Das ewige Grün der Eibe, es grinst durch
    mein Fenster -
es könnte Erlösung mir bringen, aus meines
    Daseins Not:
durch meine Tage und Nächte grölen
    Schreckgespenster,
man verweigert mir Liebe, Kunst und mein
    tägliches Brot!

Zehn Jahre des Horrors, neunzehn Jahre
  der Einsamkeit,
die Kälte, sie durchdringt nicht nur des
  Winters Tage:
an meiner Gegner Haß zerschellt die
  mögliche Zweisamkeit,
es bedrängt meinen Atem eine moderne,
  inhumane Plage!

Der Natur verwehrt die krankhafte Gier
  das Lebensglück,
reiche Despoten und des Schatzamtes
  kleinliche Häscher,
sie hallen erbarmungslos mit dem Sturme -
  es gibt kein zurück!
Ein Fischer wird meinen Hut aus dem
  Kanale ziehen, mit seinem Kescher!

Ralph Gunnar Engelmann * 1971

Frühlingsanfang

Erwachen.
Aus dem Winterschlaf.

Drängen.
Aus scheinbar totem Holz.

Die ersten Blätter.

Angezogen.
Vom Licht der ersten langen Tage.

Gibt kein Halten.
Gibt kein Warten.

Brechen durch.

Ernten.
Still und unbedarft wohlig warme
Strahlen.

Bezaubern.

Meine Augen
Weiden am Wunder der Natur
Und meine Sinne ruhen.

Bettina Engel-Wehner * 1956

Das Land

Strahlend und weich liegt es vor mir,
still und doch voller Leben.
Ich atme die würzige Luft voller Gier,
verschwunden ist jegliches Streben.
Endlos zieht sich Grünes dahin,
gemasert mit erdenen Tönen,
es füllt gewaltig meinen Sinn:
„Hier steh ich von dem Schönen!"

Claudia Englert-Eustachi * 1953

Die Schönheit der Natur

Es kommt ein Tröpfchen angeflogen
Und landet sanft auf einem Halm von
  Gras.
Und schau! Ein Lichtstrahl bricht zum
  Regenbogen
In jenem weichen Wesen, reinstem Glas.

Es scheint, als würd es auf dem Halme
  schweben
Im Einklang mit den Wogen der Natur.
Welch Macht verbirgt sich in ihm; Kraft
  zum Leben,
Die ich so oft als Dürstender erfuhr.

Und hier und da erkenn ich wieder eines.
Der Himmel bald die größte Pracht
  ergießt.
Die Erde und das Wolkenreich vereint es
Durch einen Strom, der uns erquickend
  fließt.

Welch schöner, uns gesandter Segen
Wird doch dem Mensch zuteil sogar im
  Regen!

John Marc Enns * 1999

Regenbogen

Regenbogen küsst die Erde,
tausend Tropfen sonnespiegelnd
zart umschlingen Feld und Hügel,
dass der Mensch zum Menschen werde,
auch im dichten Nebelschleier
seines Lebens trüber Tage.

erbe * 1950

Bäumchen drehen

Niemand kann mich Säumchen sehen,
mag er noch so viele Bäumchen drehen.
Keiner gibt meinen Namen kund,
außer es tut jetzt mein Mund.

Tief im schönsten Regenwald,
lebe ich, oh Holde,
einer von vielen emsigen Kobolde,
doch unser Kampf endet bald.

Der Mensch kommt
und zerbommt,
die schönsten Adern aller Erze,
das bereitet Schmerz meinem Herze.

Mag er alle Bäumchen mähen,
mich Säumchen wird er erst verstehen,
wenn keine frische Luft mehr wird wehen,
Schluss mit dem Däumchen drehen.

Patrick Ermold * 1980

Vom Holzweg

Frühe Nebelschwaden auf waldigem Grund
Zwischen kalt koloriert und beeindruckend
 bunt
Ging ich durch den Wald nur mit mir vor
 mich hin
Dabei Nichts zu suchen das allein war mein
 Sinn
Jählings kommt ein Gefühl
Ein Gedanke aus dem Wald
Fühl mich wie neu geboren
Geborgen und doch alt
Bin meiner Selbst so bewusst
Wie nur selten zuvor
Mit den Klang meiner Schritte
Sonst nur Stille im Ohr
So versteh' ich zu verstehen
Was auch immer Ich bin
Ich als Teil der Natur
Und doch derartig klein
Weiß so bin ich Mensch
allein so darf ich sein

Esdi * 2001

Blaugrüne Mosaikjungfer

Leicht gleitest du am Wegesrand,
hier lässig, ruhig, da explosiv,
als ob geführt von Geisterhand,
bisweilen lax, dann impulsiv.

Magie an unsichtbaren Schnüren,
mitreißend, wild, spektakulär,
die Macht der Schwingen ist zu spüren,
hell leuchtender, blaugrüner Speer.

Unfassbar zart, doch grandios,
gigantisch, mächtig, imposant,
anmutig, fein, fast schwerelos,
dynamisch, schneidig und rasant.

Ein Wunder eilt durch gelbes Licht,
mystisch, bezaubernd, märchenhaft,
geschmeidig, flink, ein Leichtgewicht,
spielende Eleganz umgibt die Kraft.

Ich frage mich: Wer zieht denn hier
die Fäden in dem Bühnenstück?
Göttin, Jongleur, Illusionist,
wer schenkt mir Flügel für mein Glück?

Martin Ewers * 1964

Waldessymphonie

Ein Rauschen in den Bäumen, ein Knistern
 in den Zweigen, der Wald,er kann
 hier alles preisen.
Das grüne Blatt, das feuchte Laub, wer hier
 durchgeht, der bleibt nie taub.
Es tropft, es rieselt von allen Zweigen, die
 Natur will sich ganz uns zeigen.
Das Zirpen der Grillen, das Zwitschern der
 Vögel, das Summen der Bienen, das
 Plätschern des Baches,
dies sind all die Töne, welche der Wald
 bestimmt.
Die Bewohner dieses Raumes sind auf ihn
 getrimmt, nur der Mensch sich meist
 daneben benimmt.
Er bricht ein mit brachialer Gewalt, ihn,
 den Herrscher lässt Wald und Natur
 ganz kalt.

Er sägt sie um, er schießt sie ab, er merkt nur leider nicht, er schaufelt sich sein eigenes Grab.

Pierre Fabric * 1939

Magnolien

Oh wundersamer Magnolienzauber,
der Schönheit edelst Spur.
Florierst am Ufer glasklarer romatisch' Tauber,
bild 'st Zenit glückseliger Natur.

Blickfang der lieblichst Auen,
Magnolienzweige abgetaucht im Blütenmeer,
die Stämm' wie herrschaftliche Frauen,
aufrecht ,edel und possierlich wie Eos' Töchter Heer.

Die Knospen gehen in Schönheit auf,
verbreiten samtweichen Frühlinshauch,
ihr Duft beglückt der Winde Lauf,
der Tristesse ihren „ Stachel „ raubt.

Magnolienblüten ohne End ',
der Verzückung Feuer endlos brennt.
Das Paradies wurd 'stark geschänd't,
bezauberst Raub ,der Erde nun die „Venus„ send'st.

Der Schöpfer hat es nun vollzogen ,
zartes Pastell schweift durch der Lüfte Flaum,
übermannt der Mensch mit Himmelswogen,
durchflügelt wird liebreizendst Götter Traum.

Jürgen Fetzer * 1951

Sonnenstrahlen
schreiben
Worte in Wolken.

Sag du mir
was ich nehmen soll.

Licht und Schatten,
froh und sorgenvoll,
wirbeln Fsrben
durch das All.

Einfach ist alles
und
so wundervoll.

Maile Ira Folwill * 1955

Pflanze der Sonne

Rasch welken Pflanzen der Sonne und küssen
Die Erde erfüllt von kalyptischen Reitern.
Gemächlich
verneigen sich Häupter vor eigenem Scheitern.
Die Farben des Bildes, sie werden zu Flüssen.

Schluckend und schlürfend am Wasser des Lethe.
Vergessen
Konturen der Zukunft die Linien zu halten.
Zu walten versuchen die Weißen und Alten.
Vergebens, die Gaben. Der Wind sich nicht drehte.

Öle und Wässer, sie können sich lieben,
Gemischt im Gefüge gar flüchtig bestehn.
Silberne Streifen, sie lernen zu gehn,
im Meer harter Steine – Befürchtungen stieben.

Methoden des Kreises enthüllen die Stärken,
die tragen, verändern. - In all jenen Ländern,
die Pläne gestrichen aus ihren Kalendern.
Vitrinen
der Kunst des Vergessens zum Glück nicht bemerken.

Tobias Forell * 1996

Meine Wurzel

Ich könnte sagen, dass ich aus Deutschland komme,
oder aus Mexiko, Amerika, Asien, Europa oder Afrika.

Aber alles was ich weiß, ist:
Dass ich aus Erde und Lehm gemacht bin,
aus dem Sand der Strände,
aus dem trocknen Boden der Prärie und der Ebene.

Ich bin so stark wie der Sand der Düne und der Wüste.
Ich ernähre mich von den Wäldern...

Meine wellenförmigen Kurven sind durch die Luft
genau wie die Hügel in der Nähe des Tals entstanden.

Ich bin aus dem Wasser gemacht, das wie ein Wasserfall herabstürzt,
um den See, den Fluss, die Lagune und das Meer zu stillen.

Meine Seele ist wie eine Oase, immer fruchtbar, immer treu.
Ich bin Feuer, meine Gedanken und mein Geist
weiten sich zwischen den Felsen und Hochebenen aus.

Meine Aktionen entstehen und wachsen inmitten von Mangroven und Schluchten
und werden jedes Mal wie Magma, wenn die Vulkane explodieren,
zu einer wunderschönen Realität.

Und wenn ich schlafe, finde ich Frieden in den Gletschern,
in den Wurzeln der Bäume des Waldes,
die mich beruhigen und mich dazu bringen,
mich mit ihren Wurzeln zu verbinden,
so dass wir eine Einheit der Natur werden.

Meine wahre Existenz besteht, dank der Mutternatur!
Ohne sie bin ich nichts, ohne sie habe ich nichts...
Und wenn ich sterbe, werde ich nichts mitnehmen,
nur sie und ich werden uns begegnen und für immer vereint sein.

Kenia Forster-Figueroa * 1975

Entstellte Natur

Früher sagte wer,
die Natur duftet sehr.
Von Schönheit gelebt,
wird sie von jedem erlebt.

Heute sieht dies anders aus,
dafür gibt es kein Applaus.
Die Luft ist sehr verschmutzt
und wird nicht gern genutzt.

Die Natur scheint unberechenbar,
dies findet keiner wunderbar.
Alle leiden darunter sehr
und wollen das nicht mehr.

Was folgt sind Katastrophen,
diskutiert von Philosophen.
Doch in dem Verderben,
mussten viele sterben.

Saskia Förtsch * 2004

Der Storch

Der Storch ist wunderschön
Und nur selten zu sehen.
Er ist ein Vogel mit langen Beinen,
Man sagt, er bringt die Kleinen.
Er fliegt jedes Jahr in den Süden,
Um dort zu brüten.
Doch auf dem Weg dorthin muss er sich hüten.
Es gibt Feinde: Tiere und Bauern.
Drum baut er sein Nest auf hohen Mauern,

Kirchtürmen und Bäumen,
Dort kann er träumen.
Er kann dort seine Eier legen,
Ausbrüten, füttern und pflegen.
Und mit viel Glück,
Kommt er im Frühling zurück.
Und wenn er auch keine Babies bringt,
So bringt er doch das Storchenkind.

Elizabeth Frank * 1975

Die Natur

Wohl fühl ich mich bei dir;
gern verweile ich öfters hier;
bringst mich in das Gleichgewicht;
den Kopf frei und klare Sicht.

Alle meine Sinne werden frei;
egal wo ich auch im Grünen sei;
dann wird meine Sicht klar;
es geht mir gut mit dir fürwahr.

Ich erhole mich bei dir;
atme dich tief in mir;
gibst mir zum Atmen die Luft;
ein herrlich frischer Duft.

Ich tauche in dir ein;
ich höre in dich hinein;
liebe deine Ruhe und Stille;
ich will leben nach deinem Willen.

Angelika Freudenberg

Die Welt

Wenn bald die Welt zugrunde geht, der
    letzte Baum im Urwald steht.
Die Meere voll von Plastik sind und alles
    nur nach Luft noch ringt.
Dann muss die Menschheit endlich sehn,
    dass sie verdammt ist nun zu gehn.
Da hilft kein Jammern und kein Schrein, ist
    selbstgemacht und wird so sein.
Doch wird die Kraft der Erde siegen und
    neues Leben in sich wiegen.
Denn ohne Mensch die Erde lacht und
    zeigt sich in erneuter Pracht.

Laura Frick * 1988

Harmonie der Wildnis

In Wäldern tief, wo Stille singt,
Wo Blätter leis im Wind erklingen,
Die Natur in Farbenpracht springt,
Ein Lied der Freiheit sanft besingen.

Die Bäume rauschen lebensklug,
Die Vögel malen Himmelsspuren,
Ein Tanz von Blumen, bunt genug,
Verzaubert Augen, Seelen rühren.

Im Bachbett flüstert leises Lied,
Die Sonne küsst den morgendlichen Tau,
Wo Leben in der Wildnis blüht,
Da find ich Frieden, Fülle, schau.

Die Erde atmet, lebt im Fluss,
Ein Kunstwerk groß, so unerreicht,
Die Natur, sie spricht für sich und uns,
In jedem Klang, den sie erreicht.

So lass uns schützen, was uns gegeben,
Die Wunder, die Natur uns schenkt,
Im Einklang mit ihr leben, streben,
Damit sie ewig blüht und lenkt.

Tatiana Fritzler * 1983

gehobene strandgesellschaft

die lagunenbraut hält staat am stade
ergötzt sich an spritzigen schaumküssen
    ihres brandungsbräutigams
der strandläufer stolziert die himmelblaue
    horizontlinie entlang
stolpert letztendlich übers übereifrig
    herantriftende treibgut
irritiert durchs kriechweidengekicher und
    backfischige sanddorngetuschel
der herr meerkohl - mal wieder zu spät
der rippelsand prielt sich prätentiös zurecht
beäugt maulig den sich genüsslich
    streckenden strandhafer
„pah! wie hat sich dieser alte affige
    dandy-dünenanker wieder rausgeputzt!"
den seestern juckts jetzt aber in allen armen

zum quadrillenquallentanz durchaus bereit
der rangeebbte muschelbruch muschelt sich
    auf seinen platz
jetzt könnte die Sonne rauskommen!
stattdessen nur mokantes möwengekreisch

Martina Früchtl

Im Zoo

Viele Käfige bestaunen das eigene verzerrte
    Antlitz im Glas ekelerregend
Verhärmt Verloren Verlassen Vergessen
    Verschleppt
Vernichtet hinter starken Wänden lauert
das verwilderte Geschöpf
mit verdrecktem Fell sehnt es sich nach
    Zähmung
fragt ein Herr der Wärter verneint doziert
    das Getier
habe sich vorsätzlich der menschlichen
    Hand
enthalten haltlose Forderungen nach
    humanen Haltungsformen
Am Ende alles eine Frage der Haltung

Eilends weiter im Gang der stampfenden
    schnatternden Herde bemüht
Nicht berührt zu werden die höchste Stufe
    der Entwicklung
Sich weidend gierige Blicke
Zwischen zarten Gittern überschreitet ein
    pochendes Herz
Die Grenze zur Zivilisation haarscharf
Halt nicht berühren
Ein ungebrochener Wille bricht den Wall
Auge um Auge
Zahn um Zahn
Entmenschlicht
Und endlich frei.

Laura Fuchs * 1994

Es windet und strullt
Ich habe Geduld
Und liebe das Wetter
Wenn es windet und strullt

Maria Gatzemeier

Zugvogel

Du hebst Deine Flügel, kommst langsam
    hervor,
fliegst durch die Wolken, steigst hoch
    empor.

Dein Weg führt gen Süden, wo die Freiheit
    beginnt,
auf deinen Schwingen, getragen vom Wind.

Grenzenlose Weite, geb auf dich acht,
es fällt eine Feder, schwebt durch die
    Nacht.

Du fliegst in die Ferne, vieles unbekannt,
über dir die Sterne, vor dir weites Land.

Berge und Täler, auf deinen Wegen,
Schnee auf den Gipfeln, der Sonne
    entgegen.

Grenzenlose Weite, geb auf dich acht,
es fällt eine Feder, schwebt durch die
    Nacht.

Nebel auf den Feldern, glitzernder Tau,
Sonne löst den Nebel, löst das Morgengrau.

Grenzenlose Weite, geb auf dich acht,
es fällt eine Feder, schwebt durch die
    Nacht.

Reiner Ginolas * 1956

Es gibt einen Ort,
da brauchst du kein Zauberwort.
Du musst nur haben, den Wille und es
    kommt, alles in der Stille.
Der Himmel noch verkleidet in einer
    dunklen Hülle,
eine kühle Prise weht auf meiner Haut.
Da Die Sonne kommt heraus, und es war
    doch kein Traum.
Alle schlafen, keiner spricht, die Natur gibt
    mir Unterricht.
Liebe Natur,
ich danke dir für all die Wunder,
all die Energien die hast du mir gegeben,
war keine Phantasien gewesen.

Unsere gegenseitige Liebe und gemeinsame
  Zeit,
ist ein Band für die Ewigkeit.

Nadine Gluth * 1977

Freudentanz

Wenn Licht der Wahrheit
ausströmt in das Wesen,
rein, klar und vollkommen
trägt es Wonne in das Leben,
von einer Lichtheit umgeben.

Ein Höchstes ist sanft
und berührt den Geist,
sein ist der Tanz zu spielen
in Raum und Zeit soll blühen,
ein Selbst in sich zu fühlen.

Glanz und Glut
wie glücksverheißend treibend
auf dem Meer der Weltlichkeit,
wie treiben Sprossen ihre Blüten
und warten auf ihre Zeit.

Dem Lobgesang im Herzen
treibt es leuchtend hier hinein,
in des Wesens kleine Kammer
will die Freude bei dir sein!

S. K. Gothrananda Gupta * 1981

Jahresbleichen

Frühling
Sommer
Herbst
Winter

Frühling
Sommer
Sommer
Winter

Frühling
Sommer
Sommer
Sommer

Sommer
Sommer
Sommer
Sommer

Dennis Göttges * 1990

Meereswild

Des Dunklen Höhe lichtet im Nichts
Bricht des Glanzes Salz in wütender Gischt
Wollend voran dringt zerreißende Flut
Umgeben von Zorn zerborstenem Land

Hinfort strömt brechend Stein und Saat
Fleisch zerrt im Eifer durch dunkles Grab
Ringt kreisend verneinend der Leiber Tat
Erstickter Reigen das Meer verbarg

Zerrende Wasser verdunkeln das Land
Tödlich stillend am Grün entlang
Verstummende Rufe ummanteln den Gram
Zweifelnder Eifer verborgen im Watt

Sich spannend das Segel vor Sturmes Keil
Senkend und hebend das hölzerne Lied
Von bitterer Kraft der Bug entzwei
Tritt ein die Raserei von Meereswild

Lars Christian Grabbe * 1978

Der Kreis klassischer Dichter

Weit reicht jener Blick ins Frei!
Nur ein Wolkensegel in der herbstlich
      hohen Bläu
schifft ein rundes Dach herbei; auf
      gestrecktem Hügel,
Säulen, - fünf in Reih.

Baum an Baum, im Kreise wiegt sich der
      Naturmonopteros,
der Säul' an Säul' die Kuppel trägt die sich
      im Winde fortbewegt -
ihn streift ein Genius.

Äolisch lässt's den Vers verhallen, der
 Schwung vom Hang hält weit;
er will die Klangesfarben malen wie die
 Blätter nunmal fallen
und das Bunt sich streut.

Unter den zerzausten Locken fängt man
 diese Welt -
dies Studium lässt niederhocken wer unter
 diesem Weiden-Bogen
das Geheimnis fühlt...

Wer den bunten Plan ersann, schreibt Licht
 in die Gesichter
hat wachen Blick hier aufgetan; - nun -
solchen Schreibgeist trifft man an
im Kreis klassischer Dichter.

Stefan Graf * 1987

Das kleine Kind am Ufer

Auf dem geräuschlosen See breiten sich
 weiße Flügel aus.
Gern stehe ich hier am Ufer und blick aufs
 Wasser raus.

Ich werfe kleine Steine in den stillen See
 hinein,
sehe kreisförmige Wellen, sich
 aneinanderreihen.

Sie tanzen im klaren Wasser mit dem edlen
 Schwan,
der mit seinen Füßchen so kräftig paddeln
 kann.

Im Sonnenlichte glitzernd, die Federn
 schön und weiß,
geschmückt mit Wassertropfen dreht er
 sich nun im Kreis.

In der Musik der Stille, die ihm das Wasser
 spielt,
kann keiner je ergründen, was tief sein
 Herz wohl fühlt.

Doch, ich das Kind am Ufer empfang' die
 leisen Wellen,
die mir ganz heimlich flüstern und seine
 Fragen stellen:

„Kleines Kind der Sonne, willst du ein
 Freund mir sein?
Dann wär' ich hier am See nicht mehr so
 allein."

Meine Stimme zittert leise: „Meine Seel' ist
 wie das Meer.
sanft wiegen ihre Wogen dich, schaukeln
 dich hin und her.

Doch tragen dich die Winde jemals von
 mir fort,
folgt meine Freundschaft dir auch an ‚nen
 dunklen Ort.

Denn ich, das Kind vom Ufer, weiß, was
 die Liebe ist,
die auch nach vielen Jahren, dich sehnlichst
 noch vermisst."

Elizabeta Grgicevic * 1980

Ozean

blau
blau
blau

Fisch

< blau
<blau
<lau
<au
<u
<

Hunger fertig

Rita Grill * 2004

Schmelzender Eiszapfen –
Wassertropfen im Meer

Werden wir alle zu Halmen
die vernichtende Kiefer zermalmen?
Wo bleibt der Sinn?
Menschheit in Erinnerung – dahin?
Nein – mittendrin und Abstand halten
nach vorne gehen
versuchen zu verstehen
wann weiter?
Jetzt schon
ein anderer Planet
als nächste Station
und weiter …
Evolution als Sinn
hierhin
dorthin
die einzige Rolle – Leben
keste es
was es wolle
Wann weiter?
Jetzt schon
Ein anderer Planet A

Gert Grote

Raureif

Grauer Nebel
Frostige Nacht.
Morgens
Diese Raureifpracht!
Auf den Zweigen
Sternenreigen.
Jeder Strauch,
Der alte Zaun,
Alles trägt den zarten Saum.
In der Ferne
Ganz versonnen
Steht der Wald
Weiß eingesponnen.

Im Sonnenlicht
Ganz sacht
Fallen Schleier
Aus kristallner Pracht.

Helga Güntschl * 1939

Von Hand gepflückt

Dein schöner Strauß
auf meinem Tisch
bringt lieb heraus:
Fein, du magst mich!

Der bunte Strauß
spricht so wortlos
deinen Dank aus:
Du bist famos!

Nein, nein – ich bin –
öfters mal schwach,
doch es hat Sinn:
Ich will und mach!

Ich schau nach vorn
und nicht vom Dach.
Ich bin ein Korn:
Wachse und lach!

Gabriele Guratzsch * 1972

Ein unendliches Liebesgedicht

Wenn die Sonne strahlt, verbirgt er sein
    Gesicht,
denn nur im Dunklen, hört man wie er
    spricht.
Mit den strahlenden Sternen, sie munkeln
    ein Gedicht,
Über die Sonne und ihr liebliches Licht.

Doch dann kam das Morgenlicht.
Das Funkeln verschwand und der Mond
    entwich.
Doch durch das Grau kam kein Lichtstrahl,
    kein Sonnenlicht.
Die strahlende Sonne war betrübt, denn
    wem erzähle sie ihr Geschicht.

„Ach", dachte sie sich.
„Wären wir nur nicht so fern, sondern dich
    an dicht."
Das Grau verschwand und der Mond
    unterbricht,
„Weine nicht, schöne Sonne, jetzt sind wir
    ganz nah, Angesicht zu Angesicht."

Die Sonne strahlte schön, doch sie kannte
   ihre Pflicht.
Ihre Strahlen wärmen die Erde und wehe
   dieses Versprechen bricht.
„Ich werde dich wieder besuchen!", sagt der
   Mond und verspricht.
Die Sonne aber schwieg und begann ihre
   Schicht.

Und wieder hörte sie ihn und wie er mit
   den Sternen spricht,
doch dieses Mal blieb sie still und schrieb
   diese Geschicht ,
Von Sonne und Mond, ein unendliches
   Liebes Gedicht

Marie Gurov * 2007

Du schöne Welt!

Oh, Du heile, selige Natur,
wie reich bist Du nur!
Von Müdigkeit keine Spur!

Dein Grün der weiten Wälder,
Dein Gelb der weiten Raps-Felder,
Deine Kreisläufe verlangen keine Gelder.

Das Blau Deiner tiefen Meere,
mit Deinen Schwärmen wie Heere,
sei uns Menschen ewige Lehre!

W. H. * 1947

Ich, du, wir

Durch deine Augen herschauend
Ich, dich und zwei Wolken
Schönheit in meinen Armen
Leere umschließend unsere Gedanken
Deine Botschaft spricht Rätsel
Ich Esel, du Buddha, Vater

Wär' ich ein Tropfen, so wär' ich Meer
Und ließe mich treiben an deiner Seite
Wär' ich ein Sandkorn, so wär' ich Wüste
Und läge sonnend in deiner Wärme
Wäre ich Luft, so wär ich Wind
Und würde zu Sturm durch unsere Nähe

Daniel Haase * 1981

Überlandfahrt

Wir fahren übers Land,
Ach, welch ein heit'res Treiben!
Sieh dort am Waldesrand,
Das Grün von wilden Eiben.

Wir sind auf großer Fahrt,
Durch Felder und durch Reben.
Die Luft, sie duftet zart,
Ein Rausch ist alles Leben!

Im Dorf spielt heut' Musik,
Von fern kann man es hören,
Mit Burschen, jung und schick,
Und Mädchen, die betören.

Man lädt zum Feiern ein,
An reich gedeckten Tischen.
Zu frischem Obst und Wein,
drängt man aus allen Nischen.

Es schallt der Stimmen Klang,
Auf Wiesen und auf Wegen.
Zu Tanz und zu Gesang,
Die Sonne gibt den Segen.

Wir fahren übers Land,
Ach, welch ein heit'res Treiben!
Ich nehm' dich bei der Hand,
So soll es ewig bleiben!

Michael Hahn * 1965

Die einsame Pflanze

Mitten in einem Bürogebäude
stand ein Stück Natur
ob es wohl einsam war?
so fern von seinem Lebensraum

Vielleicht vermisste es seine Freunde
die Bienen, die Blumen, den Regen
Vielleicht vermisste es seine natürliche
   Umgebung
die Wiese, die Bäume, den Blütenduft

Ob dieser Pflanze wohl bewusst war
dass der Schreibtisch, auf dem sie stand
das Leben eines Baumes gekostet hatte?

Ob dieser Pflanze wohl bewusst war
dass sie von Gestalten umgeben war
denen ihre Freunde egal waren?

Ob dieser Pflanze wohl bewusst war
woraus dieser Kaffee hergestellt war
den die Leute da immer tranken?

Und ob es ihr nicht wehtat
wenn sie beobachtete, dass der Mensch
eine weitere Fliege zunichte schlug?

Wenn sie nur wüsste, was da draußen
    täglich mit ihren Freunden
    geschieht...

Wenn sie nur wüsste, dass diese vernichtet,
    gegessen, zertrampelt, gefällt,
    ausgerupft, ...

Sie würde mitten in den Aufzählungen
    flüchten wollen
Aber die Frage ist:
Wohin?

Alina Hähni

Schmetterling

Sie können fliegen,
bedingungslos lieben.
Sie sind farbenfroh,
klein, einfach so.
Sie tragen eine Farbenpracht,
sind unterschiedlich gleich. Hast du je
    daran gedacht?

Jeder von ihnen hat ein eigenes Muster,
das wird mir jeden Tag bewusster.
Sie sind rein.
Klein, aber fein.
Zuerst nur gekrochen,
dann ein Tier mit Flügeln in nur ein paar
    Wochen.

Leben als Raupe,
sterben als Schmetterling.
Diese Veränderung weckt mein Glaube,
weil sie Hoffnung bringt.

Kyra Hänle * 2001

Orang-Utan-Baby

Und du klammerst dich verzweifelt
An den Teddybären ran
Weißt nicht wie dir geschieht
Traumatisiert von diesem Brand

Deine Mama ausgelöscht
Alle Freunde auch verbrannt
Ganz klar, dass du vermisst
Was DIR einst war so sehr bekannt

Heute nur noch Schutt und Asche
Und das alles nur für eins
Damit wir sagen können
Dieses Öl, das ist jetzt meins

Was WIR nicht sehen, doch du so sehr
Ist nun für immer nimmermehr

Sabrina Hänle * 1998

Frühlingsahnen

Frühlingsahnen
Stillvergnügt gehe ich durch den Wald
Vergnügt bin ich und still
Die Vögel jubeln laut
Sie wissen es nicht anders
Sie freuen sich wie ich
Über die heller werdenden Tage
Die wärmer scheinende Sonne

Die ersten Schneeglöckchen streben ans
    Licht
Obwohl es noch kalt ist
Des Nachts und am Morgen
Sie glauben an den Frühling
„Nun, armes Herz, vergiss der Qual!
Nun muss sich alles, alles wenden"

Ludwig Uhland lässt grüßen
Ich werde immer stiller
Doch bin ich vergnügt - stillvergnügt

Gerti Hassler * 1948

Wintergedanken

Erloschen ist des Lebens Klang,
Im seufzend Wind hinfort geweht.
Doch nicht verdammt zum Untergang
Im Kranze er forthin besteht.

Es liegt ein Mantel auf der Welt,
Ein Mantel der Erinnerung.
Nur funkelnd Schnee am Himmelszelt
Verschafft der Liebe Linderung.

Denn Sehnsucht früh'rer Farbenpracht
Pulsiert im Strom der Winterluft,
Bis schlafend Zauber neu erwacht
Sie lieblich füllt mit Kräuterduft.

Oh Kälte frier' das Herz mir ein,
Will schlafen auch in langer Nacht,
Solange kahl im Mondenschein
Geäst allein nur schwanke sacht.

Florian Hauck * 1999

Verwandlung

Ich höre die Natur um mich,
Des Wassers Plätschern hinter Ufer!
Weit weg im Himmel sehe Vögel ich
Und höre ihre Abschiedsrufe!

Vorbei ist warme helle Zeit –
Alles wird schwerer, dunkler, kälter!
Das schöne Weihnachten ist nicht mehr
    weit!
Und bald schon kommen wieder Vögel aus
    der Ferne!

Verbunden bin auf ewig mit Natur -
Mich streicheln Sonnenstrahlen wippend!
Der Wind umschmeichelt spielend die
    Gesichtskontur
Und der verdeckte Mond wirft mir
    verschmilzt die Blicke!

Genieße Wandertour durch Berg und Tal
Und fahre schwungvoll mit dem Fahrrad!
Ich höre immer wieder Echos Schal
Und wird' gegrüßt vom Glück des Lebens!

Irene Heidt * 1971

Mond

Eine Dunkle Nacht
zum Mond gerichtet Hell.
Halte lange wach.
Die Wolken hasten schnell.
Hinter Wolken Leise
Schleicht die Scheibe fort.
Kein Blick von ihrer Reise
wie Nächtelang zuvor.

Daniel Heilig * 1987

Wenn der Schnee fällt

Wenn der Schnee fällt,
umarmt mich ein Eisbär.
Er steckt seine
harte, kalte Zunge
bis in meine Lunge hinein.
seine Sehnsucht auf meiner Sehnsucht
fremd und nackt.
HÄUTE DICH, Bär!
lecke alle Tränen aus mir,
verschließe mich mit deinen Lidern,
dass ich nach INNEN sehe,
dass ich eins werde mit dem Eis;
dass mir Fell wächst und Raubtierzähne,
dass ich ein Teil werde,
ein Nichts und ein Alles,
dass wir verschmelzen zu einem Berg
der mich;
der mein Herz aufnimmt
und ausspeit, wie Lava
und ich Inseln gebäre
im Meer.

Nicola Heim * 1969

Die Nordsee im Mai

Das Blau-Grün der Nordsee
bis zum Hellblau des Himmels
und dazwischen in der Ferne – von der
    Weite fast verschlungen
das Grün-grau der Warfen.
Diese Weite,
diese Freiheit,
dieses Glück.

Lykke Heine * 1996

Die Natur

Auf der Spur der wahren Natur, der
    Himmel erstrahlt in hellem Azur.

Morgendämmerung ein neuer Tag beginnt,
    ein Lied erklingt, getragen vom Wind,
die Zeit, sie verrinnt viel zu geschwind.

Schaue heute nicht auf die Uhr, will raus in
    die Natur, ziehe an meine Schuhe und
    gehe in die Ruhe.

Ein Tautropfen gleitet an einem
    Blumenstiel hinunter, heute sehe ich
    alles viel bunter
die Vögel zwitschern hierzu heiter und
    munter.

Die Morgensonne lacht und strahlt in voller
    Kraft, dies Menschen, Pflanzen und
    Tiere glücklich macht.
Dieses wundervolle Licht sich dann in
    dem Tautropfen bricht, reagiert und
    reflektiert.

Ein Nebelteppich überzieht das Land, was
    darunter liegt noch unerkannt.

Sah das ich immer nur rannte und vorbei
    flog ein Gedanke, in Vogelperspektive,
    schau auf Wald, Felder und Blumenwiese
    hinunter in die Weite und Tiefe.
Von dort oben sieht alles anders aus, jeder
    Stein und jedes Haus.

Alles schwingt und klingt ‚der Wind hierzu
    sein Lied einstimmt auf Frequenzen
    voller Essenzen
ohne begrenzende Differenzen ist alles
    verbunden, auch wenn man es nicht
    sieht von unten.

Der schönste Künstler pur, ist unsere
    Natur.
Ein altes Gesetzt, die Natur ein perfektes
    Netz.

Jasmin Heinrich * 1980

Die Natur ist eine großes Geschenk
und man sollte sich Zeit nehmen und
    genießen können.

Corinna Heinrichs * 1965

Süden

Sich wogendes tiefblaues Meer schillert in
    frühen Morgenstunden,
zart funkelt das Tal in Nuancen von
    Bernstein und Honig.
Schwalben und Schmetterlinge, fliegen
    freudig, dem Alltag entschwunden.
Die Melodie der Natur folgt friedlich der
    Sonne und des Mondes Chronik.

Am Wegesrand von Wunder zu Wunder,
    stehen tiefverwurzelte Olivenbäume,
ein zarter Hauch von Lavendel und
    Oleander liegt in der Luft.
Warmer Ostwind streift meine Haut
    während ich vom Bleiben träume,
betört und tief berührt vom mediterranen
    Blütenduft.

Hier gehe ich durch kleine Gassen, von
    Schatten ins Licht,
vorbei an weißen Häuschen mit
    Fensterläden in blau und violett.
Leises Meeresrauschen in der Ferne,
    ungestört bevor der Tag anbricht,
bin wach und so verwundert als träumte
    ich in meinem Bett.

Mein Blick fällt auf ein kleines Haus am
   Hang,
umgeben von Pinien, Zypressen und
   Flieder.
Ein Leben hier, verlockend wie ein
   Neuanfang -
ich weiß ich komme wieder.

Lena Held * 1991

Strand

Denn das Meer ist immer das Meer,
Darüber der Himmel immer der Himmel.
Die Wellen werden weiter schlagen,
Die Kiesel und Muscheln auf dem Strand
   gedeihen.
Wolkenschatten. Drachen steigen, Möwen
   schreien;
Sand wird immer durch winzige Finger
   rinnen,
doch keine Hand mehr die meine zu halten.

Jens Helmig * 1969

Welt

Die Welt ist voller Wunder, voller
   Schönheit und Pracht,
Ein Meer aus Farben, ein Ort, an dem man
   sich verwacht.

Es gibt Berge hoch, die in den Himmel
   ragen,
Flüsse, die durch grüne Täler fließen und
   Wälder, die wagen.

Es gibt Städte voller Leben, voller Licht
   und Lärm,
Und Dörfer, die in Ruhe und Frieden stiller
   Form.

Es gibt Wüsten, heiß und trocken,
   unendlich weit,
Und Ozeane, tief und blau, mit all ihren
   Geheimnissen bereit.

Es gibt Kulturen, die sich unterscheiden,
   aber doch vereinen,
In ihrer Vielfalt zusammen eine Welt, die
   nie aufhört zu beleben.

Die Welt ist ein Puzzle, dessen Teile
   niemals enden,
Ein Werk der Natur, ein Kunstwerk, dessen
   Schönheit niemals endet.

Julian Helms * 2001

Herbstherzen

Herbstherzen taktvoll
Im Schein goldener Fülle
verlassen die Zeit

Ingeborg Henrichs

Wald

In Dir fühle ich mich geborgen,
Du umfängst mich mit Stille, in die ich aus
   einer lauten Welt trete.
Einzig das Rauschen des Windes in den
   Blättern und das Zwitschern der
   Vögel vernehme ich, alle Sorgen
werden klein.
Dir bringe ich meine Wut
und die Aufregung des Tages. Du
   verwandelst sie in Freude über jede
   Knospe und jedes Wesen,
das ich entdecke, pures Glück durchströmt
   mich
und macht wieder gut,
was mich vorher fast zerreißt.
Wie kann ich Dich bewahren,
vor allem menschengemachten Schaden
   und für alle, die wie ich einen Ort der
   Ruhe und des Raumes brauchen,
an dem wir uns selbst erleben
und auch in vielen Jahren
einfach hören, sehen, riechen, schmecken,
   fühlen.

Cornelia Herbrich * 1976

Spätsommer

Der prächtige Lavendel ist verblüht
Seine Blüten sind nun sanft verblasst
wie Honigwaben mit winzigen Poren
Bei Berührung hört man leises Knistern
und spürt die Nässe von gestrigem Regen
Ein kleiner länglicher Samen fällt in meine
    Hand
noch immer so duftend
erinnert an heiße und klare Sommertage
Als Bienen und Hummeln
im Busch fleißig summten und schwirrten
und der Wind in den Blumen spielte

Karolina Herzer * 1993

Abendröte an der Donau/Rumänien

So im leisen, milden Wind Schwäne
tief entlang der Donau gleiten,
und dem dunklen Grau der Kohlenkähne
weiße Frische für den Moment bereiten.

So diese geduldig vorüberziehen
und sanfte Wellen den Ufern hinterlassen,
wo wieder einige alte Mütterlein knien,
die zur Besinnung des Abends passen.

So jene dann ihre Waschbretter beiseite
legen und dann fast still verharren,
als in die Sonne hinter Karpatens Weite
und ihr Bild im Fluss sie starren.

Christian Sören Hesse

Noch nicht

„Der Frühling",
sagen sie.
„Der Frühling ist da!
All überall!"
So sagen sie.

Ich aber – ich glaub es nicht.
Nirgendwo ist neues Ried.

„Der Frühling",
sagen sie.
„Der Frühling ist's! Ja, ja!
All überall!"
So rufen sie.

Ich aber – ich hör' die Lerche nicht.
Nirgendwo ist da ihr Lied.

da Hihö * 1948

Lyrik im Wald

Ich gehe spazieren im Wald.
Die Bäume flüstern mir zu.
Lehn dich an, hör mir zu und
du kommst zur Ruh.
Spüre die Energie.
Sie gibt mir Kraft, macht mir Mut.
Und fühle wie entspannt ich bin.
Die Natur tut mir gut.
Mein Schutzengel sagt, die Heilung
    beginnt.
Loslassen atmen und entspannen.
Hab Vertrauen zu dir.
Genießen soll man den Augenblick.
Denn er kommt nie wieder zurück.

Marita Hillmann

Gib nicht auf

Gib nicht auf
den Gesang von Sprossen und Sprießen
da wo vergiftete Wasser fließen
in ein verödetes Land.
Gib nicht auf
Lichtstrahlen ins Dunkel zu senden
Schwermutsnebel zu wenden
an abgründiger Bergeswand.
Gib nicht auf
dein heilkundiges Herz zu befragen
da wo Weltkluge versagen
der Wald im Sterben liegt.
Gib nicht Preis
den hohen Baum-seine Krone-
dass dort deine Taube wohne
die Alles Unheil-Unheilige- überfliegt.

Gib nicht auf
die Knospen der Stille zu Preisen
dass nicht die Felder verweisen
brachliegen tief in dir.
Gib nicht auf
die Erde warm zu umhüllen
mit Samen der Liebe zu füllen
ihre reine Usprungs-Natur.

Hillo * 1958

Kraftort Natur

Zwei Rebellen, die sich sehr lieben
Im Kern gleich, im Außen verschieden
Trotzdem erreichen sie gemeinsam sehr viel
Da sie verfolgen das gleiche Ziel

Mit enormen Fleiß, Ehrgeiz, starken Willen
Dass die Kraft ganz schön kann killen
Benötigen sie regelmäßig ihre Auszeit in
 der Natur
Eine erholsame und zugleich kräftigende
 Kur

Einsame, verschlungene Pfade über Berg
 und Tal
Erlöst die beiden von jeglicher Qual
Sie finden zu sich selbst und zueinander
 zurück
Sie erleben Freiheit, Lebensfreude, das reine
 Glück

Dank der Natur sie stehen in ihrer vollen
 Kraft
Dies entfacht zusätzlich das Feuer ihrer
 Leidenschaft
Die treibende Kraft ihrer nächsten Mission
Durch ihr vielfältiges Potential ein Ausblick
 auf Revolution

Egal, was dich quält, geh hinaus in die
 Natur
Über Berge, Täler und die weite Flur
Mit all deinen Sinnen sauge ein das
 erfrischende Leben
Das dich in all deinem Tun wird bestreben

Tarik Hitzler * 1994

Erntedank-Tanz

Das Gute wachsen sehen
und dann soll was geschehen!

Wirklich ernten, sich bücken
und pflücken,
nach unten und oben,
graben und dann wird's gehoben.
Die Frucht bestaunen und erfassen:
Da hat sich die Schöpfung was einfallen
 lassen!

Du lächelst in mich!
Dafür begrüße ich Dich:
Liebes Gemüse,
liebes Obst mit Süße,
lieber Baum in unserem Raum,
liebe Pflanzen im Ganzen,
wegen Euch will ich tanzen!
Dreh mich vor Glück, Glück, Glück!
Der Jahreskreis geht weiter, ein Stück,
 Stück, Stück!

Gut, dass ich hab' gepflückt und mich
 gebückt!

Gabriela Hofweber * 1965

Mein See

Glitzerndes Wasser
Sanfte Wellen
Immer wieder

Stille
Birken rauschen
Blätter fallen

Abendhimmel
In der Helligkeit
Sonne versinkt

Ich bleibe im Licht

Hilla Hombach

Des Nächtens

In schatt'gen Wäldern, düster, unverwandt,
Die Natur verbirgt sich, tief in Nacht gehüllt.
Die Vögel krächzen, Lieder schaurig, laut,
In einem Refrain, der Hoffnung raubt.

Die Blumen blühen, doch in finstrer Pracht,
In ihren Kelchen lauert dunkle Macht.
Die Bäume flüstern, Geheimnisse tragen,
In ihren Ästen, die Schreckenjagen.

Der Himmel düster, Wolken, bleiern schwer,
Die Sonne birgt sich, kommt nie wieder her.
Die Dunkelheit regiert mit kaltem Blick,
Und löscht das Licht in einem Augenblick.

Die Tiere wimmern, in der Dunkelheit,
Dem Grauen all der Wesen ringsum leis'.
Die Natur, ein Albtraum, tief in uns,
Ein düsterer Fluch, kein Wunder, kein Genuss.

So lehrt uns diese Welt im Dunkeln stehen,
Die Schönheit, die verblasst in Finsternissen.
Die Natur, sie spricht in jedem Schrei,
Ein schauerliches Geschenk, zum Fürchten, stets dabei.

Benedikt Hörner-Tusche * 1989

Maienregen

Die warme Sonne ist verglüht
Manch Schmetterling sitzt im Nachtgefieder
Manch Hoffnung ist so sanft versprüht
Der Abend rastet im Höllenfieber
Zur Dämm'rung hin - die schwer bemüht

Oh du wonnereicher Abendsegen
Breitest weit deine Flügel aus
Stürmst himmlisch mächtig mit warmen Regen
Holst still manch Wanderer ins Haus
Und träumst vom Morgen - so süß verwegen

Karin Hotek * 1956

Walde,-Lichte

Grüne, rege, sprieße, strebe, wachse, trete, bleibe, und stehe.
Dorne, erhebe, gründe, und stehe.

Grüne.

Hasan Hrnjica * 1988

Bär in der Abendsonne

Ein einsamer Braunbär streift durch den Wald.
Die Äste knarren und knirschen unter seinem Gewicht.
Vögel schrecken auf und fliegen ausser Sicht.
Die letzten Sonnenstrahlen verblassen bald.

Der Bär erreicht eine Lichtung mit einem Bach.
Das Wasser gurgelt und plätschert dahin.
Grashalme neigen und wiegen sich mittendrin.
Das Wildtier wandert am Ufer entlang hellwach.

Ein Teich glitzert in der rötlichen Abendsonne.
Zwei kleine Bären folgen ihrer Mutter dicht auf dem Fuss.
Der Wanderer beobachtet ihren Anblick mit Genuss.
In der Ferne toben Kinder ausgelassen und spielen mit Wonne.

Die Bären lassen sich nicht stören und laufen weiter.
Das Abendwetter ist sehr warm und heiter.

Petra Hünnerkopf * 1965

Mein Frühling

Im Garten, vor dem Haus,
strecken Tulpen und Narzissen die Köpfe
 heraus.
Der Frühling liegt in der Luft,
überall Vogelzwitschern und Veilchenduft.

Plötzlich fallen Regentropfen auf mein
 Gesicht,
ich fühle die Nässe auf meinen Händen fast
 nicht.
Schnell eile ich nach Hause,
starte dort mit meiner kleinen Pause.

Im Garten spiegeln sich die Tropfen,
sie beginnen auf die Wasseroberfläche zu
 klopfen.
Ich ziehe meine Schuhe aus und
schaue von der Küche zum Fenster hinaus.

Die Frühlingszeit beginnt,
denke ich,
dann träume ich für mich.

Es wird dunkel im Garten,
lass mich den Tag, morgen,
wieder fröhlich, sowie dankbar,
starten.

Nicole Illmann * 1987

Ein Goldfisch

Ein Goldfisch schwimmt leise,
im Kreise, im Kreise.
Dann macht er mal blubb -
und noch einmal blupp, -
und dreht sich um.
Und schwimmt wieder leise,
im Kreise, im Kreise.

Elke E. Irle * 1961

Moorlosverliebt

Schwarzstill liegt sie
zwischen mir und dir
heideblattleise
am ertränkten Bohlenweg
aus der Tiefe höre ich
die Glockenheide blühen
schwankend dunkel
mein vernebelter Gang
Herzrasen bei der Sumpfgrasmücke
Keuchhusten unter den Laufkäferkindern
leise lacht am Horizont
die einzige Zwergbirke
wird die Mondsichel
scharf wolkenschneidend
eben moorlosverliebt
an der Sonnenschnur des hohen Himmels
mein letzter Kraftort
irgendwo im Wollgrasgesumme

Jan Jacobsson

Tiefen

Hat der Wald sich uns ergeben,
Willenlos dem Tode folgend?
Oder schläft in seinen Tiefen
Eine Kraft, die Freiheit gründet,
Die uns Tyrannei und Hochmut
Über Nacht zerschlägt auf immer?

Nehmen wir den Wald zum Freunde
Oder töten wir ihn langsam,
Um damit uns selbst zu morden?
Was wir tun, hat ernste Folgen
Und ich frage nochmals: Schläft nicht
In den unbekannten Tiefen
Unsrer Welt das ewig Starke,
Das Prinzip des freien Lebens,
Das uns über Nacht hinwegfegt?

Gerd Jenner * 1969

Blümchen wachsen auf der Wiese

Einst lag man auf der Chaiselongue
Man spielte auch sehr gern Ping-Pong
Heute chillt man auf dem Sofa
Denkt sich was ist hier denn wrong

Nada, außer eines nur
Sprachen, Zeit, Länder, Kulturen
Hinterlassen ihre Spuren

Die Uhr sie macht nicht mehr tick tack
Man hört jetzt nur noch "what the fuck"
Was sich nicht ändert ist das Liegen
Und bislang das Kinderkriegen

Dialog und Dialyse
Blümchen wachsen
auf der Wiese
Der Lauf der Zeit allein straft Lügen
Ruh' dich aus, bleib einfach liegen

Wenn ich jetzt vom Fahrrad kippe
Hat der Tod mich auf der Schippe
Ich flipp' aus, ich dreh nicht durch
Das ist alles total crazy
Blümchen heißt auf Englisch ‚daisy'

Juttanova * 1963

Winternacht

Sieh' am Himmel der Sterne leuchtenden
  Glanz,
schau wirbelnde Winde im
  Schneeflockentanz.
Glitzernde weiße Kristalle schweben nieder
  sacht,
schimmernder Zauber einer Winternacht.

Der Gartenzaun trägt weiße Mützen,
Schnee liegt auf den Tannenspitzen.
Eiskristalle glitzern von den Bäumen,
ein Wintermärchen erschaffen zum
  Träumen.

Vereist und traumverloren liegt da der
  kleine See,
die Landschaft versinkt in Massen von
  Schnee.
Eiseskälte geht einher, lässt Wasser
  gefrieren
und Eiszapfen manche Dächer zieren.

Der Winter zog ein mit starker Hand,
hüllte die Natur in ein weißes Gewand.
Stille und Frieden liegt über der kalten
  Pracht,
es fiel der erste Schnee in dieser Nacht.

Karin-Klara K. * 1948

HERR-lich!

Jede Blum'
Drehet sich,
Gleich wie dumm,
Ganz selbstständig
Zu dir um, —
Um zu dir zu seh'n.
Möchte' in voller Blüte steh'n.
Selbstverständlich schön.
Keine soll doch nun
Leer ausgeh´n.

Von dir geht aus
Ganz pausenlos
Unendlich viel Licht —
Erwärmet und ernähret
Dich und mich.
HERR-lich!

Stefan Kahle * 1978

Unsere Erde und Wir

Unsere Erde ist ja schon alt
doch im Innern noch nicht kalt
ihre Sturm und Drangzeit ist lang schon
  vorbei
ihr Betriebssystem läuft beinahe
  einwandfrei

Wenn - ja wenn nur diese Menschen nicht
  wären
sie bringen ihr Inneres immer wieder zum
  Gären
das Gleichgewicht der Natur wird gestört
wieder besseres Wissen - es ist unerhört

Verbrannte Erde und abgeholzte
  Regenwälder
zu viel Gülle auf den Feldern
Abfallprodukte vergiften Flüsse und Seen
Atommeiler die nichts taugen - sollten
  gehn

Ölteppiche auf den Weltmeeren
  schwimmen
Pestizide sind in Lebensmittel bereits
  drinnen

bald gibt es keine Gletscher mehr
Plastikartikel schwimmen überall im Meer

Tiere verenden auf qualvolle Weise
wir am Ende den Plastikmüll auch
    verspeisen
Eisbären treiben auf einzelne Schollen dahin
im Klimawandel - sind wir bereits
    mittendrin

Naturkatastrophen nehmen überhand
betroffen ist beinahe jedes Land
es brodelt gewaltig - etwas zu ändern steht
    uns frei
wie lange noch
schrammen wir an einer globalen
    Katastrophe vorbei

Edith Kaiser   * 1946

Wenn du im Herbst nur noch die welken
    Blätter siehst
und nicht die Farbenpracht.

Wenn der Gedanke an den Sommer im
    Herzen sticht
und nicht die Kraft gebracht.

Dann glaube mir, Du lieber Schmerz,
der sich seinen Platz erkämpft
dann wird der Winter Deine Zeit.

Und fordert ungehemmt,
die Ruhe, die du für den Frühling brauchst,
um wieder aufzusteh'n.

Barbara von Kalm   * 1982

Bewegung

Die Freude so schnell
Wie der Wind
So leicht wie ein Blumenkind
Kommt und geht
Halt doch bitte
Länger an
Weil niemand weiß, was wird kommen
    dann

Doch schwupps wie im Flug
Durchgehst du Wellen der Freude der Wut
Der Verzweiflung dem Begehren
Du musst dich nicht dagegen wehren,
Denn plötzlich klopft das Glück wieder an

Nur bitte
Oh, menschliches Wesen
Frage doch nicht
Immer, was wäre gewesen,
Wieso und Warum
Du bist alles und wirst es auch immer sein,
Drum lade stets die Vielfalt
Des Lebens mit offenen Armen ein.

Sabine Kaltwasser   * 1963

Die Natur Tag zu Tag

Oft gehe ich raus in die Natur,
denn zuhause herrscht nur Chaos und
    Unruhe.
Sie muntert mich auf egal wann und wo,
sie entspannt mich immer und macht mich
    froh.
Leider verschwindet sie langsam Tag zu
    Tag,
die Natur, die mich glücklich macht,
Die Natur, die ich mag.
Für mich sind ein Paar Pflanzen soviel wert
wie mehrere Goldbarren,
die Pflanzen überall, die auf unserer Erde
    harren.
Ich möchte sie behalten und nicht verlieren,
die Natur zu schützen können wir das nicht
    einmal probieren?
Also bitte ändert was daran, was hier grade
    vor sich geht,
für einen Versuch ist es nie zu spät.

Marlon Karber   * 2010

Einsam steht der Mond

Es steht der Mond hoch droben
Still und helle scheint,
Und Sterne ihn umzogen
als er einsam weint -

Die Tränen fließen Bäche
aus Silber und aus Gold -
voller süßer Klänge
dem tiefste Liebe folg;

Den Ufern wachsen Rosen
von allerschönster Pracht,
doch wird er sie nicht sehen,
weit in der dunklen Nacht.

Sehnend nach der Liebe,
warmem Sonnenkuss -
der ihn in Wolken wiege,
dass er nicht weinen muss -

Einsam steht der Mond
sein Herz nur sehen müsst -
Denn wüsst er nur er war
von der Sonn' ewig geküsst -

Vanessa Karcher * 2003

Der Mond und die Sonne...

Der Mond und Sonne zusammen am Firmament
Das schöne Schauspiel und herrlicher Moment.

Der Mond mit hellen Silberglanz verkleidet
Ein Satellit, der diese Erde bei Tag und Nacht begleitet.
Ein Held mit Schutz und Schild für uns in allen Zeiten
Ein Wanderer, der Herrscher der Gezeiten.

Die Sonne, die Wiege aller Leben,
Erleuchte uns und alle unsere Wegen.
Der hellste Stern im planetarischen Zentrum
Das Leben, Licht und Hoffnung im Universum.

So fliest das Leben im kosmischen, ewigen Tanz
So möge die Erde für immer erleuchten, im euren gesegneten Glanz.

Katharina Karnowsky * 1987

Der Regenbogen

Als wäre er die Ouvertüre
Zum Beginn neuen Lebens

So verändert der leblose
Graue Himmel sein Zelt

Regen folgt dem Dämmern
Einer Sommernacht

Ein Segment Hoffnung erhellt
Das monochrome Szenario

Als farbenfrohes Pastell
Vor unbekanntem Horizont.

Gerd Kehrer

Verblendung

Wir sind Erdenmenschen
Aus Sternenstaub
Hören die Schreie
Doch stellen uns taub.
Die Erde, sie weint
Unter unsrem Gewicht
Wir sehen die Tränen
Doch kümmern uns nicht.

Und wenn die Welt
Dann in Asche zerbricht
Erscheint irgendwo anders
Ein neues Licht.
Und während der Mensch
Diese Erde zerstört
Schreit sie ewig weiter
Leidend und ungehört.

Lisa Keipert * 2000

Waldsterben

Ohne Bäume gibt es den Wald nicht mehr
Kein Vogelgezwitscher, die Lüfte sind leer
Kein Specht haut jetzt noch Späne hervor
Nur die Sonne steigt erneut am Himmel empor

Und mit wiederholtem Tagesanbruch
Schwebt in der Luft der Abgasgeruch
Er schien vielleicht früher ein Segen zu sein
Doch in Wirklichkeit ist er allen ein Fluch

Alene Keller

Mutter Natur

Im Felde dort draußen, wo Füchse sich tummeln.
Wo Greifvogelschwingen sich in die Lüfte erheben,
Wo Wildgänseschaaren die Sonne begrüßen,
In Nachbarschafts Nähe sampfte Nebel empor steigen,
Dammwild dort steht und nach Nahrung sucht,
Wo Eichhörnchen flink über Baumkronen schnellen,
Dort möcht' ich sein!
S' ist meine Heimat!
Wer ich wohl bin?
Das weiß wohl keiner.

Magaretha von Ketteler * 2007

Magnolienbaum

Meine Träume
Sind nur noch schwarzweiß
Sie sind aus kohlenschwarzem Schmerz
Und weißer Asche verbrannter Brücken
Mein Herz
Weist
Lücken
Auf
Und zerfließt in Tränen

Es weiß aber ganz genau:
Bäume
Wachsen nach ein paar Jahren wieder
Auch aus der Asche
Und bilden Wurzeln
Auf die sie sich
Bei Stürmen stützen

Und ein Magnolienbaum
Verwandelt
Den schwarz-grauen Garten
In einen Zaubertraum

Um anderen Wesen
Hoffnung
zum Leben
zu geben

Olga Kharkova * 1981

Traum von einem blauen Himmel
Über grüne, satte Hügel
Galoppieren weiße Schimmel
Vögel schlagen mit den Flügeln
Sonne wärmt mir brav die Glieder
Ihre Strahlen kehren wieder
Aus betrübter Dunkelheit
Die uns jüngst erst eingeschneit
Blumen aus dem Bett der Erde
Folgen wach der Sonne Strahlen
Wunderschön ist die Gebärde
Seht die Welt sich selbst bemalen
Riesengroß die Freud des Traumes
Froh des Tages Augenblick
Dort im Schatten eines Baumes
Wird beherbergt alles Glück

Lisa Kienle * 1992

August

Ich atme den Sommer
Ich atme den Sommerwind
Der kühn den Zenit der Sonne kühlt abends

Ich atme den Abend ein
Und ich atme die Nacht aus

Nachtfalter
Meine Traumreiter
Sind meine Begleiter

Ich atme mich ein
Und ich atme mich aus

Einen Sommer lang

Elisabeth Klant-Gehring * 1965

Das kleine Glück!

Morgens aufstehen und die Sonne sehn.

Yoga am Strand, Kinder außer Rand und Band.

Vögel am Himmel und Käfer Gewimmel.

Im Regen stehn, kein Auto sehn.

So Stelle ich es mir vor, das kleine Glück
davon möchte jeder Mensch ein Stück.

Gabriele Klette

Der Ton der Wiesen

Ein blutender Holunderstrauch
flüstert seine Geschichten,
wispert von Liebe, Mord und Rauch
geboren, um zu schlichten.

Der purpurrote Lebenssaft
fließt ab mit all den Träumen,
in jedem Tropfen liegt die Kraft,
um im Wahn überzuschäumen.

Doch grüne Lungen keuchen leis
im Rausch der Kettensägen,
die Rinde wird vermischt mit Schweiß
und Eisen von den Krähen.

Der Ton der Wiesen brummt im Ohr
wie Friedenssongs im Regen
in kahlen Wäldern führt ein Tor
zu Särgen ohne Segen.

Fabio Koch * 1991

Waldesgrün

In der Natur, im Waldesgrün,
da fühlt sich mein Herz so reich und kühn.
Ich lausche dem Summen und Rauschen
der Bäume,
den Klängen der Vögel, den fließenden
Strömen.

Die Sonne strahlt so warm und klar,
als ob sie mir sagen will, dass sie da ist,
immerdar.
Ich spüre ihre Strahlen auf meiner Haut,
und fühle mich so frei und ungebaut.

Die Blumen am Wegesrand, so bunt und
zart,
sie erinnern mich daran, dass die Schönheit
in allem steckt,
auch in den kleinen Dingen, die uns
umgeben,
und dass wir uns an ihnen erfreuen sollten,
solange wir leben.

In der Natur, im Waldesgrün,
da findet meine Seele Ruhe und Halt.
Ich atme tief ein und aus, und fühle mich
frei,
als ob ich für einen Moment alles verstehen
könnte, was es zu verstehen gibt.

Doch in der Natur, im Waldesgrün,
da spüre ich auch die Vergänglichkeit und
das Vergehen.
Die Blätter fallen von den Bäumen, die
Blumen welken dahin,
und ich weiß, dass alles, was lebt,
irgendwann ein Ende finden wird.

Doch trotzdem, in der Natur, im
Waldesgrün,
da finde ich Trost und Kraft für mein Herz
und mein Gemüt.
Ich lausche dem Summen und Rauschen
der Bäume,
den Klängen der Vögel, den fließenden
Strömen,
und weiß, dass ich niemals allein sein
werde, solange ich mich an der Natur
erfreue.

Manuel Kohl * 1986

Hallo Baum

Hilf meiner Seele beim Baumeln,
kühler Blättertraum,
vom Wind bewegt
von der Sonne bestrahlt
mächtig und stark bist du
aber sanft und nicht starr,
Güte und Sicherheit
hast du umhüllt mit rauer Borke
und verwurzelt, tief in die Erde hinein.
Du flüsterst ein uraltes Lied
ja, alt bist du, viel älter als ich,
aber dein Lied klingt so jung.
Lass uns zusammen singen
wenn meine Seele baumelt.

Gisela König * 1942

Aminosäuren

Glycin ist was Besonderes
Hat nur ein H-Atom als Rest
Und kein Chiralitätszentrum,
Doch trotzdem heult Glycin nicht rum.

Serin, die Gute, ist polar
Als Rest ein CH2OH.
Ihre Synthese ist nicht hart
Aus 3-Phosphoglycerat.

Leucin vermissen geht sehr schnell,
Sie ist für uns essentiell.
Sie ist verzweigtkettig, hör hin:
Wie Isoleucin und Valin.

Franzisca Kopanev * 2000

Summertime

Da ist ein Rain, rot vom Fingerhut; es
  heimelt die Abendstund.

Die Sonne tanzt wie ein Feuerball, eine
  Nachtigall singt in der Rund.

Vom nahen Wald meldet Markwart sich, so
  wird der Häher genannt.

Ein Friede kehrt in mein Herze ein, als wär
  ich mit Allen verwandt

und langsam verschwindet der Feuerball,

DER SOMMER KEHRT WIEDER INS
LAND.

Rother von Kostenthal * 1934

Ohne Titel, nicht ohne Wörter

Siehst du die Vögel ...
Wie ihr Gesang nach Frühling klingt?
Spürst du die Sonne...
Wie sie wärmend gegen Kühle ringt?
Riechst du das Grün...
Wie es schwungvoll an Raum gewinnt?
Schmeckst du den Duft...
Wie er kraftvoll Knospen entrinnt?
Hörst du die Zeit...
Wie sie über ihr Enteilen singt?
Fühlst du
wie rauschend
das Leben?

Jens Kotowski * 1966

Zeitstille

Die Stille der Zeit
Vollmond bei Nacht
See in silbrigem Licht
Priel im Glitzerkleid

Keine Lerche, die noch singt
Keine Seeschwalbe auf Jagd
Jedes Tun ist nun vertagt
Zeitstille hier ganz eigen klingt

Jens Kotowski * 1966

Gedankenleerheit

Unaufhaltsam brechende Säurebahnen
  weichen ihr, die sich durch den Körper
  windet wie eine heiße Glut.

Wer von ihr erfasst, wird keinen Tag seines
  vergangenen Lebens zurückfühlen
  können.

Ich laufe an meinem Spiegelbild vorbei,
doch es läuft nicht mit,
es begleitet mich nicht mehr durch die
ebenso dunklen wie feuchten Höhlen.

Es ist still geworden.

Der Klang Deiner Stimme verfolgt
mich nicht mehr wie ein rastloser
Schmetterling.
Die Luft riecht anders, nicht mehr beißend,
mehr wie karamellisierter Zucker.

Das Grün im Wald erscheint wieder wie
der Dschungel intensiver Fantasie.

Ich schließe meine Augen, doch ich erkenne
Dein Gesicht nicht mehr.

Die Konturen Deiner Gestalt wandeln
sich zu einem überwältigenden
Sonnenaufgang.

Das Rot des Morgens trifft mich heftig in
der Magengrube,
um sich danach sanft wie ein Teppich auf
meiner Seele auszubreiten.

Der penetrante Duft Deiner Haut wird
abgelöst von der klaren Reinheit der
Luft, die ich tief einsauge.

Sonnenstrahlen treffen mich im Herzen.
Die schrille Stimme des unschuldigen
Vogels durchströmt meinen Körper
tief in alle Glieder.

Weder Zeit noch Raum sind in meinem
Blickfeld.
Die Blätter fallen langsam, sie fallen
selbstsicher, unumkehrbar.

Bin ich hier? Ist es Zeit? Der Koffer ist
gepackt, alle Habseligkeiten bei mir.
Ich begebe mich auf eine Reise ins Jenseits.

Alles bleibt stehen. Der Baum, er steht
kahl. Das letzte Kleid ist entblößt.

Keine Amsel drückt sich mehr aus.

Die wild umherfliegenden Bienen am Stock
meiner Gedanken fallen als Leerheit
auf den Grund
und bilden ein Mosaik aus Verdrängung
und Erinnerung, das dem kämpfenden
Tanz ein Ende setzt.

Andreea-Maria Kovács * 1989

Wird schon

Ach, dies bisschen Müll,
denkt der Einzelne für sich,
ist doch wirklich nicht so viel,
schadet doch der Erde nich'.

Ach, dies bisschen Plastik,
denkt die Stadt sich jeden Tag,
bricht uns schon nicht das Genick
und die Erde ist ja stark.

Ach, dies bisschen Gift,
denkt bald auch das ganze Land,
fällt gewiss nicht ins Gewicht,
ist für die Erde nicht riskant.

Ach, dies bisschen Treibhaus,
denkt nun auch der Kontinent,
hält die Erde locker aus,
selbst wenn's halt hier und da mal brennt.

Und während unverzagt,
jeder halt sein Ding so machte,
hatte niemand mal gefragt,
was die Erde eigentlich dachte.

Hannah Krahn * 1993

Frühlingserwachen

Zur Neige geht der lange Winter.
versonnen fällt der Blick nach draußen,
durch die Wolken bricht die Sonne,
ein Regenbogen spannt sich weit über den
Himmel,

Das ist der Moment für Aufbruch!
Der Frühling naht!
Die ersten zarten Blüten erheben sich,
streifen ihren kühlen Wintermantel ab,
wenden sich der wärmenden Sonne zu,
umhüllt von den Strahlen des Sonnenlichts,
im Rausch der vielen bunten Farben auf
    einer Blumenwiese
lauschend den Rhythmen des Windes,
bewegen sich die Blüten sanft hin und her
und das zwitschern der ankommenden
    Vögel ist Musik aus weiter Ferne,
ein schöner Klang, ein schönes Naturspiel,
- Lebensspendend - für alle Pflanzen, Tiere
    und Menschen
für eine lange Zeit!

Karin Krämer   * 1959

Um uns herum

In dir will ich leben,
immer mit dir sein,
mich dir hingeben,
mit meinem ganzen Sein.

Dein Duft,
dein Schein,
Höhen, Tiefen, Luft,
Wasser, Erde, Stein.

Gegensätze in dir,
Pflanzen leben,
Mensch und Tier,
nehmen, geben.

Die reine Wahrheit,
ohne Gestalt,
Lebenshauch, Einheit,
unendliche Vielfalt.

Übersinnlich,
unüberwindlich,
unbeschreiblich,
das bist du, Natur.

Rüdiger Kratzke   * 1966

Wasser

Nichts beruhigt mich so sehr wie das
    Rauschen der Wellen, außer die Worte
    meines Großvaters,
mit ihm spreche ich, wenn mich all meine
    Kraft verlässt. Ich denke von ihm
    habe ich die Liebe zum Wasser.
Die Unendlichkeit des Meeres mit seinen
    unterschiedlichen Facetten von tiefem
    Schwarz
bis zu einem glitzernden Türkis, von
    absoluter Stille bis hin zu einem
    tobenden Ungeheuer,
die Kraft eines Gebirgsbaches, der sich in
    einem tosenden Wasserfall sammelt,
    die Gischt,
die sich in winzigen Tropfen auf die Haut
    legt, das Beobachten der tausenden
    kleinen Wesen,
die sich an der Oberfläche des Sees ihr Stell
    dich ein geben,
das stetige Klopfen der Regentropfen und
    der Geruch in der Luft schon kurz
    bevor das Unwetter beginnt.
In jedem dieser Augenblicke warst du an
    meiner Seite,
an dich zu denken ist wie eine Quelle aus
    purer Energie und Liebe.
Nur die Gedanken an dich, an deine Worte,
    an deine Hand, die mich liebevoll
    festhält,
holen mich jedes Mal in das Hier und
    Jetzt zurück, stärker und lebendiger,
    ruhiger und entspannter.
Und wenn ich am Ufer stehe und meine
    Gedanken mit dem Wasser fließen
    und die Tränen von alleine kommen,
dann weiß ich, dass du da bist, ganz nah
    bei mir. Du umhüllst mich mit deiner
    Liebe und ich tanke pure Energie.
Ich möchte diese Momente mit niemandem
    teilen, da sind nur du und ich und das
    Wasser.
Und wenn die letzte Träne von meinen
    Wimpern perlt, flüster ich leise
    meinen Abschied,

drehe mich um und gehe, gestärkt durch
deine Liebe, gereinigt durch unser
Element.

Nicole Kriechbaum * 1982

Abschied

Ein Blick in die Vergangenheit erfüllt so
manch' altgewordenes Herz.
Die Erinnerung an die rosigen Kindertage,
Liegt jenseits von jenem stechenden
Schmerz.
Doch das Hier und Jetzt erschüttert mich,
so höret meine Klage!

Jeden Morgen erhob er sich sanft und leise
in aller Früh,
Helios' Wagen näherte sich aus dem Osten
im Morgenwinde,
Eine Blaumeise sang hoch oben in einer
majestätischen Linde,
Um die Farbenpracht zu bewundern, die
hier draußen einst blüh.

So marschierte er vergnügt zum singenden
Bach hinunter.
Mit der Natur als Begleiter wiegt Kummer
und Schmerz nimmer schwer,
Mit Blick auf den Rosengarten seufzte er:
Ach, wenn es doch immer so wär',
Doch der quälende Lauf der Zeit schüttelte
ihn kräftig munter.

Die Erde bebt und tobt vor Wut. Ein
furchtbares Gewitter zieht herauf.
Der Junge herangewachsen zu einem
Mann,
Ein mächtiges Donnern ertönt aus weiter
Ferne, das Unheil nimmt seinen Lauf,
Musste mit ansehen, wie diese Schönheit
zwischen seinen Fingern zerrann.

Die Welt steht still. Der Sturm hat dir
schwer zugesetzt,
Man hat sich deinem Flehen, deinen
Wehklagen widersetzt.

Was einst mir nahe war, ist nun fern. In
Trümmern liegt es jetzt,
Begraben ist nun ewig, ach, das herrliche
Traumparadies.

Anna Sophie Kudielka * 2000

Heimweh

Mit sehnsüchtigem Herzen stolperte er
durch das wüste Land,
Gen Osten, entlang des warmen Scheins,
dem Gelbe in der Ferne,
Umhüllt von des Mondes bleiernen
Gewand,
Fremd und kalt wie das weiße Licht der
Abendsterne.

Taub war er für das eiserne Gewitter, das
hinter ihm erklang,
Bebte laut in seiner Brust der Wonnemonat
Mai,
Und in seinen Ohren der Schwalben
heimatliche Gesang,
Der übertönte seines Kameraden
Wehgeschrei.

Die Augen wie verzaubert, warf er sich vor
die Eiche aus kindheitsalten Tagen.
Doch dem stolzen König mit seiner Krone
goldgelber Farben,
War nur geblieben der Rang eines kahlen
Bettlers,
Unter des Menschen gnadenlosen Zepters.

Und seine Äste brachen unter dem
flammenden Kreuz, das ihm war
auferlegen,
Während seine Richter wie die Kerzen um
ihn tanzten.
Es reichte nicht des einen Menschen Träne,
des einen Menschen Klage,
Die ihn bewahren konnte vor seinem und
dem Heimatgrabe.

Nie wog schwerer das leere Herz eines
verlorenen Kindes,
Dass sich wimmernd schmiegte an das
aufgewühlte Erdenmeer,

Gebettet in des Tauben Trauertuch, wo
    einst das weiße Mohnfeld blühte,
Bis seine Mutter es willkommen heißen
    möge in ihrer Arme Güte.

Léonie Kudielka * 2000

Oh wunderschöne Sommernacht

Oh wunderschöne Sommernacht,
Ich sehne mich mit Bedacht
an Abende wie diesen
wo wir uns fallen ließen.

Die Sehnsucht mich erfasste
als ich war bei dir zu Gaste.
Das Rauschen des Baches mich wärmte
und ich von dir nächtelang schwärmte.

Wir empor der Sonne standen,
obwohl wir uns kaum kannten.
Erneut will ich mich dorthin begeben
um in deinen Armen zu schweben.

Damit mich die Sonnenstrahlen sanft
    wecken,
wo sich der Horizont wird blau erstrecken.
Dorthin möchte ich mit dir eilen,
anstatt hier zu verweilen.

Hier ist es so grau und bieder.
Das philiströse Leben ist mir zuwider.
Du alleine kannst mich retten,
mich in deine Wolken betten.

Dort will ich für immer Leben,
um das Seelenheil zu erstreben.
Meine Seele wird sein rein und pur
Im Einklang mit der Natur.

Melissa Kuhnert * 2005

Maitrip

In laubgemodelt bojenhaftem Hellen
durchqueren Pfade Rufe oder Sänge,
als ob des Läufers losgelegte Dränge
auf Sande ehe Gischten einzustellen.

Dem untermalen rege Schattenwellen
gebären Grüns ereilenswerter Menge
von Frost und Eis befreite Übergänge
zu allwärtiger anstrebbaren Quellen!

Froh eingespannt in aussichtige Lagen
bei Bringen einer fortgesetzten Reise,
auf neuerkoren heiles Ganze bauen!

Erträumtes miterlebt an wachen Tagen
fand stubeneigenes bekümmert Leise
zu Flötenhall gedüstem Überschauen!

Andreas Küster * 1955

Frost

Vorahnend erzittert die Welt,
klagend plustert der Kauz sein Kleid,
steif huscht die Maus durchs gefrorene Feld,
während die Alte begrüßt, die dunkle Zeit.
Über ihrem geneigten Kopf ragt,
vom tanzenden Weihrauch zugedeckt,
ein Gebet den keuchenden Atem jagt,
über die Tafel, für Verlorene gedeckt.
Mit heulendem Wind ziehen herrenlose
    Hunde
über den Totenteppich aus Braun und Rot,
so macht das Väterchen seine Runde,
bringt Kälte und seinen Begleiter, den Tod.

Hannah Kustrin * 1999

Die Tränen der Krebse

Die Krebse der Tränen versengen die
    Netzhaut
Die Krebse sie weinen im Netz

Sie weinen die Tränen, die bitteren Tränen,
    die salzigen Tränen
ins Wasser so süß

Sie weinen, weil sie, im Dunkel des
    Bottichs die Hoffnung
schleichend verließ

Hinter der Linse des Mädchens da brennen
die Tränen die sie nicht geweint
So kann sie die Leiden der Krebse erkennen
die Hand mit dem Wasser vereint

Ein Sturm in dem Bottich, dank Deus ex machina
Die Krebse befreit, ehe sie sehen was geschah

Zurück in der Heimat das Wasser es klärt sich
die Krebse errettet des Menschen Geschmack
Das einst Wohlbekannte verschwimmt und verzerrt sich
die Tränen versalzen das Wasser zu Brack

Nicolas Robert Lang * 1999

Scheibenbauch

Unter allen Strömen ist Gleichmaß aller Dinge Schein
Und vor des ruhigen Auges kühler Kraft, scheint alles klar und rein

Blind bin ich
Und seh' doch alles was die Tiefe birgt
Ich lebe still im Dunkeln
Da wo das Licht nichts mehr bewirkt

Weit unten – Ihr nennt es Nichts – ist meine Welt
Da wo die Ruhe herrscht
Da wo kein Sonnenstrahl ins Schwarze fällt

Über meinem Reich, in Ozeanos hohen Schichten, treibt die Unruhe ihr Spiel
Schadvoll ist das Leben dort
Wo alle gegenseitig sich vernichten

Mich sieht man nicht
Ich bin der Tiefe kluges Kind
Man findet mich, wo keine Laute sind

Adrian Lang * 1973

Lebenskraft

Tief innen in den Dingen, dahinter und darin
Liegt eine Welt von Sinnen, die dem Sinne leicht entrinnt

Das All gebiert Gestirne, formt Stoff und Galaxie
Sonne und Planeten, von unbegreiflicher Magie
Es wächst der Stein im Berge, geformt von der Gewalt
Der Kristall bricht aus dem Erze, offenbart seine Gestalt

Das Erz erzeugt die Zelle und die Zelle fängt das Licht
In Dunkelheit und Helle vervielfältigt sie sich
Hervor aus dieser Fülle wölben Pflanze, Tier und Mensch
Das All entwickelt Sinne und beobachtet sich selbst

Der Mensch vermisst mit Eifer was er immer greifen kann
Und vergisst beizeiten Seiten, die er nicht begreifen kann
So lehnt der Mensch die Lebenskraft als graue Theorie nun ab
Mit eben jener Strebenskraft, die das All ihm doch gegeben hat

So kommt es, dass er Zufall nennt, was er mit Sinnen nicht erfassen kann
Wie gut, dass ihm gegeben ist, was er tun oder auch lassen kann

Patrick Langer * 1991

Der Baum

Die Früchte längst verfault,
am Boden liegend
das Leben ganz enthaucht.
Die Blätter schon verweht,
die Kinder schon vergangen.

Tief verwurzelt,
aber trotzdem so schwach.
Die Winde peitschen mit voller Kraft.
Dort steht er,
wartet auf den Sonnensaft.

Jakob Lantschner * 2003

Mittagswunde

Sommer – Sonnen - Mittagsstunde
hat den Pan im Rücken
sitzt er- von uns erniedrigt
und drückt der Zeit seinen Schweiß auf
der heißen Mittagsstunde.
Liegt sie ergriffen in seiner Macht
von schwüler Lust durchzogen
verachten wir ihn
der Fäulnis bringt
unten ist in der Seele
in sattem Schweigen sich wälzt
um seinen Ziegenduft auszubreiten.
Wir fliehen ihn , wie die Nymphen einst
und meinen wir schauen gut aus dabei
und lassen uns nicht greifen
von seinen Hinterläufen
die des Teufels - so meinen wir
und verkennen seine Stunde
die uns anfällt
wie eine heiße Mittagswunde.

Veronika Latini * 1940

Queere Kunst

Erfolg ist eine Ratte,
struppiges Fell und winzige Hände hat sie.
Dem Gift ist sie bisher entkommen.
Mit klopfendem Herzen späht sie am Kanal
  nach Schlupfwinkeln,
unter dem alten Baum gräbt sie sich ein
  Haus.
Sie findet Sonnenblumenkerne und einen
  Apfel
wenn die großen lauten Füße
sich müdegelaufen haben.

Wenn ihr jemand je Kopfnoten gab,
so kümmerte sie sich nicht darum.

Blanke Augen reflektieren das Mondlicht
und sie huscht ... jemand hat sich doch
  gefreut, sie zu sehen.

Der falsche Jasmin duftet stark in der
  Nacht,
unter ihm die Pissnische wurde noch nicht
  zerstört
von den Denkern für eine saubere Stadt.
Erfolg ist eine Ratte,
struppiges Fell und winzige Hände hat sie.
Dem Gift ist sie bisher entkommen.

Chris* Lawaai * 1980

Der Vogel

Es regnet und es regnet,
der Himmel schaut verschwommen,
die Decke grau geebnet,
wo Sonne hat geglommen.

Unscharf lugt der Garten durch
den tränennassen Schleier,
sieht sein Spiegelbild zerfurcht
am vollgetränkten Weiher.

Draußen sitzt ein Vogel klamm
am blätterlosen Baum,
drinnen schläft die Katze stramm
im wohlig warmen Raum.

Bald, wenn der Regen endet,
Vöglein, fliege mit den Winden.
Bevor die Katze dich erspäht,
solltest du verschwinden.

Christoph Lentsch * 1977

Im Sein

Fein webt die Sonne ihre Strahlen,
in einen Netz aus Licht,
wie Waben .
Das Auge lässt den Blick,
nun schweifen.
Es sieht das Blatt,
den Baum,
den Wald,
das Tier.

In jenem grünen Baden,
öffnet sich das Herz,
erfährt ein Wir,
im Jetzt und Hier.
In diesem Sein verbunden,
gibt es weder Zeit,
noch Stunden.

Nur, dies ist da
und wahr,
wie warme Sonnenstrahlen.

Stine Lenz * 1973

Die Blaue Dame und ihre besonderen Kinder

Wir jene besonderen Kinder, der Blauen
    Dame,
mit der Macht über unsere Geschwister zu
    herrschen,
tun das mit Bedacht, Verstand,
denn bekannt sind wir für universelle
    Werte.
Haben wir doch den Schlüssel,
zur Tür unseres Hauses,
die Triebe aus früher Zeit ließen wir zurück,
empfingen wir doch die Gaben der
    Vernunft, des Gewissens,
somit den Trumpf der Überlegenheit.
Diese hat uns weit gebracht,
von Gemeinschaften, zu Dörfern, Städten,
    Nationen,
sie hat unsere Kulturen reich gemacht.
Durch sie entdecken wir Neues, erschaffen
    wir Neues,
bezwingen wir immer wieder aufs Neue,
ringen selbst die Gefahren des Lebens
    nieder,
kein Opfer für den Fortschritt ist
    vergebens.
Jede Errungenschaft schmückt wie ein
    Juwel,
die Krone des Verstandes unser Haupt,
bald überschritten des Dunkels Randes ins
    gleißende Licht,
nahe dem Throne des „Wissens", jedoch der
    Blauen Dame nicht.

Laurin Leonhardi * 1997

Gleichgewicht

Die Welt ist aus dem Gleichgewicht,
Und so bin es wohl auch ich.
Wie sollen wir uns balancieren,
Wenn wir selbst den Kontakt verlieren?
Nicht nur zu uns und andren Wesen,
Ich meine viel mehr zum Planeten.
Behandeln Mutter Erde schlecht,
Und fühl'n uns dabei noch im Recht.
So wie wir mit der Welt umgehen,
Kann man in unsren Seelen sehen.
Kein Wunder, dass die Erde weint,
Denn ihres ist auch unser Leid.
Wie können wir noch glücklich leben,
Wenn wir nur um uns selber drehen?
Verlieren den Kontakt zur Erde,
Die uns schon immer trug und nährte.
Finden wir hier kein Gleichgewicht,
Gelingt es auch im Leben nicht.
Die Work-Life-Balance ist ein Witz,
Wenn man diesen Bezug vergisst.

Laila Levana

Neuanfang

Warme Strahlen treffen mein Haupt,
Gras spitzt durch müdes Laub,
Chorgesang schwimmt durch die Luft,
erfüllt die Lungen mit süßem Duft.
Ich frage mich wie's wohl wär',
wenn alte Götter wiederkehren.
Auf trägem Rücken weckt er auch
die kalten, grauen Tage auf.
Verwirbelt laut, den Dreck und Staub,
der lange schon verfallen geglaubt.
Märchenhaft und elegant
schmückt er uns in neuem Glanz
und bittet dann zum alten Tanz.

Melissa Link * 1998

Die Winde

Gesicht, zart Rosa, zum Himmel gestreckt.
Hände erhoben, wie von der Sonne
    angezogen.
Verbindung zur Erde - nie unterbrochen.

Die Schönheit, sie hatte schon Hüllen
   zerstochen.
So eitel und schön, wie Sie im Winde leicht
   schwankt,
Nicht ahnend, was sich langsam um Sie
   rankt.
Ihr schlanker Hals wird zugeschnürt,
Ein langsamer Tanz, wankend aufgeführt.

Stumm und still erträgt Sie es,
Ein wahrlich tragischer Prozess.
Doch als die Hände Ihren Kopf erreichen,
beginnt das Rosa aus Ihrem Gesicht zu
   weichen.

Hoffnungslos und voller Qual,
Ihr Haupt senkt sich nun zum ersten Mal.
Das runde Gesicht nun braun und leer -
Ein kurzes Leben ohne wehr.

Um Sie herum die Vertrauten mit Köpfen
   ganz rot,
Die Rosa Rose, sie ist nun Tod.

Mirjam Löffler * 1996

Ein Tag

So schön, so weit, viel Meer und Sand,
Gräser, Bäume, allerhand,
Wälder, Felder, überall,
Blumen, Tiere, Nachtigall.

Von morgens wenn das Licht erstrahlt,
der Vogel mit Gesang er prahlt,
bis mittags wenn die Sonne steht,
die Katze sich im Schatten dreht,
im blauen Himmel Wolken dann,
zu Bergen türmen, irgendwann,
ein Tropfen, der zu Boden fällt,
das Wasser in der Erde zellt,
ein neues Leben, das entsteht,
der Tag so schnell vorüber geht.

Katze, Vogel, Mensch und Land,
Wälder, Felder, Meer und Sand,
eingehüllt in dunklem Samt,
schlafen jetzt, ruh'n entspannt.

Nils Lorenzen * 1987

Familie

Vater Fluss
gibt Wasser
die Füße
zu waschen

Mutter Erde
umsorgt
mit Sanftheit
und Güte

Bruder Natur
wirft
die Herrlichkeit
der Blüten
ins Land

Es ist schön
Familie
zu
haben!

Manfred Luczinski * 1964

Herbststimmung

Ein Blatt tanzt sacht zur Erde.
Der Baum trennt sich vom Farbenkleid.
Des Herbstes stürmische Gebärde.
Der erste Schnee ist nicht mehr weit.

Die Köpfe stecken schon in warmen
   Mützen.
Kastanien liegen überall.
Nur Schüler müssen jetzt noch schwitzen.
Der Nebel hält sich tief im Tal.

Der Wind pfeift durch die engen Gassen.
Der Marktplatz bleibt am Abend leer.
Nur einer hat getrunken über Maßen.
Sein Gang wirkt mehr als zentnerschwer.

Vergänglichkeit zeigt offen ihr Gesicht.
Und Pflanzen werden gegen Frost
   geschützt.

Nur schwach noch schenkt die Sonne
warmes Licht.
Der letzten Blüte hat ihr Mut nicht viel
genützt.

Die Schöpfung muss nicht mehr gefallen.
Sie zeigt sich ohne Scham fern ihrer Pracht.
Das Sterben ist das Schwerste wohl von
allem.
Doch birgt es schon des neuen Lebens
Kraft.

Das kahle Astwerk wiegt sich in der Ruhe.
Unter'm Baum der Menschen hektischer
Betrieb.
Wenn ich dann auch mal gar nichts tue,
zeigt sich, wo wahre Stärke liegt.

Christoph Maas * 1953

Naturgeflüster

Der Wind singt mir ein Lied,
er flüstert leis und zart -
sagt mir, dass er mich liebt;
als die Libelle sich paart.

Im Sonnenschein geh ich allein,
schau mir die Wälder an.
Seh Pilze dort, sehr viel und klein -
erfreue mich daran.

Ein Vöglein fliegt zu mir herbei,
schaut mich so lieblich an.
Ich fühle mich geliebt und frei,
der Wald hat mir so gut getan.

Herr Mond, er mag mich auch gut leiden,
scheint hier und da auf mich herab.
„Na, wie wär es mit uns beiden?"
Mit Wehmut lehne ich ab.

Er strahlt so sehr, wie sonst kein Mann,
wenn er mich wieder sieht,
nun sehe ich mir dann und wann,
den Mond von unten an.

Ludwina Madlener * 1962

Sehnsucht

Als der Mensch sich sehnte...
Nach Macht die sich unendlich dehnte...

Wollte er unbedingt haben diese Kraft...
Ganz banal...wie immer unbedacht...

Doch die Schöpfungs vollkommene
Brillianz...
Hat einmal aufgeführt einen Sternentanz...

Doch dieser Sternentanz...wie lang er war...
Erschaffte eine Disbalance...eine hier und
eine da...

So wurde die Macht zu einem
Schicksalsspiel...
Ganz ohne Obdach und ganz ohne Ziel...

Dadurch blieb die Schönheit ganz allein...
Denn ohne den Menschen...so war Sie
völlig rein...

So fragte sich die Schöpfung ganz zum
Schluss...
Wozu dieser endliche Lebensfluss...

Wenn die Zeit es nicht vermochte zu
ersehen...
Die Schönheit dieser Schöpfung zu
verstehen...

Wozu dann auch diese Macht...
Die nicht mal aus Menschen Menschen
macht...

Wofür die Seele und das Leid...
Wenn die Schöpfung trägt kein weisses
Kleid...

So fragte sich die Schöpfung ob es denn
nicht genüge...
Einfach nichts zu sein in diesem Gefüge...

Und dann war alles klar...
Nichts war da und nichts war wahr...

Hasan Saman Burhan Majoul * 1985

Das Vergehen

Der Tag des Sommers war schon längst
   gekommen,
doch trotz dessen hat er uns das Licht der
   Sonne weggenommen.
Wie ein Tropfen regnete die Zeit dahin,
Leid und Trauer, und das war erst der
   Beginn.

Tier und Pflanzen scheinen zu ertrinken.
Wieso versucht jeder die Zeit zu schinden?
Die Welt droht langsam im grausamen
   Wasser zu versinken.
Menschen, Tiere, Pflanzen scheinen keine
   Lösung zu finden.

So frage ich mich, wird es wirklich so für
   uns enden?
Kläglich versucht, der jede eine letzte
   Botschaft zu versenden.
Jegliche Hoffnung ist verloren
Während sich Schmerz nicht vermeiden
   lässt, in uns zu bohren.

Wir alle treiben hinauf, im Flusse des roten
   Wassers.
Selbst oben angekommen, fehlt uns
   Kämpfern die Luft zum Atmen.
Und so endet dieser letzte, vergangene Vers
von den Erzählungen, der bösen Kreaturen,
   die wir einst waren.

Maik D. Mann * 2003

Dämmerung

Dämmerung
im schwindenden Licht
verlangsame ich
meinen Schritt
Tiere huschen lautlos
durch die Hecken
letzte Vogelstimmen
Nebel quillt aus den Wiesen
zaubert weisse Gespenster
Am Himmel
umrunden blasse Sterne
die schmale Mondsichel

Langsam
senkt sich
die Nacht
ich sammle
die Fragmente
meines Tages ein
und trage sie
sorgsam nach Hause

Mariamme * 1939

Winterzauberwelt

Wenn Schnee lautlos auf die Erde fällt
und Eiskristallenglanz die Nacht erhellt,
jedes Geräusch leise und gedämpft verhallt,
kein Vogelgezwitscher mehr erschallt,
sich alles in flauschiger Schneewatte verliert
und in einer Winterzauberwelt erfriert,
die Pflanzen sich unter einer Schneedecke
   erholen,
es frostig knirscht unter den Sohlen,
die Schritte im Nichts verhallen
und Schneewölkchen von den Ästen fallen,
die Atemluft zu weißem Hauch erstarrt,
der Augenblick in Bewunderung verharrt,
ganz vorne auf der Nasenspitze
wie auf einem Ehrensitze,
eine Flocke sich niederlässt und sogleich
   zerrinnt,
weil Eiskristalle ziemlich fragile sind,
die Luft so klar ist und atemfrisch rein,
dann muss es die friedlichste Zeit auf Erden
   sein.

Gabi Marka * 1963

Oktober

im rot-grün-goldenen Blättergewand
zieht die Herbstgöttin wieder über das
   Land

der Wagen aus Nebel
vom Sturmpferd gezogen
mit nassgrauem Haar
aus Regen gewoben

über schwankende Bäume
und schäumende Meere

geht die wilde Fahrt
um die nördliche Erde

vom Wind getragen
fliegt sie dahin
doch bleibt sie nicht ewig die Herrscherin

hinter herbstlichen Wolken
wartet schon
die Winterfee
auf eisigem Thron

Michaela Martus * 1969

Verwandelt

Die süß satte Luft
Das Gras duftet leicht sauer
Vom Plätschern der Wässer
Wehen die letzten Atemzüge
Verdorrter Blätter
Und das erste Lebenszeichen
Eines neuen Frühlings

Schimmert golden durch die Äste
Lange Schatten schlängeln
Ihre Körper durch den Schnee
Als geworden war zu Watte
Was Eis war in der Seele

Wie habe ich diesen Geruch
Vermisst, den Himmel
In wärmeren Nuancen
Das Monochrom taut auf
Die Federn spreizen ihre Vögel
Gleiten verwandt durch die
Verwandelten Lüfte

Vanessa Massold * 2003

Nach dem Sturm

Türkis
Der Streifen
Zwischen graublauem Wolkenband
Und schneeweicher Deichkrone
Ein wenig Ocker noch
Leuchtet im Weiß
Möwengelächter über mir

Türkis
Und Silber
An ihrer Brust

Oskar Mataroo * 1946

Norderney

Ein Sanddorn an meinem durstigen
    Gaumen
Versetzt mich in die unbekümmerte
    Kindheit.
Die Insel ist reich an Überraschungen und
    Glück,
Die ich an dem unendlichen Strand
    entdecke.

An dem feinen Sandstrand, die Weite
    dessen überwältigt;
Mit der Tiefe und dem Gefühl der Nordsee
    Natur,
Dem starken Leben der hoch erfüllten
    Nord Luft;
Begleitet durch eine feine, durchdringende
    Sonne.

An dem Strand herrscht vollkommene
    Ruhe.
Ich kann darin versinken und mit Meeres
    Rauschen,
Auf der Höhe mit den Möwen, fliegen
    lernen.
Baden in der Nordsee ist wohl eine heilige
    Taufe.

Das macht gesund! - Eine
    Sanddornmassage
Mit Deichgras-Packung „von den
    Salzwiesen"
Und reicher Schlick vom Boden des
    Wattenmeeres,
Machen Aufenthalt auf der Insel komplett.

Seehunden, Quallen, Muscheln und
    Krabben -
Erfüllen das Leben mit begeisterter Freude.
Ich werde mir hier ein Ferienhaus bauen
Und die Tage im Paradies auf der Erde mir
    gönnen.

Natalie Mehlmann * 1980

Zeitenwandel / Blumenstrauß

Oh Blumen, ach wie fern ihr seid von jenen
die euch bescheren.
Ihr könnt euch nicht wehren - nur durch
eure' Stille belehren.

Leid kennt ihr nicht,
Ihr strebt nur nach dem Licht.
Kennt auch keiner Buse, keine Sühne,
Keinen Hass, keine Gefühle

und doch steht ihr so traurig da...
Die Blütentracht, die war einmal
Die Zeit nahm euch die Farben,
All die Schnitte, nur Beweise für die
Narben,
Die ihr in Ohnmacht habt zu tragen.

&wenn das letzte Blatt fällt,
Dann erkenne auch ich, dass euch hier
nichts hält.
So verfluche die rastlose Zerstörung der
Zeit,
Doch vergiss nicht, in ihr wird alles Leben
neu gedeiht.

Panthera Melano * 2000

Ein Ort für mich

Noch wandere ich zwischen
Den Hainen des wilden Ahorns
Die Nester auf den hohlen Ästen
Sind verwaist

Wie alt ist die Sehnsucht
Nach einem Ort für mich

Denn der Zeisig ruft
Zur Waldesruh'

Könnte ich, ach, seine Töne
Übersetzen
In einer Sprache
Die Menschen verstehn

Noch wandere ich ...

Doch zwischen den Hainen
Wächst Gras
Meinen Weg zu

Karola Meling

Parkoase

Täglich seh ich ihn, diesen schönen, alten
Baum,
nimmt ein einen großen Raum.
Entlang am See strahlt er wunderbar,
fast wie auf der Bühne ein Star.

Beim Spaziergang schaue ich oft nach dir,
du stehst immer noch hier.
Dein Stamm, die Äste und Blätter
bewegen sich sanft im Wind ,
wie beim Spiel so manches Kind.

Lauf ich durch den Park, ist die
Natur mir ganz nah,
doch mein Baum war plötzlich nicht
mehr da.
Dort traf ich einen Forstarbeiter,
welcher sagte: „Der Baum musste weg,
leider!"

Antje Mertens * 1957

Mini Schwiiz

Im Herz vo de Alpe, so hoch und so wiit,
Wo d'Luft klar isch und chüehl, kei Lärm
und kei Striit.
D'Schwiiz isch es Ländli, so chlii und so
fiin,
Mit Bärg, Täler und Flüss, es isch eifach
diviiin.

Wo d'Kühe grased, und d'Schelle klinged,
Wo d'Lüt z'sämesitzed und Lieder singed.
Schwiizer Natur, so prächtig und wild,
Für jungi und alti, für Maa, Frau, und
Chind.

Das isch mini Heimat, so stolz und so treu,
Wo d'Sunne am Morge d'Bärgspitze
 berüehrt,
Und jede neui Tag, mich wieder entfüehrt.

Kilian Merz * 1962

So wie noch nie

Leicht, ganz leicht fühle ich mich

Und so bereite ich meine Flügel aus,
fliege frei wie ein Vogel den zarten Wolken
 entgegen,
sehe den blauen Himmel,
das Strahlen der Sonne,
das saftige Grün der Wiesen,
das Leuchten der bunten Blumen,
leicht, ganz leicht fühle ich mich.

Ich schließe die Augen,
spüre sanft den Wind im Gesicht,
höre das Zwitschern der Vögel,
das Summen der Bienen,
das Flüstern der Bäume,
leicht, ganz leicht fühle ich mich.

Das Glück durchströmt mich, mein Herz
 schlägt Purzelbäume,
kann es gar nicht fassen,
ich fliege höher und höher,
schwebe dem Himmel zu,
weit, weit über das Tal,
leicht, ganz leicht fühle ich mich,
so wie noch nie.

Regula Meyer * 1961

Freigeist – sie

Es musste lange stürmen, beben.

Manche Tage lag ich im Stillen
lauschte gelähmt lautem Regen.
Manche Tage trotzte ich Himmeln
wetterte Blitzen entgegen.

Jetzt, da sich endlich schwermütige Wolken
 lichten
beginnt sich Nebel aus nassen Wiesen zu
 heben.
Eine Silhouette scheint über Felder zu
 gehen
mein Freigeist, ich sehe sie in der
 Dämmerung schweben.

Geweckt von durchdringendem Schweigen
 zwischen Tag und Nacht
ist eine Lerche in Andächtigkeit leise
 erwacht.
All ihren Mut sammelnd folgt sie innerem
 Drang
von kleiner Kühnheit getragen wächst ihr
 Gesang

so laut dass mein Freigeist ihr folgend auf
 glitzernde Taufäden steigt.
der Sonne entgegen, die ihr Gesicht über
 den Horizont neigt
wodurch ihr Licht mich sanft auf meine
 angelegten Flügel hinweist
und die Lerche mir in verheißungsvoller
 Röte das Fliegen zeigt.

Hannah Meyer * 1991

In jedem Anfang wohnt ein Ende

Rote Sonnen verglühen,
wenn nackte Körper
erblühen.

Mondschein voll flüchtiger Momente,
Berührungen voll zärtlicher
Komplimente.

Wo Wogen vollkommen,
werden Wellen
erklommen.

Bis schwerelos dämmert der Morgen,
alsbald erwachen die
Sorgen.

In Gedanken schon fernab vom Hier und
    vom Jetzt,
zerplatzt selbst ungeträumtes
zuletzt.

Von der Zeit längst vergessen,
bleibt nur die Erinnerung im
    Innersten.

Miku * 1977

Natur

Natur
Wir tanzen
Wir springen
Wir singen
Wir laufen
Alles geschieht auf Erden, in der Natur.
Wir strahlen, lächeln und singen, sobald
    die Sonne scheint
Der Regen ist unser Segen, stillt unseren
    Durst und lässt uns blühen
Wir leben, wir sind Natur von innen und
    außen.

Milad * 1978

Schwankend stehe ich im Sturm

Schwankend stehe ich im Sturm
Die Zeit bricht eisern ihre Brandung
Als weicher Punkt schmiege ich gen Leben
tanzend auf Schicksals Kante
halte ich zum Sammeln an

lasst die Momente nicht los
Sie leuchten aus der Zeit
und weisen uns den Weg
Zu lesen sind wir gern bereit
wenn wir schwelgend untergehen

Mr Minister * 1982

Gratwanderung

Komm
wandere mit mir
über den Grat

Wir schauen
nicht rechts nicht links
es geht nur geradeaus

Wir ziehen
mit den Kranichen
Richtung Süden

Wir segeln
zwischen Milanen
hoch oben im Blau

Und wir verlassen
den Grat nur
wenn die Nachtigallen schlagen

Katharina Minz * 1958

Meine Sonnenblume

Blühet das frische Grün auf dem Boden,
Kein Weiß liegt mehr in meinem Norden.
Singen die herrlichsten Lieder die Vögel
Und ich mich freue in höchsten Bögen.
Die Wärme umarmt mich am engsten
Und geht nicht fort; also bleibt am
    längsten.
Kuschelt sich um Nacken
Und vergisst nicht den Kuss auf die
    Backen.
Doch scheint mich ganz zu wundern, ja
Ob ich den Allerliebsten gar
Nach all der Zeit wiederseh'
Und diesmal nicht so schnell geht.
Auf der Wiese traf ich dich nun endlich,
Das ist für mich doch selbstverständlich.
Der Sonne streckst du dich
Mit unendlicher Schönheit im Gesicht.
Die von der Sonne geküssten Haut
Mit dem gelben Gewand ich dich geschaut.
So bitt' ich dich,
O' vergiss mich nicht.

Maja Mišković

Gebirgsbach

unter mir samtweich kitzelt Wasser
meine Fußsohle
über mir tiefblau kreist eine

schwarze Dohle
neben mir dunkelgrün ragen hoch
die Eichen
in mir kristallklar will meine Seele
nicht weichen

Moira Molitor * 1989

Die Natur

Manchmal frage ich mich, wo bin ich hier nur?
Grau hier grau da, wo ist es hier denn wunderbar?
Große Wolken ziehen auf,
Da nimmt das Schicksal seinen Lauf.

Die bunte Welt der Natur, wo ist sie nur?
Ein Blitz hier ein Blitz da und es ist schnell klar, das Ende ist da,
Ich renne und versuche zu fliehen,
doch mein Leben wird mich immer wieder versuchen zurück zu ziehen.

Ich kann nicht entkommen,
Mein Leben wird mir genommen,
Meine Freude wird Trauer,
Übern Rücken läuft mir ein Schauer.

Die Natur,
Das Leben der Sinn, wo ist alles hin?
Ich suche und frage,
Während ich mich durch mein Leben plage.

Nach einer Weile bleibe ich stehen,
Ich kann es nicht verstehen,
Sind wir so schlimm?
Wo ist die wunderschöne Natur bloß hin?

Niska Möllhausen * 2007

Ganz vorn

Ganz vorn
ist der Frühling
nur ein Samenkorn
mit knüppelharter Schale.
Doch mit einem Male,
wird es draußen schwüle.
Das Korn beschleicht Gefühle.
Es spürt den milden Sonnenschein,
es blinzelt schon ein schwächlich Keim.
Er räkelt sich, er baut sich auf,
ein wahres Wunder nimmt seinen Lauf.
Ein Rehlein kommt herbeigesprungen.
Es tanzt und rennt voll Übermut.
Junge Liebe, frische Luft,
der Frühling tut ihm gut.
Den Keim beißt es mit einem Happen
und schluckt ihn gierig runter.
Dahin ist unser Wunder.

Frank Moritz * 1966

Am Ende des Nachts

Mit Schauer erwacht
Im Grauen der Nacht
Denn draußen da trommeln die Götter
Der rüttelnde Krach
Erschüttert das Dach
und scheint mehr zu sein als das Wetter

Der Zorn der Natur
Ist fordernd und stur
Er raubt mir das letzte an Klarheit
Voll Schrecken und Pein
Laut meckernd am Wein'
Der Abstand zum Wahn nur ein Haar breit

Das Blasen, es schwillt
zu schaden gewillt
doch kurz vor dem Knall wird es leis'
der Morgen erlöst
das Unwetter döst
mein Herzschlag, er war wohl der Preis

Nik Morobi * 1988

Die Liebe meines Lebens

Deine Augen sind nicht so blau wie die Flüsse, die langsam in den Alpen fließen,
oder so grau wie die dunklen Wolken, die immer wieder, die Blumen im Garten begießen.

Deine Lippen sind nicht so rot wie die
    Rosen,
und deine Gesichtszüge nicht so markant
    wie die Felsen, die umwuchert sind
    von Moosen.
Dein Lächeln strahlt nicht so weiß wie der
    Mond,
und du bist nicht so außergewöhnlich wie
    das Alien, das dort wohnt.
Aber deine Augen sind so grün wie
    der Wald, in dem Vögel fröhlich
    zwitschern,
sie sind so dunkel wie der Ozean und
    genauso schön glitzern.
Deine Lippen sind so rot wie der Himmel,
    wenn die Sonne untergeht,
deine Gesichtszüge so hart und weich
    gleichzeitig wie der Wind, der leicht
    weht.
Dein Lächeln strahlt so hell wie die Sonne,
    heller sogar, nicht mal sie verleiht mir solch
    eine Wonne.
Du hast die Schönheit einer Schneeflocke,
und die Einzigartigkeit einer Osterglocke.

Nicole Mößmer * 2006

Fische

Im Süden tauchte
Ich in die Wärme
Smaragdgrüner Fluten
Des Pazifik.
Schwamm mit Feuerfischen
Und Rochen über
Sonnige Korallenriffe,
Begleitet von orangegelben
Clownfischen. Streichelte
Neugierige Papageienfische
Und Zwerghaie.

Verschwisterte mich
Mit Fischen, bekam
Halt im Haltlosen.
Auf dem Land
Wuchsen glückliche Kiemen
In meiner Brust.

Monika Nelting * 1948

Mond

Wächter der Träume
Silber der Nacht
König der Sterne
in funkelnder Ferne
Göttliche Macht

Schaffst leuchtendes Licht
wie stummen Schatten

Ein stummes Gericht
so weise wie wahr
Der Mondschein trügt nicht
im Eise nachtklar
das hellkalte Licht
das blasse Gesicht
die Stille sie spricht
tonlos wunderbar

Umhüllender Mondmantel
so allwissend alt
wie antarktisch kalt
Decke die Welt zu

Pascal Neuber * 2006

Teil

Wir haben Mirabellen gegessen
und ich bekam welche geschenkt
und ich habe diese nie recht verdaut
In mir wuchsen sie zur Überfrucht

Jetzt sind sie überreif
Und hängen mir aus Kopf und Ohren
Und statt rosig zu blühen nach dem Winter
Möcht ich sie schlachten wie nen Kürbis
    davor

Ich will sie sehen, die Verbindung aus der
    Blume, der Frucht und dem Geflecht
Tief im September ward es warm, und
    blickt ich nieder, dunkelt es durch
    eisig sinkende Sonne,
kamen um mich Flug um Flug Insekten
    summend als ob flüsternd hauchend
Diese Sprache sprech ich nicht
Doch teil ich sie mit dieser Welt

Teil bin ich unteilbar und gesehen
Wart ich auf die Sonne morgen
Oder leg ich ab die Sehnsucht im Moment
Mach ich mir Kompott mal anders
Oder geh ich pflücken, wenn ich finde
Unter Krähenschrei die reife, süße, gelbe
Ernte einst?

(Für meine Lieben) Daniela Neumann * 1979

Inferno

Kerzenfelder, Wüstenwälder
Blühen und brennen zugleich
Welcher Gärtner, Welcher Wärter
Pflügt der glühend Wiesen Hain ?

Ihre Hitze zieht mich an
Fängt mich ein, ganz fest im Bann
Blüten die nach Asche riechen
Und wo sie fallen Neue sprießen

Warme Tränen, dampfend Schweiß
Zahle ihren Anblick Preis
Um sie zu pflücken wollen
Stechen Dornen ach so heiß

Ist es Ihrer Schönheit wert
Mit der Hand auf glimmend Herd
Diesen Garten zu betreten
Zu bücken in den lodernd Beeten

Doch wenn die Zeit gekommen ist
Und Brand in voller Blüte steht
Kann man auch nur Asche ernten
Bevor man doch nur selbst vergeht

Joël Notthoff * 2000

Natur

Natur…
du Unberührte…
wahrlich…noch gibt es dich…
war ich dir nah…ich spürte…
dein'n Hauch im Angesicht…

Gebirge…schneebedeckt…
Wälder…der Tiere…Schutz…
der See…glatt…wie geleckt…
ferne Weiten…ungenutzt…

Wunderschönes Wattenmeer…
goldgelber Sand am Strand…
wenn dies alles nicht mehr wär'…
was würd' aus unsrem Land?

Denn das Klima explodiert…
Flüsse steigen…Wälder brennen…
hat die Menschheit nichts kapiert…
konnte sie denn nicht erkennen…

…dass man durchhalten muss…
weniger…das könnt' mehr sein…
macht mit dem Verzögern Schluss…
besinnt euch endlich…haltet ein!!

„Ihr Politiker…weltweit…
seid doch nicht so stur…
seid zum Umdenken bereit…
UND RETTET DIE NATUR!"

Rainer Ockens

Planetenbahn

kreisende Kreise kreisen
immer wieder
gerade aus
und andersrum

ohne Ende,
keinem Anfang
entsprungen

drehen sich ohne Hast
und mit viel Eile
ein letztes Mal
unendlich um

lautes Schweigen
hat das Licht
verschlungen

Greta Ohlsen * 2003

Natur in Versen: Ein Hymnus der Literatur

In Worten spiegelt sich Kultur so weit,
Die Literatur breitet ihr Band aus im
    Geleit.
Berge, Ozeane, Landschaften klar,
Naturthema gewoben, wunderbar.

Vögel singen, leise Lieder im Wind,
Der Wald erwacht, ein Bild im Gedichts
    sind.
Jahreszeiten tanzen im Versgewand,
Winter zur Sommerzeit, Hand in Hand.

Regen fällt nieder, des Himmels
    Tränenfluss,
Sonnenschein malt Bilder, voller Genuss.
Tiere, Pflanzen, im Vers vereint,
Die Natur in Gedichten, ewig erscheint.

Dichter formen ein Band, verbindend und
    fein,
Kulturelles Erbe, in Worten allein.
Natur, ein Schatz, den sie bewahren,
In jedem Vers, zu allen Jahren.

Thomas Österreicher * 1980

Sonne aus der Blume

Sonne aus der Blume,
also Sonnenblume.
Sie hat gestrahlt,
hab sie deshalb gemalt.
Später liefert sie uns Nahrung,
bringt man in Erfahrung.
Die Kerne stärken Nerven und Gelenke,
die Natur gibt uns wirklich Geschenke.

Beate Ostoiki * 1958

Die Schönheit des Herbstes

Ein Schritt links
Ein Schritt rechts
In der Ferne der Gesang des Spechts
Der Wind rausch durch die Bäume
Es ist als ob ich träume
Überall rot, gelb und braun
Färben sich die Wälder
Und der Nebel schleicht durch die Felder
Es ist noch ganz früh am Morgen
Die ganze Welt noch ohne Sorgen
Mein Spaziergang endet bald
Ich mache einen letzten Halt
und setze mich auf eine Bank
Hier spreche ich meinen Dank
Natur, du bist einfach unglaublich
Herbst, ich liebe dich

Ramona Ott * 1997

Der ohnmächtige Wille

Vögel sehe ich keine
fliegen sie doch umher
tragen mich meine Beine?
Durchzuhalten wird schwer
zu suchen kann nicht die Lösung sein
sie kommen wie sie wollen
ich setze mich in die Natur
kein ticken der Uhr
Stille
auch kein Wille
Innere Ruhe stück für stück
so habe ich riesen Glück
denn alle Vögel kehren zurück

Lena Paarmann * 2000

Im Buch der Bücher steht geschrieben
Die Menschheit hat es übertrieben.
Die Umwelt ist total verschmutzt.
Die Erde haben sie ausgenutzt.
Nun ist es vorbei mit dem Planeten
Der Menschen Rettung kam zu spät.
Nun steht sie da die Menschheit bald und
    weiß nicht, was sie tun soll.
Eine neue Erde nicht in Sicht und jeder lebt
    nun im Verzicht.
Kein Grün kein Duft nur noch
    verschmutzte Luft.

André Päckert * 1978

mein Lyrikbaum auf dem Literaturweg Franken

tau tropft mit sprühen
auf die lyrik morgenmild
aus jeder knospe schlüpft im frühen
manch edler verse bild
ein radler kommt
baum rauscht wie immer
du bleibst nicht lange einsam hier
wand'rer geh'n vorbei im sommerflimmer
manch einer findet hier den sinn von dir
nach weg und minneliedern
der radler frug
die kann er lesen
hier genug
für die seele für das herze
vollauf genug
ist das die rechte strasse hier
baum sprich wohin
du hast mit deiner stille
berauscht mir meinen sinn.

Parzival9 * 1937

Sommerkleid

Ich will mich in Mohnblüten
Molekülen kleiden einen Sommer
lang
Hinter den Ohren nach Heckenrosen
duften
Im verschwenderischen Gold zum Abend
tanzen
Bis das silberne Mondlicht kühlt
Silbern alte Wunden verbindet

Sabine Bärbel Patjens * 1961

Grüß

O liebes Meer, ich strecke meine Arme
　　nach dir aus,
wie nach einem Freund mit dem Herzen
　　eines Bruders,
in der Tiefe meines Herzens höre ich
　　warmen Klang
singenden Schwärme goldener Vögel, ein
　　himmlisch' Gesang.

Hier gehen mein Schmerz und die
　　Traurigkeit verloren.
Von deinen Wellen, wo die Lichter tauchen,
höre ich den süßen Klang der Strophen im
　　Nebel
während meiner Seele zittert wie ein
　　Regenbogen.

Wenn ich von meinen Reisen
mit einem breiten Lächeln zurückkehre,
bringe ich dem Schatz mit, ein Herz voller
　　Himmel,
viele Korallen, Perlen und Rubine.

Die silberne Herde flimmert in der Seele,
die Segeln der verstreuten Barken fispern.
Die Wellen plätschern, leuchten,
schlagen laut auf die Felsen
und zerbrechen in eigenem Schmerz ...

O liebes Meer, ich strecke meine Arme
　　nach dir aus,
stirnrunzelnd vor Traurigkeit biete ich dir
　　mein Herz an.
Ich schreie und bitte: verschütte auf mich
　　warme Welle,
heile meinen Schmerz mit Perlen und dem
　　Regenbogen!

Viki Paunovic

Die Natur

Schlafen, Handy, Essen, Handy, Arbeit,
　　Handy, Feierabend, Handy,
　　Schlafen …
Aufwachen …
In der Natur …
In der echten Natur …
Mit dem Wind, dem Wasser, dem Feuer
　　und der Erde.
Wisst ihr noch?
Ein Klang der Natur in der Ferne.
Ein Bienennest, ein Wurmloch.
Diese natürliche, deutliche Dinge machen
　　uns klar,
um gut zu leben brauchen wir nur ein paar,
Dinge der Natur,
keine Sorge, es kostet nichts.

Es ist bescheiden,
Klein aber fein.
Jemand muss anfangen so zu leben
und die anderen folgen,
keine Sorge

Zoi Petkou * 2006

Die Welt und der Mensch

Über bunte Wiesen geh'n.
Meine Bächlein plätschern hör'n.
Und den Bussard kreisen seh'n.
Kurz anhalten! Niemand stör'n.

Welt, du bist wunderbar,
gewaltig und zerbrechlich.
Deine Schönheit, sie wird rar.
Und die Zerstörung rächt sich.

Werner Pflughaupt

Mutter Natur

In einem Dschungel aus Stein wurde ich
    geboren
Auf Wegen mit falschen Sternen war ich
    verloren
Der Mensch sich selbst nun richtet
Mutter Natur mehr als vernichtet
Handy in der Hand , Bilder vom Wald
Diese Welt, sie lässt mich kalt
Einst mit der Natur im großen Bunde
Klafft nun eine große Wunde
Bäume sterben, Tiere verschwinden
Müssen wir denn noch mehr erblinden
Sie gab uns alles und noch mehr
Für viele ist der Verlust schwer
Das Rascheln der Blätter, Wind im Haar
Dort wo einst ein Königreich war
steht nun nichts außer Stein und Tod
Nicht mal zu sehen, das schöne Morgenrot
Stürme, Winde und auch Beben
drangen mit Gewalt in unser Leben
doch seht auf, welch ein Glück
damit kehrt Mutter Natur zurück

Sebastian Philipps * 1995

Zu Frühling

Brauchen wir das letzte Stück Zeit

In der die Blätter knospieren,
Sonnenstrahlen meine Nase längst
    verbrennen
Und die weiche Stelle hinter deinem Ohr.

In der mir Quisquilien in den Sinn
    kommen,
Freischwebend meinen Geist düngen,
Eigentlich vom Wind zerstreut werden.

In der wir auf den Regen warten,
Der uns vorerst in Trübsal versetzt,
Die Wurzeln jedoch sanft wachküsst.

In der es mich abends im Körper kitzelt,
Die Abendsonne mich entflammt,
So wie deine orangeroten Gedanken.

Brauchen wir das letzte Stück Zeit
Brauchen wir dieses letzte Stück Zeit für
    uns allein?

Hannah Pilz * 1996

Unaufhörlich – jeden Tag

Unaufhörlich – jeden Tag
Blühen tausend Blüten
Und immer gelingen sie vorzüglich, Eine
    wie die Andere
Verschieden und eitel, doch keine mit dem
    Anspruch die beste zu sein – nur gut
Im Todeskampf noch für Fortbestand
    sorgend
Bevor die Blätter welk zu Boden fallen
Um die werdende Pflanze mit Nahrung zu
    versorgen
Deren Knospen mit geballter Kraft dir im
    Frühjahr entgegenspringen
Blendend reflektiert frisches Grün die
    ersten Sonnenstrahlen
Um hernach ein fröhliches Farbenspiel zu
    entfachen
Und in andächtiger Grazie einen
    Tautropfen tragend

Dir einen guten Morgen zu wünschen
Regen wäscht von Zeit zu Zeit den
　　Straßenstaub von den Blättern
Gemütlich brummt eine Hummel von
　　Blüte zu Blüte
Insekten aller Art trunken im Liebestaumel
einer vor Lebenslust strotzenden
　　Blütenpracht
Uneigennützig – frei von Hass und Neid
Ein Tollhaus der Liebe
Einer nie versiegenden Quelle aus der auch
　　wir unseren Lebensdurst stillen
Unaufhörlich – jeden Tag

　　　　　　　　　　　　Manfred Pilz * 1942

Der Fluss

Oh weh! Oh weh! Du schöner Fluss!
Ich folg dir ohne Überdruss
Dein Flüstern wiegt mich in den Schlaf
Und weckt mich wieder auf bei Nacht.

Du langer Weg gießt meine Einsamkeit
Doch gehe ich diesen Pfad nicht ganz allein
Wie ein Frauenzimmer bringst du mir
　　Zweisamkeit
Und lässt den Strom der Zeit nicht sein.

Beglückt lauf ich den Weg entlang
Der Fluss, er führte mich so lang
Da vorne ist die Kreuzung schon
Auf Wiedersehen! Du schöner Don.

　　　　　　　　　　　　David Jakob Pirkowski

Der Himmel ist mein Dach

Wolkenschwärme, helle Tupfen, große
　　blaue Fenster,
Weite ...Wind ... und das Rauschen des
　　ewig weitem Universums ...
tauche ein in dieses tiefe Gefühl
　　unendlicher Geborgenheit ...
das ganz große Gefühl der Demut macht
　　sich in mir breit ...
macht mein Herz so groß ...
macht der Hoffnung die Hoffnung los.
Freut sich über diesen unglaublich schönen
　　Moment...
selbst jeder kleine einzelne Grashalm in der
　　Abendsonne brennt..
leuchtet in jeder einzelnen Faser ...
in jedem Molekül ...
nur am Himmel ... dieses Wolkengewühl...

　　　　　　　　　　　　Claudia Quehl * 1966

am meer

manchmal sieht das meer aus wie
　　frischhaltefolie,
manchmal wie ein bettlaken aus seide,
das jemand ausgeworfen hat, das sich
sanft segelnd niederlegt
weiche falten wirft

ich glaube es gibt kaum einen schöneren
　　anblick
vielleicht weil der blick auf den horizont,
da wo das meer den himmel küsst,
wo ein blau ins andere übergeht,
irgendwie unendlichkeit verspricht

während das leben total scary ist in seiner
　　endlichkeit
am meer ist aber nichts scary, im gegenteil
alles löst sich
das schafft keine droge der welt
man muss einfach völlig pathetisch drein
　　schauen

das gesicht kann nicht anders,
von entzückung verzerrt, beinah dumm
　　sieht es aus
entfährt der kehle da ein seufzen
auch sie kann nichts dafür, hey
vielleicht tränt sogar ein auge

naja, so ist es am meer

　　　　　　　　　　　　Dana Radl * 1994

Das Verhängnis der Kultur

Es ist das ganze Leid des Mannes,
Folgert Sigmunds Schüler scharf:
Dass er seinen kleinen Hannes
Spontan nicht steigen lassen darf.

Nur die Frau muss sich nicht zieren,
Wenn sie sich so richtig freut,
Darf es feuchteln, erigieren
Ohne viel Verlegenheit.

Legen wir d'rum eine Rose
Auf des Knaben Lustes Grab.
Was sich regt in seiner Hose,
Muss er gängeln Tag für Tag.

Soll es Frieden sein auf Erden,
So lasst uns freudig kichern künftig,
Wenn aus Knaben Männer werden
Oder kleine Männer brunftig!

Leontin Rau * 1980

Novembermorgen

Oh Gott wie schön lässt du den Tag
    erwachen,
der Nebel tanzt, die Sonn will lachen.
Noch hüllt er uns in zartem Dunst,
der Himmel gleicht der schönsten Kunst.
Die Sonne spielt Versteck,
doch jetzt ganz keck,
über den bewaldeten Hügel kommt Sie
    hervor,
lässt uns erahnen, welch ein Tag uns heute
    hier erwarten mag.
Sanft streichelt sie meine Seele, meine
    Haut,
Wie bin ich erbaut,
Von diesem Augenblick des Glücks, des
    Spüren,
dass Du uns Nahe,
uns willst berühren,
dass dieses streicheln Du uns gibst,
uns täglich zeigst,
das Du uns liebst.

Petra Rein * 1969

Blumen

Blumen nennt man die Sprache der Liebe,
Doch eigentlich sind sie so viel mehr.
Sie bringen zum Ausdruck all unsere
    Gefühle,
Von Liebe und Hoffnung bis zu Trauer und
    Schmerz.

Verliert jemand einen geliebten Menschen,
Bringt man Blumen mit zur Beerdigung.
Und bringt jemand ein Kind auf die Welt,
Schenkt man Blumen mit Karten und
    Schleifen drum.

Geben sich zwei vorm Altar das Ja-Wort,
Sind Blumen überall um sie herum.
Und hat jemand einen gebrochenen Arm,
Schickt man Blumen mit Wünschen zur
    Besserung.

Blumen nennt man die Sprache der Liebe,
Doch eigentlich sind sie so viel mehr.
Sie bringen zum Ausdruck all unsere
    Gefühle,
Von Liebe und Hoffnung bis zu Trauer und
    Schmerz.

Montaine Reincke * 2007

Das Blutbad

Die Sonne geht langsam unter.
Ich starre sie fasziniert an.
Dieses Schauspiel aus den schönsten
    verschiedenen Rottönen ist
    bezaubernd und betörend zugleich.
Plötzlich überkommt mich jedoch ein
    ungutes Gefühl.
Oh Gott, mein Herz, was ist nur los?
Ich werde langsam wie eine rote, einzelne
    Träne meine kalten Wangen hinab
    tropft.
Ich zittere. Geschockt hebe ich langsam wie
    gelähmt vor Angst meinen Kopf. Es
    ist verdammt.
Verdammt ... es ist ein wahres Massaker.

Das dunkle Rot der Sonne verschlingt die
  Wolken am Himmel und bricht ihre
  leichten Schwaden in Einzelteile.
Ich will schreien und helfen, doch es bringt
  nichts.
Sie breitet sich immer weiter aus und
  verschlingt den kompletten Himmel
  in sich.
Ich schließe die Augen und hoffe, dass nun
  alles zu Ende geht.

Lisa Richter * 1998

Falkenflug

Der Blick schweift übers weite Feld,
sieht über Wälder, Wiesen.
So scharf, dass er den Willen hält,
dem Kraft und Stärk entsprießen.

Die weichen Federn weh'n empor,
der Windgewalt entgegen.
Die Bilder durch der Augen Tor
wie Blut zum Herzen streben.

Der Flügelschlag ist seine Macht,
Luftströme zu durchschneiden.
Die Welt muss weichen Flügelskraft
und seines Herzen Reigen.

Lavinia Richter

Anderswo

Auf einer gelben Wiese
lieg ich ausgestreckt und schlummer.

Vergiss den roten Himmel,
die kahlen Bäume um mich rum.

Ich lass Gedanken fliegen,
weg von Waldbrand, Dürre, Fluten.

Über Zeit und Raum hinweg,
bis zu einer grünen Wiese.

Wo Schmetterlinge flattern,
und sanfter Wind die Gräser streift.

Wo Waldgeruch mich einnimmt
und Bienen meinen Kopf umschwirr'n.

Wo es Regenwolken gibt
und Sonnenschein die Haut erwärmt.

Dahin zieh ich mich zurück
und frag mich, wie all dies verschwand.

Daria Richter * 2001

Der Frühling kommt

Die Sonne wärmt mit ihren Strahlen,
Der Frost zieht aus der Erde sich zurück,
Knospen dehnen sich sehr rege,
Der Frühling kommt uns näher schon ein
  Stück.

Frost, der am Tag hat keine Chance,
Verbindet sich jetzt stärker mit der Nacht,
Doch kann er nun nicht mehr verhindern,
Das zu neuem Leben die Natur erwacht.

Der Winter flieht noch schnell zum
  Schatten,
Will sammeln hier ein wenig noch die
  Kräfte,
Den Frühling hält er nicht mehr auf,
Es fließen schon des Lebens neue Säfte.

Manch kleinen Sämling weckt die Sonne,
Der in der feuchten Erde sich versteckt,
Und viele junge zarte Triebe,
Vorsichtig nun zum Himmel reckt.

Düfte, Gerüche, die der Winter
  eingefroren,
Bereichern wieder jetzt den Tag,
Sattes frisches Grün sind erste
  Frühlingszeichen,
Es wird die Welt wie man sie mag.

Gerhard Riemer * 1944

Maienglanz

Lichter Maienglanz,
wohin auch schaut das Auge
auf der weiten Flur,
weckt wärmendes Empfinden
und schenkt uns frische Hoffnung.

Wiederum erwacht
von neuem frohes Leben,
das zum Lichte strebt.
Weckruf Mai allüberall,
er tönt nach allen Seiten.

Der Blüte Fülle
zeigt als großer Reichtum sich,
weckt unser Staunen
angesichts der Blütenpracht,
die uns der Monat bietet.

Wolfgang Rinn * 1936

Herbstlaub Kreislauf des Lebens

Bedächtig wandert dein Blick hoch zu
 den von Nebelschwaden umhüllten
 Baumwipfeln.
Vereinzelt ragen letzte grünlich
 schimmernde Blattoasen durch die
 ansonsten vordergründig,
feurig bunt versprengte Farbenpracht
 spätherbstlicher Kolorierungsvielfalt.
Ein Spektrum vollster Durchschlagskraft
 mit dem Zauber traumbehafteter
 Intensität.
Alldurchdringendes Netzgeflecht
 kaleidoskopisch artigen Aderwerks in
 seiner visuellen Wahrnehmung
harmonisierend wie ein atemberaubender
 Sinnesrausch.
Zum letzten großen Aufbegehren bevor
 entschwindende Lebenssäfte braun
 gebleicht zu Boden fallen.
Das Rascheln im Laub unter sachten
 Schritten nimmt dich in die
 Umgebung auf und leise flüstern
 alte Stimmen vom feuchten Bodengrund
 herauf.

Ein Jahreskreislauf geht zu Ende und
 formvollendet zugedeckt nimmt
uns ein neuer Lebenszyklus erneut in
 nährender Umarmung auf.

Marcus Ritter * 1969

Mond im Baum

Winterlich, kein Blatt am Baume.
Voller Mond sitzt auf dem Ast.
Denkt an Frühling, halb im Traume,
Gänseblumen, Vogelrast.

Oben schaut er Himmels Runde.
Harte Kälte spannt das Blau.
Keine Wolke bringt ihm Kunde,
was die Zeit im Lauf erbau.

Was hat ihn herab bewogen?
Neugier war es, Sehnsuchts Drang?
War ihm einsam unterm Bogen,
unbehütet angst und bang?

Winter ist die Zeit der Stille,
denn was stirbt, dann neu entsteht.
Mond im Baum spürt Gottes Wille,
ob er auch den Sinn versteht?

Ruht mein Blick auf diesem Baume,
Mond doch steht am andern Ort.
Irrlicht in des Tages Traume,
Schritt beiseit, das Bild ist fort.

Steffen Ritter * 1970

Zeit zu gehen

Sie liegt in Scherben,
Tiere wie sie langsam sterben.

Die Sonne ohne ihren Schein,
Lassen wir sie nicht hinein.

Das Meer das nicht mehr Blau erscheint,
Der Fisch oh wie er leise weint.

Der Berg der seinen Glanz verliert,
Der Schnee so wie er dunkel wirkt.

Der Baum so schön in seinen Farben,
Wollen wir es weiter wagen?

Das selbst der Baum sein Glanz verliert,
Und die Welt noch grauer wird.

Doch nun wird es Zeit zu gehen,
Werden wir uns wieder sehen?

Deine Natur

Patricia Röckl * 2000

Metamorphose

Atmen entfaltet die Seele, sie spricht,
knackt, so wie hauchdünnes Eis, welches
bricht.
Buchstaben sprießen wie Knospen am
Baum,
sprengen die Hülle und schaffen sich
Raum.

Wortwörtlich macht ein Gedanke sich
Platz,
wie einem Ei entschlüpft ihm Satz für Satz,
ausgiebig werden die Glieder gestreckt,
raupengleich Himmel und Erde entdeckt.

Nimmersatt so wie ein furchtloses Kind,
das seine Reise durchs Leben beginnt,
saugt alles auf und sortiert es gebannt,
bis die entpuppte Idee sich ausspannt.

Sandra Rodenkirchen * 1983

Gruß an den Regenbogen

Mein lieber Regenbogen,
du wunderbares Naturereignis und
Gottesgeschenk,
ich freue mich, wenn ich dich sehe.
Du bist meine Brücke am Himmel,
die mich mit meinen fernen Freunden
verbindet.

Mit meinen Gedanken kann ich hinüber
gehen
und bei ihnen sein.
Überall auf der Welt ist dein anderes Ende.
Du verbindest alle Menschen guten Willens
in Freundschaft miteinander.
Du bist das Zeichen des Friedens seit
uralter Zeit!
Dein Bogen soll auch weiterhin unsere Erde
als Zeichen der Hoffnung und des Friedens
umspannen.
Zuversicht, Ruhe und Geborgenheit wollen
wir finden,
sooft wir dich sehen.
Ausschau halten will ich nach dir und
dich meinen Freunden zeigen.
Frieden soll werden unter dir,
überall auf der Welt!

Renate Röder * 1947

Unterwegs

Ich bin wieder auf dem Weg
mit dem Hund, den ich schon immer
pfleg'.
Ich blick zum Himmel, er ist grau.
In Gedanken an meine verstorbene Frau.
Der Wind pustet mir ins Haar.
es kommt wieder die beste Zeit im Jahr.
Die Blätter fallen von den Bäumen,
genau wie in meinen Träumen.
Ich spüre Regen auf meiner Nase,
ich hoffe es ist nicht nur eine kurze Phase.
Und wenn du die Blätter wieder färbst,
Dann weiß ich – Es ist endlich wieder
Herbst.

Danny Rommel * 2006

Ein Dichter, zwei Landschaften

Schmale Flüsse, die sich schlängeln
Wie ein langes blaues Band
Hohe Felsen, die sich drängeln
An dem engen Meeresstrand

Und inmitten der Idylle
Steht der Dichter sinnend tief
Wartet auf der Wörter Fülle
Dafür man ihn extra rief

Doch er findet nicht die Worte
Zu beschreiben diese Zier
Fliehet schnell von diesem Orte
Kehrt zurück nach Hause hier

Nahe einem dichtem Walde,
Flach der Boden, weit die Sicht
Findet er die Wörter balde
Hier ist Dichten keine Pflicht

Hoch kann er die Landschaft preisen
tiefe Seen, weißer Sand
Muss nicht in die Ferne reisen
Bleibt im schönen Heimatland

Elisabeth Rosche * 1951

Tales By Light

Das Abendrot hier im September,
gemeint damit sind alle Länder,
zeigt sich sobald am Horizont,
im letzten Licht gar wohl gekonnt.

Die offene See im Abendschein,
ein letzter Blick - so soll es sein.
Die goldene Wüste in ihrer Pracht,
rückt nun ins Dunkle, verliert ihre Macht.

Die tropischen Wälder die Lungen der
   Erde,
verblassendes Grün, je dunkler es werde.
Die unendliche Savanne im Rot nun
   getränkt,
ein traumhafter Abendschein nun über ihr
   hängt.

Die eisige Tundra im Weiß ihrer Pracht,
übermannt, wenn der mächtige
   Abendschein lacht.
Die Mangroven zwischen Meer und Morast,
verhüllt nun ins Dunkle bis zur Wurzel
   gar fast.

Das Abendrot hier im September,
gemeint damit sind alle Länder,
er mündet hier - im Dunkel der Nacht,
dem Sternenhimmel, dem Monde zur
   Wacht.

Nicola Mario Rosenthal * 1997

Frühling aus dem Grunde

Blauer Himmel,
Blumen wachsen,
aus Mutters Grunde
ins blaue Meer.
Schmetterlinge, Bienen tanzen,
beschenken uns mit bunten Farben.
Der Specht, die Meise und die Raben
wecken uns zu früher Stund.
Ganz ohne Hektik und Gehabe,
wächst der Frühling aus dem Grund.

Paula Roth * 2006

Seelenverwandt

Schaut durch das Fenster,
es eröffnet euch die Welt.
Die Nacht bringt euch die Dunkelheit
und auch ein anderes Bild.
Sie offenbart das Glück,
das euch bescheret ist.

Bianca Roth * 1985

Im Zeichen des Mondes

Im weichen Lichtschein des Mondes
der Herzschlag im Rhythmus der Liebe
   pulsiert.

Im weichen Lichtschein des Mondes
sich in den Konturen der Natur verlieren -
mit ihnen eins werdend.

Im weichen Lichtschein des Mondes
in innerer Stille verweilend -
den Klängen der Natur bewusst,
sie innerlich vernehmend.

Im weichen Lichtschein des Mondes
den Frieden der Welt einkehren lassen -
den Frieden, der dem göttlichen Ideal
    entspringt

Im weichen Lichtschein des Mondes
den süßen, unverwechselbaren Duft
durch den Atem aufgenommen.

Im weichen Lichtschein des Mondes

Andreas Rothschuh * 1958

BIP-Performance

Violin-Schlüssel & Schloss-park
Geöffnet BIP
Olivenölkaskaden. BIP
Tempel aus Adagio-Sonne. BIP
Südlicher Durchblick, hell und klar. BIP
Bach, BIP – mäandernd durch die Musik-
geschichte. BIP Eisvogel –
mit Botanik im Gepäck:
Farnschlucht mit Ginkgos. BIP
Wirtschaft, Recht, Soziales;
PolyTic von Kuchen und Kaffee. BIP
Gelblaubiger FeldaHorn
mit Pauken und Trompeten –
im Geäst. Posaunenwirbel … BIP
Säulenartiger Sturm mit Tornadoauge.
Im Ohr. BIP Mit Riechzellen, die nach
Sprachdenken schmecken, BIP
und sich wie Seidenraupen anfühlen …
    BIP BIP

Kristian Rotter

Traurige Weiden

Im abendlichen Dämmerlicht
gestattet man zu vergessen; die seine
    Pflicht
Man steht und ruht zugleich
Das Herz, wird vor Schönheit ganz weich

Denn die gräulich, grüne Weide
beherbergt Leben, dies lässt sich nicht
    meiden
Und durch den strahlen klaren Mond
lassen sich Blumen in weiß bekleiden

Ach! Wie es die Seele schont!

Mit dem tiefblauen Himmel über mir
und schönen, dunklen Wolken; an Anzahl
    vier

Schreitet der Tag zur Nacht
Und doch welch eine Pracht!

Zuletzt küsst der kühle Wind meine
    Wangen
Den Moment, will ich einfangen

Meine Seele will vor Freude weinen
Bis von traurigen Weiden, die fröhlichen
    erscheinen

So schreitet die Nacht zum Tag

Edward Rubin * 2002

Weiser Herbst

Nun ist es so weit, der Sommer schließt
    seine Tür,

und der Herbst zieht ein, mit ruhigem
    Gespür.

Die Natur erscheint langsam – in neuem
    Gewand,

Ruhe tritt hervor – Klarheit geht uns zur
    Hand.

Wir sehen, wie sich das Erdenkleid
    wandelt, stetig im Jahr,

und vermittelt Akzeptanz, für all das, was
    kommt und was war.

Es ist an der Zeit, achtsam und bewusst
    innezuhalten,

und den Gang in Richtung Liebe und
    Frieden zu schalten.

Nicolas Rügge * 1997

Ich komm drauf zurück

Ich ging zum Berg, dort war ein Hain
Ich stand und stand, stand und ging dann rein
Mittenmang, mittenmang war ich doch allein
Und stellte mich zu Ihnen in die Reihen
Wurde mir klar der Mensch ist menschlich nur zum Schein

Im Innern will er immer anders sein
In der Stille die ich da fand, sah ich dann ein
Vom Kosmos aus ist alles nichtig und klein
Ich kann mich glücklich schätzen hier zu sein

Und geh ich vom Berg in mein altes Leben
Denk ich mich in dieses Gefühl zurück
Diese Teile von mir kann ich dir nicht geben
Sei dir sicher ich komm immer drauf zurück

Paul Ruhmwolf * 1991

Ein neuer Tag

Das Morgenrot übernimmt die Schwärze
Der Tag nimmt langsam seinen Lauf
Die Tiere machen ihre Scherze
Während die Sonne gen' Süden wandert rauf.
Die Blumen recken sich dem Licht
Zeigen ihre bunten Farben
Die Natur gibt ihnen ein neues Gesicht
Und heilt die alten Narben.

Er lässt sich auf den Bäumen nieder
Betrachtet das Geschehen
Pflegt nebenbei sein prachtvoll' Gefieder
Damit es wird den Tag überstehen.
Mit dem Winde fliegt er weiter
Lässt sich von ihm tragen
Ringsum singen die Vögel heiter
Niemand wird ihn je nach seinem Wege fragen.

Isabel Rziha * 2003

Im Gewitter

Wär' ich ein Vogel,
hätt' ich jetzt Angst?
Wenn Gottes großes Gebrüll nach mir langt,
wenn der Himmel die Richtung,
das Wesen bestimmt,
wenn kein Ort der Lichtung,
alles düsterlich klingt
und ich weinerlich scheu
dem Brüllen lausche,
und ich fürchterlich heul,
mich vom Düster'n berausche,
wenn alles nach Tod und Verderben riecht
und das Zittern mein Inner's nach Außen zieht.
Als Vogel könnt' ich davon jetzt fliegen;
doch als Mensch bleib ich furchtsam am Boden liegen.

Melanie Samouaire * 2001

Das Meer

Am Meer vergesse ich die Zeit,
Der Blick in die Ferne unendlich weit.
Keine Sorgen, Schmerzen frei,
ein warmes Gefühl im Herzen dabei!

Dennis Sander * 1982

Die Zehnte

Tideschaum
Vor Sturmesnacht
Lauernd Gischt gespannt
Knisternd Unruhe in salzig' Luft
Schmeckt metallisch Glanz
Durstend den Holzscheit
Flamme entfacht
Rasant explosiv das Pulverfass
Die Kugel fährt durch Berggestein
Unaufhaltsam
Nie gekannt
Feuerwerk und Lichterpracht
Tanz in der Gewitternacht
Kalte Glut im Sand zerrinnt
Rubinrot schwarz meliert

Sturmflut hoch gestochen
Bricht die Welle nicht

Laetitia Sauer * 2003

Wenn ich ein Vogel wär' ...

Wenn ich ein Vogel wär',
wär'n mir Flügel gewachsen,
wär' ein Schnabel,
wo heute der Mund.

Ich flöge davon über Feld, Wald und Meer,
ohne zu wissen wohin.
Nur leicht und frei
und einfach so ...

Margarethe Schanz * 1935

Zarte Triebe

Zarte Triebe
Kleine Blüten
Verdichten sich
Zu liebe.

Frei
Von Wind umweht
Von Sonne und Natur genährt
Sind Kleine Blüten
Einfach Kleine Blüten.

Vedanta Jörg Schirmer * 1969

Überflammt

gestern ist mir die realität
auseinandergebrochen. geflogen
vielmehr die vase verteilte ihren inhalt in
flächen meines daseins auf
hirnregionen wurden überschwemmt.
blumen vertrocknet. scherberstetes
metaphoria
zu atlantis aufgestiegen, das land
unter wasser was uns ever given. so ein
schlammassel luft holen
und feuchtigkeit. kohäsion.

kartografierte katastrophengebiete,
aufgelöst im dauerzustand von krisen
ergeben
einen ort wie ausgelöscht bei einer
hitzewelle gelöscht wie die letzte mail
auf die schnelle
das leid ist groß & die sonne scheint
in metaphoria ist Schuld überschwemmt
und Paradise ist es, das längst schon brennt.
das meer aus realität glitzert mit
all seinen scherben so schön vor meinen
füßen
wird gleich durch instagramophon
posaunt. virtuelle vitrinen tränen
fließen scrollend
über deinen second screen, aus erster
hand überflammt.

Sascha Schirrmacher * 1994

Erster Schnee

Flöckchen - zart, anmutig, leicht -
fallen sacht, lautloserweise -
nicht eines dem andern gleicht -
wirbeln, taumeln, tanzen leise,
trudeln ein, wie selbstverständlich
in verwandelnder Manier.
Erde, brach und kahl, erfreut sich
dieser kristallinen Zier,
fühlt sich prächtig eingekleidet,
träumt, sie trüge einen Kranz;
weiß ihr Mantel, er verbreitet
überall dezenten Glanz.
Filigrane Wunder streben
unaufhaltsam her, von weit.
Wie verzaubert alles Leben -
nein, kein Traum - es schneit, es schneit!

Gudrun Schmidt * 1960

Letzte Rosen

Noch einmal neue Blüten
ein letztes Mal in diesem Jahr!
Viele kräftig rosa leuchtend
dicht gefüllte Blütendolden!

Im Anschaun dieses Bildes
öffnen sich die Herzen,
ruft Natur dem Menschen zu:
„Seid umschlungen Millionen!"

Barbara Schmitt * 1947

O.T.

Es gibt nichts mehr zu tun.
Außer...

die Regentropfen zu beobachten,
wie sie am Fenster abperlen.
Lass' alles abperlen!

die Wolken zu sehen,
wie sie zieh'n.
Lass' alles zieh'n!

zu funkelnden Sternen
hinaufzuschau'n.
Lass' alles funkeln!

Nun. Doch.
Es gibt viel zu tun.

Birgitta Schmitz-Hussain * 1961

Du machst die Augen auf
Bist fasziniert
Von des Flusses Unterlauf.
Die Landschaft polarisiert.

Die Sonne überm Land
Dringt durch die Nebelwand.
Es zieht dich in seinen Bann
Ganz nah heran.

Wiese und Baum
Eingetaucht im Nebelmeer,
Wie in einem Traum,
Willst es festhalten, so sehr.

Die Sonne geht weiter auf.
Der Tag nimmt seinen Lauf.
Was bleibt ist der Tau im Gras
Und ein Tag mit halb-vollem-Glas.

Carolin Schmul * 2005

Das Ego

Die Welt könnte so gut sein ohne Angst
und ohne Leid voller Zufriedenheit,
doch das Ego lässt es nicht zu, dass der
Mensch sich alle gleich tut ohne
Ruhm und ohne Rang
ist der Mensch der jetzt krank das Ego ist
gegenwärtig in jeder Mann bei den
einem mehr bei den anderen weniger
auch wenn es nicht so scheint von Mach
besessen und voller Sorgen nimm ihn
das Leben aufs Korn ohne es zu
wissen schlägt sein letztes Stündlein und
das mit gewissen den Tod ist es egal
wer wir sind er holt uns alle gleich in
seinem Reich der Mensch fragt sie steht
warum ich das Leben kommen und
das Leben geht das was bleibt
ist die Liebe oder Pech so mag der eine oder
der andere ist in Frage stellen was der
Sinn das Leben sein der Tod
ist es für einige in keinem Fall, der Tod
fühlt sich wie eine Ohrfeige mit einer
tiefen Schmerz für ein Menschen
der das Leben nicht schätzt,
das was ich aus dem Herzen sagen kann
ist leider nicht auszudrücken in einen
rein also, hoch die Tassen und leben
wir jeder wie es mag nach seinen eigenen
Geschmack

Eva Schnaufer * 1974

Die Alternative

Maikäfer frisst Blattlaus
Huhn schluckt Maikäfer
Perserkatze verschlingt Huhn
Fuchs reißt Perserkatze.

Mistkäfer frisst Blattlaus
Unke vertilgt Mistkäfer
Maus delektiert sich an Unke
Turmfalke atzt die Maus.

Nun, Ihr Naturliebhaber
sagt an, gebt Kunde:
Welche Fresskaskade
ist der Blattlaus Favorit?

Ist es die erste
mit dem schlauen Fuchs
oder die zweite
mit der lieben Maus?

Keine von beiden
hat sie mir geflüstert
aus des Falken Vogelkot.
Sie will auf ihrer Rose bleiben

Hanns Schneider

Nicht allein

An einem schönen Wintertag,
die Luft war kalt,
der Wind war nah.
Ich lauschte in die Stille.
Ich hörte und es war sofort klar,
ich war nicht allein,
es war jemand da.
Ich suchte und schon bald ich fand,
auf einem Baum,
nicht ganz am Rand,
mitten in dessen Zweigen,
Eine Melodie durchbrach das Schweigen.
Da saß ein Vöglein,
es zwischerte fröhlich seine Reigen.
Meine Ohren gingen auf die Reise.
Ich sah, die Melodie kam von der
Kohlmeise ...

Martina Schnetlage * 1978

Wandel

Es ist so schön wie alles aufhört
aufhört zu wachsen und zu blühn
es ist so schön wie alles aufhört
von Rot zu Braun wieder zu grün

Ist es nicht schön der Sturm von gestern
ist heute nur ein leichter Wind
und heute meine Sorgen flüstern
doch morgen stumm und nichtig sind

Ist es nicht schön wenn alles nachlässt
wenn Regen langsam lästig wird
bis du nach langer Dürre zulässt
dass Regen einen Segen birgt

Es ist so schön wie alles wandelt
und mich die Wandel nicht mehr störn
Es ist so schön wenn alles anfängt
endlich wieder aufzuhörn

Olivia Schreiner * 1995

de spem

aurahaft umschweben mondgestein-
schmetterlinge unsre psyche.

wir vernebeln die luft mit
toxischen gasen, besprühen die

tierchen. dann fragen wir uns, wundern uns
– verständnislos – über deren tod.

wir hören davon. fragen danach. denken
viel [zu wenig] [darüber nach].

Sean Schumann * 2005

Wind und Strauch

Hier schießt der Wind nur so durch die
    Sträucher!

Matthias Schwägerl * 1994

Wilde Luft

In wilder Luft, ein Sommertraum erwacht,
Erdiges Grün umarmt die Seele sacht.
Blasstief tanzt das Licht im Schäfchenkleid,
Ein Karussell der Sinne, weit und breit.

Sträuße der Freude, im Herzen gebunden,
Barfuß tanzend, die Welt wird
    entschwunden.
Weißgelbe Blüten säumen den Weg,
Ein Fest der Emotionen, voller
    Regenbogenflecken.

Sommergefühle erblühen in voller Pracht,
Wie eine Melodie, die die Seele entfacht.
In jedem Atemzug, ein Hauch von Glück,
Der Sommer verwebt uns, fein wie ein Geschick.

Bettina Schwägerl

Fontane und Ich

Im milden frühen Tageslicht, wenn sich ein Strahl in Wolken bricht,
liegt ruhig das Wasserschutzgebiet, ein Bussard seine Kreise zieht.
Im schwarzen Anzug, weißes Haar; Da steht der Meister plötzlich da,
Fontane selbst kam hier geschritten, er kam zu Fuß, war nicht beritten.
Er nimmt mich traulich an die Seite. Und wanderte munter forsch voran,
so hatt' ich lyrisches Geleite als unsere Wanderung begann
Er griff vertraut sich meine Hand, und wies bedeutsam über's Land.
„Hier Markus, schau nur sorgsam hin, Rheinau gleicht hier Neuruppin,
wo einstmals meine Wiege stand im Mark Brandenburger Land.
Seid bedankt für euer Streben, das Land mit Wasser zu beleben.
Ohne euer Hände Lohn wär's aus mit Zivilisation
Kein Wasser hier als Quell des Lebens, da wär all Freundlichkeit vergebens.
Wenn Wasser fehlt, gibt es bald Streit und Hass und Krieg macht sich schnell breit.
Die Gesellschaft teilt sodann ein Riss, man blickt ins Herz der Finsternis
So bleibt recht fleißig und gewahr und trotzt aufmerksam der Gefahr.
Auch ich war schon ein alter Mann als Dichtung zur Bedeutung kam."
„Was heißt hier auch?" fragt ich sogleich: „Ich fühle mich an Jugend reich.
„Die Fünfzig hast du doch erreicht, Bewegung fällt nicht mehr so leicht.
Umso schöner ist's alldann, wenn man geschmeidig reimen kann."
Geadelt durch des Dichters Wort, verließ ich sinnend diesen Ort.

Markus Schwarz * 1969

Draußen auf dem Ozean

Der Wind der meinen Weg bestimmt
Die Sonne mit mir den Tag beginnt
Die Wolken meine Freunde sind
Der Abend sich ins Rote sinkt
Der Mond der mir die Angst wegnimmt
Die Sterne meine Träume sind
Die Stille mir ein Liedchen singt
Der Regen meine Haut durchdringt
Und mit mir den Tanz beginnt
Und alle meine Sorgen nimmt
Wo für mich die Zeit zerspringt
Und nichts von meinem Leben nimmt
Wir Menschen noch unsterblich sind
Das Leben mit dem Tod beginnt
Draußen auf dem Ozean

Markus Schwarz * 1979

Äther Energie

Alle Energie kommt aus dem Äther, dies wussten unsere Vorväter.
Der Äther bildet das erste Element, dann kommen Luft, Wasser, Feuer und Erde,
so hat Gott es verfügt und es werde.
Die Äther-Energie zählt zur freien und sauberen Energie, ist Gott nicht ein Genie?
Diese Form von Energie wirkt lebensaufbauend und wirkt auf unseren Geist auftauend.
Sie begünstigt die Kundalini Aktivierung, dies führt zu neuem geistigem Schwung.
Das aufsteigende Christus-Öl wird von der Zirbeldrüse zur Erleuchtung entfacht,
auf diese Weise ist der Mensch aus seinem Tiefschlaf erwacht.

Jugendlich schön und vollkommen gesund,
ist der göttliche Verbund und alles
Negative verstummt.
Die freie Energie wurde schon vor lange
Zeit zerstört und verboten, dies führte
zu sehr vielen Toten.
Die Elite erschlich sich ihre Macht, so
halten sie die Menschheit im Schach.
Wir können uns erneut erheben, indem wir
gemeinsam unsere Ängste,
Sorgen und Zweifel aufgeben. Es wird Zeit
für die Rebellion, wir können alles
Positive dafür tun,
um zu erreichen die heilige Kommunion.
Die Urenergie wird niemals versagen, sie
wird uns in höhere Schwingungen
tragen.
So können wir uns weiter entwickeln,
um mit ruhigem Geist auf eine
wundervolle Zukunft zu blicken.

Udo Schwidden * 1967

Das gefährdete Braunkehlchen

Saxicola Rubetra nennt die Wissenschaft
ihn
Und er wird im September nach Afrika
zieh'n.
Im April kommt er wieder, bewohnt Osten
und Norden
Doch er ist mit den Jahren sehr selten
geworden.

Der Singvogel, als Braunkehlchen weithin
bekannt,
wurde unlängst zum Vogel des Jahres
ernannt.
Zwölf Zentimeter misst er, mehr als
vierzehn sind's nicht
Ist mit fünfzehn bis zwanzig Gramm ein
Leichtgewicht.

Die Flügel sind braun-schwarz, genau wie
der Rücken,
Brust und Kehle mit orange-brauner Farbe
entzücken.

Der Überaugstreifen, ganz gut zu
erkennen,
lässt uns das Vögelchen „Wiesenclown"
nennen.

Als Futter dienen Spinnen, Insekten und
Schnecken
Auch Früchte und Samen lässt der Vogel
sich schmecken.
Dass immer mehr Wiesen zu Ackerland
werden
Wird den Fortbestand des Vogels weiter
gefährden.

Wir müssen das Braunkehlchen vorm
Aussterben behüten
Dazu brauchen sie Wiesen und Weiden
zum Brüten.
Lasst Wiesen und Weiden von Giften
verschont,
dann wird die Erde mit zahlreichen
Braunkehlchen belohnt.

Christiane Seipel * 1979

Wurzeln

Ein Baum erscheint am Wegesrand,
Äste streifen deine Hand.
Er spricht: Obwohl du traurig bist,
sieh, wie grün mein Blattwerk ist.

Hast mich immer nicht gesehn,
pflegtest einsam weit zu gehn.
Jetzt, da du nicht mehr weißt, wohin,
sieh, ich stark und schattig bin.

Deine Wurzeln sind mein Leben.
Meine Früchte sind dein Streben.
Nie ist der Himmel hier zu Ende
Samen leg ich dir stets in die Hände

Kyra Sellnow

Stille

Sanft und leise
Bedrückend und schön zugleich
Auf magische weise

Zieht sie uns in ihr Reich
Mit Gedanken erfüllt
Als Schleier umhüllt sie dich und mich
Stille

Sie ist an jedem Ort
Ist niemals fort
Kommt nie zu Wort
Doch ist ein Teil von uns'rem Leben
Mal Freund mal Feind
Sie ist mit uns auf Ewig vereint
Und begleitet uns auf allen Wegen
Stille

Maximilian Seyring * 2004

Die Landschaft

Nichts sagt mehr
über dich aus, als
die Umgebung, in der du dich
als Kind bewegt hast, die Luft,
das Essen, die Menschen,
welche Kleidung du tragen musstest.
War es kalt im Winter, war es heiß
im Sommer, wie hoch stand der Himmel
über deinem Kopf, und welche Schuhe
musstest du tragen, um vor die Tür zu
    treten?
Wie dreckig war der Boden
unter Deinen Füssen und
wie trocken war die Erde
im Sommer?
Die Luft, tat sie weh
in den Nasenflügeln,
der Regen, war er weich oder hart und
der Schnee, war er weiß oder schon völlig
    verdreckt
bevor er nur auf dem Boden angekommen
    war?
Wie gelb war die Sonne und wie weiß war
    der Mond?
Manchmal gehören Menschen zusammen,
weil sie als Kinder auf dieselbe Berge
    geschaut haben.

Claudia Siefen-Leitich * 1972

Frühlingsanfang

Unter einer
blassblauen Emaillekuppel
explodieren Pastellfarben
schamlos hektisch

Kopulationen
von Hügel zu Hügel
und in dunkel erzitternden Mulden

mit sanften stöhnenden Schauern
verschüttet sich Leben

Mein Herz
ist alarmiert

und springt aus sich heraus

Norbert Sieg * 1950

Herrlich trist

Intima
Du, du fehlst mir sehr
Es sind die alten Tage
Lange Tage ist es her
Wo ich mich an dir labte

So wandel ich durch diesseitstrist
Verirrt im kalten Nebel
Der Schleier birgt den alten Zwist
Er strickt uns einem Knebel

Am Wegesrand ein kleiner Tropf
Stehst schweigend neben mir
Schamesgrün steigt dir zu Kopf
Flüsternd sagst du zu mir:

Gestern war der Himmel blau
Habt das grün vergessen
Heute ist der Himmel grau
Doch nicht so grau wie gestern

Timon Siegel * 2002

Ich gehe

Ich gehe, weil alles so laut geworden ist.
Ich gehe weiter, durch Fassaden, grell,
    dröhnend.
Ich gehe, hinter den Fassaden dunkle,
    drohende Leere.
Ich gehe, zwischen den Autos, dem Hupen
    verrinnt die Zeit.

Ich gehe, suche, rufe laut.
Ich gehe, mein Rufen, stumm zwischen
    dem Lärm.
Ich gehe, schneller, wie kann ich
    entkommen?
Ich gehe, da ein kleines Licht, ehrlich,
    unschuldig, ein Kind.

Ich gehe, folge dem Kind, es wird leiser.
Ich gehe, die Fassaden verblassen, Sonne
    scheint zaghaft auf mein Gesicht.
Ich gehe, Gras, es duftet, lieblich, warm.
Ich gehe, ein Vogel zwitschert ein leises,
    liebliches Lied.

Ich gehe, ein Berg ragt auf, majestätisch,
    still, ruhig.
Ich gehe, spüre den Windhauch, zart,
    freundlich.
Ich gehe, meine Füße, meine Beine werden
    leicht, tänzeln.
Ich gehe, ein Lächeln breitet sich aus,
    warm, glücklich?

Ich gehe, Wasser glitzert silbern, funkelnd,
    wie Perlen.
Ich gehe, die Zweige einer Weide
    umspielen mein Gesicht, weich,
    kitzelnd.
Ich gehe, ein Meer aus Mohn, rot, lieblich,
    tanzt im Wind.
Ich schließe die Augen, fühle das Leben,
    spüre die Liebe, ich bleibe!

Donata Sieger * 1979

Das Wasserrad von Moisburg

Der Falke grüßt
mein schönes Dorf,
mit dem flüsternden Bach,
mit dem duftenden Wald,
mit dem blühenden Kastanienbaum

wo das Gewitter trommelt
in der heiligen Zeremonie
und die Sonne am Abend
Verstecken spielt.

Mein schönes Dorf,
wo das Wasserrad der Mühle
in stiller Schweigsamkeit darauf wartet,
in Gang gesetzt zu werden.

Maria Antonia Sierra

Meister Herbst

Ein Pinselstrich auf den Anderen
    aufgetragen,
In seine Arbeit meditativ vertieft,
Färbt Meister Herbst in seine herbstlich'
    Farben
Die grünen Wälder und die bunten Wies'n.

Der Vorliebe zum Gold treubleibend,
Mit größter Sorgfalt und der Liebe zum
    Detail,
Malt er Shedevren zum Ausruhen und
    Verweilen
In seiner Meister-Herbst-Landschaft-
    Werkstatt.

Die Werke des geübten Meisters
Sind sehr geschätzt und überaus beliebt,
Denn wenn Palitre unter seiner Hand
    Rückzug der Fülle feiert -
Entfaltet tiefer Ausdruck seine Magie.

Das Goldgeschimmer in dem Laub
    betrachtend,
Erspürend langen Werdegang von Grün
    zu Gold,

Fange ich an den Herbst des Lebens für
einen Schatz zu achten,
Seinen berühmten Meister auserkor'n als
Freund.

Elena Sievers-Shigalejew * 1976

Das Felsmassiv

Das Jahreszeitenlichterspiel,
leitete meinen Blick zum Ziel.

Tief verwurzelt in der Au,
standen Füße ganz in grau.
Dort zeigte Mutternatur,
im Hoffnungsgrün ihre Spur.

Körper massiv und felsenfest,
beseelt vom Jahreszeitenrest.
Konnten trotzig widerstehen,
jedem Menschen vergehen.

Durch die Wolkendecke gesteckt,
sind die Häupter weiß bedeckt.
Deuteten hinauf zum blauen Fleck,
Dort ist Gottes unendliches Eck.

Das Felsmassiv war das Ziel, dass ich traf.
Danke, dass ich es schauen darf.

Ina Sitnikov * 1982

Schnee im Dezember

Heimlich still und leis'
wird es über Nacht ganz Weiß.
Das Grau verschwunden über Nacht,
der Natur gehört alle Macht.
Wir Menschen sitzen überdacht
im warmen Zimmer mit bedacht.
Lasst die Kinder spielen, toben
und die Natur für den Schnee loben

Heidelinde Smajilovic * 1958

Stadium

Matschiger Pilz an
Baum gefriert, Rinde blättert-
Schnee, Reif oder Staub?

Marcus Soike * 1977

Melodie des Windes

Hörst du die Melodie vom Wind …
der die ganze Welt umspinnt?
Wenn er das Meer zum Tanzen bringt …
schäumende Wellen Schiffe umringt.

Mal säuselt er wie Harfenklang …
streift zärtlich Feld und Flur entlang.
Lässt Wolken ihre Bahnen zieh'n …
im Rhythmus seiner Melodien.

Baumkronen sich im Winde wiegen …
Blätter von den Ästen fliegen.
Kinder lassen Drachen steigen …
lachend ihre Freude zeigen.

Im Sommer er dich sanft liebkost …
gibt er der Seele manchmal Trost.
Mal zart, mal kräftig ist der Wind …
wenn er die ganze Welt umspinnt.

Claudia Solbach

Novemberregen

Oh graue, graue Wolkenwand,
näherst dich dem kalten Land
Stürme und Regen bringst du her
überflutest uns
du graues Meer.

Dunkel und kalt
fließt du vom Himmel
dichtes
nasses
Regengewimmel
Ertränkst uns fast auf festem Land
wenn wir waten durch das Regenland.

Durch dunkle Straßen gesäumt von
Laternen,
doch alsbald werden wir verlernen
der Sonne Wärme und ihr Licht,
wenn des Winter Kälte über uns bricht.

Greta Sommer * 2000

*Inniger Tanz des singenden,
vorwärtstreibenden Windes mit
seiner verschlungenen Liebsten der
Vergangenheit*

Zerrissene, vergangene Seiten des
Lebensbuches
Lose, vollgeschriebene Blätter, die der
Wind melodisch
hoch und nieder vorantreibt.
Im Kreise singend und tanzend vor sich hin
wirbelnd.
Ein stetiges sanftes Dahingleiten
bis ein neuer, ruhiger Ort der Innigkeit und
Gelassenheit erreicht wird.
Für einen kleinen Moment liegen die
lebenserfahrenen Seiten offen dar.
Steif, starr und unbeweglich.
Sanft ruhend, bis der Wind wieder
unaufhörlich
von ihnen Besitz ergreift,
Und das schöne Spiel des Windes von
Neuem das Leben beginnen lässt.

Gaby Sparenberg * 1961

Vor der Kamera

Ich liebe es in der Natur zu sein,
sein Bild ist ihm gut gelungen,
gelungen im Auge des Betrachters,
Betrachters des Fotos,
Foto von mir in der Natur,
Natur im Tiergarten im schönen Berlin,
Berlin ist meine Heimat,
Heimat und Ort in dem ich gemodelt habe,
habe mich verbessert im Posieren,
Posieren in der Natur.

Monika Spiess * 2001

Im Licht der Sonne

Die Sonne weckt an diesen Tagen
die Wunder ihr zugrunde lagen
Erleuchtet Höhen, Täler, Weiten
um stets zu führen und begleiten

Und wird es steiler scheint sie heller
die Wiesen sprießen immer schneller
Sich reckend nach dem Strahl der Sonne
für Blütenpracht in voller Wonne

Selbst muss die Welt in Regen weinen
sie trocknet durch ihr hell erscheinen
Das Glitzern glättet alle Wogen
spannt sie dann den schönsten Bogen

Und möge sie auch untergehn
im Mond ist sie allzeit zu sehn
Den Blick fürs Schöne will sie geben
in Berg und Wald und auch im Leben

Pia Städele * 2001

Am Licht der Welt

Indem er sich mir überließ,
als ihn mein Schrei ins Fremde stieß,
befreit' er sich aus meinem Leib,
der nicht mehr sagen durfte: Bleib!

Noch blutverschmiert, zeigt' mir mein
Sohn
mit ungeheurer Sanftheit schon
die Liebe, die er mitgebracht
allein für mich aus samtner Nacht.

Mit einem Blick, der Brücken baut,
hat er mich nur still angeschaut.
Die erste Tat am Licht der Welt!
Nichts Falsches hat sich quergestellt.

Von Anfang an war ihm bewusst,
dass er um mich nie barmen muss.
Da sank sein Kopf, er nickte ein,
ermattet vom Willkommensein.

Susanne Staudinger * 1967

Ein Land ohne Alltagssorgen

In Schattenschluchten ist es tief & dunkel,
Dort wo Geheimnisse sitzen & hell funkeln.

Wie verborgene Rätsel bleiben sie
unbekannt.
Dort beginnt das mysteriöse Land.

Eine Schlucht, die sich über einige Meter erstreckt,
und trotzdem zauberhaft, wenn man sie entdeckt.

In einer malerischen Landschaft tief verborgen,
fern von allmöglichen Alltagssorgen.

Herrlich, solch eine Gegend sollte man als Pausenort wählen,
doch was man nicht kennt, das kann einem nicht fehlen.

Tom Stephan * 1993

Nahaufnahme

Mähgeräusche, querbeet gepeinigt
blühen Pfingstrosen im Garten,
wurde Rindenmulch ausgestreut
gegen die Hitze des kommenden
Sommers, was uns blüht, wie betäubt
sitzen Tauben auf den Strommasten,
paarweise weiße Wolken
verziehen sich gegen Mittag,
brennt der Himmel ins Gemüt,
über den Glockenschlägen der nahen
Kirche, im Handumdrehen
wird es ruhig unter den Dächern,
stellt sich der Mäher in den Schatten,
zerbrösel die Kraft im Schweiß
des Angesichts, ducken sich die Köpfe
unter den Strohhüten, wochenlang
soll es heiß bleiben, schwer behängt
mit weiteren Prognosen verspricht
die Nacht keine Abkühlung.

Norbert Sternmut * 1958

Der Wald

Wir tun uns empören,
Doch selbst den Wald zerstören.
Es ist wie Mord.
An diesem Ort.
Noch seh ich ihn, den Wald,
Doch ich weiß, bald.
Ist er nicht mehr da.

Es war nicht viel, was ich noch von ihm sah.
Bevor wir ihn verdarben.
Bevor sie starben.
All die Bäume,
Die meine Träume.
Beschützten.
Nur den Andern nichts nützten.
Wollen nur das Geld.
Soll sie doch sterben,
Diese Welt.
Sollten wir sie nicht retten,
Anstatt um all die Leben zu wetten?
Sagst, das hat bis später Zeit.
Später bist du dann bereit.
Doch später ist zu spät.
So ist es, wenn die Zeit vergeht.

Lilith Stolz * 2009

Bunter Tod

Noch zeigen uns die Bäume
ihr grünendes Blättermeer.
Die Gärten ihre bunten Räume
blühende Blumen rings umher.

Doch des Herbstes Erscheinen
färbt vieles in braun, gelb und rot.
Manch Wanderer könnt meinen
die Natur erleide den bunten Tod.

Harry Straach * 1940

Ewige Blüte

Du bist die Blume,
Und ich der Stengel.
Ich Spende dir Wasser wie ein Engel.
Du blühst im Frühjahr,
für ein Bienen Paar.
Du duftest so herrlich,
Das pflücken ist Schmerzlich.
Wir bleiben vereint,
bis zur nächsten Blütenzeit.

René Wolfgang Strecker * 1972

Ruf des Frühlings

Lichtgrüne Stängel
halten anmutig
das Beginnende empor.
Leuchtende Kelche
mit duftenden Blüten
in einem Glas.

Nach wenigen Tagen
versiegt der Sinnestaumel.
Welkes umrandet,
das Gebinde zerzaust,
den Fenstersims
im Sonnenflimmer.

Heike Streithoff * 1966

UnterGrund

Siehst den Wald vor lauter Bäumen
kaum, und selbst in kühnsten Träumen,
würdest Du niemals drauf kommen,
hättest's auch nie angenommen,
dass im Boden, klandestin,
Wurzeln ihre Kreise ziehen.

Sich, von Baum zu Baum ganz leise
und auf ganz geheime Weise,
erst als Wald organisieren.
Wenn sie dann kommunizieren,
sie Pilze auch zu Hilfe nehmen,
um bei möglichen Problemen
gegenseitig sich zu stützen,
sich zu helfen und zu schützen.

Scheinbar hilft es, abzutauchen,
wenn wir Hilfe, Stütze brauchen,
Oberflächlichkeit verlassen,
Untergründig abzupassen
Was zu tun ist was zu lassen.
Um Entschlüsse dann zu fassen
Die uns wirklich weiterbringen
S' sollt nicht nur dem Wald gelingen

Reteid Sualk

Schmetterlinge

Ich weiß nicht, was soll es bedeuten,
ein Falter schwebte auf meinen Fuße nieder,
so vertraut, als sei er meiner Seele hold,
die Flügel mit seidenem Gefieder,
einem Netz aus bebendem Gold.

Man sehnt sich sehr, sie zu begleiten,
trunken im Sonnenfeuer zu vergehn,
und über alle Träume, alle Zeiten,
mit ihnen sinnend hinzuwehn.

Norbert Sucker

Offenes Dach

Ein toller Stern ganz oben,
erhellst die Welt mit deiner Pracht.
Wer soll mich loben,
wer sagt mir ich würde leuchten in der
    Nacht?

Da liege ich wach,
mit offenem Dach,
schonender allein,
brauch dringend noch ein Schluck Wein.
Dabei wäre ich so gern, ein lieblicher Stern!
Von der Welt so fern.
Am Himmel sie stehen und funkeln,
so viel sie meistern im Dunkeln.

Erhelle mich, du lieblicher Stern.
5 Zacken, so spitz wie ein Messer,
so hell, wie das Katzenfell,
so bewundernswert und unbeschwert.
Ich beneide dich, was denkst du über mich?
Nun schlaf ich mit den Gedanken an dich.

Gute Nacht

Elif Talay * 2005

Abends

Kalt graut der Abend
Im unbekannten Lichtermeer
Wogend bewegen sich stählerne Rosse
Auf ausgetret'nem Teer.

Müde Zeichen auf leeren Gesichtern,
erhellt durch neonfarb'ne Strahlen
wartend auf Wärme.
Sterne funkeln im Fahlen
durch Hochspannungsleitungen

Die Straßenbahn kommt.

Thomas Tepel * 1975

Wintermorgen in den Alpen

Noch kühlt der Berge Schatten
das tief verschneite Tal.
Eiszapfen still erwarten
den warmen Sonnenstrahl.

Wie Edelsteine funkeln
sie nun im ersten Licht.
Zum Uhrwerk ihrer Tropfen
erwacht der Welt Gesicht.

Dem Wanderer haucht die Wärme
ein wohliges Gefühl
und in der weiten, weißen Ferne
sieht er der Schritte Ziel.

Heiko Timmers * 1965

Stadt ohne Hoffnung

Stadt ohne Tauben
ohne Flügelschlagen
ohne Blätterrauschen

Stadt ohne Gräser
ohne Bäume
ohne Gänseblümchen

Stadt versiegelt
mit Beton
und Asphalt

Stadt überhitzt
in einem Sommer
in dem man sich nach dem Winter sehnt

hinter verschlossenen Rollos
in der grauen Zeit
zwischen Morgen und Abend

Spazieren auf immer
denselben Boulevards
ohne Bäume

in der Stadt
ohne
Hoffnung

Valerie Travaglini * 1964

Freude hat die Farbe von Lavendel

Herbst, Zeit der Vanitas
Vergänglichkeit und Ende in Präsens,
Derweil in vollen Zügen lebend.

Verschwenderische Schönheit
Die Blätter bunt, die Sonne schön wie nie.
Lichtspiele, die in Pfützen tanzen.

Dominanter klarer Duft
Sanftes Lila gepaart mit sattem Grün,
Am Wegesrand schon zierend sprießend.

Freude hat die Farbe von Lavendel
Vergänglich in voller Blüte stehend,
Bleibt sanft gegenwärtig nachklingend.

Hannah Tsakalidis * 2001

Helle Mondfrau,
schein herab
auf mein neues Wesen

viele Jahre
viele Sternenhimmel her
ists gewesen

da tanzte ich in deinem Lichte
nass mit Haut und Haar
in deinem silbrigen Schein
machtest du vieles klar

nun bin ich
alt und neu zugleich
stehe unter dir

viele Geheimnisse enthüllt
so viel noch in mir

Alexandra Anna Tylenda * 1985

Herbsttanz

Eine Dame, festen Schrittes,
Weht sie durch die graue Welt.
Malt sich tänzelnd, pinselschwingend,
Wolken hoch ans Himmelszelt.

Tupft mit grünen, braunen Klecksen,
Herbstlaub an des Baumes Ast.
Leise segelt es zu Boden,
Legt sich nieder, ohne Hast.

Und die Dame springt in Pfützen,
Lässt sich treiben von dem Wind.
Hebt den Mantel, nur die Spitzen,
Lacht so glücklich wie ein Kind.

Ganz weit oben, in den Wipfeln,
Thront die Sonne, warm und schön.
Und die Dame wünscht sich leise,
Der Herbst möge nie vergehn.

Jamie-Lee Naomi Ullrich * 1994

Natur in Dur und Moll

Die Reaktoren,
Einst erkoren,
Wohlstand zu mehren,
Sind zu entbehren.

Laut dem Minister,
Ein Grüner ist er,
Drum Gas und Kohle
Zum Volkes Wohle.

Fragen sich viele,
Was in dem Spiele,
Zu der Bürger Leid,
Auf der Strecke bleibt.

Das ist Natur pur,
Für manche in Dur.
Andere in Moll
Findens gar nicht toll.

UW * 1958

Betrachtung der Grashüpfer

Auf den besten Wiesen findet man ein
    schräges Personal,
Grashüpfer, diese wendigen Artisten.
Glücksritter, kofferlos,
unterwegs zu den grünsten Gründen.
Spannend. Abstoßend. Nichts fängt sie ein.

Man muss sie nicht mögen.
Ungezwungen sind sie, wie Schluckauf.
In der Bredouille kommen sie schnell in
    den Sinn,
sie und ihre Fluchten, diese Schlauberger,
standfest sind sie, sprunghaft, verlaufenes
    Chitin.

Ich kann euch nicht folgen.
Ich kann euch das Wasser nicht reichen bei
    eurem Geschick.
Ihr Halbumwandler, Hüllenspender,
    geöffnete Gesellschaft.
(Öffnet mich auch.)
Dieser Körper, dieses schreckliche Gewicht.

Steffen Vahnenbruck * 1988

Der Wirbellose

Der Wirbellose
schwimmt
untröstlich und heiter
taucht weiter und weiter
im Urwald des Ozeans
den Falten der Erinnerung
dem Mittelpunkt entgegen
wo es heiß ist
das Ende sich auflöst
das Nirgendwo erblüht
im Nachtgarten
des ewigen Meeres

ungreifbar
wie Zeit
so lang die Luft fließt
ein
und aus

Kristin Vardi

Natureller Ort

Es gibt viele Orte in der Natur
An den noch alles ist pur
Sie stehen unter besonderem Schutz
Dahin gehört deswegen kein Schmutz

In der Natur Tiere Zuhause sind
Trotz so manchem rauen Wind
Dort fließt öfters ein Bach
Und das sogar jeden Tach

Lasst die Natur so wie sie ist
Dann ein guter Mensch du bist
Die Natur ist ein schöner Ort
Deswegen bin ich gerne dort

Sebastian Vaupel * 1994

Junimorgen

Kühl streift ein Hauch
belebend meine Stirn

Ich atme tief den frischen Gruß
aus letzter Nacht,
der mir vom offenen
Fenster kommt

Nun kann der Tag
mit seiner Glut
das Zepter schwingen

Ich werde es ertragen
und voller Lust
auf einen neuen Morgen
und seine sanfte Luft warten

Gisela Verges * 1941

Der alte Baum

Der alte Baum hat viel erlebt
seit hundertneunzig Jahren
im Eichenwald er wachend steht
ganz wurzelfest und sehr erfahren

Der alte Baum hat viel geseh'n
in hundertneunzig Lenzen
Winde durch die Äste geh'n
die Frühjahrssonne lässt ihn glänzen

Der alte Baum hat viel gehört
in hundertneunzig Sommer
er war stets smart und unempört
beim lauten Sommerdonner

Der alte Baum hat viel gespürt
in hundertneunzig Herbste
die Vogelwelt hat ihn berührt
so alt im Wald, der Waldesältste

Der alte Baum hat viel Substanz
seit hundertneunzig Winter
sein Jahresringe-Ringeltanz...
Frühling, Sommer, Herbst und Winter

Peter Vierke * 1953

Libellenfluch

Im Dunkel der Nacht
Die Königin der Lüfte
Auf klarem Grund erwacht
Ihr schillerndes Gewand
Gleicht dem Pfauenauge
Ein Beryll vor Neid erblasst
Mit gläsernem Flügelschlag
Schwingt sie von Halm zu Halm
In der Binsenoase
Tanzt im Sinnesreigen
Zur Sinfonie des Windes
Wasser und Sonnenwärme
Sind ihr Lebenselixier
Der Glanz ihrer Augen
Verrät den Ahnenzauber
Nebulös lockt der Tau
Sie in die Spinnenfalle

Kristall'ne Quellen versiegen
Aquaparadiese sterben
Und die Libellen auch

Ulrike A. Voigt

Regen

Nein, ich mag die Sonne nicht
spür lieber den Regen im Gesicht
denn dann fühl ich mich lebendig

mit jedem Tropfen, der da fällt,
wird meine kleine Welt erhellt
so sitz ich nun im Regen
und seh mich selbst leben

ich kann mich selbst jetzt endlich spüren,
wenn ich mich trau
den Regen zu berühren

das was ich fühl muss niemand verstehen
denn wenn ich auf meinen Beinen geh
kann ich die dicken Wolken sehn

Blitz und Donner sind mir wohl bekannt
so hab ich das Gefühl des Lebens benannt

Anna-Lena Voplakal * 2005

Himmelsleiter

Ich verrat' dir was,
aber verrats' nicht weiter:
morgen kauf' ich mir 'ne Leiter.
Eine, die bis in den Himmel reicht.

Ich möchte mal von oben sehn',
was wir erschaffen haben und verstehn',
warum wir Allerlei mutwillig zerstörn',
während wir die Klagen der Natur
    lautstark hörn'.
Warum wir gerne auf der Erde leben,
und dennoch viel zu viel nehmen als zu
    geben.
So versuchen wir alles zu dominieren,
und die Zerstörung zu kaschieren.

Als ich vom Himmel aus den Irrtum
    erkenn',
ich doch lieber die Leiter trenn'.
Bevor den Himmel auch ereilt,
was auf der Erde unvermeidlich erscheint.

Ines Vorwerg * 1991

fels und arche

die blauen erdentage sind
gezählt ist was mir heilig
war habt ihr verhöhnt zu
tod gequält ich gehe
unversöhnt auf nimmerwiedersehn
will ich das wasser aus
den meeren ziehn und alle
träume aus der nacht will
ich das rauschen schlagen und
aus den herzen letzte
liebesfracht nehm ich mit
auf einen andern stern will
ich aus roten felsen brechen

den kniefall spart euch keine
späte reue macht mich weich aus
ist das spiel versuche ich
aufs neue spiel ich
besser ohne euch

Johann Voß * 1951

Die Natur

Zartes Grün sprießt aus dem feuchten
    Boden hervor,
Vögel zwitschern mich fröhlich an,
Die ersten Blütenknospen öffnen sich
    behutsam,
Die Natur erwacht mit sanften Stufen

Die Natur ist für uns ein Gottes Geschenk,
Es gibt Wärme, es lässt dich atmen
Du kannst die Steine ins Wasser plätschern
    lassen,

Ein kühler Wind streicht durch mein Haar,
Ich fühle mich einsam mit der Natur und
    ganz allein
In der Ferne entdecke ich die
    majestätischen Berge

Diese Natur, lässt mich befreien von all den
　　Dingen
Es gibt mir Heilung, durch ihre
　　zauberhaften Düfte der Blumen
Ich kann mich entspannen und die
　　atemberaubende Aussicht genießen
So langsam verfalle ich in Träume, doch
　　dann wecken mich die Berge auf
und ich erwache aus einem schönen Traum.

　　　　　　　　　　　　　　　Merve Vural

Hommage an den Himmel

Der Himmel ist fern
so schön zu sehn
zum Greifen licht
als gäb's ihn nicht
- nur Illusion? -
viel Phantasie
und Harmonie.
Er ist ein Trost
bleibt alles stumm
und jeder blind -
ein kurzer Augenblick:
Genuss
und Innehalt
vergessen Sorg und Einsamkeit
Ein Lächeln voll von Leichtigkeit
- Zufriedenheit.

　　　　　　　　　　　Julia Emilie Wagner * 1991

Natur

Ist

Schwarz Grau Weiß

Selten der Überlegung Gleichnis

Lot

Perfektioniertes Chaos

Dann doch los Gebirgsschlucht

LOL

Vergaben in Genetik

Schwand einst Ein angeblich

Cut

Wer braucht verschlingt

Anders nicht gerafft und lau

　　　　　　　　　　　Lea Walloschke * 1982

In der Bahn im Harz

Der Zug ist der Landschaft zugeneigt
Der Berg will den Himmel bergen
Eine Föhre hat sich zu tief verneigt
Ihr Haupt ruht still bei den Zwergen

Die Sonne schickt ihren letzten Schein
Die Nacht fließt wie Tinte in's Tal
Der Zug kuschelt sich in sein Gleisbett ein
Ein Tunnel schluckt ihn wie ein Wal

　　　　　　　　　　　Sebastian Wallroth * 1968

der mond gewittert

der mond gewittert über wolkenwälder,
gerollt in sicheln: rasend räder,
bis in das tal mitweltgefüllt,
von welt durchwühlt […]

ein wolf, er wirrt gespiegelt in den scharen
doch schlägt die glätte hartes fell zurück

rund fließt er ab: ein punkt

　　　　　　　　　　　　　　Maria Wargin

Stille absolut

Wenn der Wald im Schweigen ruht,
ist die Stille absolut,
weitab vom Alltagslärm man ist,
wahrlich wird der, nicht vermisst.

Bei sich zu sein und Ruhe finden,
lässt Anspannungen schnell verschwinden,
dies gibt Raum für die Gedanken,
der Wald ein Ort, um aufzutanken.

Frank und frei im Wald spazieren,
Luft und Ruhe inhalieren,
ist gesundheitliche Wahrung
und ein Schatz, für die Erfahrung.

Der Wald mit seinen vielen Bäumen,
ist der rechte Platz zum Träumen,
zwischen großen Bäumen, sowie kleinen,
ist man bald mit sich im Reinen.

Wem es im Wald so widerfährt,
der gerne immer wiederkehrt.
Waldaufenthalt gleich Ruhephase,
für jeden Mensch eine Oase.

Wilhelm Weber

Natur pur

Meine Füße
laufen über ein Meer von weißen Blüten
die der wind vom Baum gepustet hat

meine Nase
riecht den Duft von Holunder
der in voller Blüte steht

meine Ohren
hören das Zwitschern der Vögel
und den lauten Ruf des Kuckucks

meine Augen
sehen das dunkle Grün der Blätter
und die Blumen am Wegesrand

das alles
sauge ich auf mit meinen Sinnen
und stelle fest:
unsere Natur ist so bezaubernd schön

Brigitte Wenzel * 1952

Vom Erwachen

Safrangelber Morgenschein
was mag darin verborgen sein?

Licht durchdringt die Augenlieder
farbenfroh wie Pfau'ngefieder.

Melodisch wie der Vögel Gesang,
von diesseits bis zur Küste drang.

Wo Wind und Strömung das Wasser führen,
sich Meer und Land ganz sanft berühren.

Doch bald schon naht ein jähes Ende,
Purpurner Schleier, die Nacht, die Wende!

Adrian Westermann * 1991

Herbstwind

Blätter fallen in des Herbstes Wind,
wie unsere Lebensjahre.
Einst war ich noch ein Kind,
so schnell vergehen die Tage.

Die Sünden gleichen Nebelschwaden,
die sich legen über's Herz.
Ach – würde ich die Reue wagen,
vorbei wär' all der Schmerz.

Stürme walten vor dem Haus,
welch' meine Seele inne hat.
Beschützt, lässt sie nicht hinaus,
kämpft an – jeden Tag.

Der Frühling kommt bestimmt bald wieder,
so ist das Gesetz des Sein.
Drum sing' ich fröhlich meine Lieder,
selbst – in tiefer Pein.

Lena Wielandt * 1994

Natur

Dunkel wie die Nacht,
dabei gebe ich mir sehr viel acht,
das beruhigende zwitschern der Eulen,
die wunderschöne Natur in der Nacht.

Wie der Flusst fließt
und mein Herz sich zu dir schließt.
Ich lasse mich mit den Fischen schwimmen,
doch woher kommen diese stimmen?

Die Mutter die sagt es ist schlafens Zeit.
Es tut mir so sehr leid,
Wie schade es ist von der Natur zu gehen,
schon werde ich Träumen von springenden
Rehen.
Laura Wlezlak * 2006

Kastanienschmerz

Tief gefallen, aufgerissen und entzweit.
Die Jungen sofort fortgerissen und niemand
weiß wie weit.
Wie leere Hülsen liegen sie im Dreck
verlassen,
von allem, was sie im Herzen ausgemacht.
Ihr Innerstes davongeeilt –
ummantelt nur von Traurigkeit.
Als sorgenvolle Mutter sie das Kleinod in
sich barg.
Mit Außen indignierten Spitzen, Innen
weich und merklich zart.
Vorbei ist jene Zeit, die durch Einigkeit
verbunden,
zeigt der Herbst doch sein Gesicht
und ein banger Blick nach unten
erinnert an die herannahende Pflicht.
Doch die Zeit schlägt ihre Stunden
und die Schalen im Morast – nur die Hülle,
der Rest verschwunden.
Ihr Innerstes davongeeilt –
ummantelt nur von Traurigkeit.
Drinnen hinter dick verschlossenen
Wohnungstüren.
Ist es nichts als Glück, was sie verspüren.
Denn während die Hüllen vor Einsamkeit
sterben,
die rotbraunen Nüsschen zu Kunstwerken
werden.
Laura Wögler * 2001

Die Tauben

Auf Schornstein und Giebel tummeln sie
sich,
schon früh am Morgen,
kurz nach sieben.
Die Große gurrte ein friedliches Lied,
alle anderen schwiegen.

Sie blieben bis der Nebel wich;
Im Flug noch schüttelten sie ihr Gefieder,
da wünschte ich mir,
ich könnte fliegen wie ihr,
weit hinaus in den Tag
mit dem schönsten aller Lieder.

Doch ich stehe nur am Fenster –
ihr seid schon weit am Horizont,
da dachte ich an dich, mein Täubchen,
ob du wohl jemals wiederkommst?
Vanessa Wolf * 1991

junger Morgen

In den ersten Sonnenstrahlen eines jungen
Morgens
springt die Forelle voller Daseinsfreude
über die glitzernde Wasserfläche des stillen
Waldsees
mit leisem Klatschen durchbricht sie die
Stille
des beginnenden Tages
so sie wieder zurück in ihr nasses
Lebenselement eintaucht
werden zarte feine Wellenringe
aufgewirbelt
aus kühlem geheimnisvollem Grund
turnen spontane Gedanken
formen eine kleine Melodie aus
Erinnerungen
das „Forellenquintett" von Schubert
tanzt auf einmal in Gesellschaft von weißen
Nebelschwaden
über den See
schwebt über taufrische Wiesen schaukelnd
empor
streichelt sanft die Spitzen der hohen
Tannen
die wie ein grüner wehender Wall
den einsamen Weiher schützend umgeben
Klaus Wolfframm * 1954

Der Berg

Stolz thronst du droben, Majestät der Lüfte,
Himmelhoch reicht deine Krone.
Prunkvoll glänzt goldenweiß, dein
Prachtgewand im Angesicht der
Abendröte.
Zärtlich fließen deine Wasser, der Flüsse
leiser Hauch umhüllt dein Wesen.
Wie ein lebendes Gemälde, spenden deine
Gipfelufer sanftes Leben.

Was wär der Mensch ohne dich? Wohl nur
ein großmundiger Kleingeist.
Aber deine Existenz erinnert mich:
Ein Nichts bin ich vor deiner Herrlichkeit!
Einer nur ist herrlicher als jeder Berg, hoch
thront er droben, höchste Majestät:

Mit seinen Fingern misst er Himmel und
die Erde,
Auf seiner Handfläche wiegt er Hügel und
die Berge.
Der, der sie formte Dir verspricht:
„all das machte ich umsonst nicht!

Bald auf meinem ganzen heiligen Berg,
Kein Leid mehr, noch Tränen oder
Schadenswerk!"
Drum juble Mensch, Tier, jede
Blütenzierde,
Himmel, Hügel, Berge, Erde, triumphiere:

„Des Friedens sicherer Hauch,
umhüllt bald dein ganzes Wesen.
Gerechtigkeit und Nahrung auch,
wird dann zum Überfluss genesen."

  - ja bis zu den Gipfeln der Berge!

Hülya Yilmaz * 1978

Die Expedition

Mein Gott, mir war in meinem Leben
noch nie so heiß wie hier
Klar – die Natur ist überwältigend
Grün soweit das Auge reicht

Dichter Urwald
Satt und fett und schwer wie Smaragd
Dickes Leben - Pulsierende Natur
Meine Haut ist übersät von kleinen roten
Pusteln
Verdammte Mücken - Ich bin völlig
zerstochen
Die Luft ist feucht und schwer - jeder
Atemzug ist voller Sauerstoff
Und trotzdem ist man außer Atem
Mir wird schwindlig, wenn ich nach oben
schaue
alle Stämme die man sieht
wirken im Gegenlicht fast schwarz
Alle Blätter die man sieht
scheinen neongrün zu leuchten
Viele kleine Knicklichter
auf Adern aus schwarzem Pech

Tobias Zahn * 1989

Das grüne Sonett

Ein Bett aus Moos
Ein Teppich aus Algen
Mein Haus ist groß
aus Blättern und Palmen

Bei bunter Blüten Glanz
Liebe und bewund're
der Schmetterlinge Tanz
und der Wälder grüne Lunge

Zum Orchester grüner Unken
modrig grüne Welt, versunken
Sie lassen mich nicht gehen, nicht weichen

Weder Pilz noch Getier
denn alle sind sie hier
die Buche, die Pappel, die Eiche

Christiane Zech * 1992

Liebeslied an den Wind

Hab Dank für diesen goldenen Tag
feiner und heller als Menschenhand es je
vermag

Streichelst du mich, Wind?
Oder bist du heute nur ein Kind?
Alles Eingepferchte in mir
befreit von deinem warmen Atemspiel
während die Novembersonne
die Sanfte
verzaubert Vater Rhein
in ein glänzendes Band
das sich um mich rankt
wie ein geliebte Nocturne Chopins

Diese gläserne Musik und du, Wind
seid ihr Geschwister?
Wie ihr mich umkreist
bis sie endlich weicht
die Starre
und der Balsam meiner Tränen
das schwere Herz vom Abschiedsschmerz
befreit

Bettina Zirpel * 1970

Chemie

In der Schule dies Fach meist gehasst,
denn es ist träge und besteht aus sehr viel
Theorie!
Doch wenn man sich näher mit diesem
Fach befasst,
lernt man, wie schön doch ist die Chemie!

Denn wenn man sich genauer dafür
interessiert,
lernt was sich verbindet und wie?
Man irgendwann ist wirklich fasziniert,
von dieser allumfassenden Chemie!

Doch ist es nicht nur ein Fach im Leben,
alles hält zusammen wie durch Magie!
Denn ohne es würde es uns nicht geben,
Was ich meine ist die Chemie!

Und auch in der Liebe spielt es eine große
Rolle,
denn es umgibt uns eine rätselhafte
Energie!
Man hört aufs Herz, der Verstand verliert
die Kontrolle
und man gibt sich hin, der schönen
Chemie!

Martin Zogalla * 1991

Erklingt ein Lied

Der Amselherr er singt sein Lied,
Am höchsten Punkt er alles gibt.
Ganz früh schon fängt er an zu singen
Sein Liedchen jedem auf zu zwingen
Für mich ist es der Morgenklang
Ich liebe diesen Amselmann
Denn sein Gesang
Mich glücklich stimmt
und mir die Freude dadurch bringt.
Nicht hören müssen Stress und Lärm
Deshalb hab ich ihn auch so gern.
Der Alltag bringt die Sorgen dann
Vermiss ich meinen Amselmann.
Doch ist der Tag dann doch geschafft
Zu Haus er sitz in voller Pracht
Da ist der kleine Amselmann
Er singt sein Lied,
Das voller klang
Am Abend er uns Ruhe bringt
Sein Liedchen damit ausklingt
So wünscht er eine schöne Nacht
Und auf uns wartet wenn der Tag erwacht

Laura Zornig * 1990

Herbst

Blätter rascheln im Wind,
Wasser plätschert im Bach,
das Laub auf den Boden
ein knirschen bei jedem Schritt.
Eine Bank und tanzende
bunte Blätter.
Vogelgezwitscher in den Ästen,
Springende Eichhörnchen.
Und du mit einen Buch,
mittendrin im Herbst.

Jana Zumpf * 1998